できる®
Power BI
パワー ビーアイ
データ集計・分析・可視化ノウハウが身に付く本

奥田理恵&できるシリーズ編集部

インプレス

ご利用の前に必ずお読みください

本書は、2019年11月現在の情報をもとに「Power BI」「PowerBIサービス」の操作方法について解説しています。本書の発行後に「Power BI」「PowerBIサービス」の機能や操作方法、画面などが変更された場合、本書の掲載内容通りに操作できなくなる可能性があります。本書発行後の情報については、弊社のWebページ（https://book.impress.co.jp/）などで可能な限りお知らせいたしますが、すべての情報の即時掲載ならびに、確実な解決をお約束することはできかねます。また本書の運用により生じる、直接的、または間接的な損害について、著者ならびに弊社では一切の責任を負いかねます。あらかじめご理解、ご了承ください。

本書で紹介している内容のご質問につきましては、巻末をご参照のうえ、お問い合わせフォームかメールにてお問い合わせください。電話やFAX等でのご質問には対応しておりません。また、本書の発行後に発生した利用手順やサービスの変更に関しては、お答えしかねる場合があることをご了承ください。

●用語の使い方

本文中で使用している用語は、基本的に実際の画面に表示される名称に則っています。

●本書の前提

本書では、「Windows 10」に「Power BI」と「Excel 2019」がインストールされているパソコンで、インターネットに常時接続されている環境を前提に画面を再現しています。他のバージョンのWordまたはExcelの場合は、お使いの環境と画面解像度が異なることもありますが、基本的に同じ要領で進めることができます。

まえがき

社内の各種システムやファイルに含まれる顧客、売上、予算などのデータ、POSによる購入実績データ、Webサイトやアプリ、SNSから得られるデータ、さらにはIoT技術によって取得される行動データなど、企業が保有、蓄積しているデータは年々増加傾向にあり、またそれらの形式も多様化しています。これらのデータを分析して利用することで、ビジネスや市場、顧客をより深く理解でき、データを資産として活用できているといえるでしょう。しかしデータはそのままの状態ではあまり意味をなしません。データが示す事実や傾向を把握する作業が必要であり、そこで注目されるのがBIツールです。

BI（Business Intelligence）とは、大量のデータを処理、分析することで、次の意思決定に役立つ知見を得ることやそのための手段のことをいい、それを行えるツールがBIツールです。BIツールは以前からビジネス上の意思決定において必要不可欠なものでしたが、近年、ユーザーが自分で利用できるセルフBIツールに対する需要がさらに高まっており、各種BIツールはどんどん進化を遂げています。マイクロソフト社が提供するPower BIは無償から利用できる点や、使い慣れたマイクロソフト製品との親和性がある点などから、注目を集めているBIツールのひとつです。

Power BIによりさまざまなデータを利用した分析が可能ですが、「何から始めていいか分からない」、「インストールはしたがどこから操作していいか分からない」、「全体像が把握しづらい」、「ネットで情報は得られるが体系立てて理解するには情報量が多すぎて時間がかかる」、これらは初心者の方がPower BIを利用したいと思ったときによくある疑問点だと思います。

本書はPower BIをこれから利用していきたい方を対象に、まず知っていただきたい基本的な内容を、操作しながら習得いただけるようにまとめました。基本操作はもちろん、知らなければいけない設定や仕組みを分かりやすいビジュアルとともに紹介します。本書を入門書として、また基本機能や操作のリファレンスとしてぜひご活用いただければ幸いです。

2019年11月　奥田理恵

できるシリーズの読み方

本書は、大きな画面で操作の流れを紙面に再現して、丁寧に操作を解説しています。初めての人でも迷わず進められ、操作をしながら必要な知識や操作を学べるように構成されています。レッスンの最初のページで、「解説」と「Before・After」の画面と合わせてレッスン概要を詳しく解説しているので、レッスン内容をひと目で把握できます。

関連レッスン

関連レッスンを紹介しています。関連レッスンを通して読むと、同じテーマを効果的に学べます。

解説

操作の要点やレッスンの概要を解説します。解説を読むだけでレッスンの目的と内容、操作イメージが分かります。

左ページのつめでは、章タイトルでページを探せます。

図解

レッスンで使用する練習用ファイルの「Before」（操作前）と「After」（操作後）の画面やレッスンの目的と内容を紹介しています。レッスンで学ぶ操作や機能の概要がひと目で分かります。

レッスン 47

社内ネットワークにあるデータを更新するには

オンプレミスデータゲートウェイ

キーワード

DirectQuery	p.315
インポート	p.317
オンプレミス	p.317
オンプレミスデータゲートウェイ	p.317
レポート	p.321

関連レッスン

▶レッスン44 Power BIが接続できるデータソースとは …… p.190
▶レッスン45 レポートを最新の状態に更新するには …… p.192
▶レッスン46 データベースに接続するには …… p.198

社内ネットワーク上にあるデータの更新

Power BIサービスに発行したレポートをWebブラウザーやモバイル端末で利用する場合、ファイルやデータベースなどオンプレミス環境（社内ネットワークなど）にあるデータソースの更新にはオンプレミスデータゲートウェイが必要です。オンプレミス環境のデータベースに対してインポートではなく、DirectQueryやライブ接続を利用している場合も同様です。
オンプレミスデータゲートウェイとは、オンプレミス環境のデータとPower BIサービス間においてセキュリティで保護されたデータ転送を行うための「ブリッジ」です。

さまざまなデータの取得と更新方法を知ろう　応用編 第7章

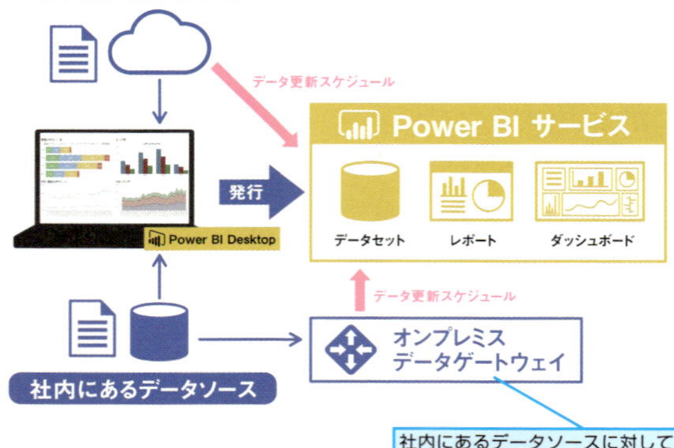

206 できる

手順

必要な手順を、すべての画面と操作を掲載して解説しています。

手順見出し
「○○を表示する」など、1つの手順ごとに内容の見出しを付けています。番号順に読み進めてください。

操作説明
「○○をクリック」など、それぞれの手順での実際の操作です。番号順に操作してください。

解説
操作の前提や意味、操作結果に関して解説しています。

キーワード

そのレッスンで覚えておきたい用語の一覧です。巻末の用語集の該当ページも掲載しているので、意味もすぐに調べられます。

テクニック

レッスンの内容を応用した、ワンランク上の使いこなしワザを解説しています。身に付ければパソコンがより便利になります。

右ページのつめでは、知りたい機能でページを探せます。

HINT!

レッスンに関連したさまざまな機能や、一歩進んだ使いこなしのテクニックなどを解説しています。

テクニック DirectQuery接続でゲートウェイ接続を実行する

オンプレミス環境にあるデータベースへ、DirectQueryを利用した接続を含むレポートをPower BI サービスに発行した場合、オンプレミスデータゲートウェイの設定を行うまではPower BIサービスでレポートを利用できません。以下の方法でゲートウェイ接続を実行しましょう。

手順1を参考にデータセットの設定画面を表示しておく

1 [ゲートウェイ接続] のここをクリック
2 [ゲートウェイを使用する] をクリックしてオンに設定
3 ゲートウェイをクリック
4 [適用] をクリック

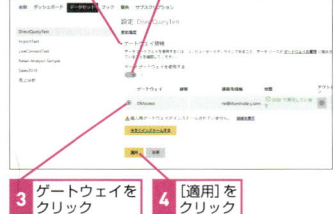

DirectQueryを利用しているレポートが開けるようになった

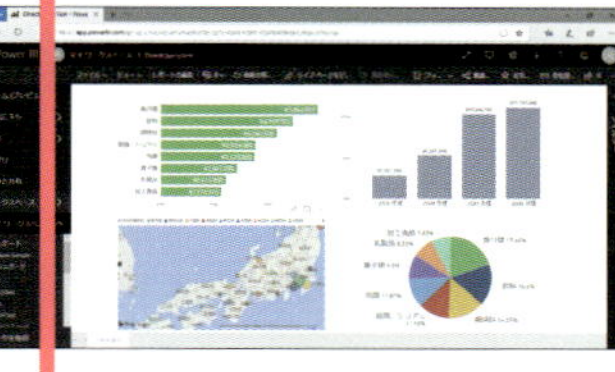

47 オンプレミスデータゲートウェイ

オンプレミスデータゲートウェイのインストールと構成

1 ダウンロードを実行する

Power BIサービスを表示しておく

1 [その他のオプション] をクリック
2 [ダウンロード] にマウスポインターを合わせる

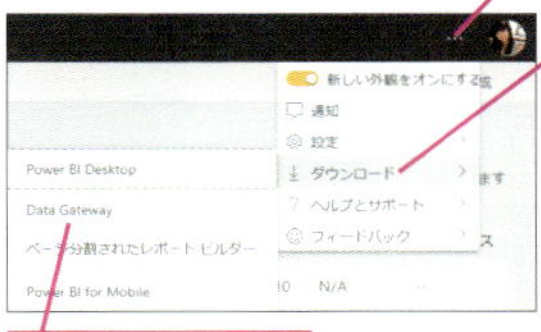

3 [Data Gateway] をクリック

HINT! 個人用のオンプレミスデータゲートウェイとは

オンプレミスデータゲートウェイには、個人用モードも用意されています。インストール時に通常のものか、個人用モードのどちらかを選択します。サービスとして実行されるオンプレミスデータゲートウェイとは異なり、オンプレミスデータゲートウェイ(個人用モード)はアプリケーションとして実行され、ほかのユーザーと共有はできません。また、個人用モードではPower BIサービスでのDirectQueryやライブ接続はサポートしておらず、スケジュール更新のみが利用できます

次のページに続く

できる 207

※ここに掲載している紙面はイメージです。実際のレッスンページとは異なります。

目　次

まえがき……………………………………………………3
できるシリーズの読み方………………………………4
練習用ファイルの使い方………………………………12

準備編　**第1章　Power BIの概要を知ろう　13**

❶ Power BIとは　＜Power BIの概要＞……………………………………14
❷ Power BIを構成するツールを知ろう　＜Power BIのツール＞……………………16
❸ 各ツールの位置付けを理解しよう　＜ツール別の詳細機能と利用の流れ＞……20
❹ ライセンスの違いを知ろう　＜ライセンス形態＞……………………………22

この章のまとめ……………24

準備編　**第2章　利用する環境をセットアップしよう　25**

❺ Power BIサービスにサインアップするには　＜Power BI サービスの登録＞……26
❻ Power BI Desktop をインストールするには　＜インストール＞…………………30

この章のまとめ……………34

基本編　**第3章　基本を理解しよう　35**

❼ サンプルを取得するには　＜サンプルコンテンツを取得＞……………………36
❽ ワークスペースとコンテンツを知ろう　＜ワークスペース、コンテンツ＞……40
❾ ダッシュボードのデータを確認するには　＜ダッシュボードの基本操作＞……42
❿ ダッシュボードをお気に入りに登録するには　＜お気に入り、おすすめに設定＞……48
⓫ レポートの基本操作を覚えよう　＜レポート、ページ＞……………………50
⓬ 自動的に分析結果を得るには　＜クイック分析＞……………………………52
⓭ モバイルからアクセスしよう　＜モバイル用アプリ＞…………………………56

この章のまとめ……………58

実践編　第4章　データを取得して編集しよう　59

⑭ レポート作成の流れを理解しよう ＜Power BI Desktopでのレポート作成＞……60
⑮ CSVファイルを読み込むには ＜データを取得、テキスト/CSV＞……62
テクニック データを手動で更新する方法とは……67
⑯ クエリエディターとは ＜クエリエディター＞……68
⑰ 複数のファイルをまとめて読み込むには ＜フォルダー内のファイルに接続＞……72
⑱ 複数のデータを結合するには ＜クエリの追加＞……76
⑲ 列を追加するには ＜列の追加、列からの例＞……80
⑳ 列名やテーブル名を編集するには ＜列名・クエリ名の変更＞……84
㉑ 必要なレコードのみを取得するには ＜行のフィルター＞……88
㉒ Excelファイルを読み込むには ＜Excelファイルに接続＞……90
㉓ 不要な列や行を削除するには ＜列の削除、行の削除＞……92
㉔ 列と行を入れ替えるには ＜入れ替え＞……96
㉕ 1行目を列名にするには ＜1行目をヘッダーとして適用＞……98
㉖ 空白値を解決するには ＜フィル＞……100
㉗ 列を分割するには ＜列の分割＞……102
㉘ 編集が完了したデータを読み込むには ＜閉じて適用＞……106
テクニック 3つのビューの違いを確認しよう……107
㉙ リレーションシップの内容を確認するには ＜リレーションシップの管理＞……108
㉚ 列を追加して売上や原価を計算するには ＜計算列の作成＞……110

この章のまとめ……114

実践編

第５章　ビジュアルを利用してデータを可視化しよう　115

31 棒グラフでデータの大小を比較するには　＜積み上げ横棒グラフ、集合縦棒グラフ＞……116

テクニック 後から簡単にビジュアルを変更できる……122

32 折れ線グラフや面グラフで時系列の変化を把握するには　＜折れ線グラフ、積み上げ面グラフ＞……124

テクニック ページ名の変更も忘れずに……129

33 複合グラフで２つの値の相関関係を確認するには　＜複合グラフ、ページの追加＞……130

テクニック ページの書式も［視覚化］ウィンドウで設定できる……131

34 円グラフやドーナツグラフで割合を把握するには　＜円グラフ、ドーナツグラフ、ツリーマップ＞……136

35 ドリル機能でデータを掘り下げるには　＜ドリルダウン、ドリルアップ＞……140

テクニック ドリルコントロールを使いこなそう……143

テクニック ドリルスルーで詳細データを確認しよう……145

36 スライサーを利用してデータを絞り込むには　＜スライサー、相互作用を編集＞……146

37 タイルや表を利用して数値を表示するには　＜カード、テーブル、マトリックス＞……152

38 カスタムビジュアルを利用するには　＜カスタムビジュアルのインポート＞……158

テクニック カスタムビジュアルの利用……160

39 Visio図面をレポートに含めるには　＜Visio Visual＞……162

この章のまとめ……166

実践編 第6章 レポートをPower BIサービスに発行しよう 167

40 レポートを発行するには ＜セルの表示形式＞ ……168
41 ダッシュボードを作成するには ＜セルの強調表示ルール＞ ……172
テクニック さまざまなタイルを追加しよう ……175
42 モバイル用の画面を作成するには ＜上位/下位ルール＞ ……176
テクニック Power BIサービスでレポート編集を行った場合……181
43 レポートをWebページで公開するには ＜Webに公開＞ ……182
テクニック Visio図面をレポートに含めるには……186

この章のまとめ……188

応用編 第7章 さまざまなデータの取得と更新方法を知ろう 189

44 Power BIが接続できるデータソースとは ＜サポートされている接続先＞ ……190
45 レポートを最新の状態に更新するには ＜データ更新の種類＞ ……192
テクニック SharePointリストをデータソースとし、スケジュール更新を試してみよう……197
46 データベースに接続するには ＜DirectQuery、ライブ接続＞ ……198
47 社内ネットワークにあるデータを更新するには ＜オンプレミスデータゲートウェイ＞ ……206
テクニック DirectQuery接続でゲートウェイ接続を実行する ……213

この章のまとめ……214

応用編　第8章　レポートを仕上げるテクニックを知ろう 215

48 レポート作成のテクニックを確認しよう ＜本章で確認できる内容＞……216

テクニック レポートにデザイン編集を行う……218

テクニック レポートに基本ビジュアルを追加する……220

49 四半期や月など時系列で集計するには ＜日付テーブルの作成と設定＞……224

テクニック カスタムビジュアルによる日付スライサー……234

50 横方向の表を利用して分析するには ＜列のピボット解除＞……236

テクニック 売上と予算データをレポートに表示しよう……242

テクニック 適用範囲に応じたフィルター設定を行う……243

51 メジャーを理解しよう ＜メジャー＞……244

テクニック 計算列とメジャーの違いを確認しよう……244

52 純利益や達成率メジャーを作成するには ＜実践的なメジャーの作成＞……248

53 前年比など日付に関するメジャーを作成するには ＜タイムインテリジェンス関数＞……254

テクニック 前年同期メジャーを作成してみよう……258

54 クイックメジャーで前年比などを集計するには ＜クイックメジャー＞……260

55 ブックマークとアクションを活用するには ＜ブックマーク、ボタン＞……266

この章のまとめ……270

共有編 第9章 組織内で活用しよう 271

56 有償版で提供される機能とは <会社全体で利用するPower BI有償版>……272

テクニック Power BI Pro評価環境を用意しよう……274

57 レポートやダッシュボードを共有するには <スレポートやダッシュボードの共有設定>……278

58 ワークスペースを利用するには <ワークスペースを利用した共有>……282

59 アプリを使って共有するには <アプリの作成と配布>……286

60 ファイルの自動更新を利用するには <ファイルの自動更新>……292

61 SharePointやTeamsで共有するには <SharePointサイトやチームに埋め込む>……298

62 Power Appsとの連携方法を知ろう <Power Appsカスタムビジュアル>……302

テクニック メールで内容を受信する……305

63 ロールごとに表示するデータを制御するには <行レベルセキュリティ>……306

テクニック 組織のPower BI環境を管理する……310

この章のまとめ……314

用語集……315

索引……322

本書を読み終えた方へ……325

読者アンケートのお願い……326

練習用ファイルの使い方

本書では、レッスンの操作をすぐに試せる無料の練習用ファイルを用意しています。練習用ファイルを開くときは、以下の手順を参考に操作してください。

▼ 練習用ファイルのダウンロードページ
https://book.impress.co.jp/books/1119101121

練習用ファイルを利用するレッスンには、名前や内容を記載しています。

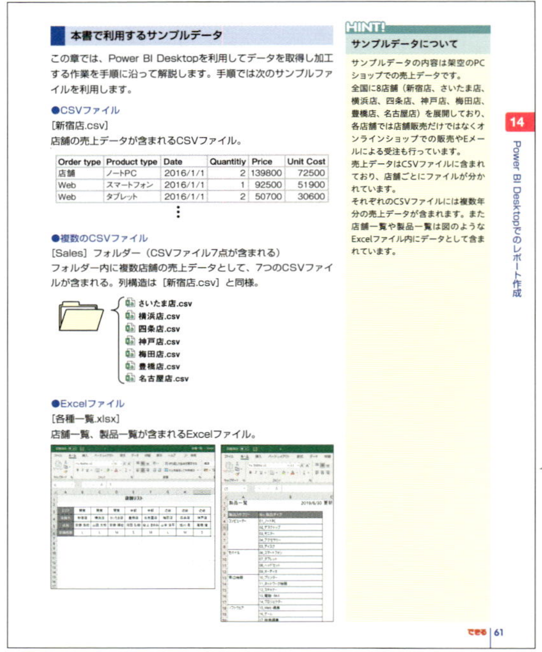

■ 本書で利用するサンプルデータ

この章では、Power BI Desktopを利用してデータを取得し加工する作業を手順に沿って解説します。手順では次のサンプルファイルを利用します。

●CSVファイル
[新宿店.csv]
店舗の売上データが含まれるCSVファイル。

Order type	Product type	Date	Quantitiy	Price	Unit Cost
店舗	ノートPC	2016/1/1	2	139800	72500
Web	スマートフォン	2016/1/1	1	92500	51900
Web	タブレット	2016/1/1	2	50700	30600

⋮

●複数のCSVファイル
[Sales] フォルダー（CSVファイル7点が含まれる）
フォルダー内に複数店舗の売上データとして、7つのCSVファイルが含まれる。列構造は［新宿店.csv］と同様。

さいたま店.csv
横浜店.csv
四条店.csv
神戸店.csv
梅田店.csv
豊橋店.csv
名古屋店.csv

●Excelファイル
[各種一覧.xlsx]
店舗一覧、製品一覧が含まれるExcelファイル。

HINT! サンプルデータについて

サンプルデータの内容は架空のPCショップでの売上データです。
全国に8店舗（新宿店、さいたま店、横浜店、四条店、神戸店、梅田店、豊橋店、名古屋店）を展開しており、各店舗では店舗販売だけではなくオンラインショップでの販売やEメールによる受注も行っています。
売上データはCSVファイルに含まれており、店舗ごとにファイルが分かれています。
それぞれのCSVファイルには複数年分の売上データが含まれます。また店舗一覧や製品一覧は図のようなExcelファイル内にデータとして含まれています。

14 Power BI Desktopでのレポート作成

できる 61

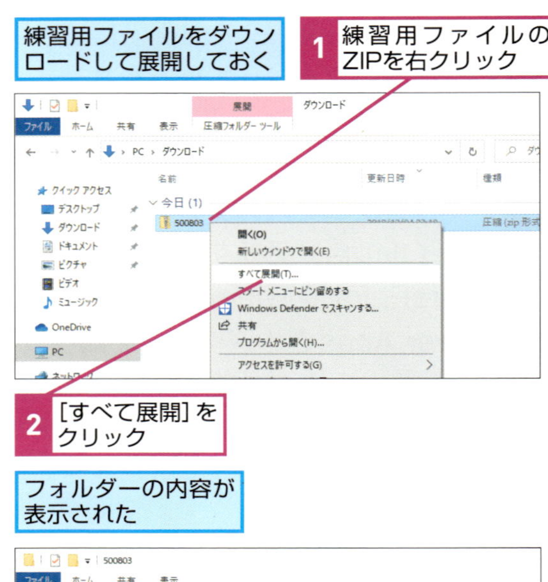
練習用ファイルをダウンロードして展開しておく
1 練習用ファイルのZIPを右クリック
2 ［すべて展開］をクリック
フォルダーの内容が表示された

3 開きたい練習用ファイルをダブルクリック

各フォルダー内にレッスンで利用するファイルが入っている

HINT!

ファイルの内容をテキストで確認しよう

［DLFiles］フォルダーには、［SampleData］［完成］［作業ファイル］といったフォルダーが用意されています。詳細については、［DLFilesについて.txt］を開いて確認してください。

準備編
第1章

Power BIの概要を知ろう

売上予算や見込管理、キャンペーンの効果測定、Webサイトのアクセス解析、在庫の回転率や不良品分析、需要予測など、企業では次の意思決定に役立てるためさまざまなデータの分析が必要です。この章では、マイクロソフトが提供するセルフサービスBIツールであるPower BIの概要や提供されるライセンスの違いを紹介します。

●この章の内容

❶ Power BIとは……14
❷ Power BIを構成するツールを知ろう……16
❸ 各ツールの位置付けを理解しよう……20
❹ ライセンスの違いを知ろう……22

レッスン 1

Power BIとは

Power BIの概要

キーワード

BI	p.315
BIツール	p.315
オンプレミス	p.317
ダッシュボード	p.318
レポート	p.321

関連レッスン

▶レッスン2
Power BIを構成するツールを知ろう……p.016
▶レッスン3
各ツールの位置付けを理解しよう……p.020
▶レッスン4
ライセンスの違いを知ろう……p.022

データ分析とBIツール

企業ではさまざまなシステムを利用して日々の業務を管理しています。在庫管理、人事、会計、販売管理、顧客管理、営業管理と、部門ごとに利用するシステムは異なり、扱うデータもさまざまです。また業務での意思決定をサポートするためにこれらの各システムに蓄積されたデータを活用することもあるでしょう。意思決定やプランを裏付けるデータを得るため、また気付きを得るため、できるだけ目標に近づける施策を検討するため、データの種類や範囲は異なりますが、各業務内容に合わせたデータ分析は多くの企業で行われていることといえます。売上予算、見込管理、キャンペーンの効果測定、Webサイトのアクセス解析、顧客や商品分野のセグメント別のレコメンデーション、在庫の回転率や不良品分析、需要予測などさまざまな分析内容があげられます。BIとはBusiness Intelligenceの略であり、データを取得・加工・分析し結果を次の意思決定に役立てる手法や技術のことを指します。またこれを行うアプリケーションやサービスをBIツールと呼びます。

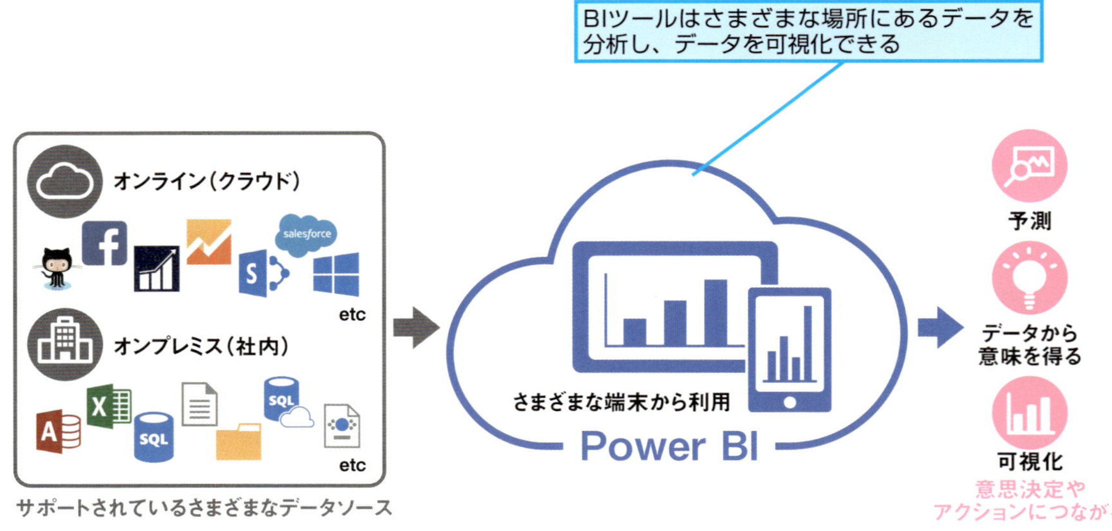

Power BIによるデータの視覚化

多くの場合、各種システムから取得したデータは数字や文字列の羅列であり、人が見てすぐに理解できる内容ではありません。人が見て何かしらのインサイトを得るためには、棒グラフを利用して大小を表現したり、折れ線グラフで増減の流れを表したり、地図にデータを表示したりといった視覚化が必要です。BIの目的はデータを視覚化し、結果を得ることです。Power BIを利用すれば、大量のデータを瞬時に視覚化し、必要な情報を確認することができます。

無料で利用を開始できる

Power BIは無償で利用が始められ、次のような特徴があります。

・ノンプログラミングでレポートやダッシュボードを作成できる
・モバイル端末など、さまざまなデバイスから利用できる
・各種SaaSなど、さまざまなデータへの接続をサポートしている
・取得したデータを加工できる
・データをグラフなどに可視化したレポートを作成できる
・データの更新スケジュールを設定できる
・レポートやダッシュボードを共有できる（有償ライセンスが必要）

HINT!

Power BI ＝セルフBIツール

近年、ITやデータ分析の専門家ではない現場部門の担当者が、自分が分析したいデータを自分で扱えるセルフサービス BIが注目されています。背景には、ビジネスにおける意思決定によりスピード感が求められていることや、インターネット環境やSNS、IoTなどそれをとりまくツールの普及、進化により大量のデータが日々蓄積されることが当たり前となってきたことがあげられるでしょう。特にコンシューマー向けの企業においてはSNSを利用して販促活動を行うことも当たり前になっています。さらにIT技術の中心がクラウドとなってきたこともあり、業務活動において日々蓄積されるデータはこれまでよりもより多様化、大量化しています。これらのビッグデータを自分たちで扱い、自分たちが求める結果になるように加工し、可視化するためのツールがセルフサービス BIツールです。Power BIはマイクロソフト社が提供するセルフサービス BIツールです。

レッスン

2 Power BIを構成するツールを知ろう

Power BIのツール

キーワード

Power BI	p.316
クエリエディター	p.318
ダッシュボード	p.318
ビジュアル	p.319
レポート	p.321

関連レッスン

▶レッスン1
Power BIとは……… p.014
▶レッスン3
各ツールの位置付けを理解しよう……… p.020
▶レッスン4
ライセンスの違いを知ろう……… p.022

3つのツールの役割と機能

Power BIは、下表のような3つのツールで構成されています。主に利用するのは、レポート作成を行うPower BI Desktopと、レポートをWeb画面で閲覧したり、データに対する自動更新の設定を行うPower BIサービスです。また、Power BIサービスに発行されたレポートをスマートフォンなどのモバイル端末で利用するときに必要となるのがPower BIのモバイルアプリです。すべて無償で利用を開始できます。

ツール	内容
Power BI Desktop	パソコンにインストールして利用する Windows アプリケーション
Power BI サービス	Web ブラウザーで利用するオンライン サービス
Power BI モバイル用アプリ	モバイル端末にインストールして利用するモバイル用アプリ

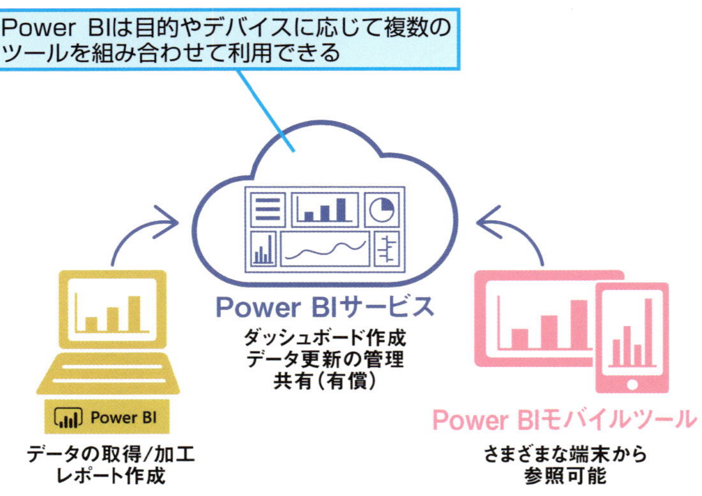

HINT!

3つのツールについて

3つのツールすべてを利用する必要はありません。この後解説するツールの位置付けや使いどころを理解し、自分が必要なツールを利用しましょう。
例えばモバイルでレポートを確認しない人は Power BI モバイル用アプリは利用しなくてもかまいません。

Power BI Desktopの機能と特徴

Power BI Desktopは、パソコンにインストールして利用するデスクトップアプリケーションです。各種データに接続して必要なデータを取得し、分析に必要な形に加工や視覚化が可能です。

次の画面はPower BI Desktopのレポート作成画面です。[視覚化] ウィンドウには、レポート内に配置できるよう棒グラフや折れ線グラフ、表や地図など、さまざまな部品が「ビジュアル」として用意されています。配置したビジュアルに表示する値は [フィールド] の一覧から選択します。

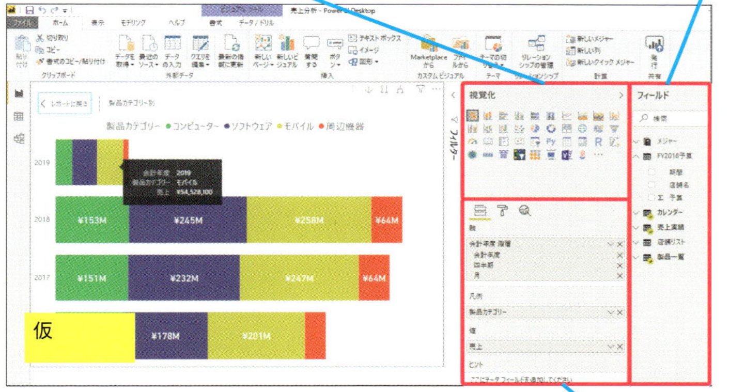

◆[視覚化]ウィンドウ
データを視覚化するグラフなどの部品が選択できる
◆[フィールド]ウィンドウ
取得したデータ内の列（フィールド）が一覧で表示される
ビジュアル（グラフ）で利用する列や書式を設定できる

データの取得と加工を行うクエリエディター

Power BIは、ファイルやデータベース、オンラインサービスなど多種多様なデータソースをサポートしており、データの取得や加工を行うツールとしてクエリエディターが付属しています。

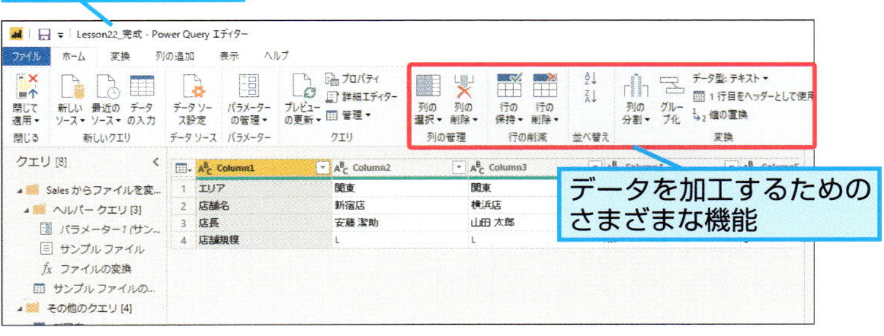

◆クエリエディター
データを加工するためのさまざまな機能

HINT! 視覚化に利用できるビジュアル

Power BIではデータを視覚化するの部品としてさまざまなビジュアル（グラフ）が用意されています

視覚化

HINT! データの取得と加工

クエリエディターを利用し、分析元となるデータを取得します。接続先としてさまざまなデータソースがサポートされています。

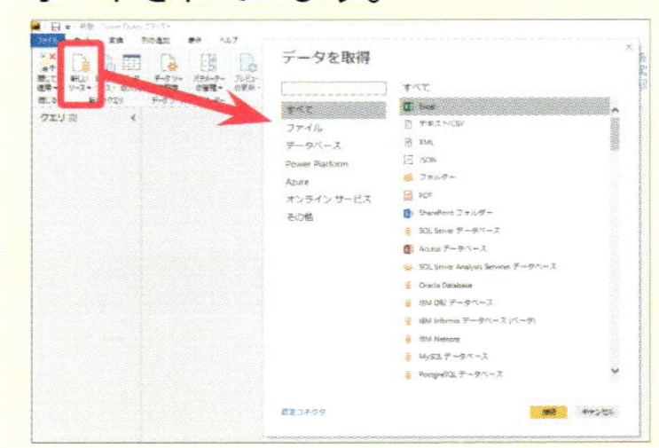

データを取得

次のページに続く

Power BIサービスの機能と特徴

Power BIサービスは、レポートの管理やダッシュボード作成を行うWebサイトです。アカウントの作成が必要ですが、Power BI Desktopと同様に無料で利用できます。HTMLベースで表示されるWebサイトであるため、Microsoft Edge、Internet Explorer、Google Chromeなど一般的なWebブラウザーで利用でき、OSやデバイスの種類を問わずに利用できます。

HINT!

Power BI サービスで行えること

Power BIサービスでは、次のような機能を利用できます。

- Power BI Desktopから発行されたレポートの管理
- レポートの編集
- ダッシュボードの作成
- モバイルやWebでのレポート、ダッシュボード利用
- データの自動更新設定
- レポートの共有（有償ライセンスが必要）

Power BIサービスでは、レポートなどのコンテンツが一覧で表示される

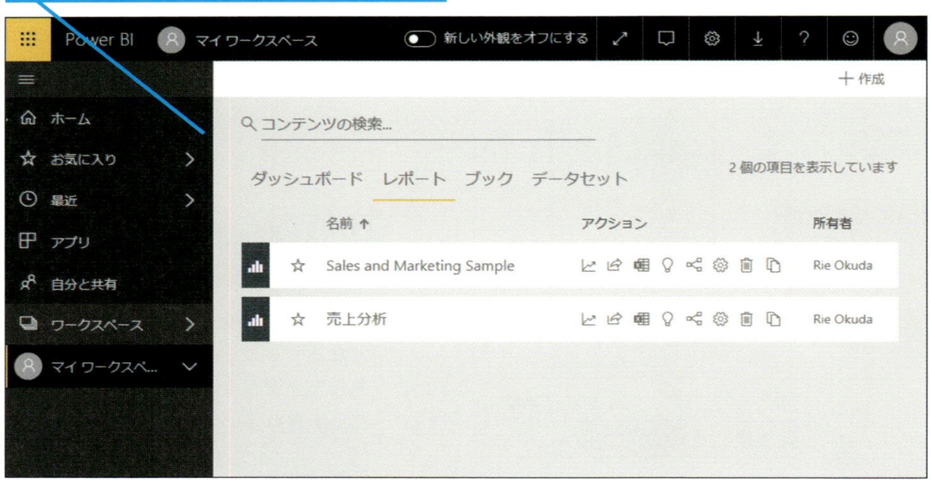

Power BIサービスのダッシュボードでは、主要なデータのビジュアルをピン留めして表示できる

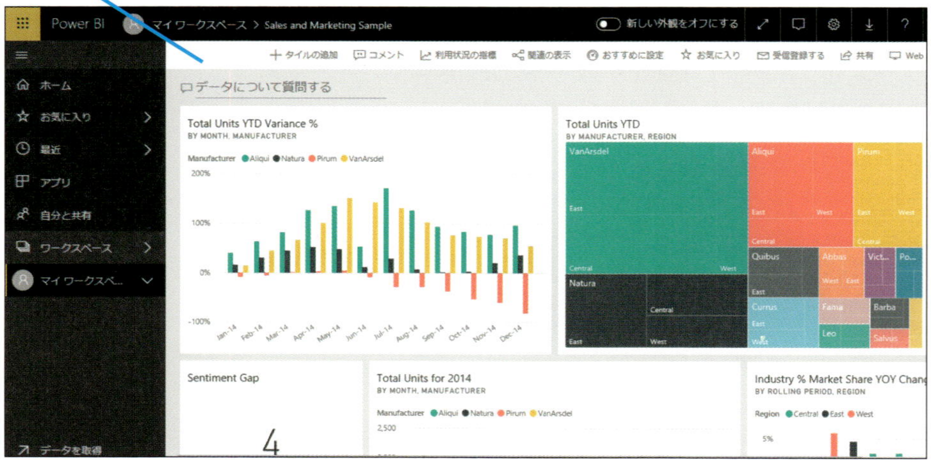

Power BIモバイル用アプリの機能と特徴

Power BIサービスはスマートフォンやタブレットなどからアクセスできますが、モバイル機器に最適化された専用のアプリが用意されています。iOS用はApp Store、Android端末用はGoogle Playストアから無料でダウンロードできます。

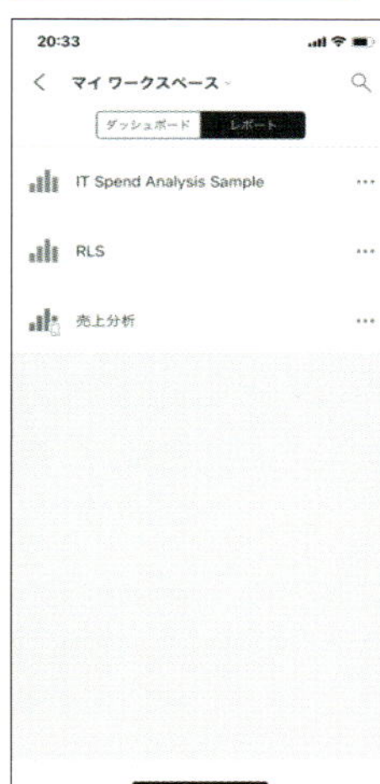

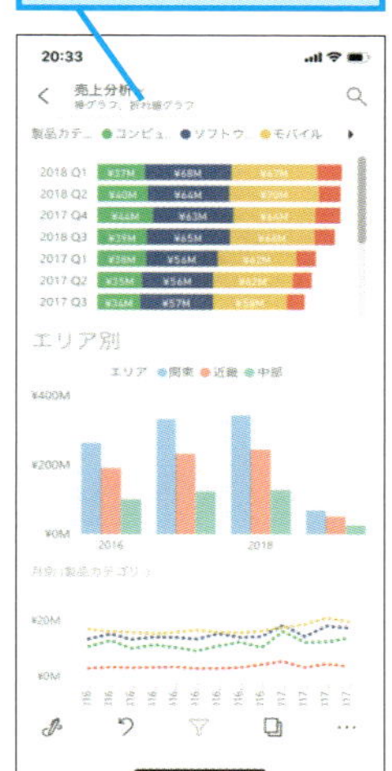

HINT!

Power BIの最新情報を知りたい

Power BIは日々進化を遂げており、Power BI Desktop、Power BIサービス、Power BIモバイル用アプリは不定期にアップデートが行われます。アップデートでの新機能については、以下のWebページで最新内容を確認できます。

▼Power BI Desktopの最新の更新プログラムの新機能
https://docs.microsoft.com/ja-jp/power-bi/fundamentals/desktop-latest-update

▼Power BIサービスの新機能
https://docs.microsoft.com/ja-jp/power-bi/service-whats-new

レッスン
3 各ツールの位置付けを理解しよう

ツール別の詳細機能と利用の流れ

キーワード

PBIXファイル	p.316
計算列	p.318
データモデル	p.319
ピン留め	p.319
メジャー	p.320

関連レッスン

▶レッスン1
Power BIとは …… p.014
▶レッスン2
Power BIを構成するツールを知ろう …… p.016
▶レッスン4
ライセンスの違いを知ろう …… p.022

Power BI利用の流れ

①Power BI Desktopでデータ取得/加工・レポートの作成
作成したレポートは Power BI Desktopで参照し、データ分析操作を行うことも可能です。
②Power BI Desktopで作成したレポートをPower BIサービスに発行
③Power BIサービス上で行えること
- 発行されたレポートに含まれる各ビジュアルをピン留めしてダッシュボードを作成
- ブラウザーやモバイル端末からデータ分析操作を実行
- データの自動更新が設定できる
- ほかのユーザーとの共有（有償ライセンスが必要）

HINT!
Power BI Desktop だけではだめなの？

Power BI Desktopで作成したレポートはファイル（.pbixファイル）として保存できるため、Power BI Desktopでそのファイルを開きレポートとして利用が行えます。作成したレポートをPCで利用するだけならこれでも十分ですが、Power BIサービスに発行することで、さらに次の機能が利用できます。
- ダッシュボードの作成
- モバイルからの利用
- データの更新スケジュールを設定

Power BI Desktopでデータの取得と加工、可視化と分析を行う

Power BI Desktop

データの取得/読み込み

データの加工（モデリング）

可視化と分析操作

発行

Power BIサービスでは、レポートやダッシュボードをWeb画面やモバイルからも利用できる

ダッシュボードの作成、データ更新設定、分析操作

Power BI DesktopとPower BIサービスの比較

Power BI DesktopとPower BIサービスは、それぞれの位置付けは異なりますが、一部同様の機能を利用できます。

●Power BI Desktop と Power BIサービス 機能比較

機能	Power BI Desktop	Power BI サービス
データの取得	ファイル、データベース、オンラインサービスなどPower BI がサポートするすべてのデータを取得可能	ファイルやオンラインサービスのみ取得可能（データベースからの取得はできない）
取得したデータの加工	複数のデータソースから取得したデータの結合、列の追加や編集など、分析に必要な形式にデータを加工できる ・クエリエディターの利用 ・計算列やメジャーの追加	— ※ 取得したデータが分析に適した形式の必要がある ※ 複数データの結合はできない
レポートの作成／編集	ほぼ同等の操作、機能が利用可能	
ダッシュボードの作成／編集	—	複数レポートのビジュアルをまとめて確認できるようにするなど、ダッシュボードの作成が可能
レポートの利用	Power BI Desktop でレポート ファイル（.pbix）を開いて利用	Web ページやモバイルから利用
ダッシュボードの利用	—	
レポートの発行	Power BI Desktop で作成したレポートは、Power BI サービスに発行できる	—
データ更新のスケジュール	—	設定可能
共有	—	有償ライセンス（Power BI Pro）で可能

HINT! ツールの使い分け

データの取得からレポート作成といったPower BI Desktopで行う内容はPower BIサービスにおいても利用できます。しかしPower BIサービスではデータベースからはデータ取得が行えないなど、接続できるデータソースに制限がある点や、複数の異なるデータソースに接続して結合したデータを利用する際に必要といえるデータの加工機能はありません。

集計した結果をレポートに表示するために必要といえるメジャーや列の作成が行えるのもPower BI Desktopの機能です。つまり単純な合計やカウントといった列値の集計は行えますが、数式を利用して演算が必要な集計はPower BIサービスでは設定できません。

Excelなどを利用してあらかじめ整形した“すぐに分析に利用できる形式となっている単一のデータソース”を利用して、レポートを作成する場合にはPower BIサービスのみでも可能ですが、「データを取得し」「取得したデータを加工」「演算を行いながらグラフを配置し」「レポートを作成する」といった一連の作業工程をまとめて行えるツールはPower BI Desktopです。

レッスン
4 ライセンスの違いを知ろう

ライセンス形態

キーワード

PBIXファイル	p.316
Power BI Premium	p.316
Power BI Pro	p.316
データソース	p.319
レポート	p.321

関連レッスン

▶レッスン1
Power BIとは……p.014
▶レッスン2
Power BIを構成するツールを知ろう……p.016
▶レッスン3
各ツールの位置付けを理解しよう……p.020

無償と有償の違い

無償	Power BI 無償版	Power BI Desktop、Power BI サービス、Power BI モバイルアプリのすべてが無償で利用できます。 作成したレポートなどの内容は自分ひとりで利用することが前提です。
有償	Power BI Pro	ユーザー単位のライセンスです。(¥1,090/ 月 執筆時現在) Power BI 無償版の機能すべてに加えて、組織内での共有機能が追加されます。
	Power BI Premium	容量ベースのライセンスであり、Power BI Pro と組み合わせて利用するライセンスです。 通常 Power BI サービスで共有されたレポートの利用者 (参照のみユーザー) に対しても Power BI Pro ライセンスが必要です。 参照のみのユーザーが多い場合は、Power BI Premium ライセンスと組み合わせることで費用をおさえることが可能です。

Power BIは無料で利用できますが、必要に応じて有償版の利用も可能です。ライセンス形態の違いは表の通りですが、大きな違いは、作成したレポートを共有できるかどうかといえます。

HINT!

無償版で利用できるツール

Power BI無償版には共有機能が含まれないため「個人用」「個人用プラン」というように呼ばれる場合もあります。無償版＝Power BI Desktopと勘違いするケースもありますが、Power BIサービスも無償で利用できるものです。

HINT!

ユーザー数と利用方法に応じたコストを試算できる

Power BIを利用するユーザー数や利用方法に応じ、適切なライセンスを試算できるツールが用意されています。合計ユーザーを指定し、スライダーをドラッグしてユーザーの割合を指定することで、Power BI Pro のライセンスやPower BI Premium の月額料金などを試算できます。

▼Power BI Premium計算ツール
https://powerbi.microsoft.com/ja-jp/calculator/

Power BI無償版とPower BI Proの違い

	Power BI 無償版	Power BI Pro（有償版）
利用シーン	個人用	組織内での利用
接続できるデータソース	サポートしているすべてのデータソース	サポートしているすべてのデータソース
共有機能	なし	○
Web リンク	○	○
容量	10GB/1 ユーザー	10GB/1 ユーザー
ダッシュボード機能	○	○
ワークスペースによる共有	—	○
アプリによる共有	—	○
データ更新	1日8回（30分間隔で設定可）	1日8回（30分間隔で設定可）
SharePointへの埋め込み	—	○
メールでのサブスクライブ	—	○

Power BI Desktopを利用したレポートの作成機能は、無償版でも有償版でも基本的に違いがありません。有償版であるPower BI Proと無償版の大きな違いは「共有」機能があるかどうかです。無償版では自分で作成したレポートを自分で利用することを前提としており、共有機能はありません。レポートをPower BIサービスに発行してWebリンクの作成はできますが、Webリンクはアクセス権が設定できないためリンクさえ分かれば誰でも閲覧可能となります。また、生成されるURLは複雑とはいえ、インターネット経由で不特定多数にアクセスされる可能性もあります。インターネットで一般公開しているWebサイトの分析結果などでの利用では問題ないかもしれませんが、業務で利用するデータの分析結果をWebリンクで共有するのは避けた方がいいでしょう。

もちろんPower BI Desktopで作成したレポートのPBIXファイルを、組織内で権限が管理されている場所で共有する方法もありますが、レポート内で利用しているデータの更新は手動操作によるため、更新のタイミングにより集計結果にズレが生じてしまうことになります。またファイル共有されているPBIXファイルをローカルに保存して利用しているユーザーがいる場合、レポートの更新を行った場合に差異が発生してしまうでしょう。アクセス権を指定した上でレポート共有を行うためには、Power BI Proの利用をおすすめします。

HINT!

無償版で十分なケースとは

- 担当する業務の分析を自分で行うだけであり、作成したレポートを共有しない場合
- 作成したレポートをPowerPointなどの資料にコピーして共有する場合
- Webサイトの分析結果など結果をオープン(インターネットで誰でも見られる状態)に公開したい場合

HINT!

Power BI無償版の大きな変更

2017年6月よりPower BI無償版で利用できる機能は大きく変更されました。変更後は、無償版は「1人での利用」、有償版は「組織内での利用」と位置付けがよりはっきりしたといえます。

以前の Power BI無償版では、機能が限定的ではありましたが、複数メンバーとのレポート共有機能が含まれていましたが、現在は利用できません。逆に無償版での制限事項であった下記はなくなり、有償版と同様の機能が利用できるよう変更されました。

- 接続できるデータソースに対する制限
- 1ユーザーあたりの容量の差
- データ自動更新の1日あたりの上限回数

この章のまとめ

● Power BI のツールとライセンスを理解する

この章では、Power BIの概要として、提供されるツールやライセンスの違いを解説しました。

Power BIは無償から利用できますが、組織内での共有が必要な場合には有償ライセンスも用意されています。

またデータの取得/加工、可視化を行うために利用する「Power BI Desktop」、作成したレポートをWebやモバイルから利用するため、また自動的にデータ更新を行うために利用する「Power BI サービス」、モバイルから利用するための「Power BIモバイルアプリ」の3つのツールで構成されます。特にPower BI DesktopとPower BIサービスの違いは、どちらのツールでもできることがあるため最初は分かりにくいですが、それぞれで行えることの違いは下記の図の通りです。

Power BI Desktop

データ分析、レポート作成
アプリケーション

- データの取得
- 取得したデータの加工
- レポートの作成/編集
- レポートの利用
- レポートの発行

レポート管理、ダッシュボード利用
クラウドサービス（Webサイト）

- データの取得
- レポートの作成/編集
- ダッシュボードの作成/編集
- レポート、ダッシュボードの利用
- データ更新のスケジュール
- 共有（有償版のみ）

準備編

第2章 利用する環境をセットアップしよう

Power BI の利用に必要な環境を準備する方法として、Power BI サービスへのサインアップと Power BI Desktop のインストールを行う手順を解説します。これらの環境は無料で利用できます。また本書の第3章以降の内容は、Power BI の利用環境を用意することで、実際に操作を行いながら読み進めていただけます。

●この章の内容

❺ Power BIサービスにサインアップするには…………26
❻ Power BI Desktopをインストールするには…………30

レッスン

5 Power BIサービスにサインアップするには

Power BI サービスの登録

キーワード

Office 365	p.316
Power BI	p.316
Power BI Pro	p.316
サインアップ	p.318
サインイン	p.318

利用するためには、アカウントの作成が必要

Power BIを利用するための準備として、まずはPower BIサービスにサインアップ（登録）を行います。サインアップを行う際にはメールアドレスおよびユーザー情報の入力が必要です。
第1章で解説した通り、Power BIサービスのサインアップや利用は無料で行えます。なお、有償版であるPower BI Proについては、本書の第9章以降を参照してください。

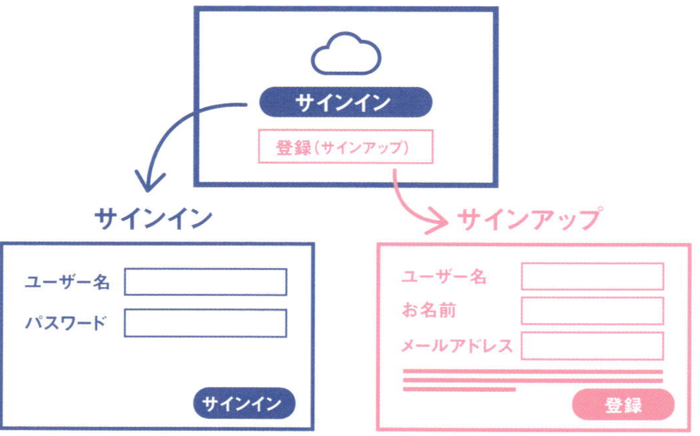

関連レッスン

▶レッスン2
Power BIを構成するツールを知ろう……p.016
▶レッスン3
各ツールの位置付けを理解しよう……p.020
▶レッスン6
Power BI Desktopをインストールするには……p.030

HINT!

「サインアップ」とは

レッスン❺で実行する「サインアップ」とは、オンライン上で提供されているサービスやアプリの新規登録を行い、アカウントを作成することをいいます。また利用登録後に、自分のアカウントとパスワードを利用して、サービスに参加する方法を「サインイン」や「ログイン」、サービスの利用状態を解除することを「サインアウト」、「ログアウト」などといいます。

サインアップに利用できるメールアドレス

Power BIサービスにサインアップするには、会社や組織から割り当てられたメールアドレスが必要です。厳密にはカスタムドメインを利用したメールアドレスが必要であり、Outlook.com、hotmail.com、gmail.comなどのコンシューマー向け電子メールサービスや通信プロバイダーが提供しているメールアドレスではサインアップができません。

利用可

利用不可

利用可	利用不可
会社や学校など組織で用意されたメールアドレス 	yahoo!メール Gmail Outlook.com hotmail などの 無料メールアドレス
×××@独自ドメインのメールアドレス	nifty So-net BIGLOBE などの プロバイダーが提供するメールアドレス

HINT!

サポートされていないメールアドレスを入力したときは

Power BIサービスがサポートしていないメールアドレスを手順1で入力し、［無料で使用］ボタンをクリックすると「You entered a personal email address:」といったエラーメッセージが表示されます。サポートされているメールアドレスを利用してください。

このように表示されたときは、サポートされているメールアドレスを利用する

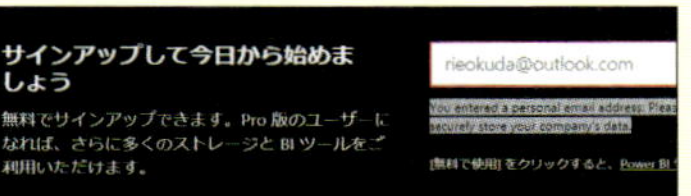

サインアップして今日から始めましょう
無料でサインアップできます。Pro 版のユーザーになれば、さらに多くのストレージと BI ツールをご利用いただけます。
rieokuda@outlook.com
You entered a personal email address. Please securely store your company's data.
［無料で使用］をクリックすると、Power BI

次のページに続く

1 Power BIサービスのサインアップ画面を表示する

Webブラウザーを起動しておく

1 右記のURLを入力

▼Power BI サービス画面
https://app.powerbi.com

2 Enter キーを押す

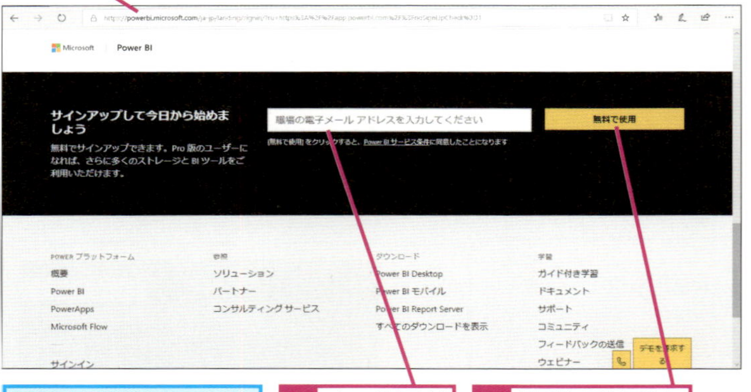

画面を下にスクロールしておく

3 メールアドレスを入力

4 [無料で使用] をクリック

2 本人確認方法を選択する

ユーザーの本人確認選択画面が表示された

スマートフォンにテキストメッセージを受信し、本人確認を行う

1 [自分のテキストメッセージを送信(SMS認証)] を選択

2 テキストメッセージを受け取れるスマートフォンの電話番号を入力

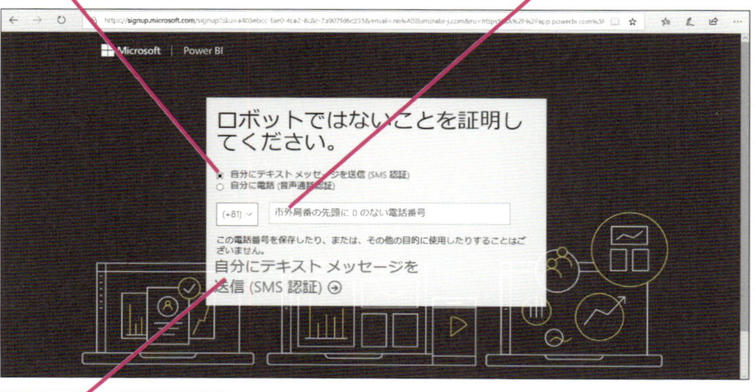

3 ここをクリック

HINT! Office 365のメールアドレスを利用した場合

手順1でOffice 365のメールアドレスを入力すると、手順2と手順3の画面は表示されません。「アカウントをお持ちです」と表示されるため、[サインイン] をクリックしてOffice365のアカウントを利用してサインアップを完了すると、手順4の画面が表示されます。

アカウントをお持ちです

既に別の Microsoft サービスで rie@illuminate-j.jp を使用しています。Microsoft Power BI へのサインアップを完了するには、既存のパスワードでサインインしてください。

サインイン

HINT! 人間が操作していることを証明する

人のふりをして不正にWebサイトを利用する悪質なプログラムやボットによる不正利用を防ぐため、さまざまなWebサイトにおいて対策がとられています（パズルを行わないといけない画面などが表示されることが一般的です)。
Power BIでは手元で操作できるスマートフォンや電話を利用して本人確認が行われます。
スマートフォンをお持ちの場合は、テキストメッセージによる確認方法が手軽です。手順のように電話番号を入力して、[自分にテキストメッセージを送信(SMS認証)] をクリックすると、入力した電話番号宛てにテキストメッセージが届きます。届いたテキストメッセージに記載されている文字列をWeb画面に入力することで、人間が操作していることや本人確認が行え、次の手順に進めます。
また音声通話による認証を選択した場合は、電話がかかってきて、画面に入力しなければいけない文字列を音声で取得します。

準備編 第2章 利用する環境をセットアップしよう

3 アカウント情報を登録する

アカウントの作成画面が表示された

1 自分の名字を入力

2 自分の名前を入力

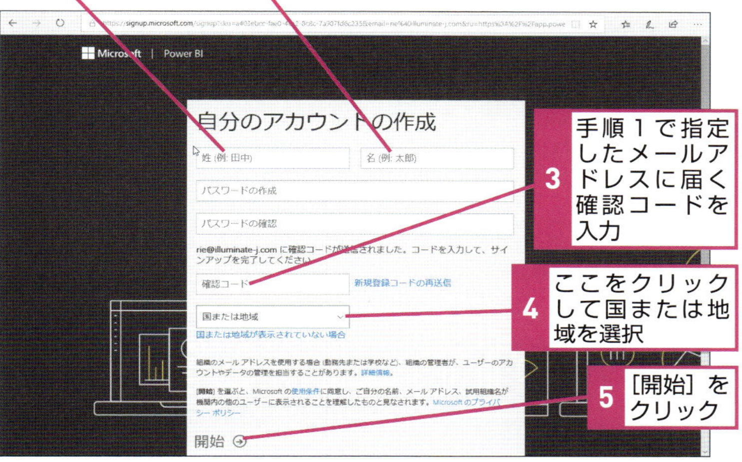

Power BIサービスへのサインアップが完了する

しばらく待つと、Power BIサービスへのサインアップが完了する

サインアップ完了後にようこそ画面が表示された

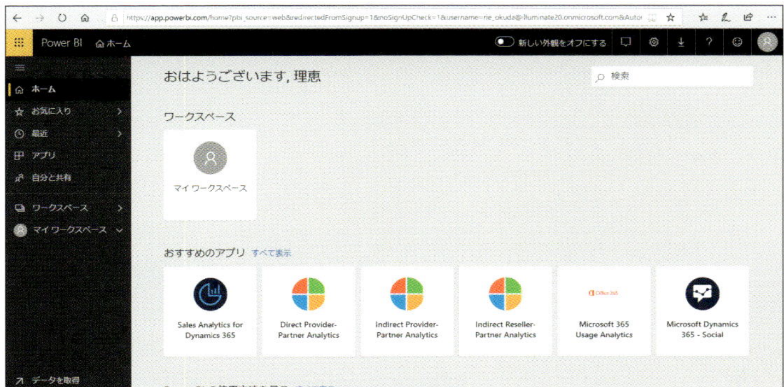

[他の人を招待] の画面が表示されたときは、[スキップ]をクリックする

HINT! 確認コードについて

手順1で指定したメールアドレスに確認コードを記載したメールが送信されます。メールを確認してください。

HINT! Power BIサービス画面を再度開くには

サインアップを行った後、再度Power BIサービスの画面を表示するには、Power BIサービス画面をWebブラウザーで表示し、手順1で登録したメールアドレスと手順3で登録したパスワードでサインインを実行しましょう。
またサインインした状態でブラウザーを閉じた場合、再度Power BIサービス画面を開いたときにサインインされた状態で開くこともあります。

▼Power BI サービス画面
https://app.powerbi.com

レッスン 6

Power BI Desktopをインストールするには

インストール

キーワード

Microsoftストア	p.315
サインアウト	p.318
サインイン	p.318
ダッシュボード	p.318
フィルター	p.320

関連レッスン

▶レッスン2
Power BIを構成するツールを知ろう …… p.016

▶レッスン3
各ツールの位置付けを理解しよう …… p.020

▶レッスン5
Power BIサービスにサインアップするには …… p.026

アプリケーションをインストールしてサインインを実行する

Power BI Desktopはデータを取得して加工を行い、レポートを作成するためのツールです。Power BI Desktopで作成した内容は、Power BIサービスに発行することで、ダッシュボードやモバイルからの利用も可能となります。このレッスンでは、Power BIを利用するための準備の続きとしてPower BI Desktopのインストールを行います。第1章で解説した通り、Power BIサービスと同様にPower BI Desktopも無償で利用できるツールです

インストールの最小要件

Power BI DesktopはWindows PCにインストールして利用するアプリケーションです。インストールを行うため必要な最小要件は次の通りです。

システム要件	Microsoft .NET Framework 4.5 Internet Explorer 9 以降
CPU	1GHz または高速なプロセッサ
メモリー	1GB 以上（推奨は 1.5GB 以上）
ディスプレイ	1440 × 900 ドット以上 （推奨は 1600 × 900）
Windows 表示設定	100%

HINT!

ストア版は最新バージョンが自動でダウンロードされる

MicrosoftストアからダウンロードできるPower BI Desktopの場合、更新が自動でダウンロードされるため、常に最新の状態で利用できます。Windows 10をご利用の場合は、Microsoftストアが利用できるため、ストア版を検討するといいでしょう。なお、ダウンロード版の場合は、個別に更新のインストールが必要です。

準備編 第2章 利用する環境をセットアップしよう

ストア版のインストール

ここではPower BIサービス画面から ストア版をインストールする

1 [ダウンロード] を クリック

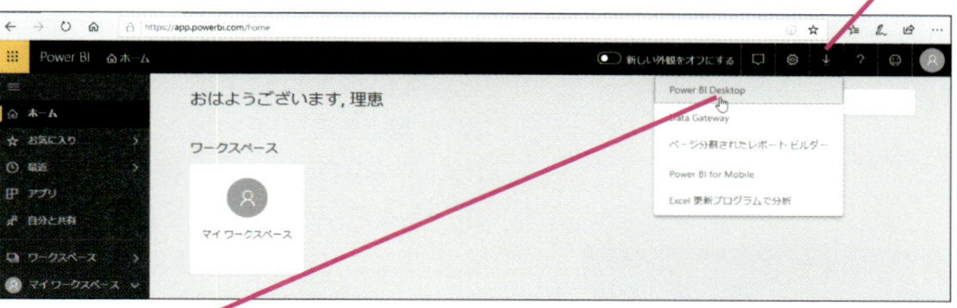

2 [Power BI Desktop] を クリック

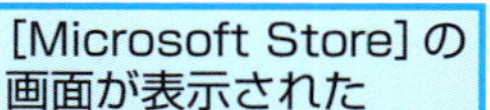

[Microsoft Store] の 画面が表示された

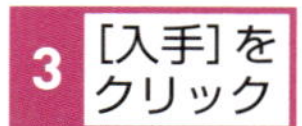

3 [入手] を クリック

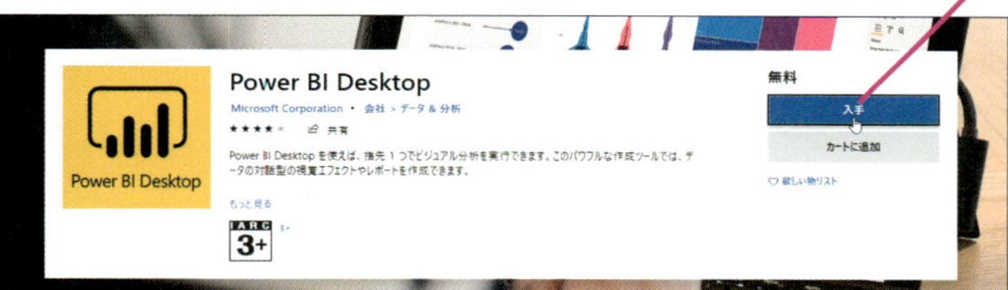

ダウンロードとインストールが 完了するまで、しばらく待つ

インストールが完了し、「この製品はインストール済みです。」と表示された

[起動] をクリックすると、Power BI Desktop をすぐに起動できる

HINT!

ストア版とダウンロード版の 両方はインストールできない

1台のパソコンにストア版とダウンロード版両方のPower BI Desktopをインストールすることはできません。アンインストールしてからインストールをやり直す必要があります。

HINT!

Microsoftストアから ダウンロードできる

ここではPower BIサービス画面からストア版のダウンロードを実行していますが、タスクバーの［Microsoft Store］をクリックしてダウンロードを実行してもかまいません。

HINT!

ダウンロード版を 入手するには

ダウンロード版をインストールするには、以下のWebページで［ダウンロードまたは言語のオプションを表示する］をクリックして操作します。

▼無料ダウンロードページ
https://powerbi.microsoft.com/ja-jp/desktop/

[ダウンロードまたは言語のオプションを表示する] をクリックし、日本語版を選択する

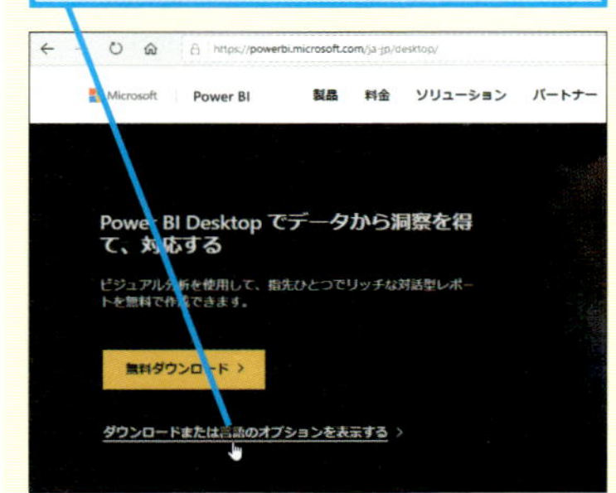

次のページに続く

6 インストール

起動とサインインの実行

インストール後、Power BI Desktopを起動するとサインインの画面が表示されます。レッスン❺で登録したPower BIサービスと同じアカウントでサインインしてPower BI Desktopを利用します。

[スタート] メニューからPower BI Desktopを起動する

1 [スタート] をクリック

2 [Power BI Desktop] をクリック

Power BI Desktopの起動画面が表示された

ユーザー登録の画面が表示された

ここではユーザー登録を行わず、サインインを実行する

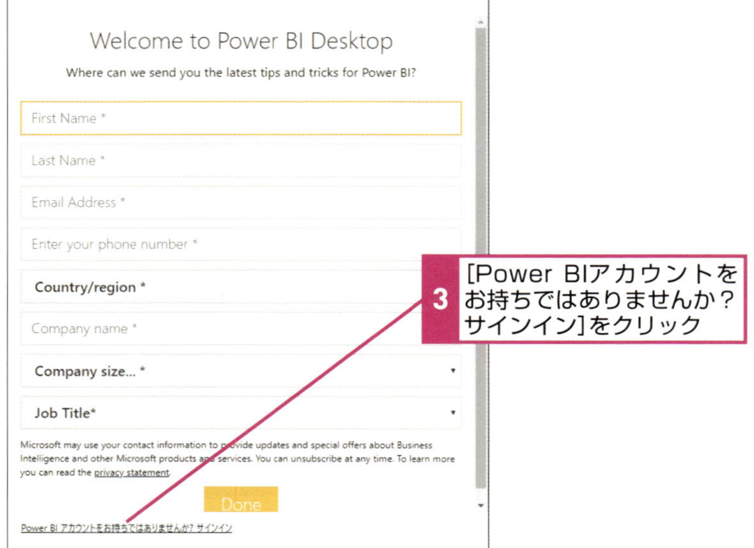

3 [Power BIアカウントをお持ちではありませんか? サインイン]をクリック

HINT! サインインは必須ではない

Power BI Desktopの起動後に [サインイン] をクリックせずに利用することも可能です。サインインを実行しない場合は右上の[×]で左記画面を閉じてください。ただし、Power BI Desktopで作成したレポートをPower BIサービスに発行するときは、レッスン❺で登録したPower BIサービスと同じアカウントでのサインインが必須となります。

HINT! パスワードの入力画面が表示されたときは

サインインの実行時に下記の画面が表示されたときは、レッスン❺で登録したパスワードを入力してから[サインイン] ボタンをクリックします。

1 パスワードを入力

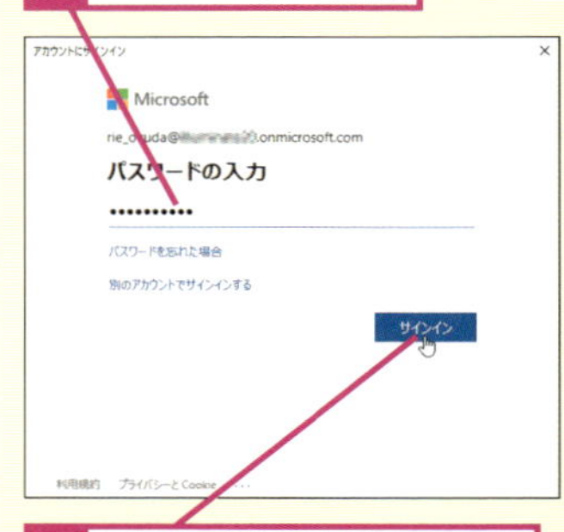

2 [サインイン]をクリック

準備編 第2章 利用する環境をセットアップしよう

[サインイン] の画面が表示された

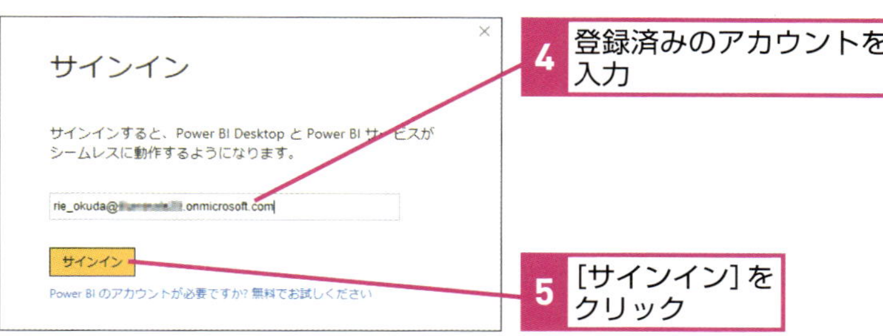

4 登録済みのアカウントを入力

5 [サインイン] をクリック

サインインが実行された状態でPower BI Desktopが起動した

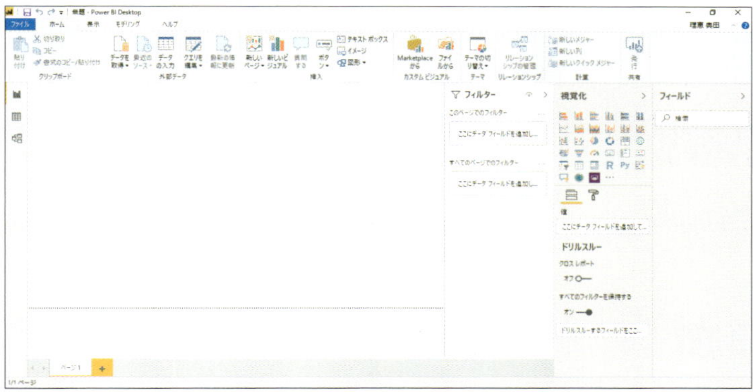

ユーザー名の確認

サインインを実行すると、Power BI Desktopの右上にサインインしたユーザー名が表示される

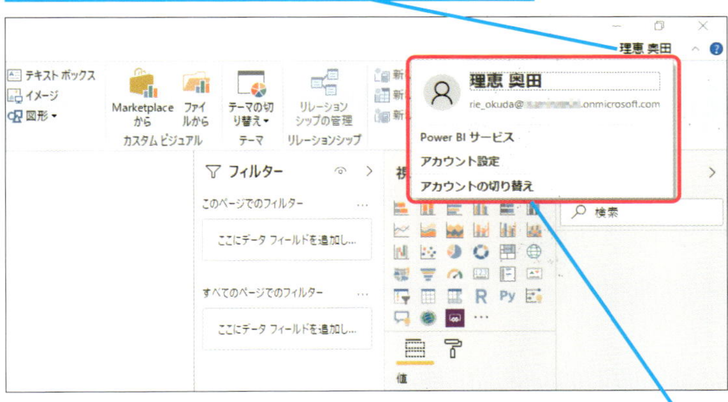

ユーザー名をクリックしてPower BIサービス画面を表示したり、アカウント設定を実行したりすることができる

HINT! 新機能や動画の紹介画面を非表示にするには

Power BI Desktopの起動時に表示されるスタートページには、更新による新機能や学習に役立つ動画コンテンツなどが表示されます。起動時に新機能や動画の紹介画面が表示されないようにするには、[スタートアップ時にこの画面を表示する] をクリックしてチェックマークをはずしておきましょう。

スタートページに新機能や動画コンテンツを表示しないようにするには、[スタートアップ時にこの画面を表示する]をクリックしてチェックマークをはずす

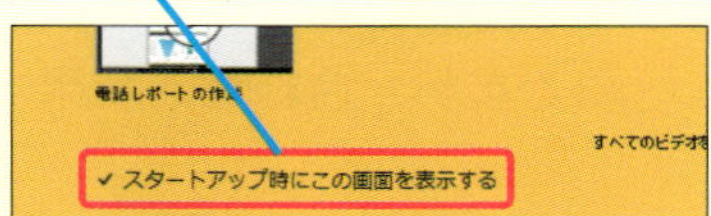

HINT! 使わないウィンドウを非表示にしておく

Power BI Desktopを起動すると画面の右側に [フィルター] ウィンドウや [視覚化] ウィンドウ、[フィールド] ウィンドウが表示されます。使わないときは以下を参考にしてウィンドウを折りたたんでおきましょう。

ここをクリックしてウィンドウを折りたためる

HINT! Power BI Desktopでサインアウトを実行するには

複数のユーザーアカウントを利用している場合など、Power BI Desktopでサインアウトを実行するには、[ファイル] メニューから [サインアウト] をクリックします。

6 インストール

この章のまとめ

● Power BI を利用するためのツール

この章では、Power BIを利用するため、クラウドサービスであるPower BIサービスへのサインアップ方法、そして、Windows PC にインストールして利用するソフトウェアである Power BI Desktopのインストール方法の2つを紹介しました。
Power BIのサービスで行えることとPower BI Desktopで行えることは重複している点もあります。クラウドサービスとアプリケーションのそれぞれ単体でもPower BIの利用は可能ですが、合わせて利用することでデータの取得や加工、レポートの作成、ダッシュボードの利用、モバイルからの閲覧など「Power BIのフル機能」を活用できるようになります。ダッシュボードの利用方法やレポート作成については、第3章以降で詳しく解説します。
ここでは、レポート管理やダッシュボードを利用するクラウドの「Power BIサービス」、そしてデータ分析とレポートを作成するアプリケーションの「Power BI Desktop」の役割を覚えておきましょう。

データ分析、レポート作成
アプリケーション

レポート管理、ダッシュボード利用
クラウドサービス（Webサイト）

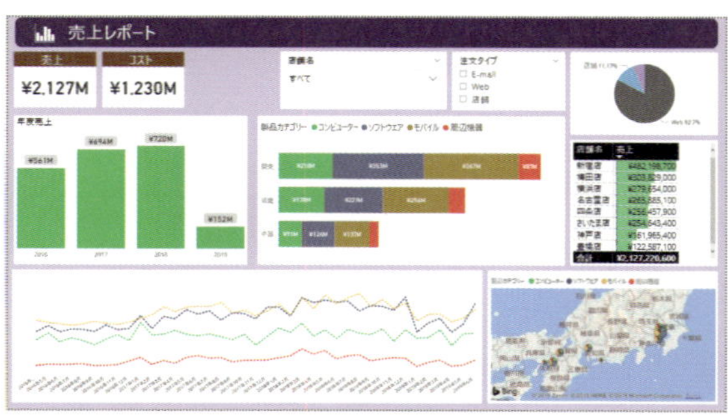

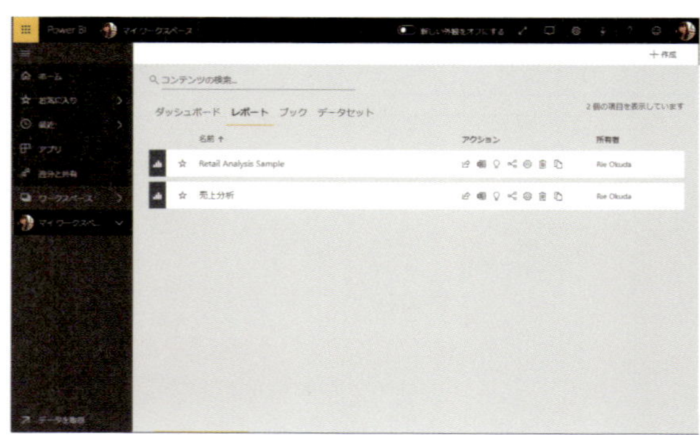

準備編

第3章 基本を理解しよう

Power BIの基本として、ダッシュボードやレポートの操作方法や基本的な用語を解説します。Power BIで提供されているサンプルコンテンツを利用して画面を操作しながら基本を理解いただけます。

●この章の内容

❼ サンプルを取得するには……36
❽ ワークスペースとコンテンツを知ろう……40
❾ ダッシュボードのデータを確認するには……42
❿ ダッシュボードをお気に入りに登録するには……48
⓫ レポートの基本操作を覚えよう……50
⓬ 自動的に分析結果を得るには……54
⓭ モバイルからアクセスしよう……56

レッスン

7 サンプルを取得するには

サンプルコンテンツを取得

キーワード

PBIXファイル	p.316
サインイン	p.318
ダッシュボード	p.318
マイワークスペース	p.320
レポート	p.321

Power BIの機能や操作をすぐに試せる

Power BIを初めて使うユーザーでも心配はありません。Power BIには、機能や操作を理解するためのサンプルが数多く用意されています。サンプルを利用すれば、どんなレポートを作成できるのか利用イメージを知りたい場合はもちろん、Power BIの操作をすぐに試せます。また、設定内容を確認したいときの教材としても最適です。さまざまな業種や部門のシナリオをベースとしたサンプルが用意されているため、興味のある分野や自分の業務に近い内容を選択するだけで、Power BIの学習に利用できます。このレッスンでは、Power BIサービスを利用して提供されているサンプルを取得する方法を紹介します。

関連レッスン

▶レッスン8
ワークスペースとコンテンツを知ろう……p.040
▶レッスン9
ダッシュボードのデータを確認するには……p.042
▶レッスン10
ダッシュボードをお気に入りに登録するには……p.048
▶レッスン11
レポートの基本操作を覚えよう……p.050
▶レッスン12
自動的に分析結果を得るには……p.054
▶レッスン13
モバイルからアクセスしよう……p.056

収益性や売上、マーケティング、小売りでの分析など、業種や部門をイメージした数多くのサンプルが用意されている

Power BIの理解に役立つサンプルが用意されている

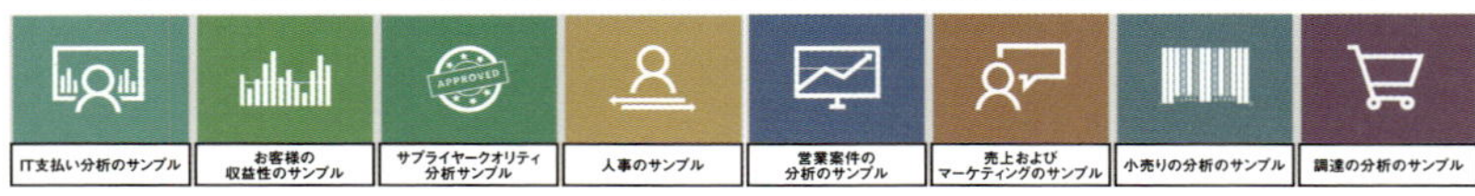

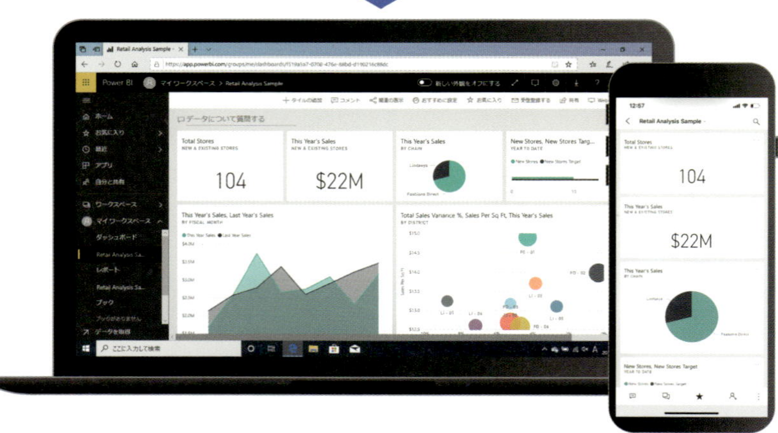

Power BIサービス画面を表示する

レッスン❺を参考に、Power BIサービス画面を表示しておく

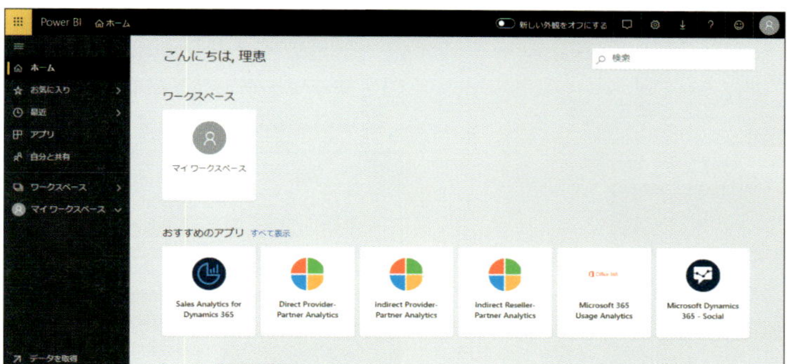

2 [データを取得] 画面を表示する

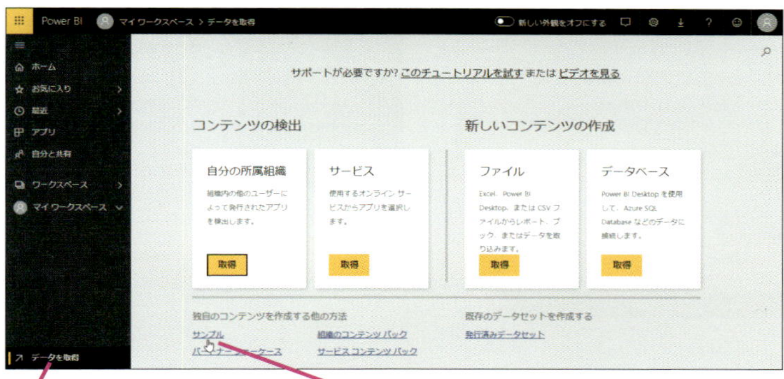

1 [データを取得] をクリック

2 [サンプル] をクリック

HINT! 「サインイン」の画面が表示されたときは

Power BIサービス画面を表示するとき、サインインの画面が表示される場合があります。サインインの画面が表示されたときは、レッスン❺で登録したメールアドレスとパスワードを入力してサインインを実行しましょう。

サインイン画面が表示されたときは、Power BIサービスに登録したメールアドレスを入力し、[次へ] をクリックし、パスワードを入力する

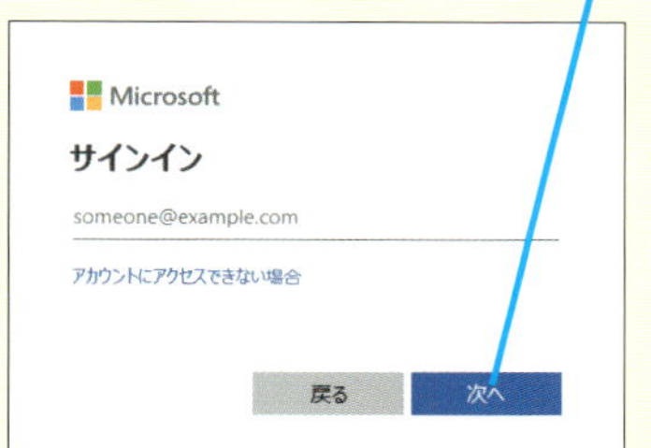

HINT! サンプルを個別にダウンロードするには

Power BIサービスで提供されているサンプルには、データセット、レポート、ダッシュボードが含まれています。サンプルに含まれるデータセットには、大容量の匿名化された分析用のデータが含まれています。このレッスンでは、Power BIサービスからサンプルをインポートする方法を紹介していますが、下記URLよりPBIXファイル（Power BI Desktopで開けるファイル形式）やExcelファイル形式で同様のサンプルをダウンロードできます。

▼Power BIサンプル解説 URL
https://docs.microsoft.com/ja-jp/power-bi/sample-datasets

次のページに続く

③ サンプルを選択する

ここでは［小売りの分析のサンプル］を選択する

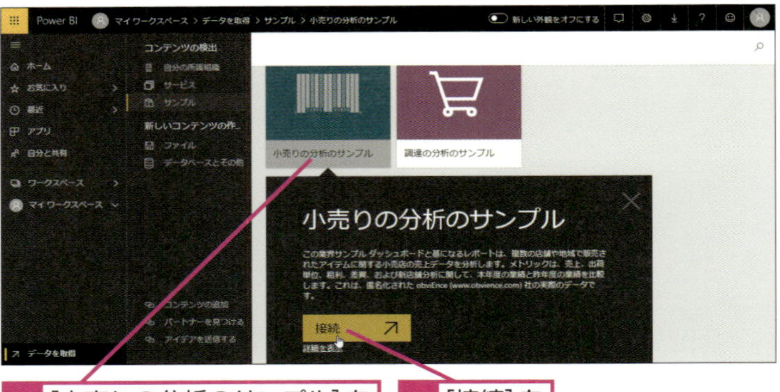

1 ［小売りの分析のサンプル］をクリック

2 ［接続］をクリック

④ サンプルがインポートされた

選択したサンプルに含まれるダッシュボードが表示された

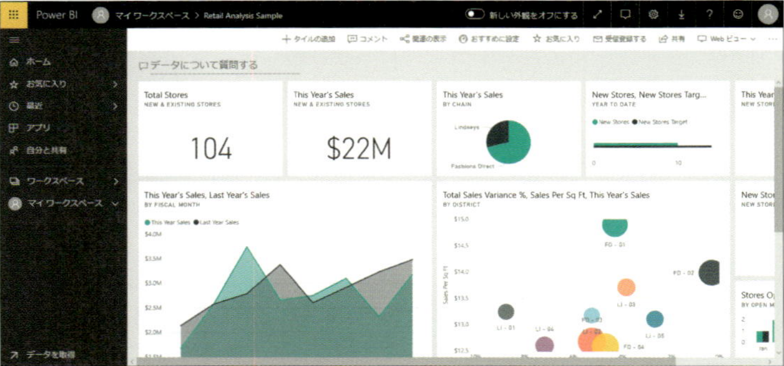

HINT!

ダッシュボードが自動で表示されなかったときは

サンプル取得後にダッシュボードが自動的に表示されないときは、画面左にあるナビゲーションウィンドウの［ダッシュボード］に表示されている項目をクリックします。

ダッシュボードが自動で表示されないときは、［ダッシュボード］に表示されている項目をクリックする

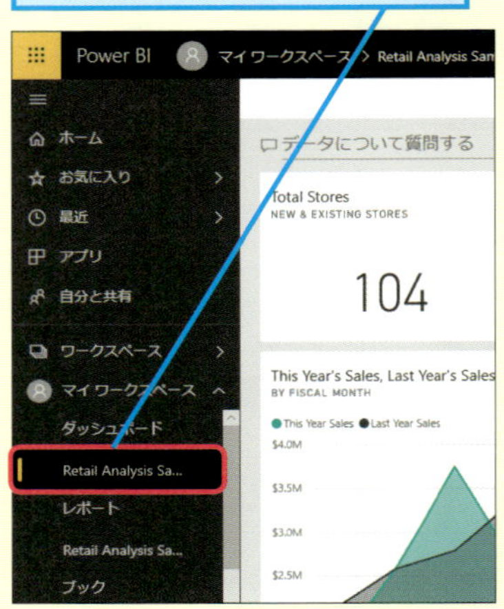

手順で取得した［小売の分析のサンプル］には次の内容が含まれています。

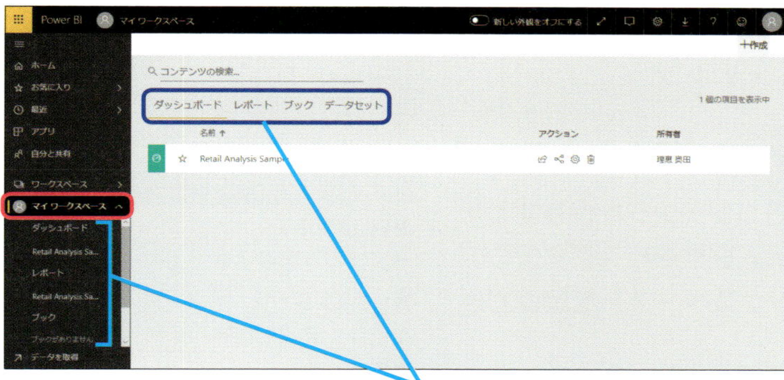

マイワークスペース内のコンテンツが種類ごとに一覧される

・ダッシュボード：1つ
・レポート：1つ
・データセット：1つ

HINT!

サンプル取得時に表示されるメッセージ

サンプル取得後、画面右上にメッセージが表示されたときは、［×］をクリックして閉じてかまいません。

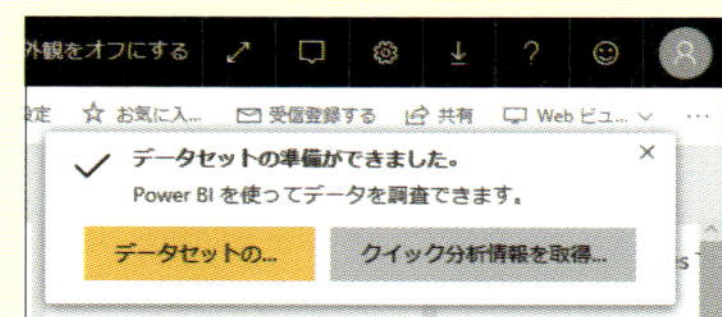

レッスン

8 ワークスペースとコンテンツを知ろう

ワークスペース、コンテンツ

マイワークスペースにコンテンツが格納される

「ワークスペース」とは Power BI の各コンテンツを保存するためのコンテナー（保存場所）です。Power BIサービスに自分のアカウントでサインインすると［マイワークスペース］を確認できます。

マイワークスペースは自分が作成したコンテンツを格納する場所であり、Power BIサービス内でマイワークスペースに含まれる内容を一覧で確認できます。レッスン❼で［小売りの分析のサンプル］をインポートしましたが、その結果、マイワークスペース内には、ダッシュボードとレポート、データセットがそれぞれ1つずつ追加されています。

このレッスンでは、マイワークスペースと、その中に保存できるPower BI の各コンテンツについて詳しく解説します。

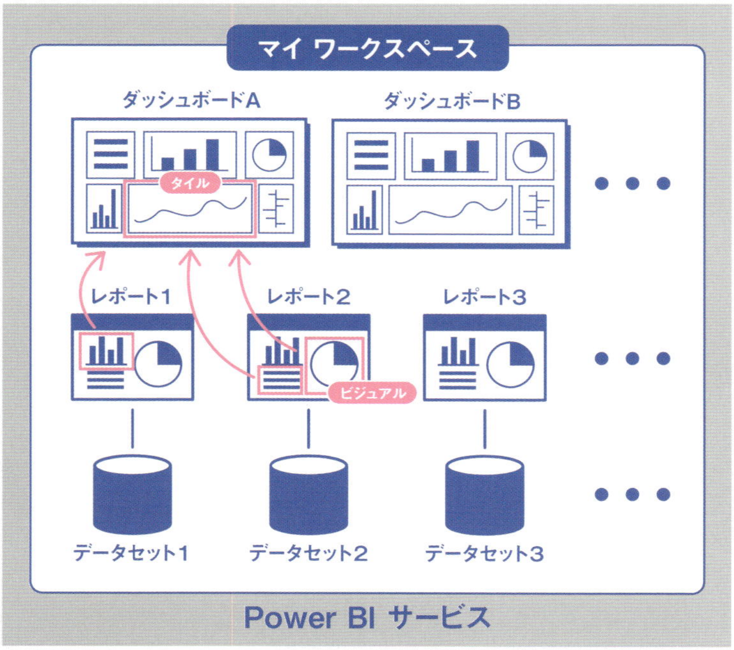

キーワード

タイル	p.318
ダッシュボード	p.318
マイワークスペース	p.320
レポート	p.321
ワークスペース	p.321

関連レッスン

▶レッスン7
サンプルを取得するには……………p.036
▶レッスン9
ダッシュボードのデータを確認するには………………………p.042
▶レッスン10
ダッシュボードをお気に入りに登録するには………p.048
▶レッスン11
レポートの基本操作を覚えよう……………………………p.050
▶レッスン12
自動的に分析結果を得るには……p.054
▶レッスン13
モバイルからアクセスしよう……p.056

データセット

ファイルやデータベース、クラウドサービスなどさまざまなデータソースに接続できます。取得したデータのあつまりがデータセットであり、1つのデータセット内には複数のデータソースから取得したデータを含められます。

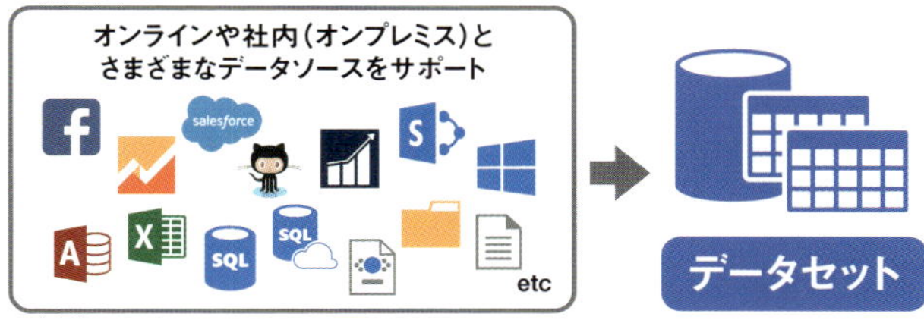

レポート

データセット内のデータを利用し、グラフや表を配置した画面をレポートといいます。またレポート内に配置したグラフや表を「ビジュアル」といいます。

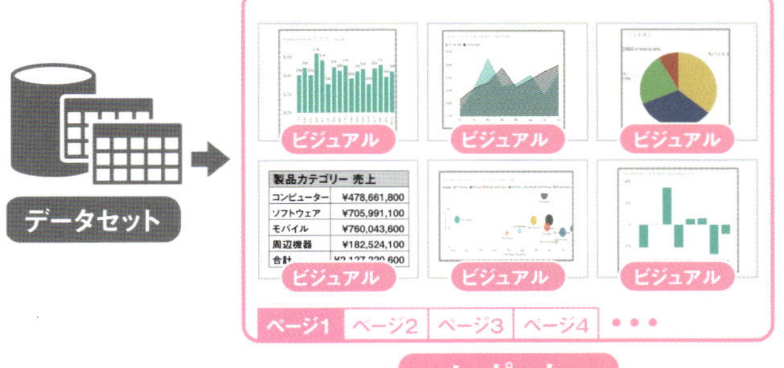

ダッシュボード

レポート上のビジュアルをピン留めしてまとめた画面をダッシュボードといいます。ダッシュボードに表示された内容はタイルと呼ばれます。

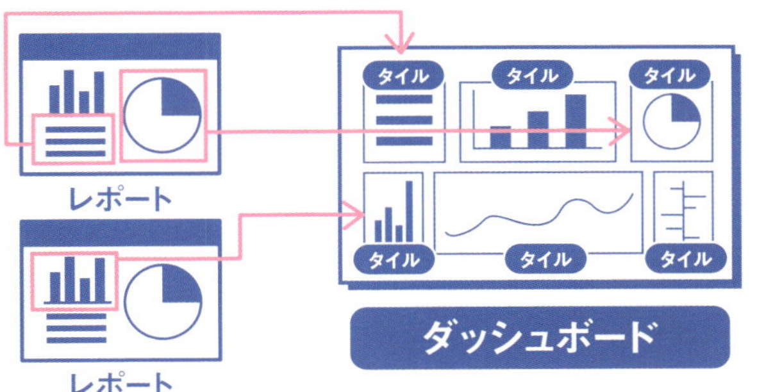

HINT! ナビゲーションウィンドウの表示/非表示

Power BIサービス画面の左側に表示されるナビゲーションウィンドウは、クリック1つで表示/非表示の切り替えが行えます。

1 ここをクリック

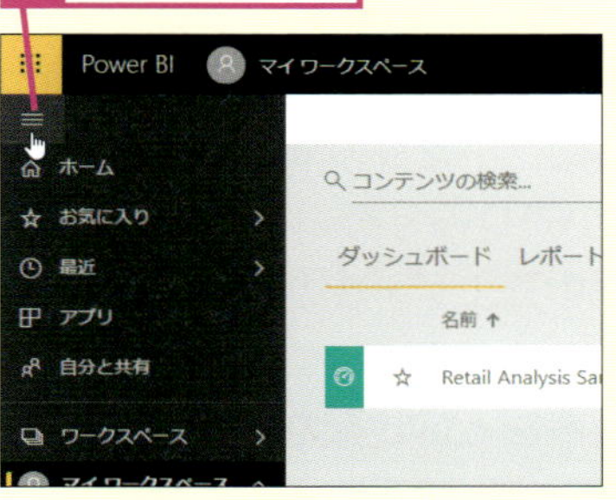

ナビゲーションウィンドウが非表示になった。再度クリックすると表示された状態に戻すことが可能

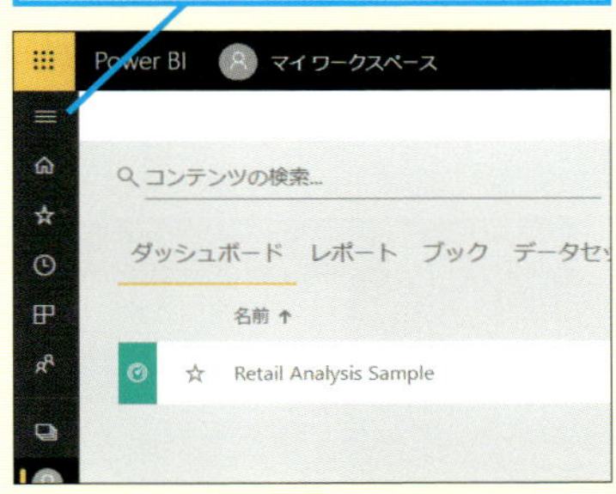

HINT! ダッシュボードにピン留め

ダッシュボードには複数のレポートからビジュアル（グラフや表）をピン留めできます。例えば、売上実績レポートと売上目標達成率レポート、販促キャンペーンWebサイトのAnalyticsレポートなど、自分の分析業務に関係ある内容が、別々のレポートに含まれていたとしても、それらのレポート内から一覧で確認したい内容をピン留めして一画面にまとめられます。

レッスン
9 ダッシュボードのデータを確認するには

ダッシュボードの基本操作

キーワード

タイル	p.318
ダッシュボード	p.318
ビジュアル	p.319
ピン留め	p.319
レポート	p.321

必要な情報をすぐに確認できる

ダッシュボードには複数のタイルが表示できるので、目的に沿って必要な情報を1画面で把握できます。以下はレッスン❼で取得した［小売りの分析のサンプル］に含まれるダッシュボードです。［小売りの分析のサンプル］では、複数の小売店で販売された商品の売上データが利用されており、ダッシュボードには小売店舗数や今年の売上総金額、店舗チェーンごとの売上比率、前年度売上金額との比較などがタイルとして表示されています。ダッシュボードを表示する方法やデータの内訳を確認する方法、該当するビジュアルが含まれるレポートを表示する方法など、ダッシュボードの基本操作を確認しましょう。

関連レッスン

▶レッスン7
サンプルを取得するには………… p.036

▶レッスン8
ワークスペースとコンテンツを知ろう………………… p.040

▶レッスン10
ダッシュボードをお気に入りに登録するには……… p.048

▶レッスン11
レポートの基本操作を覚えよう……………………………… p.050

▶レッスン12
自動的に分析結果を得るには…… p.054

▶レッスン13
モバイルからアクセスしよう…… p.056

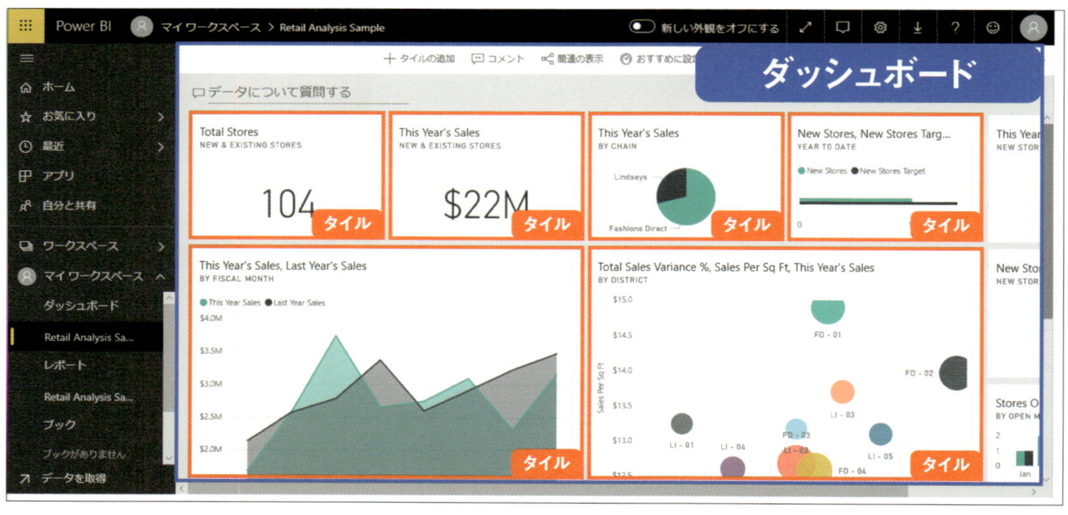

ダッシュボードを表示する

レッスン❺を参考に、Power BIサービス画面を表示しておく

ここでは、レッスン❼でインポートした[小売りの分析のサンプル]のダッシュボードを表示する

1 [マイワークスペース]のダッシュボードの下に表示されている[Retail Analysis Sample]をクリック

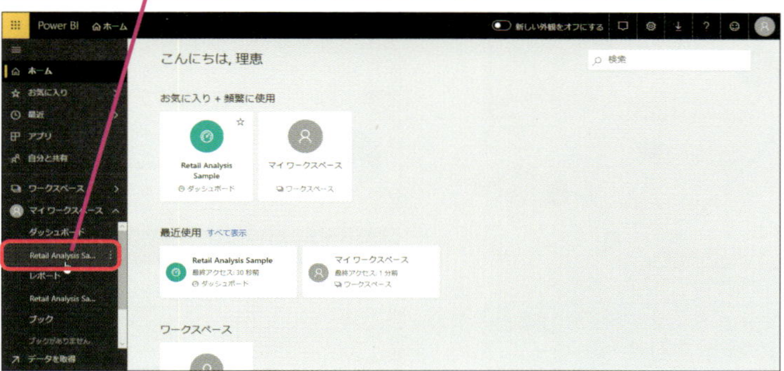

ダッシュボードが表示された

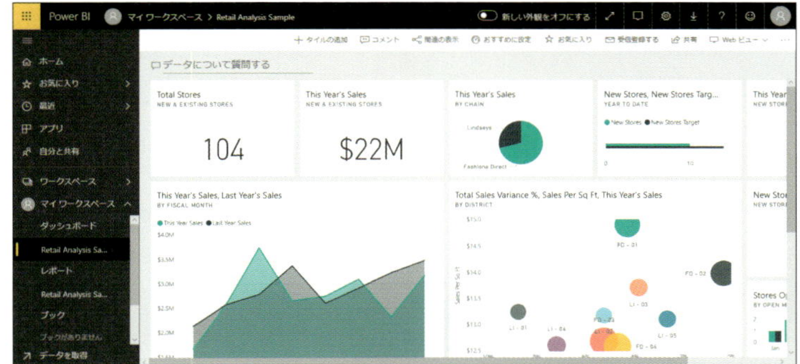

HINT! ダッシュボードと関連するコンテンツを確認するには

ダッシュボードに含まれるビジュアルを持つレポートやレポートのベースとなっているデータセットなど、ダッシュボードの関連コンテンツを確認するには、以下の手順で操作しましょう。[関連するコンテンツ]に一覧で表示されます。

1 [関連の表示]をクリック

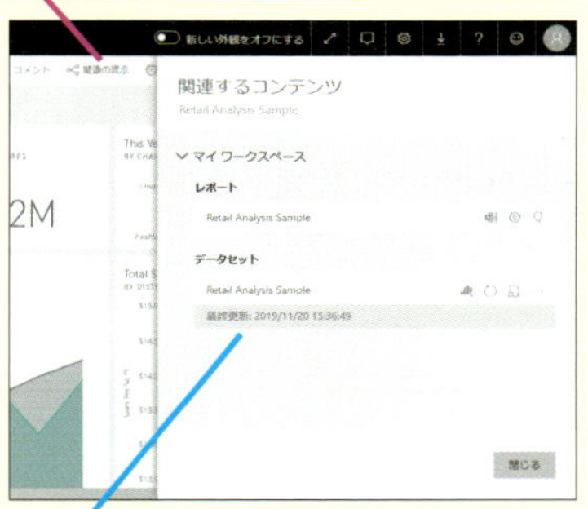

関連するレポートやデータセットが表示された

次のページに続く

2 データの内訳を確認する

各タイル内の内容にマウスポインターを合わせるとデータの内訳が確認できる

1 円グラフの［Fashions Direct］にマウスポインターを合わせる

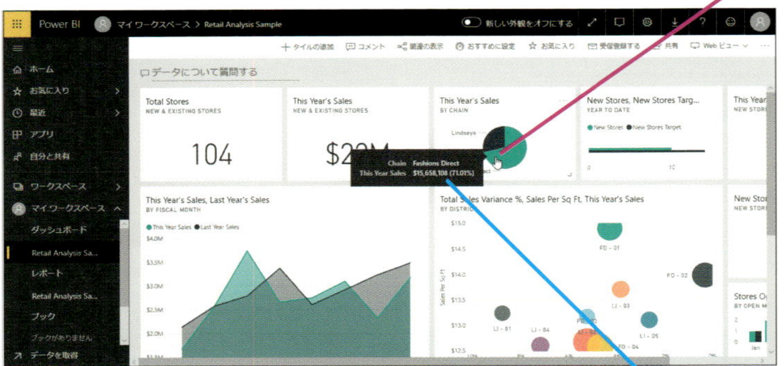

［Fashions Direct］の売上額と構成比が表示された

2 折れ線グラフの［Apr］にマウスポインターを合わせる

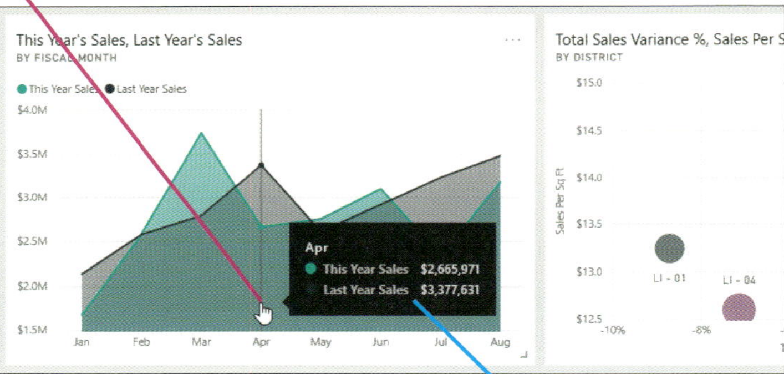

今年と去年の4月の売上金額が表示された

HINT! タイルを全画面で表示する

ダッシュボード内の各タイルはフォーカスモードにより全画面で表示して内容を確認できます。

1 ［その他のオプション］をクリック

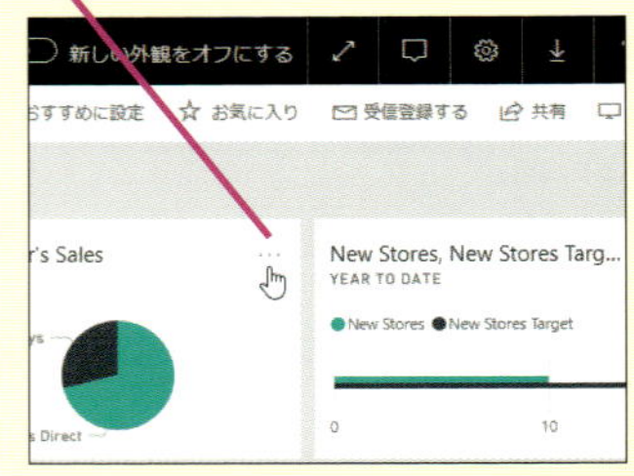

2 ［フォーカスモードで開く］をクリック

操作を行ったタイルが全画面で表示された

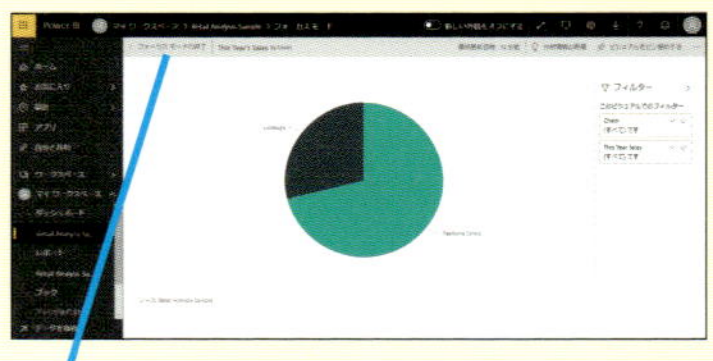

［フォーカスモードの終了］をクリックすると、ダッシュボードに戻れる

HINT! フォーカスモードでも内訳の確認が可能

フォーカスモードでタイルを全画面で表示している際も、マウスポインターを合わせることで詳細な数値データの確認が行えます。

さらに詳細なデータ探索を行うために

ダッシュボードに配置されているタイルは、レポート内のビジュアルをピン留めしたものです。ダッシュボードにあるタイルをクリックすると、該当するレポートが開き、関連するビジュアルとともにデータを探索できます。

3 関連するレポートを開く

1 関連するレポートを表示したいタイルをクリック

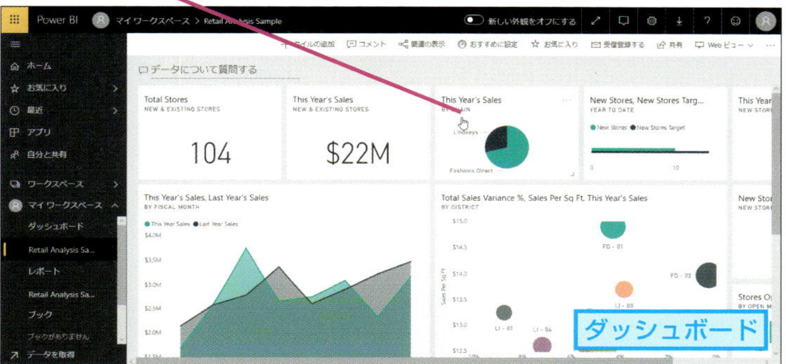

該当するビジュアルが含まれるレポートが表示された

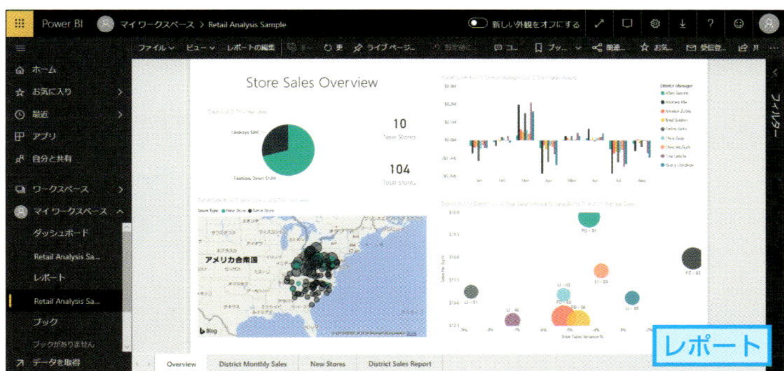

HINT!

ダッシュボードからレポートを表示するのは何のため？

ダッシュボードはすばやく確認したいデータを一覧するため、複数のレポートからグラフなどをまとめた画面です。そのためデータの並べ替えや、他のデータと連動したフィルターなど高度な分析操作は行えません。ダッシュボードでタイルをクリックし、該当するレポートを開くことで、さらに詳細なデータを探索できます。

次のページに続く

ここでは円グラフの［Fashions Direct］の要素を選択する

1 円グラフの［Fashions Direct］をクリック

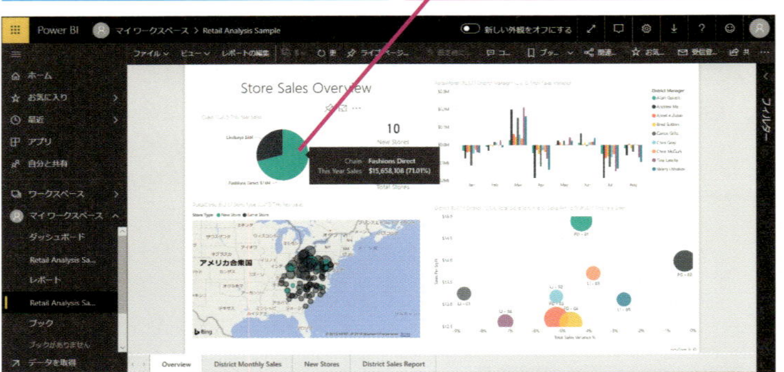

レポート内にあるビジュアルすべてで、［Fashions Direct］に等しいデータのみにフィルターされた

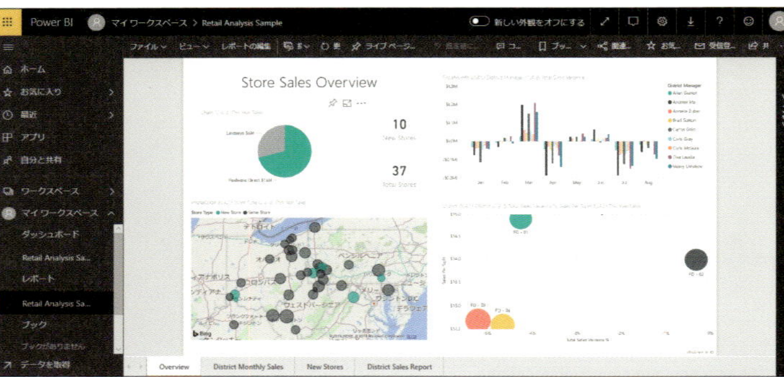

HINT!

ダッシュボードの内容を印刷するには

以下の手順でダッシュボードに表示されている内容を印刷できます。

1 ［その他のオプション］をクリック

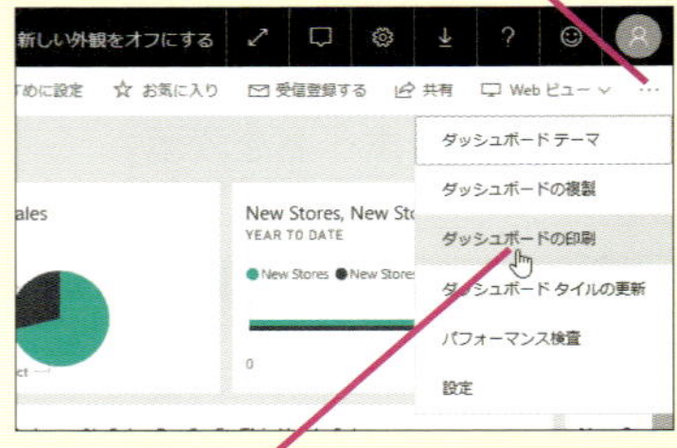

2 ［ダッシュボードの印刷］をクリック

ブラウザーの印刷画面が開く

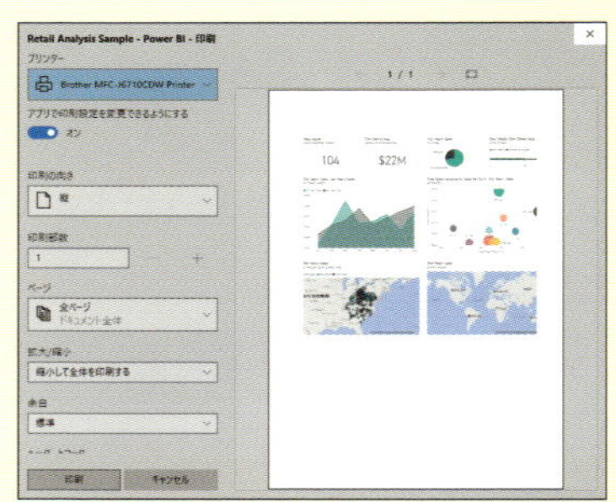

HINT!

ダッシュボードに戻るには？

レポートからダッシュボードに戻りたい場合、上部より［ダッシュボード名］をクリックします。

おすすめに登録したダッシュボードは、Power BIサービス画面が開いた際に、自動的に開く

自動的にグラフを作成し、データを探索

ダッシュボードには、自然言語で質問を入力することでグラフを作成する機能があります。この機能を「Q&A」といいます。質問を入力すると、最適なビジュアルが自動的に選択され、動的に表示されます。

Q&A画面を表示する

1 [データについて質問する]をクリック

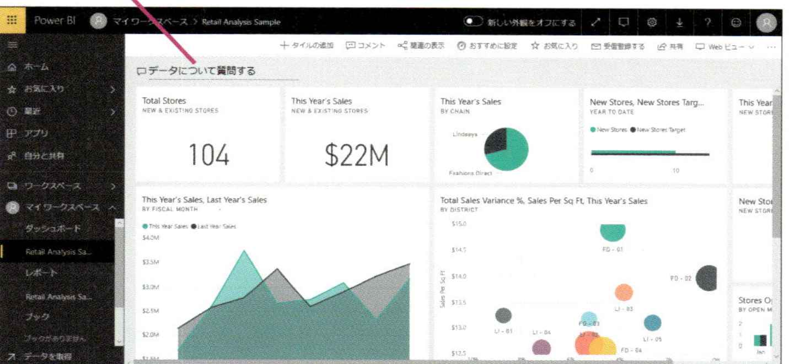

Q&A画面が表示された

質問からグラフを作成する

2 「sales by store」と入力

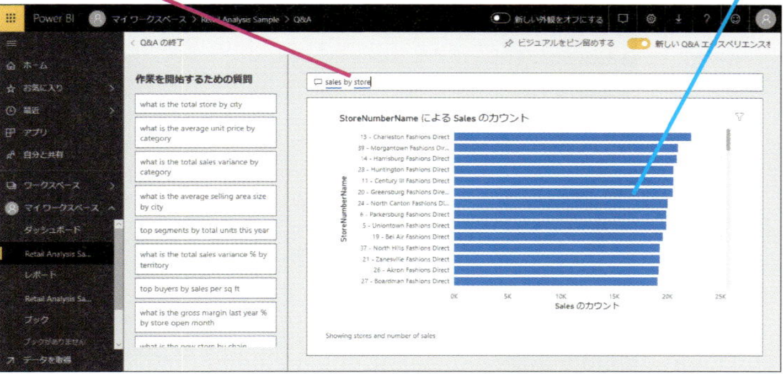

HINT!

キーワードでビジュアルを指定

手順では店舗別の売上が横棒グラフで表示されましたが、図のように as でつなげて表示するビジュアルの種類を指定することも可能です。

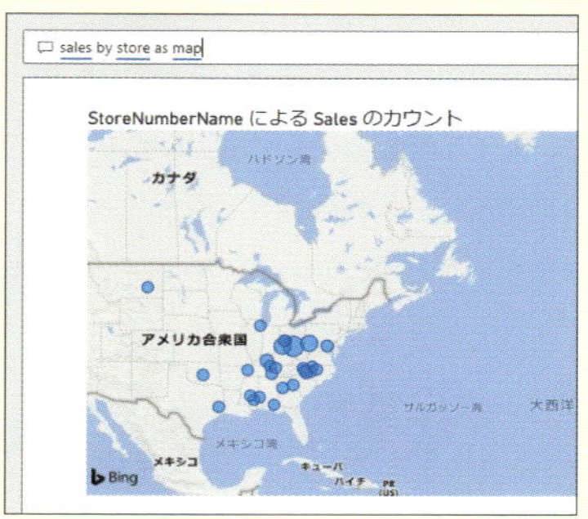

HINT!

Q&Aで作成したグラフのビジュアルをピン留めするには

Q&Aで作成したビジュアルは[ビジュアルをピン留めする]をクリックし、ダッシュボードにピン留めして表示できます。

1 [ビジュアルをピン留めする]をクリック

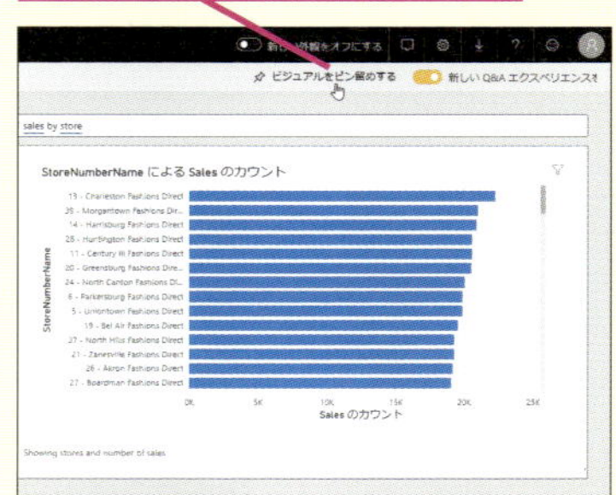

2 ダッシュボードを選択

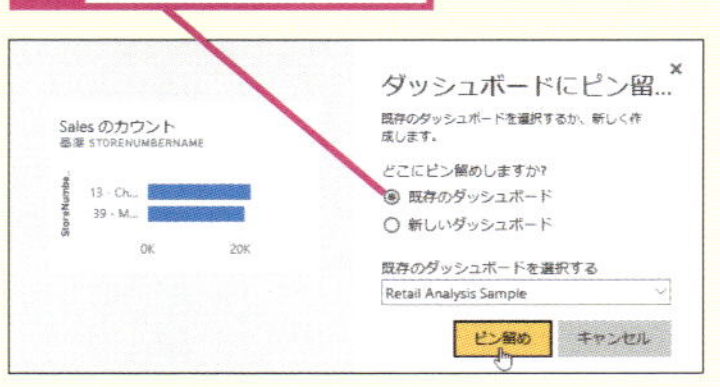

9 ダッシュボードの基本操作

レッスン 10

ダッシュボードをお気に入りに登録するには

お気に入り、おすすめに設定

キーワード

Power BI	p.316
タイル	p.318
ダッシュボード	p.318

関連レッスン

▶レッスン7
サンプルを取得するには………… p.036
▶レッスン8
ワークスペースと
コンテンツを知ろう ………………… p.040
▶レッスン9
ダッシュボードのデータを
確認するには ……………………… p.042
▶レッスン11
レポートの基本操作を
覚えよう …………………………… p.050
▶レッスン12
自動的に分析結果を得るには…… p.054
▶レッスン13
モバイルからアクセスしよう …… p.056

よく利用するコンテンツを登録しておこう

最も頻繁に利用するダッシュボードは［おすすめ］に設定することで、Power BIサービス画面（https://app.powerbi.com）を開いた際に、自動的に表示するよう設定できます。
また、よくアクセスするダッシュボードはお気に入りに登録することで、ホーム画面やお気に入り画面に、素早くアクセスできるよう一覧できます。

ホーム画面

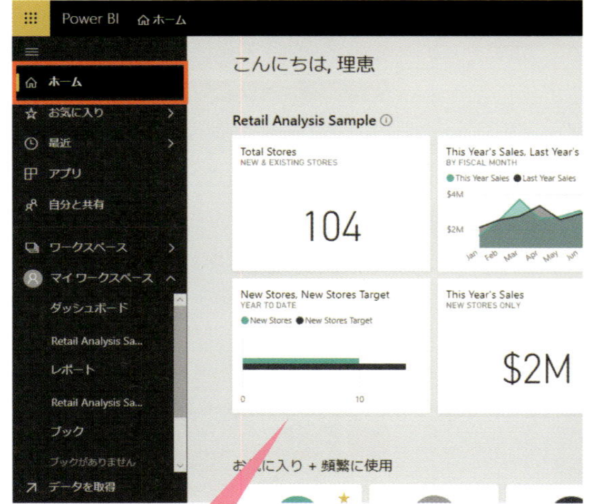

お気に入り画面

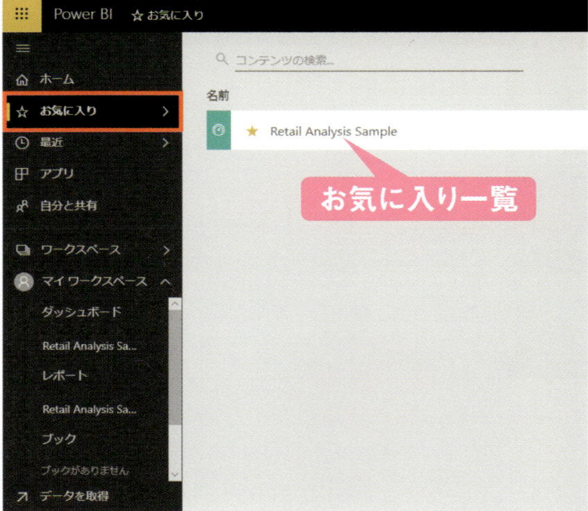

準備編 第3章 基本を理解しよう

1 おすすめに設定する

おすすめに設定したいダッシュボードを表示しておく

1 [おすすめに設定]をクリック

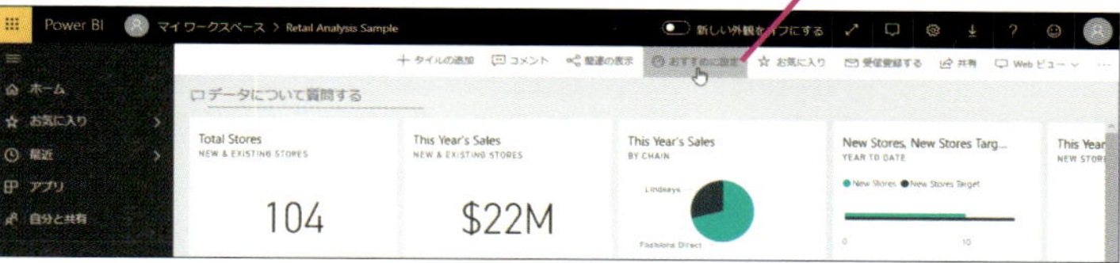

確認画面が表示された

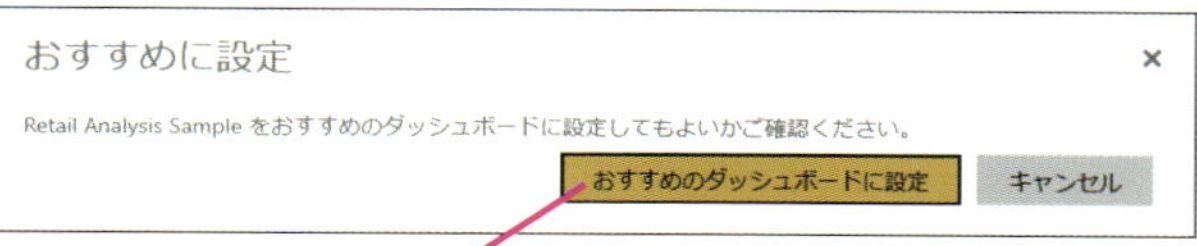

2 [おすすめのダッシュボードに設定]をクリック

おすすめに登録したダッシュボードは、Power BI サービス画面を開いた際に、自動的に開く

2 お気に入りに登録する

お気に入りに登録したいダッシュボードを表示しておく

1 [お気に入り]をクリック

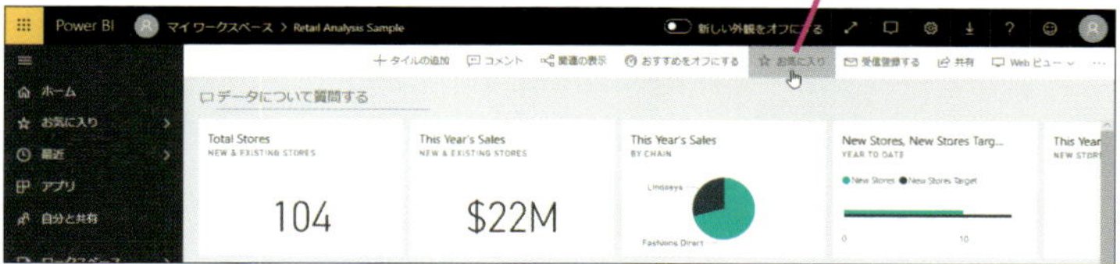

ホーム画面のお気に入りを確認する

2 [ホーム]をクリック

お気に入りに登録したコンテンツが表示された

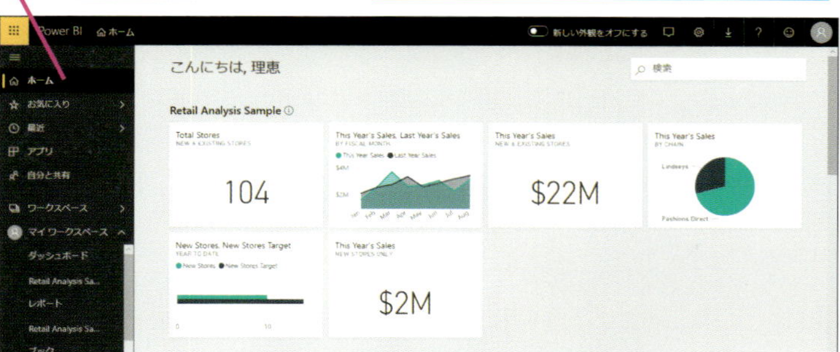

お気に入りに設定され、よく利用するダッシュボードは、タイルの内容がホーム画面にも表示される

HINT!

おすすめを解除するには

ダッシュボード上に表示される[おすすめをオフにする]をクリックします。

1 [おすすめをオフにする]をクリック

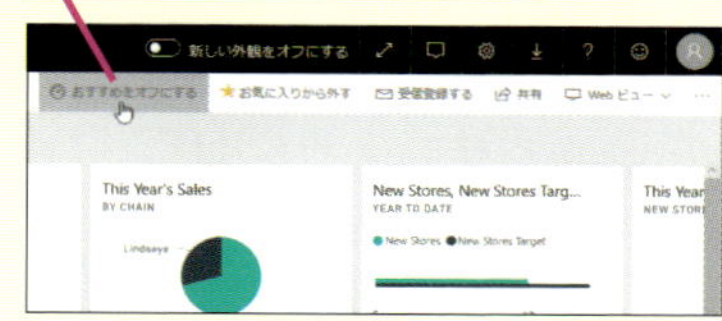

HINT!

お気に入りを解除するには

ダッシュボード上に表示される[お気に入りから外す]をクリックします。

1 [お気に入りから外す]をクリック

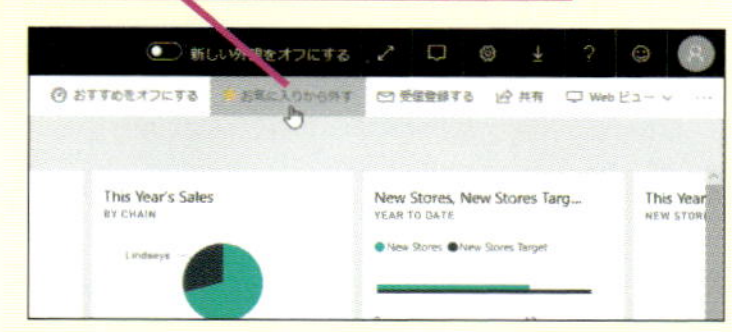

HINT!

動画でPower BIの操作を学べる

ホーム画面の下部には、Power BIで作業を始める方法やガイド付きの学習コンテンツ、Excelからデータをインポートする方法など、これからPower BIを学びたいと考えているユーザーにお薦めの動画コンテンツが表示されます。時間のあるときに参照するといいでしょう。

Power BIの利用方法に関する動画を視聴できる

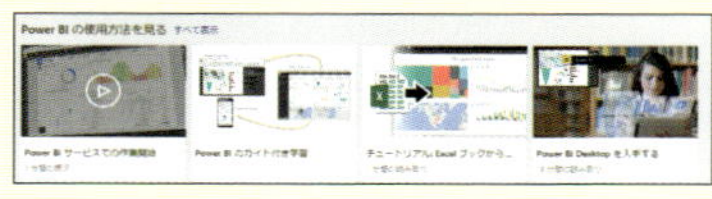

レッスン 11

レポートの基本操作を覚えよう

レポート、ページ

キーワード

ダッシュボード	p.318
ビジュアル	p.319
レポート	p.321

関連レッスン

▶レッスン7
サンプルを取得するには …… p.036
▶レッスン8
ワークスペースとコンテンツを知ろう …… p.040
▶レッスン9
ダッシュボードのデータを確認するには …… p.042
▶レッスン11
レポートの基本操作を覚えよう …… p.050
▶レッスン12
自動的に分析結果を得るには …… p.054
▶レッスン13
モバイルからアクセスしよう …… p.056

データの並べ替えや操作内容の保存も自由自在

ダッシュボードはすぐに確認したいコンテンツを一覧表示するための画面です。それに対し、レポートはデータ分析操作を行う画面といえます。ダッシュボードとは異なり、レポートではデータの詳細表示や並べ替え、フィルター、強調表示などさまざまな機能を活用してデータの分析操作が行えます。

レポートとページ

レポートは左のナビゲーション ウィンドウからクリックして開けます。またレポートには1つ以上のページが含まれます。

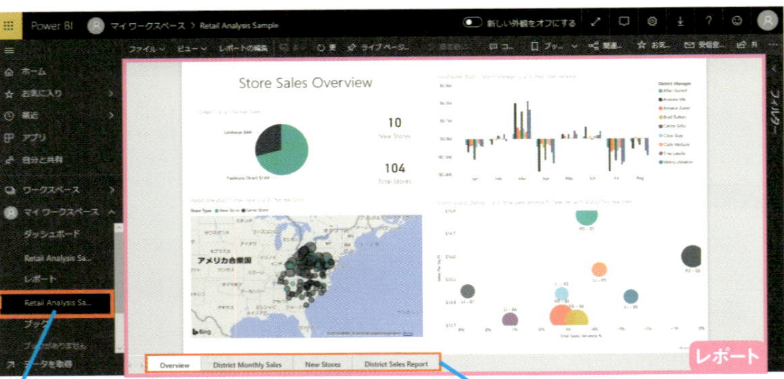

ナビゲーションウィンドウよりレポート名をクリックして開く

レポート下部のタブでレポート内のページの切り替え

詳細データを確認する

ダッシュボードと同様にマウスポインターを合わせると、ビジュアルの詳細データが確認できます。

1 詳細データを確認したい箇所にマウスポインターを合わせる

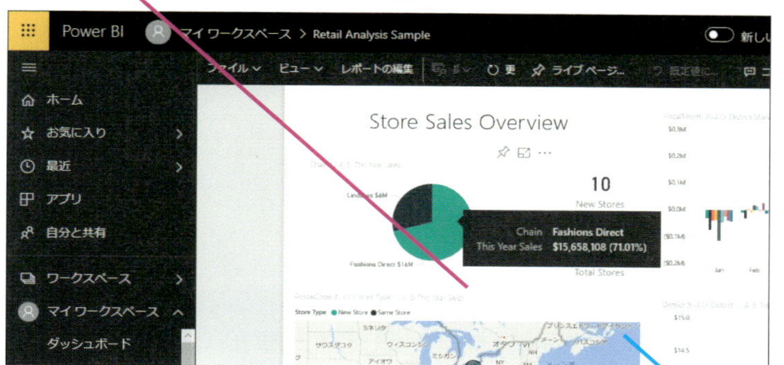

詳細データが表示される

ビジュアル内のデータ内訳を確認

ビジュアルで視覚的に値の大小や傾向を確認できますが、さらにデータの内訳を確認してみましょう。

1 [その他のオプション]をクリック

2 [データを表示します]をクリック

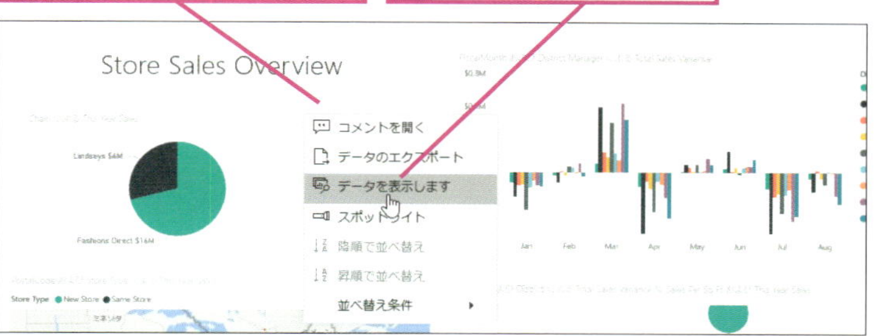

ビジュアルが大きく表示され、内訳データが確認できた

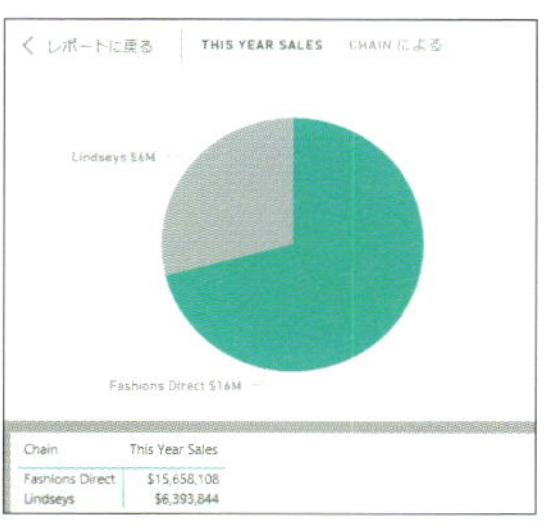

HINT! 表示サイズの変更

利用する機器の画面サイズや縦横比に合わせて、レポートの表示サイズを変更できます。

[ビュー]をクリックし、任意のサイズを選択する

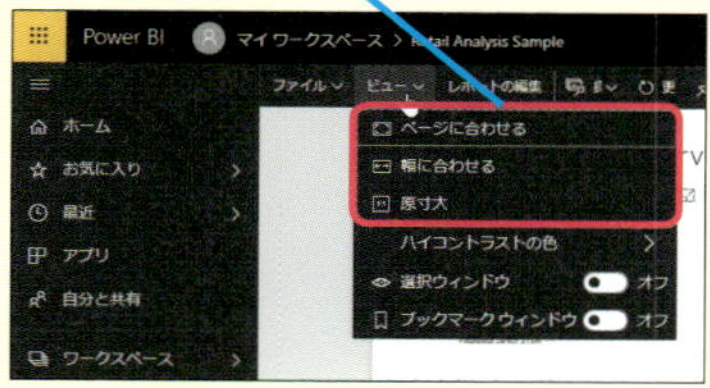

HINT! ビジュアルを大きく表示する

大きなサイズで内容を確認したいとき、ビジュアル上にマウスポインターを合わせたときに表示される[フォーカスモード]をクリックすることで、全画面で表示できます。

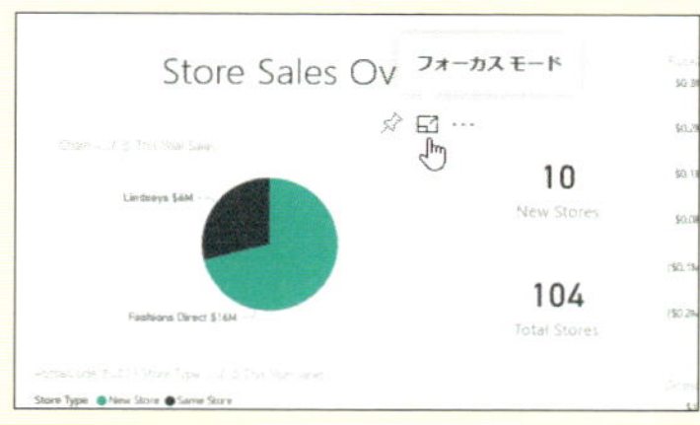

またサイズを大きくした後、[レポートに戻る]をクリックし、元のレポート画面に戻れます

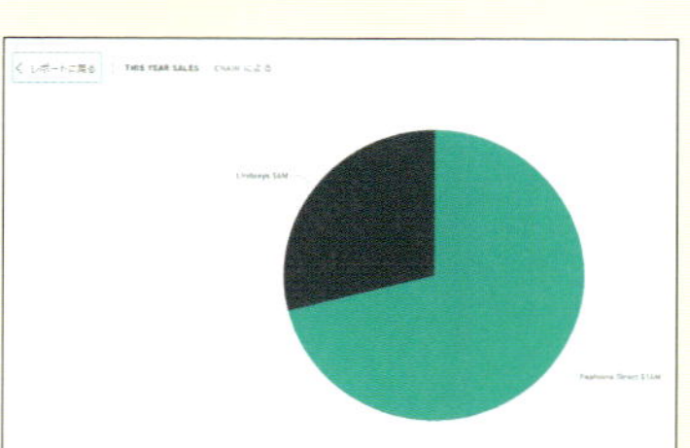

次のページに続く

データを並べ替える

ビジュアルに表示される内容は、条件を指定して並べ替えが可能です。並べ替えを行うことにより、より目的に沿ったデータ探索が行えます。

[District Monthly Sales]ページを開く

1 [その他のオプション]をクリック

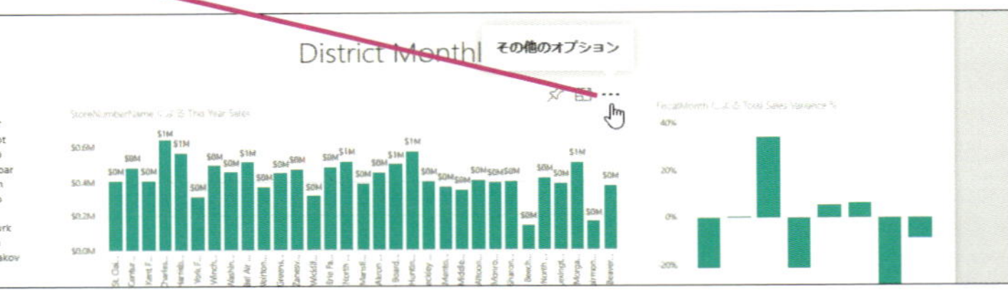

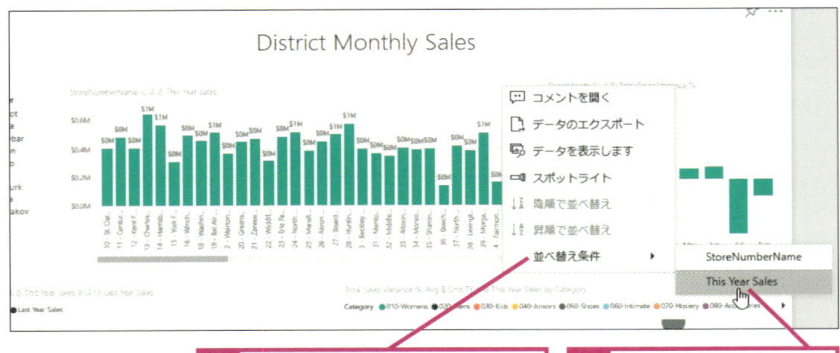

2 [並べ替え条件]にマウスポインターを合わせる

3 並べ替えのキーとなる値をクリック

並べ替えされた

昇順、降順での並べ替えも可能

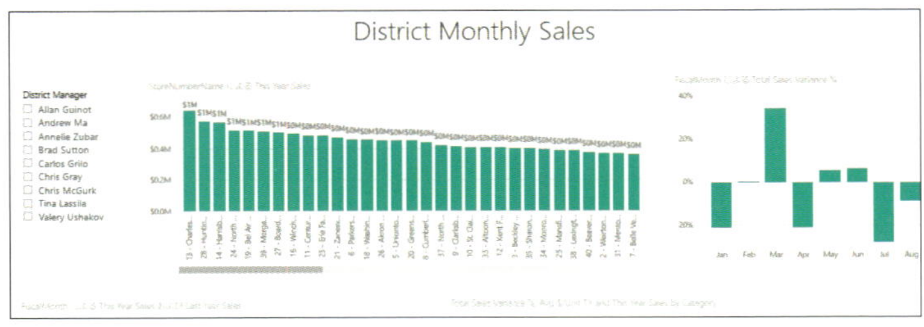

HINT! ページを切り替える

レポートには、複数のページを含められます。またページを切り替えるときは、レポート下部のタブ(ページ名)をクリックします。

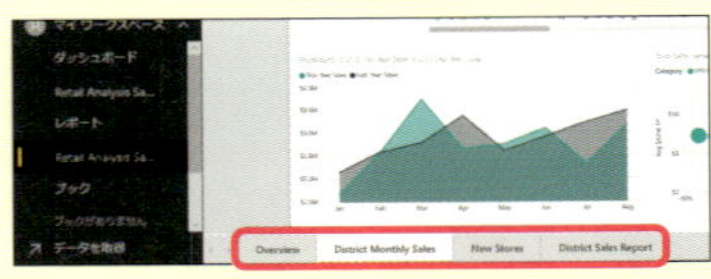

HINT! 既定値に戻す

レポート内で行った並べ替え操作などの状態を、既定の状態に戻したい場合、[既定値にリセット]をクリックします。

1 [既定値にリセット]をクリック

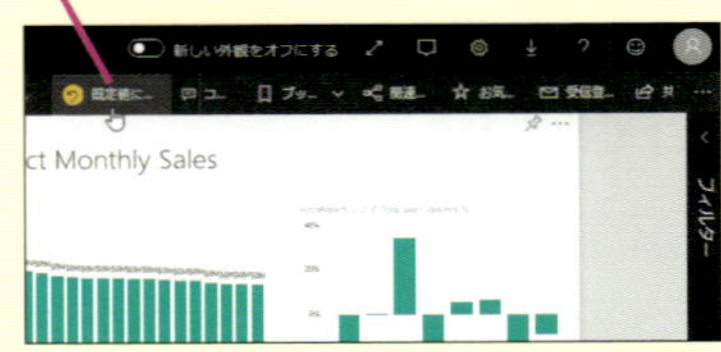

2 [リセット]をクリック

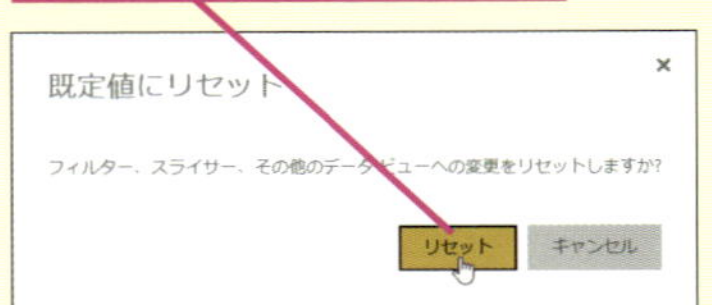

準備編 第3章 基本を理解しよう

ビジュアルの相互作用を利用する

ページ内のビジュアルは相互に連動して動作します。特定のビジュアル内の値を選択すると、同じ値を利用しているほかのビジュアルの内容が、フィルターもしくは強調表示されます。ほかと比べて売上が少ない/大きいなど特出したデータにある原因を把握したいときなどに活用できます。

1 7月(Jul)のデータを選択

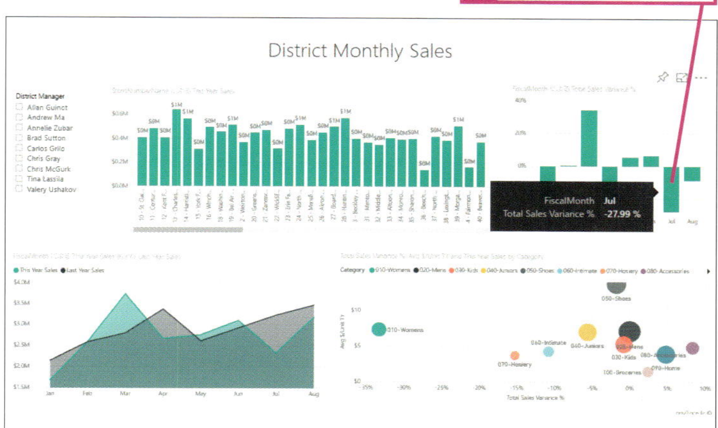

相互作用の結果が確認できた

7月の値が強調表示される

7月の値が選択される

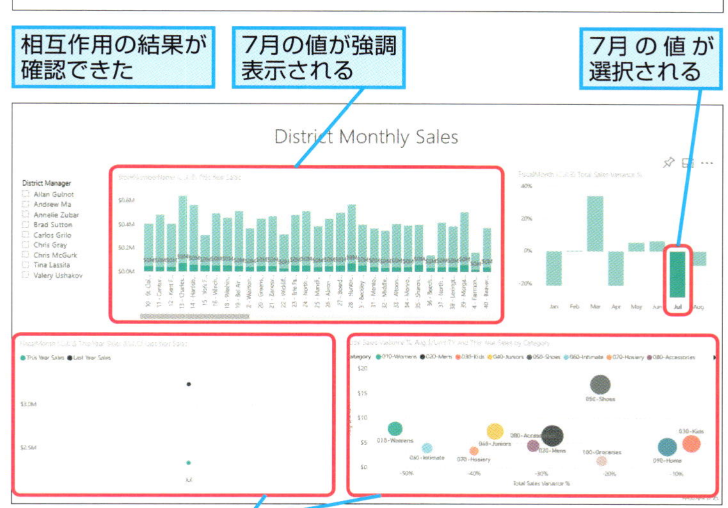

7月の値でフィルターされる

HINT! 操作状態を保存しておく

並べ替えやスライス、値の強調表示などの操作を行った状態をブックマークとして保存しておくことで、再度同じ状態でデータを確認したい際に、操作の状態を素早く再現できます。

1 保存したい状態で、[ブックマーク]をクリック

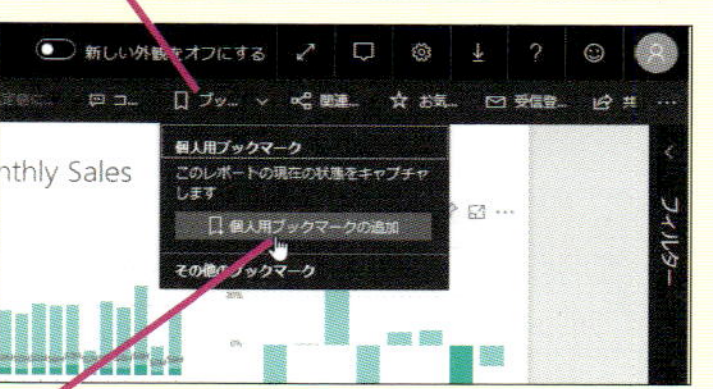

2 [個人用ブックマークの追加]をクリック

3 名前を入力

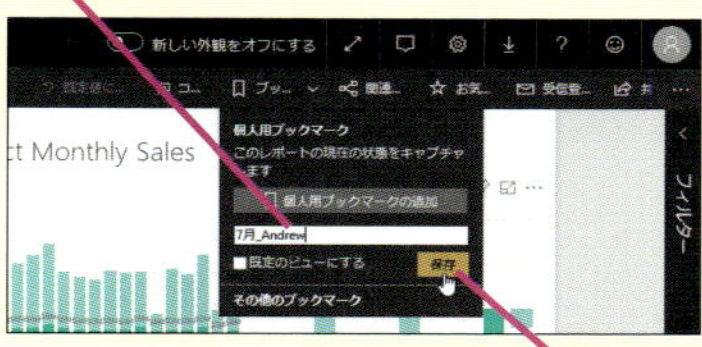

4 [保存]をクリック

登録したブックマークから、状態を素早く再現できる。

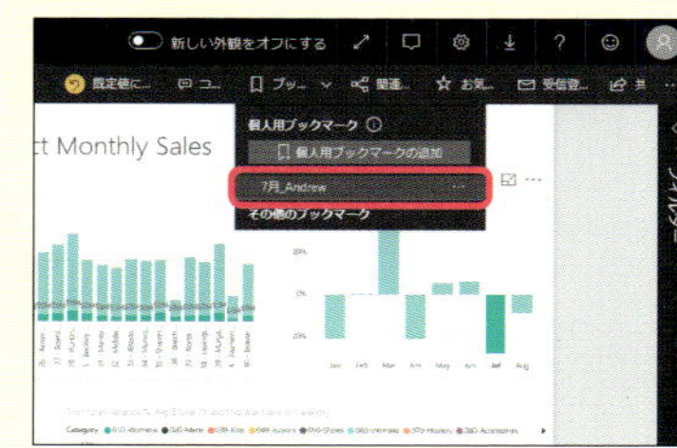

11 レポート、ページ

レッスン

12 自動的に分析結果を得るには

クイック分析

キーワード

DirectQuery	p.315
クイック分析	p.317
ダッシュボード	p.318
ビジュアル	p.319
ピン留め	p.319

瞬時にデータの特長を確認できる

クイック分析機能を実行すると、データ分析のためのビジュアルが自動生成できます。自動生成されたビジュアルを確認し、データ分析のヒントや、データを視覚化するためにどのビジュアルを利用すればいいかを検討する際の材料にもできるでしょう。

1 クイック分析を実行する

ここでは「Retail Analysis Sample」のデータセットでクイック分析を実行する

1 データセットの［Retail Analysis Sample］の［メニューを開く］をクリック

2 ［クイック分析情報］をクリック

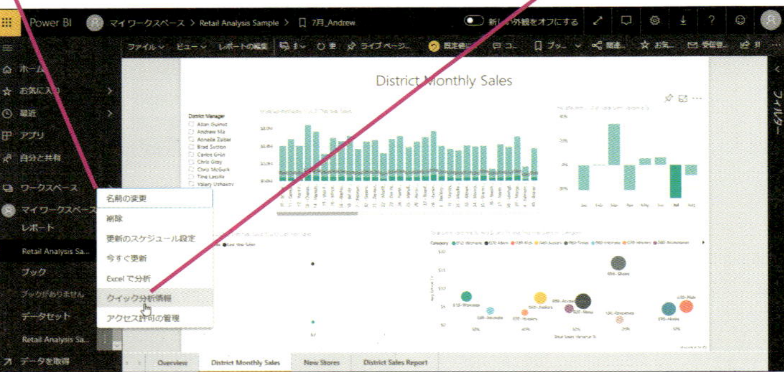

しばらく待つ

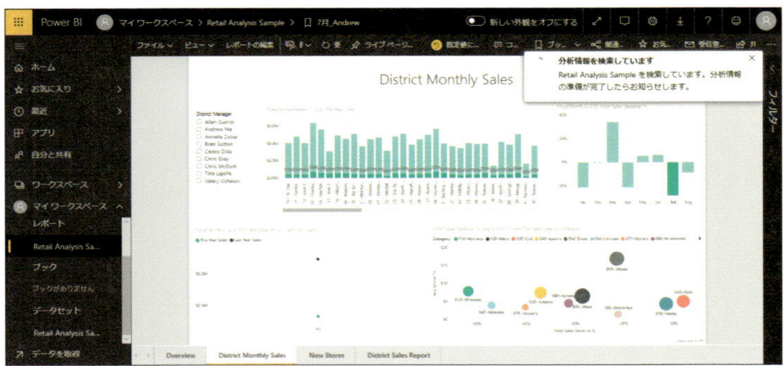

関連レッスン

▶レッスン7
サンプルを取得するには………… p.036
▶レッスン8
ワークスペースとコンテンツを知ろう………………… p.040
▶レッスン9
ダッシュボードのデータを確認するには………………………… p.042
▶レッスン10
ダッシュボードをお気に入りに登録するには……… p.048
▶レッスン11
レポートの基本操作を覚えよう……………………………… p.050
▶レッスン13
モバイルからアクセスしよう…… p.056

HINT!

最大で32個の結果が表示される

データセットに対してクイック分析を実行した場合、最大32個の結果が表示されます。各結果には、グラフや簡単な説明が含まれており、ダッシュボードにピン留めもここから行えます。

HINT!

Direct Queryでは実行できない

データベースにDirectQueryモードで接続している場合、クイック分析機能は利用できません。DirectQueryについてはレッスン㊻を参照ください。

準備編 第3章 基本を理解しよう

② 分析結果画面を表示する

データの分析が完了すると、準備完了の確認画面が表示される

1 [分析情報の表示]をクリック

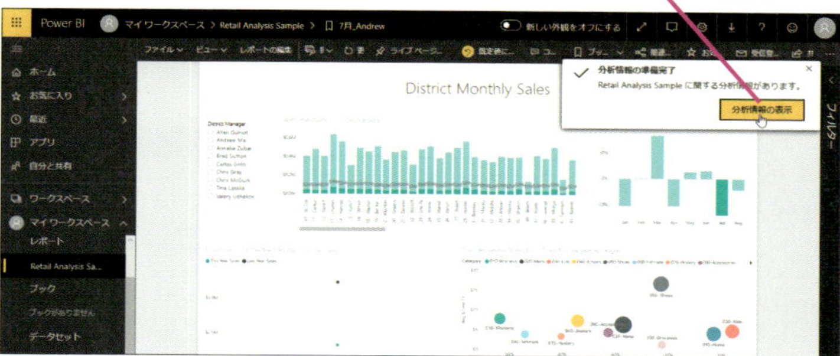

[Retail Analysis Sample]の分析結果が表示された

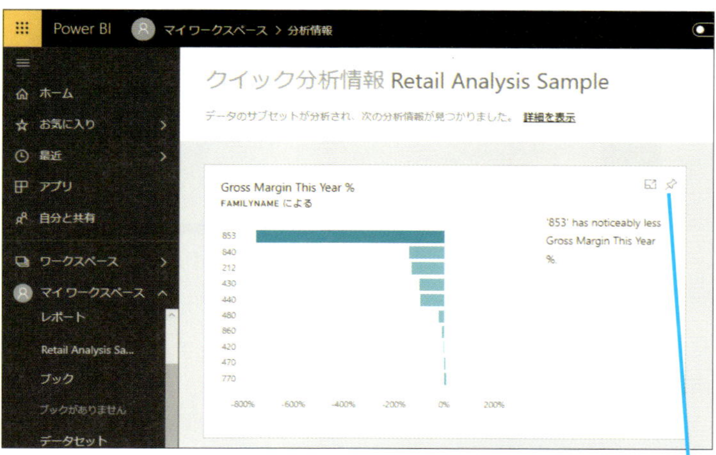

ここをクリックすると分析結果のビジュアルをダッシュボードにピン留めできる

HINT! タイルでクイック分析を実行したときは

データセット全体に対してではなく、ダッシュボード内のタイルに対してクイック分析を実行した場合、そのタイルで表示しているデータのみに関して分析結果が表示されます。

1 該当カードの［その他のオプション］をクリック

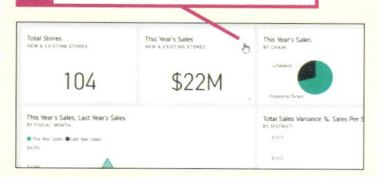

2 [分析情報の表示]をクリック

タイルの分析結果が表示された

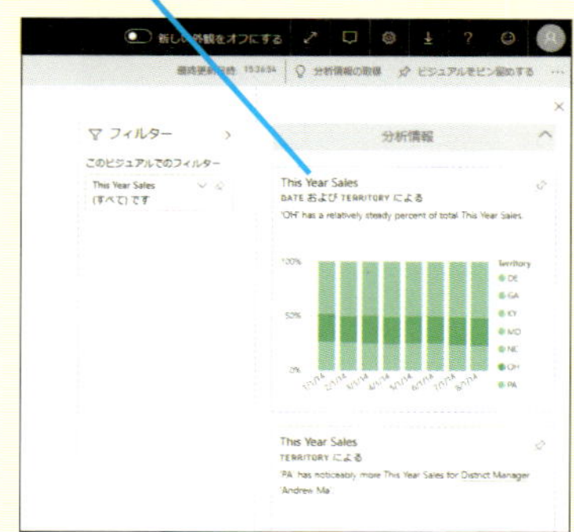

12 クイック分析

レッスン 13

モバイルからアクセスしよう

モバイル用アプリ

キーワード

サインイン	p.318
タイル	p.318
ダッシュボード	p.318
マイワークスペース	p.320
レポート	p.321

関連レッスン

▶レッスン7
サンプルを取得するには………… p.036
▶レッスン8
ワークスペースとコンテンツを知ろう………………… p.040
▶レッスン9
ダッシュボードのデータを確認するには………………………… p.042
▶レッスン10
ダッシュボードをお気に入りに登録するには……… p.048
▶レッスン11
レポートの基本操作を覚えよう……………………………… p.050
▶レッスン12
自動的に分析結果を得るには…… p.054

スマートフォンからデータをすぐに確認できる

Power BIではモバイル端末からダッシュボードやレポートを閲覧するためのモバイル用アプリが提供されています。iOSやAndroid用のアプリが用意されているため、さまざまな端末からPower BIダッシュボードやレポートを利用できます。

スマートフォンからすぐにチェックできる

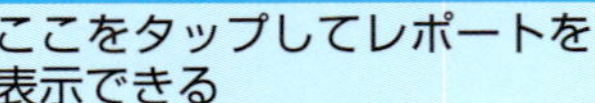

ここをタップしてレポートを表示できる

パソコンと同じく、詳細なレポートをスマートフォンで確認できる

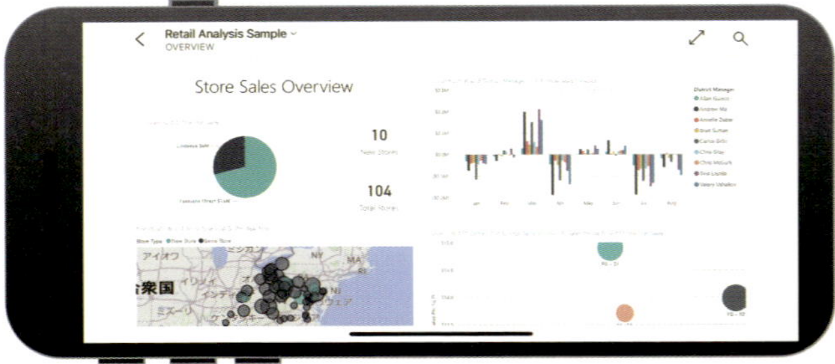

1 アプリでダッシュボードを開こう

アプリを起動するとマイワークスペースの内容が表示される

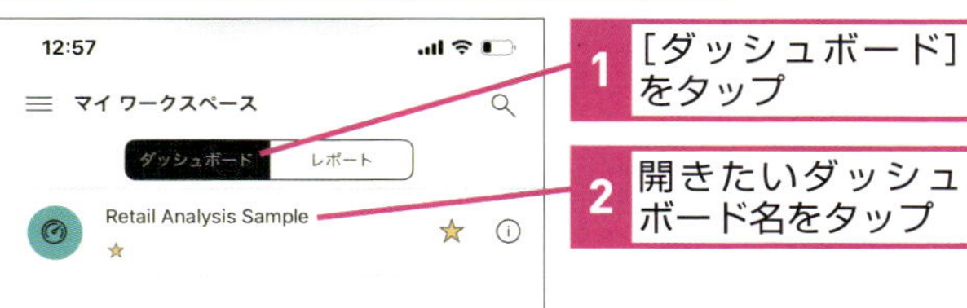

1 ［ダッシュボード］をタップ

2 開きたいダッシュボード名をタップ

2 ダッシュボードから関連するレポートを開こう

ダッシュボードが表示された

2 タイルが全画面で表示される

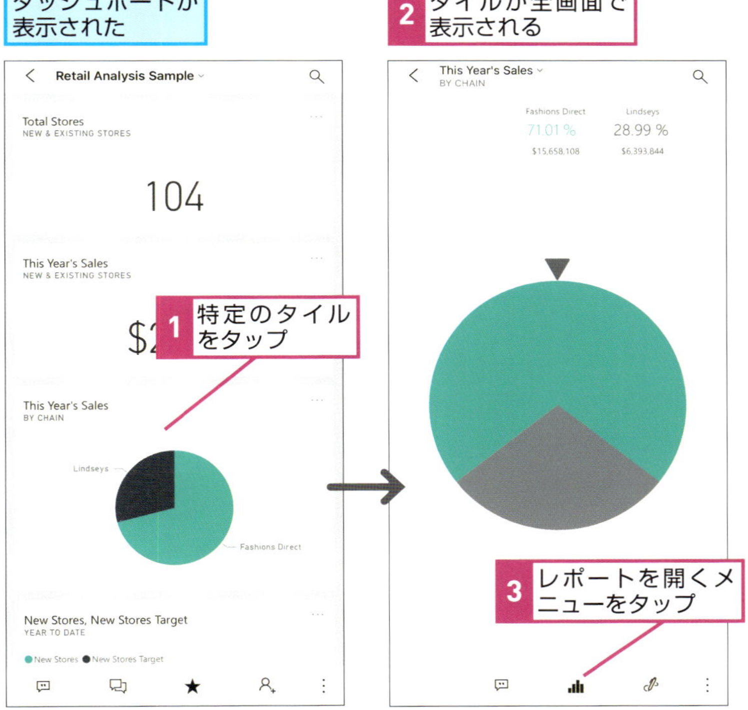

1 特定のタイルをタップ

3 レポートを開くメニューをタップ

関連するレポートが表示された

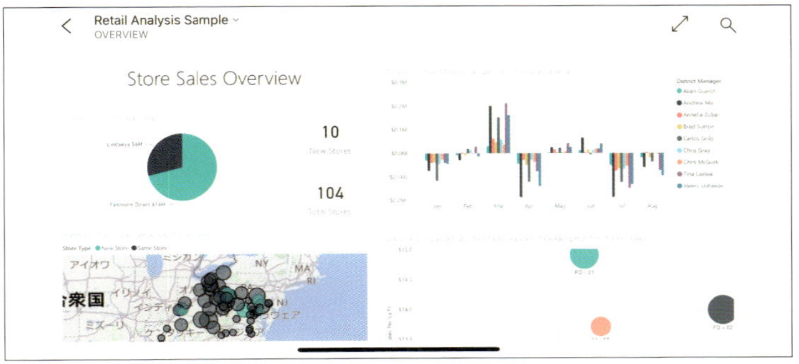

HINT! まずはモバイル用アプリをインストールしよう

App StoreもしくはGoogle Playストアで「powerbi」で検索し、インストールを実行します。

HINT! アプリにサインインする

アプリをインストールしたら、まずは画面に従ってサインインを行います。

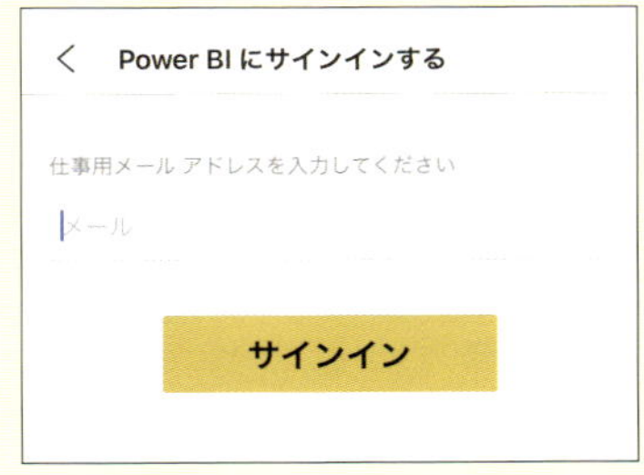

Power BIサービスにサインアップしたときのメールアドレスやパスワードを利用します。

この章のまとめ

データセットやダッシュボード、レポートの位置付けを理解しよう

Power BI の基本となる各コンテンツは次の通りです。

コンテンツ種類	説明
ワークスペース	ダッシュボード、レポート、およびデータセットを保存するための領域 Power BI サービスをサインアップするとユーザーごとにマイワークスペースが用意される
ダッシュボード	関連データをまとめて表示し、一覧で確認するための画面
タイル	ダッシュボードに含まれる内容。レポートからダッシュボードにピン留めされたもの
レポート	レポートには複数ページを作成可能。１つのレポートは１つのデータセットを利用
ページ	レポート内に含まれる画面。ページ内にビジュアルを多数配置できる
ビジュアル	グラフ。棒グラフ、ツリーマップ、ドーナツ グラフ、マップなど、データを視覚化するための部品
データセット	レポート作成時に利用するデータの集まり

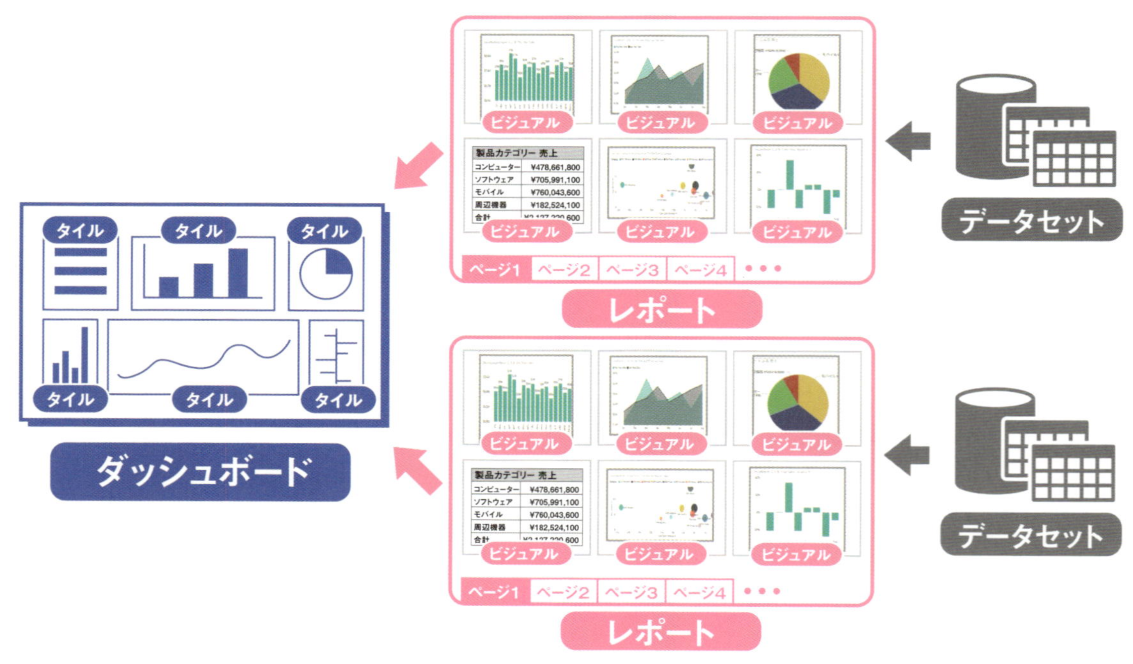

実践編
第4章
データを取得して編集しよう

本章から第6章は実践編としてPower BI Desktopでレポートを作成し、Power BIサービスに発行して利用する方法まで、作業の流れに沿って解説します。
レポート作成の最初のステップはデータに接続し、分析に必要な形式に整える作業です。本章ではサンプルデータを利用し、データに接続して編集する方法を学んでいきましょう。

●この章の内容

⓮ レポート作成の流れを理解しよう……60
⓯ CSVファイルを読み込むには……62
⓰ クエリエディターとは……68
⓱ 複数のファイルをまとめて読み込むには……72
⓲ 複数のデータを結合するには……76
⓳ 列を追加するには……80
⓴ 列名やテーブル名を編集するには……84
㉑ 必要なレコードのみを取得するには……88
㉒ Excelファイルを読み込むには……90
㉓ 不要な列や行を削除するには……92
㉔ 列と行を入れ替えるには……96
㉕ 1行目を列名にするには……98
㉖ 空白値を解決するには……100
㉗ 列を分割するには……102
㉘ 編集が完了したデータを読み込むには……106
㉙ リレーションシップの内容を確認するには……108
㉚ 列を追加して売上や原価を計算するには……110

レッスン
14 レポート作成の流れを理解しよう

Power BI Desktopでのレポート作成

キーワード

クエリエディター	p.318
データモデル	p.319
モデルビュー	p.321
リレーション	p.321
レポート	p.321

関連レッスン

▶レッスン2
Power BIを構成する
ツールを知ろう…………p.016

データの取得、加工、可視化まで行えるツール

Power BI Desktopはパソコンにインストールして利用するアプリケーションです。「データの取得」、「データの加工」、「集計のための計算方法を追加」、「グラフなどを利用して可視化する」というデータ分析に必要な一連の操作が行えます。

●Power BI Desktopを利用したレポート作成

データ接続/読み込み

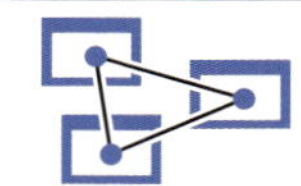

データモデリング

可視化と分析

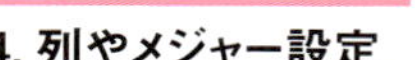

Power BI Desktopに付属する クエリエディター	→	Power BI Desktop モデルビュー		Power BI Desktop データビュー	→	Power BI Desktop レポートビュー
1. クエリの設定 2. データの読み込み		3. リレーション設定		4. 列やメジャー設定		5. レポート作成

●Power BI Desktopでの作業の流れと利用する画面

作業	内容	利用する画面
1. クエリの設定	データソースに接続して必要な内容を抽出。 さらに、抽出したデータが分析にふさわしい形式になるよう、データの加工作業を行います。列名やテーブル名の変更、データ型の指定、不要な列や行の削除が主な例です。また複数のデータソースに接続する場合はデータの結合作業も可能です	Power BI Desktopに付属するクエリエディターを利用
2. データの読み込み	1. で指定したデータをPower BI Desktopに読み込み、分析のためのデータモデルを作成します	
3. リレーション設定	読み込まれたデータモデル内に複数のテーブルがある場合、必要に応じてテーブル間のリレーション設定が行えます	Power BI Desktop モデルビューを利用
4. 列やメジャーの定義	必要に応じて、分析に必要な集計などの計算を行います	Power BI Desktop データビューを利用
5. レポート作成	ビジュアル（グラフや表）を配置しレポートを作成します。またレポートに対する各種設定を行います。	Power BI Desktop レポートビューを利用

本書で利用するサンプルデータ

この章では、Power BI Desktopを利用してデータを取得し加工する作業を手順に沿って解説します。手順では次のサンプルファイルを利用します。

●CSVファイル

[新宿店.csv]

店舗の売上データが含まれるCSVファイル。

Order type	Product type	Date	Quantitiy	Price	Unit Cost
店舗	ノートPC	2016/1/1	2	139800	72500
Web	スマートフォン	2016/1/1	1	92500	51900
Web	タブレット	2016/1/1	2	50700	30600

⋮

●複数のCSVファイル

[Sales] フォルダー（CSVファイル7点が含まれる）

フォルダー内に複数店舗の売上データとして、7つのCSVファイルが含まれる。列構造は［新宿店.csv］と同様。

- さいたま店.csv
- 横浜店.csv
- 四条店.csv
- 神戸店.csv
- 梅田店.csv
- 豊橋店.csv
- 名古屋店.csv

●Excelファイル

[各種一覧.xlsx]

店舗一覧、製品一覧が含まれるExcelファイル。

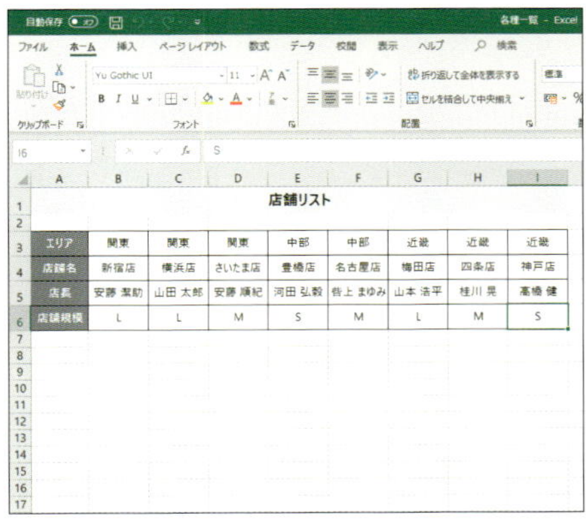

店舗リスト

エリア	関東	関東	関東	中部	中部	近畿	近畿	近畿
店舗名	新宿店	横浜店	さいたま店	豊橋店	名古屋店	梅田店	四条店	神戸店
店長	安藤 潔助	山田 太郎	安藤 順紀	河田 弘毅	告上 まゆみ	山本 浩平	桂川 晃	高橋 健
店舗規模	L	L	M	S	M	L	M	S

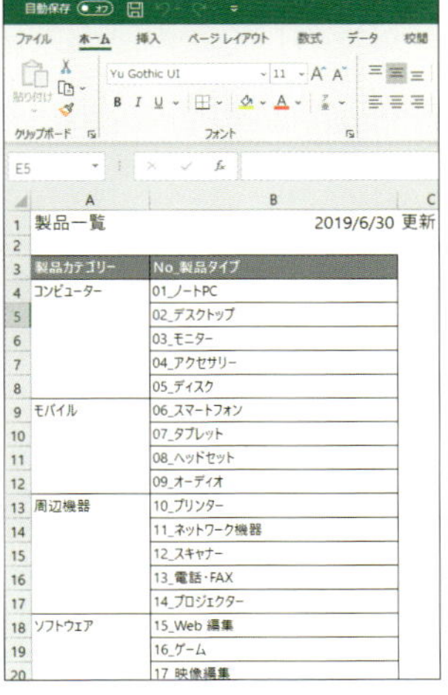

製品一覧 2019/6/30 更新

製品カテゴリー	No_製品タイプ
コンピューター	01_ノートPC
	02_デスクトップ
	03_モニター
	04_アクセサリー
	05_ディスク
モバイル	06_スマートフォン
	07_タブレット
	08_ヘッドセット
	09_オーディオ
周辺機器	10_プリンター
	11_ネットワーク機器
	12_スキャナー
	13_電話・FAX
	14_プロジェクター
ソフトウェア	15_Web 編集
	16_ゲーム
	17_映像編集

HINT! サンプルデータについて

サンプルデータの内容は架空のPCショップでの売上データです。全国に8店舗（新宿店、さいたま店、横浜店、四条店、神戸店、梅田店、豊橋店、名古屋店）を展開しており、各店舗では店舗販売だけではなくオンラインショップでの販売やEメールによる受注も行っています。
売上データはCSVファイルに含まれており、店舗ごとにファイルが分かれています。
それぞれのCSVファイルには複数年分の売上データが含まれます。また店舗一覧や製品一覧は図のようなExcelファイル内にデータとして含まれています。

レッスン

15 CSVファイルを読み込むには

データを取得、テキスト/CSV

キーワード

CSV	p.315
クエリエディター	p.318
データソース	p.319
データモデル	p.319
レポート	p.321

関連レッスン

▶レッスン16
クエリエディターとは……………… p.068

▶レッスン17
複数のファイルを
まとめて読み込むには ……………… p.072

▶レッスン22
Excelファイルを読み込むには …. p.090

利用頻度が高いCSVファイル

Power BI Desktopでの最初の作業はデータに接続することです。接続可能なデータソースとしてサポートされているものは多数あり、データベース、オンラインサービス、ファイルとさまざまな形式のデータソースが利用できます。データベースの場合は、接続情報を指定し、オンラインサービスの場合はサービスに接続するためのサインイン情報などを指定、ファイルの場合はファイルの場所を指定することで接続します。

●データソースの接続

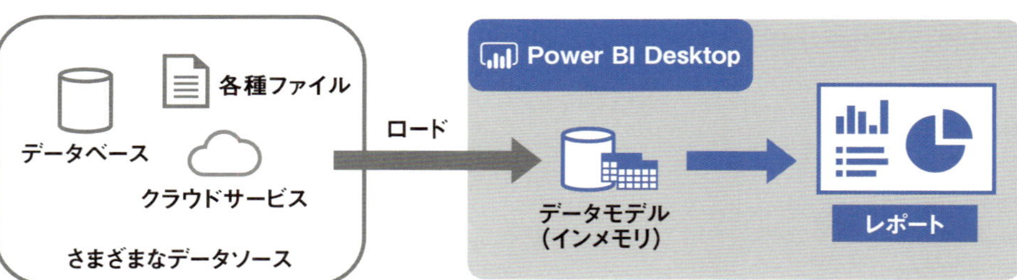

ユーザーが分析に利用していい内容のみをシステム担当がCSVファイルに書き出して用意するケースや、各種システムのCSVエクスポート機能を利用するケースなど、データ分析時にCSVファイルはよく利用する形式といえます。このレッスンでは、サンプルデータの［新宿店.csv］からデータを取得して読み込む方法を確認します。

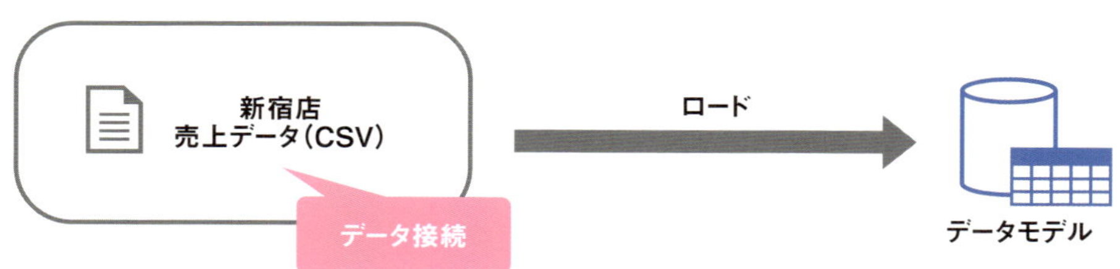

実践編 第4章 データを取得して編集しよう

1 [データを取得] の画面を表示する

Power BI Desktopを起動しておく

1 [データを取得] のここをクリック

2 [その他] をクリック

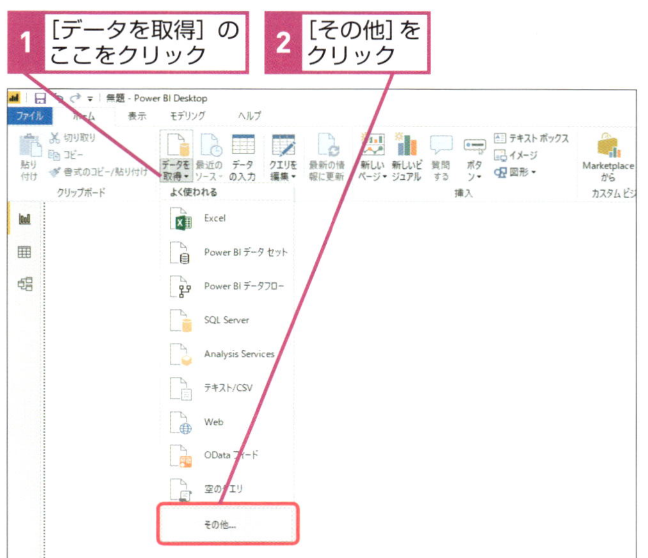

2 データの形式や種類を選択する

[データを取得] の画面が表示された

1 [テキスト/CSV] をクリック

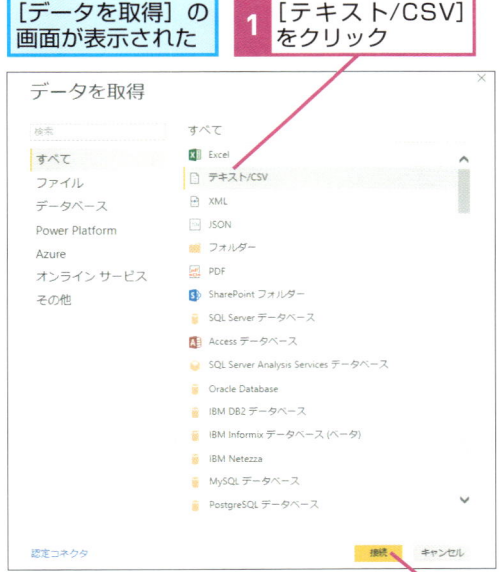

データを取得

検索

すべて
ファイル
データベース
Power Platform
Azure
オンライン サービス
その他

すべて
Excel
テキスト/CSV
XML
JSON
フォルダー
PDF
SharePoint フォルダー
SQL Server データベース
Access データベース
SQL Server Analysis Services データベース
Oracle Database
IBM DB2 データベース
IBM Informix データベース (ベータ)
IBM Netezza
MySQL データベース
PostgreSQL データベース

認定コネクタ
接続
キャンセル

2 [接続] をクリック

HINT!

ファイル形式や区切り記号は自動で検出される

CSVファイルは、コンマで区切られたデータが複数行含まれるテキストファイルです。ファイルサイズを小さく抑えつつ多くのデータを格納できるため、比較的よく利用される形式といえます。手順4のようにCSVファイルに接続したとき、ファイル形式や区切り記号は自動で検出されます。

[区切り記号] のここをクリックして、[コンマ] 以外の区切り記号を選択できる

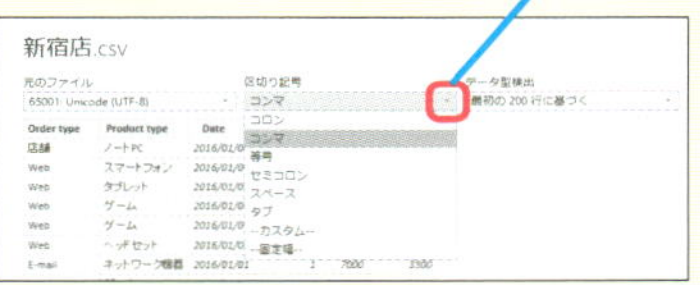

HINT!

データ型も自動で検出される

接続するファイルの選択時には、各列のデータ型も自動で検出されます。[データ型検出]設定は既定で[最初の200行に基づく] となっており、[データセット全体に基づく]、[データ型を検出しない] オプションへの変更も可能です。CSVデータはシステムからエクスポートされることが多く、各列に異なるデータ型の値は含まれていないことがほとんどといえます。またデータ量が多い場合には全体を検出するための処理に時間やリソースがかかることが考えられますので、既定値の [最初の200行に基づく] のままでほとんどの場合は問題ありません。

データ型の検出方法は変更可能

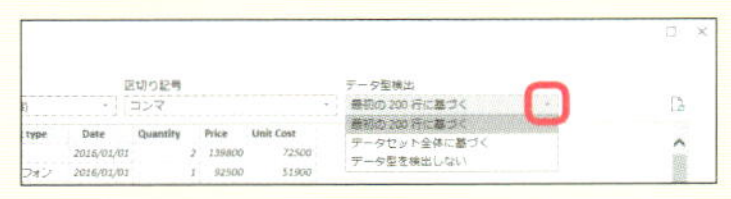

次のページに続く

3 接続するファイルを選択する

[開く] ダイアログボックスが表示された

ここでは [SampleData] フォルダーにある[新宿店]を選択する

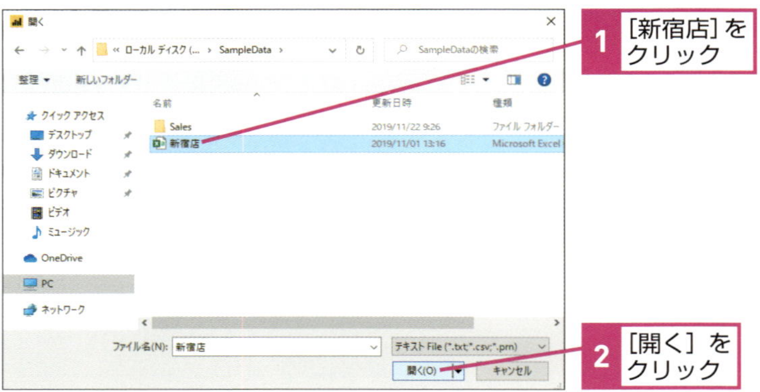

1 [新宿店] をクリック
2 [開く] をクリック

4 データの読み込みを実行する

CSVファイルの内容がプレビュー表示された

データの読み込み設定を確認する

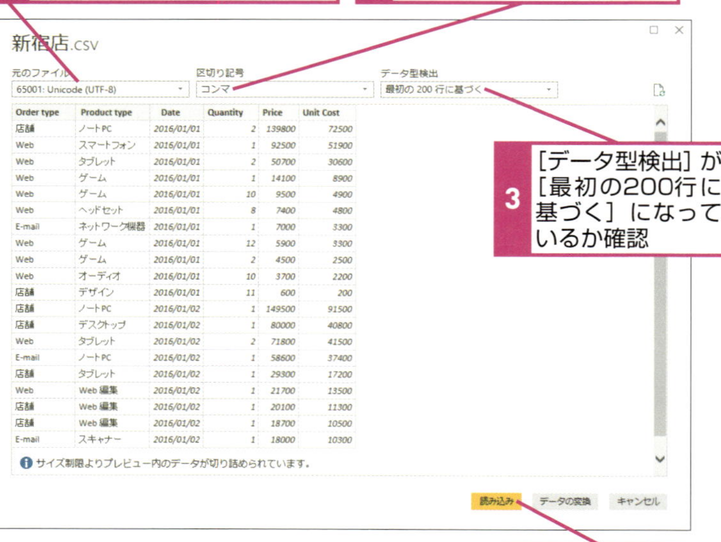

1 [元のファイル] が [UTF-8] になっているか確認
2 [区切り記号]が[コンマ]になっているか確認
3 [データ型検出] が [最初の200行に基づく] になっているか確認
4 [読み込み] をクリック

HINT! Power BI Desktopで読み込めるファイルサイズとは

Power BI Desktopに読み込まれたデータは、クライアントPCのメモリー内に圧縮された形式で保持されます。読み込めるデータの上限はパソコンのスペックに依存するため、読み込み可能なファイルサイズに上限値はありません。ただし、レポート作成後にPower BIサービスに発行する場合、データ量は圧縮後の状態で1GBが上限となります。Power BIサービスへの発行は、第7章および第9章で詳しく解説します。

HINT! 読み込み前にデータを編集するには

手順4の操作4では、[読み込み] ボタンをクリックしましたが、読み込み前にデータ型などを変更するときは [クエリを編集] ボタンをクリックしましょう。表示されるクエリエディターでデータを編集できます。

5 データがPower BI Desktopに読み込まれた

CSVファイルのデータがPower BI Desktopに読み込まれた

列の名前が［フィールド］の一覧に表示された

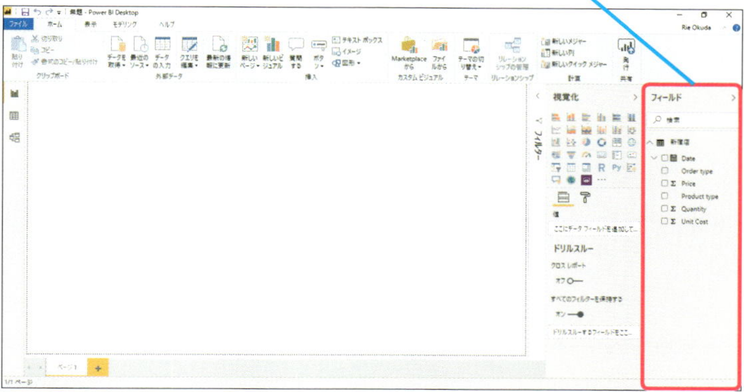

6 データビューに切り替える

データビューに切り替える

1 ［データ］をクリック

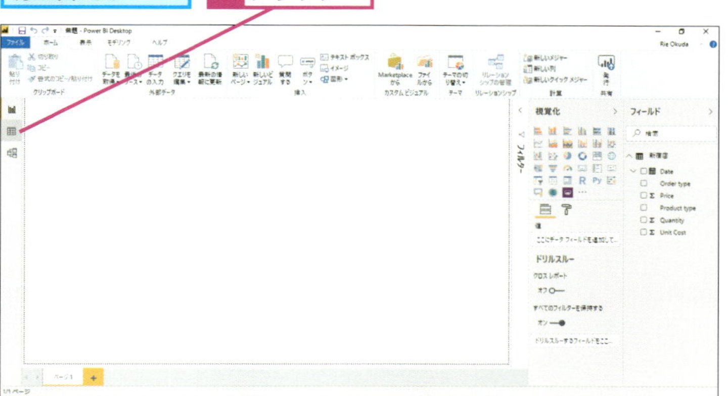

HINT! テーブル内の行数を確認

Power BI Desktopに読み込まれたデータはデータビューで確認できます。下部のステータスバーで行数の確認も可能です。

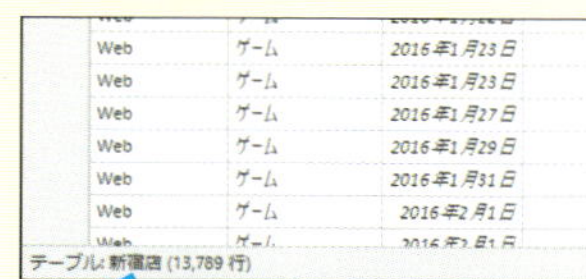

テーブル内の行数はステータスバーで確認できる

次のページに続く

7 データの並べ替えを実行する

ここでは、日付の古い順でテーブルを並べ替える

1 [Date] 列のメニューをクリック

2 [昇順で並べ替え] をクリック

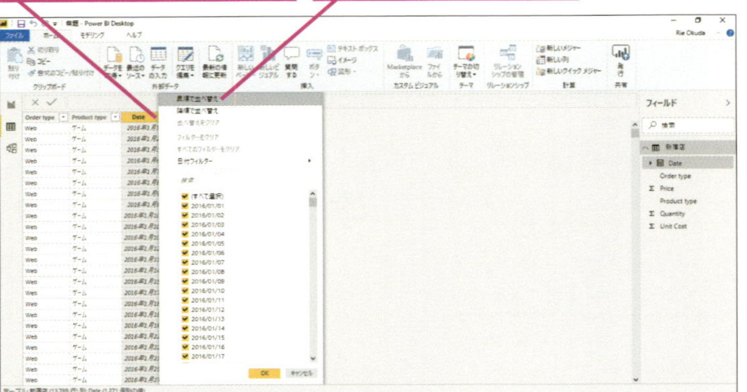

日付の古い順でテーブルが並べ替えられた

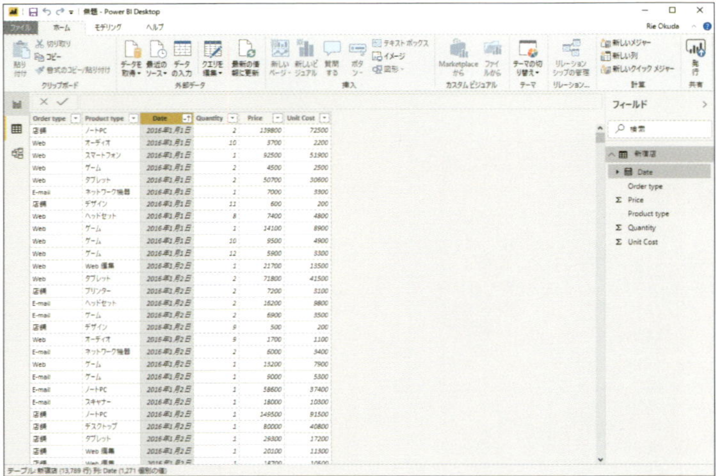

HINT! データソースにしたファイルの場所を確認するには

Power BI Desktopにデータを読み込んだ後、データソースとしたファイルの場所を確認したいケースや、ファイルの場所が変更されたため設定を変更したいケースもあるでしょう。以下の手順でデータソースの場所を確認できます。

1 [ホーム] タブをクリック

2 [クエリを編集] のここをクリック

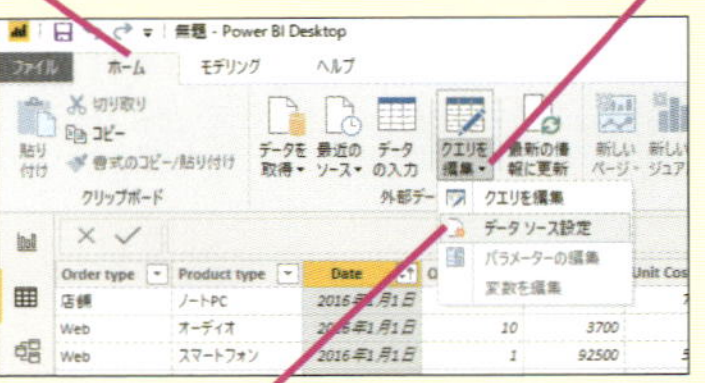

3 [データソース設定] をクリック

[データソース設定] ダイアログボックスにデータソースの保存場所が表示された

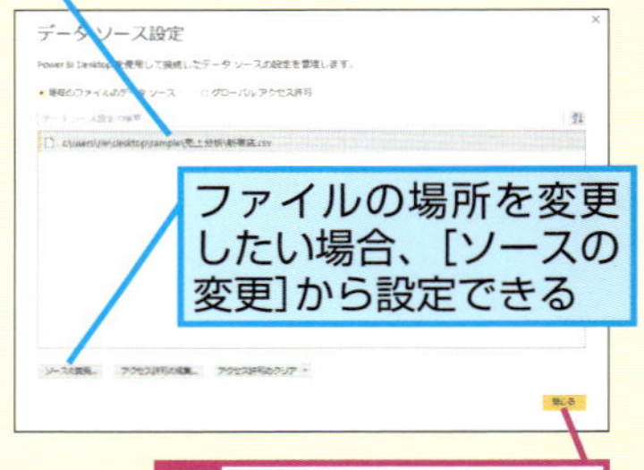

ファイルの場所を変更したい場合、[ソースの変更] から設定できる

4 [閉じる] をクリック

実践編 第4章 データを取得して編集しよう

テクニック データを手動で更新する方法とは

接続先データソースの内容が変更された場合、簡単な操作でPower BI Desktopにも反映できます。以下の手順を実行し、テーブルの内容が最新の状態に更新されるか確認してみましょう。

[新宿店.csv]をメモ帳で開いておく

ここでは、1行目に記載されている[Quantity]列の数値を「2」から「20」に変更する

1 「2016/1/1,」の後の「2」をドラッグして選択

```
新宿店.csv - メモ帳
ファイル(F) 編集(E) 書式(O) 表示(V) ヘルプ(H)
Order type,Product type,Date,Quantity,Price,Unit Cost
店舗,ノートPC,2016/1/1,2,139800,72500
Web,スマートフォン,2016/1/1,1,92500,51900
Web,タブレット,2016/1/1,2,50700,30600
Web,ゲーム,2016/1/1,1,14100,8900
```

2 「20」と変更

3 Ctrl + S キーを押して上書き保存

```
新宿店.csv - メモ帳
ファイル(F) 編集(E) 書式(O) 表示(V) ヘルプ(H)
Order type,Product type,Date,Quantity,Price,Unit Cost
店舗,ノートPC,2016/1/1,20,139800,72500
Web,スマートフォン,2016/1/1,1,92500,51900
Web,タブレット,2016/1/1,2,50700,30600
Web,ゲーム,2016/1/1,1,14100,8900
```

4 [ホーム]タブをクリック

5 [最新の情報に更新]をクリック

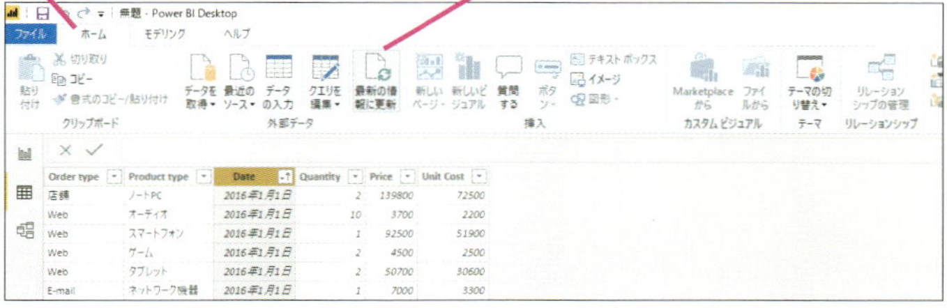

[Quantity]列の「2」が「20」に更新された

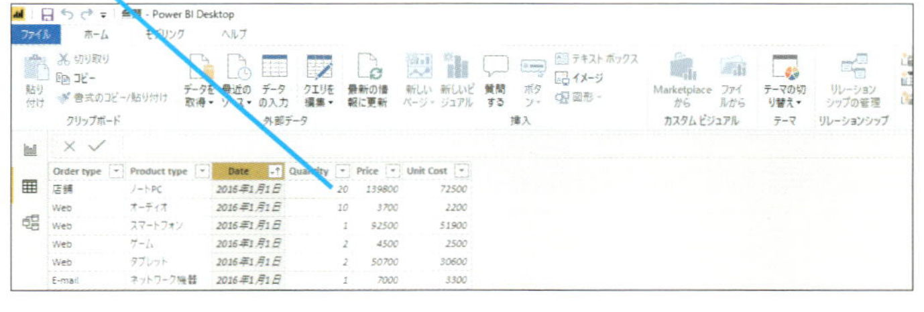

HINT! 自動でデータを更新する方法もある

テクニックではデータソースに対する更新を、Power BI Desktopに手動で反映させる方法を紹介しました。しかし、Power BIサービスにデータを発行すれば、自動でデータを更新するようにスケジュールを設定できます。また、OneDriveやSharePointライブラリに保存し、1時間ごとにデータが自動更新される仕組みも利用できます。詳しくは、第8章を参照してください。

レッスン

16 クエリエディターとは

クエリエディター

キーワード

BIツール	p.315
クエリエディター	p.318
データ型	p.319
テーブル	p.319
リボン	p.321

関連レッスン

▶レッスン18
複数のデータを結合するには…… p.076
▶レッスン19
列を追加するには …………………… p.080
▶レッスン20
列名やテーブル名を
編集するには ………………………… p.084
▶レッスン21
必要なレコードのみを
取得するには ………………………… p.088
▶レッスン23
不要な列や行を削除するには…… p.092
▶レッスン24
列と行を入れ替えるには………… p.096
▶レッスン25
1行目を列名にするには …………… p.098

分析に必要なデータの取得

利用するデータが分析にふさわしい形に整っていることが理想ですが、データが複数の場所にあり、それぞれの形式が異なっているなど、現実にはそのままの形では分析に適さないことがほとんどといえます。データを分析にふさわしい形に抽出して編集することをETL（Extract/Transform/Load）といい、BIツールには多様なデータを分析に利用できるようこの機能が含まれていることが一般的です。Power BI Desktopには、ETL処理を行うツールとしてクエリエディターが付属されています。

●Extract（データ抽出）
各データソースに接続し必要なデータを抽出。Power BIでは各種システムで利用されているデータベース、さまざまなクラウドサービス、ほかのシステムから抽出されたCSVファイル、予算や目標管理などのデータが含まれるExcelファイルなど、さまざまなデータソースをサポートしています。

●Transform（データ変換や加工）
抽出したデータを必要に応じて変換・加工。

●Load（読み込み）
データモデルに読み込む。

●ETL処理の流れ

ETL処理

クエリエディターを開く

クエリエディターはETL処理を行うための画面です。Power BI Desktopでは、クエリエディターを利用して1つ、もしくは複数のデータソースに接続し、分析に必要な形にデータを整えるためクエリを編集できます。

1 ［ホーム］タブをクリック

2 ［クエリを編集］をクリック

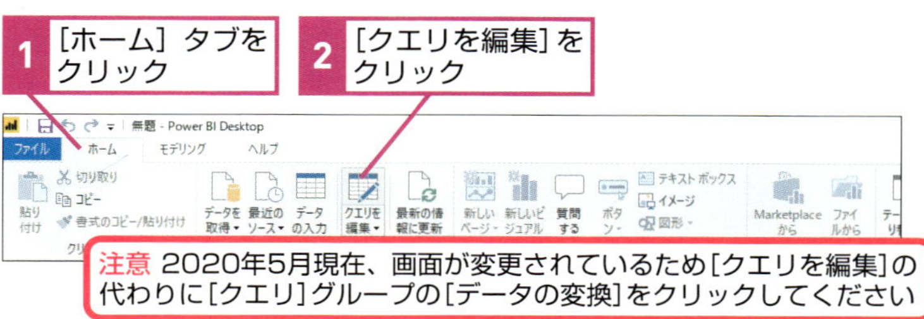

注意 2020年5月現在、画面が変更されているため［クエリを編集］の代わりに［クエリ］グループの［データの変換］をクリックしてください

クエリエディターが別ウィンドウで表示された

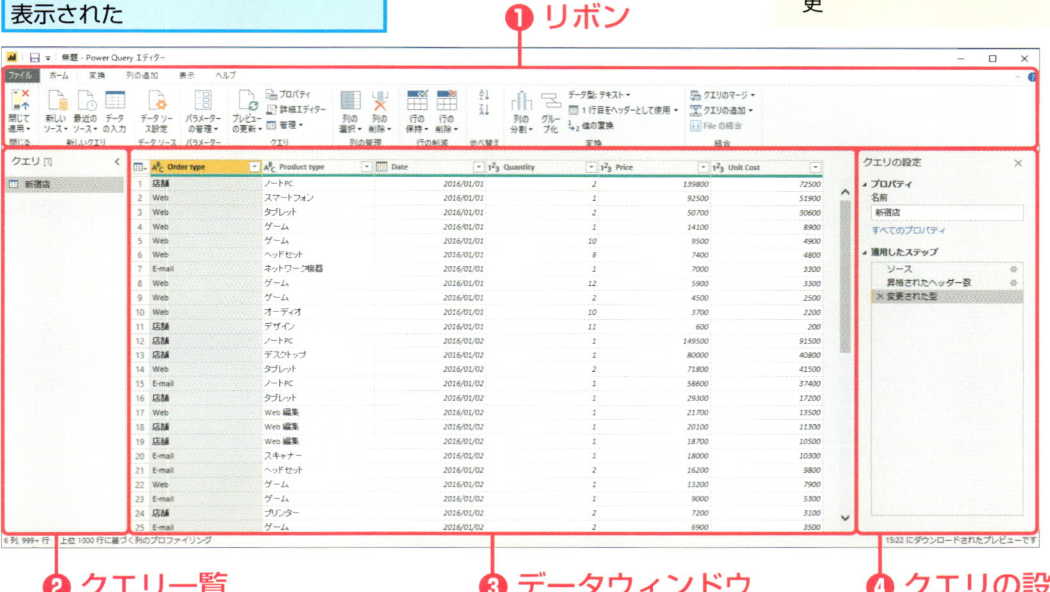

❶リボン

各種操作を行うメニューが［ホーム］［変換］［列の追加］［表示］［ヘルプ］という5つのタブで構成されています。

❷クエリ一覧

クエリが一覧されます。データソースに対する接続を追加すると、クエリが増えます。ここではレッスン⓯で行ったCSVファイルへの接続が「新宿店」というクエリとして確認できます。

❸データウィンドウ

クエリ一覧からクエリを選択すると、中央のデータウィンドウにデータが表示されます。内容を確認しながら各種データの加工作業が行えます。

❹クエリの設定

クエリ一覧からクエリを選択すると、そのクエリで実行されるすべてのステップが表示されます。

HINT!

クエリエディターで可能なデータの変換や加工とは

例えば、次のような内容が主な処理として挙げられます。

- データ型の変更
- 横持ちテーブルを縦方向のデータに変更
- 大文字と小文字を変更、先頭文字の取り出しなど文字列変換
- エラーデータの修正
- 必要ないデータのフィルター
- 不要な列の削除
- 複数テーブルの結合
- 列やテーブル名を分かりやすく変更

次のページに続く

ステップの確認

データソースに対する接続は、クエリとして保存されます。またクエリ内で行った各処理はステップとして記録され、データを読み込む際に実行される内容となります。
例えば、レッスン⓯で指定した［新宿店］クエリには、ステップが3つ記録されていることが確認できます。クエリエディターでの編集作業はまだ行っていないため、この3つのステップはPower BI Desktopにより自動的に行われたことが分かります。

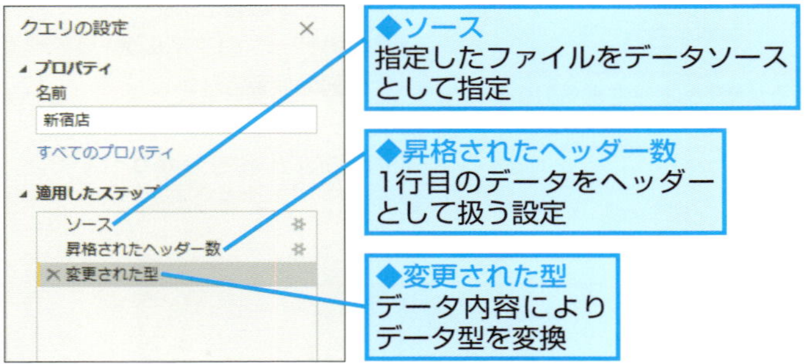

1 1つ前のステップに戻してみる

データ型が変換される前のステップに戻してみる

1 ［昇格されたヘッダー数］をクリック

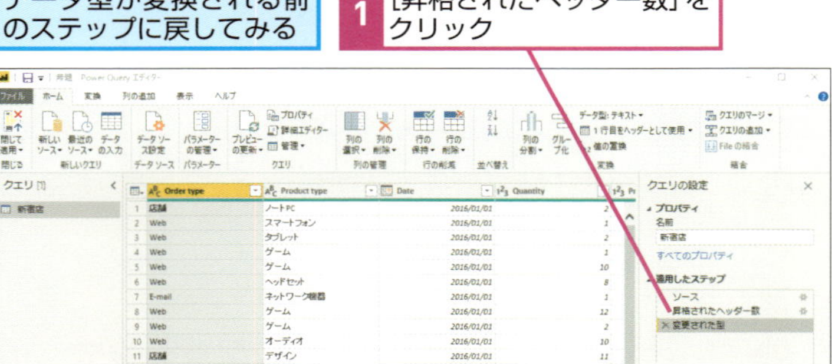

HINT! 既定のクエリ内容について

CSVファイルをデータソースとした場合、既定で「1行目をヘッダーとして扱う設定」と「列のデータ型を設定する」内容がクエリに含まれていることが確認できます。クエリはPower BI Desktopにデータを読み込む際に実行されます。

2 データ型を変換するステップの1つ前の状態になった

データ型が変換される前の内容が確認できる

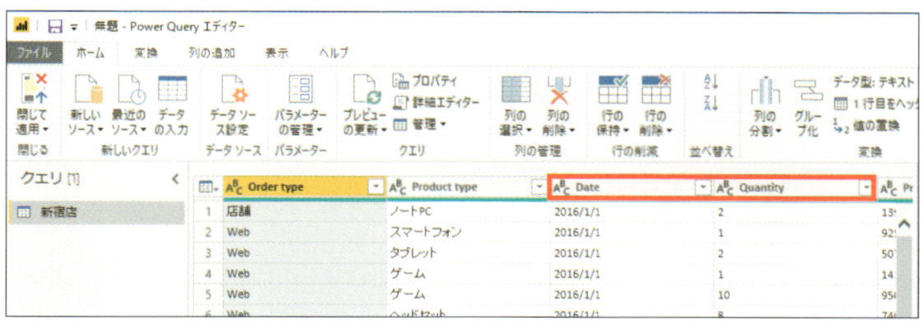

3 データ型変換ステップ実施後に戻る

1 [変更された型] をクリック

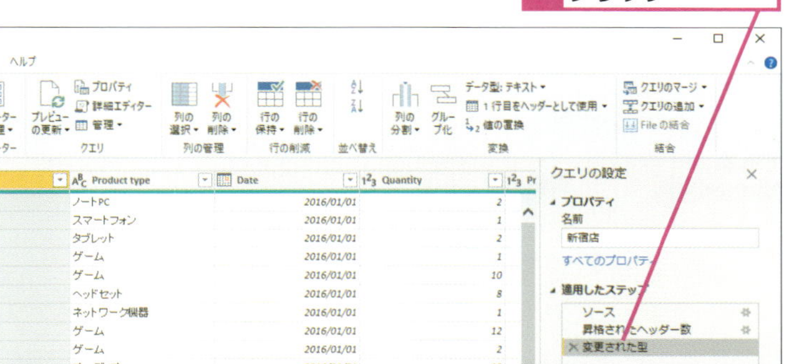

クエリ作業を適用

クエリエディターでの作業後は変更を適用します。変更を適用することでクエリが実行され、Power BI Desktopのデータモデルにステップ内の処理が実行されたデータが読み込まれます。

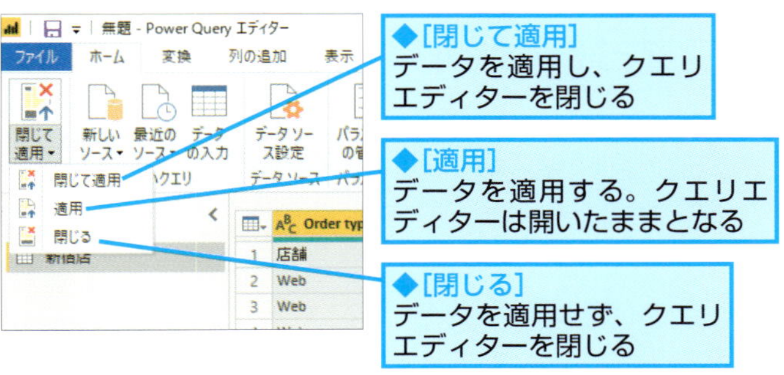

◆[閉じて適用]
データを適用し、クエリエディターを閉じる

◆[適用]
データを適用する。クエリエディターは開いたままとなる

◆[閉じる]
データを適用せず、クエリエディターを閉じる

HINT!

適用したステップに一覧される内容

クエリエディターで設定した内容は、設定した順番通りにステップとして詳細に記録されます。手順で行ったように1つ前のステップの状態に戻して内容を確認することも可能です。ここまでの手順では、クエリエディターでのデータ加工作業はまだ行っていません。Power BI Desktopによって自動的に設定されたステップを利用して、内容を解説しました。クエリエディターで、データ型の変更や列の削除など、データ加工を行う方法は次のレッスンから紹介します。

HINT!

クエリで行った操作はデータソースに影響する？

クエリはPower BI Desktopでデータを読み込む操作をした際に実行され、記録されたステップ通りに動作します。クエリの実行はPower BI Desktopにデータソースからデータを読み込む際に実行されるものであり、もちろん元のデータソースの内容は一切変更されません。

レッスン

17 複数のファイルをまとめて読み込むには

フォルダー内のファイルに接続

キーワード

CSV	p.315
クエリ	p.318
クエリエディター	p.318
データソース	p.319
データモデル	p.319

関連レッスン

▶レッスン14
レポート作成の流れを理解しよう……p.060
▶レッスン15
CSVファイルを読み込むには……p.062
▶レッスン16
クエリエディターとは……p.068
▶レッスン22
Excelファイルを読み込むには……p.090

フォルダーに接続する

レッスン⑮では、単一のCSVファイルを読み込む操作を紹介しました。ファイルをデータソースとして読み込む場合、個々のファイルではなく「複数のファイルが格納されたフォルダー」を指定した接続も可能です。フォルダーを指定した場合、フォルダー内のすべてのファイルが読み込まれます。決まったフォルダーに分析元データとなる複数のファイルを定期的に保存しておき、データ分析を行うときに便利です。

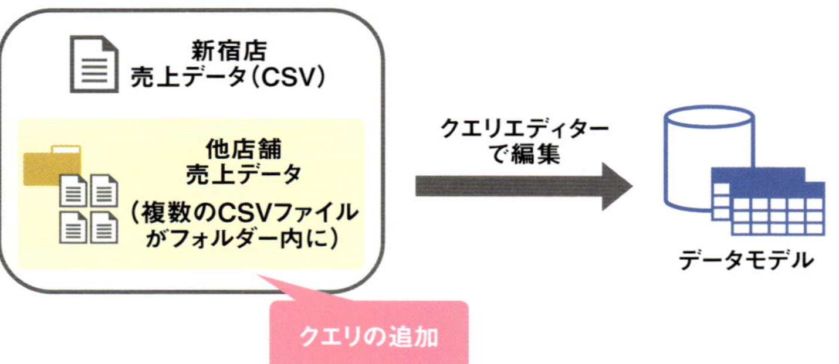

1 データの形式や種類を選択する

レッスン⑯を参考に、クエリエディターを表示しておく

1 ［ホーム］タブをクリック

2 ［新しいソース］のここをクリック

3 ［その他］をクリック

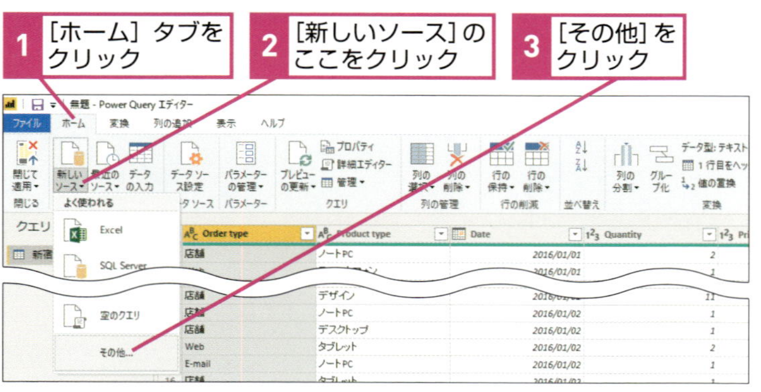

2 データの形式や種類を選択する

[データを取得] の画面が表示された

ここでは取得データの種類に[フォルダー]を指定する

3 接続先のフォルダーを選択する

[フォルダー] ダイアログボックスが表示された

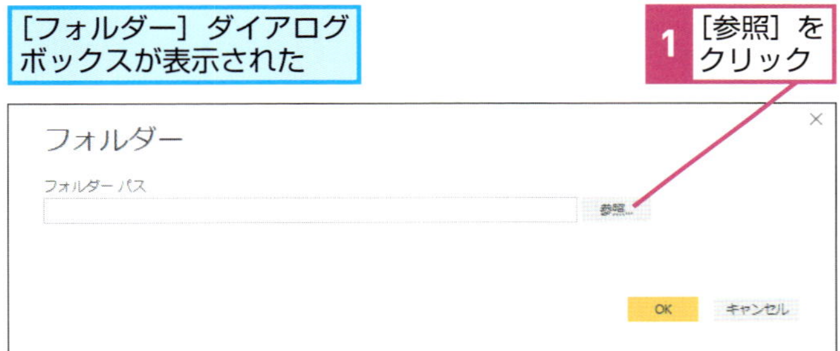

[フォルダーの参照] ダイアログボックスが表示された

ここでは、[SampleData]内の [Sales] フォルダーを選択する

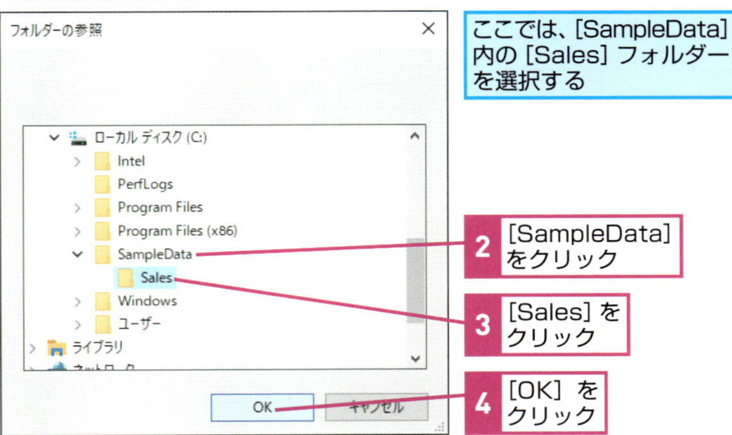

HINT!
新しい接続の追加方法

手順ではクエリエディターを利用して新しい接続を追加しましたが、クエリエディターではなくPower BI Desktopで［ホーム］タブ-［データを取得］-［その他］をクリックしても同じ操作が可能です。

次のページに続く

4 接続先のフォルダーが指定された

[フォルダー] ダイアログボックスに接続先のフォルダーが表示された

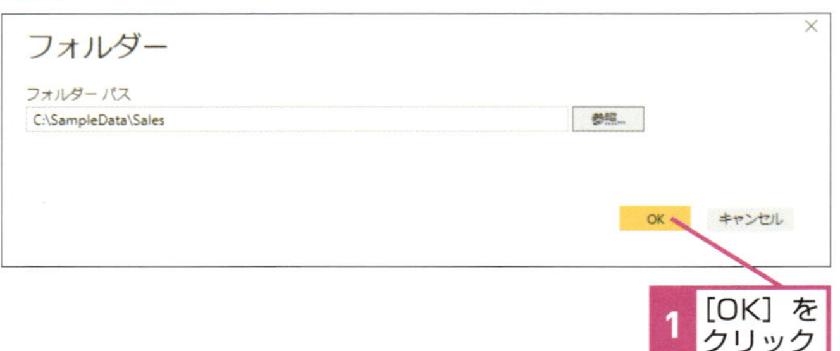

1 [OK] をクリック

5 フォルダー内のファイルを確認する

[Sales] フォルダーにある7つのCSVファイルが一覧で表示された

1 表示されたファイルを確認

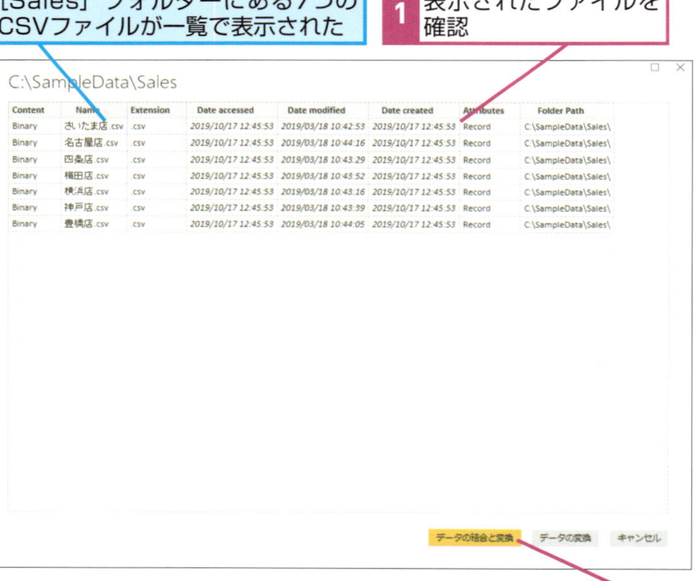

Content	Name	Extension	Date accessed	Date modified	Date created	Attributes	Folder Path
Binary	さいたま店.csv	.csv	2019/10/17 12:45:53	2019/03/18 10:42:53	2019/10/17 12:45:53	Record	C:\SampleData\Sales\
Binary	名古屋店.csv	.csv	2019/10/17 12:45:53	2019/03/18 10:44:16	2019/10/17 12:45:53	Record	C:\SampleData\Sales\
Binary	四条店.csv	.csv	2019/10/17 12:45:53	2019/03/18 10:43:29	2019/10/17 12:45:53	Record	C:\SampleData\Sales\
Binary	梅田店.csv	.csv	2019/10/17 12:45:53	2019/03/18 10:43:52	2019/10/17 12:45:53	Record	C:\SampleData\Sales\
Binary	横浜店.csv	.csv	2019/10/17 12:45:53	2019/03/18 10:43:16	2019/10/17 12:45:53	Record	C:\SampleData\Sales\
Binary	神戸店.csv	.csv	2019/10/17 12:45:53	2019/03/18 10:43:39	2019/10/17 12:45:53	Record	C:\SampleData\Sales\
Binary	豊橋店.csv	.csv	2019/10/17 12:45:53	2019/03/18 10:44:05	2019/10/17 12:45:53	Record	C:\SampleData\Sales\

2 [データの結合と変換] をクリック

HINT! 結合が可能なファイルとは

フォルダーにある複数ファイルを結合するときは、すべてのファイルが同じファイル形式であることが条件です。また列構造（列の順番）がすべて同じでないといけません。[区切り記号] の [コンマ] や [データ型検出] の [最初の200行に基づく] の指定は、レッスン⓯でCSVファイルを読み込むときの設定と同じです。

6 ファイルの結合方法を指定する

[ファイルの結合] の画面にCSVファイルの内容がプレビュー表示された

データの読み込み設定を確認する

1 [元のファイル] が [UTF-8] になっているか確認

2 [区切り記号] が [コンマ] になっているか確認

3 [データ型検出] が [最初の200行に基づく] になっているか確認

4 [OK] をクリック

7 クエリエディターで接続内容を確認する

フォルダー内の各ファイルを読み込む操作

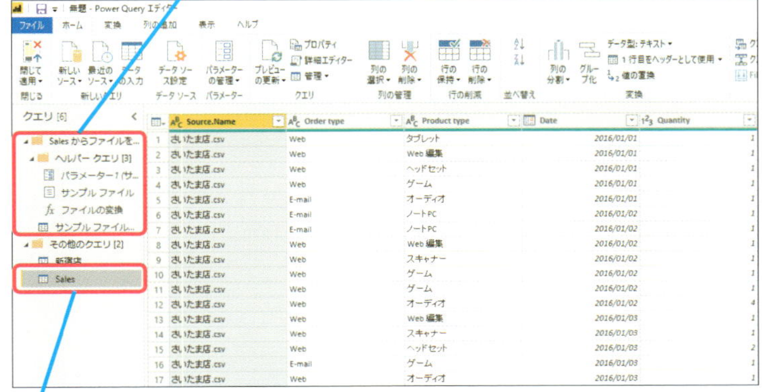

[Sales] はフォルダー内の複数ファイルが結合されたクエリ

HINT!
データソース設定を確認

[ホーム] タブ- [データソース設定] をクリックすると、接続先に指定したフォルダーの場所が確認できます。

HINT!
単一ファイルと複数ファイルの読み取り方法を覚えておこう

レッスン⓯では、単一ファイルをデータソースとする例を紹介しました。一方レッスン⓱では、フォルダーにある複数のファイルをデータソースとする方法を解説しています。データに応じて、それぞれの操作方法を覚えておきましょう。

複数のデータを結合するには

クエリの追加

キーワード

CSV	p.315
クエリ	p.318
クエリエディター	p.318
データソース	p.319
テーブル	p.319

関連レッスン

▶レッスン23
不要な列や行を削除するには…… p.092
▶レッスン24
列と行を入れ替えるには………… p.096
▶レッスン25
1行目を列名にするには ………… p.098
▶レッスン26
空白値を解決するには ………… p.100

既存のクエリ（テーブル）に行を追加できる

ここまでの操作で、レッスン⑮で追加した［新宿店］クエリ（新宿店の売上データ）のほか、レッスン⑰で追加した［Sales］クエリ（［Sales］フィルダー内に格納されている、さいたま店、横浜店、四条店、神戸店、梅田店、豊橋店、名古屋店の7店舗分の売上データ）がクエリエディターで確認できます。
このレッスンでは、全店舗の売上をまとめて分析できるようにクエリを結合します。2つのクエリには同じ列が含まれているため、［Sales］クエリに対して［新宿店］クエリの内容を行として追加します。

新宿店の売上データの行を追加する

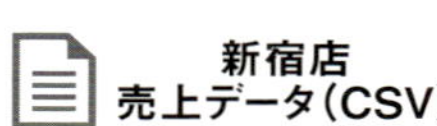

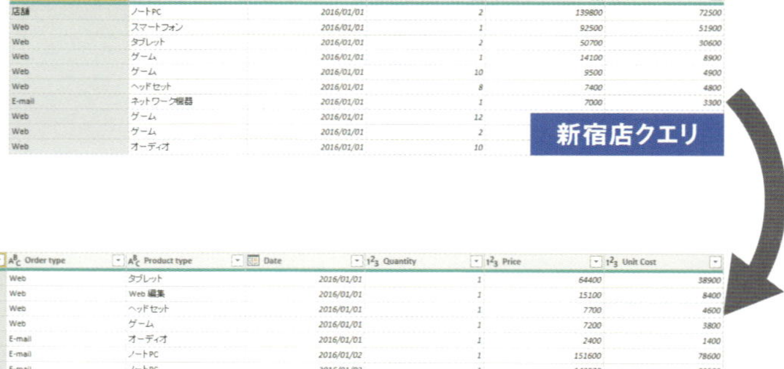

Order type	Product type	Date	Quantity	Price	Unit Cost
店舗	ノートPC	2016/01/01	2	139800	72500
Web	スマートフォン	2016/01/01	1	92500	51900
Web	タブレット	2016/01/01	2	50700	30600
Web	ゲーム	2016/01/01	1	14100	8900
Web	ゲーム	2016/01/01	10	9500	4900
Web	ヘッドセット	2016/01/01	8	7400	4800
E-mail	ネットワーク機器	2016/01/01	1	7000	3300
Web	ゲーム	2016/01/01	12		
Web	ゲーム	2016/01/01	2		
Web	オーディオ	2016/01/01	10		

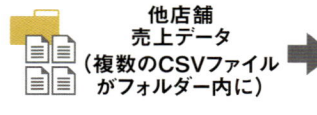

他店舗
売上データ
（複数のCSVファイルがフォルダー内に）

Source.Name	Order type	Product type	Date	Quantity	Price	Unit Cost
さいたま店.csv	Web	タブレット	2016/01/01	1	64400	38900
さいたま店.csv	Web	Web 編集	2016/01/01	1	15100	8400
さいたま店.csv	Web	ヘッドセット	2016/01/01	1	7700	4600
さいたま店.csv	Web	ゲーム	2016/01/01	1	7200	3800
さいたま店.csv	E-mail	オーディオ	2016/01/01	1	2400	1400
さいたま店.csv	E-mail	ノートPC	2016/01/02	1	151600	78600
さいたま店.csv	E-mail	ノートPC	2016/01/02	1	142500	83500
さいたま店.csv	Web	Web 編集	2016/01/02	1		
さいたま店.csv	Web	スキャナー	2016/01/02	1		
さいたま店.csv	Web	ゲーム	2016/01/02	1		

[Sales]クエリ

1 クエリの追加を実行する

ここでは、[Sale] クエリに[新宿店]クエリを追加する

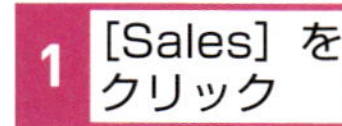

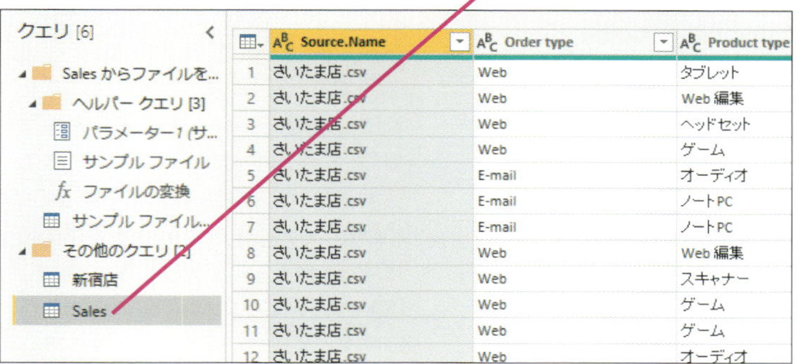

2 [ホーム] タブをクリック

3 [クエリの追加] をクリック

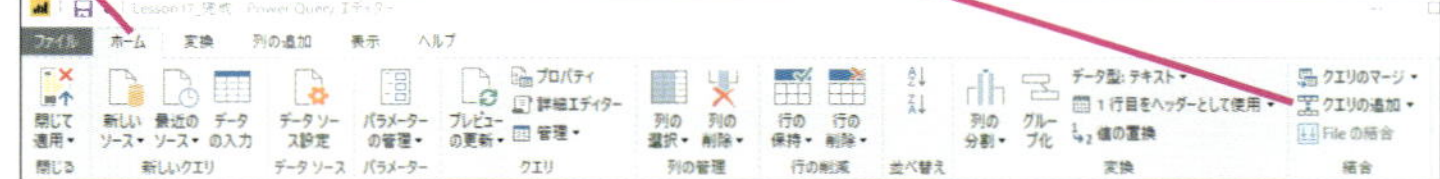

2 追加するクエリを選択する

[追加] の画面が表示された

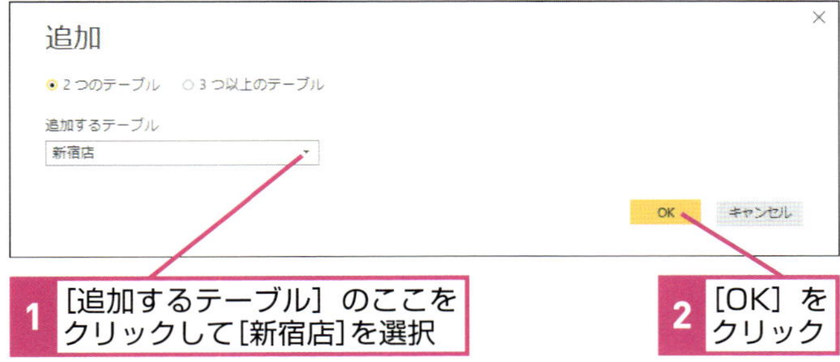

1 [追加するテーブル] のここをクリックして[新宿店]を選択

2 [OK] をクリック

HINT! 2種類のデータ結合方法

複数のデータを結合したい場合、結合方法は2種類あります。既存クエリ（テーブル）に行を追加する場合は、手順で行ったように［クエリの追加］を利用します。また既存クエリ（テーブル）に列として追加する場合は、［クエリのマージ］を利用します。この場合、どの値が一致する場合に列を追加するか照合列を選択して行います。

次のページに続く

3 結合結果を確認する

クエリが結合された

列にあるデータを表示し、結合結果を確認する

1 [Source.Name] 列のメニューをクリック

2 [さらに読み込む] をクリック

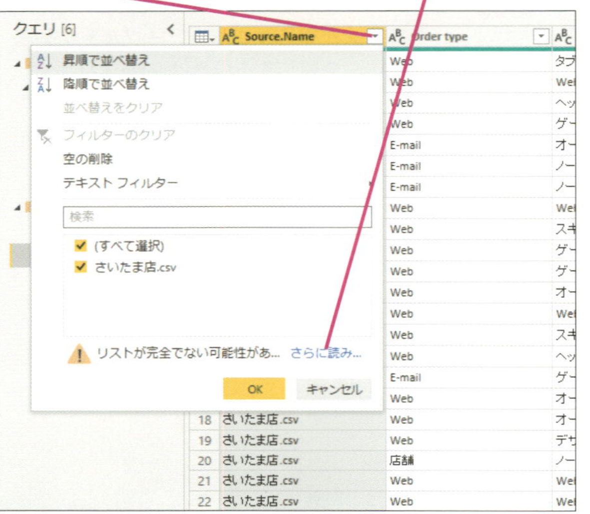

null値のデータが確認できた

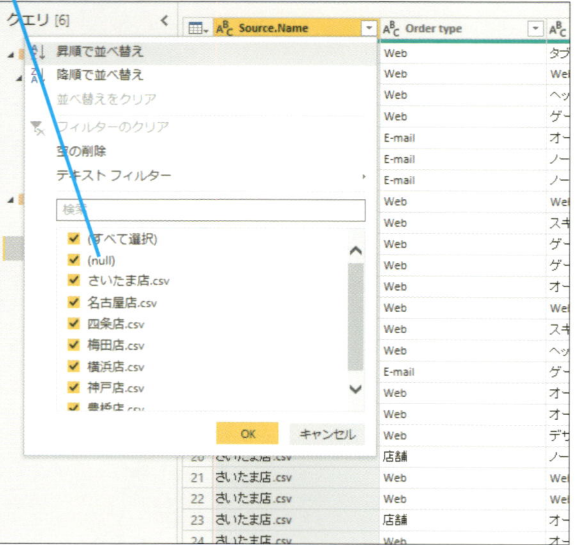

HINT!

[Source.Name] 列を利用して結合結果を確認する

[Source.Name] 列は、データソースであるCSVファイルにはもともと存在しません。単一ファイルとして接続する [新宿店] クエリには含まれていませんが、フォルダー内の複数ファイルをまとめて接続する [Sales] クエリには [Source.Name] 列が追加され、元のファイル名が値として格納されます。[Sales] クエリに結合して追加した行（新宿店の売上データ）は、[Source.Name] 列がnull（空白）となります。手順3では [Sales] クエリ内に [Source.Name] 列=nullの行があることで、クエリの結合が完了していることを確認しています。

実践編 第4章 データを取得して編集しよう

4 ステップ名を変更する

クエリの結合内容が分かるよう、ステップ名を変更する

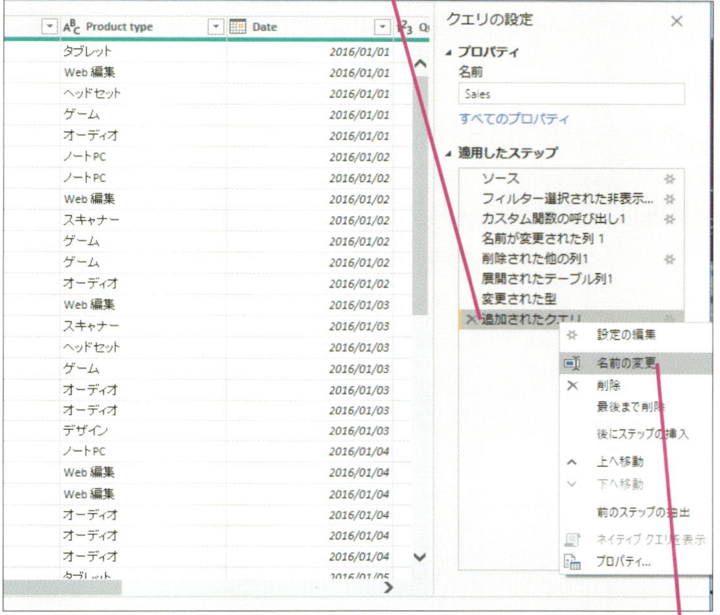

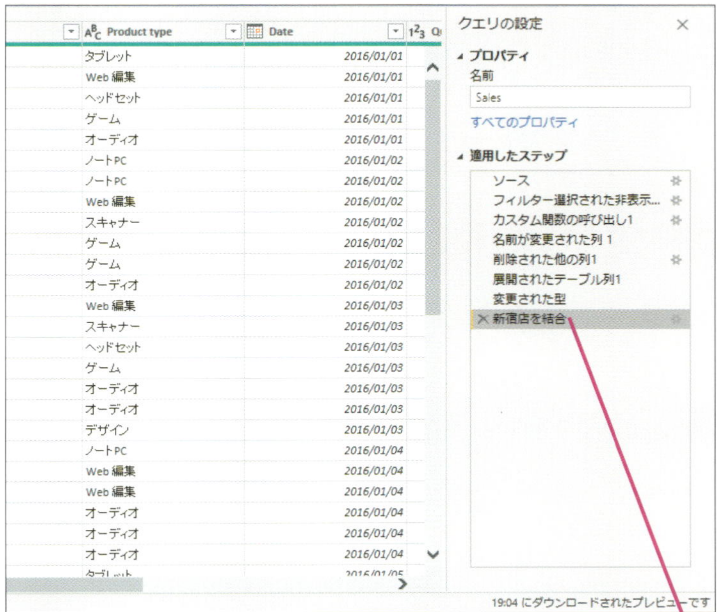

HINT!

分かりやすいステップ名に変更しておく

手順4では、これまで行ったクエリの結合内容について、後から分かりやすくするためにステップ名を「新宿店を結合」に変更しています。ステップ名を変更しておけば操作内容がすぐに分かります。

レッスン 19 列を追加するには

列の追加、列からの例

キーワード

CSV	p.315
クエリ	p.318
クエリエディター	p.318

関連レッスン

▶レッスン23
不要な列や行を削除するには…… p.092

▶レッスン24
列と行を入れ替えるには………… p.096

データから推測された値を格納できる

ここまでレッスンを進めると、[Sales] クエリには8店舗分の売上データが含まれた状態になっています。どの店舗のデータかを判断して分析できるように [店舗名] 列を追加してみましょう。フォルダーからまとめて読み込んだデータには [Source.Name] 列にファイル名([店舗名.csv])が値として含まれます。ここでは、[Source.Name] 列の値を利用して、新しく [店舗名] 列を追加します。

[例からの列] を利用して
[店舗名]列を追加する

	Order type	Product type	Date	Quantity	Price	Unit Cost	店舗名
1	Web	タブレット	2016/01/01	1	64400	38900	さいたま店
2	Web	Web 編集	2016/01/01	1	15100	8400	さいたま店
3	Web	ヘッドセット	2016/01/01	1	7700	4[illegible]00	さいたま店
4	Web	ゲーム	2016/01/01	1	7200	380[illegible]	さいたま店
5	E-mail	オーディオ	2016/01/01	1	2400	1400	さいたま店
6	E-mail	ノートPC	2016/01/02	1	151600	78600	さいたま店
7	E-mail	ノートPC	2016/01/02	1	142500	83500	さいたま店
8	Web	Web 編集	2016/01/02	1	20100	11800	さいたま店
9	Web	スキャナー	2016/01/02	1	17600	6700	さいたま店
10	Web	ゲーム	2016/01/02	1	5300	3000	さいたま店
11	Web	ゲーム	2016/01/02	1	4500	2600	さいたま店
12	Web	オーディオ	2016/01/02	4	3100	1900	さいたま店
13	Web	Web 編集	2016/01/03	1	32400	19000	さいたま店
14	Web	スキャナー	2016/01/03	1	17900	7900	さいたま店
15	Web	ヘッドセット	2016/01/03	2	14300	9400	さいたま店
16	E-mail	ゲーム	2016/01/03	1	4900	2600	さいたま店
17	Web	オーディオ	2016/01/03	1	3100	2000	さいたま店
18	Web	オーディオ	2016/01/03	5	1400	800	さいたま店
19	Web	デザイン	2016/01/03	1	600	300	さいたま店
20	店舗	ノートPC	2016/01/04	1	44100	28100	さいたま店
21	Web	Web 編集	2016/01/04	1	31200	15900	さいたま店
22	Web	Web 編集	2016/01/04	1	20300	12200	さいたま店
23	店舗	オーディオ	2016/01/04	1	6200	3800	さいたま店
24	Web	オーディオ	2016/01/04	2	3100	2100	さいたま店
25	Web	オーディオ	2016/01/04	1	1400	800	さいたま店

1 列を追加するクエリを指定する

ここでは［Sales］クエリに列を追加する

1 ［Sales］をクリック

2 ［列の追加］タブをクリック

3 ［例からの列］をクリック

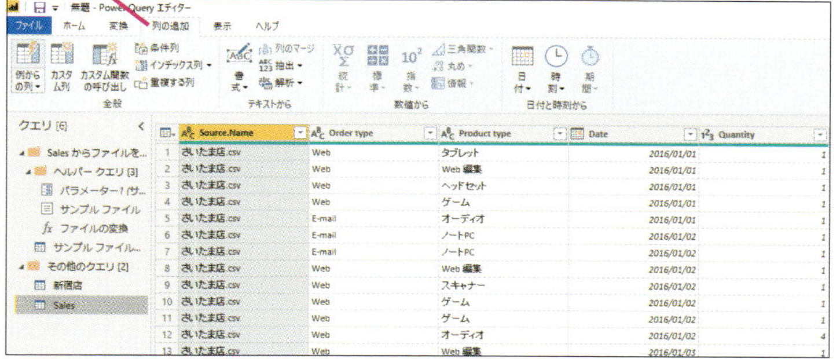

2 列を作成するためのサンプル値を入力する

ここでは、サンプル値として「さいたま店」を指定する

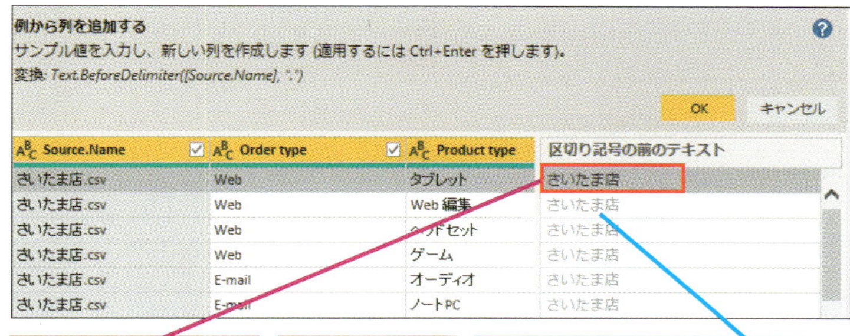

1 「さいたま店」と入力

2 ［OK］をクリック

2行目以降にCSVファイルのファイル名から推測された値が表示される

3 列名を変更する

［店舗名］に変更する

1 列名をダブルクリック

2 「店舗名」と入力

		Quantity	Price	Unit Cost	店舗名
1	'01	1	64400	38900	さいたま店
2	'01	1	15100	8400	さいたま店
3	'01	1	7700	4600	さいたま店
4	'01	1	7200	3800	さいたま店
5	'01	1	2400	1400	さいたま店
6	'02	1	151600	78600	さいたま店
7	'02	1	142500	83500	さいたま店
8	'02	1	20100	11800	さいたま店
9	'02	1	17600	6700	さいたま店

HINT! 条件の設定や数式の記述が不要

クエリエディターでは、条件から列を追加する方法のほか、数式を記述して列を追加する方法もあります。法則に従ってほかの列の値を取得できる［例からの列］の機能を利用すれば、条件設定や数式の記述をする手間を省けます。

次のページに続く

4 空白行を確認する

[店舗名] 列のメニューを表示する

1 [店舗名] 列のメニューをクリック

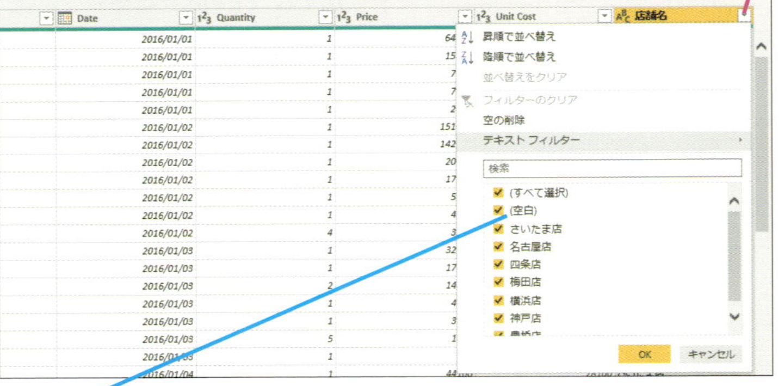

[(空白)] の項目が表示された

[店舗名] 列に空白値があることが分かる

[(空白)] が表示されないときは、[さらに読み込む] をクリックする

2 [キャンセル] をクリック

5 値の置換を実行する

空白値の項目を「新宿店」に置換する

1 [店舗名] の列見出しをクリック

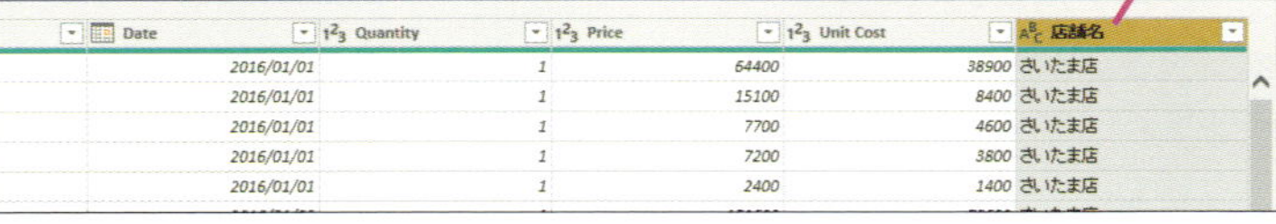

2 [変換] タブをクリック

3 [値の置換] をクリック

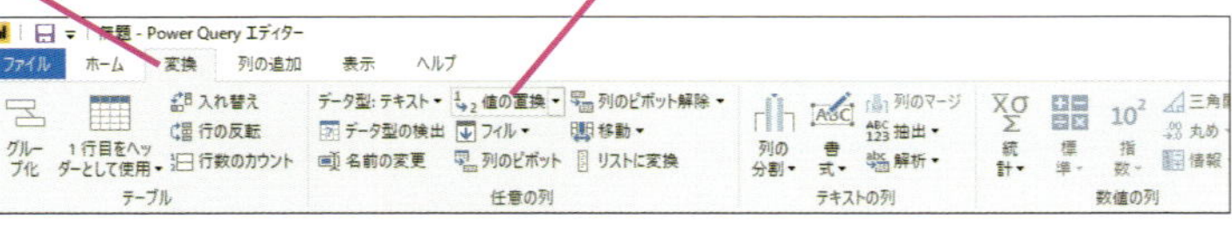

[値の置換] の画面が表示された

4 [検索する値] が空白になっていることを確認

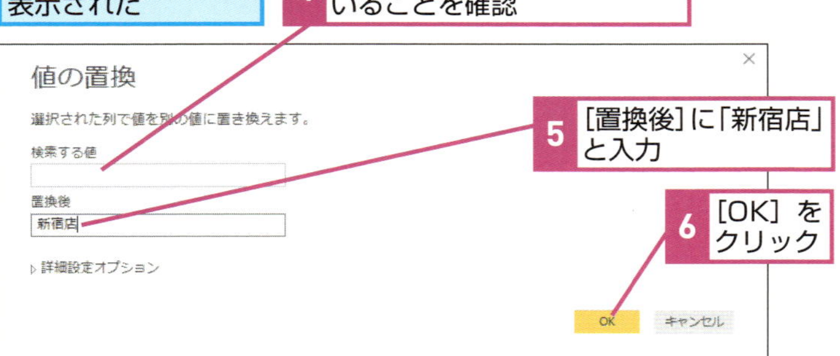

5 [置換後] に「新宿店」と入力

6 [OK] をクリック

HINT! なぜ [店舗名] 列に空白値があるの？

このレッスンでは、[Source.Name] 列の値を利用して列を追加しました。[Source.Name] 列に空白値があるため、[店舗名] 列にも空白値の項目が追加されます。これらは新宿店のデータです。

HINT! 数式を利用して列を追加するには

手順2、3で行った列の追加作業は、[列の追加] タブの [カスタム列] ボタンをクリックし、以下の手順を実行しても行えます。

1 [列の追加] タブをクリック

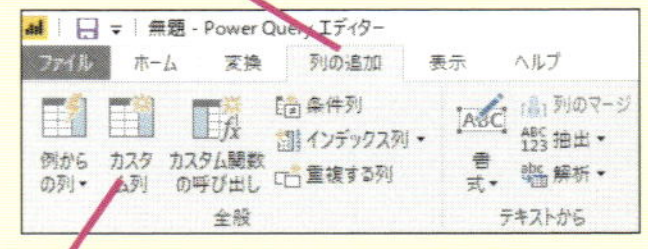

2 [カスタム列] をクリック

[Source.Name] 列の値から、「.」以前の文字を抽出する

3 列名を入力

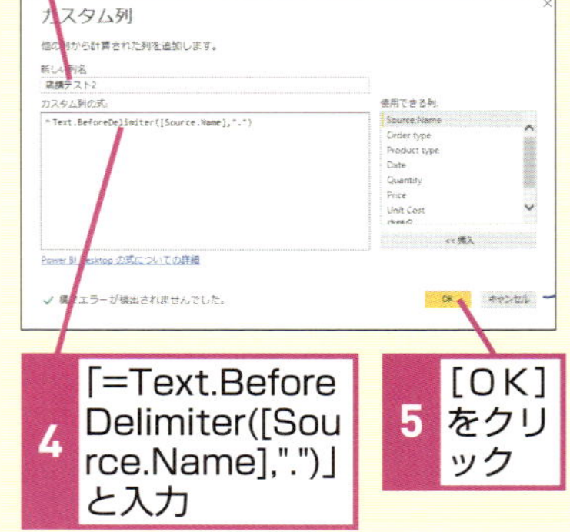

4 「=Text.BeforeDelimiter([Source.Name],".")」と入力

5 [OK] をクリック

実践編 第4章 データを取得して編集しよう

6 置換結果を確認する

正しく置換されたか［店舗名］列のメニューを表示する

1 ［店舗店］のメニューをクリック

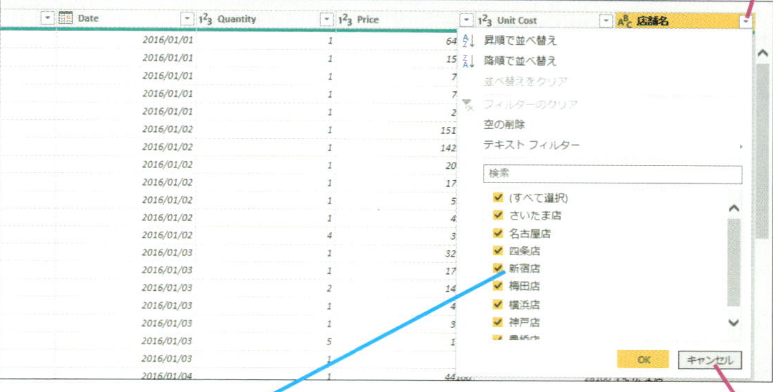

［店舗名］列の空白値が「新宿店」に置換されたことを確認する

2 ［キャンセル］をクリック

7 不要な列を削除する

［店舗名］列の追加で不要となった［Source.Name］列を削除する

1 ［Source.Name］列を右クリック

2 ［削除］をクリック

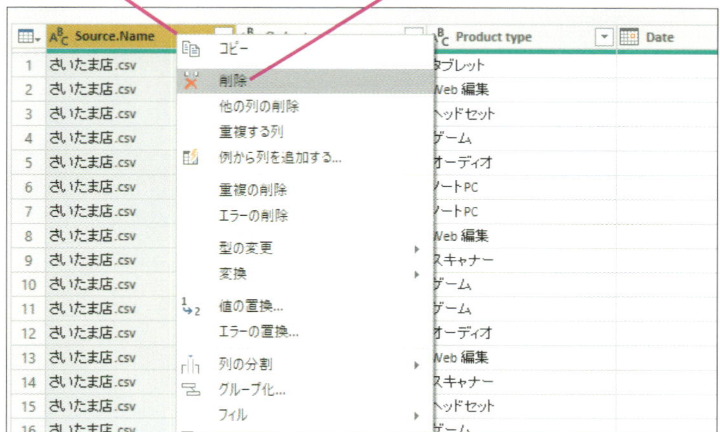

［Source.Name］列が削除される

HINT! 条件を指定して列を追加するには

条件を指定した列の追加も可能です。以下は［Source.Name］列の値を条件として出力値に店舗名を指定しています。すべての項目を設定する手間はかかりますが、［それ以外の場合］に「新宿店」と指定すれば値の置換操作が不要となります。

1 ［列の追加］タブをクリック

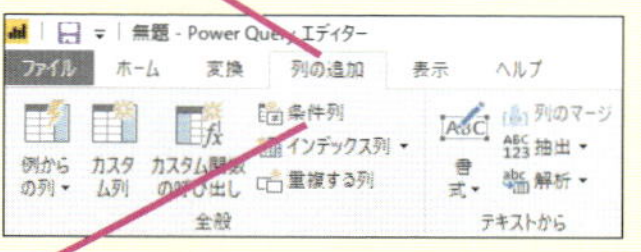

2 ［条件列］をクリック

［条件列の追加］の画面が表示された

3 列名を入力

4 ［列名］のここをクリックして［Source.Name］を選択

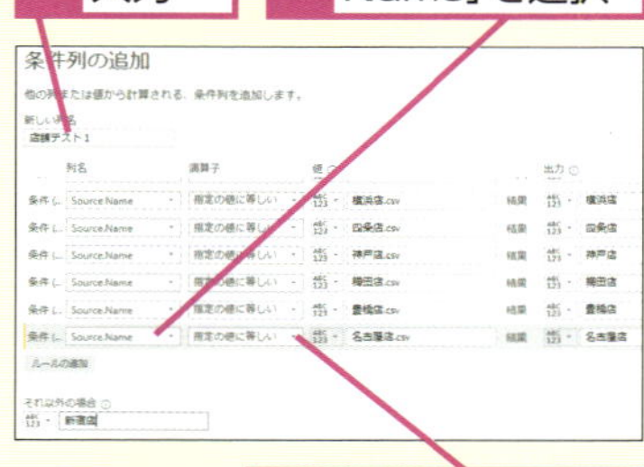

5 ［演算子］のここをクリックして［指定の値に等しい］を選択

店舗名のCSVファイルを指定し、［それ以外の場合］に「新宿店」と入力する

レッスン
20 列名やテーブル名を編集するには

列名・クエリ名の変更

キーワード

CSV	p.315
クエリ	p.318
データソース	p.319
テーブル	p.319
レポート	p.321

関連レッスン

▶レッスン20
列名やテーブル名を
編集するには …………………………… p.084

▶レッスン25
1行目を列名にするには …………… p.098

▶レッスン26
空白値を解決するには ……………… p.100

▶レッスン27
列を分割するには …………………… p.102

列名やクエリ名を変えてデータを扱いやすく

既定では、列の名前はデータソース内にある名前がそのまま表示されます。このレッスンのサンプルでは、[Order type] [Product type] [Date] [Quantity] [Price] [Unit Cost] といった列名になっていますが、何の項目を表すのかひと目で分かりにくいと感じます。列名やクエリ名を変更すれば、データの内容が分かりやすくなるとともに、レポート作成時にデータを扱いやすくなります。

Before

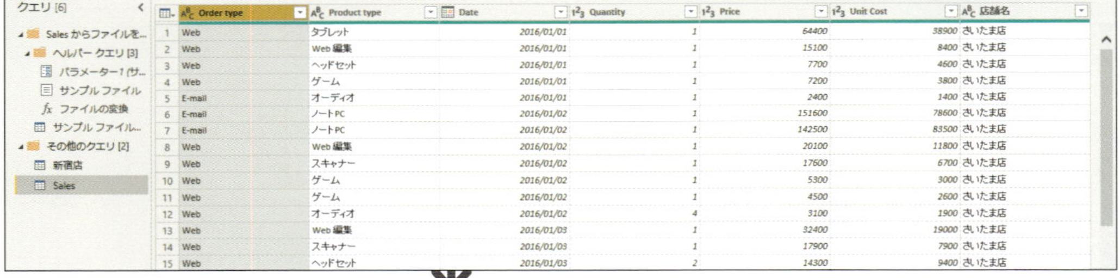

列名やクエリ名が英語のままなので分かりにくい

After

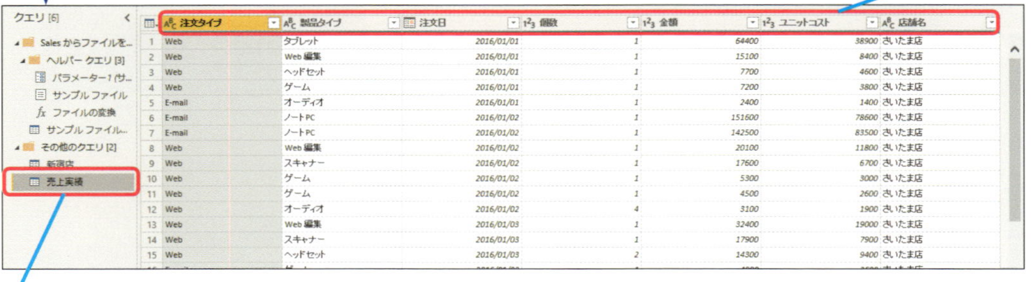

列名を変更すれば、データの内容を把握しやすくなる
クエリ名を変更できる

1 列名を変更する

ここでは、6列分の名前を変更する

1 [Order type]の列見出しをダブルクリック

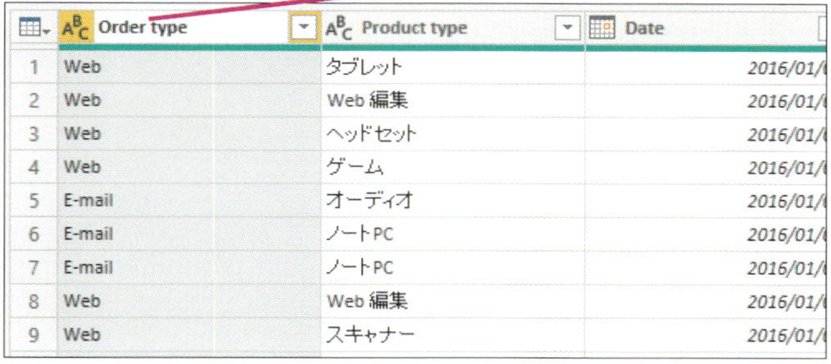

	Order type	Product type	Date
1	Web	タブレット	2016/01/
2	Web	Web 編集	2016/01/
3	Web	ヘッドセット	2016/01/
4	Web	ゲーム	2016/01/
5	E-mail	オーディオ	2016/01/
6	E-mail	ノートPC	2016/01/
7	E-mail	ノートPC	2016/01/
8	Web	Web 編集	2016/01/
9	Web	スキャナー	2016/01/

編集可能な状態となり、カーソルが表示された

2 「注文タイプ」と入力

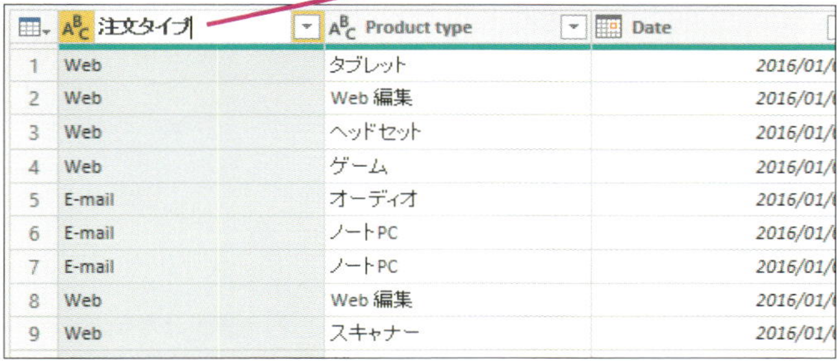

	注文タイプ	Product type	Date
1	Web	タブレット	2016/01/
2	Web	Web 編集	2016/01/
3	Web	ヘッドセット	2016/01/
4	Web	ゲーム	2016/01/
5	E-mail	オーディオ	2016/01/
6	E-mail	ノートPC	2016/01/
7	E-mail	ノートPC	2016/01/
8	Web	Web 編集	2016/01/
9	Web	スキャナー	2016/01/

3 同様の手順で「製品タイプ」と入力

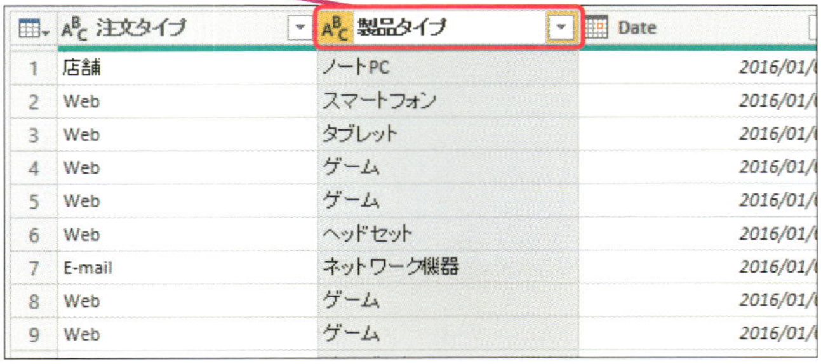

	注文タイプ	製品タイプ	Date
1	店舗	ノートPC	2016/01/
2	Web	スマートフォン	2016/01/
3	Web	タブレット	2016/01/
4	Web	ゲーム	2016/01/
5	Web	ゲーム	2016/01/
6	Web	ヘッドセット	2016/01/
7	E-mail	ネットワーク機器	2016/01/
8	Web	ゲーム	2016/01/
9	Web	ゲーム	2016/01/

4 続けて、注文日、個数、金額、ユニットコストに変更

	注文タイプ	製品タイプ	注文日	個数	金額	ユニットコスト	店舗名
1	Web	タブレット	2016/01/01	1	64400	38900	さいたま店
2	Web	Web 編集	2016/01/01	1	15100	8400	さいたま店
3	Web	ヘッドセット	2016/01/01	1	7700	4600	さいたま店
4	Web	ゲーム	2016/01/01	1	7200	3800	さいたま店
5	E-mail	オーディオ	2016/01/01	1	2400	1400	さいたま店
6	E-mail	ノートPC	2016/01/02	1	151600	78600	さいたま店
7	E-mail	ノートPC	2016/01/02	1	142500	83500	さいたま店
8	Web	Web 編集	2016/01/02	1	20100	11800	さいたま店
9	Web	スキャナー	2016/01/02	1	17600	6700	さいたま店
10	Web	ゲーム	2016/01/02	1	5300	3000	さいたま店
11	Web	ゲーム	2016/01/02	1	4500	2600	さいたま店
12	Web	オーディオ	2016/01/02	4	3100	1900	さいたま店

HINT! データベースの列名

データベース内のテーブルの列名は英数字で付けられていることが多く、データ型を表す文字などが含められていたりすることもあります。そのままでは何の値が含まれている列なのか把握しずらい場合、列名を変更しておくことで、レポート作成時やデータ分析時に分かりやすくなります。

次のページに続く

2 クエリ名を変更する

ここでは「Sales」を「売上実績」に変更する

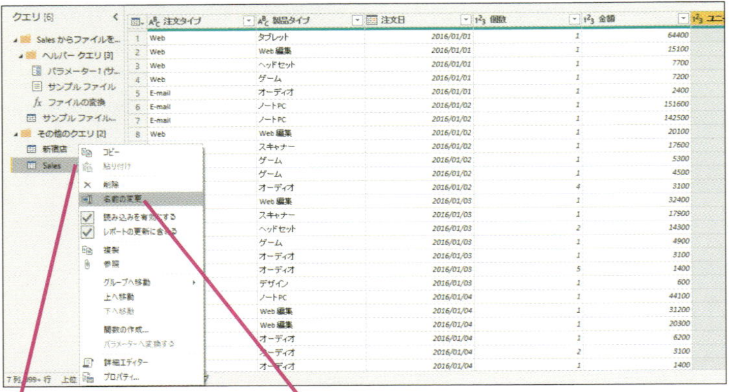

1 [Sales] を右クリック

2 [名前の変更] をクリック

3 「売上実績」と入力

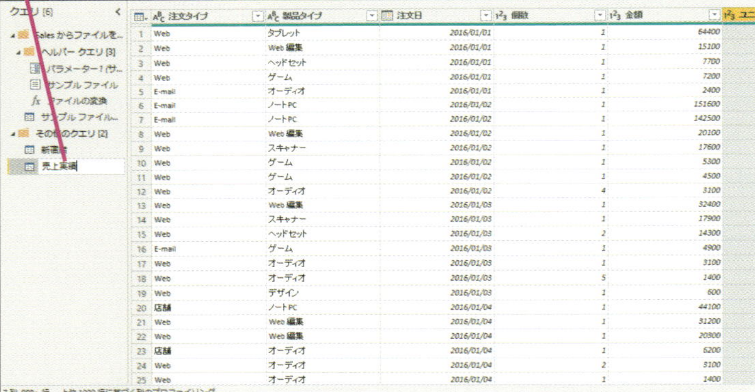

HINT! クエリの名前

クエリの名前は既定では、接続したファイル名やテーブル名、フォルダー名になります。列名と同じくレポート作成時に分かりやすい名前に変更しましょう。

3 クエリの読み込みを無効にする

重複データの読み込みを防ぐため、[新宿店]クエリの読み込みを無効にする

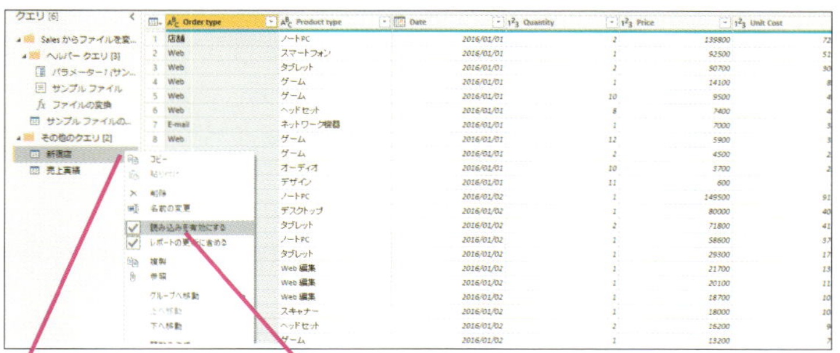

1 [新宿店]を右クリック

2 [読み込みを有効にする]をクリックしてチェックマークをはずす

[データ損失の可能性の警告]の画面が表示された

3 [続行]をクリック

> **データ損失の可能性の警告**
>
> 読み込みを無効にすると、レポートからテーブルが削除され、そのテーブルの列を使用するビジュアルがすべて破損します。
>
> 続行　キャンセル

変更内容を確認する

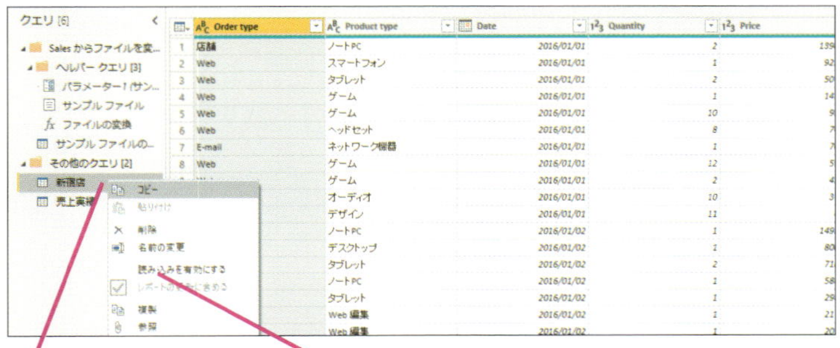

4 [新宿店]を右クリック

5 [読み込みを有効にする]のチェックマークがはずれていることを確認

HINT!
なぜ読み込みを無効にするの？

このレッスンまでの操作によって[新宿店.csv]のデータは[売上実績]クエリに結合されて読み込まれるよう設定を行いました。データが最新に更新されるたびに、クエリが実行されますが、データの読み込みで重複が発生しないように手順3では読み込みを無効に設定しました。データが重複するとファイルサイズが無駄に大きくなってしまいます。不要な読み込みは無効に設定を行うようにしましょう。

レッスン 21

必要なレコードのみを取得するには

行のフィルター

キーワード

データソース	p.319
フィルター	p.320

関連レッスン

▶レッスン18
複数のデータを結合するには……p.076
▶レッスン19
列を追加するには……p.080
▶レッスン23
不要な列や行を削除するには……p.092
▶レッスン24
列と行を入れ替えるには……p.096

必要なデータのみを取得しよう

「第2四半期と第3四半期のみの売上を分析したい」「上期と下期の売上を比較したい」「先月と今月の売上を確認したい」というように、分析に必要なレコードのみを取得するためにはフィルターを設定します。このレッスンのサンプルには、2016年1月から2019年6月までの売上データが含まれています。分析に必要な期間のデータを取得するようにフィルターを実行してみましょう。ここでは、2016年1月から3月のデータを除き、2016年4月から2019年6月までのデータを抽出します。

Before

2016年1月から2019年6月までのデータが含まれている

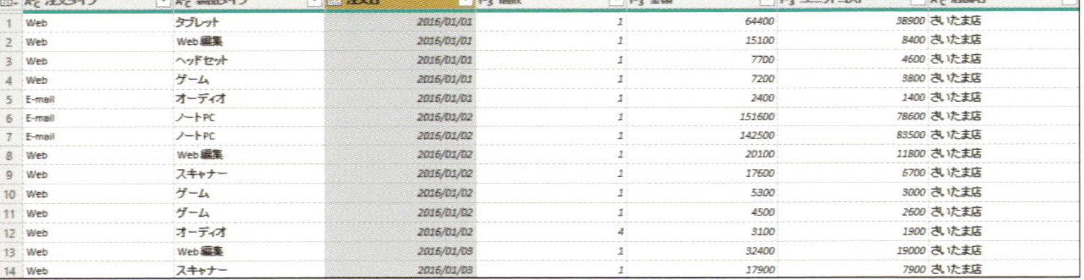

	注文タイプ	製品タイプ	注文日	個数	金額	ユニットコスト	店舗名
1	Web	タブレット	2016/01/01	1	64400	38900	さいたま店
2	Web	Web編集	2016/01/01	1	15100	8400	さいたま店
3	Web	ヘッドセット	2016/01/01	1	7700	4600	さいたま店
4	Web	ゲーム	2016/01/01	1	7200	3800	さいたま店
5	E-mail	オーディオ	2016/01/01	1	2400	1400	さいたま店
6	E-mail	ノートPC	2016/01/02	1	151600	78600	さいたま店
7	E-mail	ノートPC	2016/01/02	1	142500	83500	さいたま店
8	Web	Web編集	2016/01/02	1	20100	11800	さいたま店
9	Web	スキャナー	2016/01/02	1	17600	6700	さいたま店
10	Web	ゲーム	2016/01/02	1	5300	3000	さいたま店
11	Web	ゲーム	2016/01/02	1	4500	2600	さいたま店
12	Web	オーディオ	2016/01/02	4	3100	1900	さいたま店
13	Web	Web編集	2016/01/03	1	32400	19000	さいたま店
14	Web	スキャナー	2016/01/03	1	17900	7900	さいたま店

After

フィルターを設定し、2016年4月から2019年6月までのデータを分析に利用できる

	注文タイプ	製品タイプ	注文日	個数	金額	ユニットコスト	店舗名
1	店舗	ノートPC	2016/04/01	1	58900	33000	さいたま店
2	E-mail	ゲーム	2016/04/01	1	14100	8600	さいたま店
3	Web	ゲーム	2016/04/01	2	10900	6500	さいたま店
4	Web	ゲーム	2016/04/01	2	7500	4700	さいたま店
5	Web	ゲーム	2016/04/01	1	5300	3000	さいたま店
6	E-mail	ゲーム	2016/04/01	1	4800	2500	さいたま店
7	Web	ゲーム	2016/04/01	3	4500	2900	さいたま店
8	Web	オーディオ	2016/04/01	6	3400	2200	さいたま店
9	Web	オーディオ	2016/04/01	1	2600	1700	さいたま店
10	E-mail	オーディオ	2016/04/01	1	1400	800	さいたま店
11	Web	デザイン	2016/04/01	1	700	300	さいたま店
12	Web	デザイン	2016/04/01	6	600	300	さいたま店
13	Web	オーディオ	2016/04/01	25	200	100	さいたま店
14	E-mail	ノートPC	2016/04/02	1	97800	54000	さいたま店

1 日付フィルターを設定する

[売上実績] クエリを選択しておく

1 [注文日] のメニューをクリック

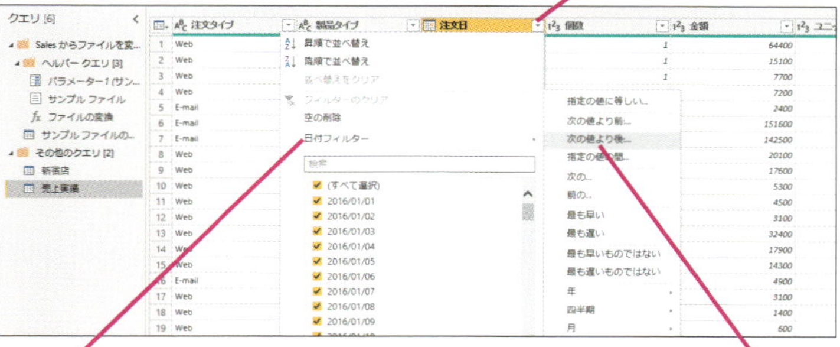

2 [日付フィルター] にマウスポインターを合わせる

3 [次の値より後] をクリック

2 日付を指定する

ここでは「注文日が特定の日付より後」という条件を設定する

1 ここをクリックして[次の値以降]を選択

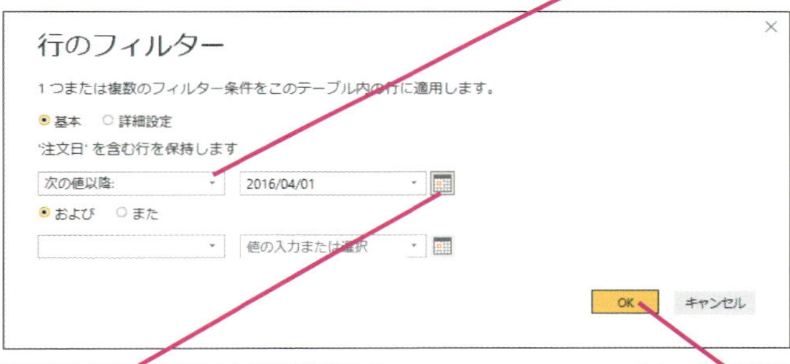

2 ここをクリックして[2016/04/01]と設定

3 [OK] をクリック

3 データが抽出された

フィルターが実行され、2016年4月1日以降が表示されていることを確認する

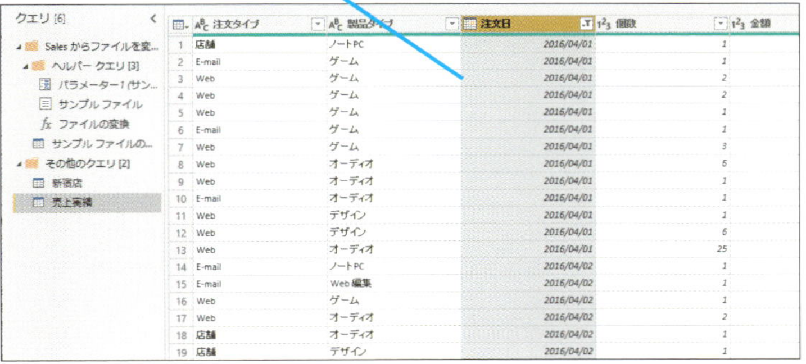

HINT! フィルター設定

ここで設定したフィルター条件に沿ったレコードが、データソースから読み込まれます。

レッスン 22

Excelファイルを読み込むには

Excelファイルに接続

キーワード

CSV	p.315
クエリエディター	p.318
データソース	p.319
データモデル	p.319
テーブル	p.319

関連レッスン

▶レッスン14
レポート作成の流れを理解しよう……p.060

▶レッスン15
CSVファイルを読み込むには……p.062

▶レッスン16
クエリエディターとは……p.068

▶レッスン17
複数のファイルをまとめて読み込むには……p.072

Excelファイルに含まれるデータを追加する

Excelファイルをデータソースとして、各ワークシートのデータを読み込んでみましょう。このレッスンでは、［店舗リスト］シートと［製品一覧］シートが含まれる［各種一覧.xlsx］をデータに追加します。

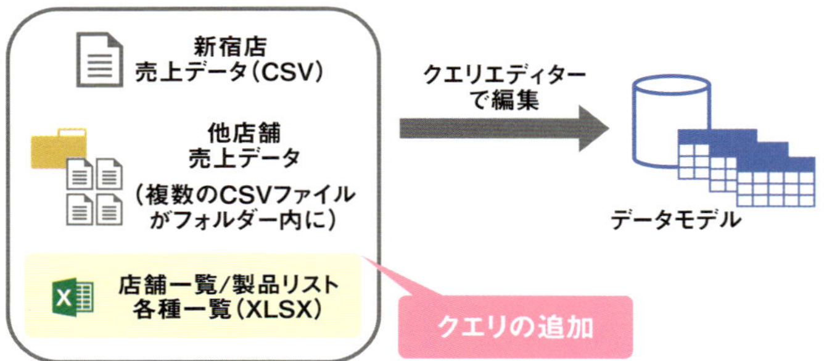

1 取得するデータの種類としてExcelを選択する

1 ［ホーム］タブをクリック

2 ［新しいソース］のここをクリック

3 ［Excel］をクリック

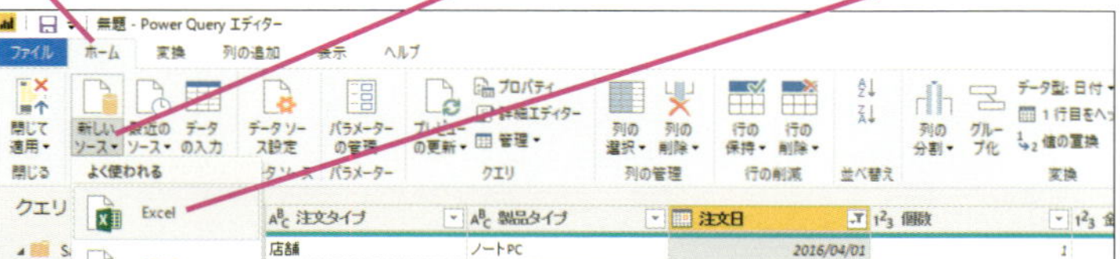

［開く］ダイアログボックスが表示された

［SampleData］フォルダーにある［各種一覧］を選択する

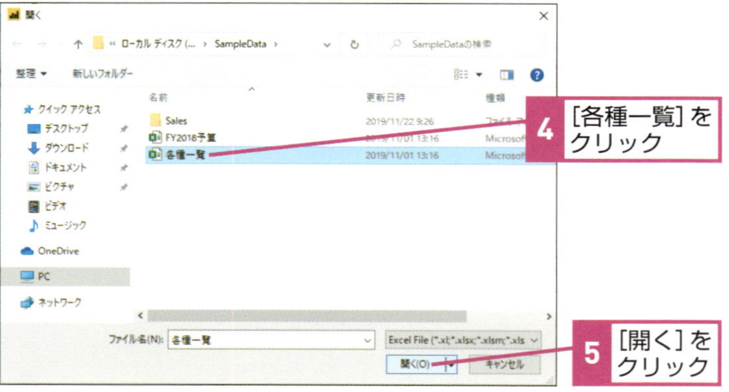

4 ［各種一覧］をクリック

5 ［開く］をクリック

実践編 第4章 データを取得して編集しよう

2 ワークシートを選択する

[ナビゲーター] の画面にワークシートの一覧が表示された

ここでは [各種一覧.xlsx] にある、すべてのワークシートを指定する

1 [製品一覧] をクリックしてチェックマークを付ける

Column1	Column2	Column3	Column4	Column5	Column6	Colu
店舗リスト	null	null	null	null	null	
null	null	null	null	null	null	
エリア	関東	関東	関東	中部	中部	近畿
店舗名	新宿店	横浜店	さいたま店	豊橋店	名古屋店	梅田店
店長	安藤 潔助	山田 太郎	安藤 順紀	河田 弘毅	村上 まゆみ	山本 涼
店舗規模	L	L	M	S	M	L

2 [店舗リスト] をクリックしてチェックマークを付ける

3 [OK] をクリック

3 クエリエディターでデータを確認する

読み込んだデータがクエリエディターに表示された

[製品一覧] シートと [店舗リスト] シートの名前が表示された

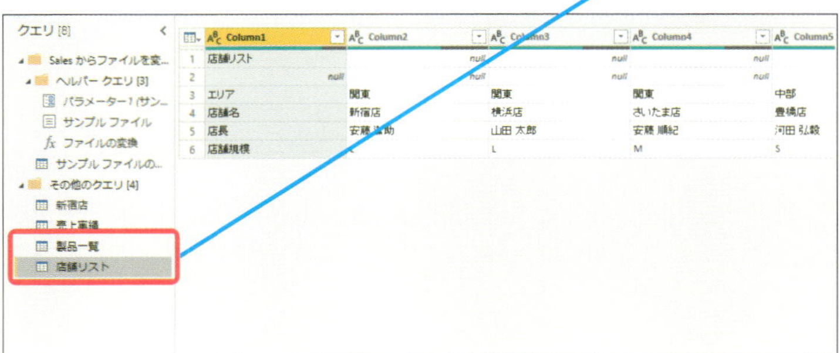

	Column1	Column2	Column3	Column4	Column5
1	店舗リスト	null	null	null	
2	null	null	null	null	
3	エリア	関東	関東	関東	中部
4	店舗名	新宿店	横浜店	さいたま店	豊橋店
5	店長	安藤 潔助	山田 太郎	安藤 順紀	河田 弘毅
6	店舗規模	L	L	M	S

HINT! テーブル名やセル範囲の名前が表示される

手順2の [ナビゲーター] の画面には、ワークシート名のほかテーブル名やセル範囲に定義された名前も表示されます。テーブル名や名前が付いたセル範囲を指定することも可能です。

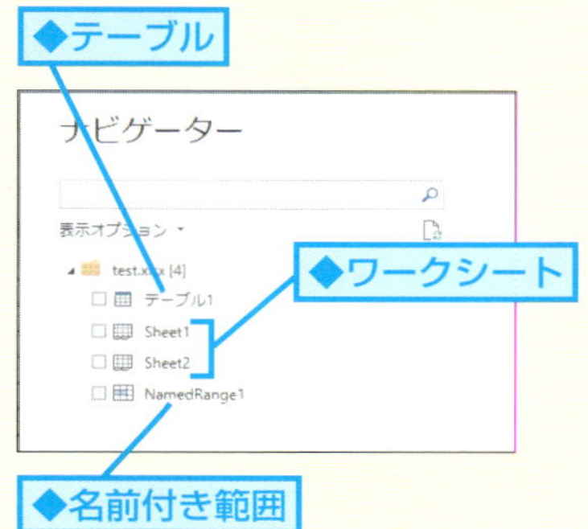

22 Excelファイルに接続

レッスン

23 不要な列や行を削除するには

列の削除、行の削除

キーワード

クエリエディター	p.318
データソース	p.319
テーブル	p.319

関連レッスン

▶レッスン21
必要なレコードのみを取得するには ………… p.088

▶レッスン24
列と行を入れ替えるには ………… p.096

▶レッスン26
空白値を解決するには ………… p.100

不要な列や行を削除しておこう

Excelでデータを作成するとき、データの見出しや作成日、更新日などをセルに記載することがあるでしょう。データソースとしてExcelファイルからデータを読み込むと、分析に不要なデータが含まれる場合があります。以下の画像を見てください。[製品一覧] シートのセルA1 ～ C2、セルC1 ～ C21は分析には不要です。同様に [店舗一覧] シートにあるセルA1 ～ I2、セルA5 ～ I6も分析には利用しません。ここではクエリエディターで不要な列や行を削除する方法を紹介します。

Before

[製品一覧] シートに不要な行や列がある

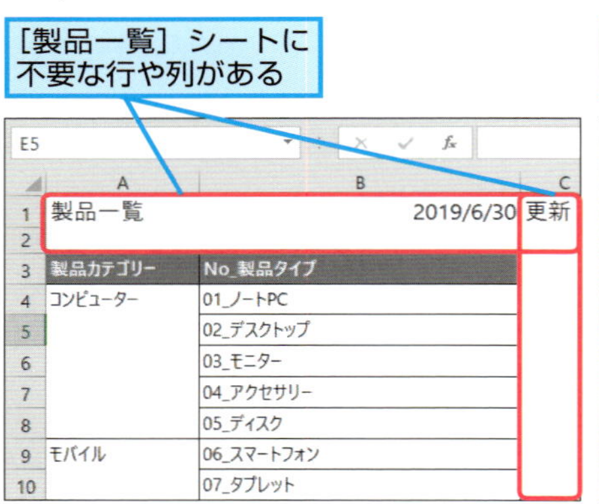

	A	B	C
1	製品一覧	2019/6/30	更新
2			
3	製品カテゴリー	No_製品タイプ	
4	コンピューター	01_ノートPC	
5		02_デスクトップ	
6		03_モニター	
7		04_アクセサリー	
8		05_ディスク	
9	モバイル	06_スマートフォン	
10		07_タブレット	

[店舗一覧] シートにデータでない部分がある

分析に利用しないデータがある

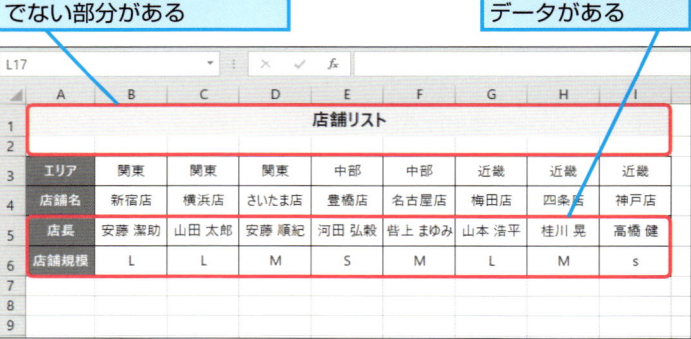

	A	B	C	D	E	F	G	H	I
1	店舗リスト								
2									
3	エリア	関東	関東	関東	中部	中部	近畿	近畿	近畿
4	店舗名	新宿店	横浜店	さいたま店	豊橋店	名古屋店	梅田店	四条店	神戸店
5	店長	安藤 潔助	山田 太郎	安藤 順紀	河田 弘毅	砦上 まゆみ	山本 浩平	桂川 晃	高橋 健
6	店舗規模	L	L	M	S	M	L	M	s
7									
8									
9									

After

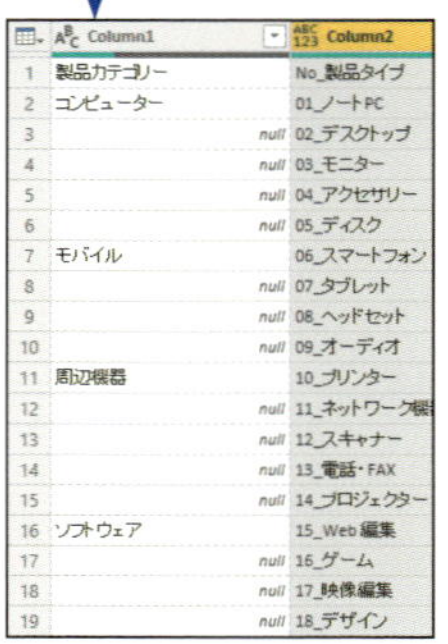

	Column1	Column2
1	製品カテゴリー	No_製品タイプ
2	コンピューター	01_ノートPC
3	null	02_デスクトップ
4	null	03_モニター
5	null	04_アクセサリー
6	null	05_ディスク
7	モバイル	06_スマートフォン
8	null	07_タブレット
9	null	08_ヘッドセット
10	null	09_オーディオ
11	周辺機器	10_プリンター
12	null	11_ネットワーク機
13	null	12_スキャナー
14	null	13_電話・FAX
15	null	14_プロジェクター
16	ソフトウェア	15_Web編集
17	null	16_ゲーム
18	null	17_映像編集
19	null	18_デザイン

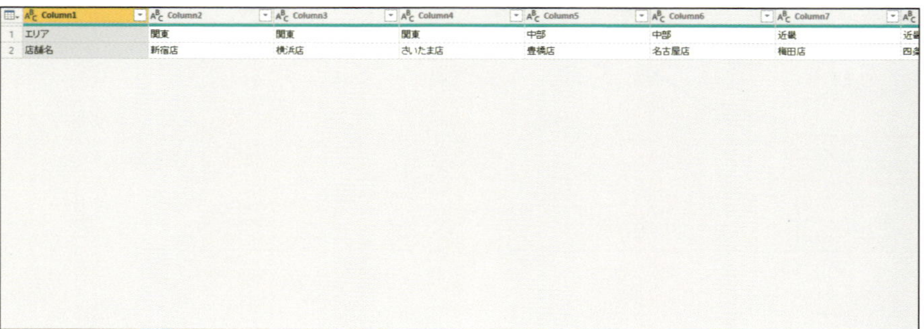

	Column1	Column2	Column3	Column4	Column5	Column6	Column7	
1	エリア	関東	関東	関東	中部	中部	近畿	近畿
2	店舗名	新宿店	横浜店	さいたま店	豊橋店	名古屋店	梅田店	四条

不要な行や列を削除できる

1 ［製品一覧］の不要な列を削除する

1 ［製品一覧］をクリック

2 ［Column3］列を右クリック

3 ［削除］をクリック

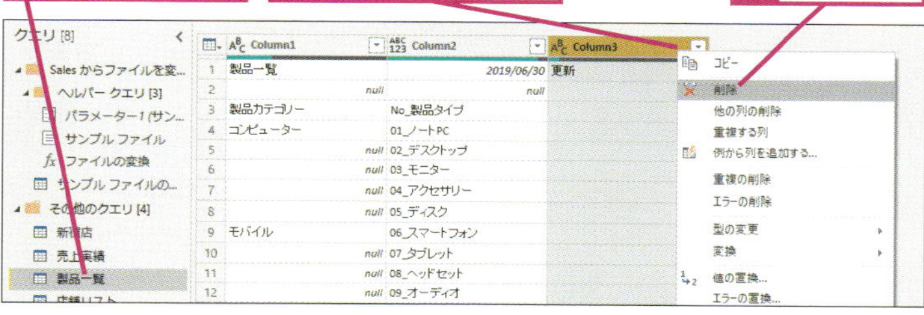

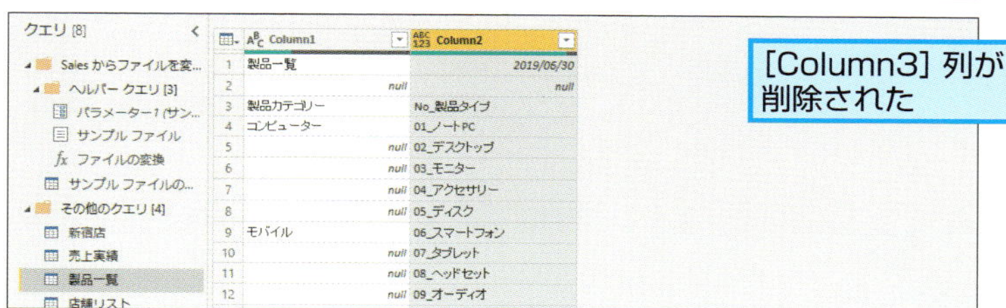

［Column3］列が削除された

2 ［製品一覧］の不要な行を削除する

［製品一覧］が選択されていることを確認する

1 ［行の削除］をクリック

2 ［上位の行の削除］をクリック

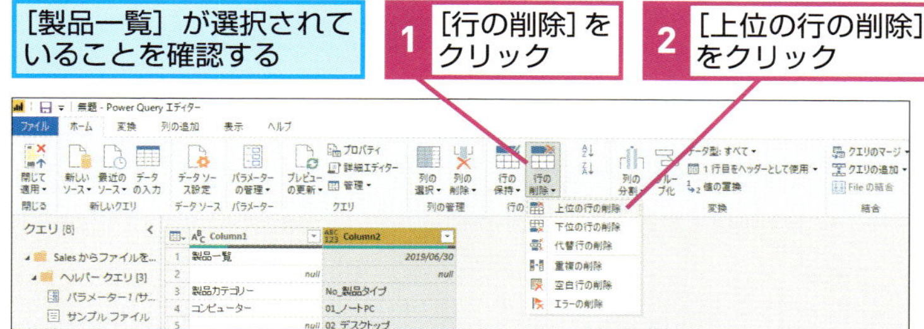

［上位の行の削除］の画面が表示された

テーブルの先頭から削除する行数を数値で指定する

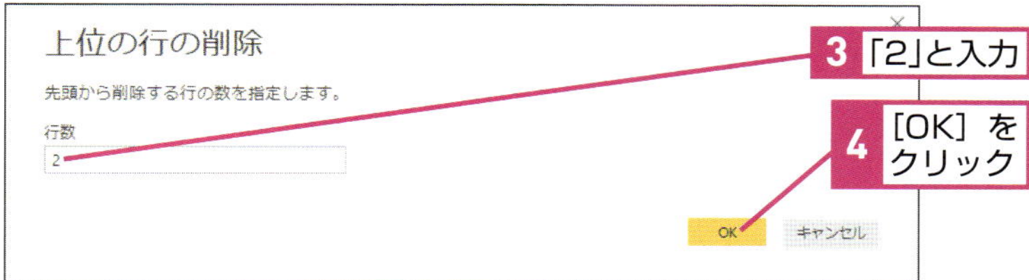

3 「2」と入力

4 ［OK］をクリック

上位2行が削除された

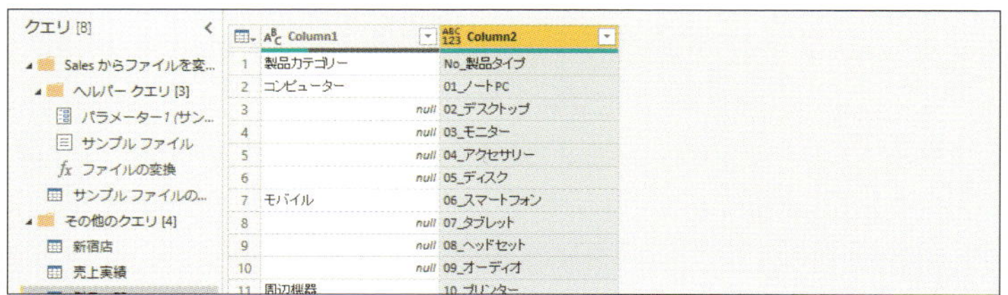

HINT!

Excelでテーブルに設定しておけば削除の手間を減らせる

［製品一覧］シートにあったデータには、書類の見出しや更新日が記載されていたため、Power BI Desktopで読み取ったときに不要な行や列が含まれました。手順1～2のようにクエリエディターで削除してもいいですが、Excelで分析に必要なデータ範囲をテーブルに設定しておくことや、データ範囲に名前を付けて名前付き範囲にしておくことで、Excelファイルに接続する際に［ナビゲーター］画面でテーブルやセル範囲を指定できます。ワークシートを参照する場合とは異なり、不要な列や行を削除する必要がなくなります。詳しくは94～95ページのHINT!を参照してください。

次のページに続く

3 ［店舗リスト］の不要な上位行を削除する

1 ［店舗リスト］をクリック

2 ［行の削除］をクリック

3 ［上位の行の削除］をクリック

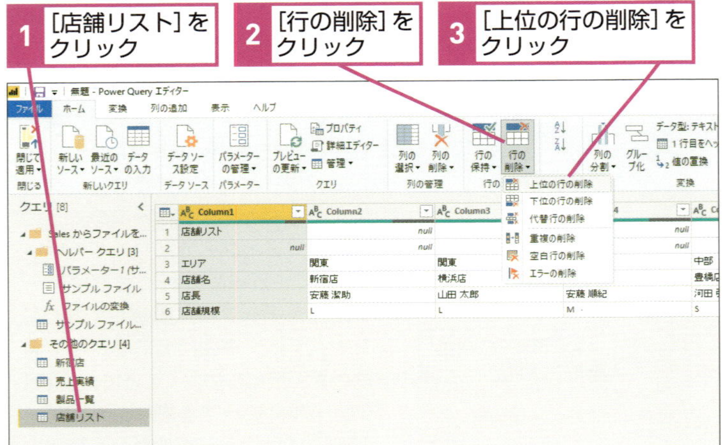

［上位の行の削除］の画面が表示された

テーブルの先頭から削除する行数を数値で指定する

4 「2」と入力

5 ［OK］をクリック

上位2行が削除された

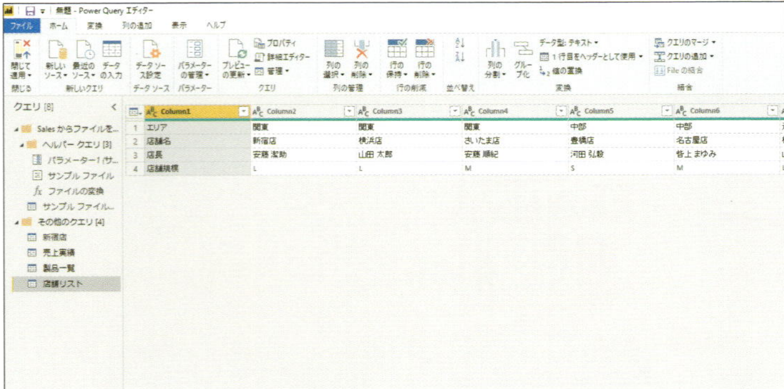

HINT! Excelでデータ範囲をテーブルにした場合

Excelファイルをデータソースとする場合、ワークシートやテーブル、セル範囲を指定して分析に必要なデータを読み込めます。Excelで必要なデータ範囲をテーブルにしたい場合は次のような操作を行います。

1 ［ホーム］タブをクリック

2 ［テーブルとして書式設定］をクリック

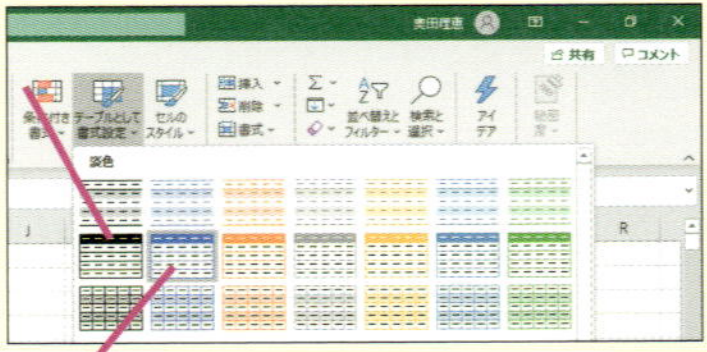

3 任意のスタイルをクリック

［テーブルとして書式設定］ダイアログボックスが表示された

4 ［OK］をクリック

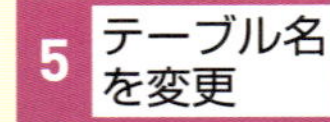

表がテーブルに変換された

5 テーブル名を変更

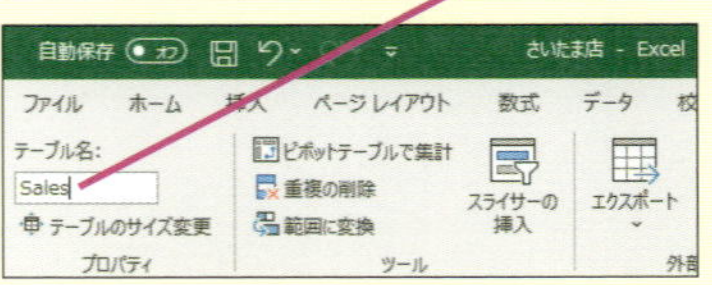

●テーブルを含むExcelファイルからのデータ取得

［ナビゲーター］の画面でテーブルを指定できる

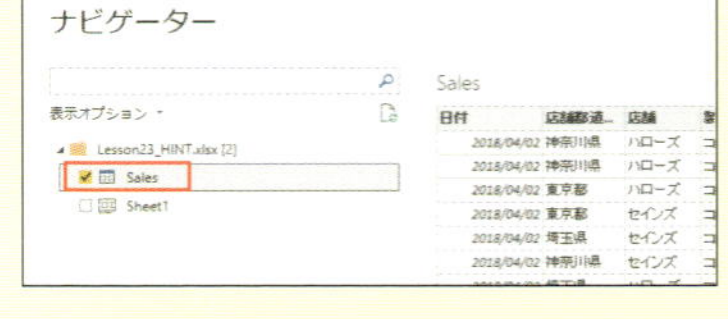

1 ［製品一覧］の不要な列を削除する

1 ［製品一覧］をクリック

2 ［Column3］列を右クリック

3 ［削除］をクリック

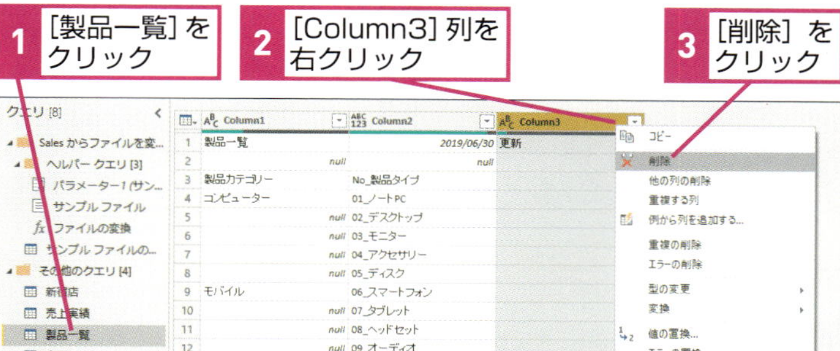

［Column3］列が削除された

2 ［製品一覧］の不要な行を削除する

［製品一覧］が選択されていることを確認する

1 ［行の削除］をクリック

2 ［上位の行の削除］をクリック

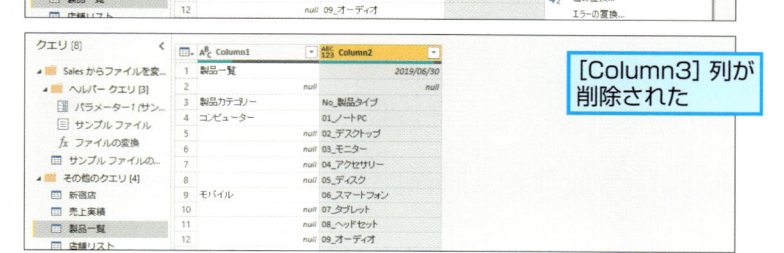

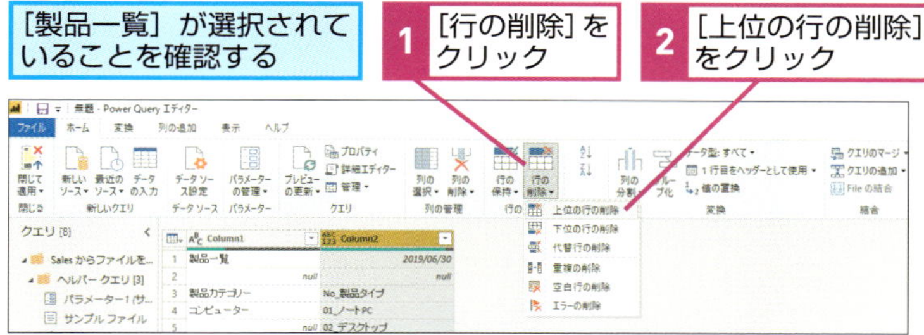

［上位の行の削除］の画面が表示された

テーブルの先頭から削除する行数を数値で指定する

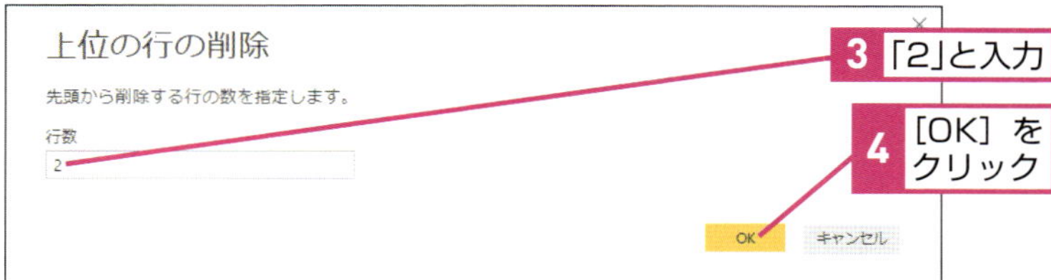

3 「2」と入力

4 ［OK］をクリック

上位2行が削除された

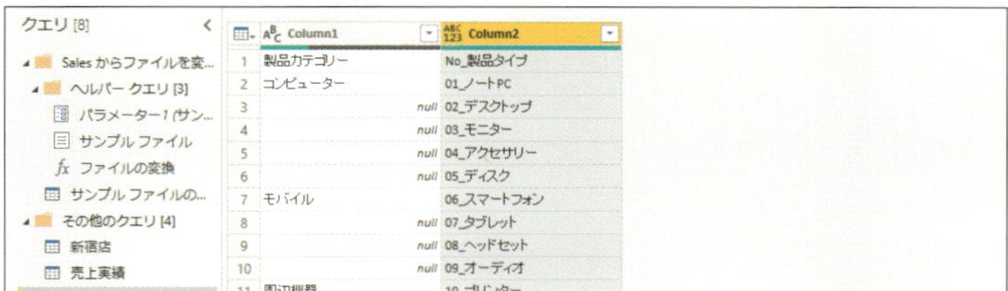

HINT!

Excelでテーブルに設定しておけば削除の手間を減らせる

［製品一覧］シートにあったデータには、書類の見出しや更新日が記載されていたため、Power BI Desktopで読み取ったときに不要な行や列が含まれました。手順1～2のようにクエリエディターで削除してもいいですが、Excelで分析に必要なデータ範囲をテーブルに設定しておくことや、データ範囲に名前を付けて名前付き範囲にしておくことで、Excelファイルに接続する際に［ナビゲーター］画面でテーブルやセル範囲を指定できます。ワークシートを参照する場合とは異なり、不要な列や行を削除する必要がなくなります。詳しくは94～95ページのHINT!を参照してください。

次のページに続く

3 [店舗リスト] の不要な上位行を削除する

1 [店舗リスト] をクリック

2 [行の削除] をクリック

3 [上位の行の削除] をクリック

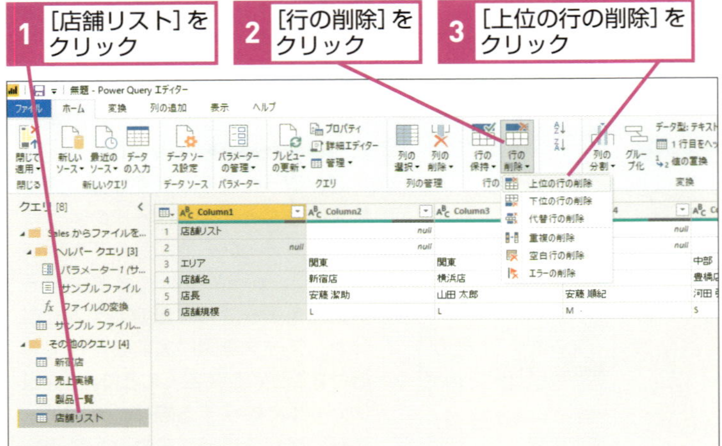

[上位の行の削除] の画面が表示された

テーブルの先頭から削除する行数を数値で指定する

4 「2」と入力

5 [OK]をクリック

上位2行が削除された

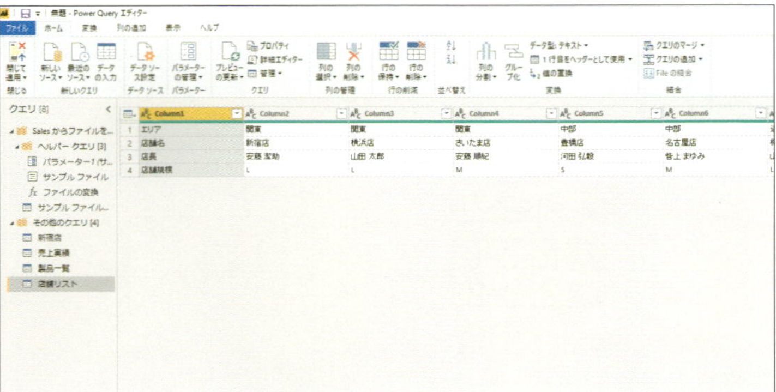

HINT! Excelでデータ範囲をテーブルにした場合

Excelファイルをデータソースとする場合、ワークシートやテーブル、セル範囲を指定して分析に必要なデータを読み込めます。Excelで必要なデータ範囲をテーブルにしたい場合は次のような操作を行います。

1 [ホーム]タブをクリック

2 [テーブルとして書式設定]をクリック

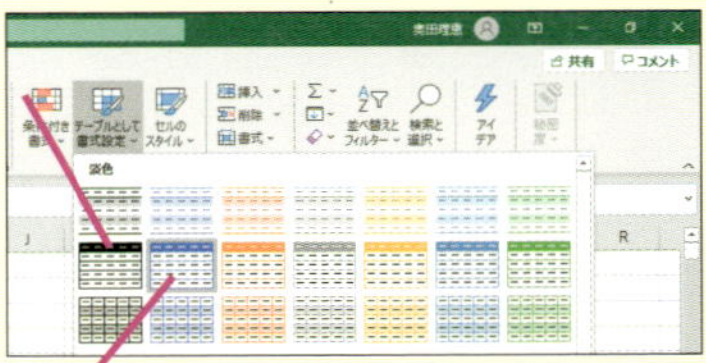

3 任意のスタイルをクリック

[テーブルとして書式設定] ダイアログボックスが表示された

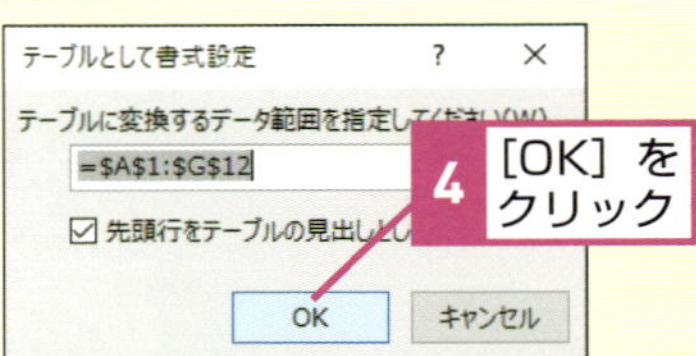

4 [OK] をクリック

表がテーブルに変換された

5 テーブル名を変更

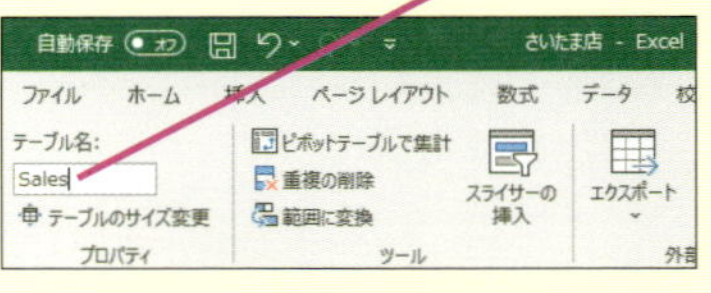

●テーブルを含むExcelファイルからのデータ取得

[ナビゲーター] の画面でテーブルを指定できる

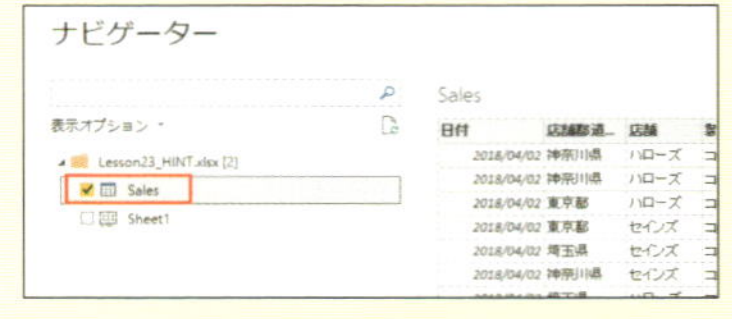

実践編 第4章 データを取得して編集しよう

4 [店舗リスト]の不要な下位行を削除する

続けて不要な行を削除する

1 [行の削除]をクリック

2 [下位の行の削除]をクリック

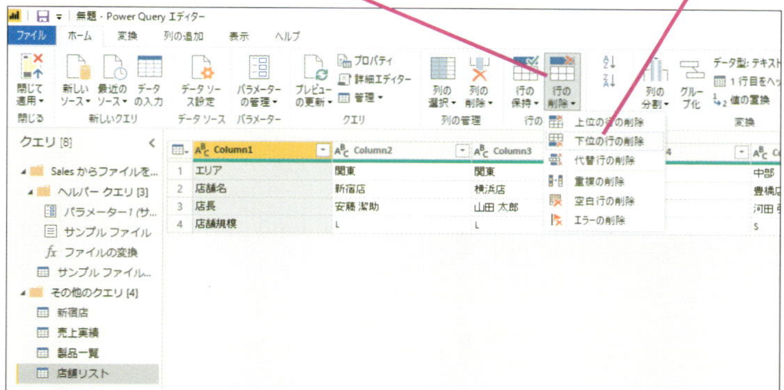

[下位の行の削除]の画面が表示された

テーブルの最後から削除する行数を数値で指定する

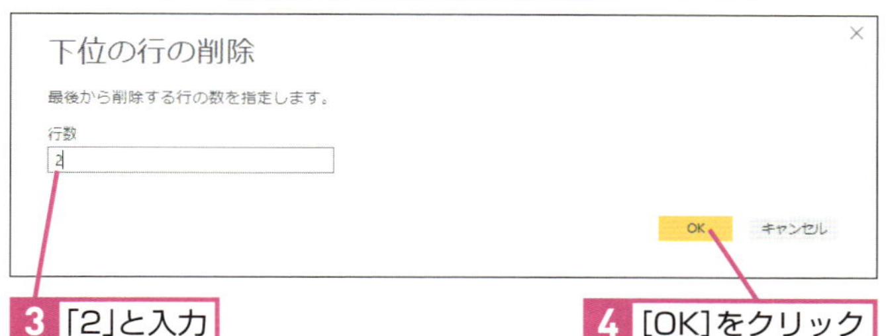

3 「2」と入力

4 [OK]をクリック

下位2行が削除された

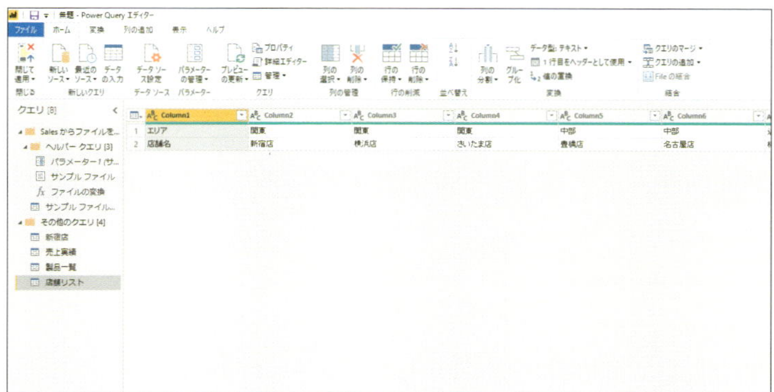

HINT!

Excelでデータ範囲に名前を付けた場合

Excelで必要なデータ範囲に名前を付ける場合は次のような操作を行います。

データが含まれるセル範囲を選択しておく

1 名前ボックスをクリック

2 名前を入力

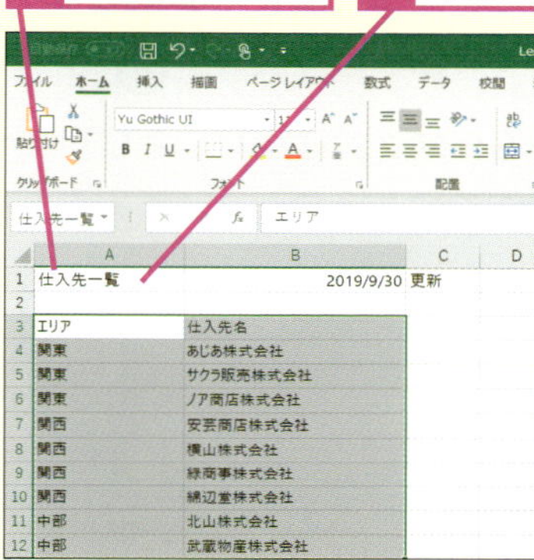

3 Enter キーを押す

●名前を含むExcelファイルからのデータ取得

[ナビゲーター]の画面で、名前の付いたセル範囲を指定できる

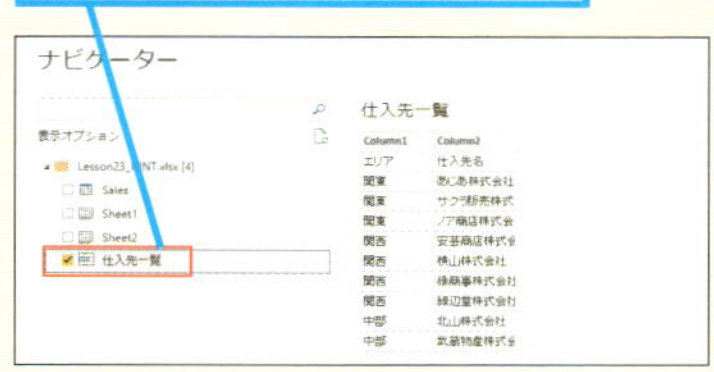

23 列の削除、行の削除

レッスン

24 列と行を入れ替えるには

入れ替え

キーワード

クエリエディター	p.318
データソース	p.319
テーブル	p.319

関連レッスン

▶レッスン19
列を追加するには …………………… p.080

▶レッスン20
列名やテーブル名を
編集するには ………………………… p.084

▶レッスン23
不要な列や行を削除するには …… p.092

▶レッスン25
1行目を列名にするには …………… p.098

横方向テーブルを縦方向に入れ替える

ExcelファイルやWebページにあるデータを利用したい場合、データが横方向のテーブルが含まれていることがよくあります。横方向のテーブルに含まれるデータは、1つのレコードが列に含まれます。データ分析に利用するためには1つのレコードが行として格納されていないといけません。クエリエディターで簡単な操作で列と行を入れ替えることができます。

Before

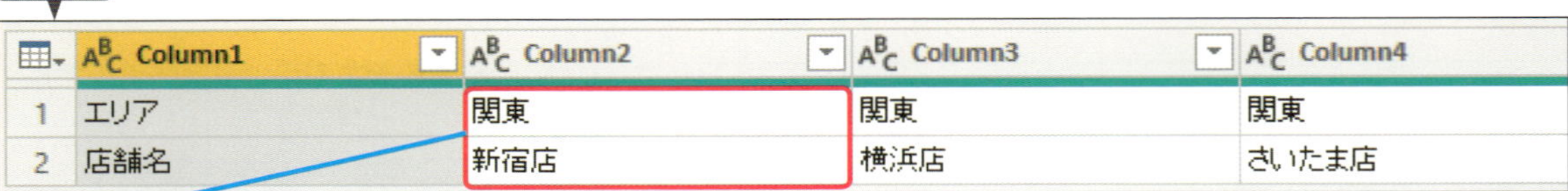

	Column1	Column2	Column3	Column4
1	エリア	関東	関東	関東
2	店舗名	新宿店	横浜店	さいたま店

[店舗一覧] のテーブルが横方向になっており、[関東]と[新宿店]の1レコードが列になっている

After

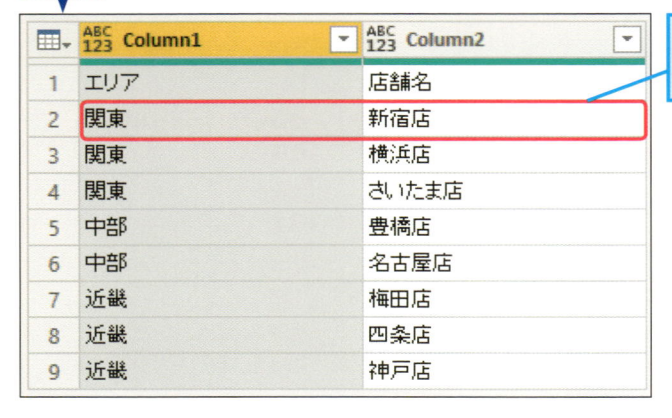

	Column1	Column2
1	エリア	店舗名
2	関東	新宿店
3	関東	横浜店
4	関東	さいたま店
5	中部	豊橋店
6	中部	名古屋店
7	近畿	梅田店
8	近畿	四条店
9	近畿	神戸店

[店舗一覧] のテーブルを縦方向に変更し、[関東]と[新宿店]の1レコードを行に格納できる

1 行と列を入れ替える

[店舗リスト] の行と列を入れ替える

1 [店舗リスト] をクリック

2 [変換] タブをクリック

3 [入れ替え] をクリック

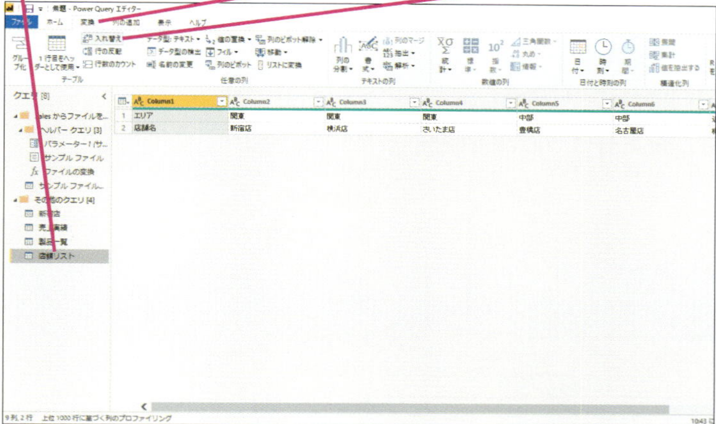

2 行と列が入れ替わった

[店舗リスト] の行と列が入れ替わった

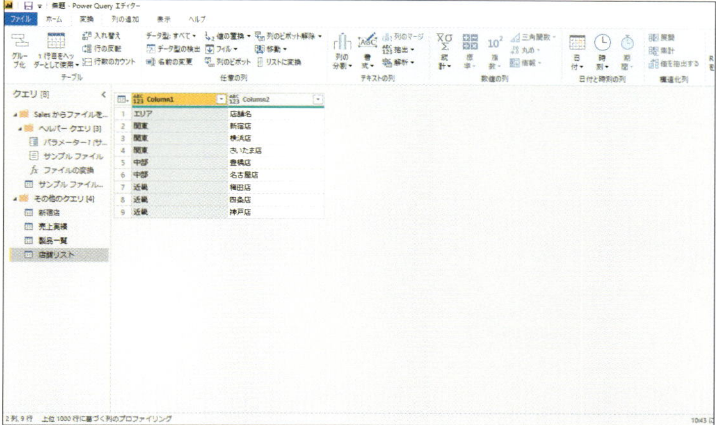

HINT!

見出しを修正する必要がある

[店舗一覧] の行と列を入れ替えると、[Column1] 列にあった [エリア] と [店舗名] がテーブルの1行目となります。そのため、次のレッスンで列名を変更します。

横方向テーブルのデータソース

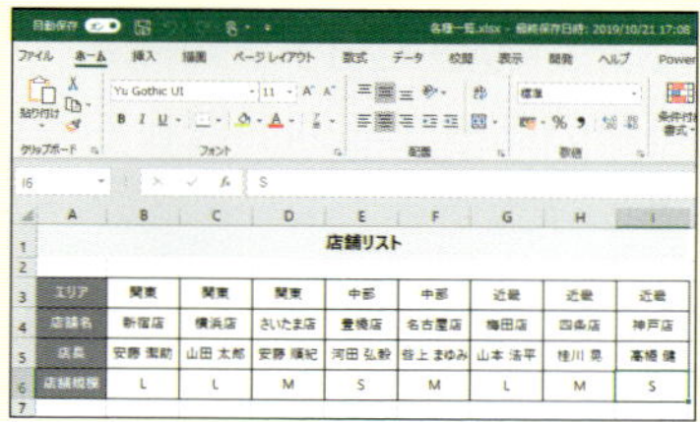

Power BIに読み込み、不要な行を削除した状態

	Column1	Column2	Column3	Column4
1	エリア	関東	関東	関東
2	店舗名	新宿店	横浜店	さいたま店

列と行を入れ替えた状態

	Column1	Column2
1	エリア	店舗名
2	関東	新宿店
3	関東	横浜店
4	関東	さいたま店
5	中部	豊橋店
6	中部	名古屋店
7	近畿	梅田店
8	近畿	四条店
9	近畿	神戸店

1行目を列名にするには

1行目をヘッダーとして適用

キーワード

クエリエディター	p.318
データソース	p.319
テーブル	p.319

関連レッスン

▶レッスン18
複数のデータを結合するには……p.076
▶レッスン19
列を追加するには……p.080
▶レッスン20
列名やテーブル名を
編集するには……p.084
▶レッスン21
必要なレコードのみを
取得するには……p.088
▶レッスン23
不要な列や行を削除するには……p.092
▶レッスン24
列と行を入れ替えるには……p.096
▶レッスン26
空白値を解決するには……p.100
▶レッスン27
列を分割するには……p.102

テーブルの最初の行を列ヘッダーに設定

ExcelやWebページからデータを読みこんだ場合、列名として利用したい行が1行目のデータとして読み込まれることがあります。1行目のデータを列名として利用するよう設定を行う方法を確認しましょう。

●製品一覧

列名に利用したい内容

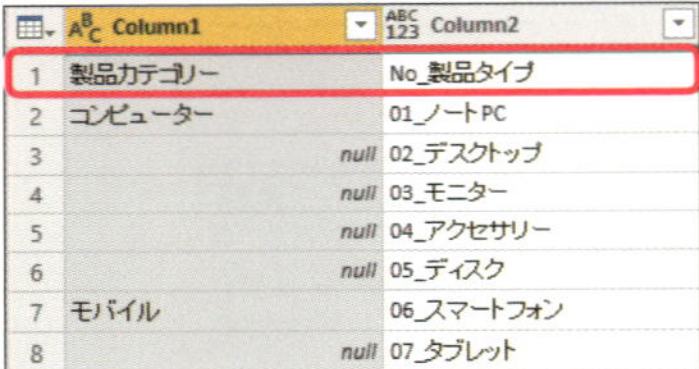

	Column1	Column2
1	製品カテゴリー	No_製品タイプ
2	コンピューター	01_ノートPC
3	null	02_デスクトップ
4	null	03_モニター
5	null	04_アクセサリー
6	null	05_ディスク
7	モバイル	06_スマートフォン
8	null	07_タブレット

●店舗リスト

列名に利用したい内容

	Column1	Column2
1	エリア	店舗名
2	関東	新宿店
3	関東	横浜店
4	関東	さいたま店
5	中部	豊橋店
6	中部	名古屋店
7	近畿	梅田店
8	近畿	四条店

1 [店舗リスト]の見出しを変更する

テーブル1行目の[エリア]と[店舗名]を列見出しに設定する

1 [変換]タブをクリック

2 [1行目をヘッダーとして使用]をクリック

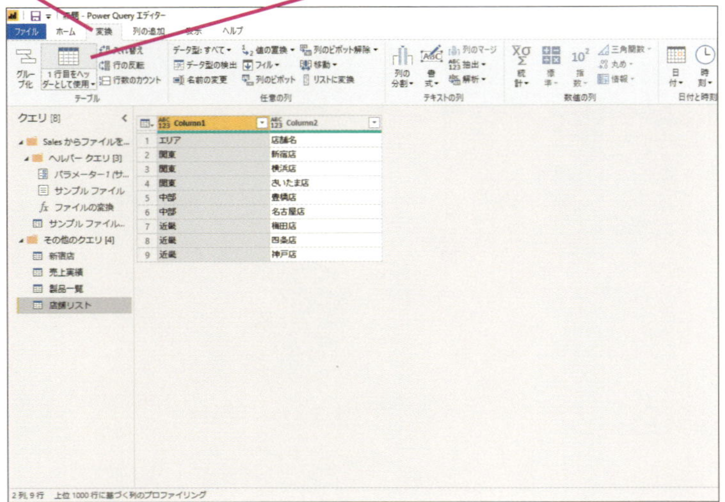

2 見出しが変更された

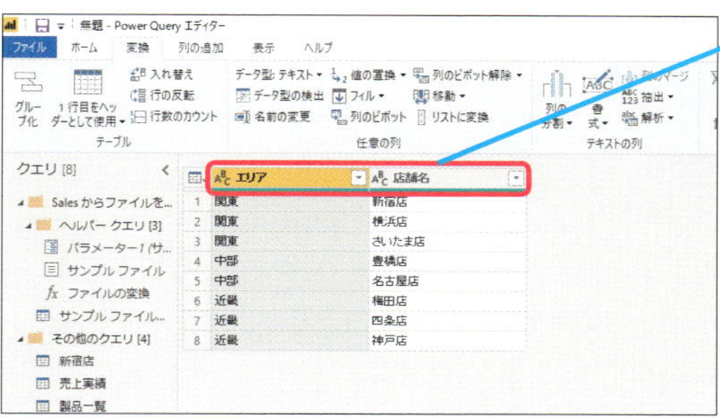

[エリア] と [店舗名] が列名に設定された

3 [製品一覧] の見出しを変更する

テーブル1行目の [製品カテゴリー] と [製品タイプ] を列名に設定する

1 [製品一覧] をクリック

2 [変換] タブをクリック

3 [1行目をヘッダーとして使用] をクリック

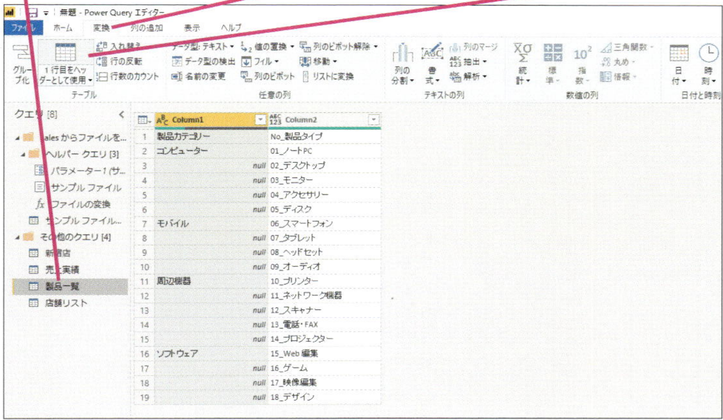

[製品カテゴリー] と [製品タイプ] が列名に設定された

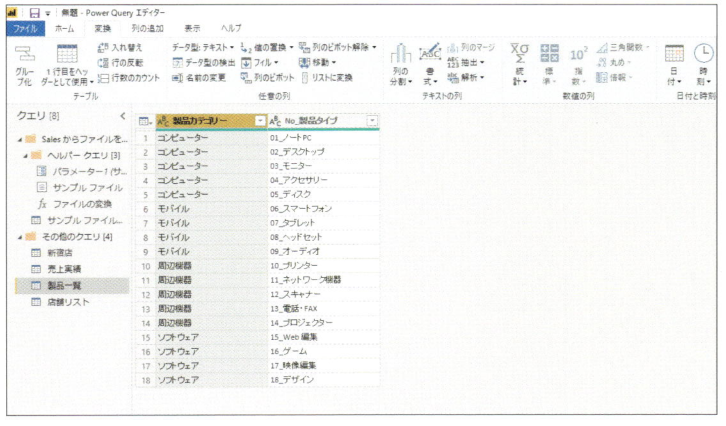

HINT!

Excelテーブルをデータソースとした場合

クエリエディターでの簡単な設定で1行目を列ヘッダーに設定することは可能ですが、Excelをデータソースとする場合、テーブルとしておくことであらかじめ列名として読み込ませられます。

●テーブルの場合

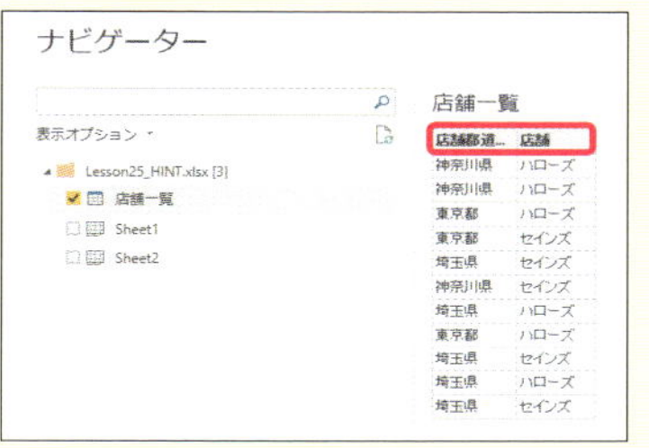

●テーブルでない場合

25

1行目をヘッダーとして適用

空白値を解決するには

フィル

キーワード

データソース p.319

フィル p.320

関連レッスン

▶レッスン23
不要な列や行を削除するには……p.092

▶レッスン24
列と行を入れ替えるには…………p.096

▶レッスン25
1行目を列名にするには …………p.098

▶レッスン27
列を分割するには ……………………p.102

一覧表で発生するnull値も「フィル」で解決！

Excelで表を作成する場合、カテゴリーをまとめて表記することがよくあります。[Before] の例を見てください。元のExcelファイルでは [コンピューター] や [モバイル] など製品カテゴリーが複数行分まとめて入力されているため、読み込んだときに値がnullになってしまいます。一覧表として人が確認するデータとしては分かりやすくても、データ分析には不向きというケースがあるのです。値を空白として扱う場合は問題ありませんが、そうではないケースでは解決が必要です。このようなケースでは、[フィル] の機能を利用することで、上の行もしくは下の行の値を一度にコピーしてデータを修正できます。

Before

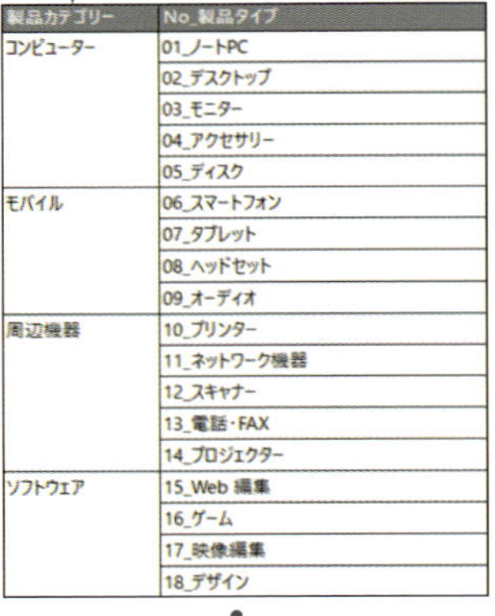

製品カテゴリー	No_製品タイプ
コンピューター	01_ノートPC
	02_デスクトップ
	03_モニター
	04_アクセサリー
	05_ディスク
モバイル	06_スマートフォン
	07_タブレット
	08_ヘッドセット
	09_オーディオ
周辺機器	10_プリンター
	11_ネットワーク機器
	12_スキャナー
	13_電話・FAX
	14_プロジェクター
ソフトウェア	15_Web 編集
	16_ゲーム
	17_映像編集
	18_デザイン

データソースとしたExcelファイルでは、製品カテゴリーが複数行分まとめて記載されている

	製品カテゴリー	No_製品タイプ
1	コンピューター	01_ノートPC
2	null	02_デスクトップ
3	null	03_モニター
4	null	04_アクセサリー
5	null	05_ディスク
6	モバイル	06_スマートフォン
7	null	07_タブレット
8	null	08_ヘッドセット
9	null	09_オーディオ
10	周辺機器	10_プリンター
11	null	11_ネットワーク機器
12	null	12_スキャナー
13	null	13_電話・FAX
14	null	14_プロジェクター
15	ソフトウェア	15_Web 編集
16	null	16_ゲーム
17	null	17_映像編集
18	null	18_デザイン

値がnullとなっているデータがある

After

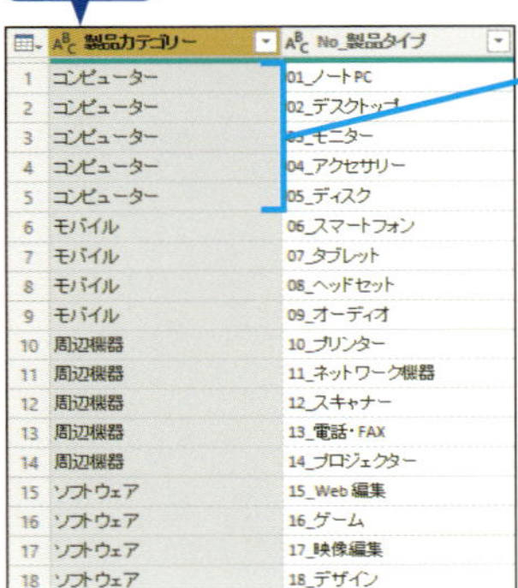

	製品カテゴリー	No_製品タイプ
1	コンピューター	01_ノートPC
2	コンピューター	02_デスクトップ
3	コンピューター	03_モニター
4	コンピューター	04_アクセサリー
5	コンピューター	05_ディスク
6	モバイル	06_スマートフォン
7	モバイル	07_タブレット
8	モバイル	08_ヘッドセット
9	モバイル	09_オーディオ
10	周辺機器	10_プリンター
11	周辺機器	11_ネットワーク機器
12	周辺機器	12_スキャナー
13	周辺機器	13_電話・FAX
14	周辺機器	14_プロジェクター
15	ソフトウェア	15_Web 編集
16	ソフトウェア	16_ゲーム
17	ソフトウェア	17_映像編集
18	ソフトウェア	18_デザイン

フィルの機能を利用してデータをコピーできる

1 空白行に上行の値をコピーする

[製品カテゴリー] 列の空白行に上行の値をまとめてコピーする

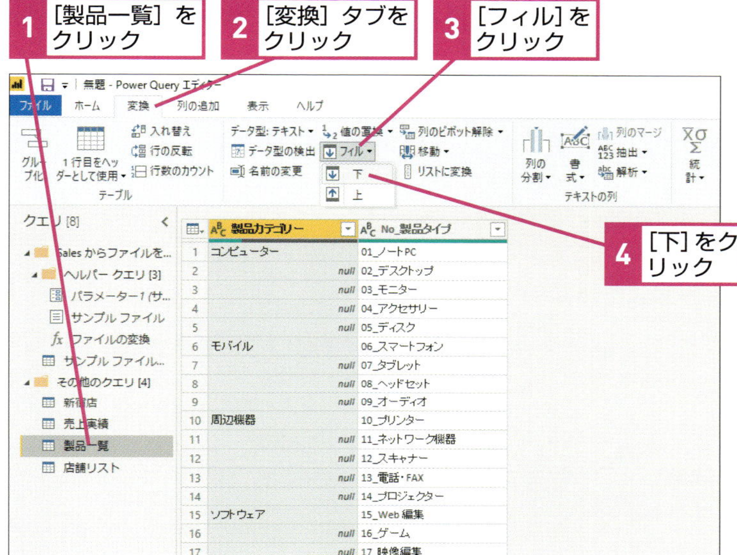

1 [製品一覧] をクリック
2 [変換] タブをクリック
3 [フィル] をクリック
4 [下] をクリック

2 空白行に上行の値がコピーされた

[製品カテゴリー] 列の空白行に上行の値がまとめてコピーされた

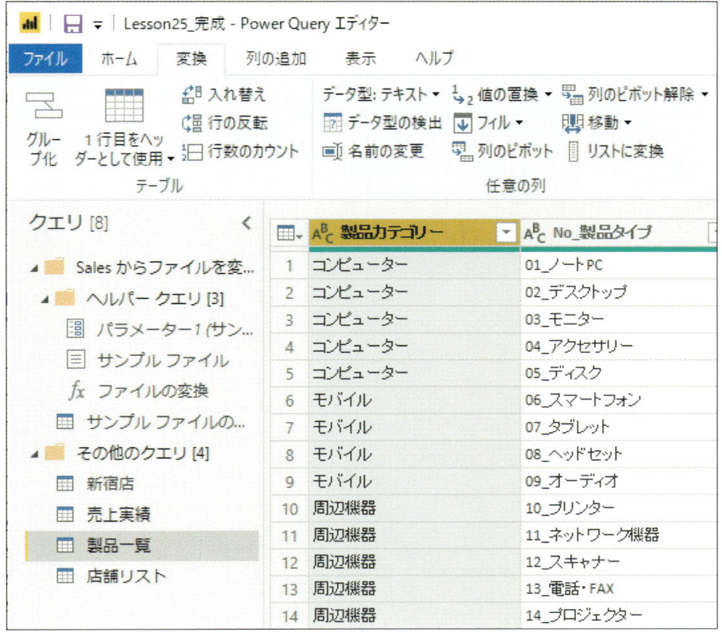

HINT!
フィルの [下] と [上] を間違えないようにしよう

このレッスンでは、上の行にある「コンピューター」や「モバイル」の値を下の行にまとめてコピーしました。フィル機能を利用する場合、下方向なのか、上方向なのかによって、クリックするメニューが異なります。ここでは下方向にコピーしたいため、[フィル] - [下] をクリックしています。どっち方向に値をコピーしたいか？をイメージすると分かりやすいでしょう。

レッスン

27 列を分割するには

列の分割

キーワード

データ型 p.319
レポート p.321

関連レッスン

▶レッスン19
列を追加するには p.080
▶レッスン20
列名やテーブル名を編集するには p.084
▶レッスン21
必要なレコードのみを取得するには p.088
▶レッスン23
不要な列や行を削除するには p.092
▶レッスン24
列と行を入れ替えるには p.096
▶レッスン25
1行目を列名にするには p.098

さまざまな列の分割機能

このレッスンで利用する［製品一覧］には、［No_製品タイプ］列に「01_ノートPC」「02_デスクトップ」「03_モニター」などのデータがあります。この列には「_」の前後に、［製品タイプNo］と［製品タイプ］の2つの情報が含まれています。このような列値から一部を抜きだしたい場合や、複数に分けたい場合には列の分割機能が便利です。

Before

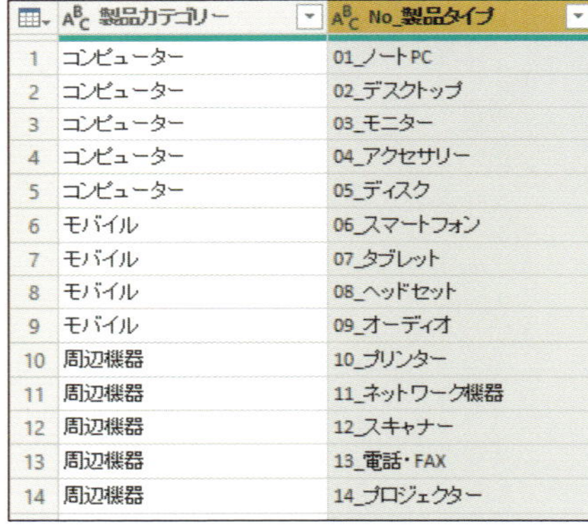

	製品カテゴリー	No_製品タイプ
1	コンピューター	01_ノートPC
2	コンピューター	02_デスクトップ
3	コンピューター	03_モニター
4	コンピューター	04_アクセサリー
5	コンピューター	05_ディスク
6	モバイル	06_スマートフォン
7	モバイル	07_タブレット
8	モバイル	08_ヘッドセット
9	モバイル	09_オーディオ
10	周辺機器	10_プリンター
11	周辺機器	11_ネットワーク機器
12	周辺機器	12_スキャナー
13	周辺機器	13_電話・FAX
14	周辺機器	14_プロジェクター

［No_製品タイプ］列を分割して、2つの列に分けたい

After

	製品カテゴリー	製品タイプNo	製品タイプ
1	コンピューター	01	ノートPC
2	コンピューター	02	デスクトップ
3	コンピューター	03	モニター
4	コンピューター	04	アクセサリー
5	コンピューター	05	ディスク
6	モバイル	06	スマートフォン
7	モバイル	07	タブレット
8	モバイル	08	ヘッドセット
9	モバイル	09	オーディオ
10	周辺機器	10	プリンター
11	周辺機器	11	ネットワーク機器
12	周辺機器	12	スキャナー
13	周辺機器	13	電話・FAX
14	周辺機器	14	プロジェクター
15	ソフトウェア	15	Web 編集
16	ソフトウェア	16	ゲーム
17	ソフトウェア	17	映像編集
18	ソフトウェア	18	デザイン

［製品タイプNo］列と［製品タイプ］列に分割できる

1 列の分割方法を設定する

[製品一覧] の [No_製品タイプ] 列を分割する

1 [製品一覧] をクリック

2 [No_製品タイプ] 列をクリック

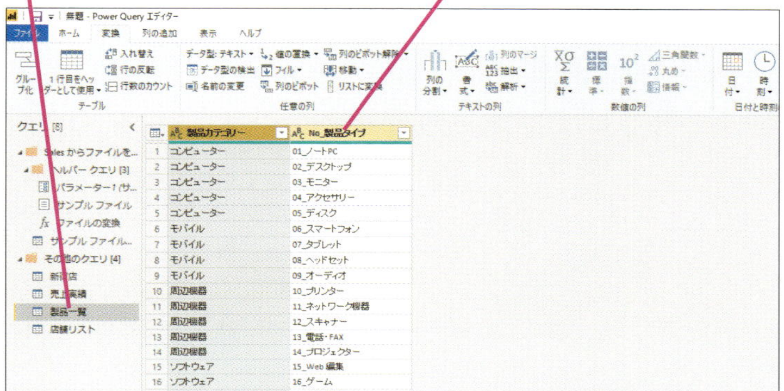

3 [変換] タブをクリック

4 [列の分割] をクリック

5 [区切り記号による分割] をクリック

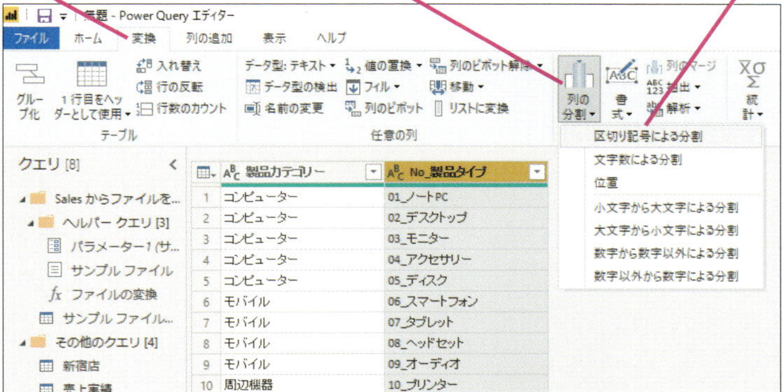

2 分割の区切り記号を設定する

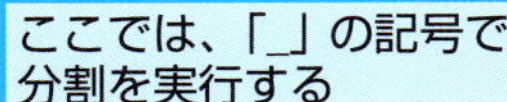

ここでは、「_」の記号で分割を実行する

1 「_」の区切り記号が表示されていることを確認

2 [区切り記号の出現ごと] をクリック

3 [OK] をクリック

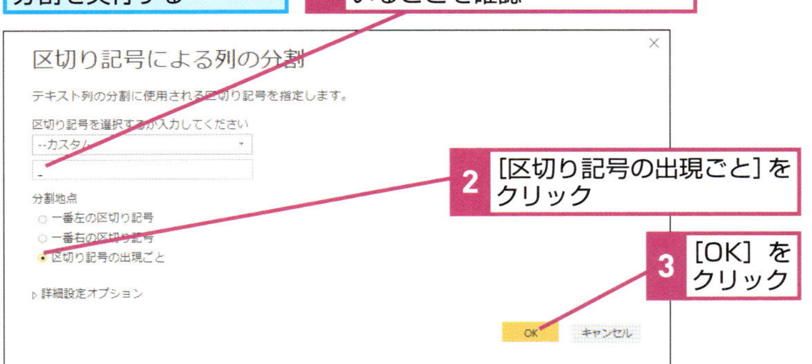

HINT! さまざまな方法で列を分割できる

このレッスンでは記号の前後で値を分けて列を分割しましたが、クエリエディターには、さまざまな分割方法が用意されています。[列の分割] ボタンから利用できる分割方法は、以下の表の通りです。

●列の分割方法

分割方法	内容
区切り記号による分割	コロン、コンマ、等号、セミコロン、スペース、タブなど任意の区切り文字の前後に分割
文字数による分割	指定した文字数で分割
位置	指定した位置で分割
小文字から大文字による分割	小文字から大文字に変更される個所で分割
大文字から小文字による分割	大文字から小文字に変更される個所で分割
数字から数字以外による分割	数字からそれ以外の文字に変更される個所で分割
数字以外から数字による分割	数字以外の文字から数字に変更される個所で分割

次のページに続く

3 列が2つに分割された

列が分割され、[No_製品タイプ.1] 列と[No_製品タイプ.2]列になった

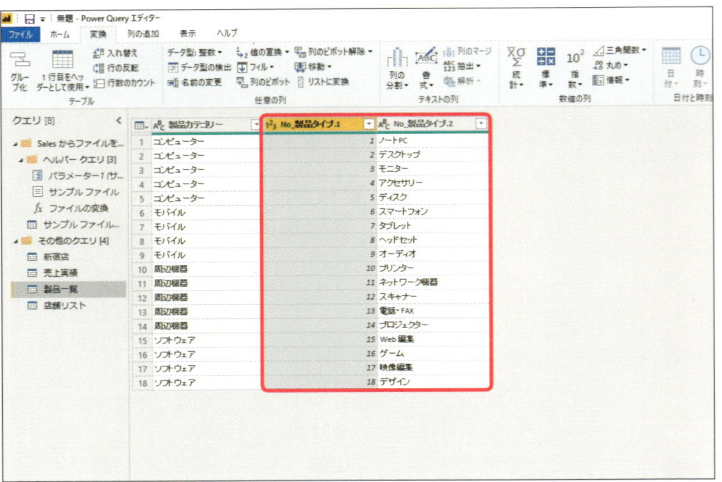

4 列のデータ型を変更する

[No_製品タイプ.1] 列のデータ型を[整数]から[テキスト]に変更する

1 [No_製品タイプ.1] 列をクリック

2 [変換] タブをクリック

3 [データ型] をクリック

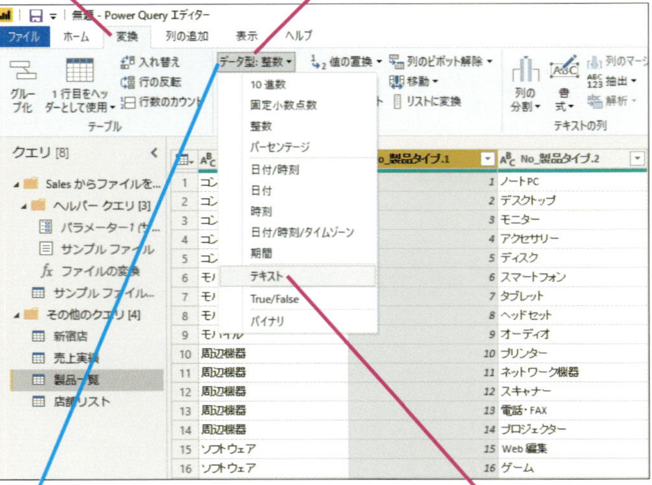

[データ型] には、現在設定されているデータ型が表示される

4 [テキスト] をクリック

HINT! 型変換の確認画面が表示される

列を分割後、[No_製品タイプ.1] 列のデータ型は、含まれている内容から自動的に数値に変更されます。手順5で表示される [列タイプの変更] の画面では、データ型をテキストに変更する操作について [適用したステップ] 一覧に記録されるステップを「上書きするか」もしくは「新規ステップとして記録するか」が確認されています。[現在のものを置換] を選択すると、既存ステップが上書きされ、[新規手順の追加] を選択すると、新しいステップが追加されます。

5 列タイプ変更の確認画面が表示された

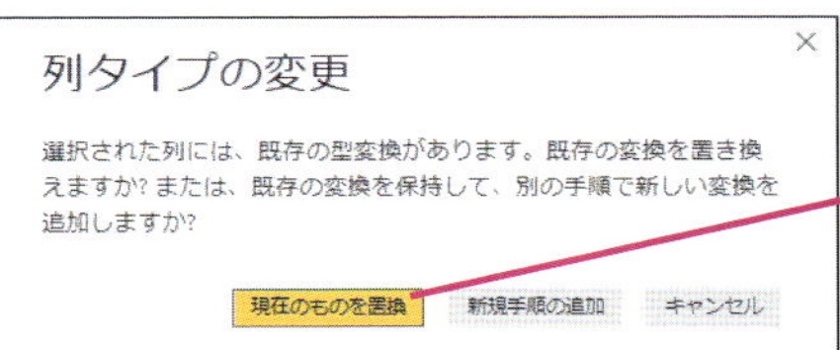

[列タイプの変更] の画面が表示された

1 [現在のものを置換] をクリック

6 分割された列名を変更する

[No_製品タイプ.1] 列のデータ型が [テキスト] に変更された

1 [No_製品タイプ.1] の列見出しをダブルクリック

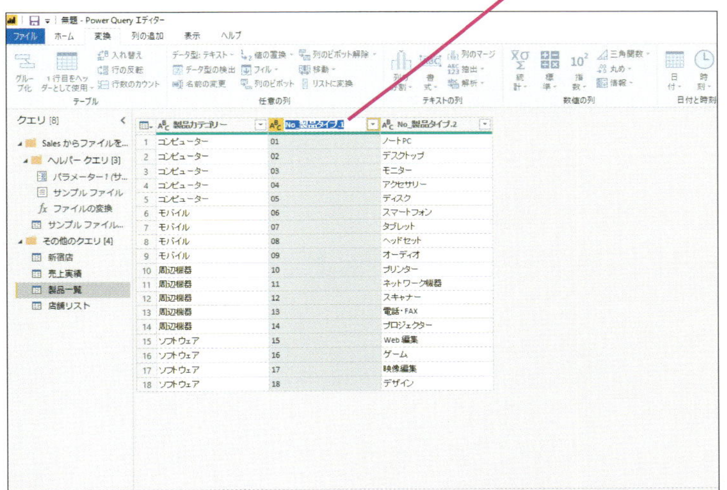

2 「製品タイプNo」と入力

3 同様の手順で「製品タイプ」と入力

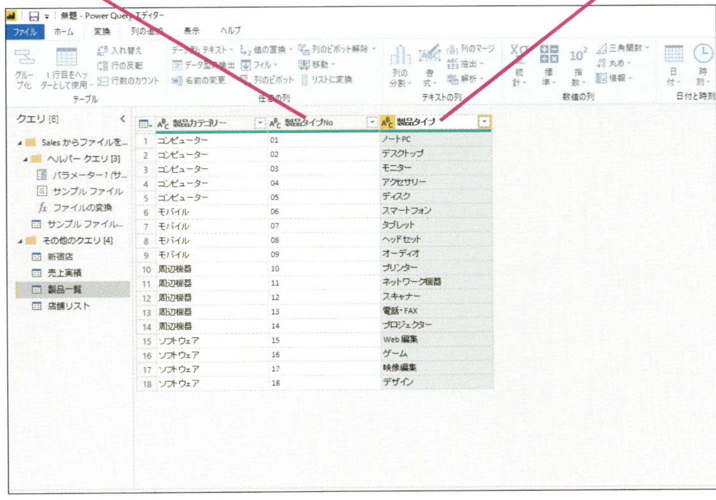

HINT!

分割した列の名前

列の分割機能を利用すると、分割後の列名は [元の列名.1] [元の列名.2] のように付けられます。この後のレポート作成作業や分析作業で分かりやすい列名に変更しましょう。

レッスン
28 編集が完了したデータを読み込むには

閉じて適用

キーワード

クエリ	p.318
クエリエディター	p.318
データビュー	p.319
モデルビュー	p.321
レポートビュー	p.321

関連レッスン

▶レッスン14
レポート作成の流れを理解しよう……p.060

▶レッスン16
クエリエディターとは……p.068

クエリエディターを「閉じて」データを読み込む

クエリエディターでの作業が完了したら、いよいよPower BI Desktopにデータを読み込みます。レッスン⓮でも解説しましたが、データの読み込みを「ロード」といいます。Power BI Desktopにデータを読み込む方法を紹介します。

1 データの読み込みを実行する

クエリエディターを閉じ、編集したデータをPower BI Desktopに読み込む

1 [ホーム] タブをクリック

2 [閉じて適用] をクリック

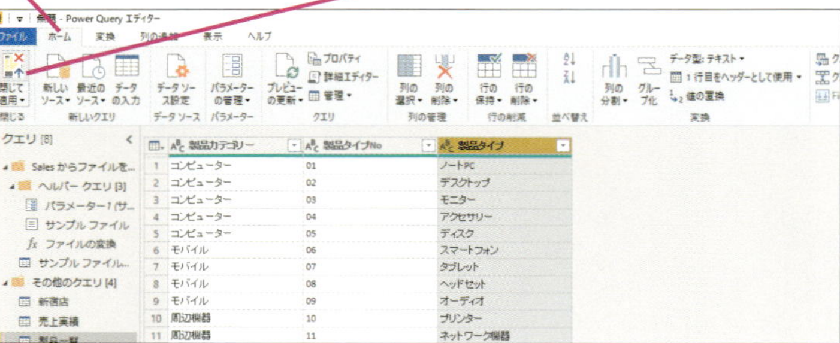

2 クエリの読み込み状況が表示された

[クエリの変更の適用] の画面が表示された

クエリエディターが閉じ、クエリの進行状況が表示される

実践編 第4章 データを取得して編集しよう

3 読み込まれたデータを確認する

データビューで確認する

1 [データ]をクリック

[フィールド]の一覧でテーブルが含まれていることが分かる

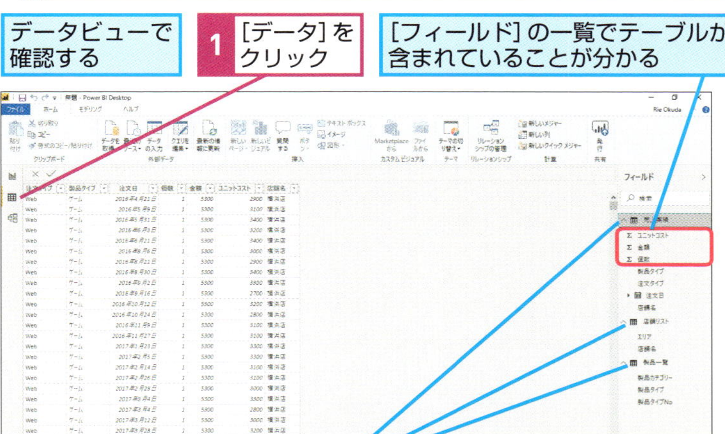

[売上実績][店舗リスト][製品一覧]の3つのテーブルがあることを確認できる

HINT! 再度クエリエディターを開くには

クエリエディターで[閉じて適用]をクリックすると、データが読み込まれクエリエディターが閉じます。再度クエリエディターを開きたい場合は、Power BI Desktopで[クエリを編集]をクリックします。

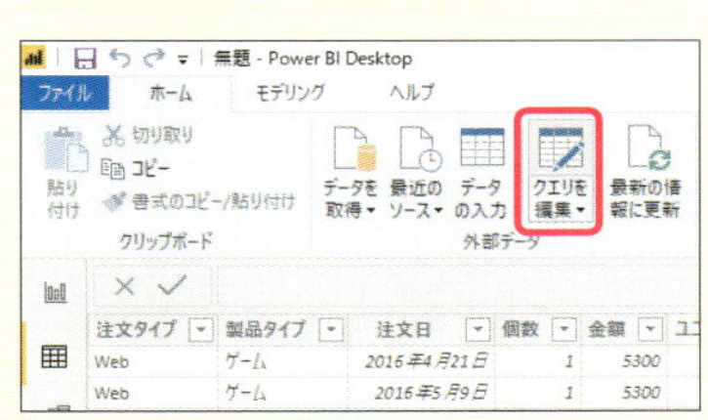

テクニック 3つのビューの違いを確認しよう

Power BI Desktopには3つのビューがあります。行う作業によって切り替えて利用します。

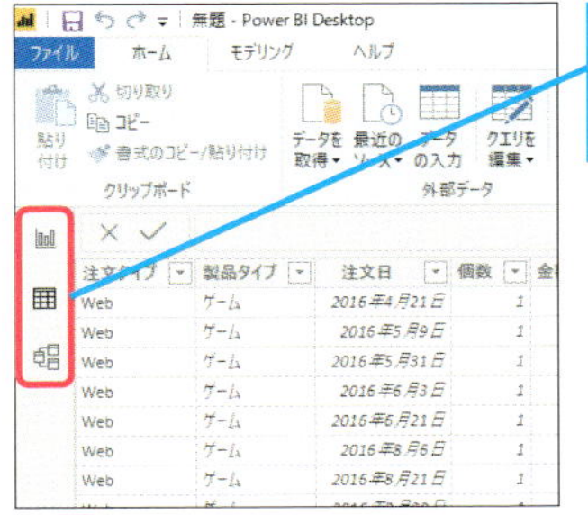

ここをクリックしてビューを切り替える

●データビュー

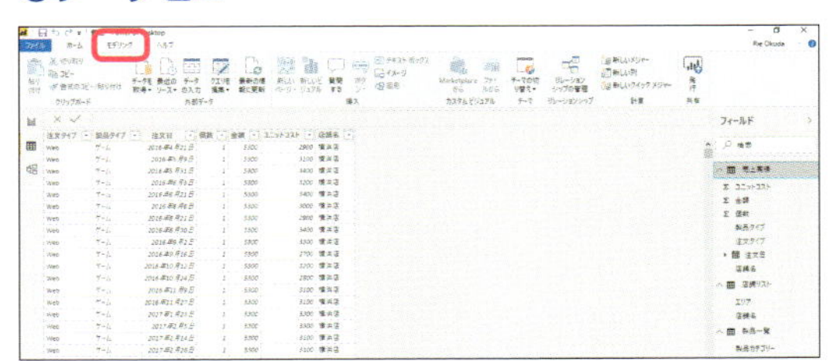

データの確認が可能。計算列やメジャーの作成など、モデリング操作も行える

●レポートビュー

ビジュアルを配置してレポートを作成する際に利用

既定では[ページ1](ページ)が空白で用意される

●モデルビュー

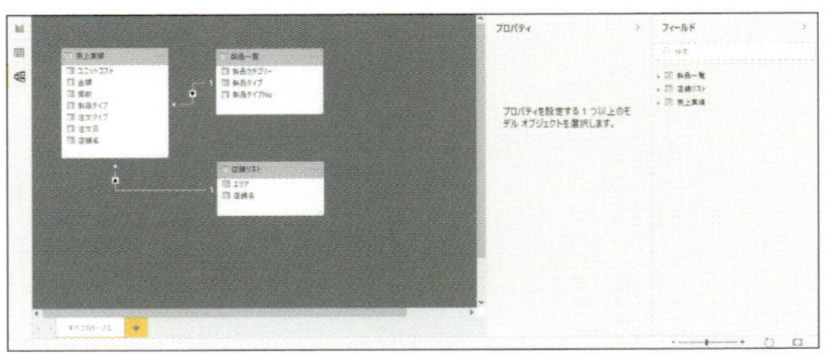

データモデルに設定されたリレーションシップが表示される

リレーションシップの設定や変更も可能

レッスン

29 リレーションシップの内容を確認するには

リレーションシップの管理

キーワード

クエリエディター	p.318
データビュー	p.319
テーブル	p.319
モデルビュー	p.321
リレーション	p.321

関連レッスン

▶レッスン3
各ツールの位置付けを理解しよう……p.020

▶レッスン14
レポート作成の流れを理解しよう……p.060

複数テーブルを関連付ける

各テーブル間のリレーションシップは、クエリエディターではなくPower BI Desktopのモデルビューやデータビューから設定します。データ型が同一の同じ名前の列がある場合、リレーションシップは自動的に推測され設定されます。読み込んだテーブルのリレーションシップを確認してみましょう。

テーブルのリレーションシップ設定を確認できる

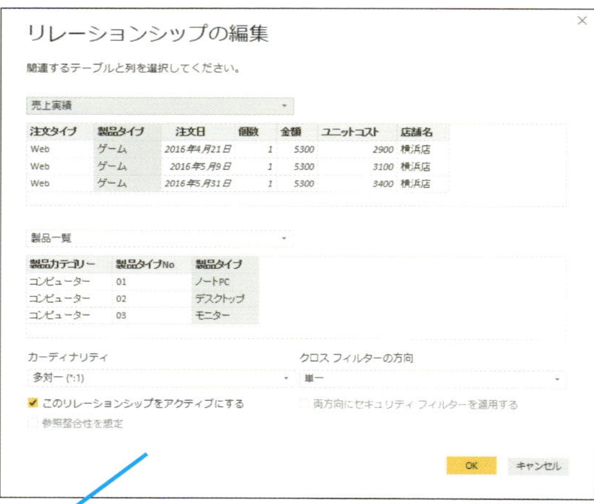

[売上実績]テーブルと[製品一覧]テーブルの[製品タイプ]列でリレーションが設定されている

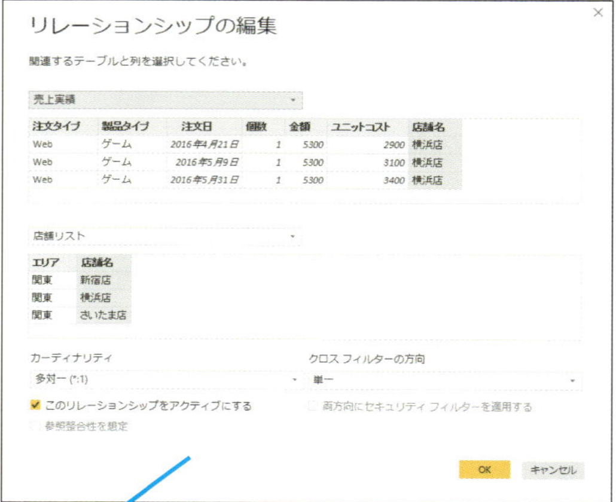

[売上実績]テーブルと[店舗リスト]テーブルの[店舗名]列でリレーションが設定されている

1 リレーションシップの内容を確認する

1 [モデル] をクリック

2 [ホーム] タブをクリック

3 [リレーションシップの管理] をクリック

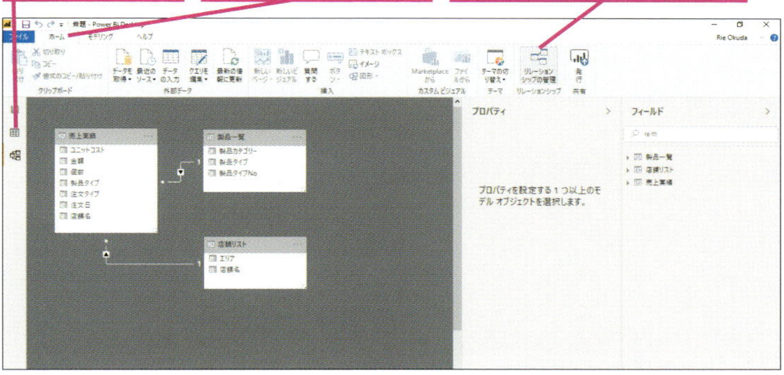

2 リレーションシップの設定を確認する

[リレーションシップの管理] の画面が表示された

ここでは、[売上実績] のリレーションシップ設定を確認する

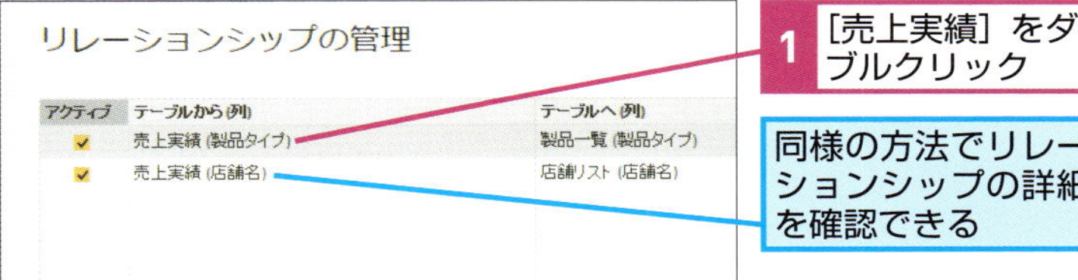

1 [売上実績] をダブルクリック

同様の方法でリレーションシップの詳細を確認できる

3 リレーションシップの詳細情報が表示された

[リレーションシップの編集] の画面が表示された

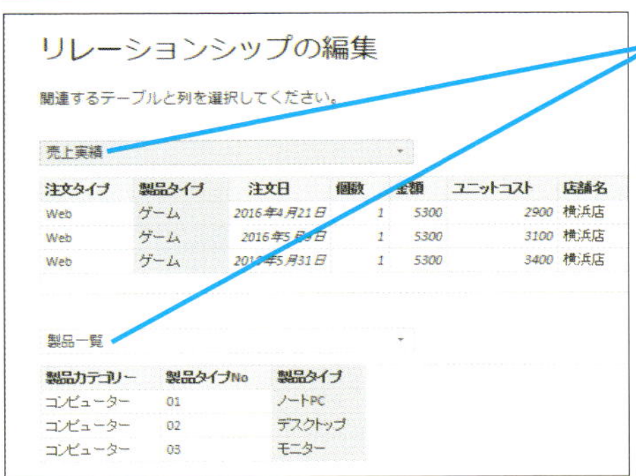

注文タイプ	製品タイプ	注文日	個数	金額	ユニットコスト	店舗名
Web	ゲーム	2016年4月21日	1	5300	2900	横浜店
Web	ゲーム	2016年5月[illegible]日	1	5300	3100	横浜店
Web	ゲーム	20[illegible]年5月31日	1	5300	3400	横浜店

製品カテゴリー	製品タイプNo	製品タイプ
コンピューター	01	ノートPC
コンピューター	02	デスクトップ
コンピューター	03	モニター

[売上実績] テーブルと [製品一覧] テーブルのリレーションシップ設定が確認できる

HINT!

リレーションシップで利用されている列

手順2の[リレーションシップの管理]画面で、どの列でリレーション設定されているのか、列名が確認できます。

[売上実績] テーブルと [製品一覧] テーブルのリレーションには [製品タイプ] 列が利用されている

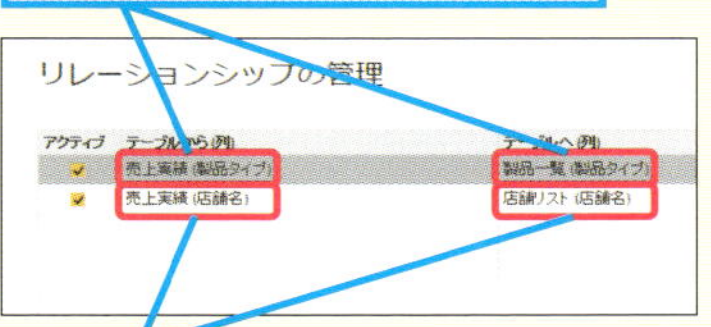

[売上実績] テーブルと [店舗リスト] テーブルのリレーションには [店舗名] 列が利用されていることが確認できる

レッスン

30 列を追加して売上や原価を計算するには

計算列の作成

キーワード

クエリエディター	p.318
計算列	p.318
データソース	p.319
データモデル	p.319
テーブル	p.319

関連レッスン

▶レッスン3
各ツールの位置付けを
理解しよう……p.020
▶レッスン14
レポート作成の流れを
理解しよう……p.060

モデル内のテーブルに列を作成する

複数列の文字列を連結した結果や、列値の計算結果を分析に利用したいときには、データモデル内のテーブルに対して計算列を作成します。
列の作成はクエリエディターでも行えます。クエリエディターで列の追加を行った場合は、データソースからデータを取得するクエリ内の操作として列が作成されますが、計算列はデータモデルにすでにロードされているデータを利用して列を作成します。異なるテーブル間の値を用いた計算も実行できます。計算列の作成はDAX関数を用いた数式を記述して行います。DAX（Data Analysis Expressions）はリレーショナルデータを操作するための数式言語です。関数や演算子が用意されており、それらを利用して数式を記述します。

クエリエディターでの列の追加では、対象のクエリに含まれる列を利用して値を作成できる

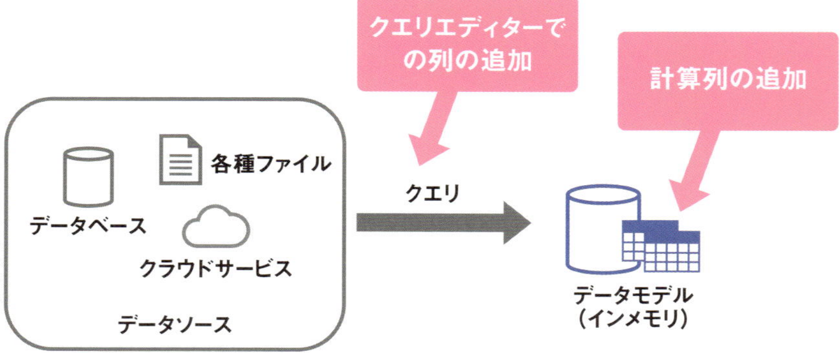

計算列を追加した場合、クエリを変更せずにデータ項目を作成できるので、メンテナンス性が高い

1 売上を集計する列を作成する

[フィールド]ウィンドウの[売上実績]テーブルを選択しておく

1 [モデリング]タブをクリック

2 [新しい列]をクリック

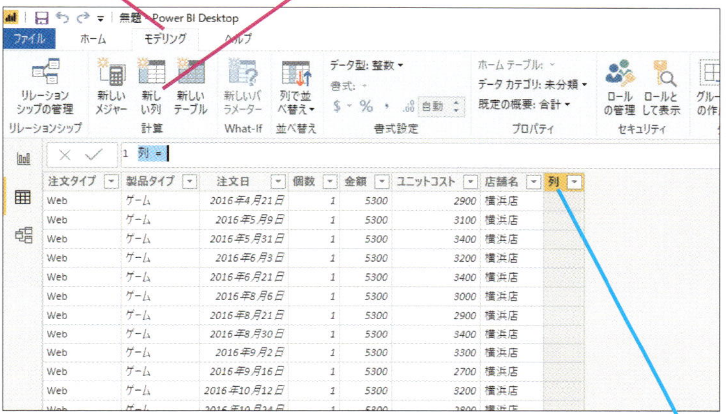

注意 2020年5月現在、画面が変更されているため[テーブルツール]タブの[新しい列]をクリックして操作してください

新しい列が追加された

2 売上を求める数式を入力する

[個数]×[金額]で売上金額を求める

1 「売上=[個数]*[金額]」と入力

2 Enter キーを押す

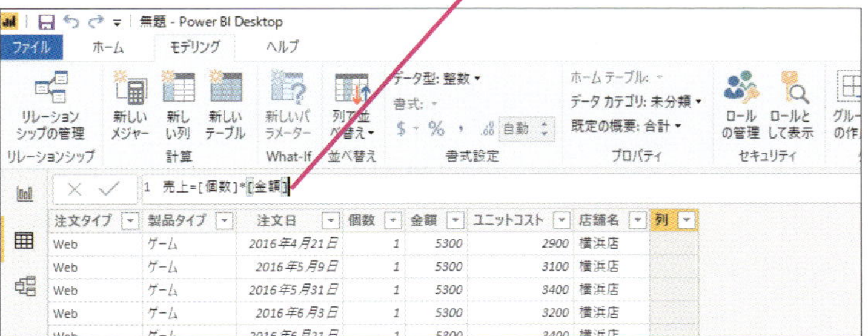

列見出しが「売上」となり、計算結果が表示された

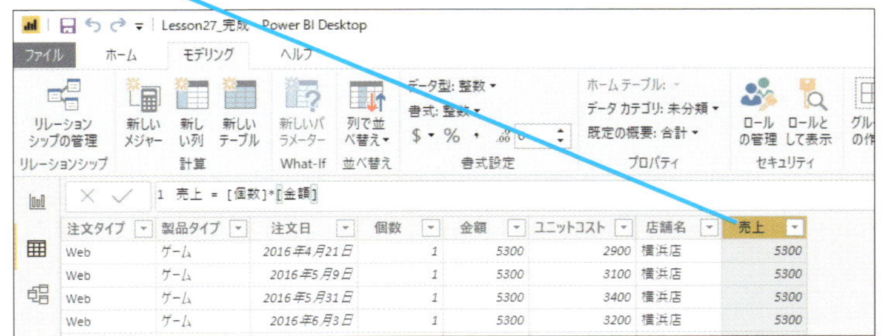

HINT! ファイルとして保存するには

作業内容をファイルとして保存するには、[ファイル]タブの[名前を付けて保存]をクリックします。Power BI Desktopでの作業内容はPBIXファイルとして保存され、ダブルクリックして再度Power BI Desktopで開けます。

HINT! 数式の入力支援機能を利用しよう

数式を入力する際、列名は入力支援から選択できます。半角入力で「[」と入力すると、列名が入力支援として一覧されるため↓キーで該当する列を選択しTabキーを押して確定できます。入力支援を活用することで、手入力で発生してしまいがちな入力ミスも防げます。

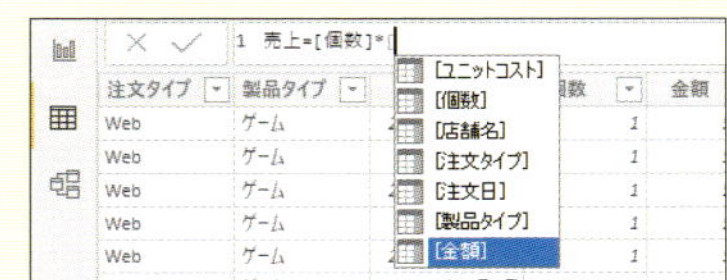

次のページに続く

3 原価金額を求める数式を入力する

続けて、原価金額を集計する列を作成する

1 [新しい列] をクリック

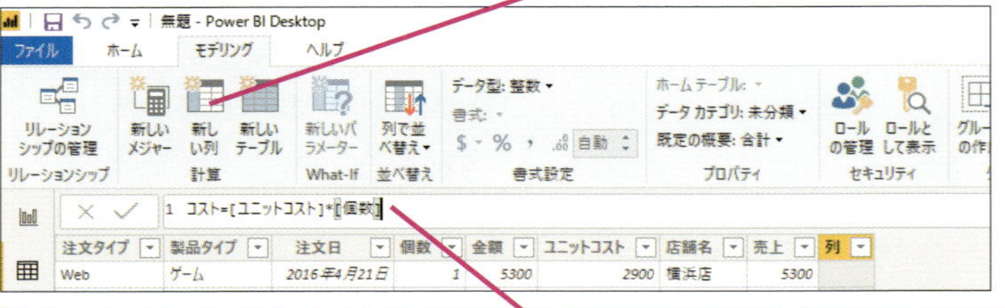

[ユニットコスト] × [個数] で原価金額を求める

2 「コスト=[ユニットコスト]*[個数]」と入力

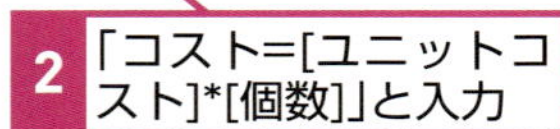

3  Enter キーを押す

作成された[コスト]列に計算結果が表示された

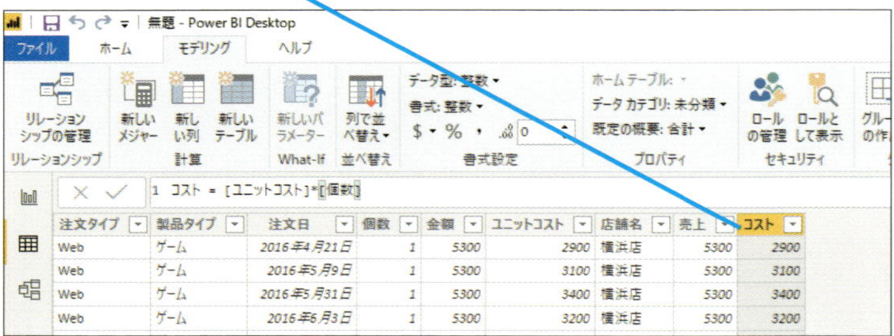

4 利益額を求める数式を入力する

続けて、利益額を集計する列を作成する

1 [新しい列] をクリック

[売上] - [コスト] で利益額を求める

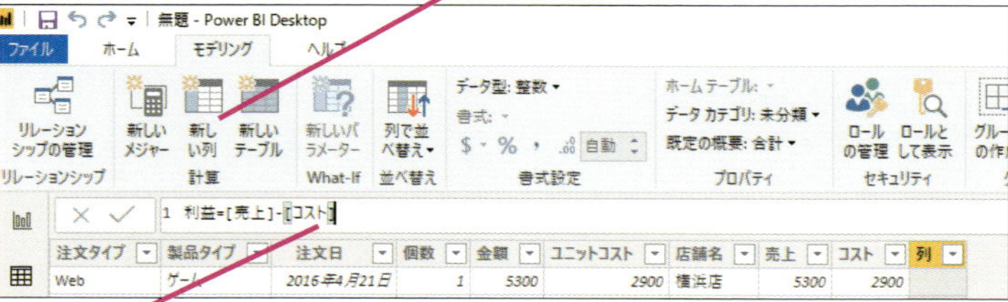

2 「利益=[売上]-[コスト]」と入力

3 Enter キーを押す

作成された[利益]列に計算結果が表示された

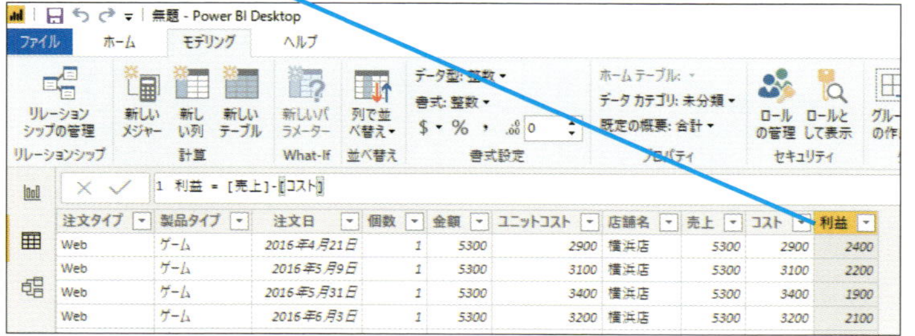

HINT! 列の追加方法の違い

クエリエディターでの列の追加（レッスン⑲）と、モデルビューでの計算列の追加は次のような違いがあります。

クエリエディターで列の追加	・データソースからデータを取得する際のクエリの一部として実行される ・対象のクエリ（接続先のデータソース）に含まれる列を利用して作成できる
計算列の追加	・データソースから取得したデータであるデータモデルに対して列の作成を行う ・クエリを変更せず列が追加できるため、レポート作成時に変更が行いやすい ・ほかのテーブルに含まれる列を利用した計算も可能

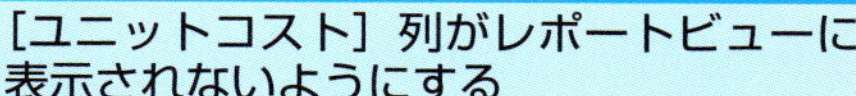

5 列の表示設定を変更する

[ユニットコスト] 列がレポートビューに表示されないようにする

1 [ユニットコスト] を右クリック

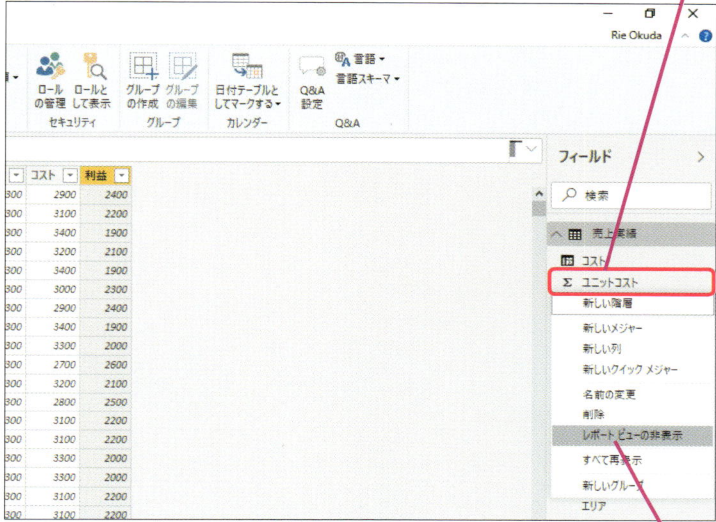

レポートの作成時に [ユニットコスト] 列が表示されなくなる

2 [レポートビューの非表示] をクリック

HINT! レポートビューの非表示

計算列の数式内で利用するだけで、レポート作成時に直接利用しない列は [レポートビューに非表示] と設定することで、レポートビューでのフィールド一覧画面が見やすくなります。

●データビューでの [フィールド] ウィンドウ

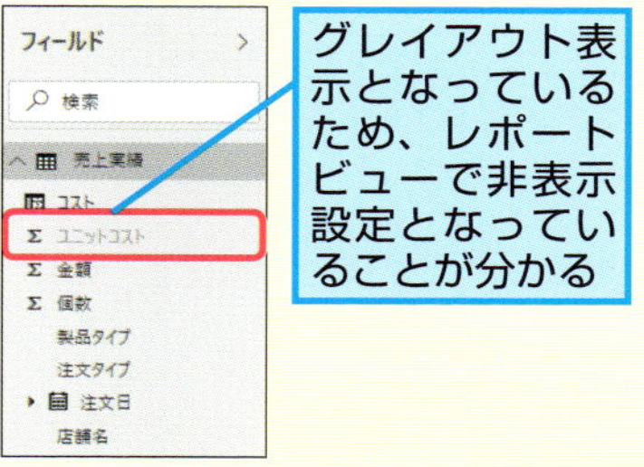

●レポートビューでの [フィールド] ウィンドウ

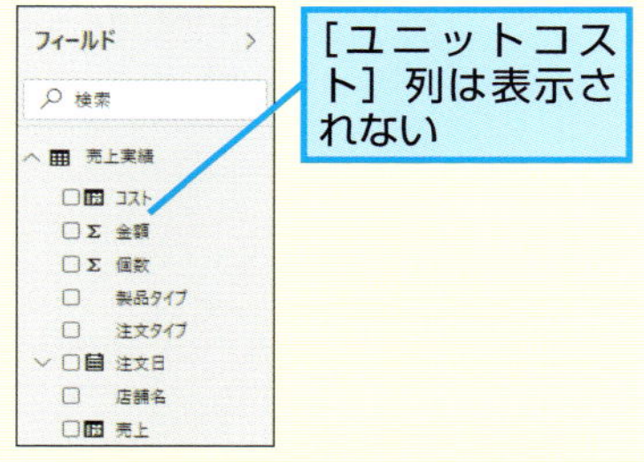

HINT! 追加した計算列

計算列として追加した列は [フィールド] 一覧に、ほかの列とは異なるアイコンで表示されます。

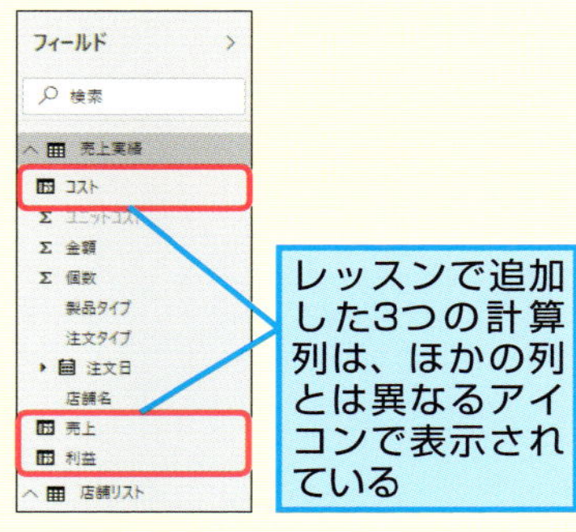

この章のまとめ

データを取得する方法を理解しよう

Power BIでレポート作成時に行う最初の作業は、分析で利用するデータの取得作業です。第4章ではPower BI Desktopを利用してデータに接続し、分析にふさわしい内容に編集する方法を確認しました。

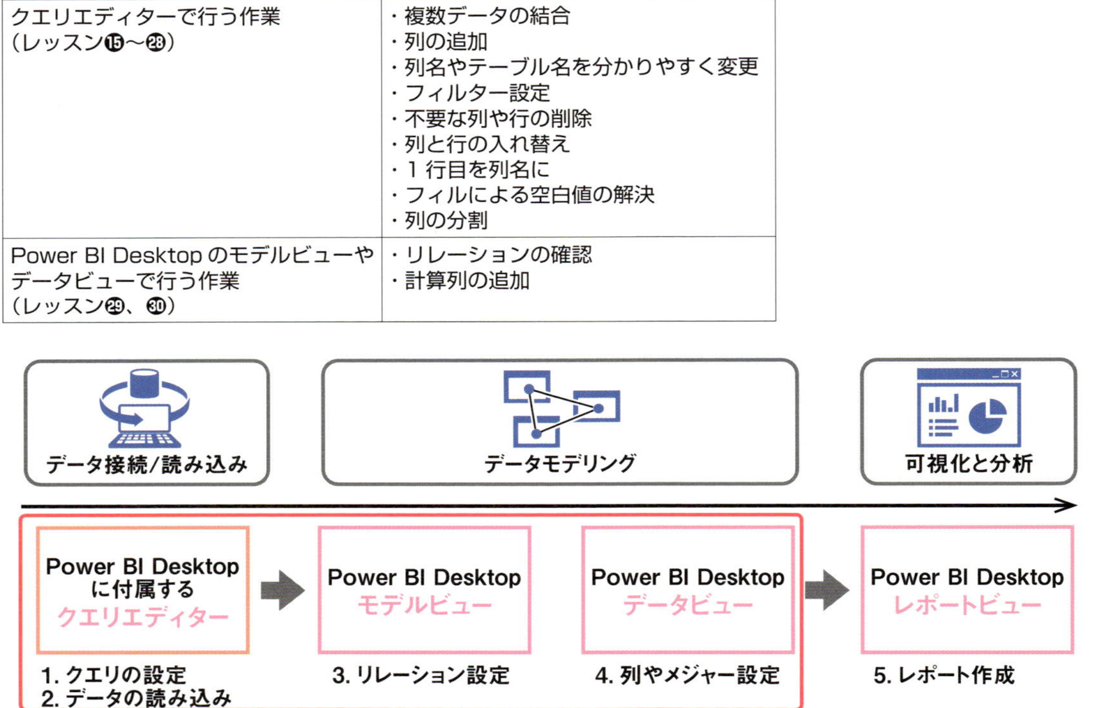

クエリエディターで行う作業 （レッスン⓯～㉘）	・複数データの結合 ・列の追加 ・列名やテーブル名を分かりやすく変更 ・フィルター設定 ・不要な列や行の削除 ・列と行の入れ替え ・1行目を列名に ・フィルによる空白値の解決 ・列の分割
Power BI Desktopのモデルビューやデータビューで行う作業 （レッスン㉙、㉚）	・リレーションの確認 ・計算列の追加

実践編
第5章
ビジュアルを利用してデータを可視化しよう

データを可視化するため、レポートに「ビジュアル」を配置しましょう。Power BIには目的や内容に応じて、数多くのビジュアルを利用できます。レポート作成に欠かせないビジュアルの基本的な設定方法を解説します。

●この章の内容

㉛ 棒グラフでデータの大小を比較するには……………116
㉜ 折れ線グラフや面グラフで時系列の変化を把握するには……………124
㉝ 複合グラフで2つの値の相関関係を確認するには……………130
㉞ 円グラフやドーナツグラフで割合を把握するには……………136
㉟ ドリル機能でデータを掘り下げるには……………140
㊱ スライサーを利用してデータを絞り込むには……146
㊲ タイルや表を利用して数値を表示するには……152
㊳ カスタムビジュアルを利用するには……………158
㊴ Visio図面をレポートに含めるには……………162

レッスン

31 棒グラフでデータの大小を比較するには

積み上げ横棒グラフ、集合縦棒グラフ

キーワード

タイル	p.318
ビジュアル	p.319
フィールド	p.320
レポート	p.321
レポートビュー	p.321

多彩な棒グラフでデータの違いを把握しよう

Power BIでは、データを可視化するためのさまざまなビジュアルが用意されています。なかでも値の比較に役立つ棒グラフは、最も多く使うビジュアルといえるかもしれません。異なるカテゴリーの値を比較したり、年度ごとの売上を比較したりするときに、棒グラフは欠かせません。このレッスンでは、Power BIで利用できる棒グラフの種類を理解し、積み上げ横棒グラフと集合縦棒グラフを利用して棒グラフの設定方法を理解します。

After

売上の推移や割合を比較できるよう、製品カテゴリー別（積み上げ横棒グラフ）とエリア別（集合縦棒グラフ）と、2つのビジュアルを設定する

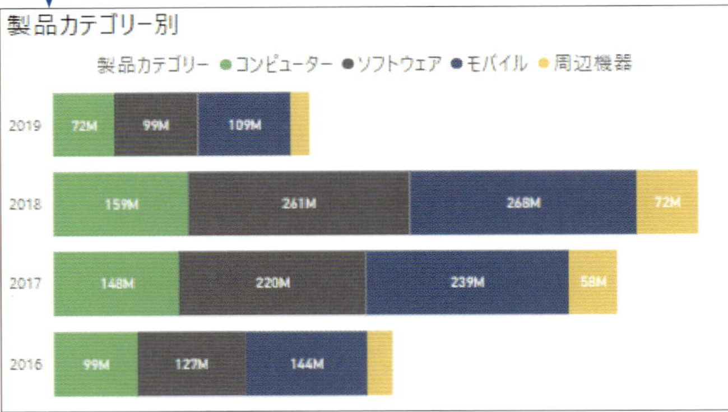

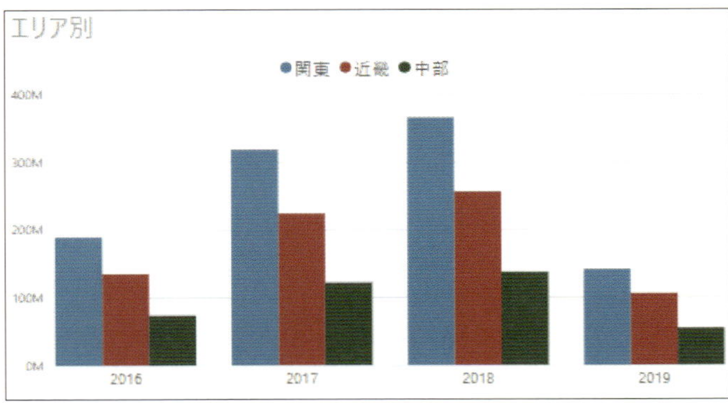

関連レッスン

▶レッスン32
折れ線グラフや面グラフで
時系列の変化を把握するには…… p.124

▶レッスン33
複合グラフで2つの値の
相関関係を確認するには………… p.130

▶レッスン34
円グラフやドーナツグラフで
割合を把握するには………………… p.136

▶レッスン36
スライサーを利用して
データを絞り込むには……………… p.146

▶レッスン37
タイルや表を利用して
数値を表示するには………………… p.152

Power BIで利用できる棒グラフ

Power BIでは、積み上げ横棒グラフ、積み上げ縦棒グラフ、集合横棒グラフ、集合縦棒グラフ、100%積み上げ横棒グラフ、100%積み上げ縦棒グラフの6つを利用できます。

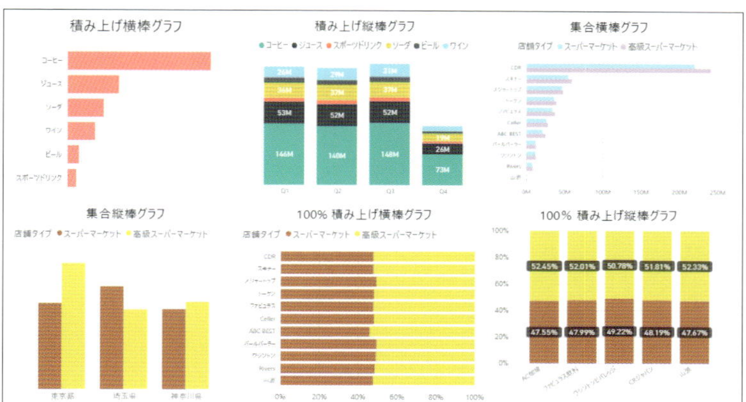

積み上げ横棒グラフの設定

1 ページに追加するビジュアルを選択する

レポートビューを表示しておく

[フィールド]ウィンドウの[売上実績]と[製品一覧]を展開しておく

1 [ホーム] タブをクリック

2 [積み上げ横棒グラフ]をクリック

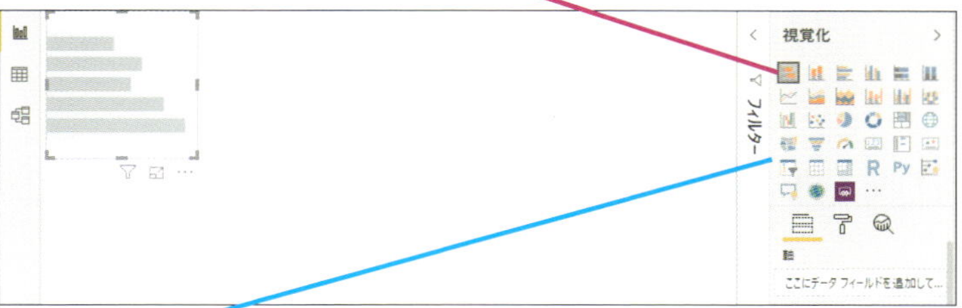

◆[視覚化]ウィンドウ

ページにビジュアルが追加された

HINT! [視覚化] ウィンドウ内に用意されている棒グラフ

値を比較する際によく利用する棒グラフもバリエーションがあります。[視覚化] ウィンドウに6種類の棒グラフが用意されており、クリックすることでレポート内に追加できます。

HINT! ビジュアルを選択したときに表示されるタブ

ページ内のビジュアルを選択しているときに、[ビジュアルツール] の [書式] タブと [データ/ドリル] タブが表示されます。

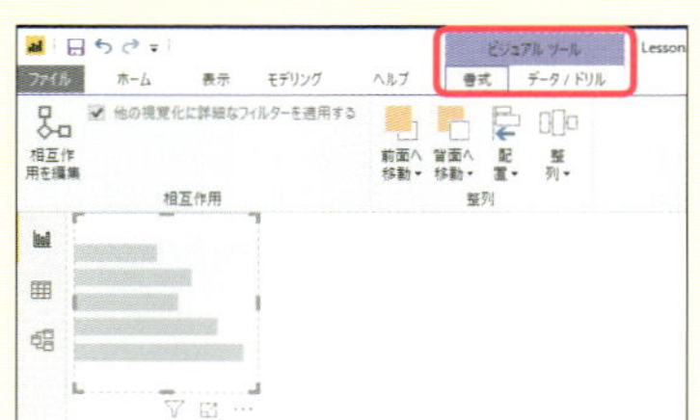

次のページに続く

2 ビジュアルの大きさを変更する

ページにビジュアルが挿入された

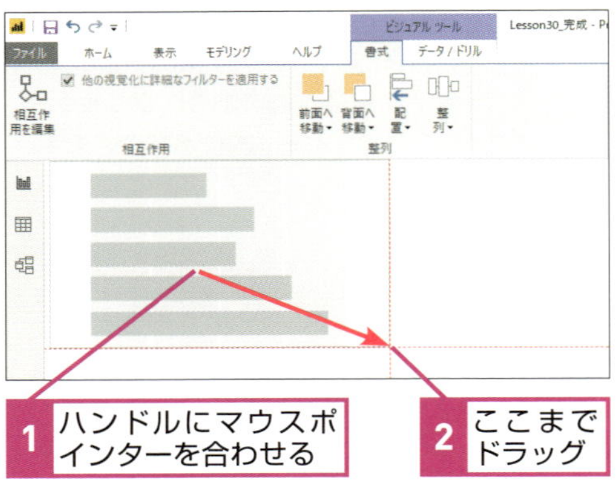

1 ハンドルにマウスポインターを合わせる

2 ここまでドラッグ

HINT!

ガイドでビジュアルの大きさを設定できる

ビジュアルの境界線にマウスポインターを合わせ、ドラッグすると縦横に赤いガイド線が表示されます。手順2では、ページ内でビジュアルが4分の1の大きさになるように操作しています。

3 値と軸を設定する

ここでは［軸］を［注文日］、［値］を［売上］に設定する

1 ［注文日］をクリックしてチェックマークを付ける

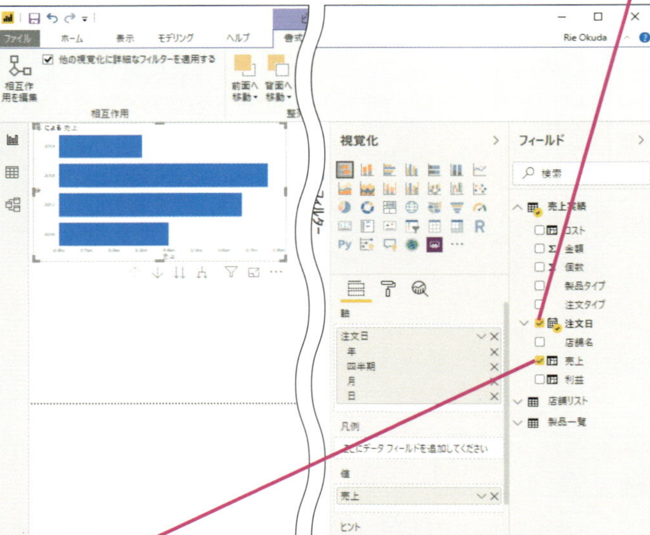

2 ［売上］をクリックしてチェックマークを付ける

3 ［軸］が［注文日］、［値］が［売上］となっていることを確認

ビジュアル内に値が表示された

HINT!

ビジュアルで利用する列設定

配置したビジュアルに表示する値や軸は［フィールド］一覧から選択します。設定内容は、視覚化ウィンドウの下にある［フィールド］画面で確認できます。

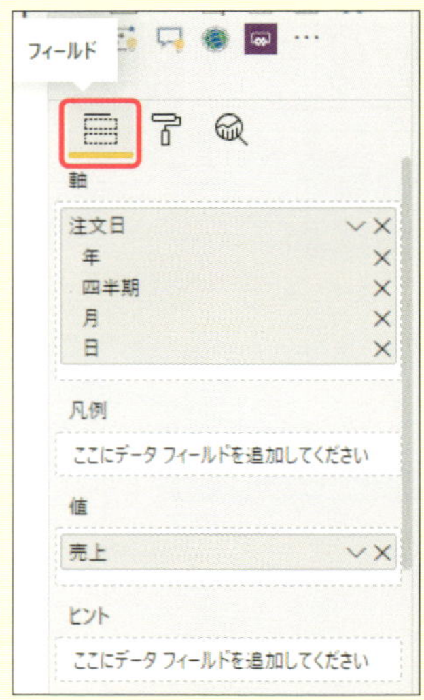

実践編 第5章 ビジュアルを利用してデータを可視化しよう

4 凡例を追加する

ここでは［製品カテゴリー］の凡例を追加する

1 ［製品カテゴリー］をクリックしてチェックマークを付ける

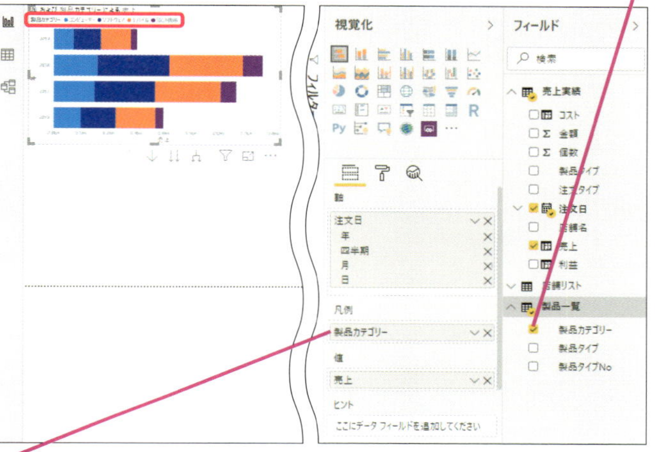

2 ［凡例］が［製品カテゴリー］となっていることを確認

5 凡例の書式を変更する

ここでは、ビジュアルの中心に凡例を表示し、凡例の文字を大きくする

設定を変更するビジュアルを選択しておく

1 ［書式］をクリック

2 ［凡例］のここをクリック

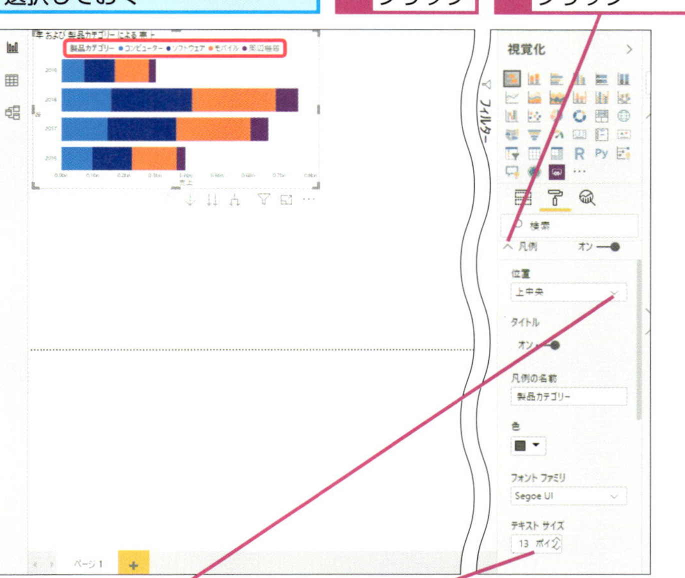

3 ［位置］のここをクリックして［上中央］を選択

4 ［テキストサイズ］のここをクリックして［13］を選択

HINT! ビジュアルの書式設定

配置したビジュアルの書式設定は、視覚化ウィンドウの下にある［書式］メニューで設定できます。手順5以降で操作を解説します。

次のページに続く

6 Y軸の書式を変更する

Y軸に表示されている「2019」「2018」「2017」「2016」の文字を大きくする

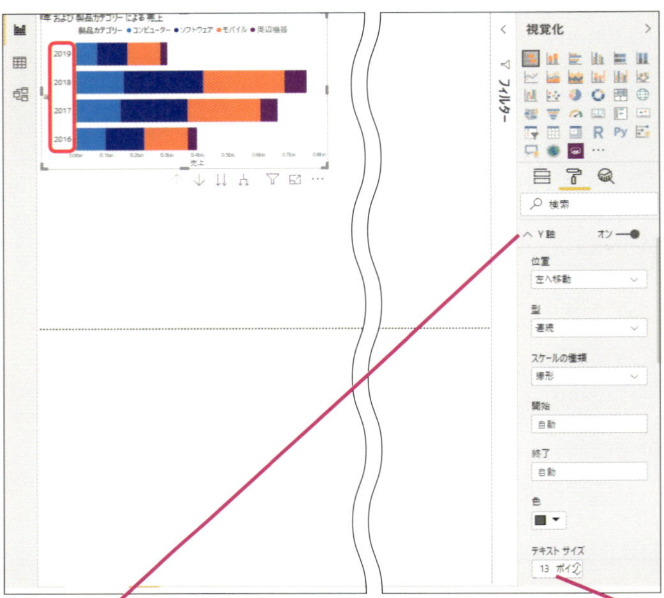

7 X軸を非表示にする

X軸の目盛り線と単位表示を非表示にする

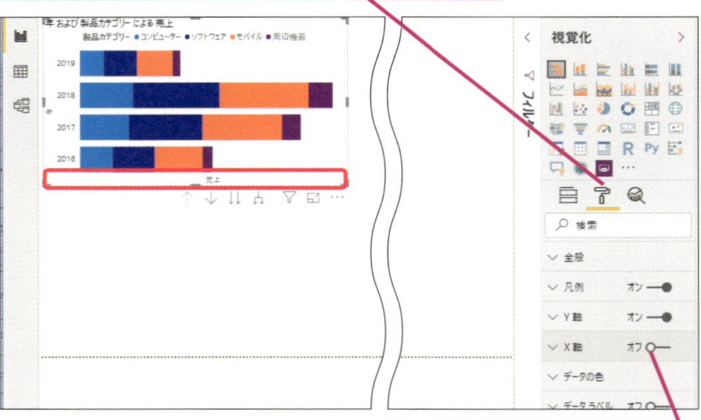

HINT!
[書式] メニューで下スクロールして項目を確認する

画面のサイズによっては［書式］メニュー内の設定内容の一部は下にスクロールしないと確認できないことがあります。

スクロールして下部の設定項目を確認する

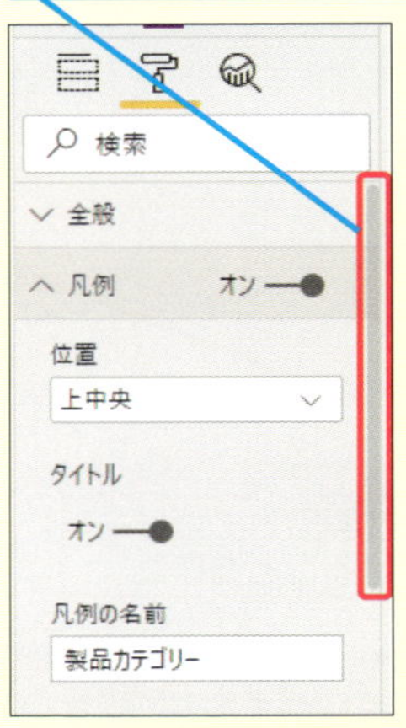

実践編 第5章 ビジュアルを利用してデータを可視化しよう

8 データの色を変更する

ここでは「ソフトウェア」の色を別の色に変更する

1 [書式]をクリック

2 [データの色]のここをクリック

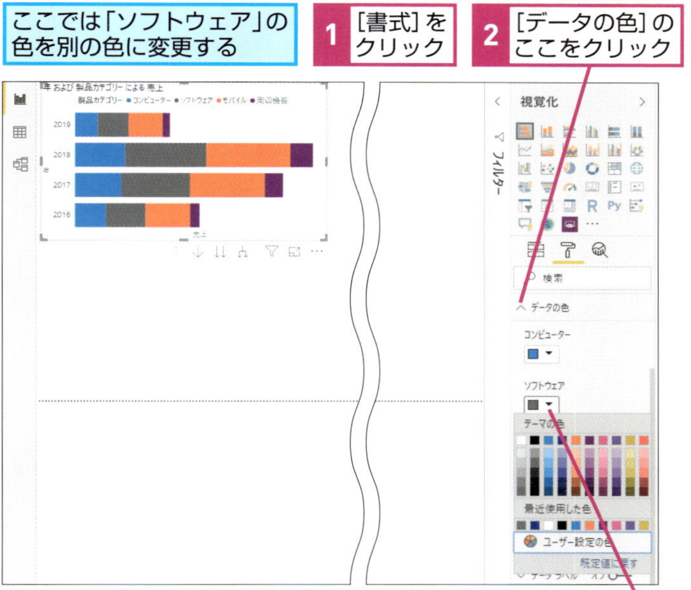

3 [ソフトウェア]のここをクリックして任意の色を選択

9 データラベルを追加する

棒グラフの要素にデータラベルを表示する

1 [書式]をクリック

2 [データラベル]のここをクリック

3 [データラベル]のここをクリックしてオンに設定

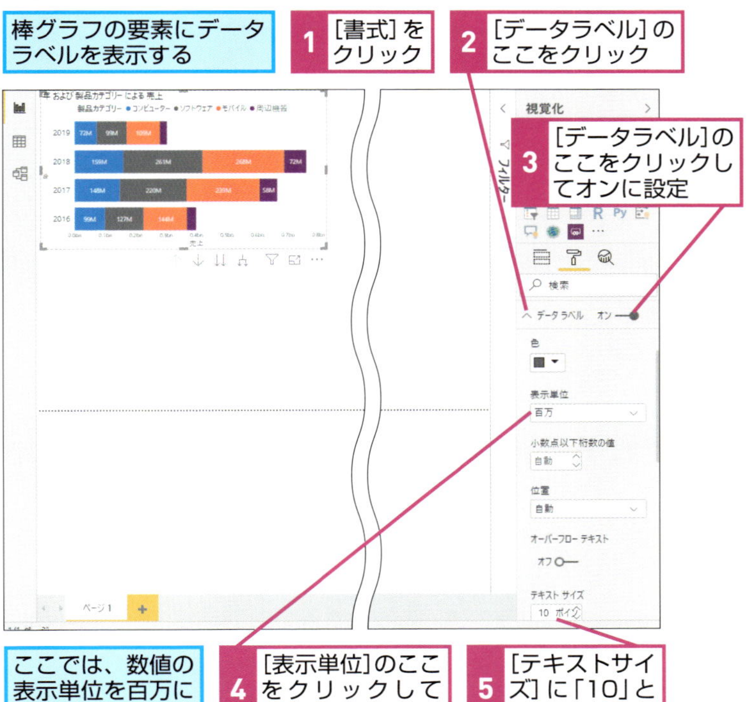

ここでは、数値の表示単位を百万に設定する

4 [表示単位]のここをクリックして[百万]を選択

5 [テキストサイズ]に「10」と入力

HINT!

テーマの切り替えでビジュアルの印象が変わる

Power BIに用意されているテーマを利用すれば、レポート全体の配色を一度に変更できます。テーマに応じてビジュアルの色もすべて変更されます。手順8でデータ項目の色を個別に変更する方法を紹介しましたが、好みのテーマを設定してから個別に色を変更しても構いません。

次のページに続く

10 ビジュアルのタイトルを変更する

ビジュアルのタイトルを変更し、大きめの文字で目立つようにする

1 ［書式］をクリック

2 ［タイトル］のここをクリック

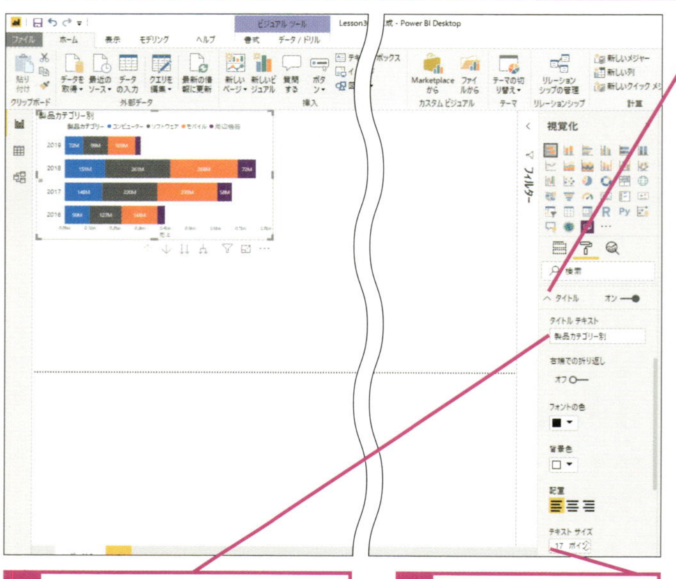

3 ［タイトルテキスト］に「製品カテゴリー別」と入力

4 ［テキストサイズ］に「17」と入力

HINT! タイトルに対する書式設定

ビジュアルのタイトルは、ビジュアルが表す内容を説明するため、分かりやすい内容を指定しましょう。また［書式］メニューよりフォント色やサイズ、配置などの設定が行えます。

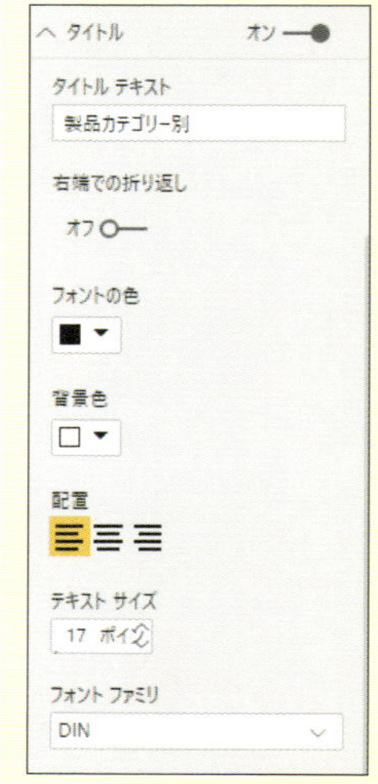

テクニック 後から簡単にビジュアルを変更できる

ビジュアルは、［視覚化］ウィンドウからクリック1つで変更が可能です。グラフで訴求したい内容が分かりにくいと感じたときや値の差をさらに強調したいという場合は、ビジュアルを変更して、表示を確認してみるといいでしょう。

積み上げ横棒グラフを積み上げ縦棒グラフに変更する

ビジュアルを選択しておく

1 ［積み上げ縦棒グラフ］をクリック

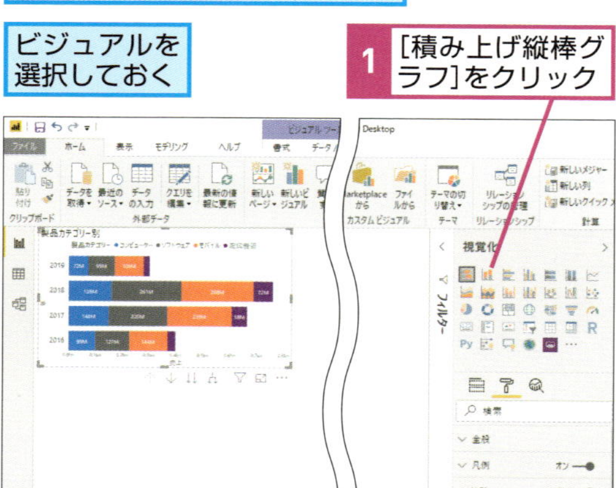

積み上げ横棒グラフが積み上げ縦棒グラフに変更された

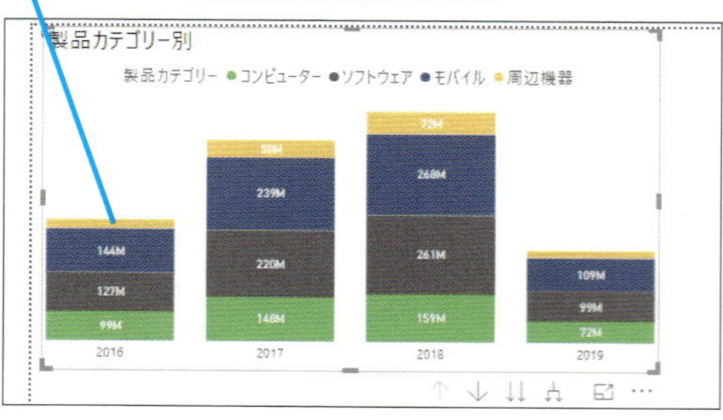

元に戻すときは［積み上げ横棒グラフ］をクリックする

集合縦棒グラフを追加する

11 ページ内に別のビジュアルを追加する

1 ページの何もない部分をクリック

2 ［集合縦棒グラフ］をクリック

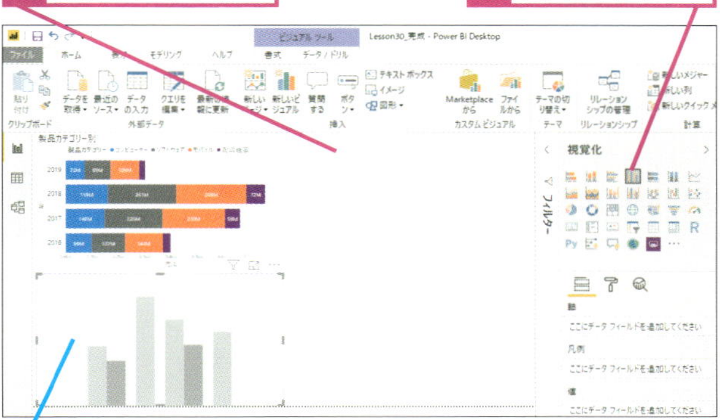

集合縦棒グラフが挿入された

3 集合縦棒グラフにマウスポインターを合わせる

4 ここまでドラッグ

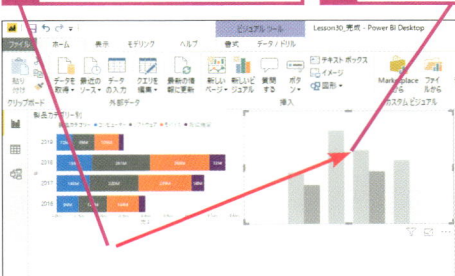

12 値と軸、凡例を追加する

日付（年）別に各エリアの売上を比較する

1 以下の内容で値・軸・凡例を設定

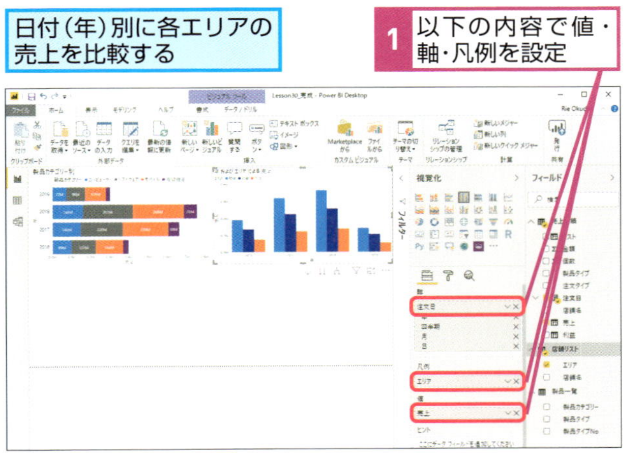

HINT!

集合縦棒グラフへの書式設定

手順4 ～ 10を参考に書式設定を行います。下記は設定例です。

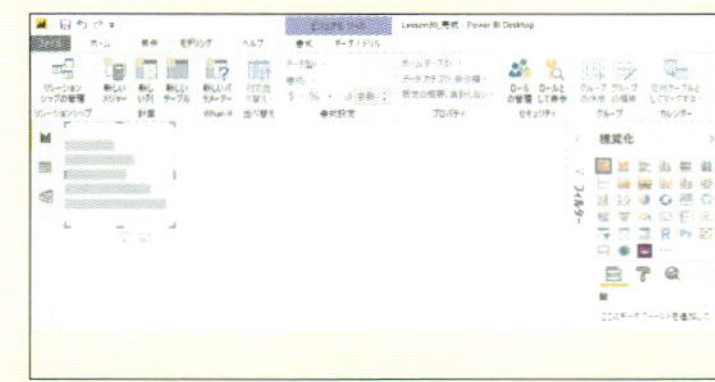

●値・軸・凡例の設定内容

項目	設定内容
［凡例］	［位置］：［上中央］ ［タイトル］：［オフ］ ［テキストサイズ］：［13］
［X 軸］	［テキストサイズ］：［13］
［Y 軸］	［表示単位］：［百万］
［タイトル］	［タイトルテキスト］：［エリア別］ ［フォントの色］：［黒］ ［テキストサイズ］：［17］

折れ線グラフや面グラフで時系列の変化を把握するには

折れ線グラフ、積み上げ面グラフ

キーワード

タイル	p.318
ビジュアル	p.319
フィールド	p.320

関連レッスン

▶レッスン31
棒グラフでデータの大小を
比較するには……p.116
▶レッスン33
複合グラフで2つの値の
相関関係を確認するには……p.130
▶レッスン34
円グラフやドーナツグラフで
割合を把握するには……p.136

データの推移や変化・傾向を強調できる

時間の経過に伴うデータの変化や傾向を把握するために利用され、棒グラフよりもデータの変化を比較しやすいのが折れ線グラフです。また、折れ線グラフのX軸のエリアを塗りつぶし、変化の大きさをより強調できるのが面グラフです。このレッスンでは、折れ線グラフと面グラフをページに追加します。折れ線の区間設定が可能な「グループ化」の機能やコピーしたグラフの編集方法も紹介します。

After

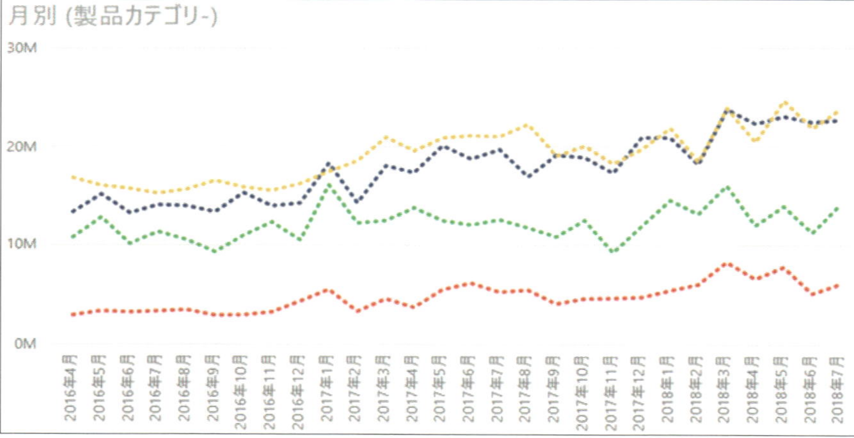

製品のカテゴリー別で月ごとの売上の推移を可視化する

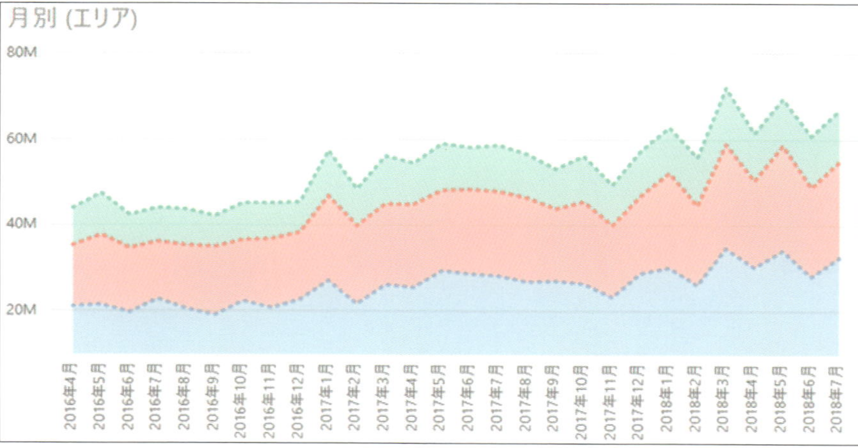

関東・近畿・中部のエリア別で、製品カテゴリーごとの売上を面グラフにする

折れ線グラフの設定

1 折れ線グラフを追加する

ページ内に別の折れ線グラフを追加する

1 ページの何もない部分をクリック

2 [折れ線グラフ]をクリック

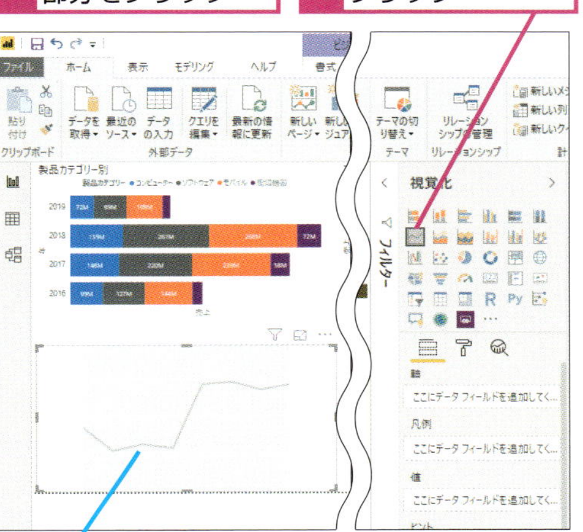

折れ線グラフが挿入された

必要に応じ、折れ線グラフのサイズや位置を変更しておく

2 値と軸を設定する

1 以下の内容で値と軸を設定

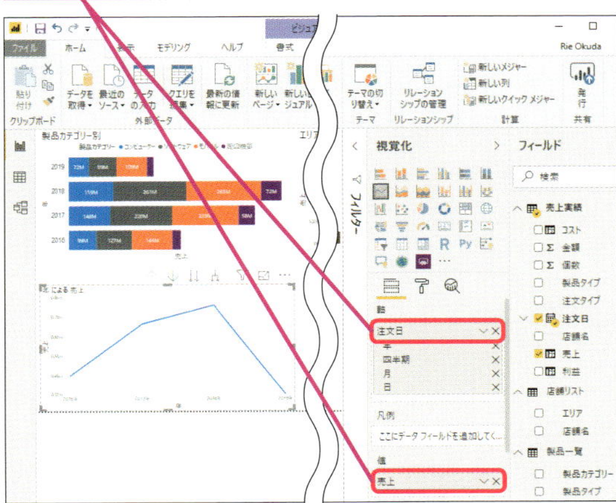

●値と軸の設定内容

項目	設定内容
[値]	[売上]
[軸]	[注文日]

HINT!

データ変化を把握しやすいグラフ

時間の経過による値の変化を表しやすいビジュアルとして、折れ線グラフ、面グラフ、積み上げ面グラフの3種類が用意されています。

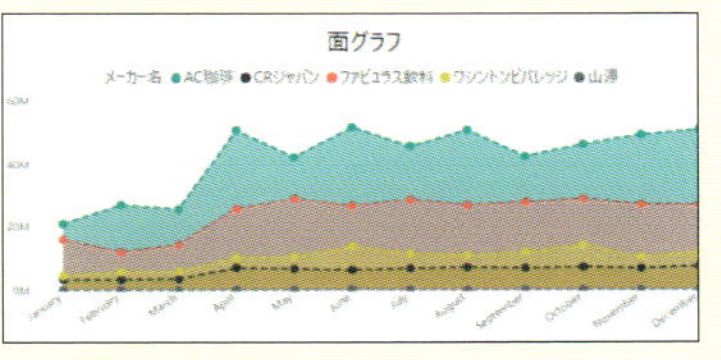

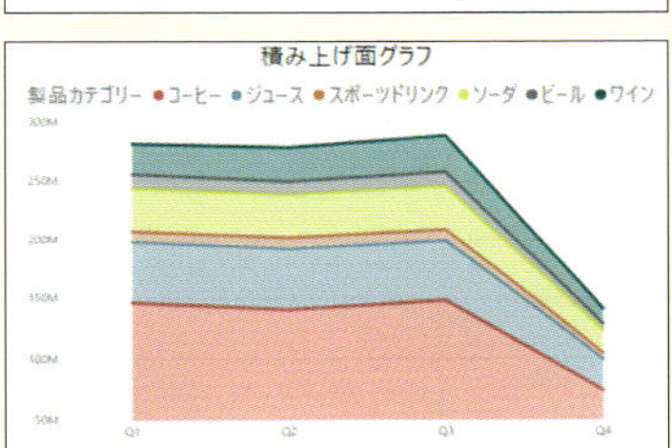

[視覚化]ウィンドウからクリックすることでレポート内に追加できます。

次のページに続く

3 凡例を追加する

ここでは［製品カテゴリー］の凡例を追加する

1 ［製品カテゴリー］をクリックしてチェックマークを付ける

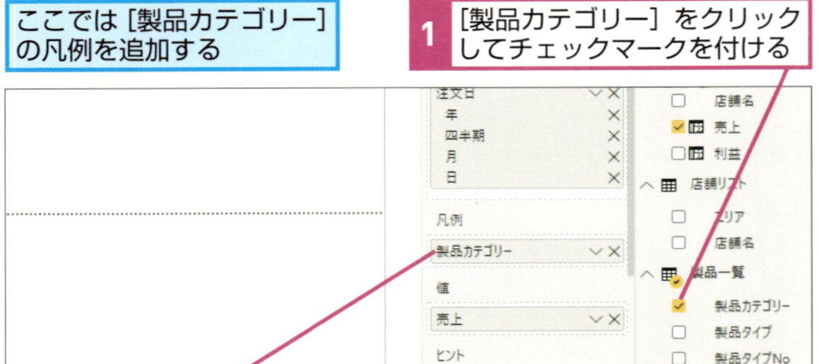

2 ［凡例］が［製品カテゴリー］となっていることを確認

凡例が追加された

4 日付データを月ごとにグループ化する

注文日は年ごとの折れ線になっているが、これを月ごとに変更する

1 ［注文日］の［その他のオプション］をクリック

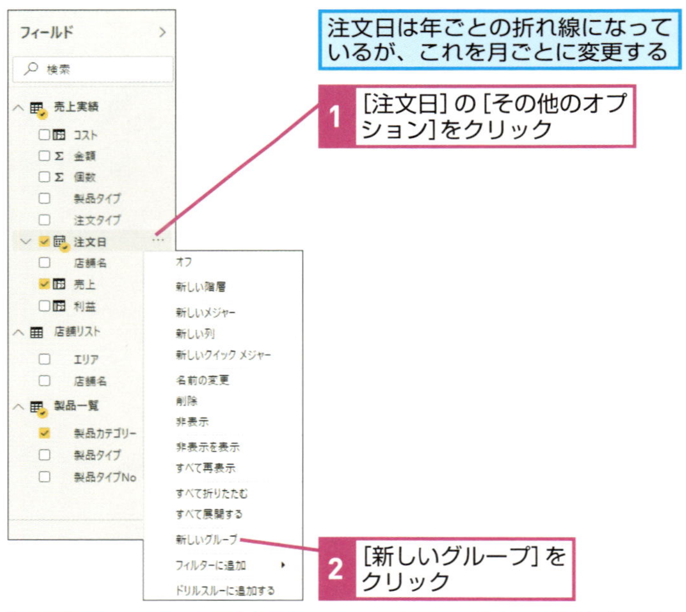

2 ［新しいグループ］をクリック

［グループ］の画面が表示された

グループ単位を表す名前を入力する

3 ［名前］に「注文日(月ごと)」と入力

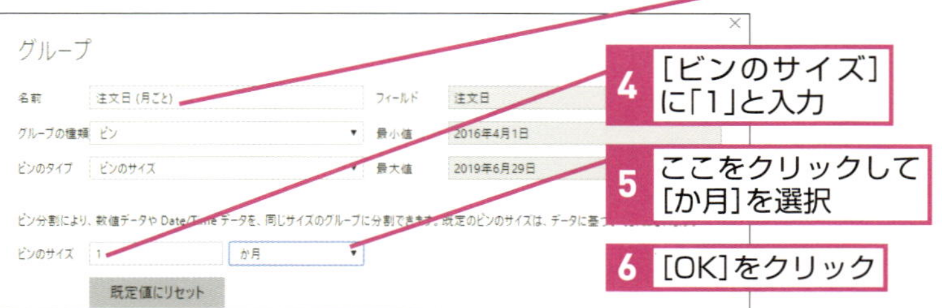

4 ［ビンのサイズ］に「1」と入力

5 ここをクリックして［か月］を選択

6 ［OK］をクリック

HINT!

日付列を月でグループ化

手順3までの操作で、［注文日］列を軸に指定した折れ線グラフを追加しました。［注文日］列には日付データが含まれており、Power BIによって自動的に年単位の折れ線グラフとして表示されたことが確認できます。

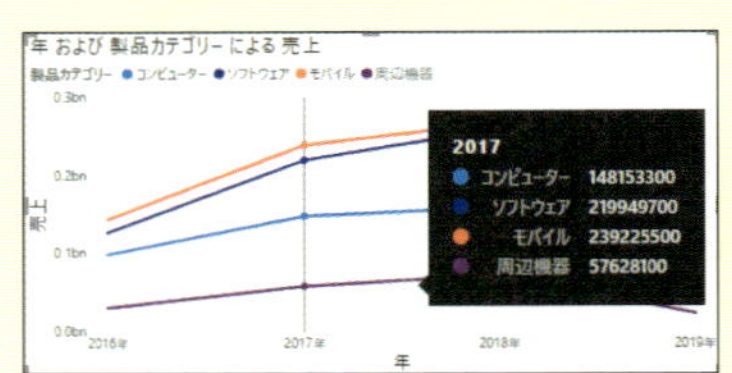

年単位よりも詳細な値の推移を確認できるよう、月ごとに表示を行いたいと考えました。このようなケースでの対応方法の1つは日付データのグループ化です。手順4で［注文日］列を1カ月ごとにグループ化する設定を行いました。手順4により［フィールド］一覧には［注文日(月ごと)］フィールドが追加されたことが確認できます。

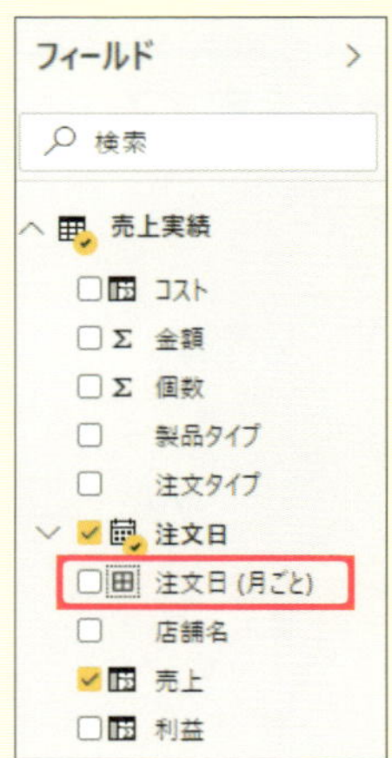

5 折れ線グラフの軸を変更する

軸の項目を手順4の画面で作成した[注文日(月ごと)]に変更する

1 [軸]の[注文日]のここをクリック

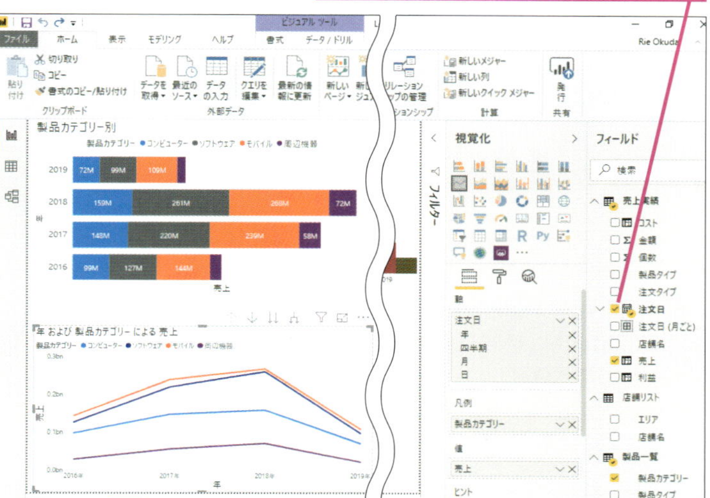

[注文日] が削除される

2 [注文日(月ごと)] をクリックしてチェックマークを付ける

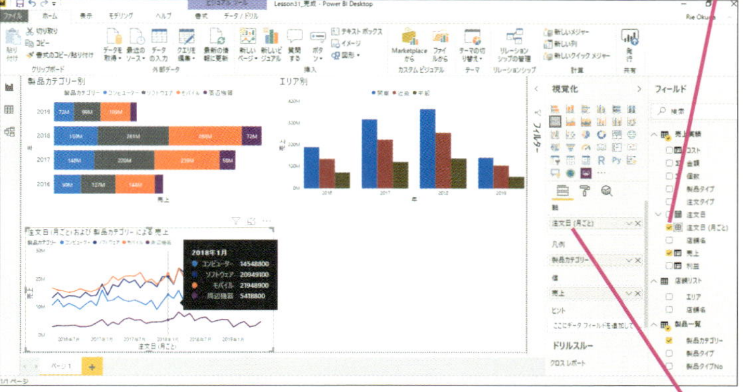

3 [軸]が[注文日(月ごと)]となっていることを確認

折れ線の軸が月ごとに変更された

HINT! 折れ線グラフへの書式設定

折れ線グラフに対する値や凡例の設定が行えたら、書式設定を行い見た目を整えます。下記は設定例です。

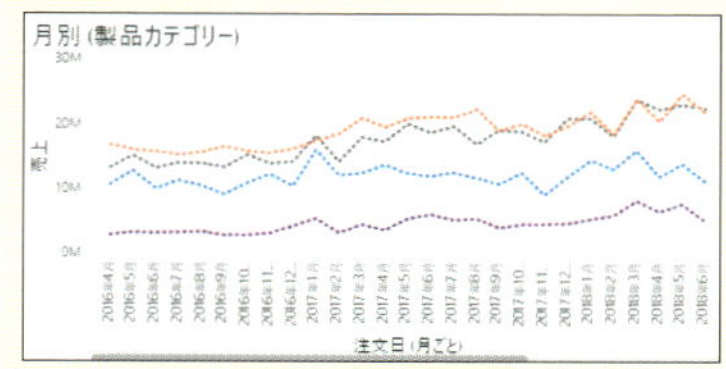

●書式の設定内容

項目	設定内容
[凡例]	[オフ]
[X 軸]	[型]：[カテゴリ別]
[Y 軸]	[表示単位]：[百万]
[データの色]	[コンピューター] [ソフトウェア] [モバイル] [周辺機器] に任意の色を指定
[図形]	[ストロークの幅]：[3] [線のスタイル]：[点線]
[タイトル]	[タイトルテキスト]：[月別 (製品カテゴリー)] [フォントの色]：[黒] [テキストサイズ]：[17]

次のページに続く

積み上げグラフの追加をコピーで行う

6 折れ線グラフをコピーする

1 折れ線グラフをクリック

2 Ctrl＋Cキーを押す

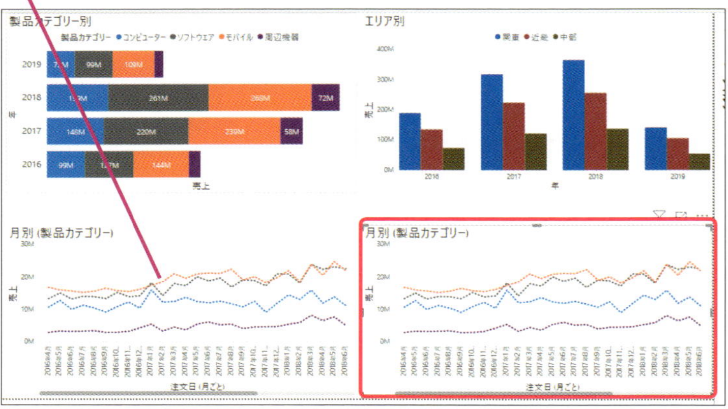

3 Ctrl＋Vキーを押す

コピーした折れ線グラフの位置やサイズを変更しておく

7 グラフの種類を変更する

コピーした折れ線グラフを積み上げ面グラフに変更する

1 ［積み上げ面グラフ］をクリック

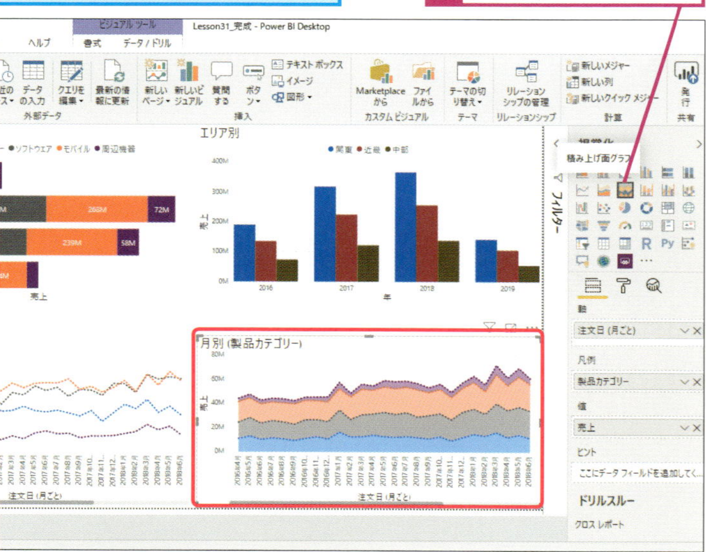

グラフの種類が変更された

HINT!

積み上げ面グラフへの書式設定

ここではコピーしたビジュアルの種類を変更し、凡例の設定変更を行いました。さらに書式設定を行い、見た目を整えます。下記は書式設定例です。

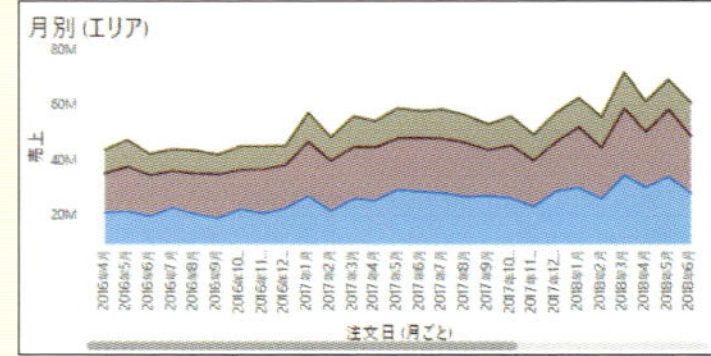

●書式の設定内容

項目	設定内容
［データの色］	［関東］［近畿］［中部］に任意の色を指定
［図形］	［ストロークの幅］：［2］ ［線のスタイル］：［実線］
［タイトル］	［タイトルテキスト］：［月別（エリア）］

※同じ凡例を利用している別のビジュアルと色を合わせるとより視覚的に把握しやすいでしょう

実践編 第5章 ビジュアルを利用してデータを可視化しよう

8 凡例を変更する

1 [凡例]の[製品カテゴリー]のここをクリック

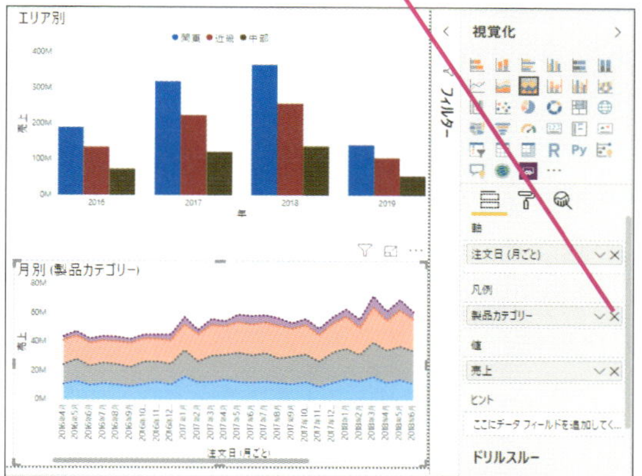

2 [エリア]をクリックしてチェックマークを付ける

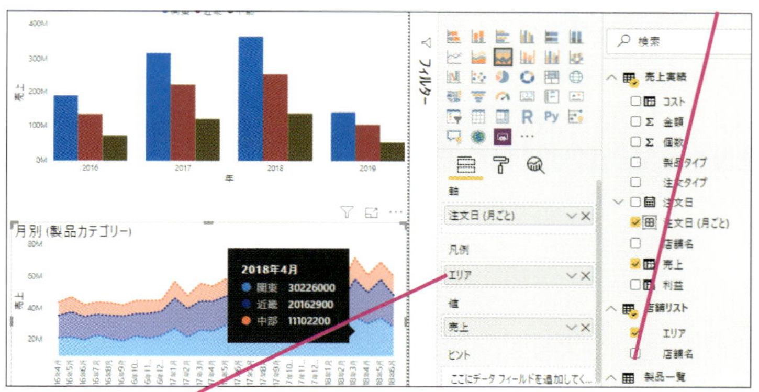

3 [凡例]が[エリア]となっていることを確認

HINT!

ビジュアルをコピーすれば書式設定の手間を省ける

ビジュアルはフィールドや書式設定を維持しながらコピーできます。タイトルテキストのサイズや色を合わせることでページ全体の印象を合わせたい場合などに便利です。また値や凡例など少しだけ設定を変更したグラフを複数追加したい場合にもコピーが役立ちます。

手順7ではコピーしたビジュアルの種類を変更し、既存の設定を再利用し、少ない手順で新しいビジュアルを追加しています。

コピーしたビジュアルは、元のビジュアルの上に重なって表示されるため、マウス操作でビジュアルを任意の場所に移動し、設定変更を行います。

テクニック ページ名の変更も忘れずに

手順8までの操作で棒グラフや折れ線グラフのレポートが完成しました。新しいページを追加する前にページの内容に合わせてページ名を変更しておきましょう。

このレッスンの例では、「棒グラフ、折れ線グラフ」というようなページ名にすると、ページが増えたときでも目的のデータをすぐに参照しやすくなります。

ページの名前を変更する

1 ここをダブルクリック

ページ名が反転表示された

2 「棒グラフ、折れ線グラフ」と入力

ページの名前が変更された

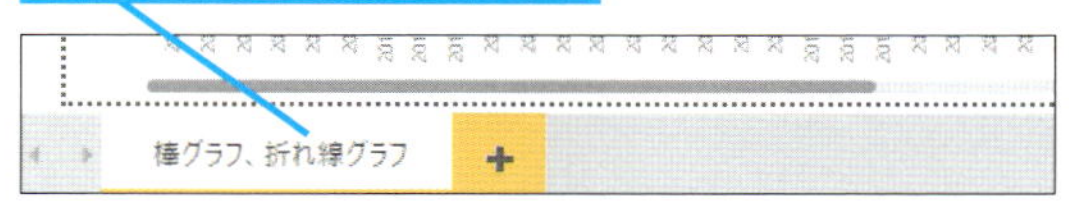

レッスン
33 複合グラフで2つの値の相関関係を確認するには

複合グラフ、ページの追加

キーワード

Power BI p.316
ビジュアル p.319
フィールド p.320

関連レッスン

▶レッスン31
棒グラフでデータの大小を比較するには……p.116
▶レッスン32
折れ線グラフや面グラフで時系列の変化を把握するには……p.124
▶レッスン34
円グラフやドーナツグラフで割合を把握するには……p.136
▶レッスン36
スライサーを利用してデータを絞り込むには……p.146
▶レッスン37
タイルや表を利用して数値を表示するには……p.152

複合グラフも［視覚化］から選ぶだけ

販促費と売上、気温と降水量など、複数の値の相関関係を把握するには複合グラフを利用しましょう。複合グラフは、軸が同じで縦棒グラフと折れ線グラフを組み合わせたものですが、Power BIには［折れ線および積み上げ縦棒］［折れ線および集合縦棒］の複合グラフが用意されています。[After] の例を見てください。「カテゴリー別」の複合グラフでは、［関東］［近畿］［中部］の3エリアでの製品カテゴリー別売上と利益金額の差が分かります。また「年度別」のグラフでは、［関東］［近畿］［中部］の3エリアでの年度別売上と売上の個数を確認できます。複合グラフというと、「操作が難しいのでは？」と思う方もいるかもしれませんが、これまでのレッスンと同様に、［フィールド］ウィンドウでで項目を選び、［視覚化］ウィンドウで書式を設定する流れは変わりません。

After

新しいページを作成し、「カテゴリー別」と「年度別」の複合グラフを作成する

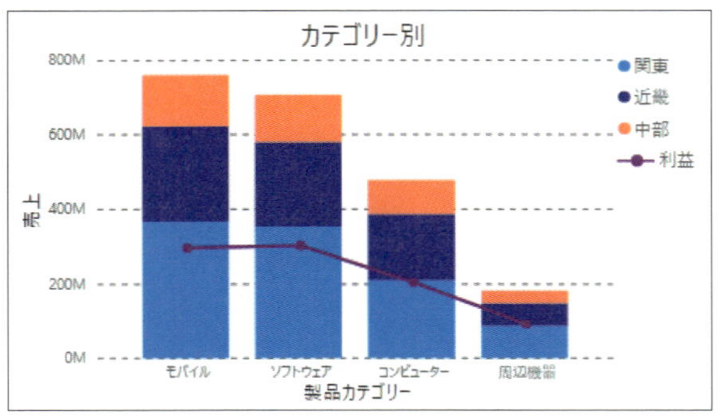

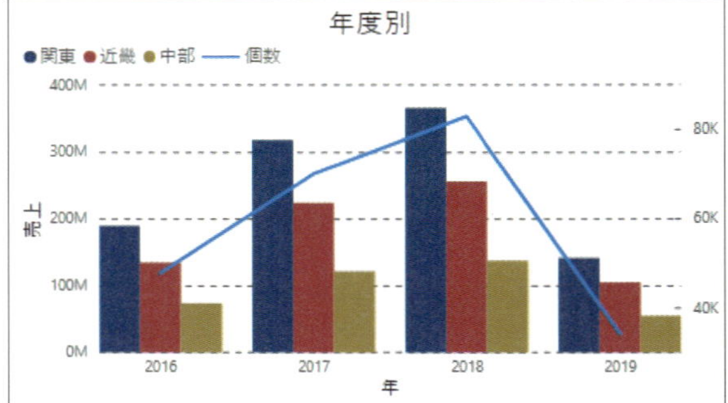

テクニック ページの書式も[視覚化]ウィンドウで設定できる

Power BIでは、ページの背景色や透明度なども［視覚化］ウィンドウで設定します。ページの書式を設定するには、ビジュアルを選択していない状態で［書式］ボタンをクリックします。操作4以降は背景色と透明度を設定していますが、背景画像や壁紙、ページサイズなども設定できます。

●ページの追加

新しいページを作成して複合グラフを追加する

1 [新しいページ]をクリック

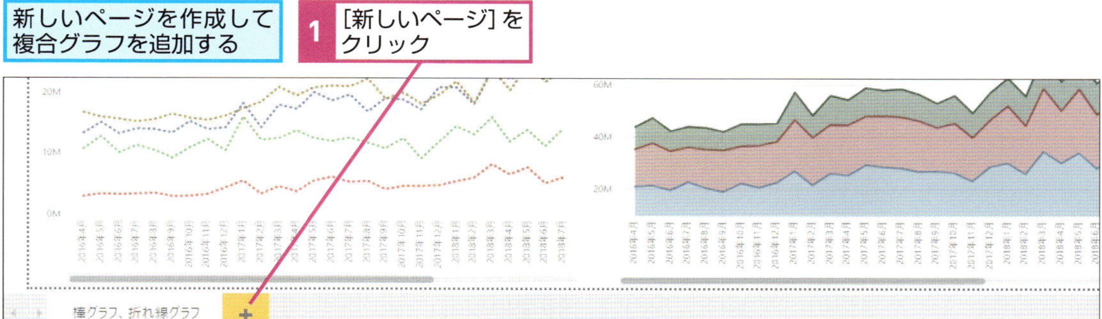

●ページの書式設定

2 ここをダブルクリック

3 「複合グラフ、円グラフ」と入力

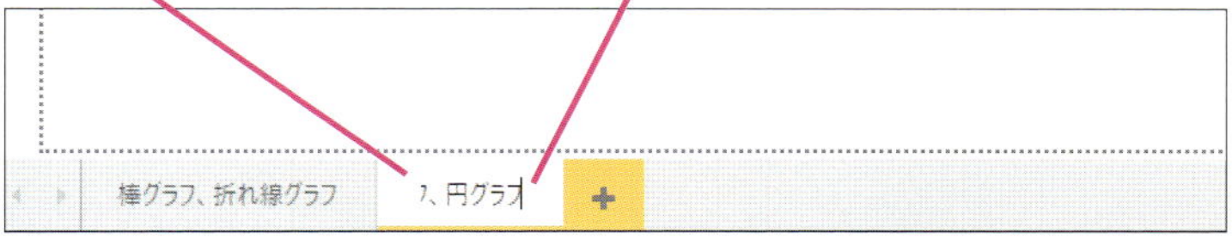

ここではページの背景色と透過性を変更する

4 [書式]をクリック

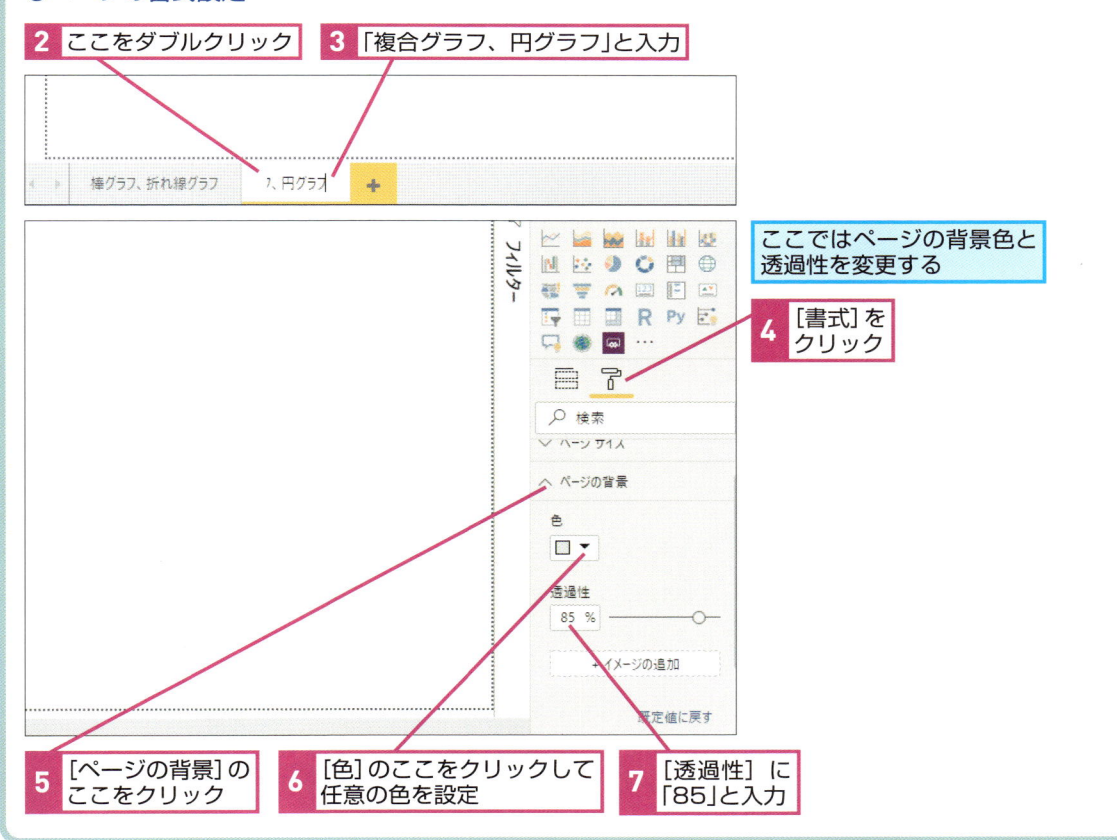

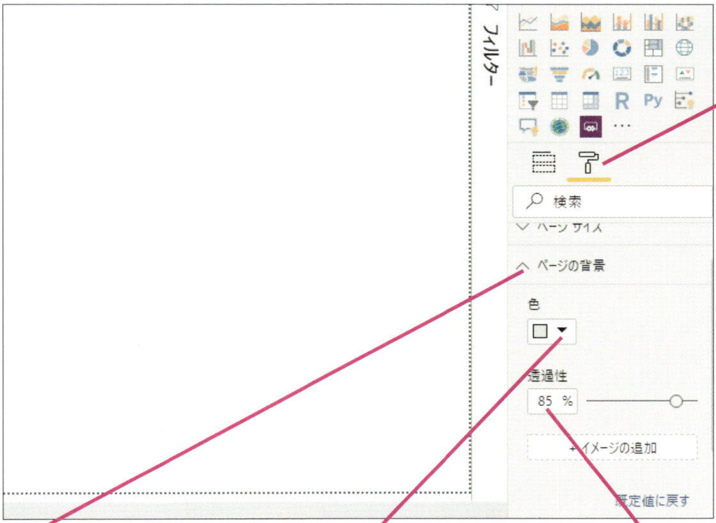

5 [ページの背景]のここをクリック

6 [色]のここをクリックして任意の色を設定

7 [透過性]に「85」と入力

次のページに続く

折れ線グラフと積み上げ縦棒グラフの設定

1 折れ線グラフと積み上げ縦棒グラフを追加する

1 [折れ線グラフおよび積み上げ縦棒グラフ]をクリック

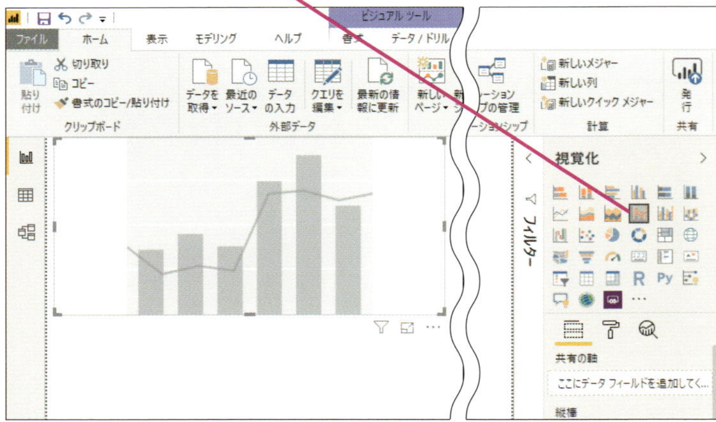

ページにビジュアルが挿入された

ビジュアルの位置やサイズを変更しておく

2 共有軸と値を設定する

ここでは［共有の軸］を［製品カテゴリー］、［値］を［売上］に設定する

1 ［売上］をクリックしてチェックマークを付ける

2 ［製品カテゴリー］をクリックしてチェックマークを付ける

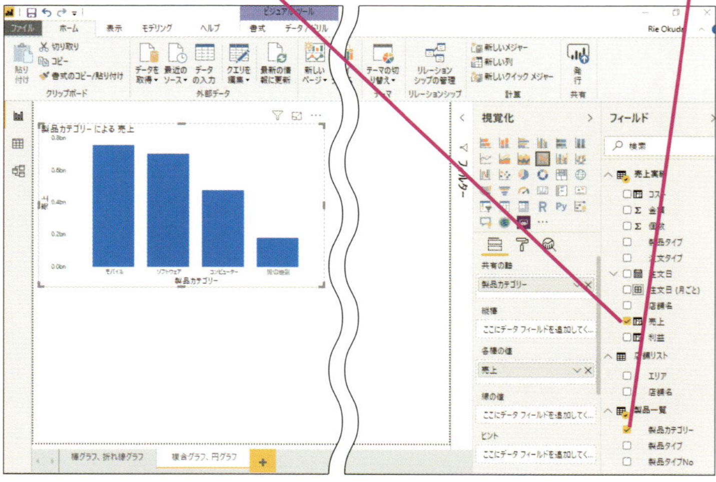

3 ［共有の軸］が［製品カテゴリー］、［各軸の値］が［売上］となっていることを確認

HINT!

Power BIで利用できる複合グラフ

Power BIでは、折れ線および積み上げ縦棒や折れ線および集合縦棒などのグラフの組み合わせがあらかじめ用意されています。複合グラフを利用することで、2つの値を比較しやすくなるほか、レポート内のスペースを節約できます。

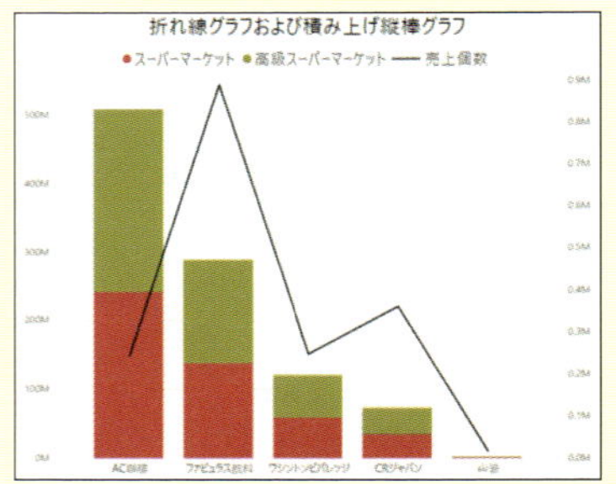

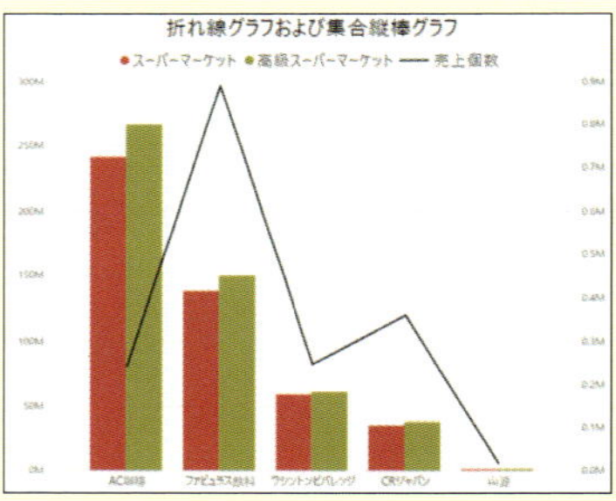

［視覚化］ウィンドウからクリックすることでレポート内に追加できます。

3 棒を積み上げに変更する

棒を積み上げに変更して、各エリアの売上が分かるようにする

1 [エリア] をクリックしてチェックマークを付ける

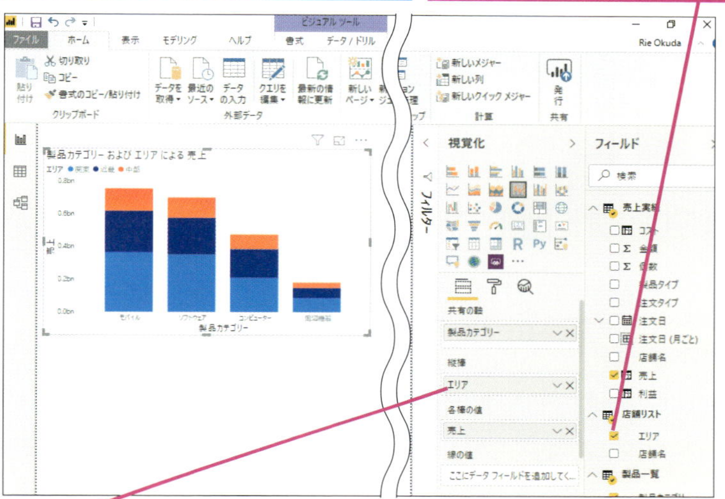

2 [縦棒] が [エリア] になっていることを確認

棒がエリアごとの積み上げになった

4 折れ線を追加する

利益の推移を示す折れ線を追加する

1 [利益] をクリックしてチェックマークを付ける

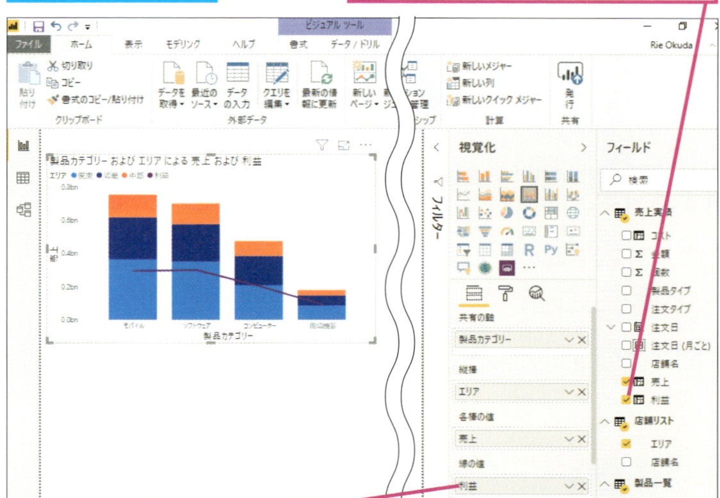

2 [線の値] が [利益] になっていることを確認

利益額が折れ線で表示された

HINT! 共有軸とは

複合グラフは複数の値を比較するために利用しますが、ここでは折れ線グラフと棒グラフとの共有の軸（X軸）として［製品カテゴリー］を指定しました。

HINT! 凡例の表示形式を変更してみよう

手順4までの設定で、積み上げ棒グラフと折れ線グラフの基本設定を行いました。凡例は次図のように表示されており、積み上げ棒グラフの凡例である［関東］、［近畿］、［中部］と、折れ線グラフの凡例である［利益］が同じ表示形式で横並びに表示されているため、少し分かりにくく感じます。

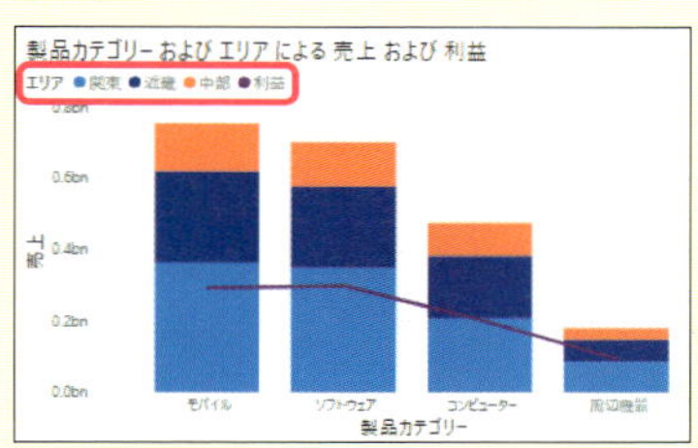

凡例の書式設定を変更し、次のように変更してみましょう。

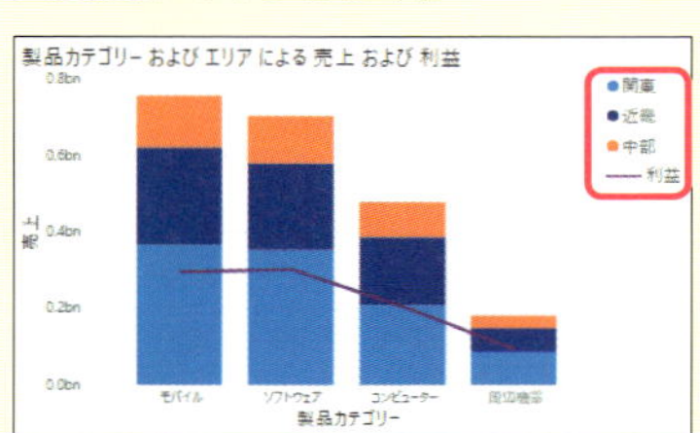

●凡例の設定内容

項目	設定内容
[位置]	[右へ移動]
[タイトル]	[オフ]
[テキストサイズ]	[11]
[スタイル]	[線とマーカー]

次のページに続く

5 Y軸の書式を設定する

Y軸に表示されている［0.8bn］や［0.6bn］の単位を［800M］［600M］という単位に変更する

1 以下の内容で書式を設定

●Y軸の設定内容

項目	設定内容
［表示単位］	［百万］
［色］	［黒、40%明るい］
［線のスタイル］	［破線］

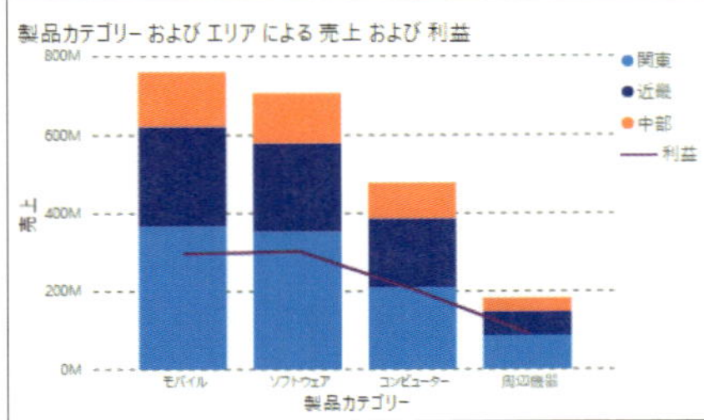

6 折れ線グラフにマーカーを表示する

折れ線の頂点に点が表示されるようにする

1 ［図形］をクリック

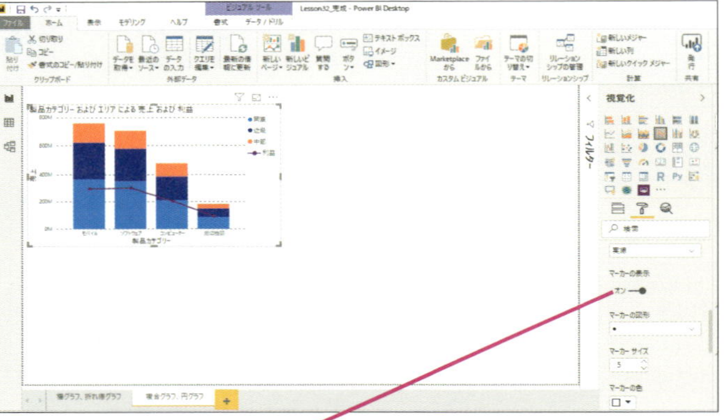

2 ［マーカーの表示］をクリックしてオンに設定

7 ビジュアルのタイトルを変更する

ビジュアルのタイトルを変更し、大きめの文字で目立つようにする

1 以下の内容で書式を設定

●書式の設定内容

項目	設定内容
［タイトル］	［オン］ ［タイトルテキスト］：［カテゴリー別］ ［フォントの色］：［黒］ ［配置］：［中央］ ［テキストサイズ］：［17］

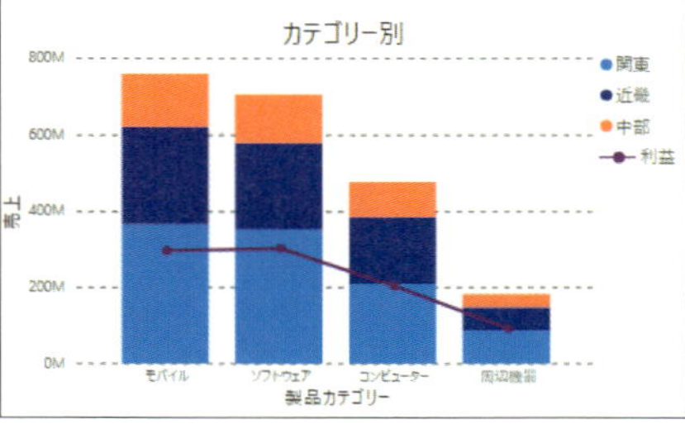

HINT! 折れ線グラフのマーカー設定

手順6で折れ線グラフのマーカーを表示するよう設定しました。マーカーの図形の種類やサイズ、色をさらに指定できます。

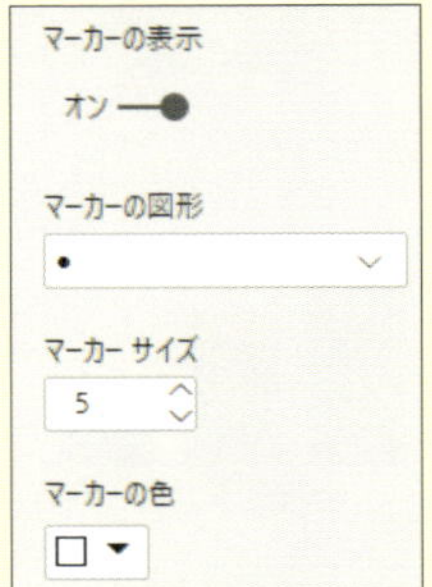

HINT! ビジュアルに罫線を設定してみよう

書式の［罫線］よりビジュアルの周りを囲む罫線を指定できます。
例えば下記は黒色の罫線を角丸にして表示した例です。角丸の深さは半径の設定によって変わります。

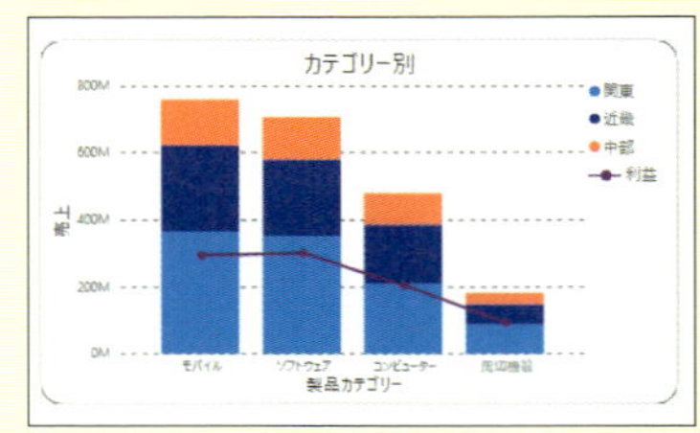

●書式の設定内容

項目	設定内容
［罫線］	［オン］ ［色］：［黒、40%明るい］ ［半径］：［20］

折れ線グラフと集合縦棒グラフの設定

8 ビジュアルのコピーと種類の変更

複合グラフをコピーし、ページの右上に移動しておく

コピーした複合グラフを折れ線グラフおよび集合縦棒グラフに変更する

1 [折れ線グラフおよび集合縦棒グラフ]をクリック

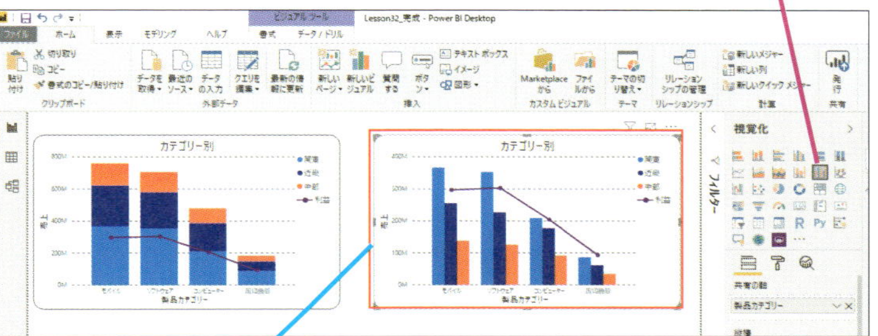

グラフの種類が変更された

9 共有軸と線の値を変更する

折れ線の共有軸と値を設定する

1 以下の内容で共有軸と値を設定

●共有軸と値の設定内容

項目	設定内容
[共有の軸]	[注文日]
[線の値]	[個数]

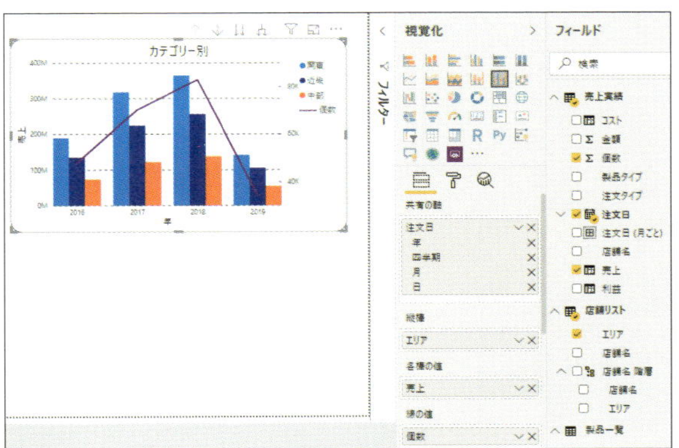

HINT!

折れ線グラフと集合縦棒グラフへの書式設定例

凡例やタイトルテキストを変更した例です。またデータの色も任意に変更しています。

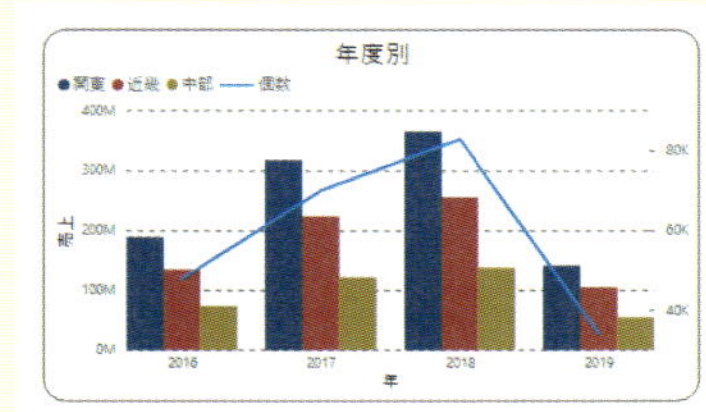

●書式の設定内容

項目	設定内容
[凡例]	[位置]：[上]
[タイトル]	[タイトルテキスト]：[年度別]
[データの色]	[個数] [関東] [近畿] [中部] に任意の色を指定

レッスン 34

円グラフやドーナツグラフで割合を把握するには

円グラフ、ドーナツグラフ、ツリーマップ

キーワード

ツリーマップ	p.318
ビジュアル	p.319

関連レッスン

▶レッスン31
棒グラフでデータの大小を比較するには……p.116

▶レッスン32
折れ線グラフや面グラフで時系列の変化を把握するには……p.124

▶レッスン33
複合グラフで2つの値の相関関係を確認するには……p.130

▶レッスン36
スライサーを利用してデータを絞り込むには……p.146

▶レッスン37
タイルや表を利用して数値を表示するには……p.152

さまざまな方法で構成比が分かりやすく

売上の構成比や年代別の人数を比較するには円グラフを利用することが多いでしょう。全体に対する割合（比率）がひと目で分かるのが特長です。このレッスンでは、分かりやすくインパクトの強い円グラフを作成する方法を紹介します。また、中央を空白にしたドーナツグラフ、値を四角形の大小で表すツリーマップなどの作成方法も解説します。

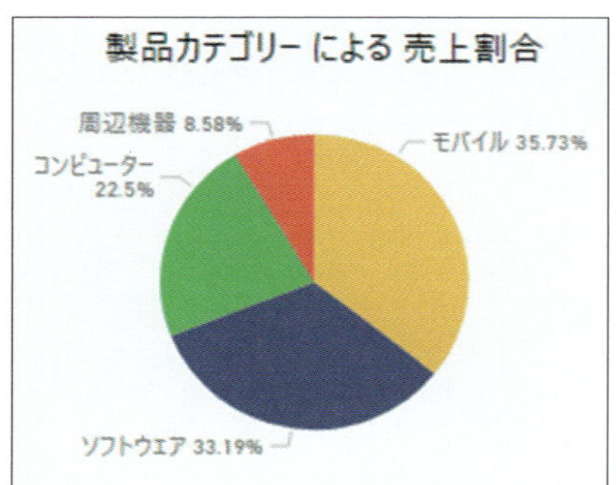

製品カテゴリーごとの売上割合を円グラフで表示する

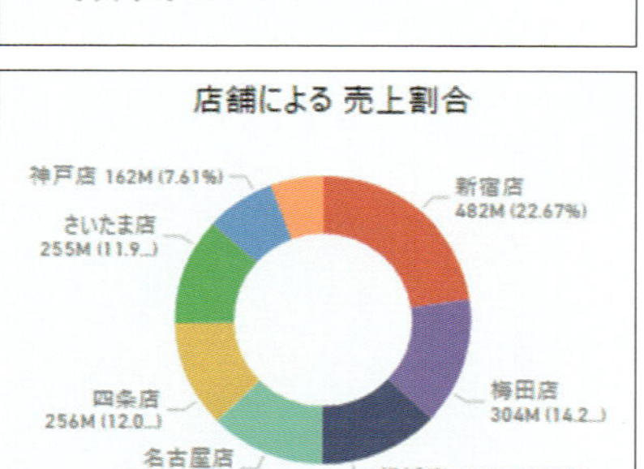

店舗ごとの売上割合をドーナツグラフで表示する

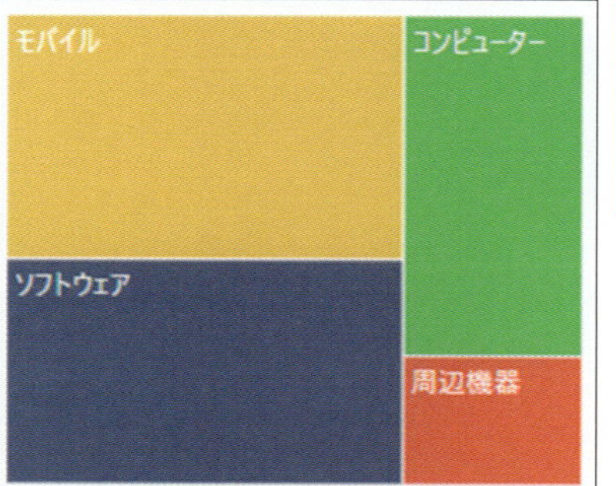

製品カテゴリー別の売上割合を視覚的にツリーマップで表示する。全体に対する比率を四角形で表示し、その大きさで視覚的に値の差を把握しやすくする

円グラフの設定

1 円グラフを追加する

1 ページの何もない部分をクリック

2 [円グラフ]をクリック

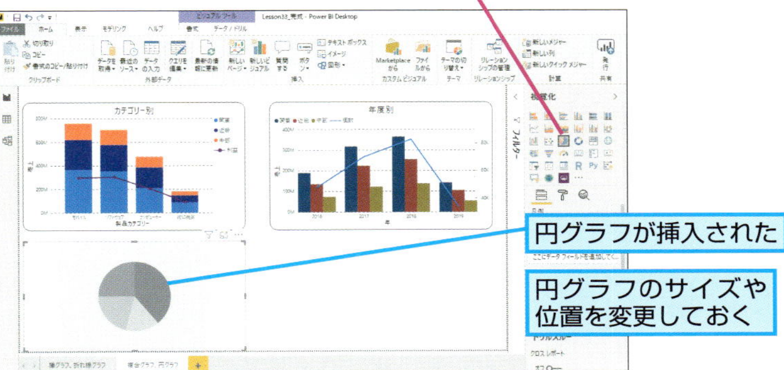

2 値と凡例を追加する

1 以下の内容で値と凡例を設定

●値と凡例の設定内容

項目	設定内容
[値]	[売上]
[凡例]	[製品カテゴリー]

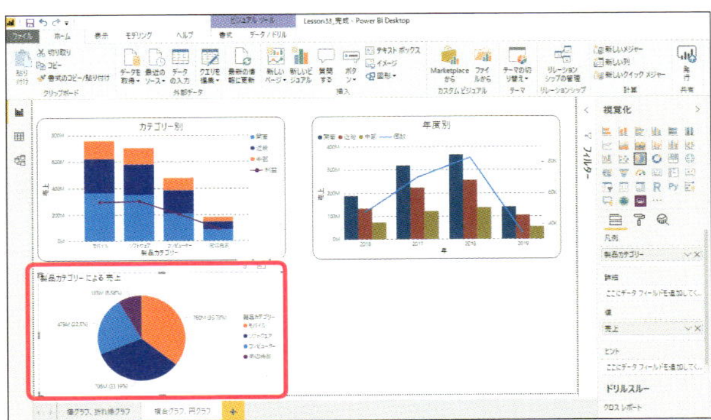

3 データラベルに値を表示する

[周辺機器]や[モバイル]といったデータラベルに割合が表示されるようにする

1 以下の内容で書式を設定

●書式の設定内容

項目	設定内容
[詳細ラベル]	[ラベルスタイル]：[カテゴリ、全体に対する割合] [テキストサイズ]：[12]

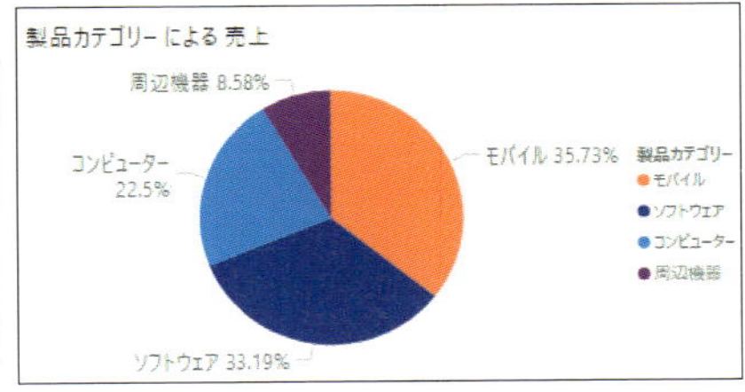

HINT!

円グラフの書式設定例

手順1から3で設定した円グラフに書式を設定するときの例です。同じページ内のほかのビジュアルと体裁を合わせると見た目よく表示できます。

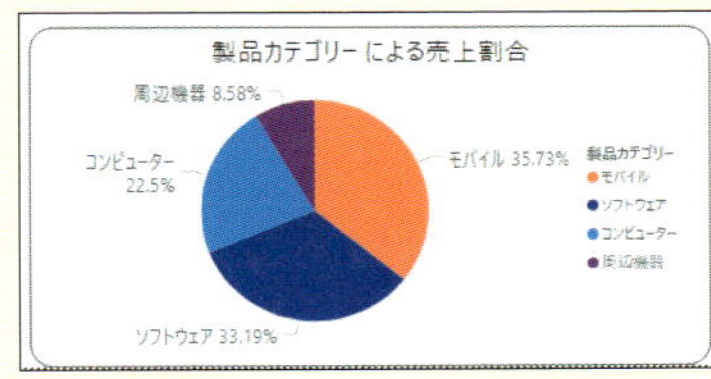

●書式の設定内容

項目	設定内容
[タイトル]	[タイトルテキスト]：[製品カテゴリーによる売上割合] [フォントの色]：[黒] [配置]：[中央] [テキストサイズ]：[18]
[罫線]	[色]：[黒、40%明るい] [半径]：[20]

次のページに続く

ドーナツグラフの設定

4 ビジュアルのコピーと種類の変更

円グラフをコピーして、位置とサイズを変更しておく

1 [ドーナツグラフ] をクリック

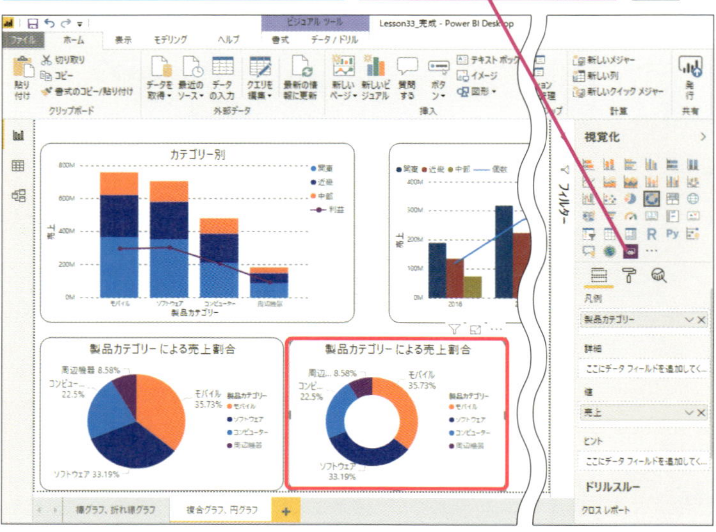

5 凡例を変更する

[凡例] を [製品カテゴリー] から [店舗名] に変更する

1 [店舗名] をクリックしてチェックマークを付ける

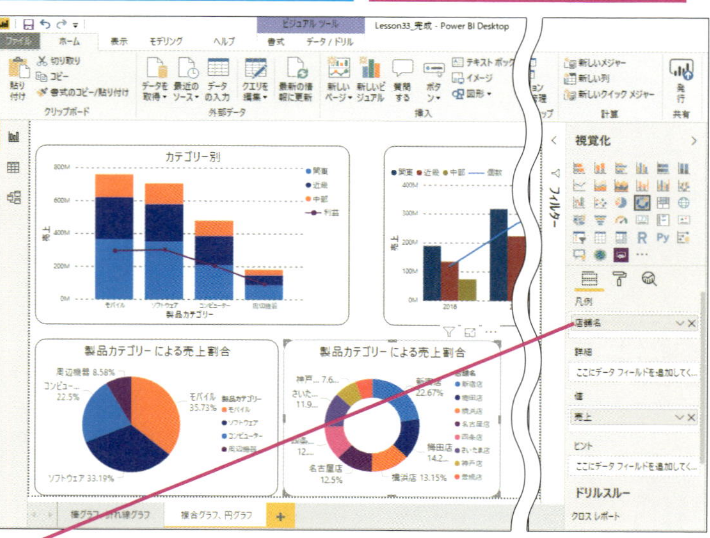

2 [凡例] が [店舗名] になっていることを確認

HINT!

ドーナツグラフの書式設定例

手順4と手順5で設定したドーナツグラフに書式を設定してみましょう。ここまでの手順の結果、次図のように凡例が表示されています。

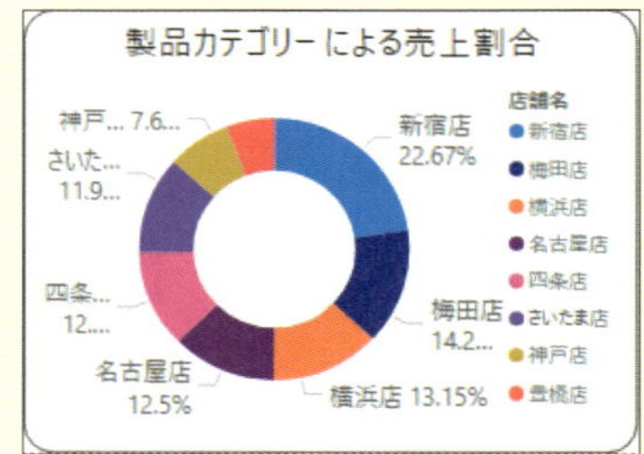

店舗名はラベルで表示されているため、凡例は非表示に設定してみましょう。また併せてタイトルを変更します。

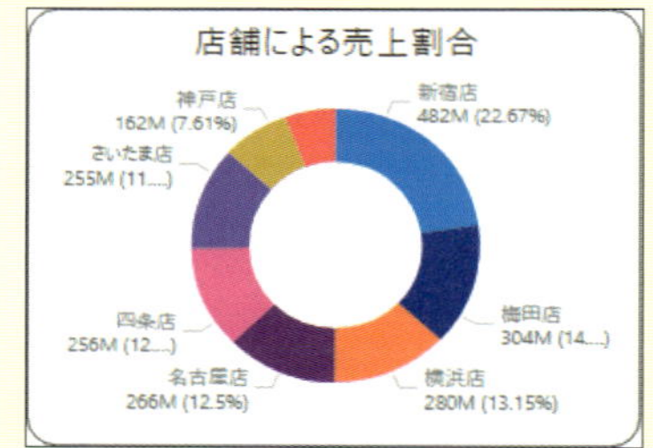

●書式の設定内容

項目	設定内容
[タイトル]	[タイトルテキスト]：[店舗による売上割合]
[凡例]	[オフ]
[詳細ラベル]	[ラベルスタイル]：[すべての詳細ラベル]
	[テキストサイズ]：[10]

ツリーマップの設定

6 ビジュアルのコピーと種類の変更

円グラフをコピーして、位置とサイズを変更しておく

1 [ツリーマップ]をクリック

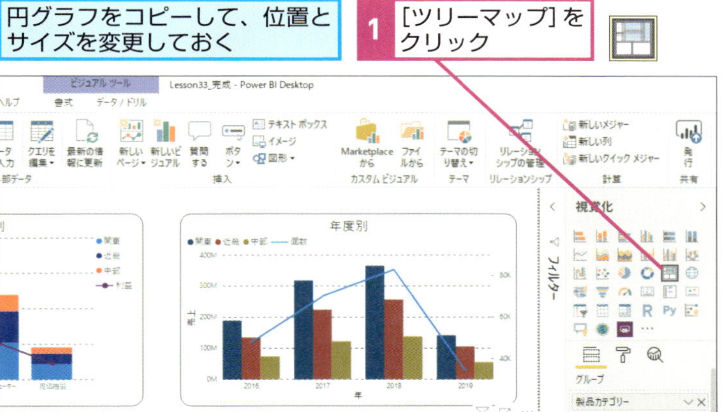

7 タイトルを非表示にする

1 以下の内容で書式を設定

●書式の設定内容

項目	設定内容
[タイトル]	[オフ]

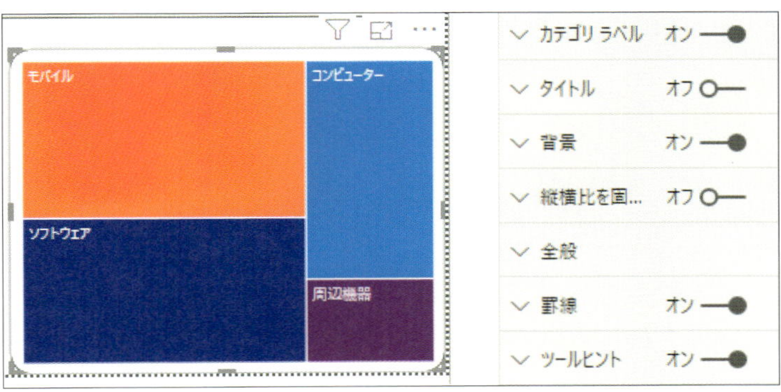

HINT!

ツリーマップのタイトルをオフに

ツリーマップは値の大小をタイル面積の大きさで表すものです。何の値を表示しているのかを記載しなくても明らかである場合は、手順7で行ったようにタイトルを非表示にすると、よりすっきりと表示できます。

●タイトルを表示した場合

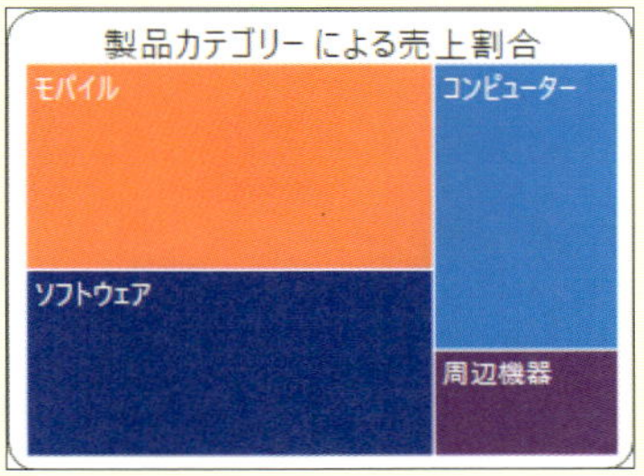

●タイトルを非表示にした場合

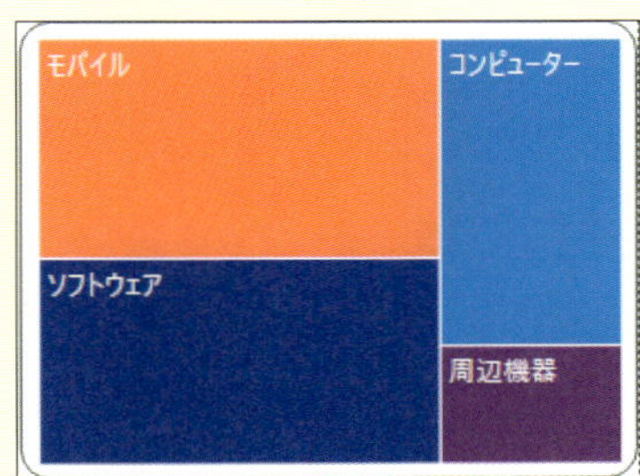

また各タイル内に表示するラベル文字列のサイズは、[カテゴリラベル]の[テキストサイズ]で設定できます。

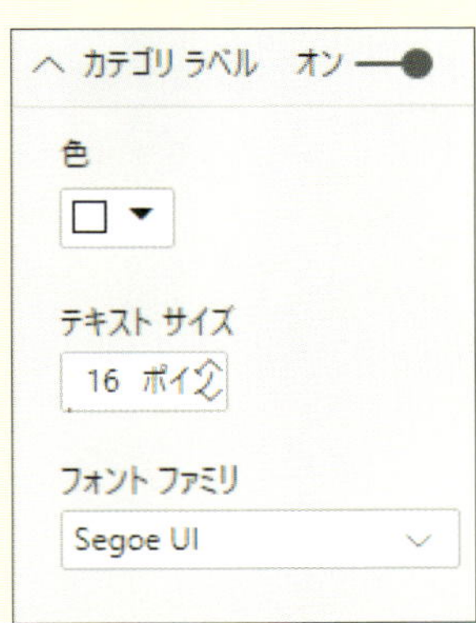

レッスン
35 ドリル機能でデータを掘り下げるには

ドリルダウン、ドリルアップ

キーワード

ツリーマップ	p.318
ドリルアップ	p.319
ドリルスルー	p.319
ドリルダウン	p.319
ビジュアル	p.319

階層構造のデータに対する分析操作

これまでのレッスンで［複合グラフ、円グラフ］ページに配置した［年度別］のグラフは、軸に日付列である［注文日］を利用しています。Power BIでは、日付型の列に対して日付ディメンションを自動的に作成する機能があります。［注文日］列の場合、「年」→「四半期」→「月」→「日」という階層構造になっているため、データの集計レベルをドリルダウンで掘り下げて、瞬時に詳細を確認できます。例えば、売上が高かった「2018年」の要素をクリックし、「第2四半期」の「4月」を選択すると［関東エリア］で4月11日と4月13日の売上が非常に高くなっているということをすぐに確認できます。ドリルダウンを繰り返せば、「ある時期に、この地域の、この店舗で、この商品の売上が高い」といった分析もすぐにできるようになります。逆にドリルアップを利用すれば、「日」→「月」→「四半期」→「年」→「年」というように集計範囲を広げてデータの全体像を確認できるというわけです。

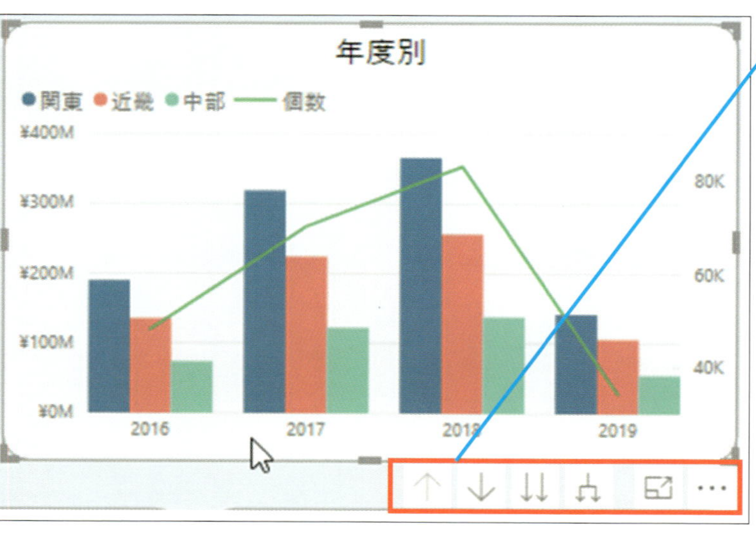

◆ドリルコントロール
階層構造があるデータを利用しているビジュアルを選択したときに表示される

ビジュアルの位置により、ビジュアルの上位置もしくは下位置に表示される

●ドリルコントロールの表示

ドリルモードオフ（通常）	オン

ドリル機能の利用

階層関係のあるデータを利用しているビジュアルではドリル機能が利用できます。ドリル機能を利用する際の操作を確認しましょう。

●階層構造データを扱っていないビジュアル

●階層構造データを持つビジュアル

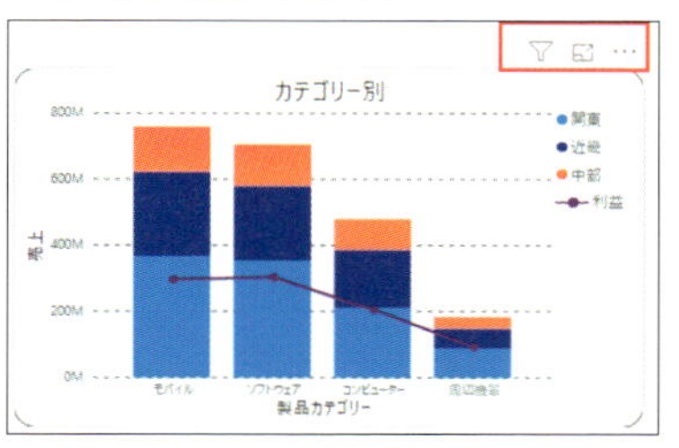

※ビジュアルにマウスポインターを合わせた際に表示されるメニュー内容が異なる

ドリルダウンをオンにする

1 ドリルコントロールでドリルダウンをオンにする

ここでは[複合グラフ、円グラフ]ページに配置した[年度別]グラフでドリルモードを有効にする

1 ビジュアルにマウスポインターを合わせる

ドリルコントロールが表示された

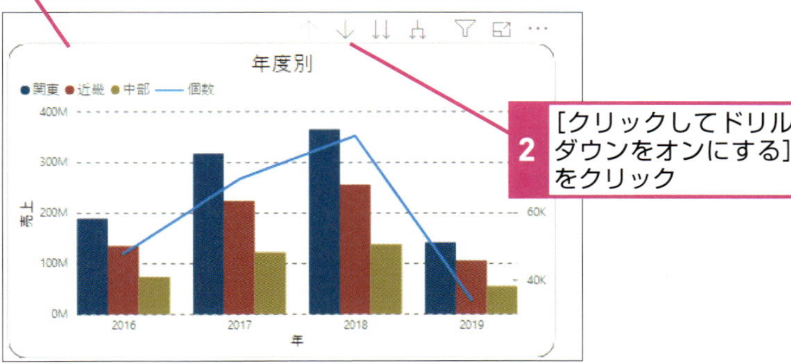

2 [クリックしてドリルダウンをオンにする]をクリック

ドリルモードが有効になった

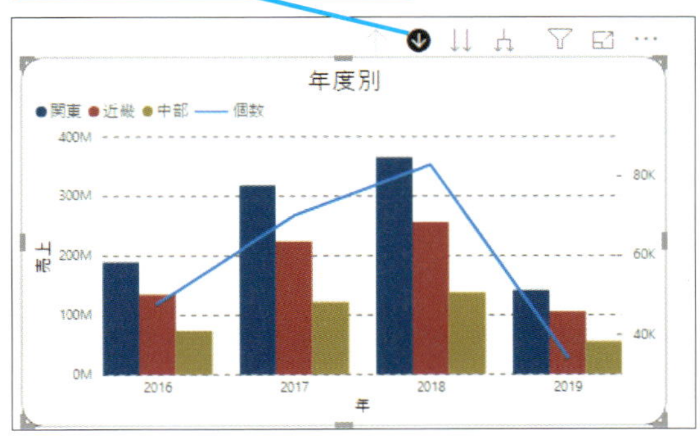

HINT!

ドリルコントロールの表示位置

ビジュアルにマウスポインターを合わせた際に表示されるコントロールの位置は、ビジュアルのサイズや、ページ上の位置により異なります。ビジュアルの上、もしくは下に表示されます。

●ビジュアル上の場合

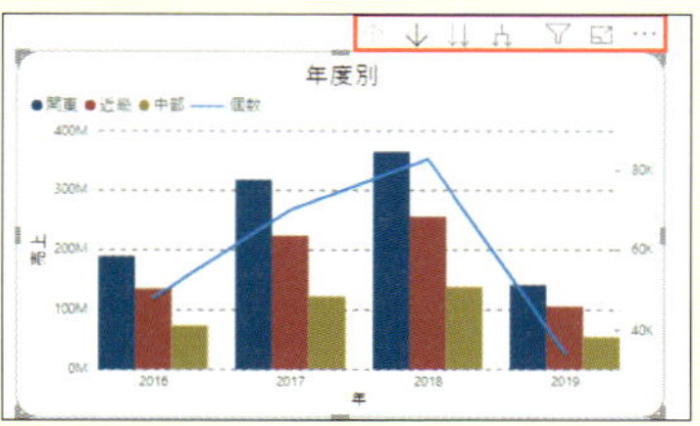

●ビジュアル下の場合

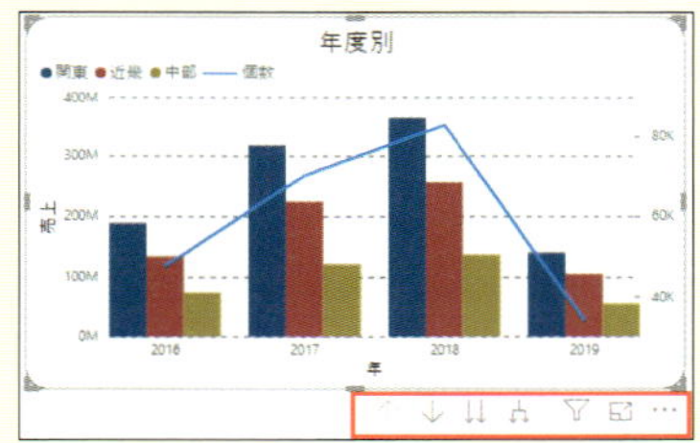

HINT!

ドリルダウンとドリルアップについて

ドリルダウンとは階層になったデータを掘り下げて詳細を確認することをいいます。「国」→「地方」→「都道府県」や、「年」→「四半期」→「月」というようにだんだんと詳細での集計結果を確認する操作を指します。また逆にカテゴリーを上位に上がっていき集計結果を確認する操作はドリルアップといいます。

次のページに続く

ドリルダウンを行う

2 年→四半期のデータを表示する

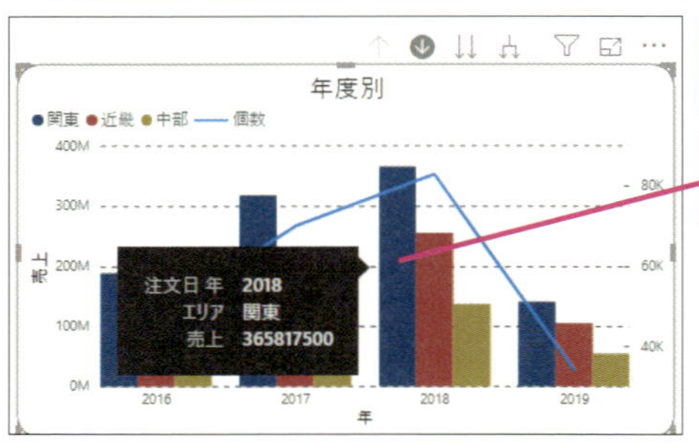

2018年の四半期のデータを表示する

1 [2018]をクリック

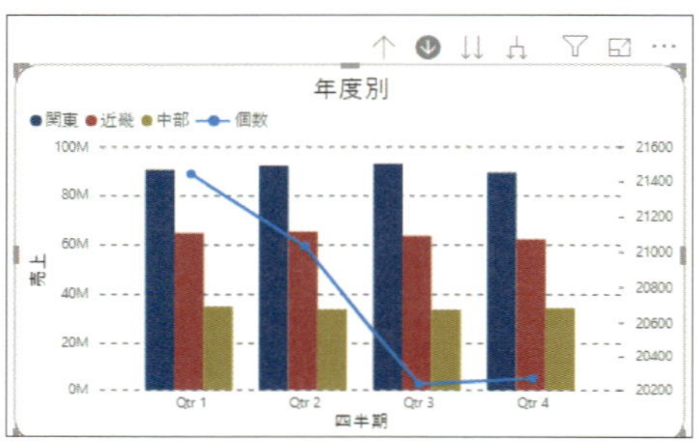

2018年の四半期のデータが表示された

3 四半期→月のデータを表示する

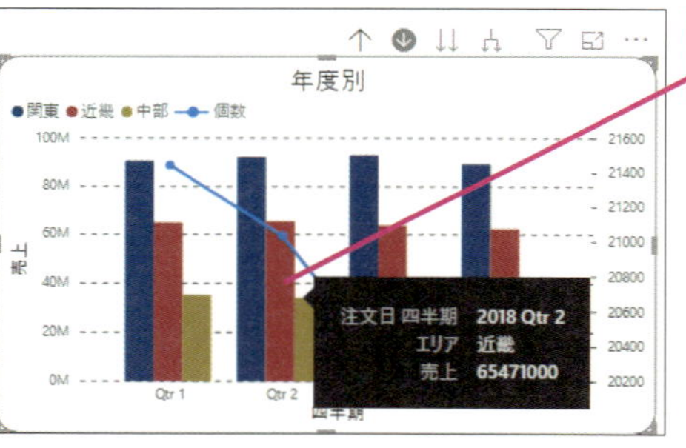

1 [Qtr2]をクリック

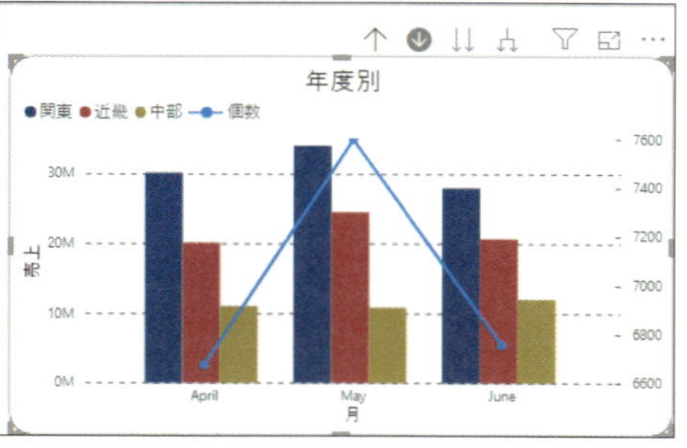

4月と5月、6月のデータが表示された

[April]や[May][June]をクリックすると、日別のデータが表示される

HINT!

ドリルダウンがオフのときの動作は？

ドリルダウンをオンにしているとき、ビジュアル上の要素をクリックすると、1つ下の階層が表示されます。ドリルダウンがオフになっている場合に、ビジュアル上の要素をクリックすると、強調表示やフィルター操作になります。

クリックすると強調表示になる

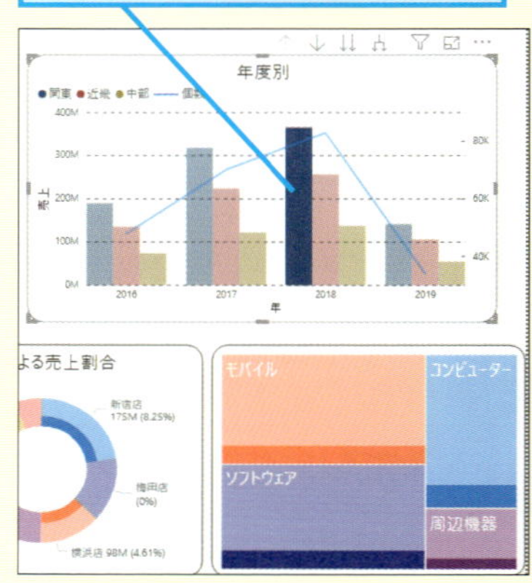

HINT!

ディメンションとは？

データ分析時によく目にする言葉であり、分析軸のことをさします。例えば「製品別に売上を確認する」場合のディメンションは“製品”となります。また「検索エンジンごとに訪問数を見る」場合のディメンションは“検索エンジン”です。

ドリルアップを行う

4 月→四半期のデータを表示する

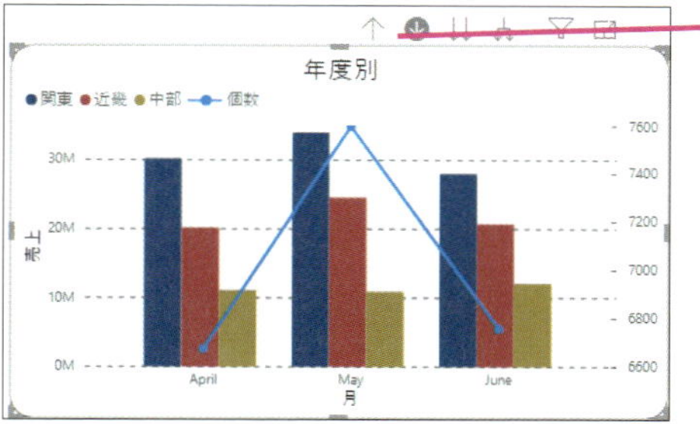

1 ［ドリルアップ］をクリック

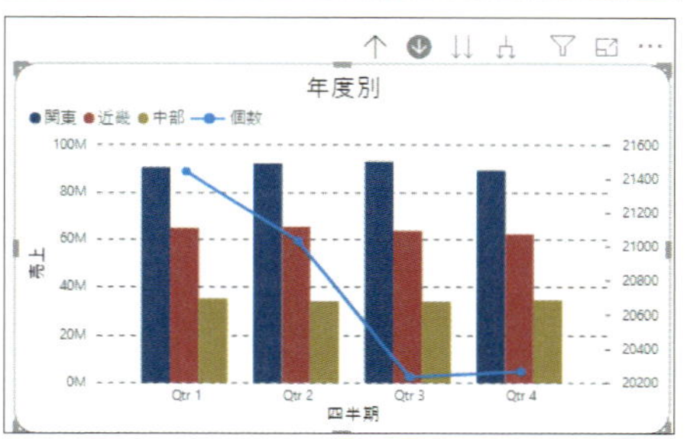

2018年の四半期のデータが表示された

HINT!

日付ディメンションは自分で作成できる

このレッスンでは、［注文日］列の日付型からPower BIが自動で作成した日付ディメンションを階層データとして利用しました。日付ディメンションは、単位を日本語で表記するなど、自分でカスタマイズが可能です。詳しくは、第8章で解説します。

テクニック ドリルコントロールを使いこなそう

ドリルコントロールで利用できるそのほかの操作を確認しましょう。

●次のレベルに移動

次のレベル（1階層下）に移動する操作です。

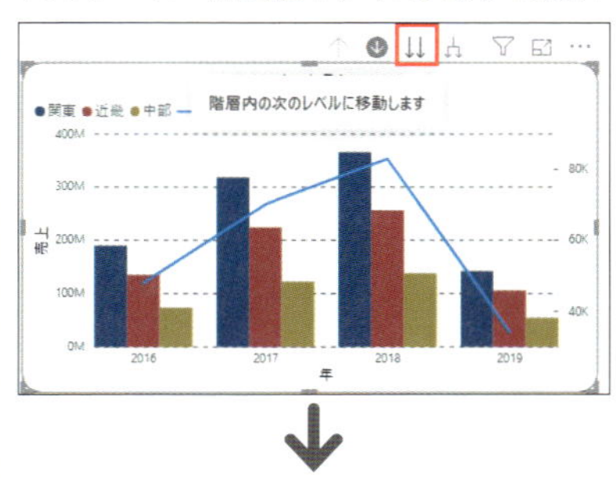

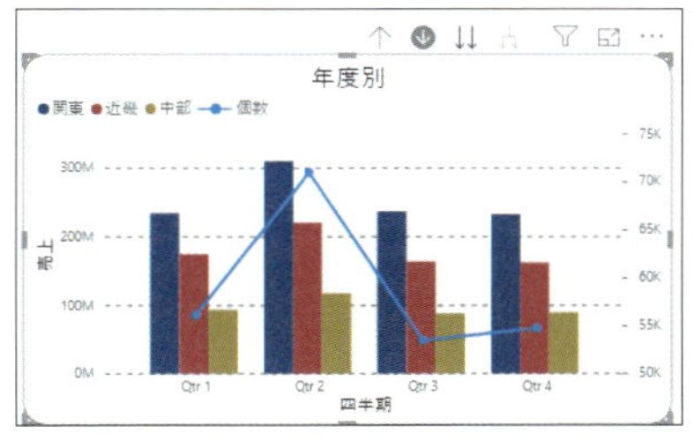

●すべて展開

1レベル下をすべて展開する操作です。

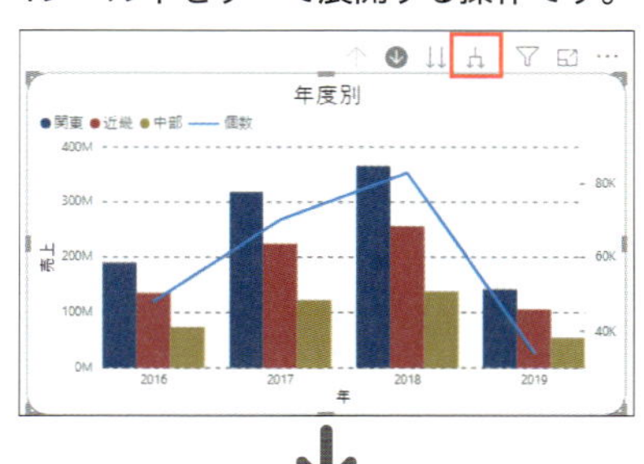

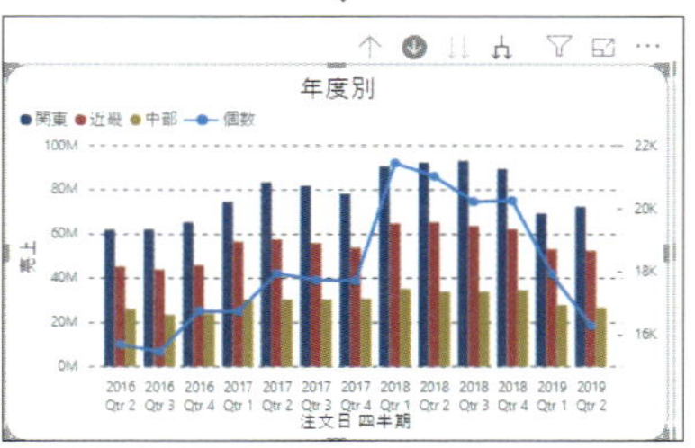

次のページに続く

階層の追加

階層関係のあるデータは、ビジュアルに階層を追加することでドリル機能が利用できます。ここではレッスン㉞で設定したツリーマップに階層構造を設定してみましょう。

ツリーマップに［製品タイプ］の階層を追加する

1 ツリーマップをクリック

2 ［製品タイプ］をクリックしてチェックマークを付ける

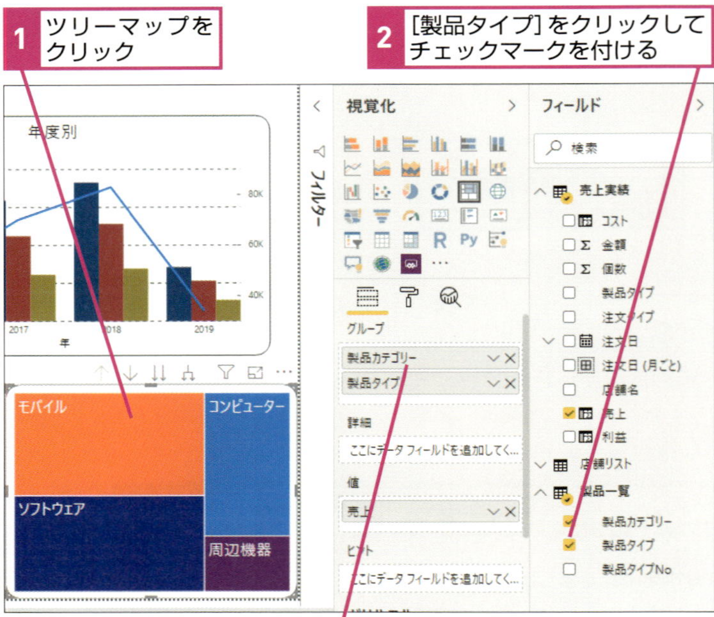

3 ［グループ］が［製品カテゴリー］と［製品タイプ］になっていることを確認

階層が追加された

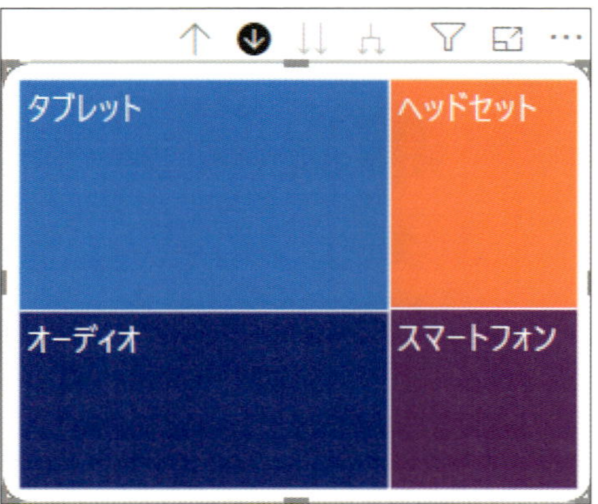

［製品カテゴリー］-［製品タイプ］の階層でドリル機能を利用できる

HINT! ドーナツグラフの場合

レッスン㉞で設定したドーナツグラフでは、［店舗ごとの売上割合］を表示するよう設定しました。［エリア］-［店舗名］と階層を設定してみましょう。

凡例の［店舗名］の上に［エリア］をドラッグして追加します。

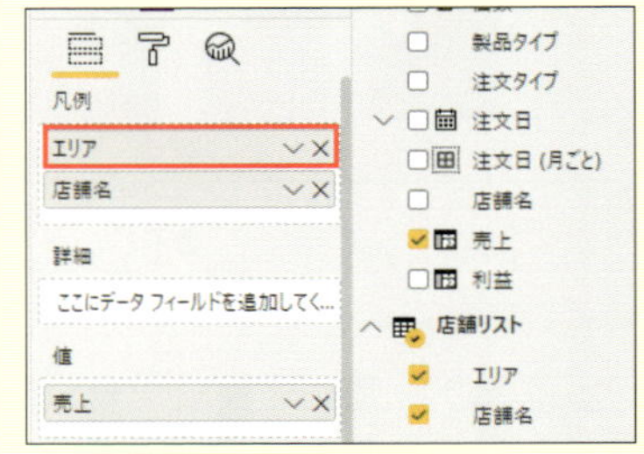

ドリルコントロールが表示され、ドリルダウン操作が行えるようになったことが確認できます。

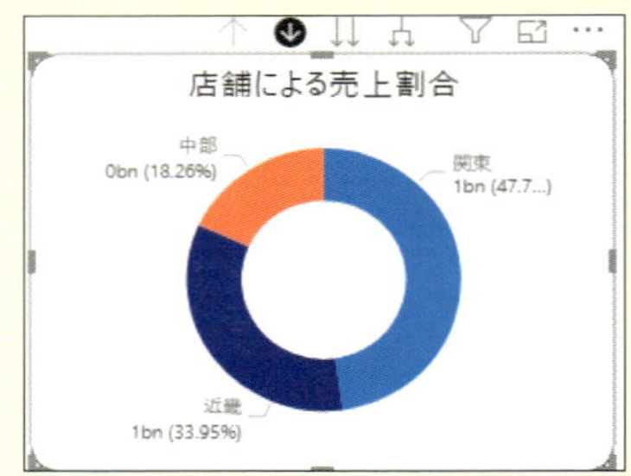

テクニック ドリルスルーで詳細データを確認しよう

ドリルスルーは集計結果であるグラフの元となる詳細なデータを確認することを指します。階層データを掘り下げながら集計結果を確認するドリルダウンや、反対に階層を上に上がりながら集計結果を確認するドリルアップ操作に加え、詳細データを確認したい場合に便利な機能です。ドリルスルー機能が設定されている場合、例えば［年度別］ビジュアルの2018年関東の棒を右クリックし、［ドリルスルー］-［詳細］とクリックすると、2018年関東の詳細データが表示されます。

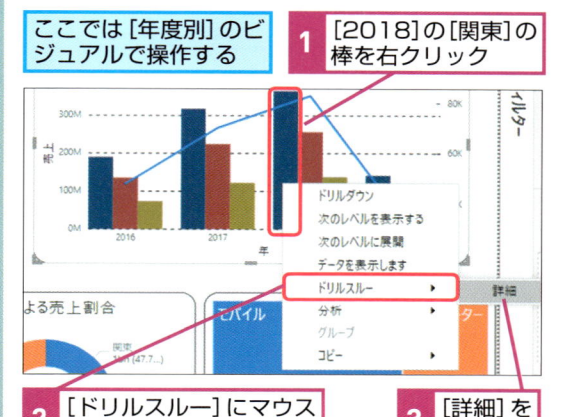

ここでは［年度別］のビジュアルで操作する

1 ［2018］の［関東］の棒を右クリック

2 ［ドリルスルー］にマウスポインターを合わせる

3 ［詳細］をクリック

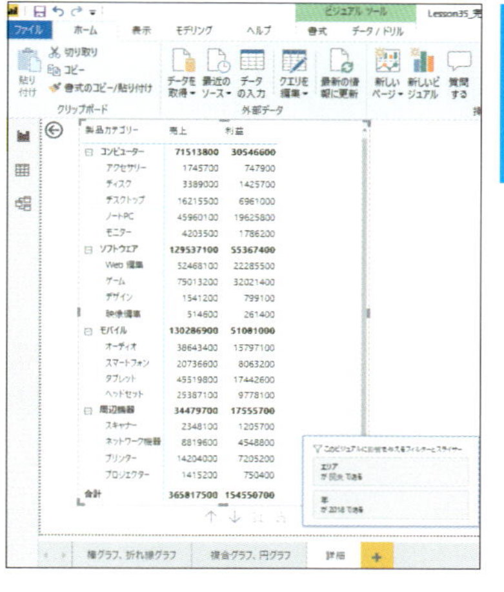

2018年の関東エリアの詳細データが表示された

Power BIではほかのページに配置した詳細データにドリルスルーする機能が利用できます。ここでは設定方法を確認してみましょう。

1 詳細データを表示するページを作成する

レポートにページを追加し、マトリックスなどで詳細データを表示します。

ページを追加し、［詳細］という名前に変更しておく

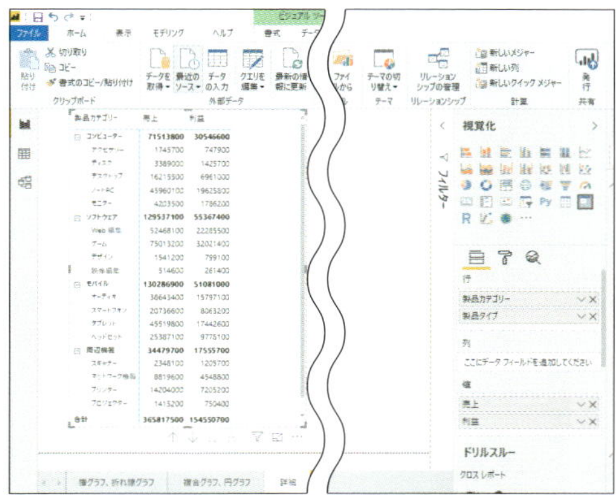

ページ内にマトリックスを追加して行と列、値を設定する

2 ドリルスルーに利用する列を指定する

マトリックスにドリルスルー時に利用できるフィールドを設定する

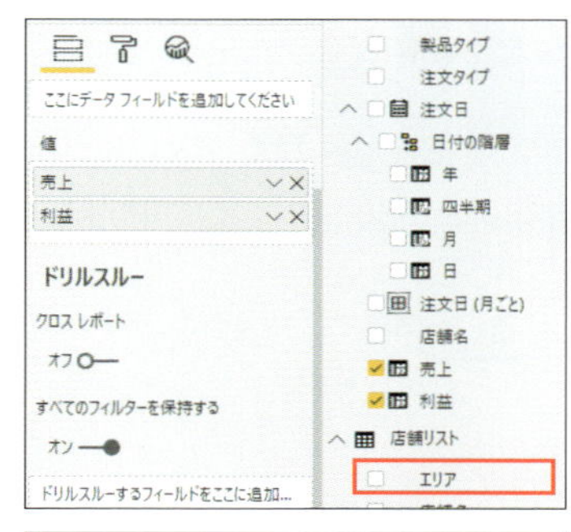

ドリルスルーするフィールドとして［エリア］をドラッグして追加する

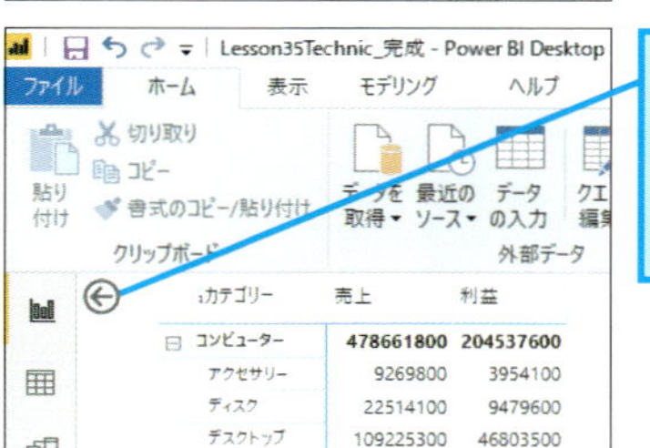

ページ内に自動的に元の画面に戻るためのアイコンが追加される

レッスン 36

スライサーを利用してデータを絞り込むには

スライサー、相互作用を編集

キーワード

ビジュアル	p.319
フィールド	p.320
フィルター	p.320
レポート	p.321

複数のグラフに対するフィルター機能を提供できる

このレッスンでは、ページにあるビジュアルに対しデータの絞り込みができる「スライサー」の機能を紹介します。[Before] と [After] の例を見てください。[Before] では、[エリア] と [年] というスライサーを追加しました。[エリア] のスライサーで [関東] をクリックすると、[After] のように「カテゴリー別」や「年度別」「店舗による売上割合」などのグラフが瞬時に [関東] で絞り込んだ結果に変わります。スライサーもビジュアルの1つですが、レポート内で頻繁に行うフィルター内容をメニューとして表示することで、データの探索操作を行いやすくしたい際に役立ちます。

通常、スライサーは関連データが含まれるすべてのビジュアルに適用されますが、特定のビジュアルをスライサーの適用外に設定することも可能です。

関連レッスン

▶レッスン31
棒グラフでデータの大小を比較するには……p.116

▶レッスン32
折れ線グラフや面グラフで時系列の変化を把握するには……p.124

▶レッスン33
複合グラフで2つの値の相関関係を確認するには……p.130

▶レッスン34
円グラフやドーナツグラフで割合を把握するには……p.136

▶レッスン37
タイルや表を利用して数値を表示するには……p.152

Before

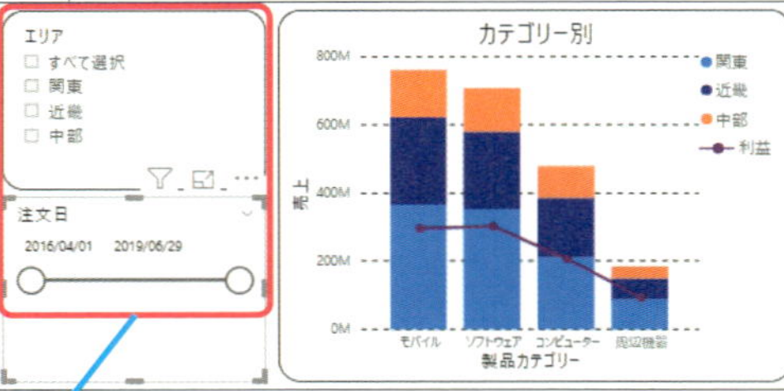

ビジュアルの一要素としてスライサーを配置できる

After

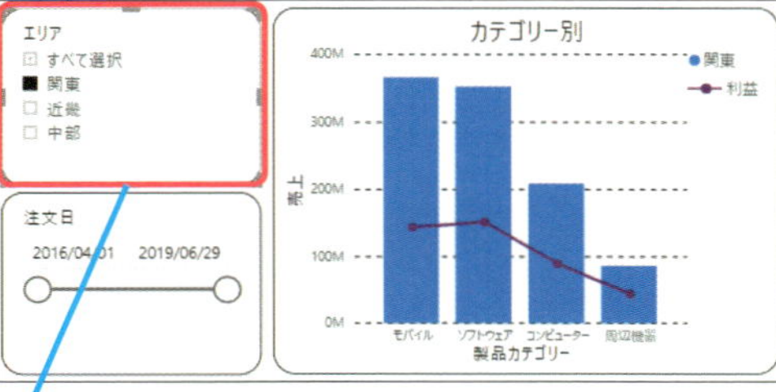

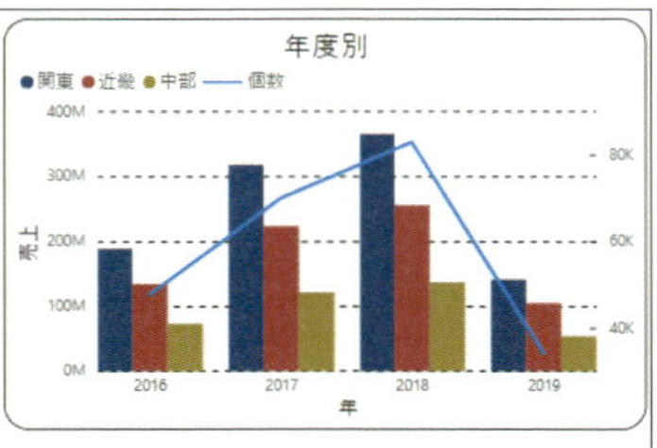

[エリア] で [関東] を選ぶと、瞬時に抽出結果を確認できる

スライサーの設定

1 スライサーを追加する

ドラッグ操作で既存のビジュアルのサイズや位置を調整し、スライサーを配置する場所をページ内に空けておく

1 ページの何もない部分をクリック

2 [スライサー]をクリック

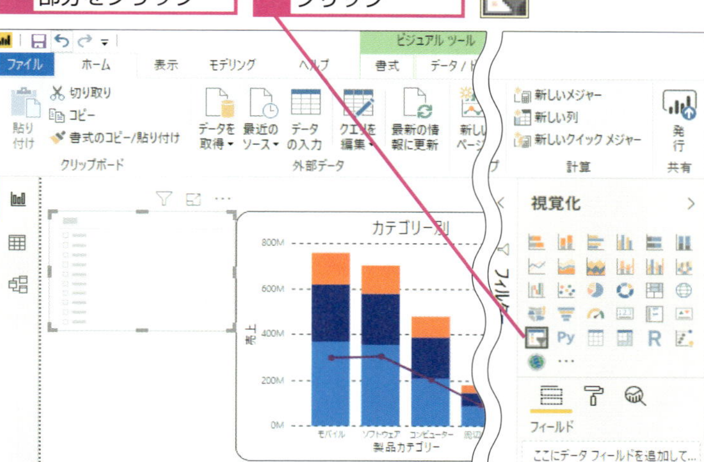

スライサーが追加された

ドラッグ操作で位置やサイズを変更しておく

2 利用する列を設定する

ここでは[店舗リスト]の[エリア]をスライサーの列に指定する

1 [エリア] をクリックしてチェックマークを付ける

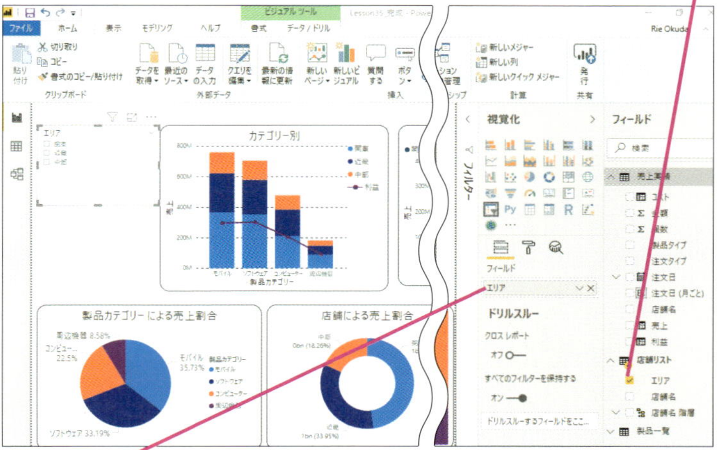

2 [フィールド] が [エリア] になっていることを確認

[エリア]にある[関東][近畿][中部]の項目がスライサーに表示された

HINT!

スライサーへの書式設定

ほかのビジュアルと同様にスライサーも［書式］メニューより書式設定が行えます。ページ内のほかのビジュアルと合わせて任意に書式設定を行いましょう。手順1、2で追加したスライサーに書式設定を行う場合の設定例です。

●設定前

エリア
☐ 関東
☐ 近畿
☐ 中部

●設定後

［すべて選択］項目を表示し、テキストサイズや罫線をほかのビジュアルに合わせて設定

エリア
☐ すべて選択
☐ 関東
☐ 近畿
☐ 中部

●書式の設定内容

項目	設定内容
［選択範囲のコントロール］をクリック	［すべて選択オプションを表示］：［オン］
［スライサーヘッダー］	［オン］ ［テキストサイズ］：［12］
［項目］	［テキストサイズ］：［12］
［罫線］	［オン］ ［色］：［黒、40%明るい］ ［半径］：［20］

次のページに続く

日付スライサーの設定

3 スライサーを追加する

[複合グラフ、円グラフ]ページに別のスライサーを追加する

1 ページの何もない部分をクリック

2 [スライサー]をクリック

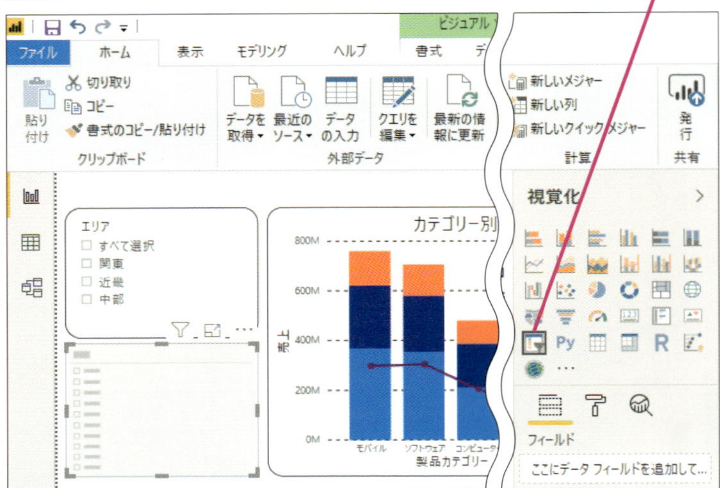

ドラッグ操作で位置やサイズを変更しておく

4 利用する列を追加する

ここでは[注文日]をスライサーの列に指定する

1 [注文日] をクリックしてチェックマークを付ける

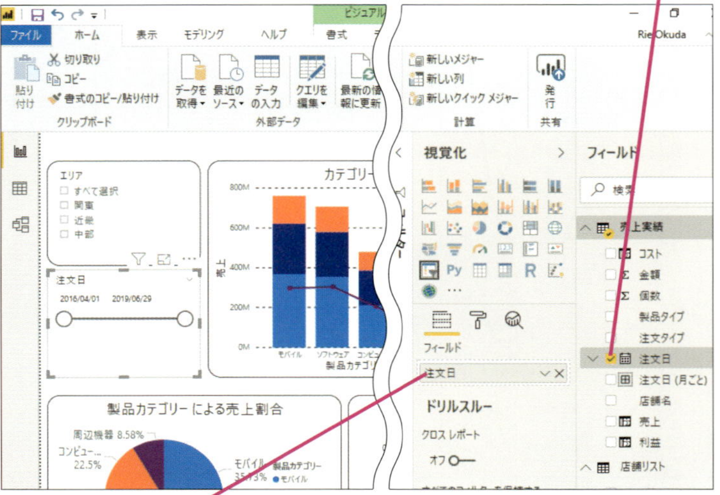

2 [フィールド]が[注文日]になっていることを確認

HINT!

スライサーで日付列を利用した場合

手順4のように日付型の列をスライサーで利用するフィールドとして指定すると、日付を範囲選択できるスライダーが表示されます。

HINT!

日付スライサーに書式を設定

手順3、4で追加した日付スライサーに書式設定を行う場合の設定例です。

●書式の設定内容

項目	設定内容
[スライサーヘッダー]	[テキストサイズ]：[12]
[日付入力]	[テキストサイズ]：[12]
[罫線]	[色]：[黒、40%明るい] [半径]：[20]

相互作用を編集する

スライサーは、ページ内で関連データが含まれたすべてのビジュアルに適用されます。しかし、特定のビジュアルはデータを絞り込まずにそのまま表示したいというケースもあるでしょう。その場合は相互作用を編集します。ここでは「年度別」のビジュアル（折れ線グラフおよび集合縦棒グラフ）にスライサーが適用されないように設定を変更してみましょう。

5 相互作用の編集を有効にする

[エリア]のスライサーの設定を変更する

1 [エリア]をクリック

2 [ビジュアルツール]の[書式]タブをクリック

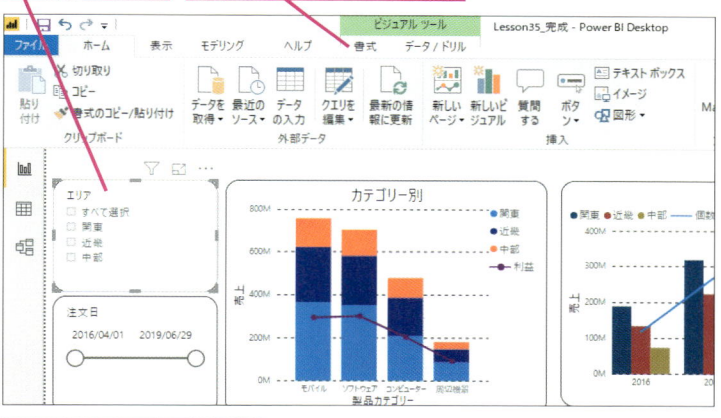

3 [相互作用を編集]をクリック

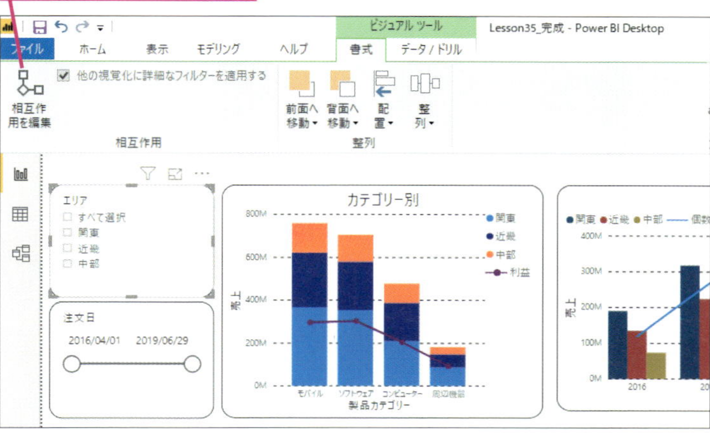

HINT!

ビジュアルごとに動作を設定できる

手順5以降では、スライサーに対する動作を変更するため、相互作用の編集を行いました。相互作用を編集することで、スライサーとの連動だけではなく、値をクリックしたときの強調表示やフィルター操作をビジュアルごとに細かく設定できます。

次のページに続く

6 対象ビジュアルの操作を指定する

相互作用の設定を変更できるようになった

[年度別] のグラフにスライサーが適用されないようにする

1 [年度別] の [なし] をクリック

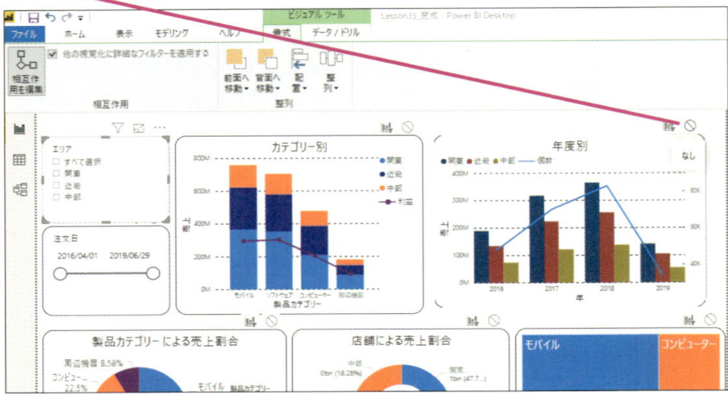

7 相互作用の編集を終了する

1 [ビジュアルツール] の [書式] タブをクリック

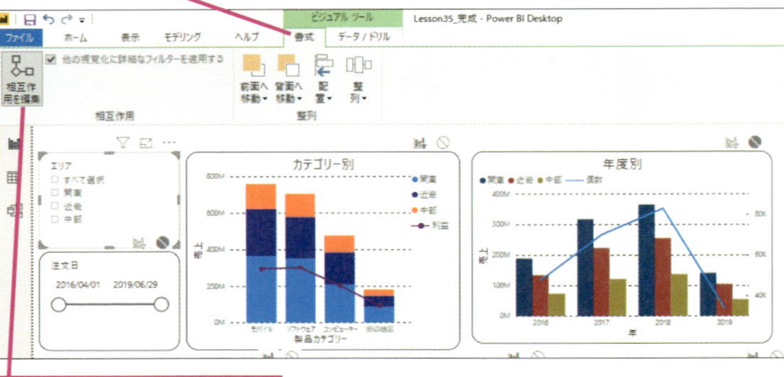

2 [相互作用を編集] をクリック

スライサーの動作が変更された

HINT! 相互作用の編集を理解しよう

相互作用を編集する際には、“どのビジュアル（操作するビジュアル）で操作したとき”に、“どのビジュアル（動作を設定するビジュアル）に対する操作を編集したいのか？”を意識して設定を行いましょう。

①操作するビジュアルを選択し、[相互作用を編集] をオンにする→手順5

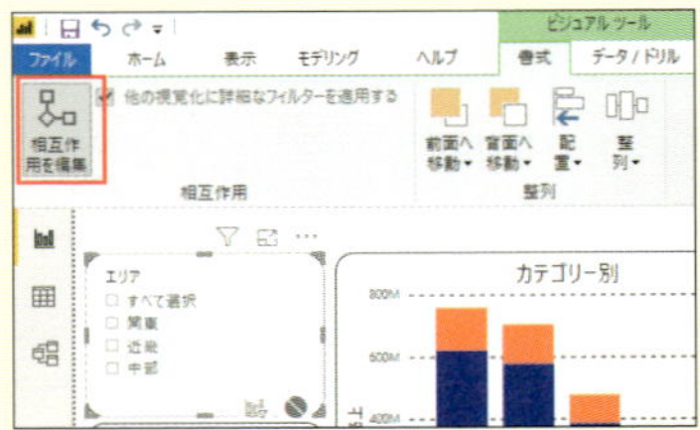

②動作を設定するビジュアルで動作を指定→手順6

[カテゴリー別] は設定変更していないため、フィルター動作となる。年度別はなしに変更したため、動作なしとなる

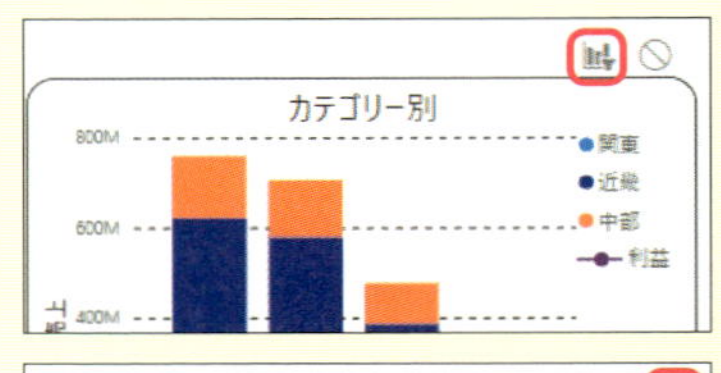

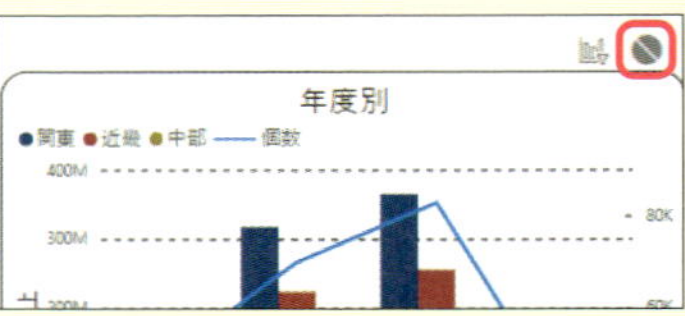

③ [相互作業を編集] をオフにする（元に戻す）→手順7

実践編 第5章 ビジュアルを利用してデータを可視化しよう

8 設定した動作を確認する

ここでは［エリア］のスライサーでフィルターを実行する

1 ［関東］をクリックしてチェックマークを付ける

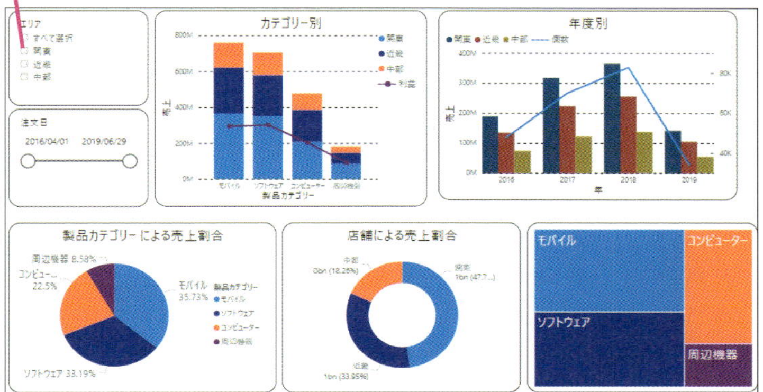

［年度別］のビジュアル以外がフィルターされた

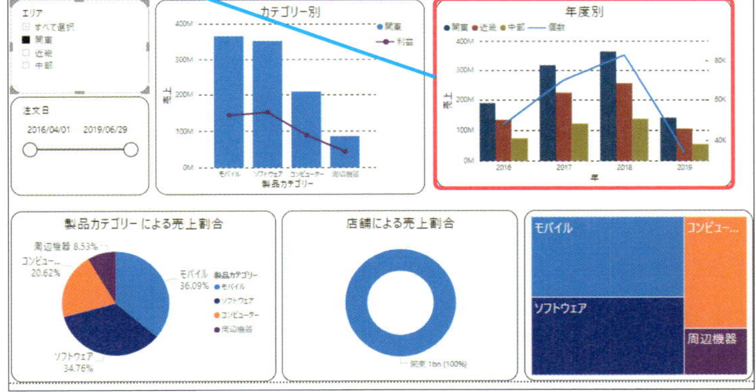

HINT! スライサー以外の相互作用を編集する場合

スライサーの相互作用を指定する場合、動作を設定するビジュアルでは［フィルター］もしくは［なし］を設定しましたが、スライサー以外のビジュアルの相互作用では、設定できる動作が異なります。
例えば、カテゴリー別ビジュアル（折れ線グラフおよび積み上げ縦棒グラフ）を選択して［相互作用を編集］をクリックした場合、年度別ビジュアルでは、［フィルター］もしくは［強調表示］もしくは［なし］が動作として選択できます。

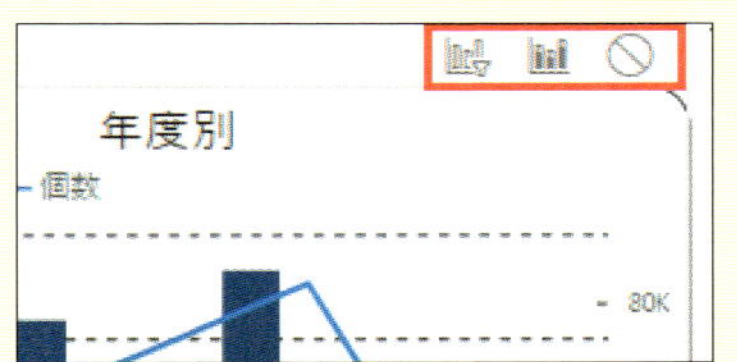

レッスン 37

タイルや表を利用して数値を表示するには

カード、テーブル、マトリックス

キーワード

テーブル	p.319
フィールド	p.320
マトリックス	p.320

関連レッスン

▶レッスン31
棒グラフでデータの大小を比較するには……p.116

▶レッスン32
折れ線グラフや面グラフで時系列の変化を把握するには……p.124

▶レッスン34
円グラフやドーナツグラフで割合を把握するには……p.136

▶レッスン36
スライサーを利用してデータを絞り込むには……p.146

重要な数値データもすぐに参照できる

複数のビジュアルを配置し、書式を見やすく変更してスライサーを追加する方法をこれまでのレッスンで学びました。しかし、まだレポートは完成ではありません。グラフの元データとなる数値を分かりやすくレポートに表示し、数字の根拠を示すことが大切です。グラフを見て、データの推移や傾向が理解できたとしても、実際の売上金額がどれぐらいか、原価がどれぐらいかかっているかなど、重要な数値を示すことでレポートの価値が上がります。売上高や総数、比率など、常に確認すべき項目をカードやテーブル、行カード、マトリックスで表示する方法を解説します。

After

◆カード
単一の値を大きめのカードに表示できる

大きめのタイルやグラフ入りの表、行カード、クロス集計表で須知データを可視化できる

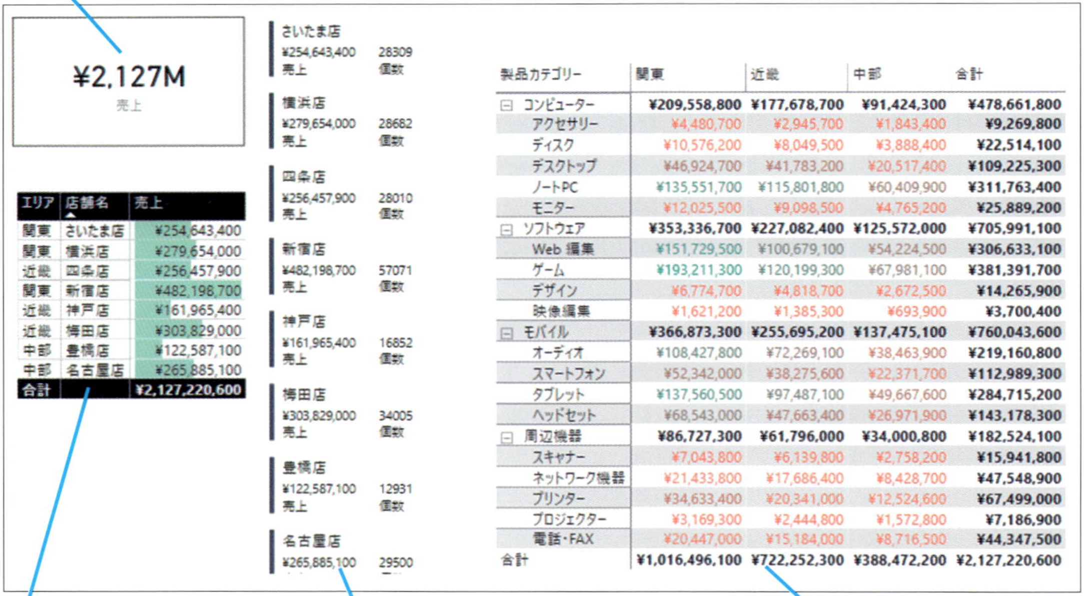

¥2,127M
売上

エリア	店舗名	売上
関東	さいたま店	¥254,643,400
関東	横浜店	¥279,654,000
近畿	四条店	¥256,457,900
関東	新宿店	¥482,198,700
近畿	神戸店	¥161,965,400
近畿	梅田店	¥303,829,000
中部	豊橋店	¥122,587,100
中部	名古屋店	¥265,885,100
合計		¥2,127,220,600

さいたま店
¥254,643,400 売上　28309 個数

横浜店
¥279,654,000 売上　28682 個数

四条店
¥256,457,900 売上　28010 個数

新宿店
¥482,198,700 売上　57071 個数

神戸店
¥161,965,400 売上　16852 個数

梅田店
¥303,829,000 売上　34005 個数

豊橋店
¥122,587,100 売上　12931 個数

名古屋店
¥265,885,100　29500

製品カテゴリー	関東	近畿	中部	合計
⊟ コンピューター	¥209,558,800	¥177,678,700	¥91,424,300	¥478,661,800
アクセサリー	¥4,480,700	¥2,945,700	¥1,843,400	¥9,269,800
ディスク	¥10,576,200	¥8,049,500	¥3,888,400	¥22,514,100
デスクトップ	¥46,924,700	¥41,783,200	¥20,517,400	¥109,225,300
ノートPC	¥135,551,700	¥115,801,800	¥60,409,900	¥311,763,400
モニター	¥12,025,500	¥9,098,500	¥4,765,200	¥25,889,200
⊟ ソフトウェア	¥353,336,700	¥227,082,400	¥125,572,000	¥705,991,100
Web 編集	¥151,729,500	¥100,679,100	¥54,224,500	¥306,633,100
ゲーム	¥193,211,300	¥120,199,300	¥67,981,100	¥381,391,700
デザイン	¥6,774,700	¥4,818,700	¥2,672,500	¥14,265,900
映像編集	¥1,621,200	¥1,385,300	¥693,900	¥3,700,400
⊟ モバイル	¥366,873,300	¥255,695,200	¥137,475,100	¥760,043,600
オーディオ	¥108,427,800	¥72,269,100	¥38,463,900	¥219,160,800
スマートフォン	¥52,342,000	¥38,275,600	¥22,371,700	¥112,989,300
タブレット	¥137,560,500	¥97,487,100	¥49,667,600	¥284,715,200
ヘッドセット	¥68,543,000	¥47,663,400	¥26,971,900	¥143,178,300
⊟ 周辺機器	¥86,727,300	¥61,796,000	¥34,000,800	¥182,524,100
スキャナー	¥7,043,800	¥6,139,800	¥2,758,200	¥15,941,800
ネットワーク機器	¥21,433,800	¥17,686,400	¥8,428,700	¥47,548,900
プリンター	¥34,633,400	¥20,341,000	¥12,524,600	¥67,499,000
プロジェクター	¥3,169,300	¥2,444,800	¥1,572,800	¥7,186,900
電話・FAX	¥20,447,000	¥15,184,000	¥8,716,500	¥44,347,500
合計	¥1,016,496,100	¥722,252,300	¥388,472,200	¥2,127,220,600

◆テーブル
行ごとに数値と小さいグラフ(データバー)を表示できる

◆複数の行カード
複数行で1つ以上のデータを表示できる

◆マトリックス
行と列で値をクロス集計した表を表示できる

カードの設定

1 ページを追加する

新しいページを作成する

1 ここをクリック

2 ここをダブルクリック

3 「データ表示」と入力

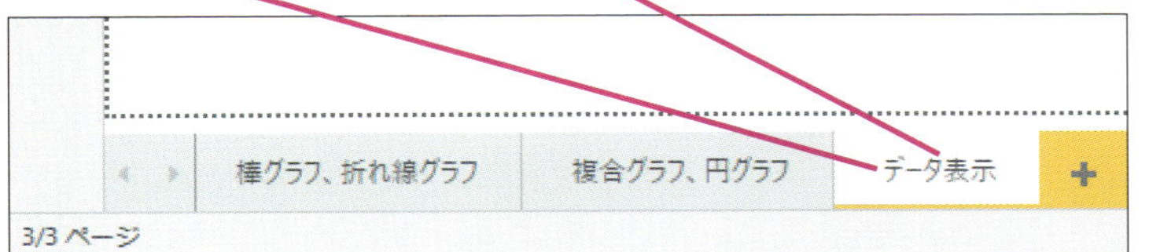

2 カードを追加する

1 [カード]をクリック

3 表示する列を設定する

1 [売上] をクリックしてチェックマークを付ける

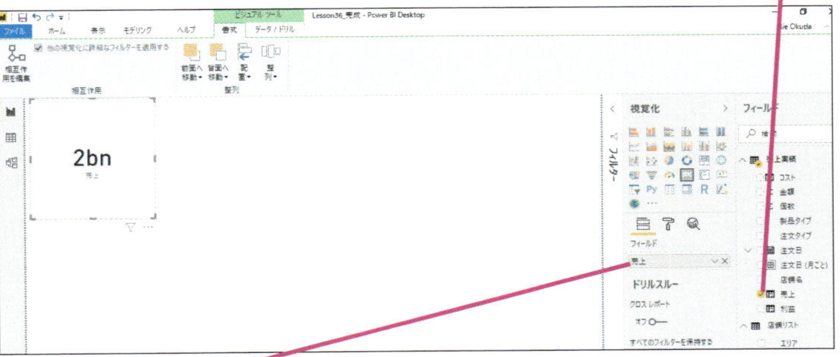

2 [フィールド] が [売上] となっていることを確認

[売上] の項目と「2bn」が表示された

HINT!

カードへの書式設定

カードは特定の値を表示するビジュアルです。すぐに確認すべき重要な値を表示するため、値を素早く把握できるように表示単位を普段使い慣れた形式にすることがおすすめです。下記の例では、手順1～3で設定したカードに対して、表示単位を[百万] に変更し、合わせてフォントサイズなどを調整しています。

2127M
売上

●書式の設定内容

項目	設定内容
[データラベル]	[表示単位]：[百万] [テキストサイズ]：[36]
[カテゴリラベル]	[テキストサイズ]：[20]
[罫線]	[オン] [色]：[黒、40%明るい] [半径]：[30]

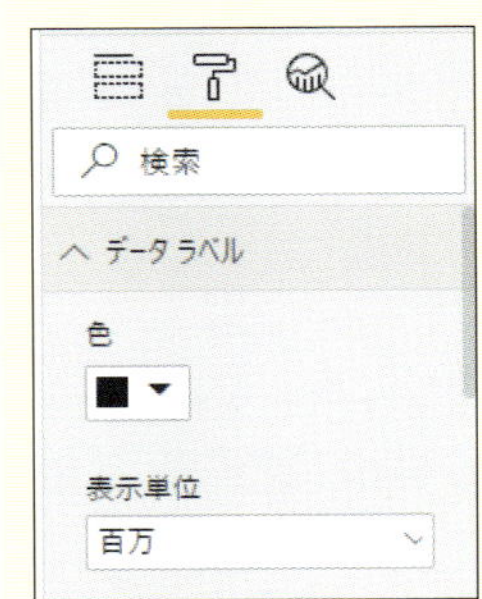

次のページに続く

複数の行カードの設定

4 複数の行カードを追加する

[データ表示]ページに複数の行カードを追加する

1 ページの何もない部分をクリック

2 [複数の行カード]をクリック

複数の行カードが追加された

ドラッグ操作で位置やサイズを変更しておく

5 表示する列を設定する

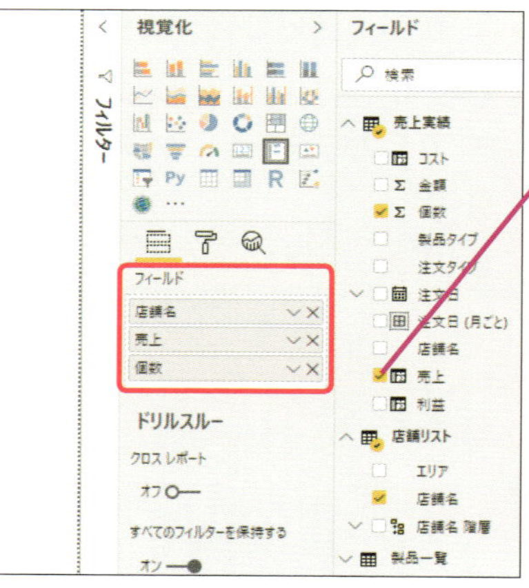

1 [店舗名]をクリックしてチェックマークを付ける

2 [売上]をクリックしてチェックマークを付ける

3 [個数]をクリックしてチェックマークを付ける

4 [フィールド]が[店舗名][売上][個数]となっていることを確認

5 サイズを任意で調整

6 データ型の書式を変更する

カードと複数の行カードの数値に「¥」の記号を表示する

1 [売上]をクリック

2 [モデリング]タブをクリック

3 [書式]をクリック

4 [通貨]にマウスポインターを合わせる

5 [¥日本語(日本)]をクリック

¥2,127M

HINT!

複数の行カードに表示する内容

手順5では[店舗]ごとの[売上]と[個数]を表示するようにフィールドの設定を行いました。

次図のように、店舗ごとの[売上]と[個数]が表示されます。

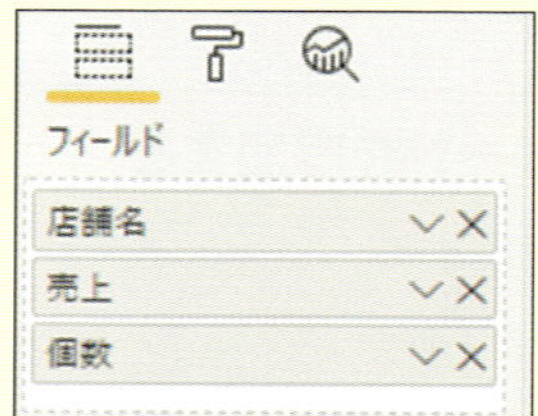

フィールドに数値データを含む列を追加すると、さらに表示する内容を追加できます。

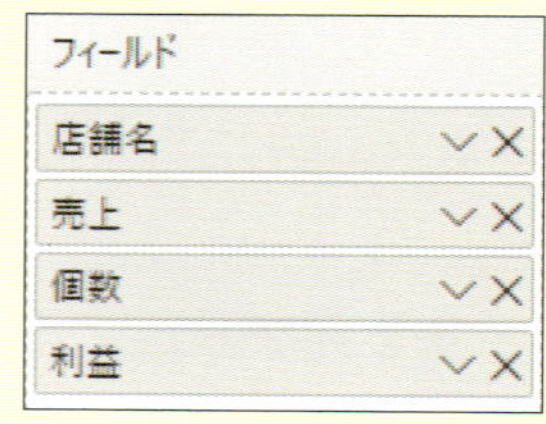

さいたま店
¥254,643,400 売上 / 28309 個数 / 107531900 利益
横浜店
¥279,654,000 売上 / 28682 個数 / 118032300 利益
四条店
¥256,457,900 売上 / 28010 個数 / 108321100 利益

テーブルの設定

7 テーブルを追加する

[データ表示]ページにテーブルを追加する

1 ページの何もない部分をクリック

2 [テーブル]をクリック

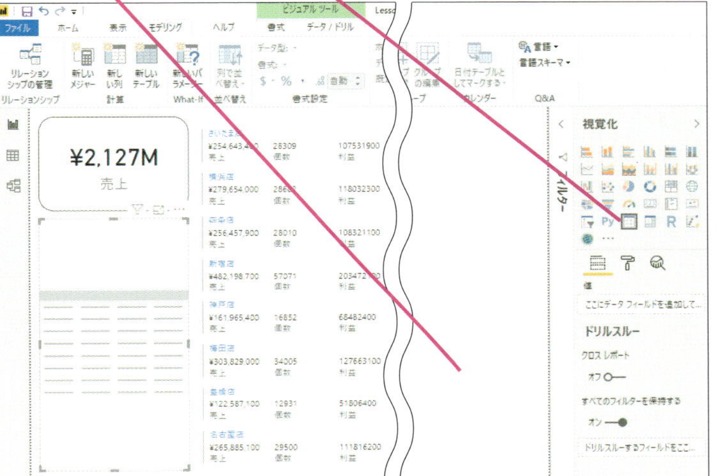

8 表示する列を設定する

1 [エリア] をクリックしてチェックマークを付ける

2 [店舗名] をクリックしてチェックマークを付ける

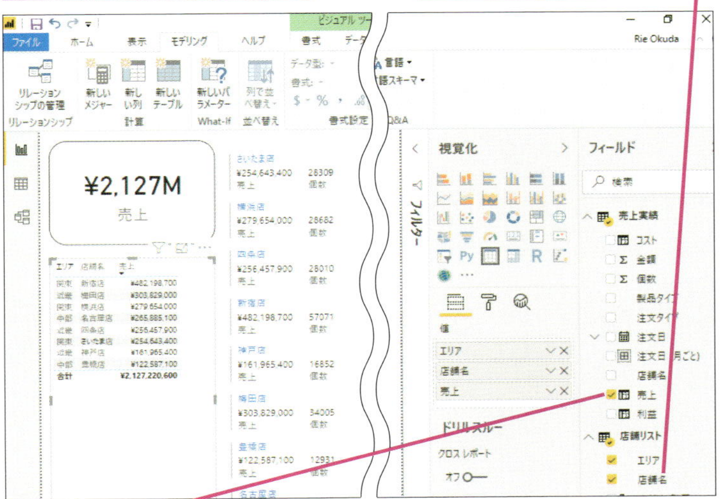

3 [売上] をクリックしてチェックマークを付ける

HINT!

テーブルに書式を設定する

書式メニュー内から［スタイル］を指定することで、テーブルの罫線や網かけ設定を変更できます。またテーブル内の文字サイズは、［グリッド］［列見出し］［値］内のフォントサイズで設定できます。

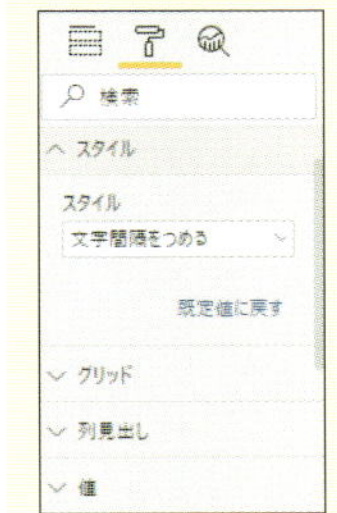

●設定前　●設定後

HINT!

テーブルに条件付き書式を設定する

[書式] メニュー内の [条件付き書式] より設定できます。

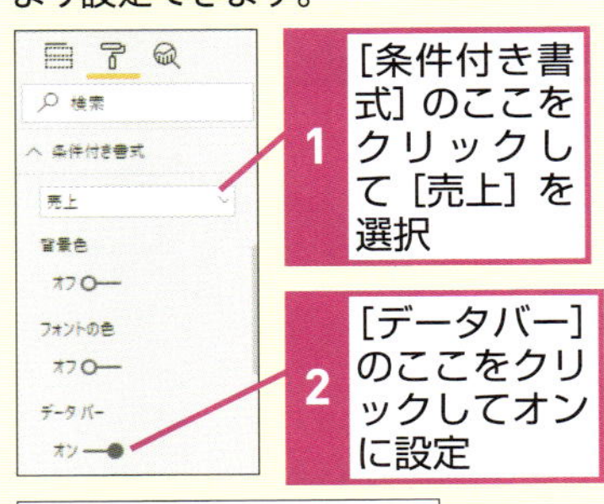
1 [条件付き書式] のここをクリックして [売上] を選択
2 [データバー] のここをクリックしてオンに設定

エリア	店舗名	売上
中部	豊橋店	¥122,587,100
近畿	神戸店	¥161,965,400
関東	さいたま店	¥254,643,400
近畿	四条店	¥256,457,900
中部	名古屋店	¥265,885,100
関東	横浜店	¥279,654,000
近畿	梅田店	¥303,829,000
関東	新宿店	¥482,198,700
合計		¥2,127,220,600

次のページに続く

マトリックスの設定

9 マトリックスを追加する

[データ表示]ページにマトリックスを追加する

1 ページの何もない部分をクリック

2 [マトリックス]をクリック

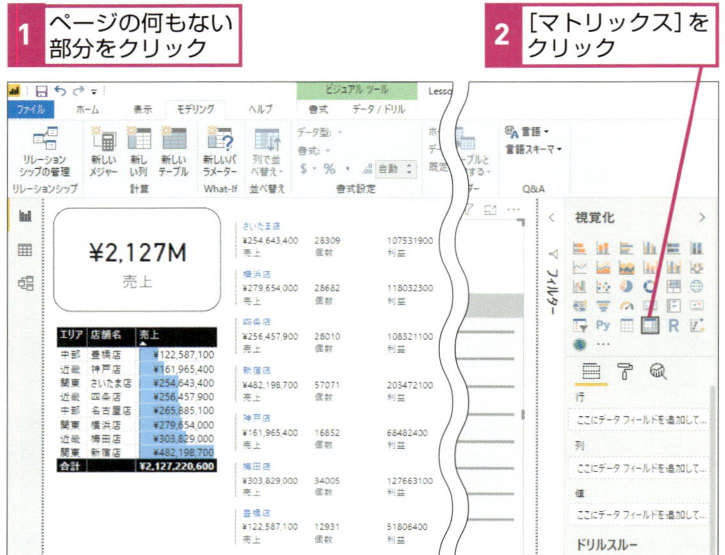

マトリックスが追加された

10 行と列、値を設定する

製品カテゴリーとエリアごとの売上を表示する

1 [行]に[製品カテゴリー][製品タイプ]を設定

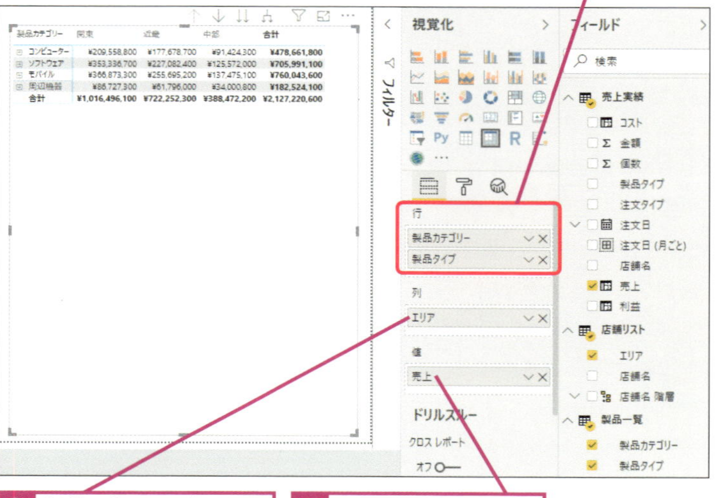

2 [列]に[エリア]を設定

3 [値]に[売上]を設定

HINT! マトリックスの行に対する階層表示

手順10で行ったようにマトリックスの［行］に階層構造を持つフィールドを複数指定すると、折り畳みができるよう表示されます。

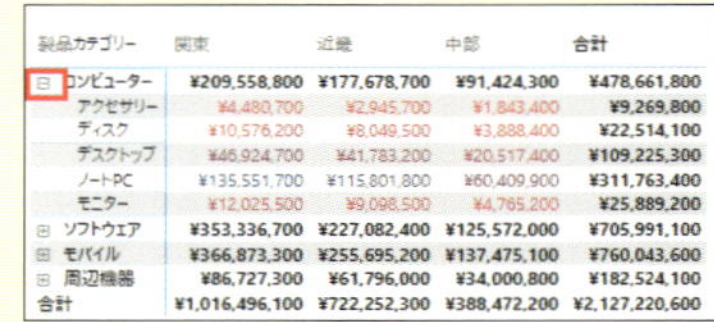

製品カテゴリー	関東	近畿	中部	合計
⊟ コンピューター	¥209,558,800	¥177,678,700	¥91,424,300	¥478,661,800
アクセサリー	¥4,480,700	¥2,945,700	¥1,843,400	¥9,269,800
ディスク	¥10,576,200	¥8,049,500	¥3,888,400	¥22,514,100
デスクトップ	¥46,924,700	¥41,783,200	¥20,517,400	¥109,225,300
ノートPC	¥135,551,700	¥115,801,800	¥60,409,900	¥311,763,400
モニター	¥12,025,500	¥9,098,500	¥4,765,200	¥25,889,200
⊞ ソフトウェア	¥353,336,700	¥227,082,400	¥125,572,000	¥705,991,100
⊞ モバイル	¥366,873,300	¥255,695,200	¥137,475,100	¥760,043,600
⊞ 周辺機器	¥86,727,300	¥61,796,000	¥34,000,800	¥182,524,100
合計	¥1,016,496,100	¥722,252,300	¥388,472,200	¥2,127,220,600

HINT! マトリックスに表示する値

手順10で［売上］を値として表示するよう設定しました。マトリックスに表示する値は複数設定することも可能です。次図は［売上］および［利益］を表示した例です。

エリア	関東		近畿	
製品カテゴリー	売上	利益	売上	利益
⊟ コンピューター	¥209,558,800	89506600	¥177,678,700	76079100
アクセサリー	¥4,480,700	1914700	¥2,945,700	1254800
ディスク	¥10,576,200	4474800	¥8,049,500	3369500
デスクトップ	¥46,924,700	20066700	¥41,783,200	17970400
ノートPC	¥135,551,700	57874300	¥115,801,800	49596500
モニター	¥12,025,500	5176100	¥9,098,500	3887900
⊞ ソフトウェア	¥353,336,700	151591800	¥227,082,400	97277900
⊞ モバイル	¥366,873,300	143738500	¥255,695,200	99463400

[値]に[利益]を追加する

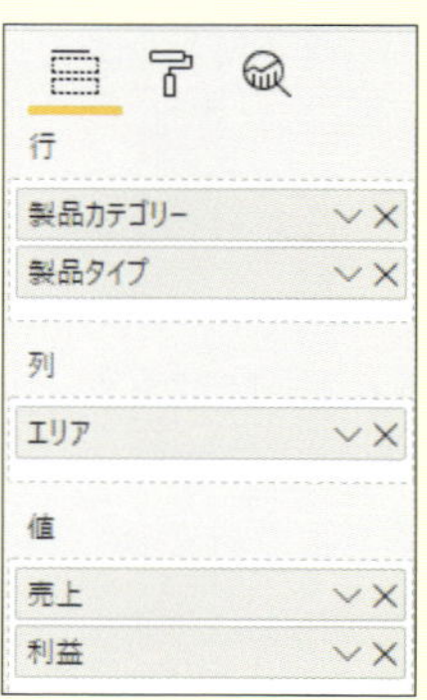

11 折り畳みメニューを展開する

製品カテゴリーを展開した状態で表示するようにする

1 ［書式］をクリック

2 ［行見出し］をクリック

製品カテゴリー	関東	近畿	中部	合計
⊟ コンピューター	¥209,558,800	¥177,678,700	¥91,424,300	¥478,661,800
アクセサリー	¥4,480,700	¥2,945,700	¥1,843,400	¥9,269,800
ディスク	¥10,576,200	¥8,049,500	¥3,888,400	¥22,514,100
デスクトップ	¥46,924,700	¥41,783,200	¥20,517,400	¥109,225,300
ノートPC	¥135,551,700	¥115,801,800	¥60,409,900	¥311,763,400
モニター	¥12,025,500	¥9,098,500	¥4,765,200	¥25,889,200
⊟ ソフトウェア	¥353,336,700	¥227,082,400	¥125,572,000	¥705,991,100
Web 編集	¥151,729,500	¥100,679,100	¥54,224,500	¥306,633,100
ゲーム	¥193,211,300	¥120,199,300	¥67,981,100	¥381,391,700
デザイン	¥6,774,700	¥4,818,700	¥2,672,500	¥14,265,900
映像編集	¥1,621,200	¥1,385,300	¥693,900	¥3,700,400
⊟ モバイル	¥366,873,300	¥255,695,200	¥137,475,100	¥760,043,600
オーディオ	¥108,427,800	¥72,269,100	¥38,463,900	¥219,160,800
スマートフォン	¥52,342,000	¥38,275,600	¥22,371,700	¥112,989,300
タブレット	¥137,560,500	¥97,487,100	¥49,667,600	¥284,715,200
ヘッドセット	¥68,543,000	¥47,663,400	¥26,971,900	¥143,178,300
⊟ 周辺機器	¥86,727,300	¥61,796,000	¥34,000,800	¥182,524,100
スキャナー	¥7,043,800	¥6,139,800	¥2,758,200	¥15,941,800
ネットワーク機器	¥21,433,800	¥17,686,400	¥8,428,700	¥47,548,900
プリンター	¥34,633,400	¥20,341,000	¥12,524,600	¥67,499,000
プロジェクター	¥3,169,300	¥2,444,800	¥1,572,800	¥7,186,900
電話・FAX	¥20,447,000	¥15,184,000	¥8,716,500	¥44,347,500
合計	¥1,016,496,100	¥722,252,300	¥388,472,200	¥2,127,220,600

3 ［+/-アイコン］をクリックしてオンに設定

4 ［コンピューター］の展開アイコンをクリック

5 ほかの展開アイコンもすべてクリック

12 条件付き書式を設定する

金額によってマトリックスに表示される金額の色が変わるように設定を変更する

1 以下の内容で書式を設定

●書式の設定内容

項目	設定内容
［条件付き書式］	［売上］
［フォントの色］	［オン］

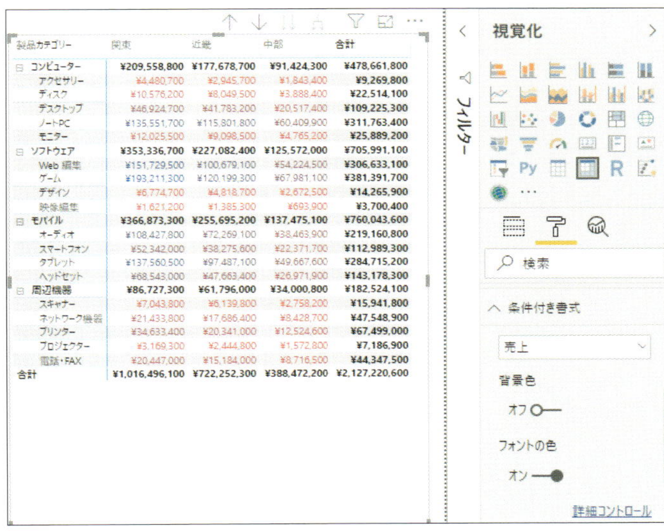

HINT! 条件付き書式の色指定

手順12で［売上］に対する条件付書式として［フォントの色］をオンにしました。値の大小によってフォント色が変更される書式設定ですが、フォントの色を設定する場合、［詳細コントロール］をクリックして開く［フォントの色 - 列名］ダイアログで指定できます。

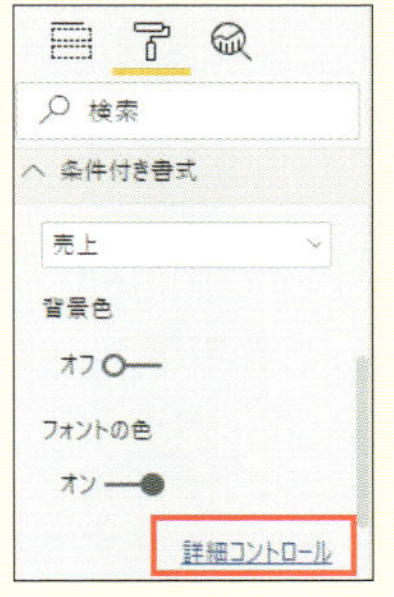

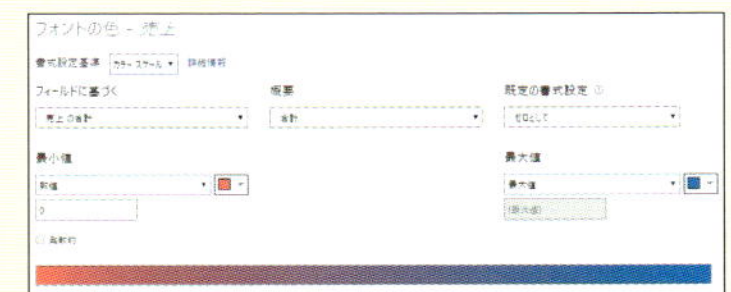

レッスン **38**

カスタムビジュアルを利用するには

カスタムビジュアルのインポート

キーワード

Power BI	p.316
インポート	p.317
カスタムビジュアル	p.317
レポート	p.321

関連レッスン

▶レッスン39
Visio図面をレポートに含めるには……p.162

▶レッスン62
Power Appsとの連携方法を知ろう……p.304

データを効果的に見せるビジュアルを活用しよう

Power BIには、これまでのレッスンで紹介したようにさまざまなビジュアルが標準で用意されています。「さらにインパクトのあるレポートを作りたい」「人とは違う見た目のレポートに仕上げたい」という場合はカスタムビジュアルを利用するといいでしょう。カスタムビジュアルはマーケットプレイスからインポートができるほか、組織やチーム内で利用しているカスタムビジュアルを利用することもできます。

●カスタムビジュアル利用例

◆Timeline
横長のレイアウトで、日付によるフィルターを視覚的に表すことができる

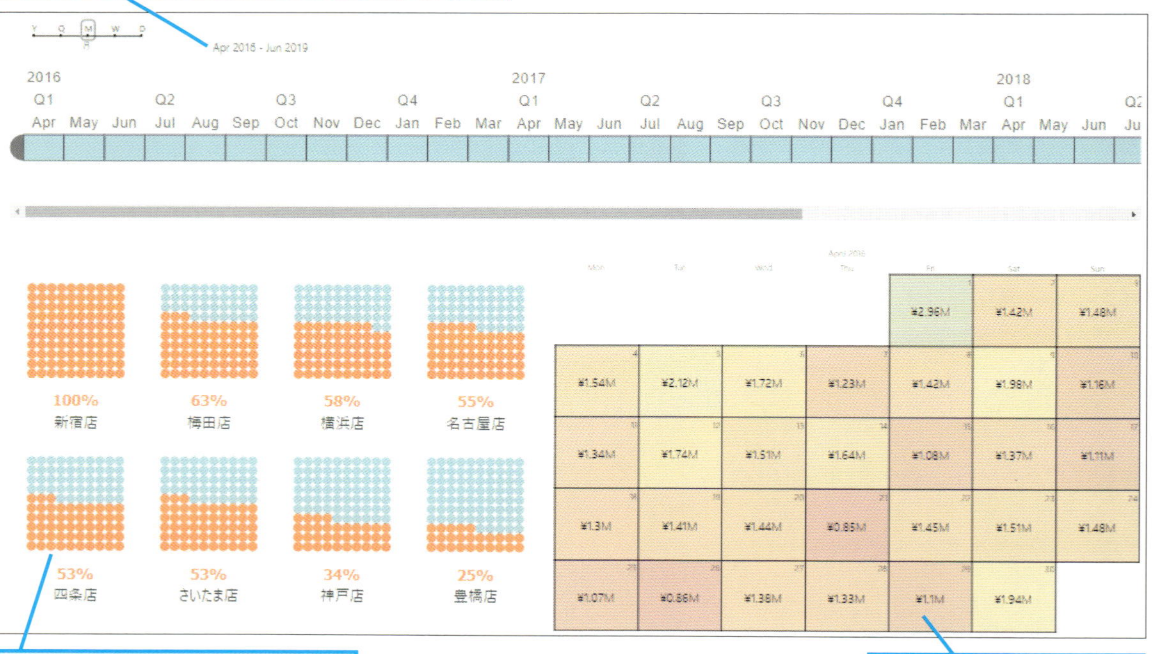

◆Waffle Chart
決まった数の円を並べて、個数で値の大小を表現できる

◆BciCalender
カレンダー形式で、値を日別に表示できる

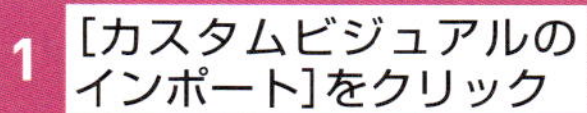

カスタムビジュアルの追加

1 [カスタムビジュアルのインポート]をクリック

2 [Marketplaceからインポートする]をクリック

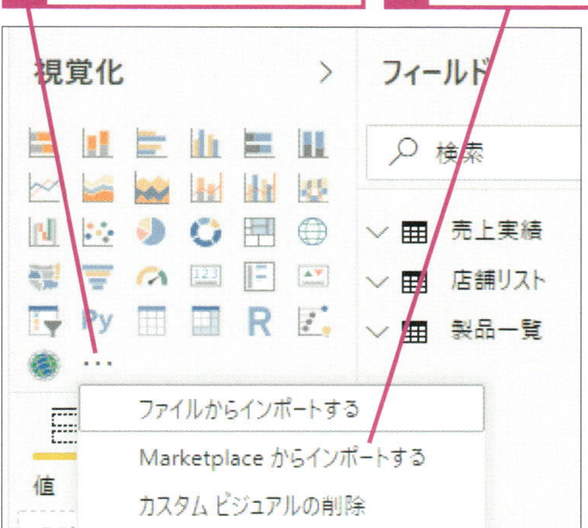

[Power BIビジュアル] の画面が表示された

[MARKETPLACE]が表示されていることを確認する

3 追加したいビジュアルの [追加] をクリック

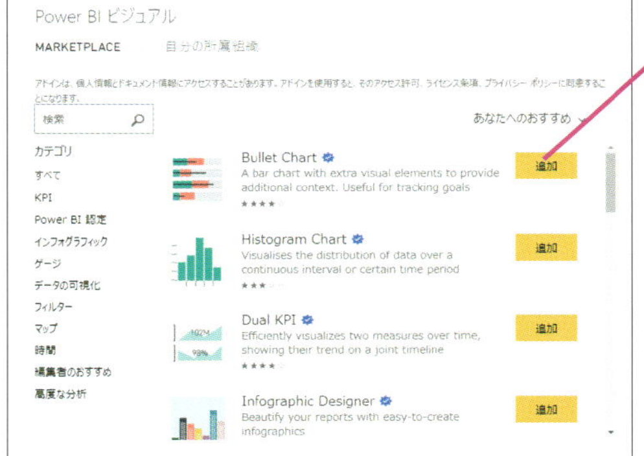

[カスタムビジュアルのインポート] の画面が表示された

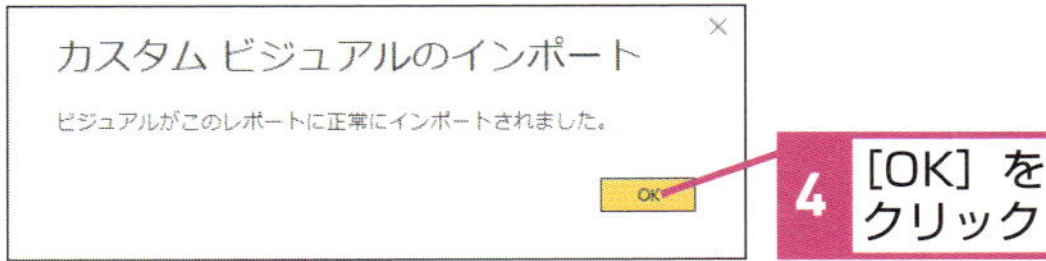

4 [OK] をクリック

インストールしたカスタムビジュアルが表示された

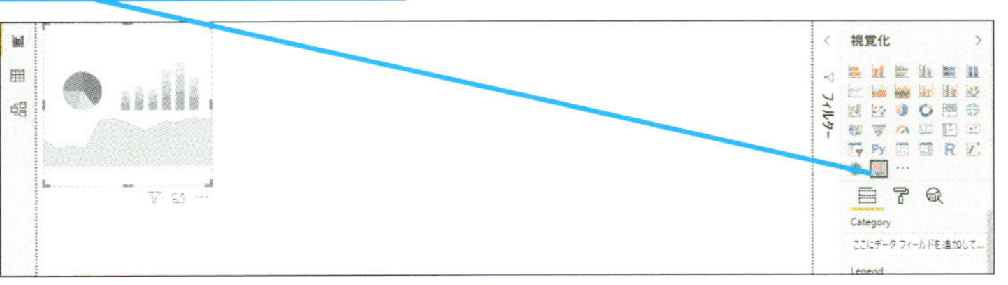

HINT!
カスタムビジュアルをインポートすると

カスタムビジュアルをインポートしたレポートでは［視覚化］ウィンドウに標準のビジュアルとともに一覧され、利用できます。

次のページに続く

テクニック カスタムビジュアルの利用

このレッスンではInfographic Designerというカスタムビジュアルをインポートしています。下記はここまでのレッスンで利用したレポートでこのカスタムビジュアルを利用する場合の設定例です。

[Infographic Designer] を利用して、値を設定する

1 以下の内容で値を設定

●値の設定内容

項目	設定内容
[Measure]	[売上]
[Category]	[製品カテゴリー]
[Row By]	[エリア]

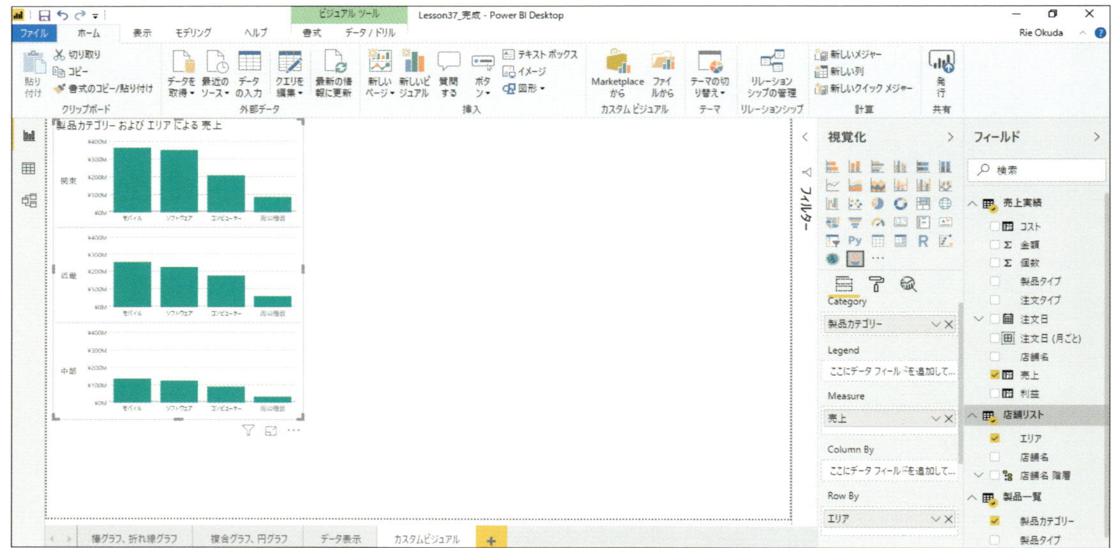

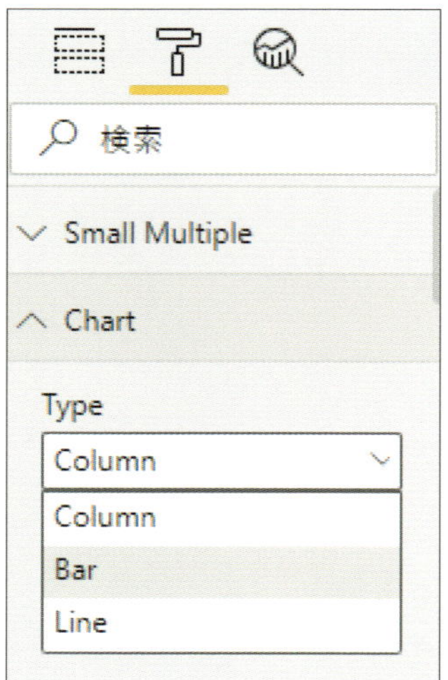

[Type]からグラフの種類を変更できる

カスタムビジュアルの削除

1 ここをクリック

2 [カスタムビジュアルの削除]をクリック

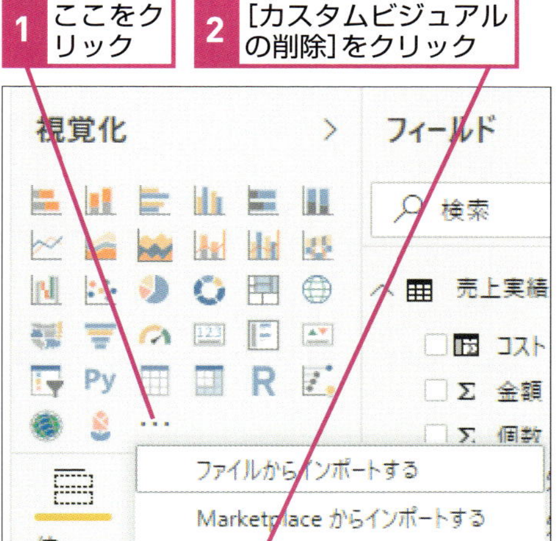

3 削除したいカスタムビジュアルをクリック

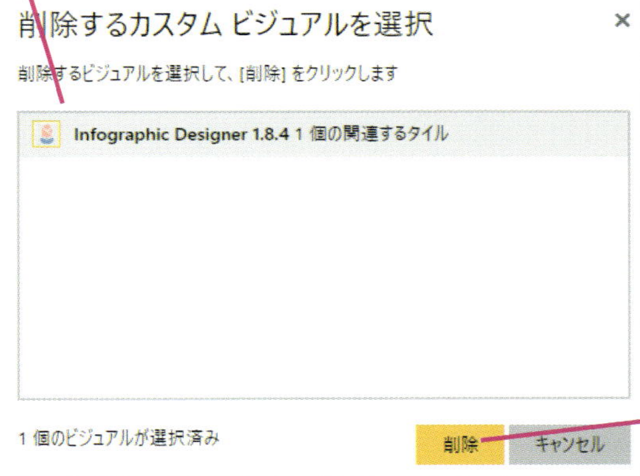

4 [削除]をクリック

削除の確認画面が表示された

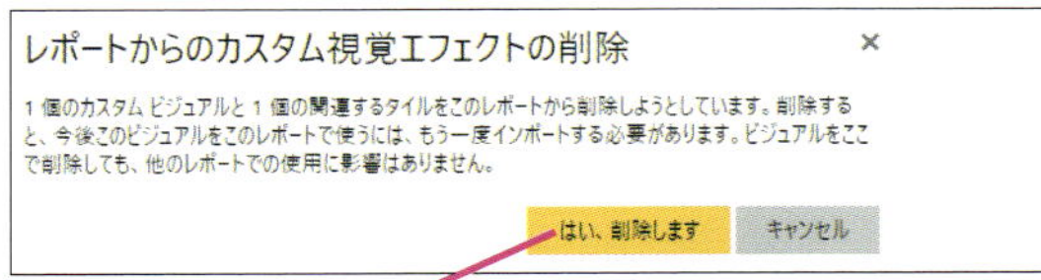

5 [はい、削除します]をクリック

レポートからカスタムビジュアルが削除される

HINT!

カスタムビジュアルを削除したら？

レポートからカスタムビジュアルを削除すると、レポート内ですでに配置したカスタムビジュアルのも含めて削除されます。
また［視覚化］一覧に表示されなくなり、利用できなくなります。

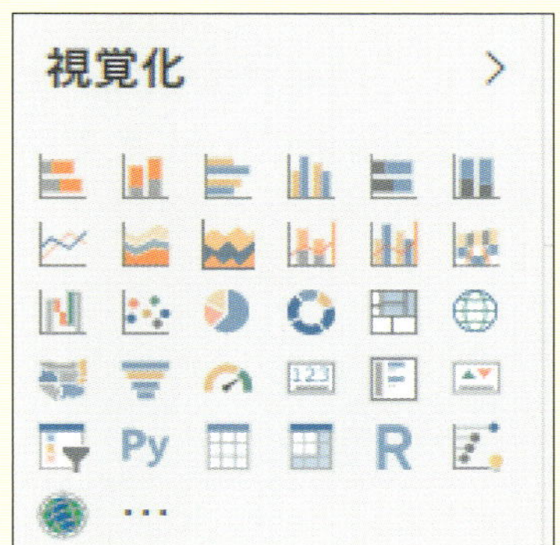

レッスン 39

Visio図面をレポートに含めるには

Visio Visual

キーワード

Office 365	p.316
Power BI	p.316
Visio	p.316
サインイン	p.318
レポート	p.321

関連レッスン

▶レッスン38
カスタムビジュアルを利用するには …………………………… p.158

Visio連携

マーケットプレイスで提供されているカスタムビジュアルに含まれているVisio VisualはVisio図面をPower BIレポート内に含められます。Visioで作成したフロー図やレイアウト図とPower BIレポートを連携させることで、より全体像や傾向を把握しやすいレポート作成が行えます。

Power BI ビジュアル

MARKETPLACE | 自分の所属組織

アドインは、個人情報とドキュメント情報にアクセスすることがあります。アドインを使用すると、そのアクセス許可、ライセンス条項、プライバシー ポリシーに同意することになります。

検索　　あなたへのおすすめ

カテゴリ
- すべて
- KPI
- Power BI 認定
- インフォグラフィック
- ゲージ
- データの可視化
- フィルター
- マップ
- 時間
- 編集者のおすすめ
- 高度な分析

Visio Visual — Bring your business activities to life in ways that only Microsoft Visio diagrams can visualize　追加

Pulse Chart — Line chart annotated with key events. Perfect for story telling with data　追加

Flow map — Flow-style visualization that depicts movements of objects among geo-locations　追加

Sankey Chart — Flow diagram where the width of the series is　追加

●Visioで作成したフロー図

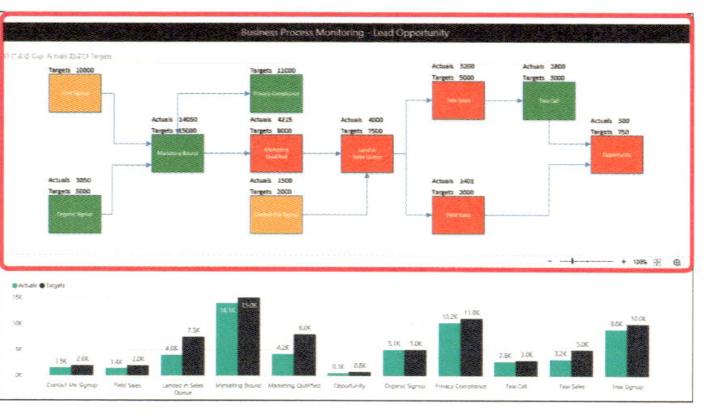

●Visioで作成したレイアウト図

Visio Visualの利用方法

1 Visio図面を用意する

1 任意の内容で図面を作成

サンプルを利用するときは[エリア図.vsdx]を開く

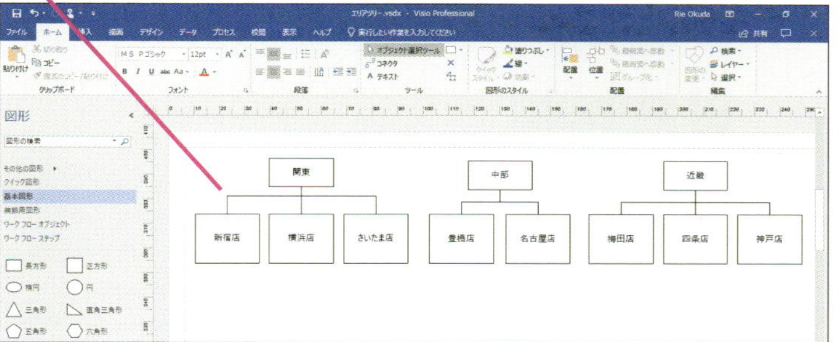

2 Visio OnlineのURLをコピーする

OneDriveかSharePointライブラリにVSDXファイルを保存しておく

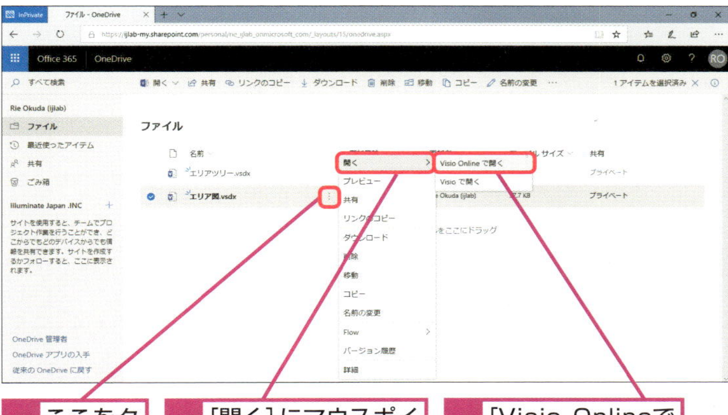

1 ここをクリック

2 [開く]にマウスポインターを合わせる

3 [Visio Onlineで開く]をクリック

ブラウザーに表示された図面のURLをコピーしておく

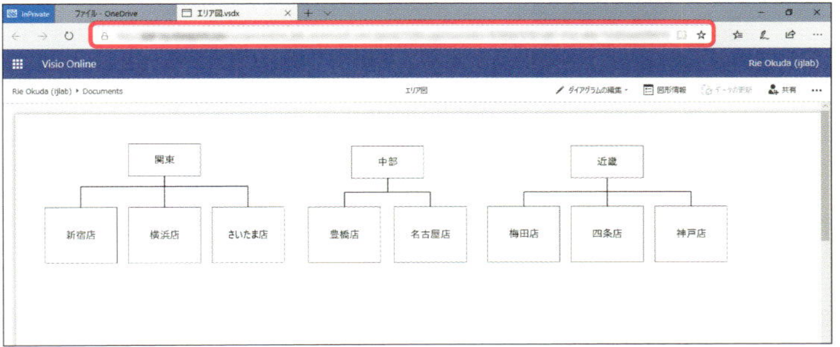

HINT!

OneDriveやSharePoint環境の用意について

Visio Visualの利用にはVisioファイルをOneDrive for BusinessもしくはSharePoint Onlineに保存します。画面ショットはOneDrive for Businessを利用していますが、SharePointライブラリに保存した場合も保存後の操作は同じです。操作を試すためのOneDrive for BusinessもしくはSharePointライブラリが必要な場合、第9章でPower BIとOffice 365連携機能について解説しており、Office 365の評価版環境を取得する手順が含まれています。事前にそちらを確認ください。

次のページに続く

3 ページ内に［Visio Visual］を追加する

レッスン㊳を参考に、マーケットプレイスから［Visio Visual］をインストールしておく

1 ［Visio Visual］をクリック

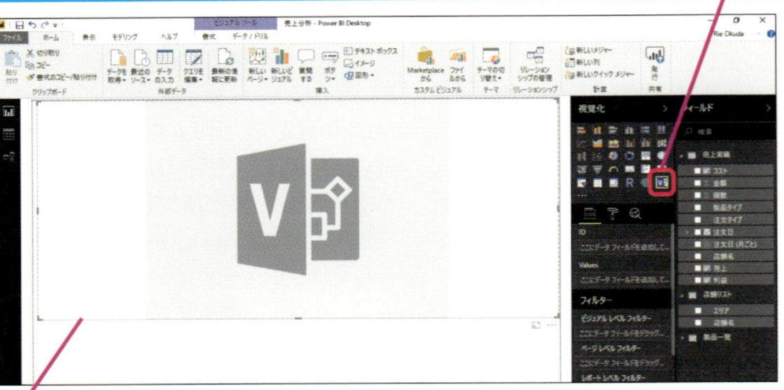

2 任意にサイズを調整

4 Visio Visualの設定を行う

1 ［ID］と［Values］を指定

2 Visio OnlineのURLを貼り付け

3 ［Connect］をクリック

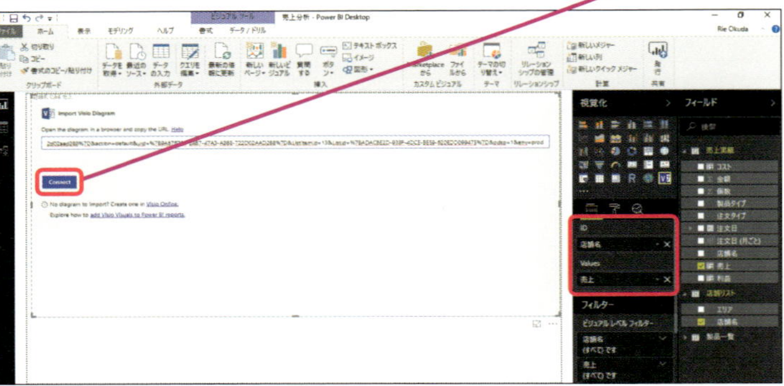

5 設定画面を表示する

1 ［Field Mapping］のここをクリック

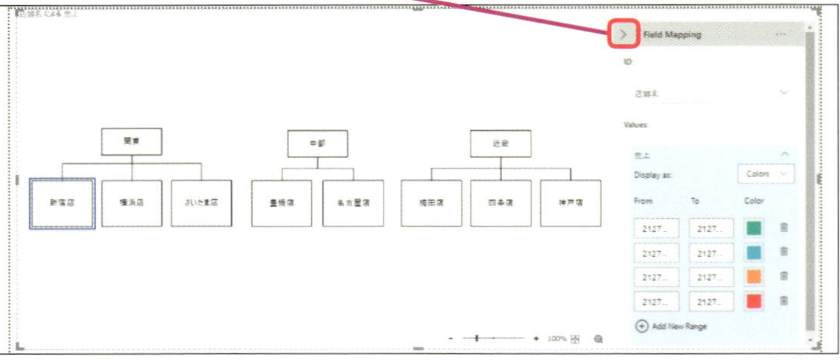

HINT!
サインイン画面が表示されたら

Visio OnlineのURLを指定し［Connect］クリック後、サインインを求められることがあります。その場合、VSDXファイルを保存した場所であるOneDrive for BusinessもしくはSharePoint Onlineのアカウントでサインインを行います。

6 詳細設定を行う

1 IDを展開し、図形と値を関連付け

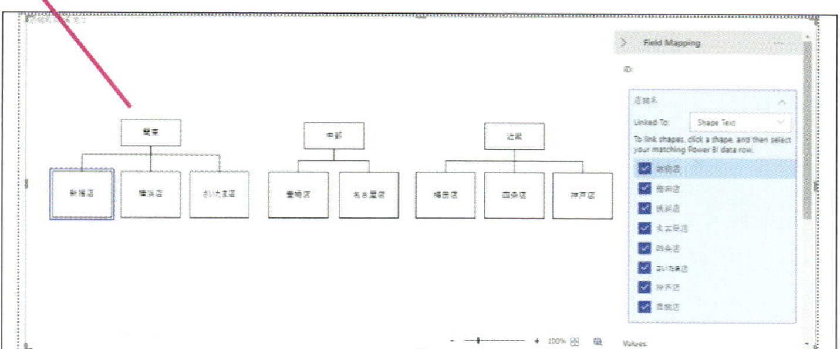

2 値の表示形式を指定

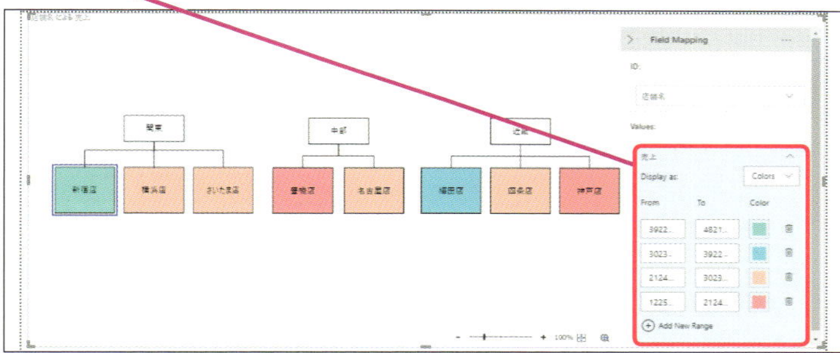

7 表示形式やそのほかのビジュアルを設定する

同じページに別のビジュアルを配置する

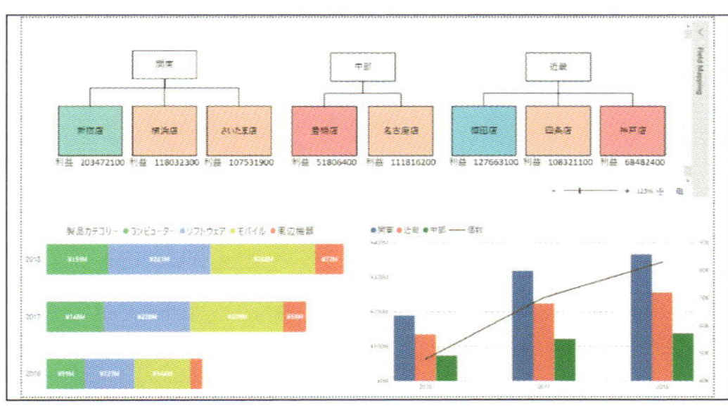

クリックでの相互作用も

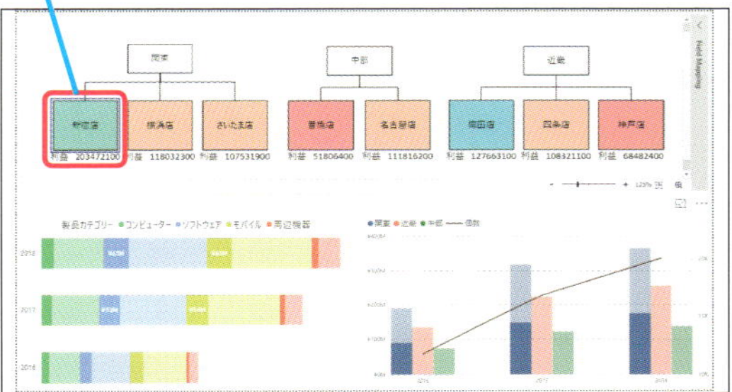

HINT! ID設定

画面ではIDに［店舗名］列を利用しています。図面内の各図形に店舗（新宿店、横浜店など）を関連付けています。図形を選択した上で、［Field Mapping］ウィンドウで店舗名をオンにすると関連付け設定が可能です。

この章のまとめ

基本的なビジュアルの使い方を理解しよう

データを可視化するためにはビジュアルを配置してレポートを作成します。本章では第4章で取得したデータを利用してレポートを作成する方法を確認しました。

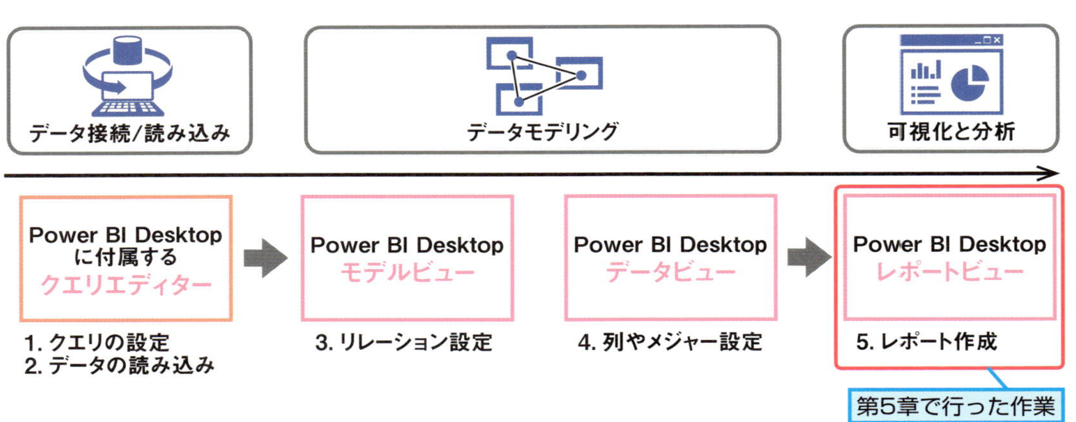

値の大小を比較するために利用する棒グラフ、時系列での変化を把握しやすい折れ線グラフ、割合を把握するための円グラフ、複数の値を比較できる複合グラフなど基本的なビジュアルの利用方法や、階層データの分析に利用できるドリル機能、スライサーなどレポートで活用できる機能を解説しました。

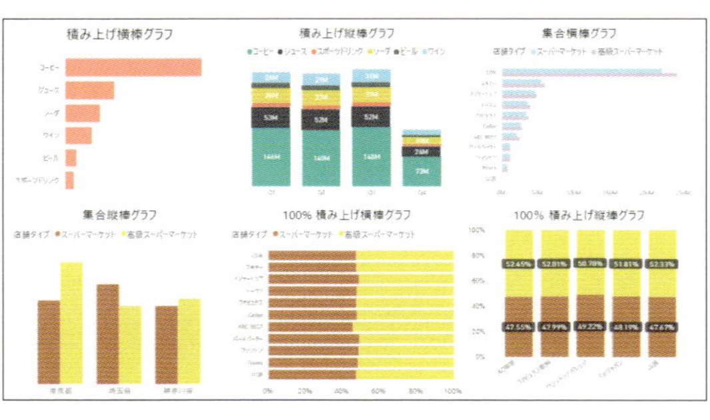

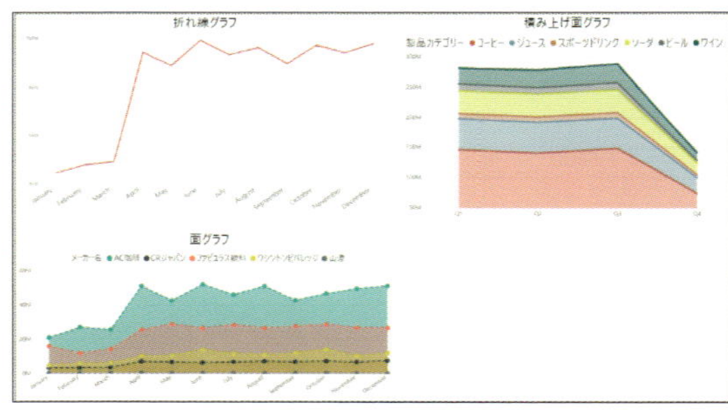

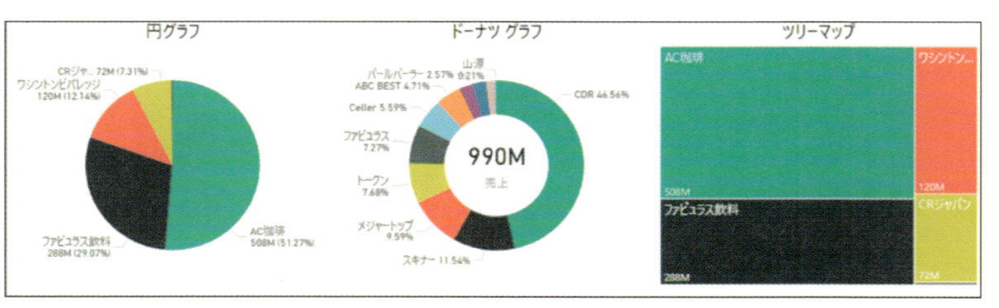

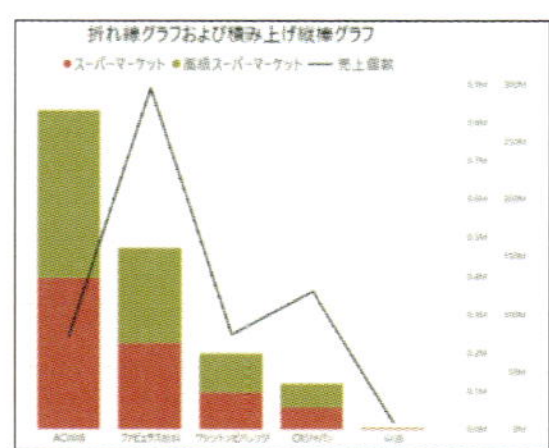

第6章 レポートをPower BIサービスに発行しよう

作成したレポートをPower BIサービスに発行すれば、ダッシュボードにビジュアルを配置して、重要なデータをすぐに確認できるようになります。またスマートフォンのアプリやWebブラウザーからダッシュボードやレポートの利用もできます。Power BIサービスに発行する方法や、ダッシュボードの作成方法、モバイル用の画面を編集する方法をマスターしましょう。

●この章の内容

㊵ レポートを発行するには……168
㊶ ダッシュボードを作成するには……172
㊷ モバイル用の画面を作成するには……176
㊸ レポートをWebページで公開するには……182

レポートを発行するには

Power BIへ発行

キーワード

PBIXファイル	p.316
サインイン	p.318
データソース	p.319
ビジュアル	p.319
レポート	p.321

レポートを発行してブラウザーやスマホから利用

第5章で紹介したように、Power BI Desktopでは「データソースに接続」して「必要なデータを取得」し、取得したデータを利用して「レポートを作成」して「データの分析」操作が行えます。作成したレポートをPower BIサービスに発行すれば、ダッシュボードでレポート内のビジュアルを確認できるほか、スマートフォンのアプリからすぐにデータを参照できるようになります。またレポートをWeb上に公開する機能や、分析に利用しているデータソースの内容が変更されたら、自動的に更新する機能も利用できます。

関連レッスン

▶レッスン3
各ツールの位置付けを理解しよう……p.020
▶レッスン5
Power BIサービスにサインアップするには……p.026
▶レッスン41
ダッシュボードを作成するには…p.172
▶レッスン42
モバイル用の画面を作成するには……p.176
▶レッスン43
レポートをWebページで公開するには……p.182

Power BIサービスに発行したレポートは、さまざまな端末から利用できる

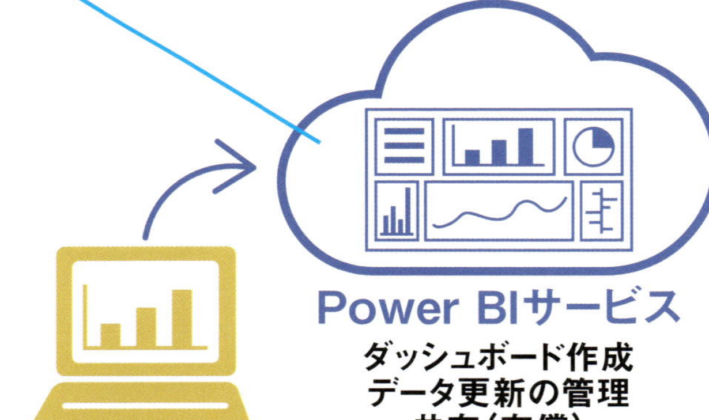

1 サインインの状態を確認する

Power BI Desktopを起動し、レポートを開いておく

ここでは、第5章で作成した[売上分析.pbix]を利用している

1 Power BIサービスのアカウントでサインイン済みかを確認

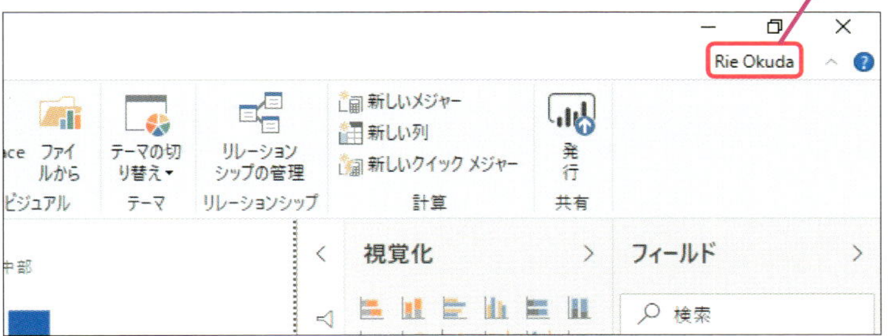

2 発行する

1 [ホーム] タブをクリック

2 [発行] をクリック

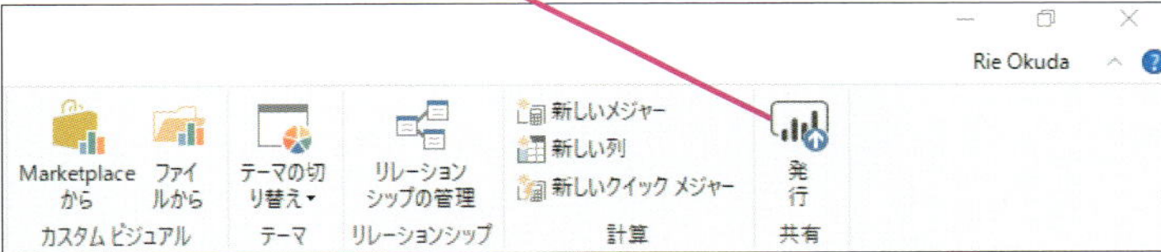

発行先の選択画面が表示された

3 [マイワークスペース]をクリック

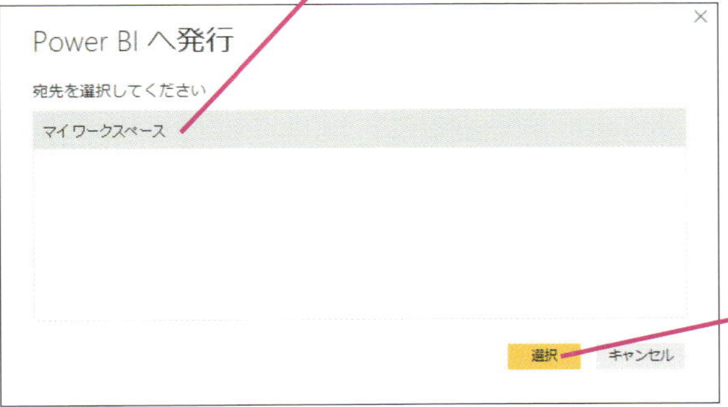

4 [選択] をクリック

発行が完了するまで、しばらく待つ

発行したレポートがPower BIサービス画面で開く

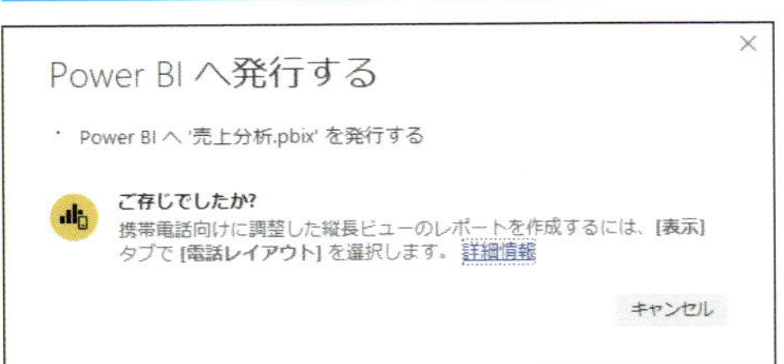

HINT! ユーザー名が「サインイン」となっているときは

ユーザー名が「サインイン」と表示されているときは、サインインが実行されていません。Power BIサービスのアカウントでサインインを実行しましょう。詳しくは、レッスン❺を参照してください。なお、サインイン済みの場合にユーザー名をクリックすると、アカウント情報が表示されます。

●サインインが未実行の場合

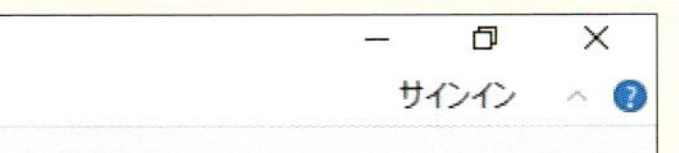

●サインイン済みの場合

サインイン済みのときは、ユーザー名をクリックしてアカウント情報を確認できる

HINT! 保存確認の画面が表示されたときは

Power BI Desktopで作業した内容を上書きしていない場合、[発行] ボタンをクリックすると、保存確認の画面が表示されます。[保存] ボタンをクリックして、PBIXファイルとして名前を付けて保存、もしくは上書き保存してから、操作を進めましょう。

保存確認の画面が表示されたときは[保存]をクリックする

次のページに続く

Power BIサービスの画面を表示する

発行が完了し、「成功しました！」と表示された

1 [Power BIで'売上分析.pbix'を開く]をクリック

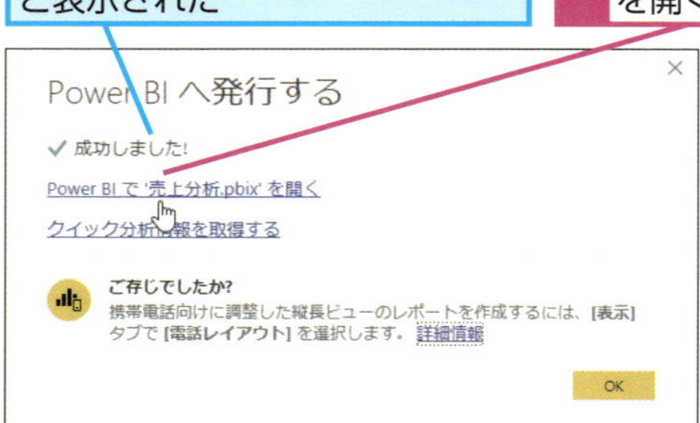

発行したレポートが開く

Webブラウザーが起動し、Power BIサービスの画面が表示された

マイワークスペースに発行したレポートを開いて表示する

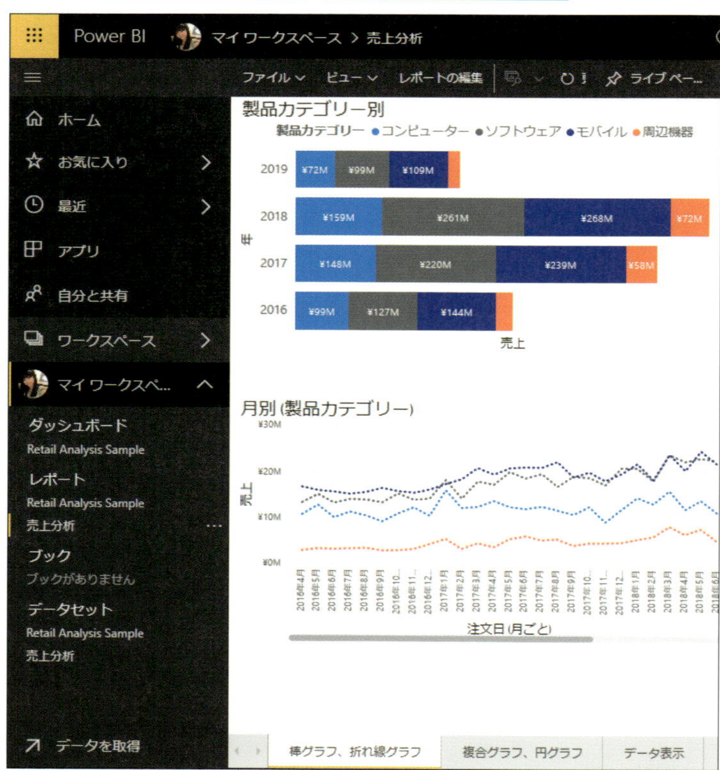

HINT!

スケジュール機能を利用できる

Power BIサービスに発行したレポートは、利用しているデータソース（データの接続先）によっても異なりますが、更新のスケジュール機能を利用できます。詳しくは第7章で紹介します。

5 発行内容を確認する

1 ［マイワークスペース］をクリック

2 ［レポート］をクリック

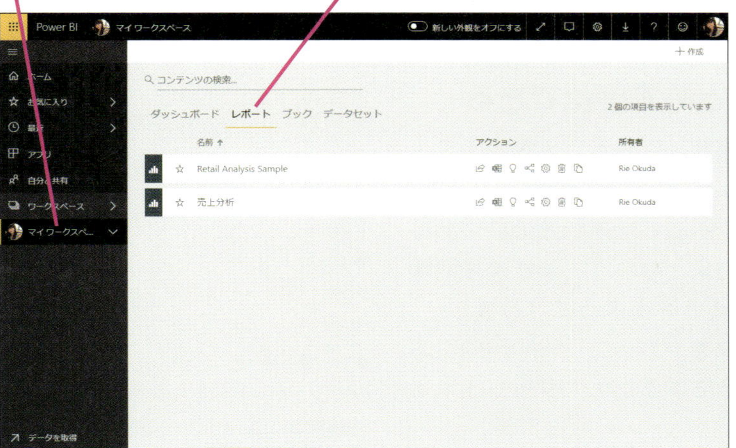

発行したレポートが確認できる

HINT! データセットを確認するには

手順5の画面で［データセット］をクリックすると、発行したレポートのデータセットを確認できます。データセットは、データモデルに該当します。

マイワークスペースを表示しておく

1 ［データセット］をクリック

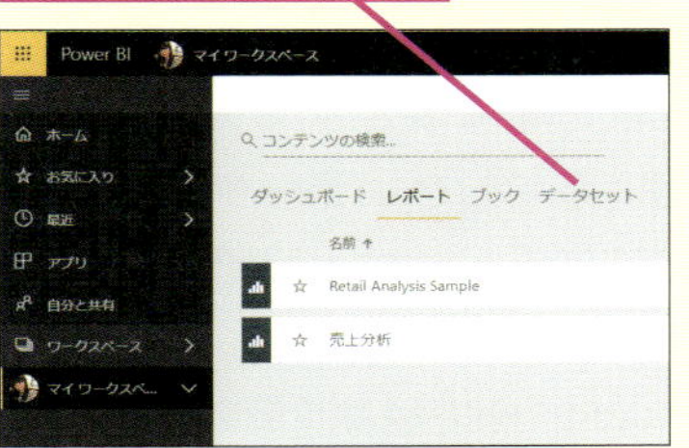

発行したレポートのデータセットを確認できる

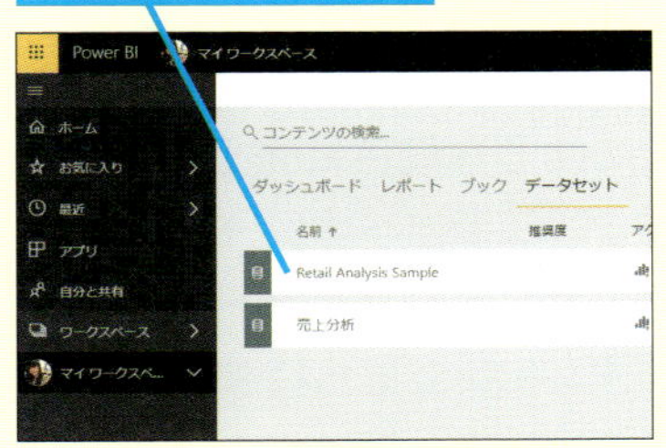

HINT! 発行後のレポート名は？

Power BI Desktopで作成したレポートはPBIXファイルとして保存できます。Power BIサービスに発行後のレポート名はファイル名が利用されます。［売上分析.pbix］ファイルを発行すると、発行後のレポート名は「売上分析」となります。

レッスン

41 ダッシュボードを作成するには

ビジュアルをピン留めする

キーワード

タイル	p.318
ダッシュボード	p.318
ビジュアル	p.319
ピン留め	p.319
レポート	p.321

レポート内のビジュアルをまとめて確認できる

BIツールでは、さまざまなデータを集約して表示する画面のことを「ダッシュボード」といいます。もともとダッシュボードとは、自動車や飛行機の操作に必要な計器を搭載した運転席の前にあるボードのことを指しますが、それが由来となり「さまざまな情報をまとめて表示する」画面のことをそう呼ぶようになりました。常に確認したいデータや重要なデータを、カテゴリーや目的に応じて表示し、ひと目で確認できるようにするためにダッシュボードを利用します。

Power BIでは第3章で紹介した通り、ダッシュボードには複数のレポート内のビジュアルをまとめて表示できます。例えば売上データを含むレポートと、販促活動で得られた結果のデータを含むレポートがあったとしましょう。販促活動と売上の関連性を把握したい場合、両方のレポートを確認したいと考えるはずです。そのような場合に売上レポートと販促レポートのそれぞれから、まずは確認すべきデータが表示されているビジュアルを並べて表示するダッシュボードがあれば、素早いデータの確認、および意思決定に役立てられます。

このレッスンではレポート内のビジュアルをダッシュボードに表示する方法を解説します。

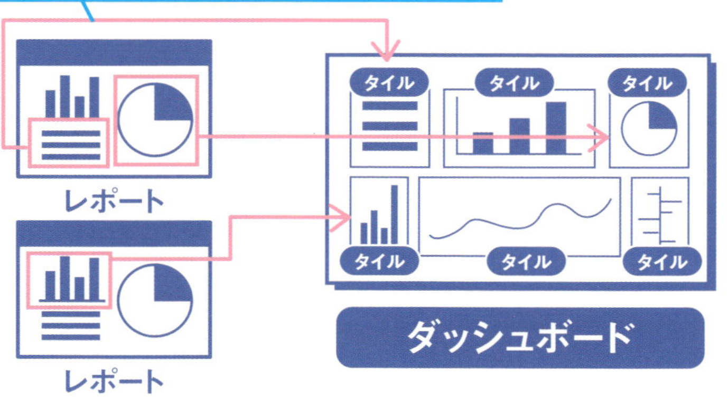

関連レッスン

▶レッスン3
各ツールの位置付けを理解しよう p.020

▶レッスン5
Power BIサービスにサインアップするには p.026

▶レッスン9
ダッシュボードのデータを確認するには p.042

▶レッスン40
レポートを発行するには p.168

▶レッスン42
モバイル用の画面を作成するには p.176

▶レッスン43
レポートをWebページで公開するには p.182

1 ダッシュボードに表示するビジュアルを選択する

[売上分析] レポートを表示しておく

ここでは[データ表示]ページ内のビジュアルを選択する

1 ビジュアルにマウスポインターを合わせせる

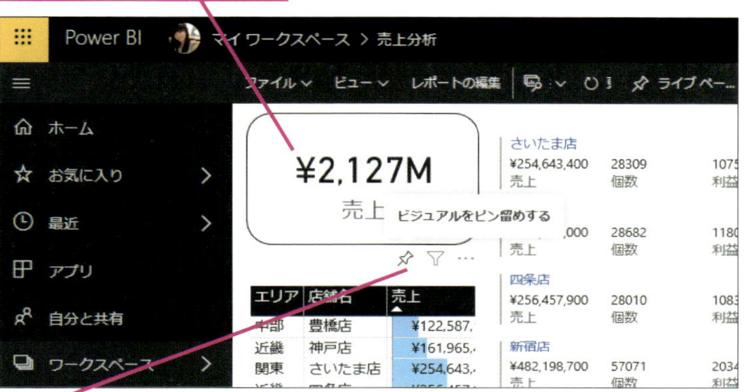

2 [ビジュアルをピン留めする]をクリック

2 表示するダッシュボードを選択する

選択したビジュアルがプレビュー表示された

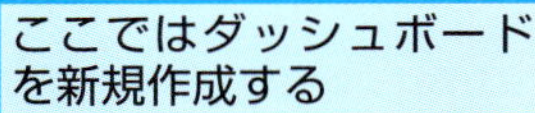

ここではダッシュボードを新規作成する

1 [新しいダッシュボード]をクリック

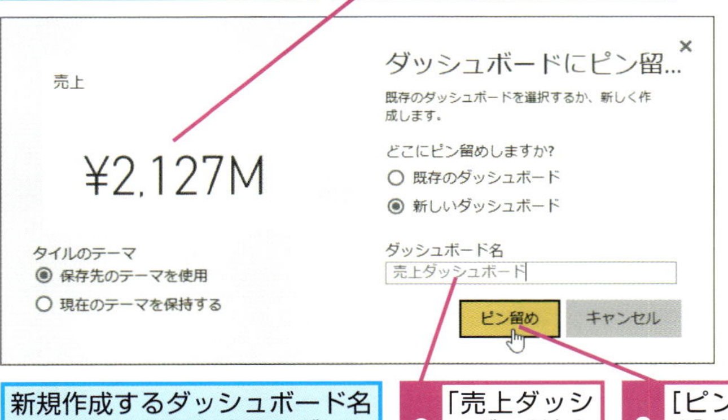

新規作成するダッシュボード名を入力する新規作成するダッシュボード名を入力する

2 「売上ダッシュボード」と入力

3 [ピン留め]をクリック

HINT! 「ビジュアルをピン留めする」メニューが表示される位置

ビジュアルにマウスポインターを合わせたときに表示されるメニューはビジュアル上下の余白サイズにより、ビジュアルの上もしくは下に表示されます。
手順ではビジュアル下に表示されています。また次の画像はビジュアル上に表示された例です。

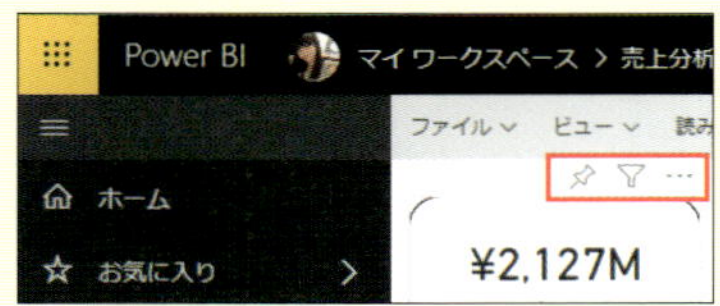

HINT! タイルのテーマを設定できる

手順2の画面では、ダッシュボードに設定されているテーマをビジュアルに反映するか、現在のテーマを有効にするかを選択できます。Power BI Desktopで設定したテーマをそのまま利用したい場合は、[現在のテーマを保持する] を選択しましょう。レポートでテーマを設定していない場合は、タイルのテーマを選択するメニューは表示されません。

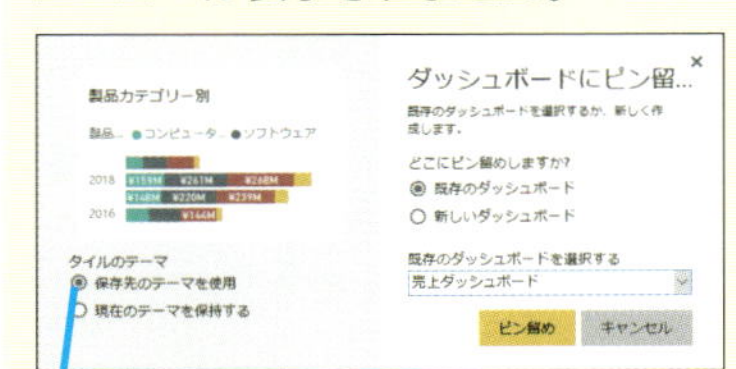

[保存先のテーマを使用] をクリックして、ビジュアルの色調を確認する

41 ビジュアルをピン留めする

次のページに続く

3 ダッシュボードを表示する

ピン留めが行われたことを表すメッセージが表示された

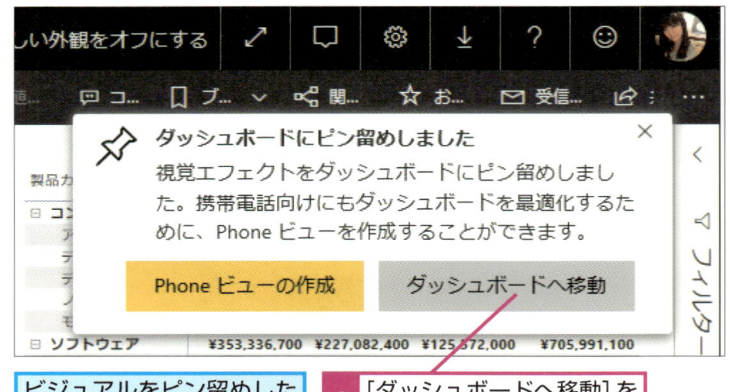

ビジュアルをピン留めしたダッシュボードを表示する

1 ［ダッシュボードへ移動］をクリック

4 ダッシュボードが表示された

ピン留めしたビジュアルがタイルとしてダッシュボードに表示された

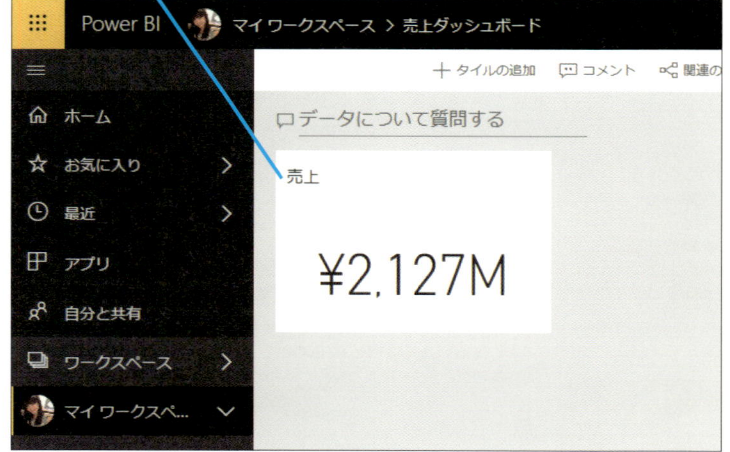

HINT! ダッシュボードに移動するメニューが消えたときは

ビジュアルのピン留めを実行すると、手順3のようなメッセージ画面が表示されます。［ダッシュボードへ移動］ボタンをクリックすれば、ビジュアルをピン留めしたダッシュボードをすぐに表示できます。操作前にメッセージ画面が消えたときは、ナビゲーションウィンドウの［ダッシュボード］に表示されている［売上ダッシュボード］をクリックしましょう。

HINT! タイルの大きさは自由に変更可能

タイルの大きさを変えるには、ビジュアルの右下にマウスポインターを合わせ、右下か左上にドラッグします。

タイルのサイズを大きくする

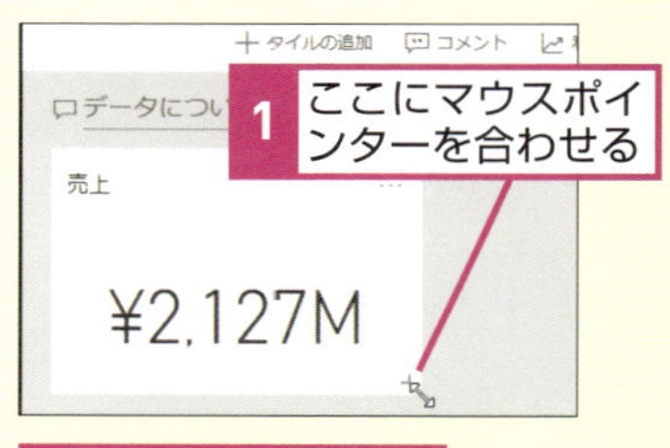

1 ここにマウスポインターを合わせる

2 ここまでドラッグ

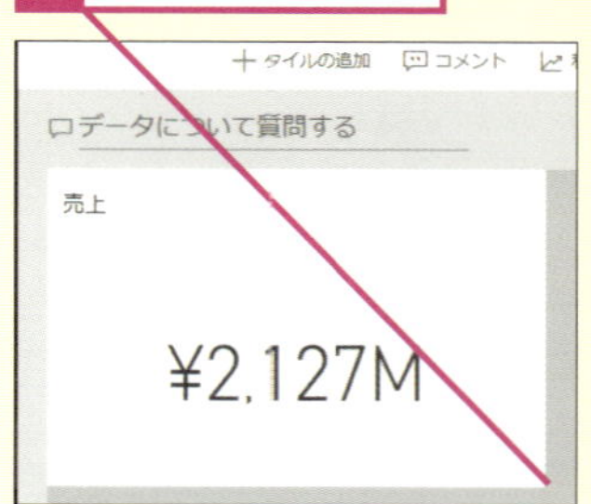

表示された灰色のサイズにタイルが調整される

テクニック さまざまなタイルを追加しよう

ダッシュボードにはレポート内のビジュアルのほか、テキストボックスや画像、Webページ上のファイル、動画などのタイルを追加できます。グラフや表のデータに関する補足情報をテキストで追加したりロゴの画像などを追加したりすれば、よりダッシュボードで伝えられる情報量がアップします。

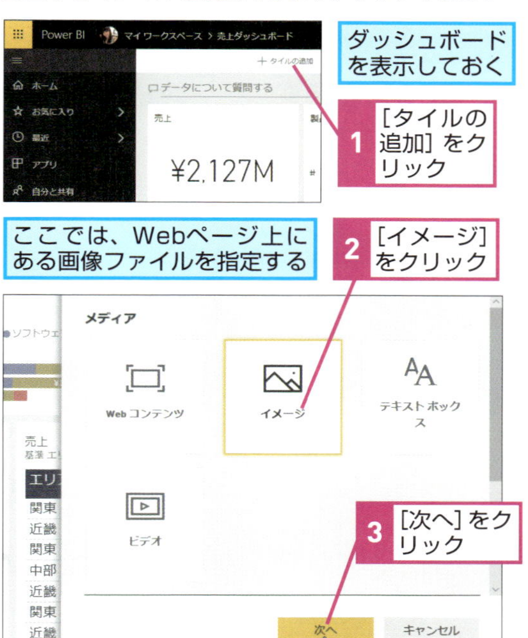

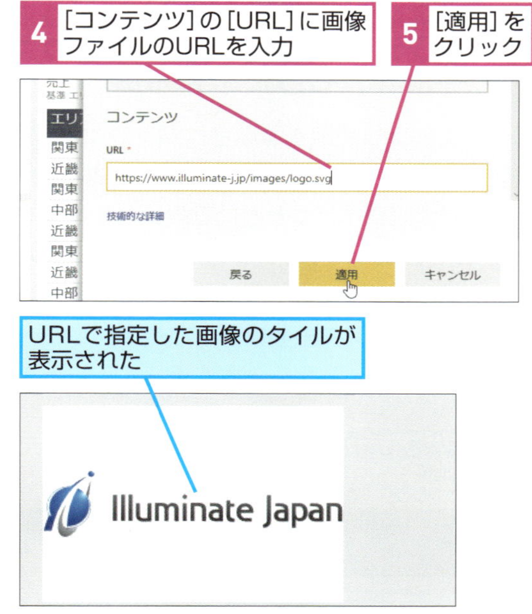

5 続けてダッシュボードにビジュアルをピン留めする

手順1～3を参考にして、[売上分析] レポートにあるビジュアルをピン留めしておく

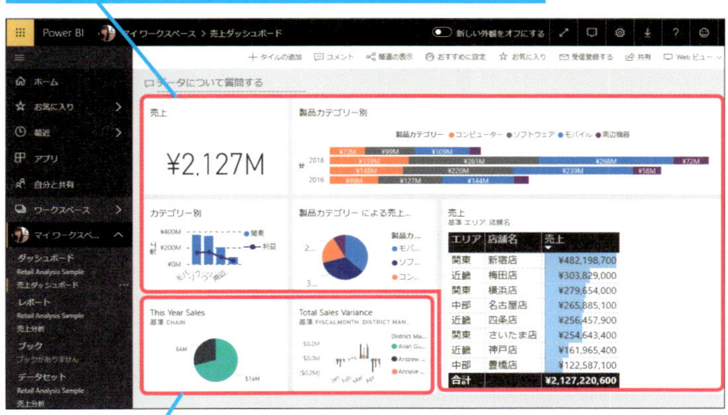

[Retail Analysis Sample] レポートにあるビジュアルをピン留めしておく

41

ビジュアルをピン留めする

レッスン

42 モバイル用の画面を作成するには

Phoneビュー、モバイルレイアウト

キーワード

Phoneビュー	p.316
タイル	p.318
ダッシュボード	p.318
ピン留め	p.319
レポート	p.321

スマートフォンの画面サイズに合わせたダッシュボードやレポートが用意できる

スマートフォンで利用する場合はパソコンとは画面サイズが異なります。またパソコンは横レイアウトであるのに対して、スマートフォンでは縦レイアウトという違いもあります。
Power BIではスマートフォンからレポートやダッシュボードを利用するため、画面サイズに最適化されたデザインを用意できます。このレッスンではスマートフォンでダッシュボードやレポートを利用しやすいように、専用の画面を編集する方法を確認しましょう。

スマートフォン向けに最適化されたダッシュボードやレポートを用意できる

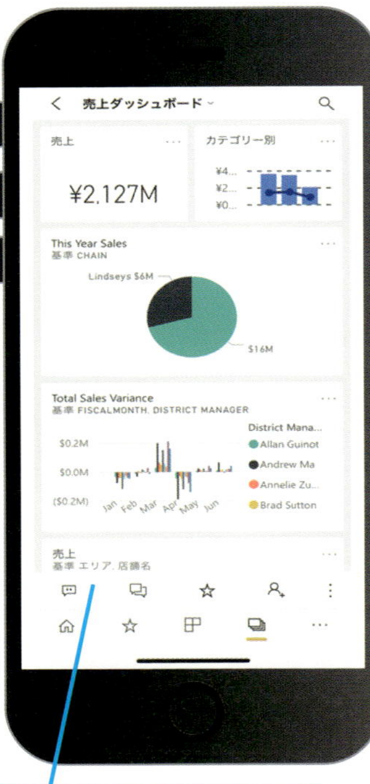

Phoneビューを編集したダッシュボード

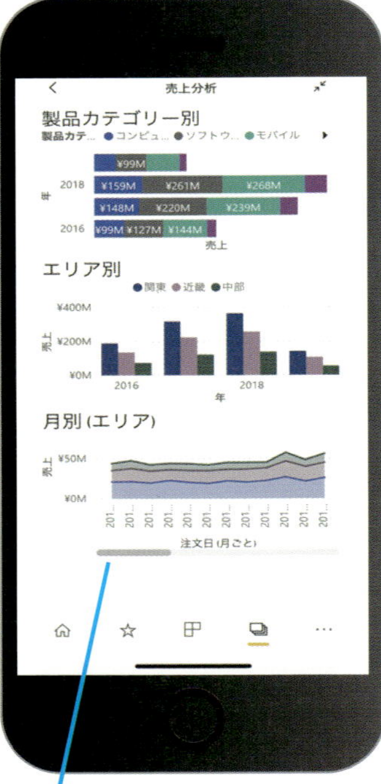

モバイルレイアウトを編集したレポート

関連レッスン

▶レッスン3
各ツールの位置付けを理解しよう ……… p.020

▶レッスン5
Power BIサービスにサインアップするには ……… p.026

▶レッスン13
モバイルからアクセスしよう …… p.056

▶レッスン40
レポートを発行するには ………… p.168

▶レッスン41
ダッシュボードを作成するには… p.172

ダッシュボードのPhoneビューを編集する

1 Phoneビューに切り替える

ダッシュボードを開いておく

1 ここをクリック

2 [Phoneビュー]をクリック

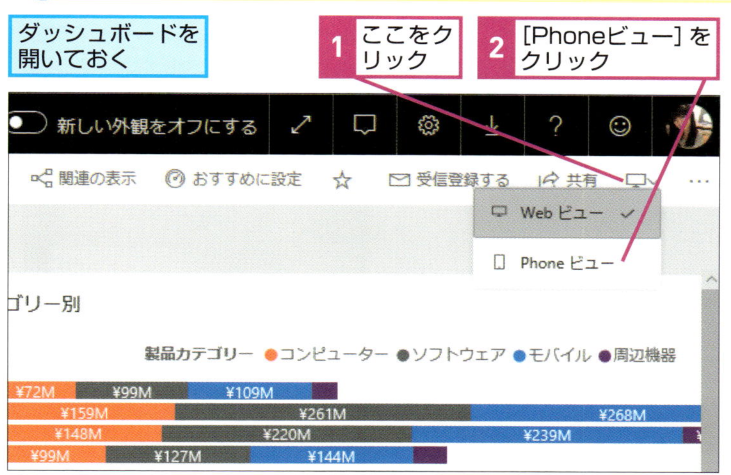

Phoneビューの確認画面が表示された

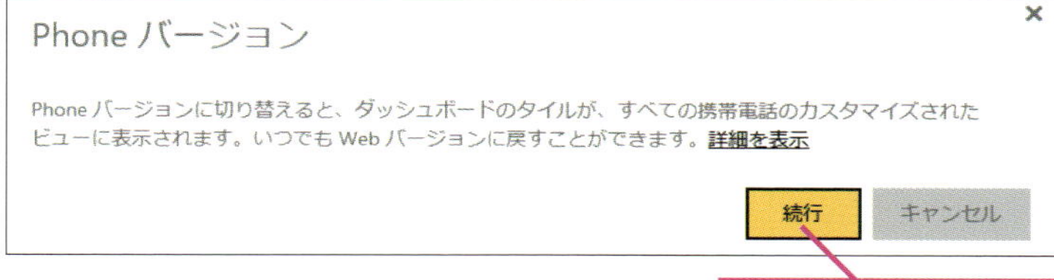

3 [続行]をクリック

2 Phoneビューに切り替わった

画面全体を確認する

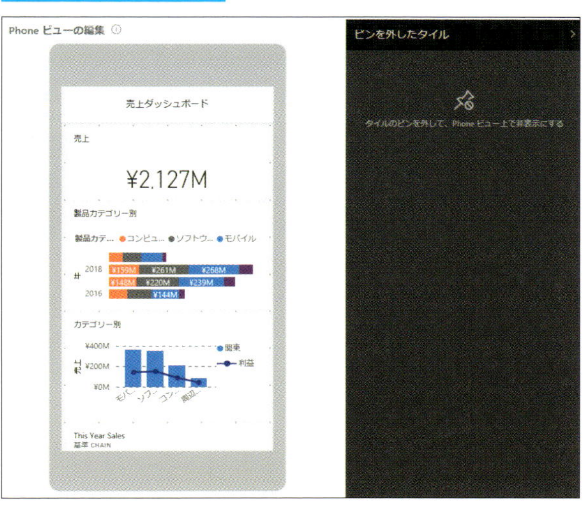

HINT!

ダッシュボードのPhoneビューの既定内容

Phoneビューの既定では、ダッシュボードにピン留めされているすべてのタイルが表示されています。スマートフォンの縦向き画面に合わせて、各タイルの大きさは自動的に調整され配置されます。そのためPhoneビューの編集を行わなくても、ダッシュボードはモバイルに最適化された画面で利用できます。
しかしパソコンの画面よりも小さく縦向きの画面でデータをより確認しやすくするため、頻繁に利用するダッシュボードはPhoneビューの編集を行うことがおすすめです。Phoneビューの編集作業では、次の内容が行えます。

●タイルのサイズ変更

単一データを表示するカードなど横に並べられるものを横並びとする。また高さがないと確認しにくいタイルの縦幅を広げるなど。

●タイルの並べ替え

素早く確認したいタイルを上に移動する。

●タイルの非表示

優先度の低いタイルは非表示としタイル数を減らして、全体を見やすくする。

3 タイルのサイズを変更する

タイルのサイズを小さくする

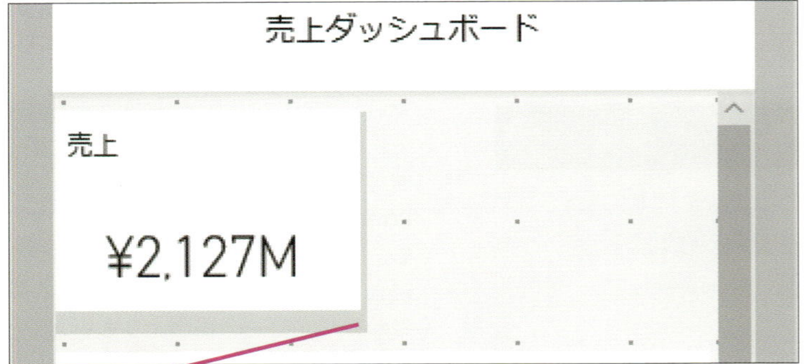

1 タイルの右下をドラッグしてサイズ変更

4 タイルを並べ替える

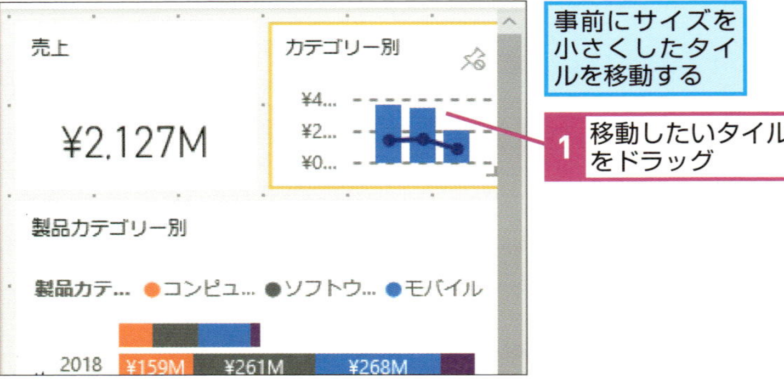

事前にサイズを小さくしたタイルを移動する

1 移動したいタイルをドラッグ

5 タイルを非表示にする

1 タイルにマウスポインターを合わせる

2 [タイルの非表示]をクリック

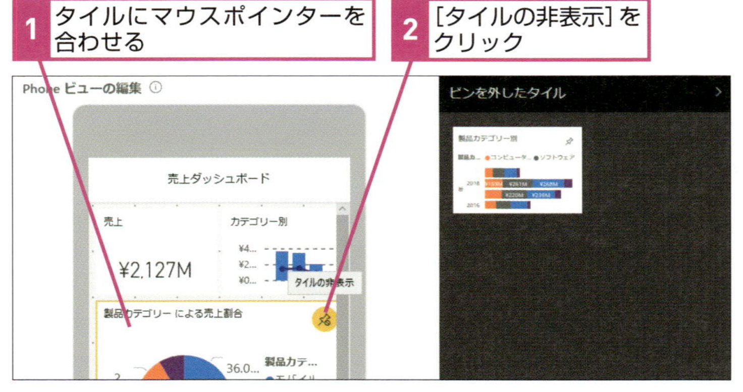

非表示にしたタイルは、[ピンを外したタイル]に一覧される

HINT! Phoneビューで非表示にしたタイルは？

手順5のようにPhoneビューで非表示したタイルは［ピンを外したタイル］に一覧され、再度配置したい場合は、ここからタイル右上の［タイルの追加］をクリックすることで再配置できます。

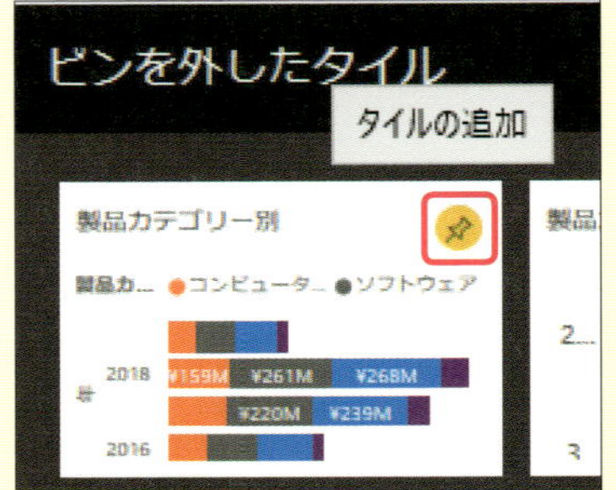

またPhoneビューでタイルを非表示にしても、Webビューには影響しません。モバイル画面で確認が必要なタイルだけを並べられます。

HINT! Webビューに戻る

Phoneビューの編集が完了したら、次の操作でWebビューに切り替えられます。

1 ここをクリック

2 [Webビュー]をクリック

レポートをPower BIサービスに発行しよう 実践編 第6章

レポートのモバイルレイアウトを編集する

6 レポートの編集ビューに切り替える

レポートを開き、モバイルレイアウトを編集したいページを開いておく

1 [レポートの編集]をクリック

7 モバイルレイアウトに切り替える

レポートが編集ビューに切り替わった

1 [モバイルレイアウト]をクリック

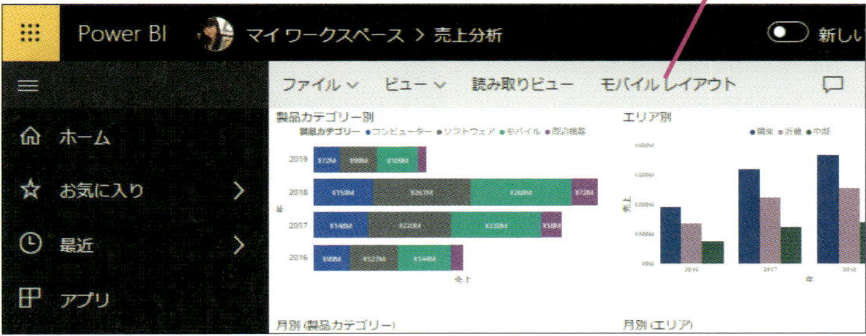

編集ビューがモバイルレイアウトに切り替わった

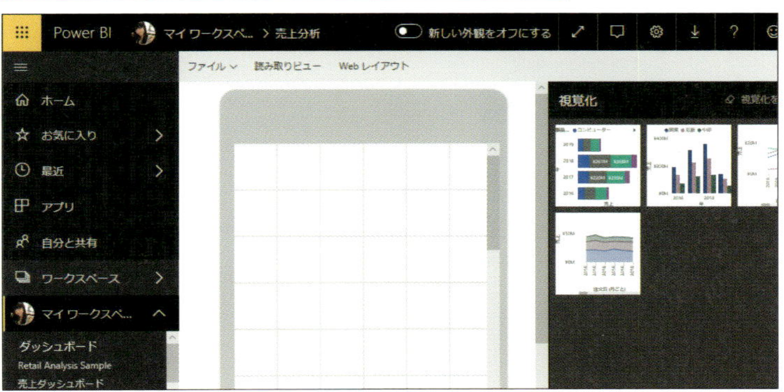

HINT!

レポートは読み取りビューで表示される

Power BIサービスでレポートを開くと読み取りビューで表示されます。レポート内容を編集したい場合、Power BI Desktopで編集し再発行する方法でもいいですが、手順6のように編集ビューに切り替えるとブラウザー上でレポートの編集も可能です。
また再度、読み取りビューに切り替える際は、[読み取りビュー]をクリックします。

HINT!

レポートの編集ビューでは、[視覚化]、[フィールド]ウィンドウが表示される

レポートの編集ビューに切り替えると、画面右側に[視覚化]、[フィールド]ウィンドウが表示され、Power BI Desktopと同様の操作でレポート編集作業に利用できます。

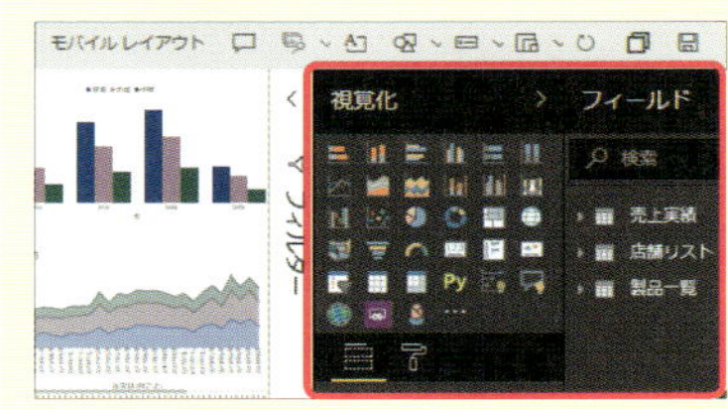

次のページに続く

8 モバイルレイアウトを編集する

ビジュアルを配置する

1 配置したいビジュアルをドラッグアンドドロップ

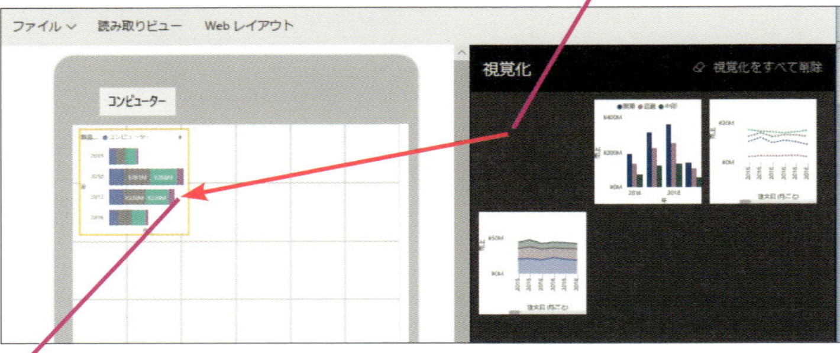

2 ここまでドラッグ

サイズを変更する

3 配置したビジュアルの右下をマウスでドラッグ

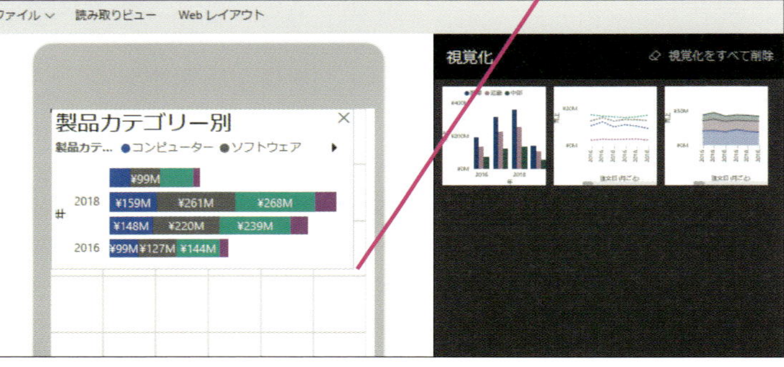

同様の操作で配置したビジュアルを複数配置する

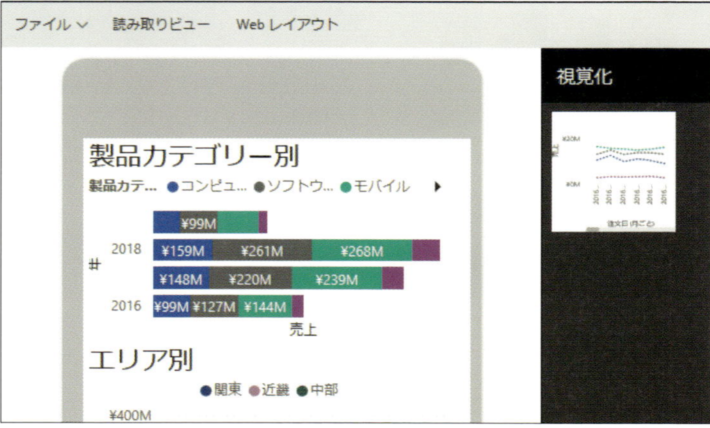

HINT! レポートのモバイルレイアウト編集

手順8のように、［視覚化］ウィンドウにレポートに配置されているすべてのビジュアルが一覧表示されます。配置したいビジュアルをモバイルレイアウト上にドラッグして配置し、サイズや位置はマウス操作で調整できます。

HINT! モバイルレイアウトを編集しなかった場合

ダッシュボードはPhoneビューを編集しなくてもスマートフォンの縦向き画面に合わせて表示されますが、レポートはモバイルレイアウトの編集を行わないと縦向き画面での表示はできません。

モバイルレイアウトを編集していないレポートをスマートフォンのPower BIアプリで開くと横向きでの表示となります。

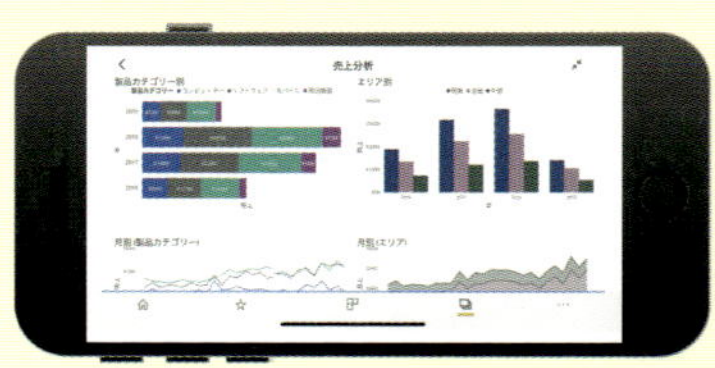

9 レポートを上書き保存する

レポートへの編集内容を保存する

1 [ファイル]をクリック

2 [保存]をクリック

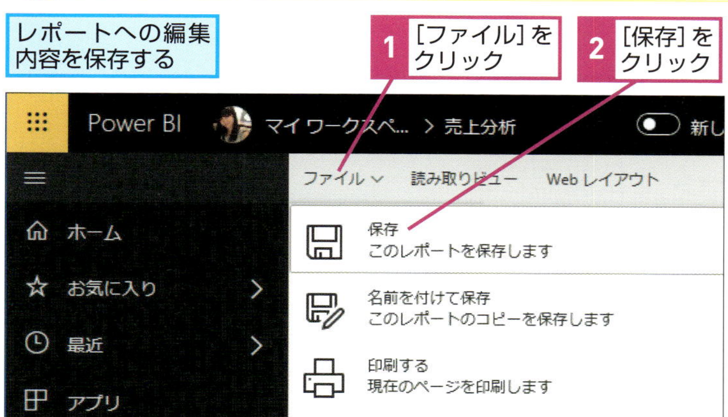

保存が実行されメッセージが表示された

HINT!

Power BI Desktopでモバイルレイアウトを編集するには

このレッスンでは発行したレポートをPower BIサービスでモバイルレイアウトを編集する方法を紹介しましたが、Power BI Desktopでレポートのモバイルレイアウトの編集を行うことも可能です。[表示] タブから[電話レイアウト] をクリックするとモバイルレイアウト編集画面が開きます。

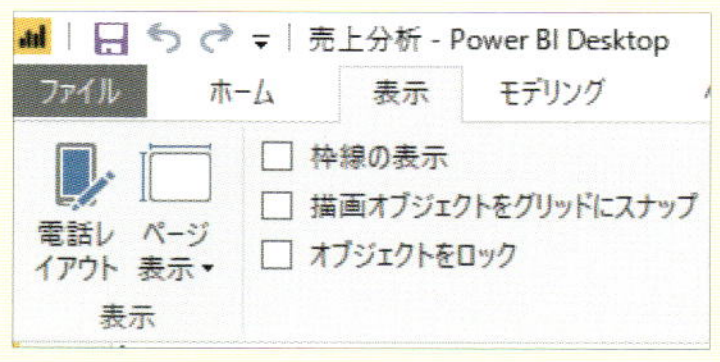

テクニック Power BIサービスでレポート編集を行った場合

Power BI Desktopで作成したレポート（PBIXファイル）をPower BIサービスに発行した後、Power BIサービス上でレポート編集を行った場合、パソコンに保存しておいたPBIXファイルの内容とPower BIサービスに発行済みのレポート内容は同じではなくなります。再度Power BI Desktopでレポートの利用や編集を行う場合はご注意ください。Power BIサービスと同じ内容のPBIXファイルが必要な場合、[ファイル] メニューからダウンロードできます。

Power BIサービスでレポートを表示しておく

1 [ファイル]をクリック

2 [レポートのダウンロード]をクリック

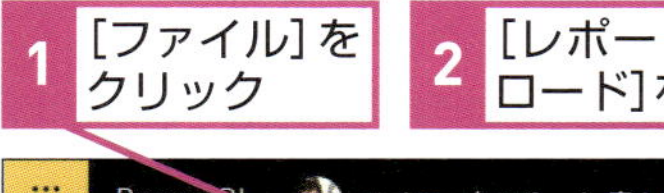

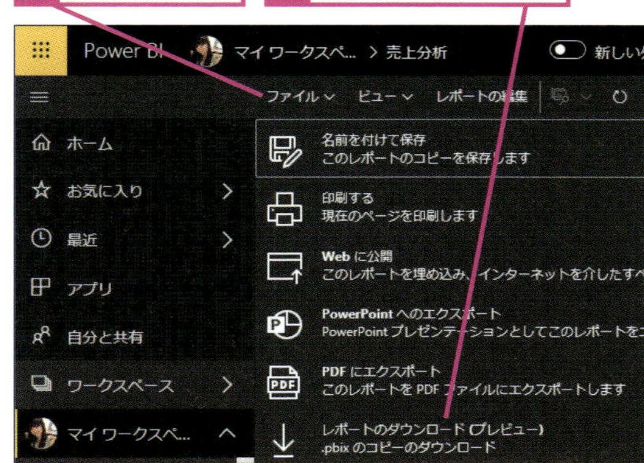

ダウンロードができるようになった

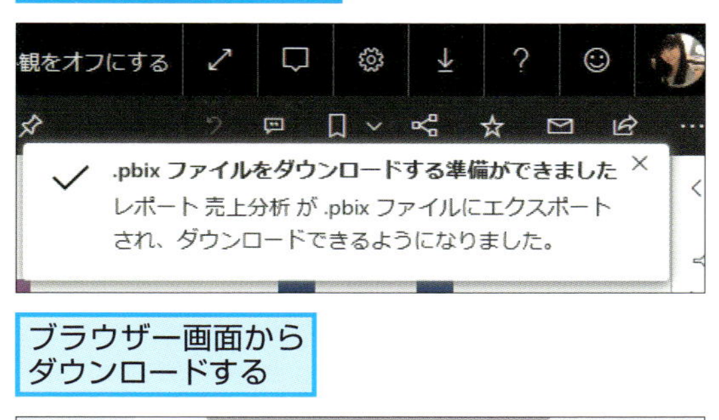

ブラウザー画面からダウンロードする

開く　保存　キャンセル

レッスン

43 レポートをWebページで公開するには

Webに公開

キーワード

インポート	p.317
クエリエディター	p.318
サインイン	p.318
フィルター	p.320
レポート	p.321

Webサイトやブログなどでデータを公開できる

Power BIサービスに発行したレポートは、Webページやブログなどで公開が可能です。公開用のURLを作成できるほか、既存のWebページやブログ、ソーシャルメディア内にデータを埋め込むこともできます。簡単な操作でレポートをインターネットで公開できますが、機密情報や社外秘の情報が含まれるレポートの共有には不向きです。Web公開したレポートは誰でもサインインの必要なくアクセスが可能です。URLが分かれば誰でもレポートを確認できるため、公開してもいいデータやレポートに限定して公開を実行しましょう。

関連レッスン

▶レッスン3
各ツールの位置付けを理解しよう …… p.020
▶レッスン5
Power BIサービスにサインアップするには …… p.026
▶レッスン40
レポートを発行するには …… p.168
▶レッスン41
ダッシュボードを作成するには… p.172

After

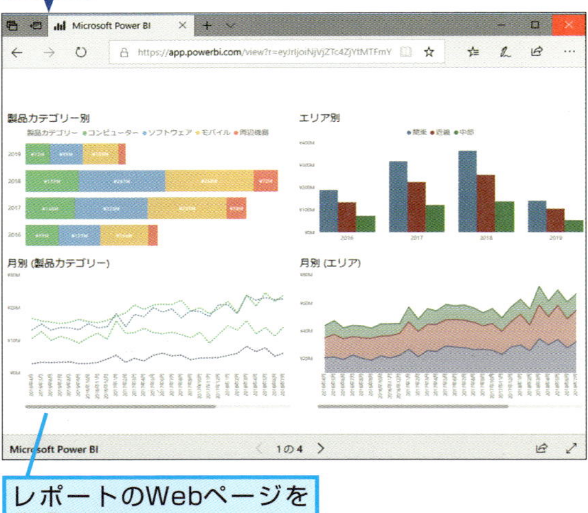

レポートのWebページを作成できる

After

埋め込みコードを利用してブログなどでレポートを公開できる

埋め込みコードの作成画面を表示する

Webで公開するレポートを表示しておく

1 ［ファイル］をクリック

2 ［Webに公開］をクリック

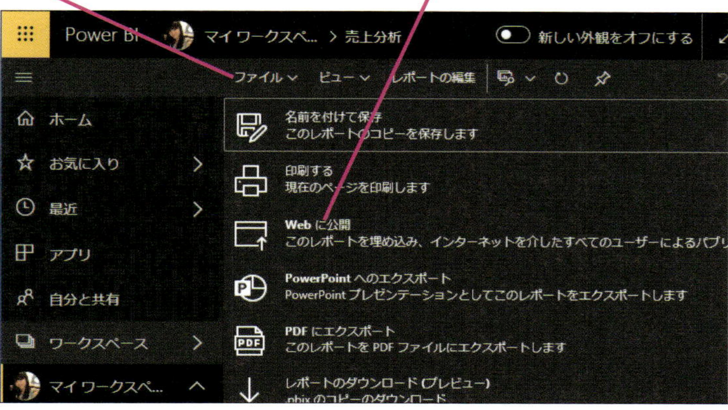

2 埋め込みコードを発行する

埋め込みコードの作成画面が表示された

1 ［埋め込みコードの作成］をクリック

一般向け Web サイトに埋め込む

一般向け Web サイトに組み込むことができるリンクまたは埋め込みコードを取得します。

Web への公開機能を使用して、一般向け Web サイトでコンテンツを共有できます。電子メール、内部ネットワーク、イントラネット サイトなどで内部的にコンテンツを共有するためにこの機能を使用することはできません。

Power BI 内のソース レポートとの同期が維持されるライブ バージョンを公開します。レポートに変更を加えると、公開済みの一般向けバージョンにすぐに反映されます。

埋め込みコードの作成　閉じる

一般向け Web サイトに埋め込む

⚠ このレポートの埋め込みコードを作成しようとしています。公開すると、インターネットを介して、だれでもこのレポートとそれに含まれるデータにアクセスできるようになります。Microsoft が一般向け Web サイトまたはギャラリーにこのレポートを表示することもあります。

このレポートを公開する前に、データや視覚エフェクトを一般向けに共有する権限があることをご確認ください。秘密情報、機密情報、個人データを公開しないでください。不明な点がある場合は、公開前に組織のポリシーをご確認ください。

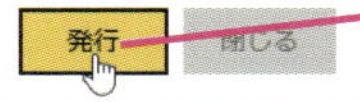

レポート公開に関する注意事項が表示された

2 ［発行］をクリック

HINT! 埋め込みコードって何？

Web画面にほかのWebサイトで公開されているコンテンツを埋め込むために利用するHTMLコードのことを指します。ブログやSNSにYouTubeなどの動画が埋め込まれて表示されているのを目にしたことがあるのではないでしょうか？ YouTubeなどさまざまなWebサイトでコンテンツを埋め込むため埋め込みコードを作成するメニューが用意されており、それらのメニューを利用すると"<iframe"から始まるHTMLコードが取得できます。この"<iframe"から始まるHTMLコードが埋め込みコードです。自分のWebサイトやブログなどに含めることで該当コンテンツを埋め込めます。Power BIにも埋め込みコード機能が用意されています。

3 URLと埋め込みコードが表示された

URLと埋め込みコードが発行され、「成功しました！」と表示された

ここでは、発行されたURLをコピーする

1 ここをクリック

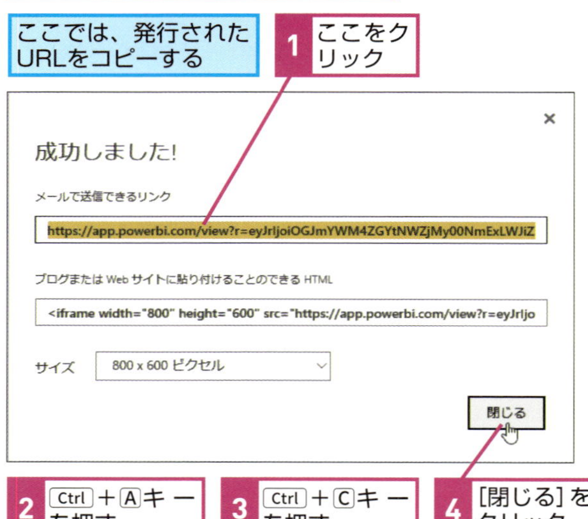

2 Ctrl＋Aキーを押す

3 Ctrl＋Cキーを押す

4 [閉じる]をクリック

4 レポートのWebページを確認する

ブラウザーで別タブを開いておく

1 アドレスバーをクリック

2 Ctrl＋Vキーを押す

3 Enterキーを押す

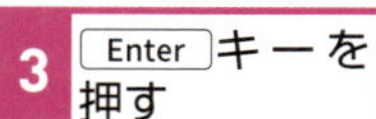

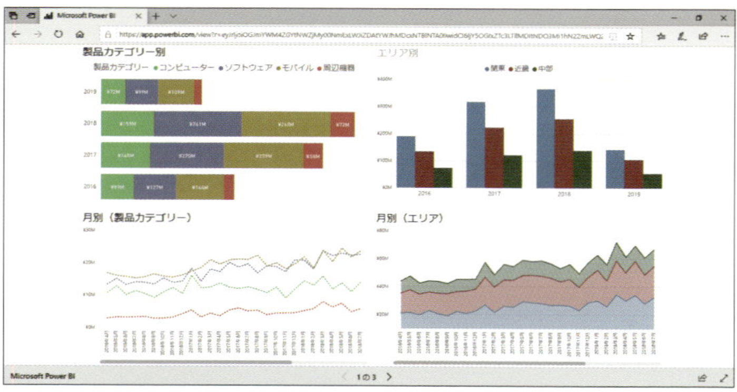

レポートのWebページが表示された

フィルターなどレポート内の操作も利用可能

HINT! 埋め込みコードを利用するには

手順3で表示された画面で「iframe」から始まるインラインフレーム要素のHTMLをコピーすると、Webサイトやブログにレポートを埋め込めます。以下の手順で操作すれば、埋め込みHTMLのサイズを変更できます。また、生成されるiframeタグをエディターなどで開き、widthとheight属性を直接書き換えても構いません。

埋め込みコードを発行しておく

1 [サイズ]のここをクリック

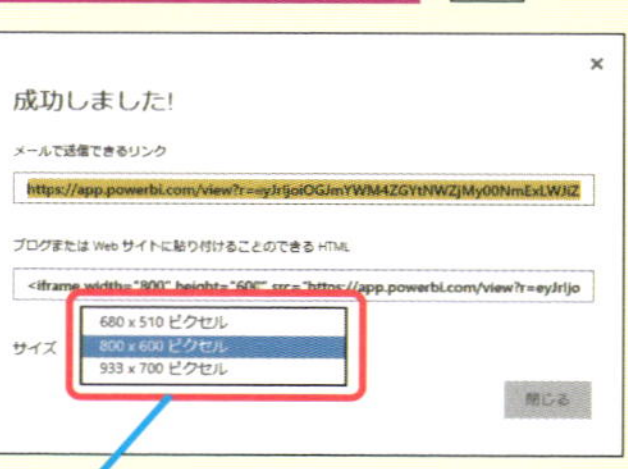

一覧からサイズをクリックして選択する

レポートのWeb公開の解除

公開したレポートを非公開にするには、以下の手順で操作します。レポートのURLや埋め込みコードはすべて無効となり、削除されます。

1 公開したレポートを表示する

公開済みのレポートを削除する

1 ［設定］をクリック

2 ［埋め込みコードの管理］をクリック

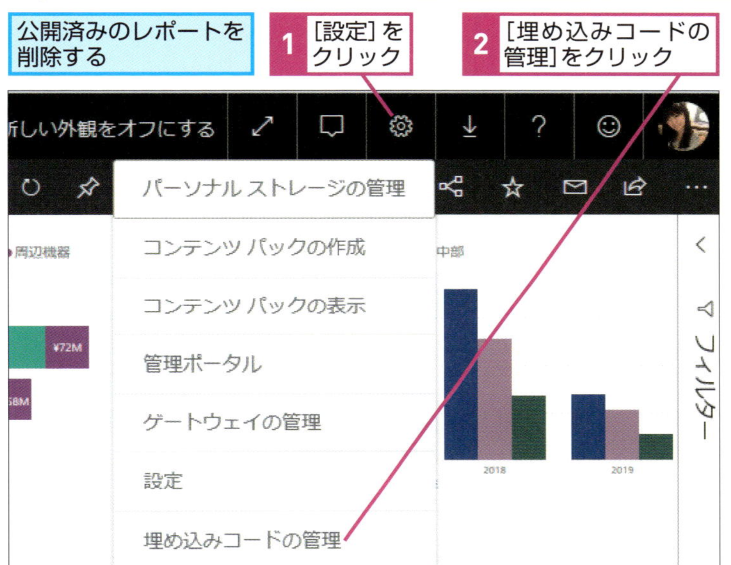

2 URLと埋め込みコードを削除する

公開したレポートが表示された

1 ［メニューを開く］をクリック

…

2 ［削除］をクリック

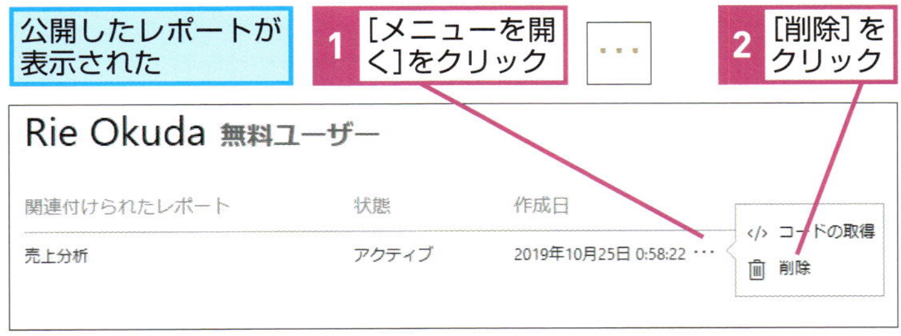

削除の確認画面が表示された

3 ［削除］をクリック

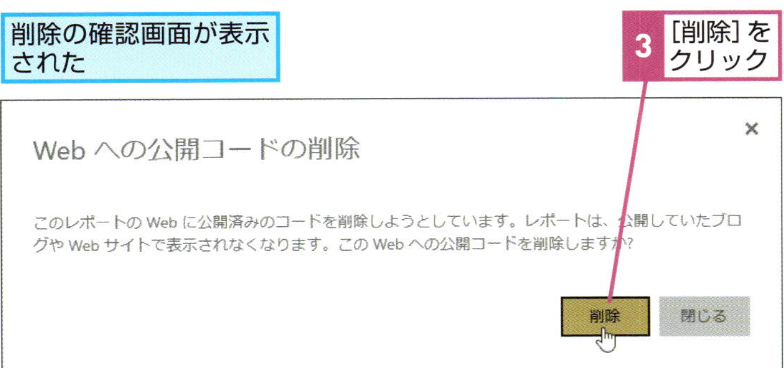

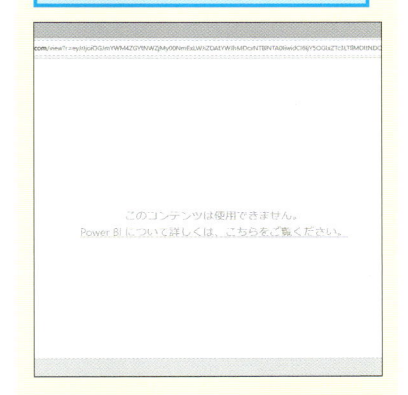

HINT!

Web公開を停止したときは

手順2の方法で埋め込みコードを削除すると、URLと埋め込みコードの両方が利用できなくなります。前ページの手順4で表示したWebページを開くと、以下のように表示されます。

埋め込みコードを削除すると、表示されていたレポートは見られなくなる

次のページに続く

テクニック Power BIサービスでもレポートの作成が可能

Power BI DesktopとPower BIサービスの位置付けや違いは第1章や第2章で紹介しました。

この章でも行った通り、レポートの作成・編集はPower BI DesktopとPower BIサービスの両方で行えます。Power BI Desktopで作成し発行したレポートを編集する操作はレッスン㊶で解説しましたが、レポートの作成をいちからPower BIサービスで行うことも可能です。

ここではPower BIサービスでレポートを作成する方法を紹介しますが、Power BIサービスでレポート作成を行う場合、Power BI Desktopとは異なりクエリエディターやモデリング機能は利用できません。接続するデータソースが単一であり、クエリエディターや［モデリング］タブで行う作業が必要ないケース以外ではPower BI Desktopによるレポート作成がおすすめです。

［新しいコンテンツの作成］が表示されていることを確認する

1 ［データを取得］をクリック

2 ［ファイル］の［取得］をクリック

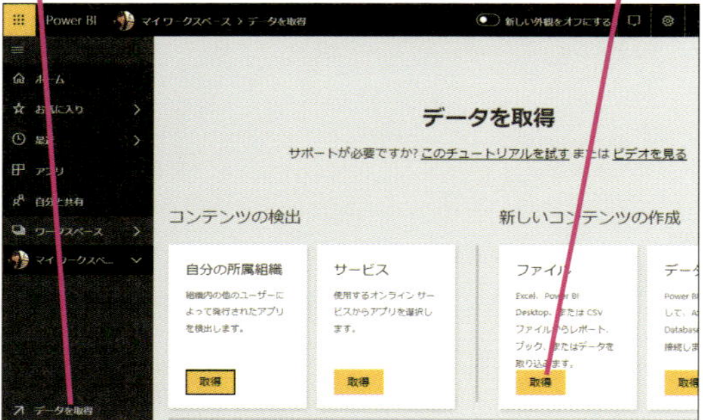

3 ［ローカルファイル］をクリック

［開く］ダイアログボックスが表示された

ここではサンプルファイルの［その他］フォルダー内の［SampleData.xlsx］を利用する

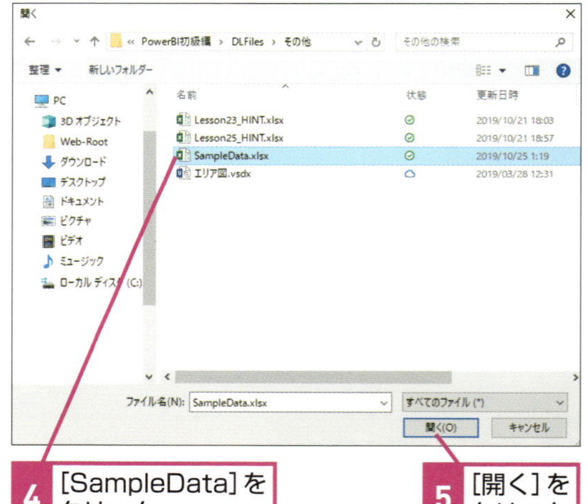

4 ［SampleData］をクリック

5 ［開く］をクリック

Excelファイル内のデータをPower BIサービスにデータセットとしてインポートする

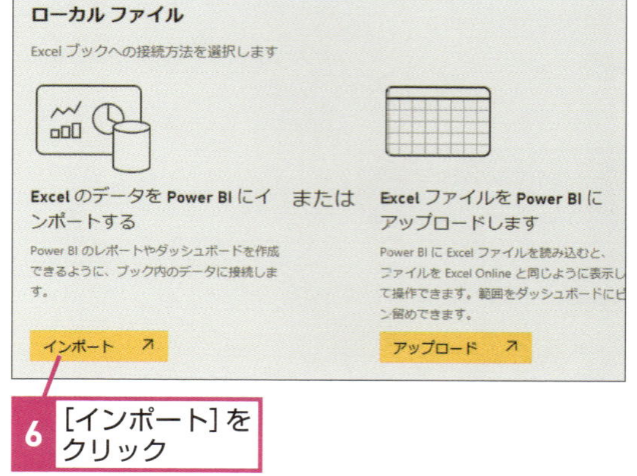

6 ［インポート］をクリック

[SampleData] データセットが追加された

7 [データセット] をクリック

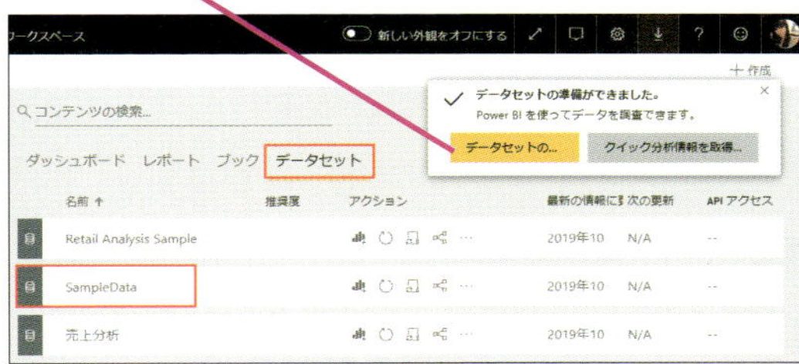

レポート作成画面を開く

8 [作成] をクリック

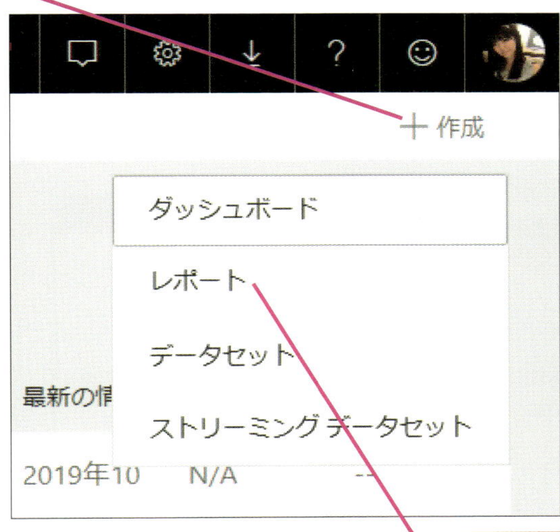

9 [レポート] をクリック

レポート作成に利用するデータセットを選択する

10 [SampleData] をクリック

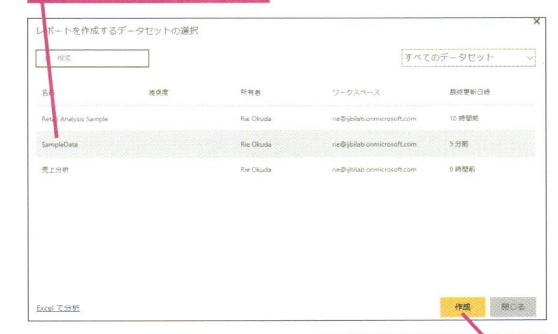

11 [作成] をクリック

レポート作成画面が開く

Power BI Desktopと同様に、[視覚化] ウィンドウからビジュアルを配置して設定する

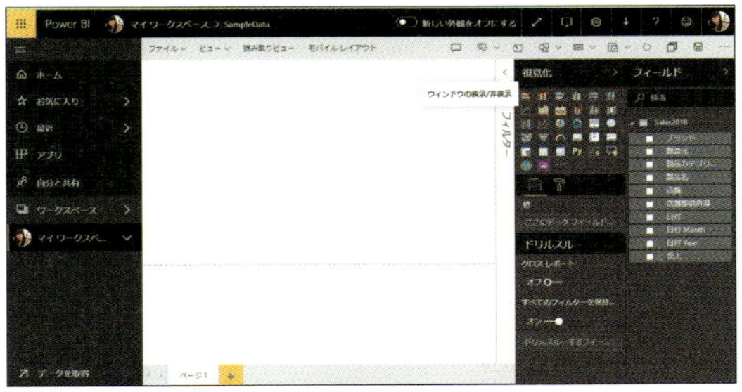

作成後は [ファイル] - [名前を付けて保存] をクリックしてレポートを保存する

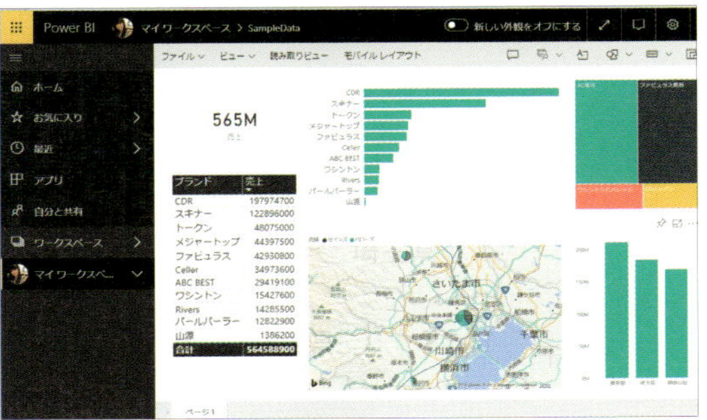

この章のまとめ

レポートを発行して Power BI サービスを活用する

第6章ではPower BI Desktopで作成したレポートをPower BIサービスに発行し、さらにレポートを活用する方法を理解しました。

レポートをPower BIサービスに発行することで活用できる下記内容を紹介しました。

●ダッシュボードの利用

Power BIサービスに発行したレポートから、ダッシュボードが作成できる
複数のレポートにまたがるデータを、1画面にまとめて確認することも

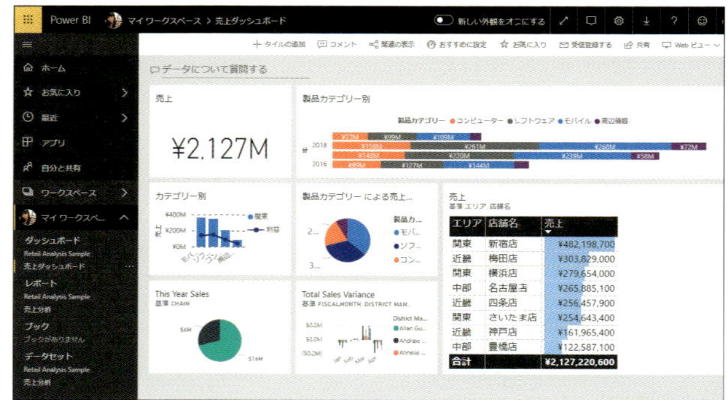

●モバイル端末からのアクセス

Webブラウザーやスマートフォンからダッシュボードやレポートが利用できる
またスマートフォン画面に最適化したダッシュボードやレポートの作成も可能たがるデータを、1画面にまとめて確認することも

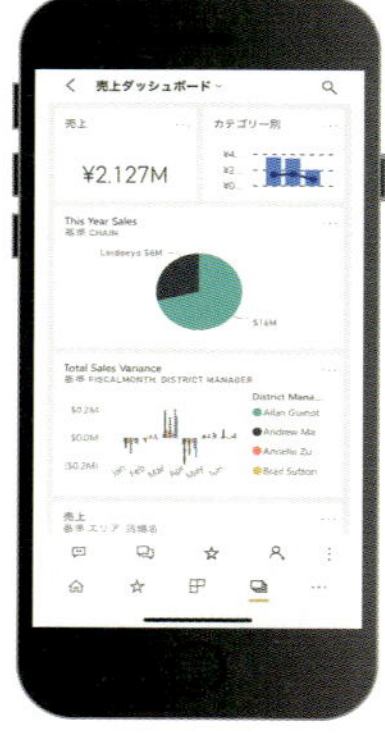

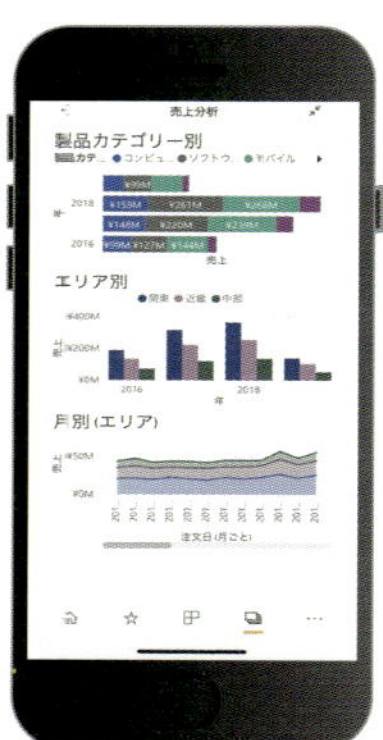

●レポートをWeb公開

レポートはWebページとして一般公開できる
Webサイトやブログに埋め込むことも

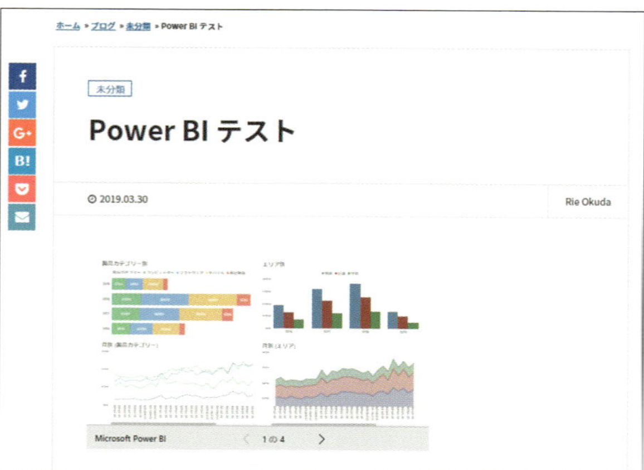

応用編
第7章 さまざまなデータの取得と更新方法を知ろう

Power BIは、さまざまなデータソースを接続先としてサポートしています。データの更新やデータベースへの接続、オンプレミス環境のデータをPower BIサービスから扱う方法など、この章ではデータ接続および更新に関する仕組みや設定方法を解説します。

●この章の内容

㊹ Power BIが接続できるデータソースとは……………190
㊺ レポートを最新の状態に更新するには…………………192
㊻ データベースに接続するには ………………………………198
㊼ 社内ネットワークにあるデータを更新するには …206

レッスン
44 Power BIが接続できるデータソースとは

サポートされている接続先

キーワード

オンプレミスデータゲートウェイ	p.317
クエリエディター	p.318
ダッシュボード	p.318
データソース	p.319
レポート	p.321

関連レッスン

▶レッスン22
Excelファイルを読み込むには …… p.090
▶レッスン45
レポートを最新の状態に更新するには …… p.192
▶レッスン46
データベースに接続するには …… p.198
▶レッスン47
社内ネットワークにあるデータを更新するには …… p.206

さまざまなデータソースに接続できる

Power BIでの作業は、分析に利用するデータへの接続から始まります。データの接続先のことを一般的に「データソース」と呼びますが、Power BIはさまざまなデータソースを接続先としてサポートしています。クラウド上にあるデータやインターネット上のWebサイトはもちろん、企業内ネットワーク内にあるファイルやデータベースなど、あらゆる種類のデータソースに接続し、分析に必要なデータを取得できます。またPower BI Desktopでレポート作成のためのデータを取得できるだけではなく、作成したレポートをPower BIサービスに発行することで、データの更新機能が利用できます。更新機能を利用することで、最新のデータが反映されたダッシュボードやレポートをブラウザーやモバイル端末から利用できます。

Power BIサービスに発行すると、データの自動更新スケジュールが設定できる

さまざまなデバイスからダッシュボードやレポートが利用できる

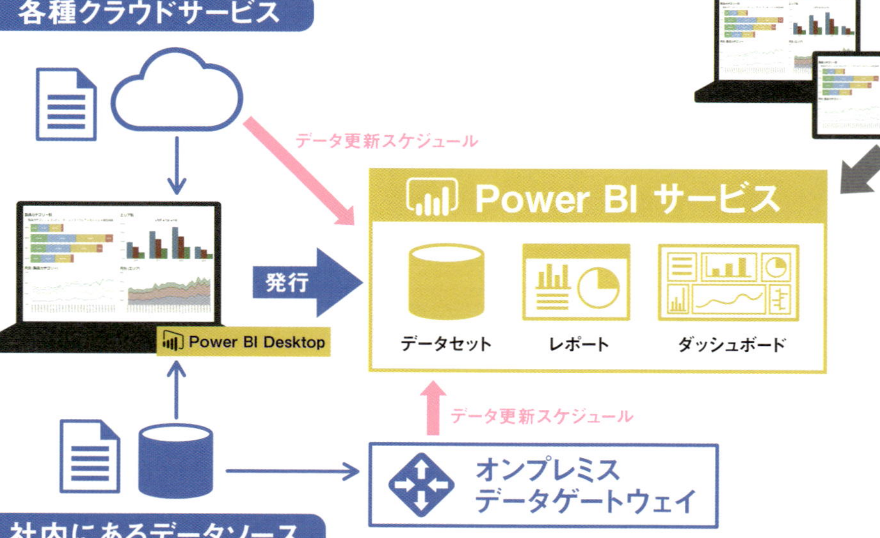

社内ネットワーク内のファイルやデータベースに対して、自動更新を行うためにはオンプレミスデータゲートウェイが必要

Power BI Desktop からの接続

第4章でCSVファイル、フォルダー（複数のCSVファイルを含む）、Excelファイルへの接続方法を解説しましたが、Power BI Desktopでデータソースに接続する際は、［データの取得］ボタンから操作します。接続先に応じて、接続情報やファイルの場所など指定しなければならない情報は異なりますが、取得したいデータ（テーブルなど）を選択後、クエリエディターでデータの編集作業が行える点は同じです。

［データを取得］画面で接続先を選択する

●サポートされているデータソース一覧

カテゴリー	データソース名
ファイル	Excel、テキスト/CSV、XML、JSON、フォルダー、PDF、SharePoint フォルダー
データベース	SQL Server データベース、Access データベース、SQL Server Analysis Services データベース、Oracle Database、IBM DB2 データベース、IBM Netezza、MySQL データベース、PostgreSQL データベース、Sybase データベース、Teradata データベース、SAP HANA データベース、SAP Business Warehouse Application サーバー、SAP Business Warehouse メッセージ サーバー、Amazon Reeshift、Impala、Google BigQuery、Vertica、Snowflake、Essbase、BI Connector、Dremio、Exasol、Kyligence、MarkLogic
Power Platform	Power BI データセット、Power BI データフロー、Common Data Services
Azure	Azure SQL Database、Azure SQL Data Warehouse、Azure Analysis Services データベース、Azure Blob Storage、Azure Table Storage、Azure Cosmos DB、Azure Data Lake Storage Gen1、Azure HDInsight (HDFS)、Azure HDInsight Spark、HDInsight 対話型クエリ、Azure Data Explorer (Kusto)、Azure Cost Management
オンラインサービス	SharePoint Online リスト、Microsoft Exchange Online、Dynamics 365（オンライン）、Dynamics NAV、Dynamics 365 Business Central、Dynamics 365 Business Central（オンプレミス）、Salesforce オブジェクト、Salesforce レポート、Google アナリティクス、Adobe Analytics、Facebook、Smartsheet、Industrial App Store、Quick Base、Emigo Data Source
その他	Web、SharePoint リスト、OData フィード、Active Directory、Microsoft Exchange、Spark、R スクリプト、Python スクリプト、ODBC、OLE DB、Denodo、Paxata

HINT!

プレビュー版の接続先もある

「ベータ」と記載されているデータソースは正式にリリースがされていないプレビュー版です。運用環境での利用は推奨されていないことに注意しましょう。

プレビュー版のデータソースは「ベータ」と記載されている

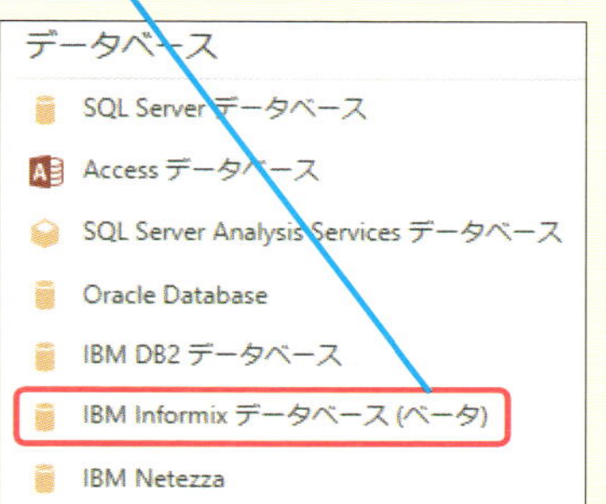

HINT!

サポートされるデータソースは今後も増える可能性あり

Power BIでサポートされているデータソースは継続的に追加されています。左の一覧は執筆時点での内容であり、今後、変更される場合があります。またベータのデータソースは記載していません。

レッスン

45 レポートを最新の状態に更新するには

データ更新の種類

キーワード

DirectQuery	p.315
オンプレミスデータゲートウェイ	p.317
ダッシュボード	p.318
データソース	p.319
レポート	p.321

関連レッスン

▶レッスン44
Power BIが接続できるデータソースとは……p.190

▶レッスン46
データベースに接続するには……p.198

▶レッスン47
社内ネットワークにあるデータを更新するには……p.206

▶レッスン60
ファイルの自動更新を利用するには……p.294

データ更新方法を理解しよう

データ分析を行うために利用しているデータソースは、日々の業務によりデータが追加されていくことがほとんどです。レポートやダッシュボードに表示している集計結果や内容を最新のデータが反映された状態にしたい場合、データ更新を実行します。Power BIでは利用しているデータソースや接続方法によりデータ更新は複数の方法があります。

●データ更新方法

<table>
<tr><th colspan="2" rowspan="2">方法</th><th rowspan="2">概要</th><th colspan="2">設定できるツール</th></tr>
<tr><th>Power BI Desktop</th><th>Power BI サービス</th></tr>
<tr><td colspan="2">手動</td><td>・更新操作を行うことで、最新のデータを読み込む
・Power BI Desktop でレポートを操作する際にも利用可能</td><td>○</td><td rowspan="3">○</td></tr>
<tr><td rowspan="2">自動</td><td>スケジュール設定</td><td>・自動的にデータを最新に更新する時間を設定可能
・1日8回まで設定できる</td><td rowspan="2">×※</td></tr>
<tr><td>決まった時間</td><td>・SharePoint Online や OneDrive に保存したファイルをデータソースにした場合のみ利用可能
・設定の必要なく、自動的に1時間に一度、最新データが読み込まれる</td></tr>
</table>

※自動更新を行うためには Power BIサービスに発行が必要

手動更新

利用者の操作によってデータ更新を行う方法です。レポートやダッシュボードを利用する人が任意のタイミングで更新できます。
Power BI Desktop、Power BIサービスのどちらからでも行えます。

Power BI Desktopの場合

[最新の情報に更新]をクリックして、データを再読み込み

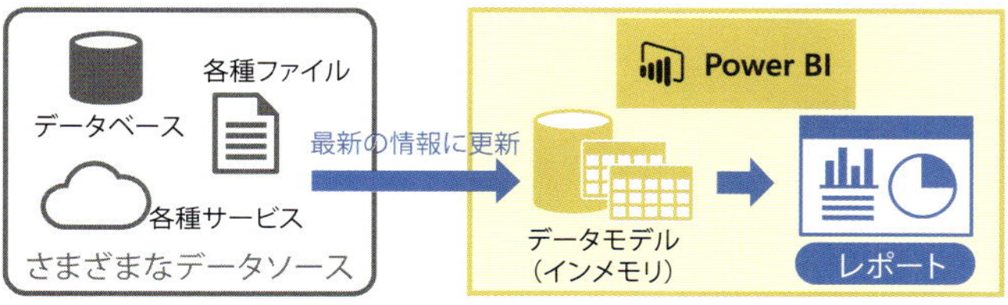

[最新の情報に更新] ボタンをクリックすることで、接続先のデータソースへクエリを再度実行し、Power BI Desktop内に読み込まれるデータモデルを更新できます。1つのレポートで複数のデータソースを利用している場合、すべてのクエリが実行されます。

[最新の情報に更新] をクリック

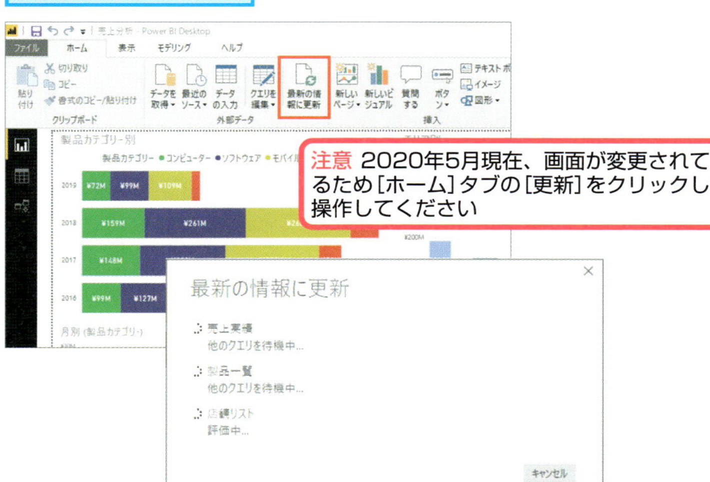

注意 2020年5月現在、画面が変更されているため[ホーム]タブの[更新]をクリックして操作してください

すでてのクエリが実行され、最新データが読み込まれ、レポートに反映される

HINT!

データに直接接続することも可能

Power BIではデータ接続方法は、“インポート”と“直接接続”の2種類があります。
インポートは通常利用される方法であり、これまでの手順で、Excelファイル やCSVファイルに接続するために行った方法はインポートです。インポートはデータソース内のデータをPower BIに読み込んで、分析に利用します。

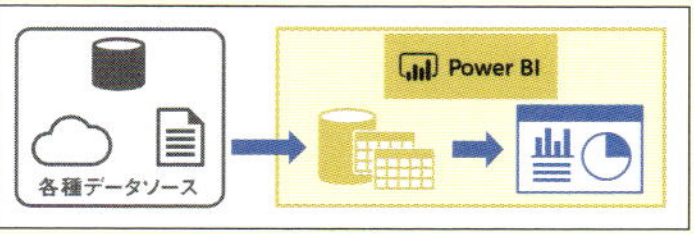

SQL Serverなどのデータベースや SQL Server Analysis Servicesをデータソースとする場合、データの接続方法やインポートだけではなく、直接接続を行う“DirectQuery”や“ライブ接続”も利用できます。

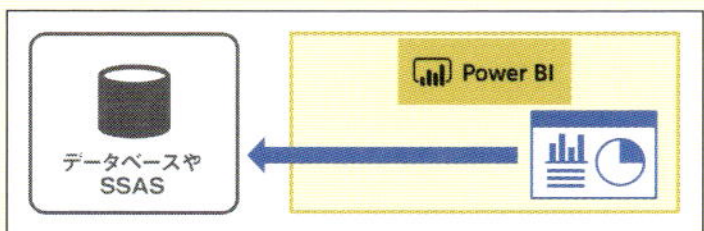

DirectQueryやライブ接続を利用した場合、直接データに接続している状態となるため、データは常に最新です。このレッスンで解説しているデータ更新の手段は検討する必要ありません。
DirectQueryやライブ接続については次のレッスンで解説します。

次のページに続く

Power BIサービスの場合

Power BI Desktopで作成したレポートをPower BIサービスに発行するとデータセットが作成されます。データセットにはPower BI Desktopで設定したクエリにより取得したデータのすべてが含まれます。Power BIサービスでは、データセットに対して［今すぐ更新］を行うことで手動でのデータ更新が可能です。

［今すぐ更新］をクリックして、データを更新

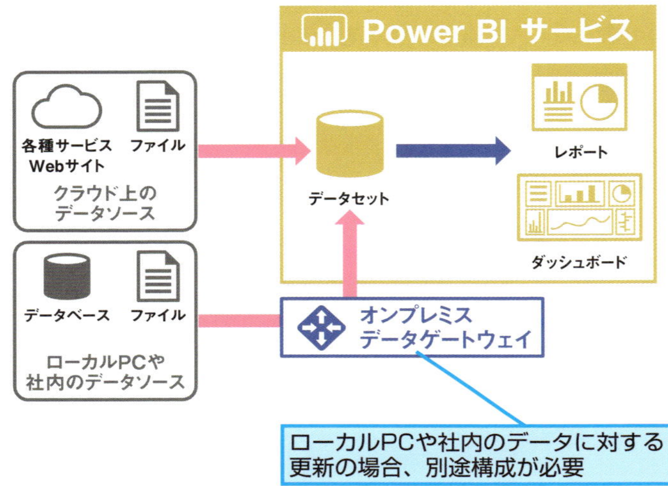

対象のデータセットの［今すぐ更新］をクリック

HINT! Power BIサービスの場合、ローカルのデータをどうやって更新する？

ローカルPC上のファイルや、社内ネットワーク（オンプレミス環境）上のデータソースに接続している場合、Power BIサービスでデータ更新を行うためには、オンプレミスデータゲートウェイの構成が必要です。これまでのレッスンを行った方は、Power BIサービスに「売上分析」データセットが確認できますが、これはローカルPC上のCSVやExcelファイルに接続しているため、Power BIサービスでデータセットの更新を行うと次のようなメッセージが表示されます。

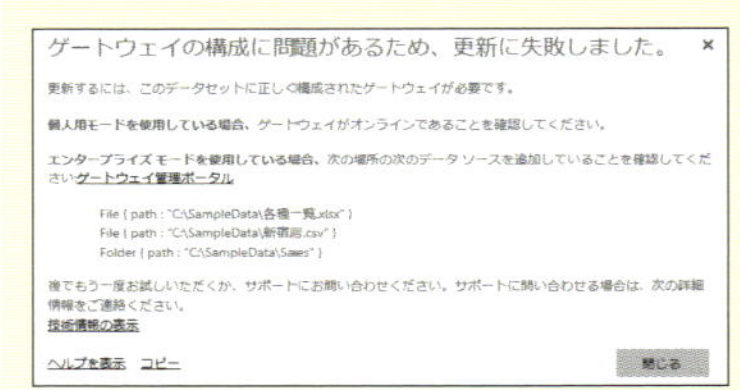

オンプレミスデータゲートウェイはレッスン㊼で紹介する

自動更新

Power BIサービスに発行したレポートは、自動的にデータを最新状態に更新することが可能です。

スケジュールによる自動更新

データセットに対して更新スケジュールの設定を行えます。1日8回まで指定が可能で、スケジュールにそってデータを最新の状態に更新できます。

対象のデータセットの[更新のスケジュール設定]をクリックする

データセットの設定画面で、[スケジュールされている更新]が設定できる

HINT!

更新の実行結果を確認するには

データ更新の実行結果はPower BIサービスのデータセットの設定画面から確認できます。

1 [その他のオプション]をクリック

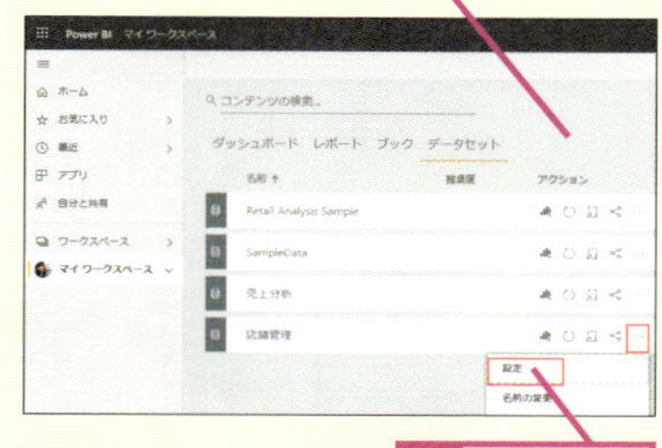

2 [設定]をクリック

3 [更新履歴]をクリック

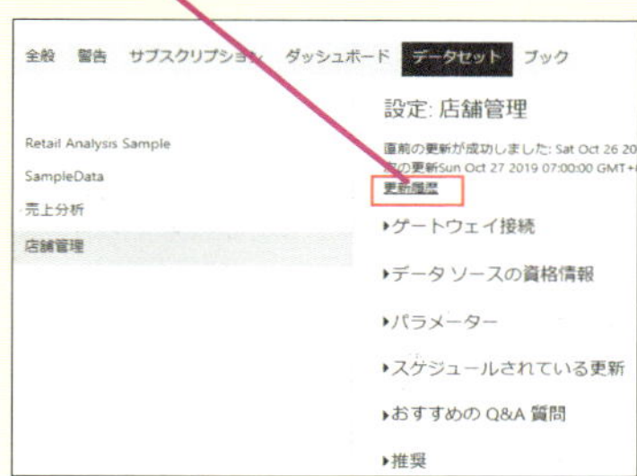

更新履歴が表示された

更新履歴

計画済み　OneDrive

詳細	型	開始
	計画済み	2019/10/26
	オンデマンド	2019/10/26
	オンデマンド	2019/10/26

[計画済み]はスケジュール更新、[オンデマンド]は手動更新の履歴である

次のページに続く

決まった時間に自動更新

SharePointライブラリやOneDriveに保存されているファイル（ExcelファイルやCSVファイル）をデータソースとしている場合、1時間に一度、自動的に更新される仕組みを利用できます。特に設定は必要ありません。

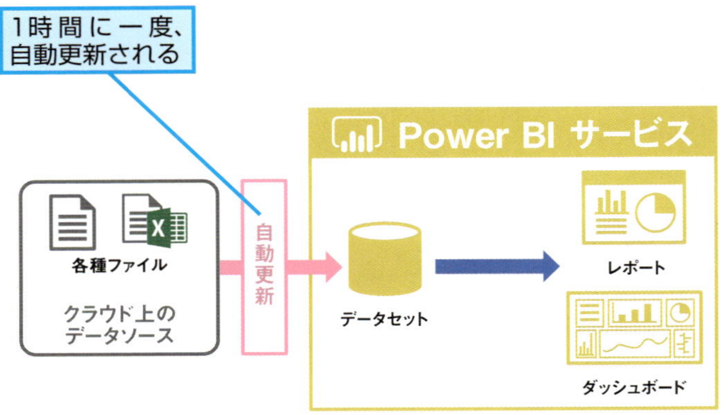

HINT!
SharePointライブラリやOneDriveに保存されているファイルに接続する方法

SharePointやOneDriveに保存されているファイルに接続する詳しい方法は第9章で紹介します。
またSharePointライブラリやOneDriveに保存されているファイルをデータソースとしている場合でも、Power BI Desktopでは自動更新はされません。更新したいタイミングで手動更新を行います。

テクニック SharePointリストをデータソースとし、スケジュール更新を試してみよう

第4章から第6章で作成し、発行したレポートは、ローカルPC上のファイルをデータソースとしたため、本レッスンで解説した自動更新（スケジュール設定）を利用するためにはオンプレミスデータゲートウェイの設定が必要です。オンプレミスデータゲートウェイを設定せずに、スケジュール更新の動作確認を行いたい場合はクラウド上のデータソースを利用してみてください。ここではSharePoint Onlineリストをデータソースとし、スケジュール更新を試すための手順を紹介します。

注意 SharePoint Onlineリストは事前に用意されていることが前提です

Power BI DesktopでSharePoint Onlineリストをデータソースとしたレポートを作成、発行する

[データを取得]の画面を表示しておく

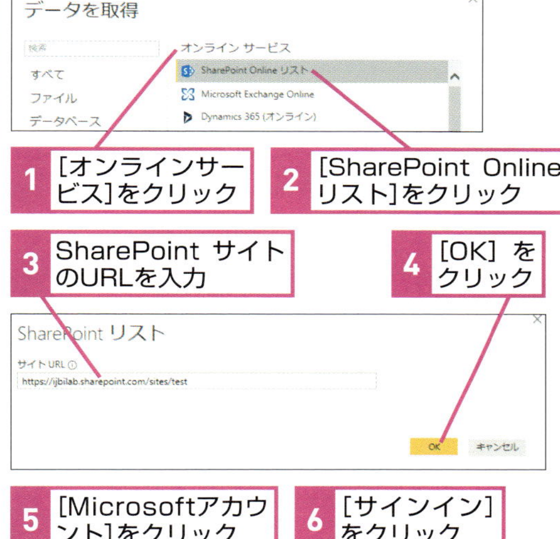

1 [オンラインサービス]をクリック

2 [SharePoint Online リスト]をクリック

3 SharePoint サイトのURLを入力

4 [OK]をクリック

5 [Microsoftアカウント]をクリック

6 [サインイン]をクリック

[ナビゲーター]の画面が表示された

7 接続先のリスト名をクリック

任意のレポートを作成し、Power BIサービスに発行する

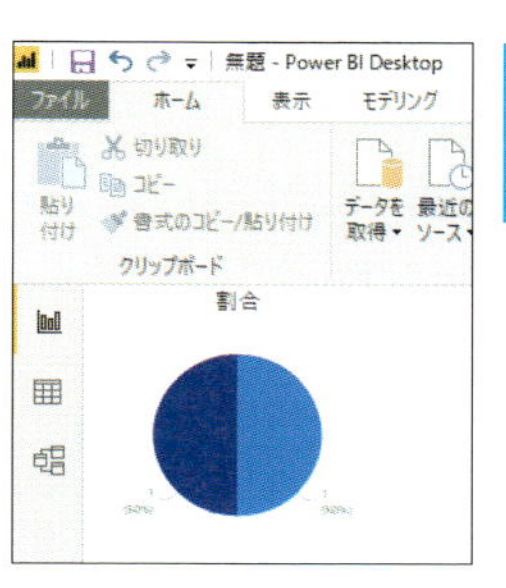

Power BIサービスでスケジュール更新を設定する

8 [データセット]をクリック

9 [更新のスケジュール設定]をクリック

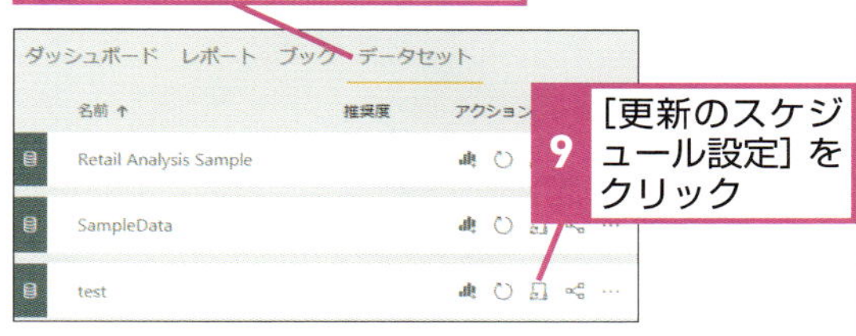

10 [データソースの資格情報]のここをクリック

11 [資格情報を編集]をクリック

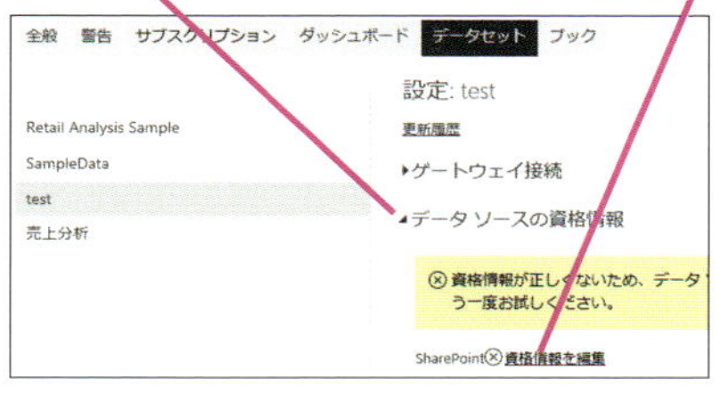

12 [認証方法]のここをクリックして[OAuth2]を選択

13 [サインイン]をクリック

スケジュール更新が設定、動作確認できるようになる

45 データ更新の種類

レッスン
46
データベースに接続するには

DirectQuery、ライブ接続

キーワード

CSV	p.315
DirectQuery	p.315
インポート	p.317
モデリング	p.320
データソース	p.319

関連レッスン

▶レッスン44
Power BIが接続できるデータソースとは ………… p.190
▶レッスン45
レポートを最新の状態に更新するには ………… p.192
▶レッスン47
社内ネットワークにあるデータを更新するには ………… p.206

データベースに対する3種類の接続方法

Power BIはファイル、データベース、オンラインサービスとさまざまな種類のデータソースに接続できますが、データベースに接続する場合、インポート、DirectQuery、ライブ接続の3つの接続方法があります。インポートについては、これまでのレッスンで具体的な接続方法を紹介していますが、あらためてそれぞれの特徴や接続方法、制限について見ていきましょう。

●インポート
インポートは通常利用される方法であり、これまでのレッスンで紹介したExcelファイルやCSVファイルに接続する際の接続方法はインポートです。データソース内のデータをPower BIに読み込んで、分析に利用する方法です。データベースに接続する際にもインポートが利用できます。

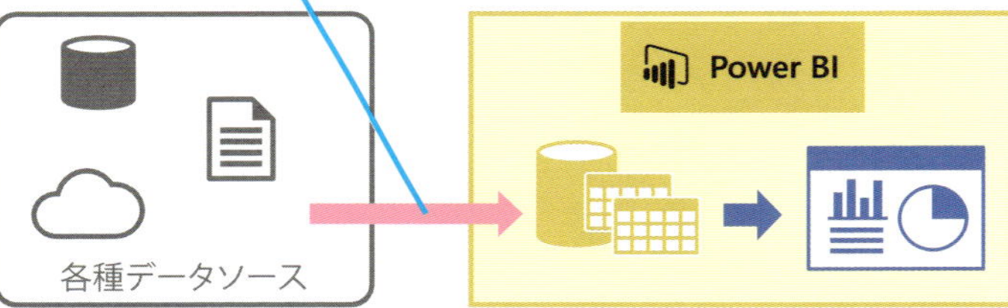

・最新のデータを反映する場合、更新が必要
　手動更新、もしくはPower BIサービスで自動設定も可能
・Power BI内にインポートされたデータに対してクエリが行われるため
　ビジュアルに対する動作が比較的早い
・レポートをPower BIサービスに発行すると、Power BI Desktopに
　インポートされたデータはデータセットとしてPower BIサービスに
　アップロードされる（圧縮後1GBまでがPower BIサービスが
　サポートする各データセットのサイズ）

●DirectQuery

DirectQueryはPower BI内にデータをインポートせず、直接データベースから取得したデータを利用してレポートを動作します。

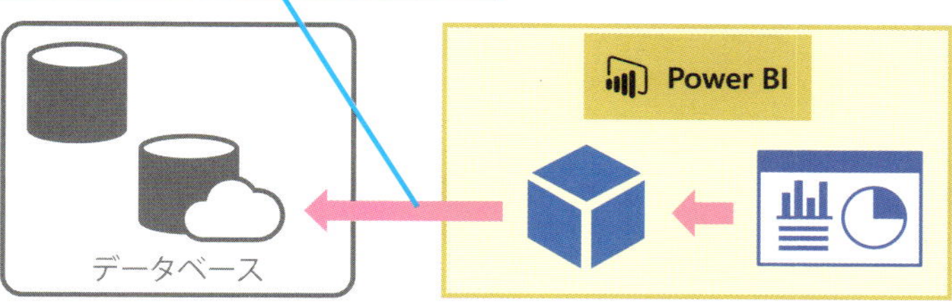
データベースに直接SQLクエリを用いてアクセスする
Power BI
データベース

・常にデータソースから最新のデータを取得できる
・インポートが行えない大きなサイズのデータを扱える
　データをインポートしないためPower BIサービスにおけるデータセットの容量の制限（データセットに対して圧縮後1GBまで）は該当しない
・レポートが表示される際にデータソースからデータを取得するため、取得するデータ量によっては表示に時間がかかることがある
・データソースへの接続は単一ユーザー（設定したアカウント）を利用する
・データの編集（モデリング）機能に一部制限がある

●ライブ接続

分析用データベースであるSQL Server Analysis ServicesやAzure Analysis Servicesに対して直接接続する方法です。直接データソースに接続する点はDirectQueryと似ていますが、内部の仕組みが異なりDAXクエリでデータソースに接続するためDirectQueryに比べるとレスポンスが早いといえます。

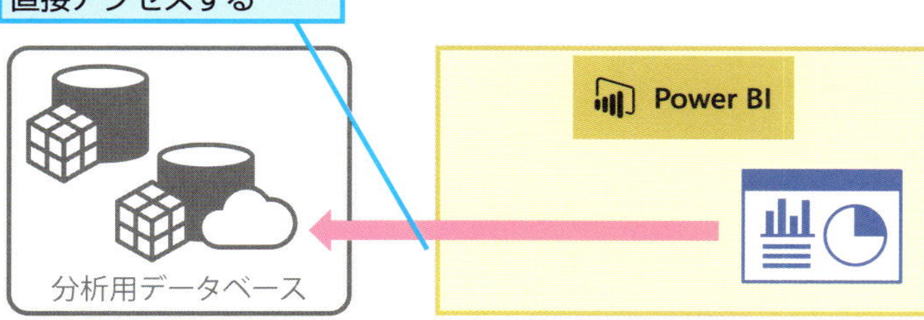
分析用データベースに直接アクセスする
Power BI
分析用データベース

・常にデータソースから最新のデータを取得できる
・インポートが行えない大きなサイズのデータを扱える
　データをインポートしないためPower BIサービスにおけるデータセットの容量の制限（データセットに対して圧縮後1GBまで）は該当しない
・利用ユーザーとしてデータソースにアクセスする
・Power BIでデータ編集は行わないため、分析用データベース内に必要なデータが含まれていることが前提となる

HINT!

DirectQueryによるデータ取得の制限とは

DirectQueryによるデータの取得では、組み込みの日付階層機能（タイムインテリジェンス機能）のほか、DAX式などの制限事項があります。詳しくは以下のWebページを参照してください。

▼Power BIドキュメント-DirectQueryの制限
https://docs.microsoft.com/ja-jp/power-bi/desktop-use-directquery#limitations-of-directquery

HINT!

DirectQueryが利用できるデータソースとは

DirectQueryが利用できるのは、以下のデータソースとなります。Power BIでDirectQueryをサポートしている主なデータソースを確認しておきましょう。

・SQL Server
・Azure SQL Database
・Azure SQL Data Warehouse
・IBM DB2 データベース
・Impala（バージョン2.x）
・Oracle データベース（バージョン12以降）
・Amazon Redshift
・SAP Business Warehouse Applicationサーバー
・SAP HANA
・Snowflake
・Teradataデータベース

次のページに続く

DirectQueryによる接続方法

ここではSQL Serverの例で、DirectQueryでデータソースに接続する操作を紹介します。

1 DirextQueryをサポートしているデータソースに接続する

Power BI Desktopを起動しておく

1 [ホーム]タブをクリック

2 [データを取得]のここをクリック

データを取得▾

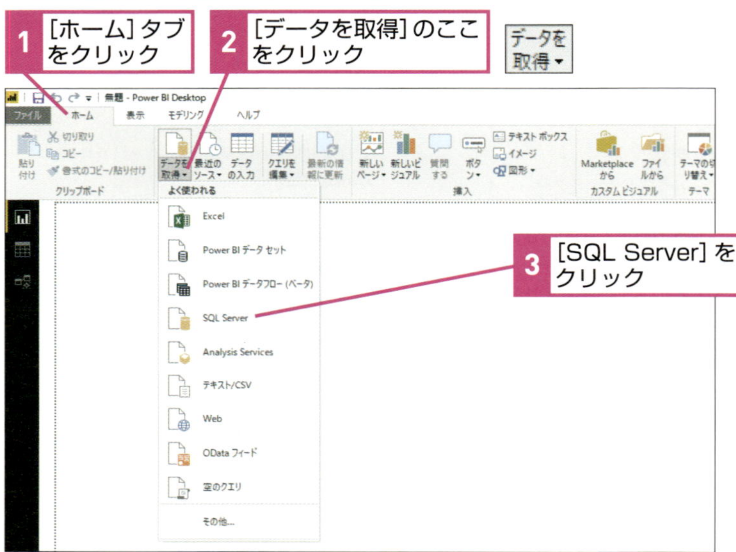

3 [SQL Server]をクリック

2 接続先のサーバーを設定する

サーバーの設定画面が表示された

1 サーバー名を入力

2 [DirectQuery]をクリック

3 [OK]をクリック

HINT!

データ接続モードの設定は同じ

手順1の操作3では、[SQL Server]を選択していますが、DirectQueryをサポートしているそのほかのデータベースを接続先に指定した場合も、手順2の内容は同じです。

SQL Server以外のデータソースでも設定は同じ

なお、DirectQueryの動作検証を行うには、DirectQueryをサポートしているデータベース環境が必要です。SQL Serverのサンプルデータベースを取得したいときは、下記のURLを参照してください。

▼SQL Server 2012 評価のためのリソース

https://www.microsoft.com/ja-jp/cloud-platform/products-SQL-Server-2012-Evaluate.aspx

▼SQLドキュメント-サンプルデータおよび多次元プロジェクトのインストール

https://docs.microsoft.com/ja-jp/sql/analysis-services/install-sample-data-and-projects?view=sql-server-2017

さまざまなデータの取得と更新方法を知ろう 応用編 第7章

3 接続情報を指定する

ここではWindows認証で操作を進める

1 [現在の資格情報を使用する]をクリック

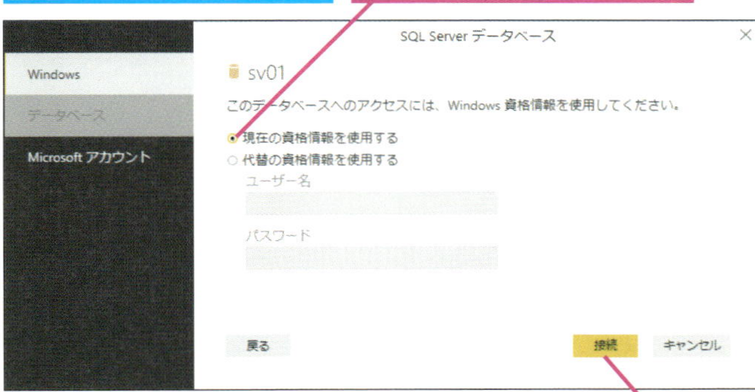

2 [接続]をクリック

4 データベースとテーブルを指定する

1 接続先のデータベース名のここをクリック

2 テーブル名をクリックしてチェックマークを付ける

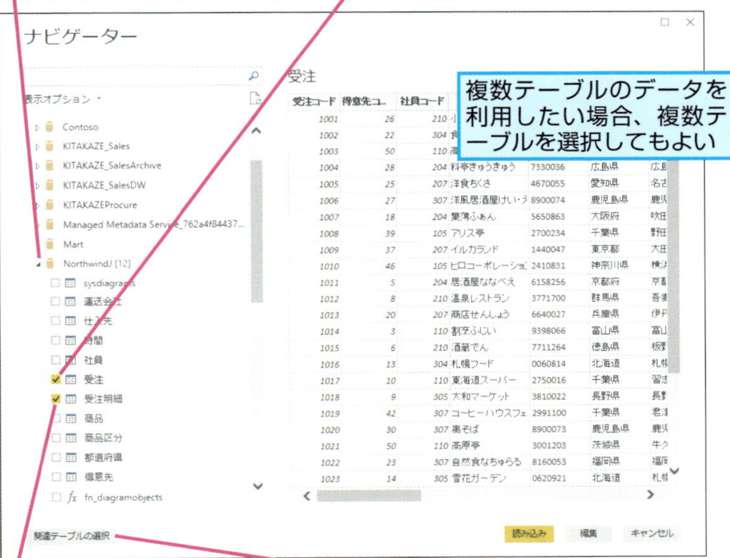

複数テーブルのデータを利用したい場合、複数テーブルを選択してもよい

3 [受注明細]をクリックしてチェックマークを付ける

4 [関連テーブルの選択]をクリック

HINT!

SQL Server認証の場合は

手順3ではWindows認証で操作を進めていますが、SQL Server認証の場合は、ユーザー名とパスワードを入力してから［接続］ボタンをクリックします。

SQL Server認証では［データベース］の項目でユーザー名とパスワードを入力する

次のページに続く

5 クエリエディターを表示する

選択したテーブルと関連のあるテーブルが自動で選択された

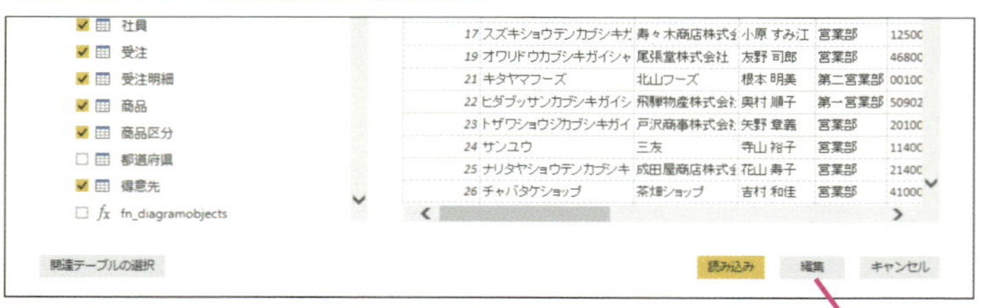

1 ［編集］をクリック

6 クエリエディターでデータの編集を行う

必要に応じ、クエリエディターでデータを編集しておく

1 ［閉じて適用］をクリック

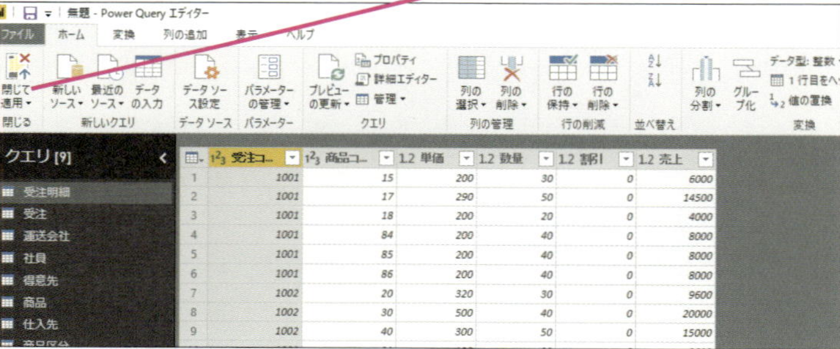

クエリが実行され、接続が行われる

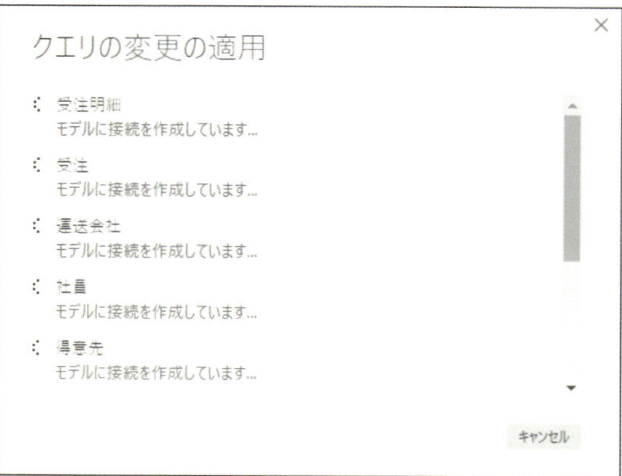

HINT! リレーションシップが引き継がれる

テーブル間にリレーションシップがある場合、［関連テーブルの選択］ボタンをクリックしたときに関連付けされたテーブルがすべて選択されます。データベース側で設定されているリレーションシップは、Power BIにそのまま引き継がれます。

7 Power BI Desktopの画面を確認する

Power BI Desktopのページが表示された

1 [データビュー]が表示されていないことを確認

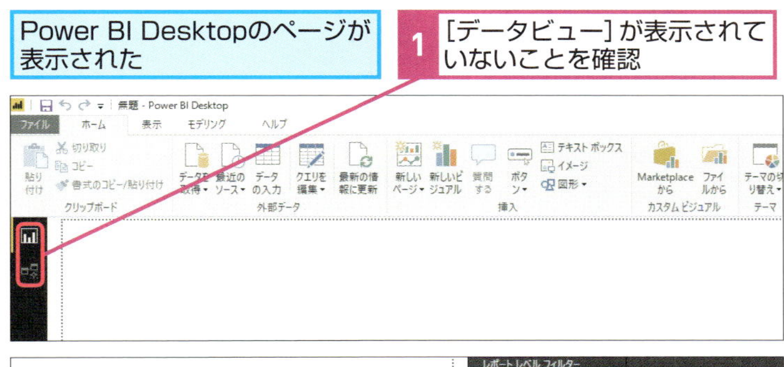

レポート レベル フィルター
ここにデータ フィールドをドラッグ...
ドリルスルー
すべてのフィルターを保持する
オフ
ドリルスルーするフィールドをここ...
ストレージ モード: DirectQuery (クリックして変更)

2 ステータスバーに「DirectQuery」と表示されていることを確認

8 レポートを編集する

ビジュアルを配置してレポートを編集する

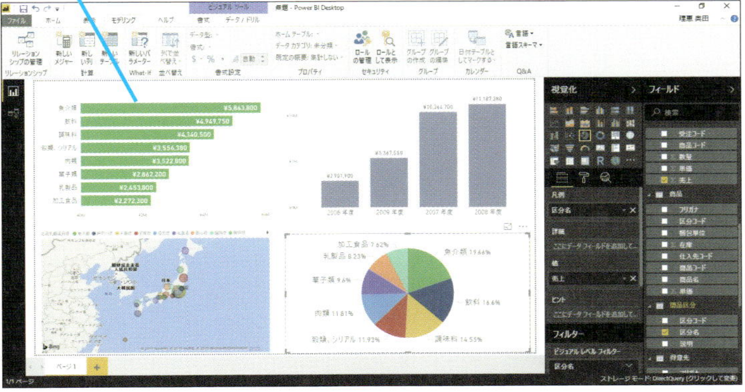

HINT! 接続モードを後から変更するには

DirectQueryで接続後、右下の[ストレージモード：DirectQuery（クリックして変更)]をクリックすると、接続方法をインポートに変更できます。[ストレージモード：DirectQuery（クリックして変更)]をクリックすると、以下の画面が表示されます。[すべてのテーブルをインポートに切り替え]ボタンをクリックすると、インポートに変更できますが、再度DirectQueryには戻せません。

[すべてのテーブルをインポートに切り替え]をクリックするとインポートに切り替わる

すべてのテーブルをインポート モードに切り替え

ストレージ モードを インポート に設定する操作には、以下の影響があります。続行する前に慎重に検討してください。

ストレージ モードを [インポート] に設定する操作を元に戻すことはできません。DirectQuery に戻すことはできなくなります。

すべてのテーブルが更新されます。データ量などの要因によっては時間がかかる場合があります。

ストレージ モードの設定方法に関する詳細情報

すべてのテーブルをインポートに切り替え　キャンセル

次のページに続く

ライブ接続による接続方法

1 ライブ接続をサポートしているデータソースに接続する

Power BI Desktopを起動しておく

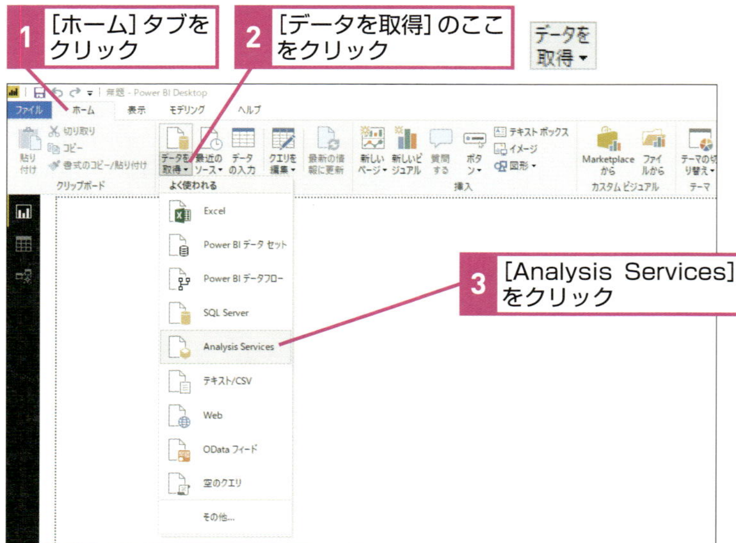

1 [ホーム] タブをクリック
2 [データを取得] のここをクリック
データを取得
3 [Analysis Services] をクリック

2 接続先のサーバーを設定する

サーバーの設定画面が表示された

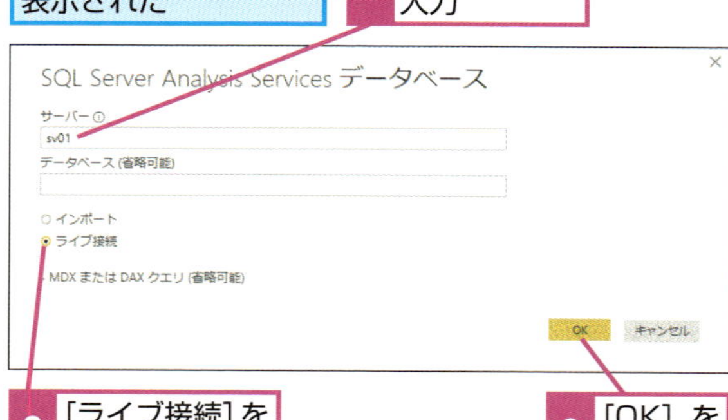

1 サーバー名を入力
SQL Server Analysis Services データベース
サーバー
sv01
データベース (省略可能)
インポート
ライブ接続
MDX または DAX クエリ (省略可能)
OK
キャンセル
2 [ライブ接続] をクリック
3 [OK] をクリック

HINT!

ライブ接続が行えるデータソース

ライブ接続でアクセスできるのは、分析用データベースであるSQL Server Analysis ServicesやAzure Analysis Servicesです。Analysis Servicesはデータベースからデータを取り出し分析のためのデータモデルを用意できる仕組みです。Power BIで行うようなデータ編集機能（クエリエディターやモデルビューで行う操作）が、すでに完了している分析のため用意されたデータベースといえます。

3 接続先の分析用データベースを指定する

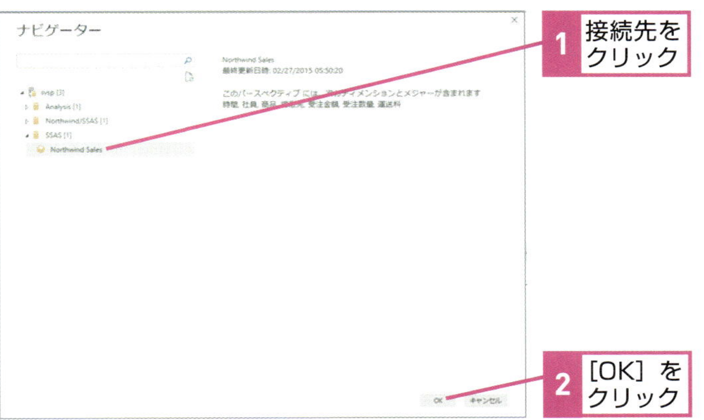
ナビゲーター
1 接続先をクリック
2 [OK] をクリック

4 Power BI Desktopの画面を確認する

Power BI Desktopのページが表示された

1 [データ]と[モデル]が表示されていないことを確認

2 ステータスバーに「ライブ接続」と表示されていることを確認

5 レポートを編集する

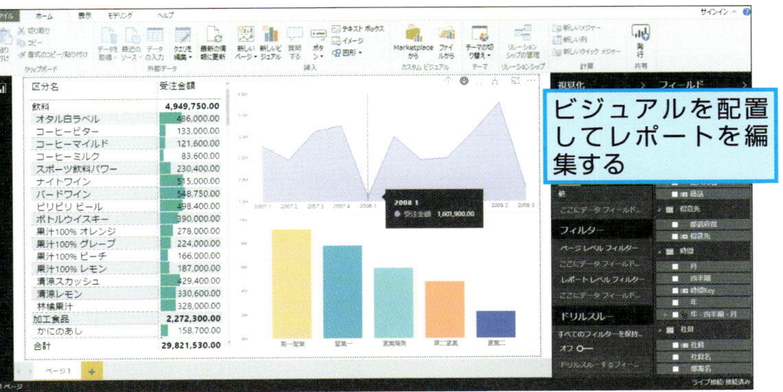
ビジュアルを配置してレポートを編集する

HINT!

ライブ接続時はクエリを編集しない

ライブ接続での接続時は、クエリを編集しません。テーブルや列、メジャーは分析用データベースに定義されているものを利用します。[フィールド] ウィンドウに表示される項目を選んでビジュアルを配置しましょう。また、DirectQueryと同様にデータはPower BI Desktopにインポートされません。ビジュアルで対話的な操作を行うたびにクエリが直接実行され、常に最新データが表示されます。

レッスン

47 社内ネットワークにあるデータを更新するには

オンプレミスデータゲートウェイ

キーワード

DirectQuery	p.315
インポート	p.317
オンプレミス	p.317
オンプレミスデータゲートウェイ	p.317
レポート	p.321

社内ネットワーク上にあるデータの更新

Power BIサービスに発行したレポートをWebブラウザーやモバイル端末で利用する場合、ファイルやデータベースなどオンプレミス環境（社内ネットワークなど）にあるデータソースの更新にはオンプレミスデータゲートウェイが必要です。オンプレミス環境のデータベースに対してインポートではなく、DirectQueryやライブ接続を利用している場合も同様です。

オンプレミスデータゲートウェイとは、オンプレミス環境のデータとPower BIサービス間においてセキュリティで保護されたデータ転送を行うための「ブリッジ」です。

関連レッスン

▶レッスン44
Power BIが接続できるデータソースとは …… p.190

▶レッスン45
レポートを最新の状態に更新するには …… p.192

▶レッスン46
データベースに接続するには …… p.198

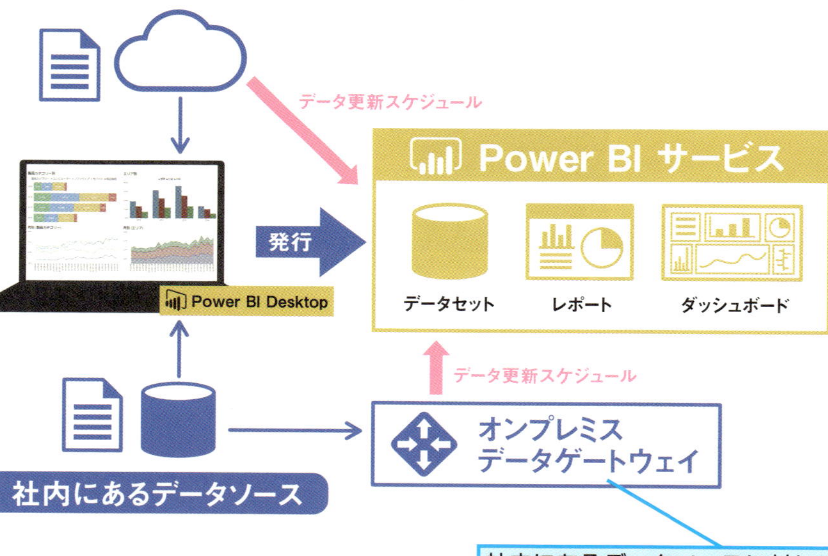

オンプレミスデータゲートウェイのインストールと構成

1 ダウンロードを実行する

Power BIサービスを表示しておく

1 [その他のオプション]をクリック

2 [ダウンロード]にマウスポインターを合わせる

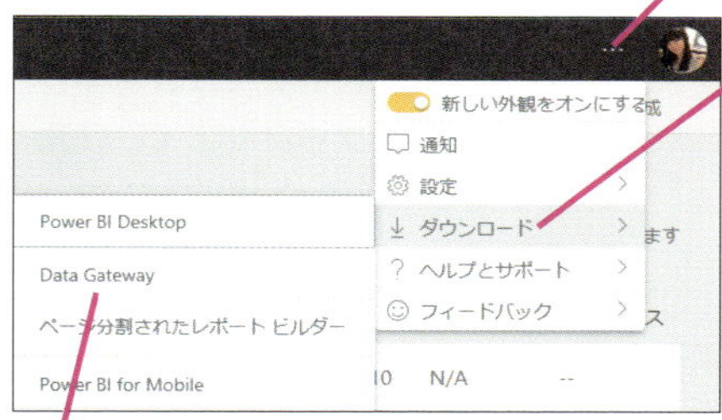

3 [Data Gateway]をクリック

オンプレミスデータゲートウェイのWebページが表示された

4 [ゲートウェイのダウンロード]をクリック

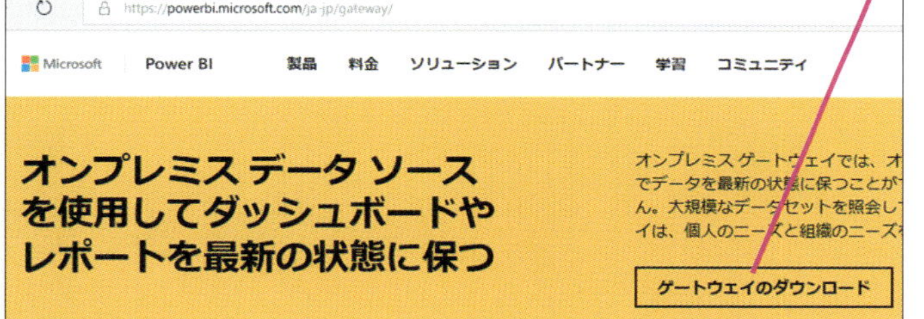

2 インストーラーを実行する

ダウンロードした[PowerBIGatewayInstaller.exe]をインストールする端末にコピーしておく

1 [PowerBIGatewayInstaller.exe]をダブルクリック

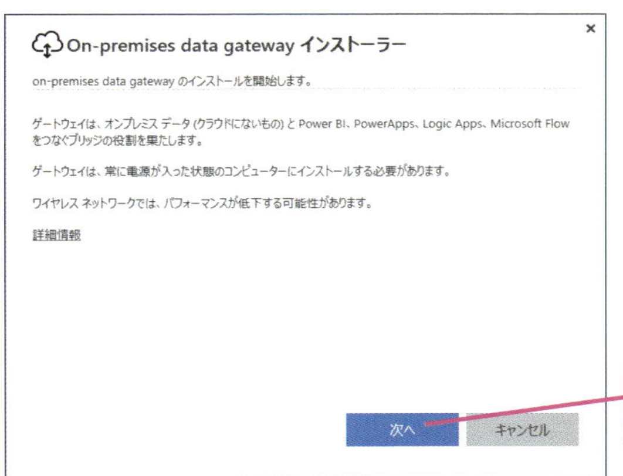

2 [次へ]をクリック

HINT!

インストールの要件とは

オンプレミスデータゲートウェイを利用するには、事前にオンプレミス環境（社内ネットワーク内）の端末へのインストールおよび構成を行います。インストールの最小要件として、.NET Framework 4.6と64ビット版のWindows 7、もしくはWindows Server 2008 R2（それ以降）が必要です。常時稼働可能かつ有線での高速インターネット接続が利用できる端末へのインストールが推奨されます。また、CPUは8コア、メモリーは8GB以上が推奨されます。ドメインコントロールにはインストールできません。ゲートウェイは、Azure Servie Busを経由した送信接続を利用する仕組みとなっており、TCP 443、5671、5672、9350～9354の送信ポートを利用します。

HINT!

インストール先

接続先のデータソースと同じネットワーク内の端末にオンプレミス ゲートウェイをインストールします。接続先となるデータソースと同じ端末にインストールする必要はありません。

次のページに続く

3 ゲートウェイの種類を設定する

ゲートウェイの選択画面が表示された

1 [On-premiss data gateway]をクリック

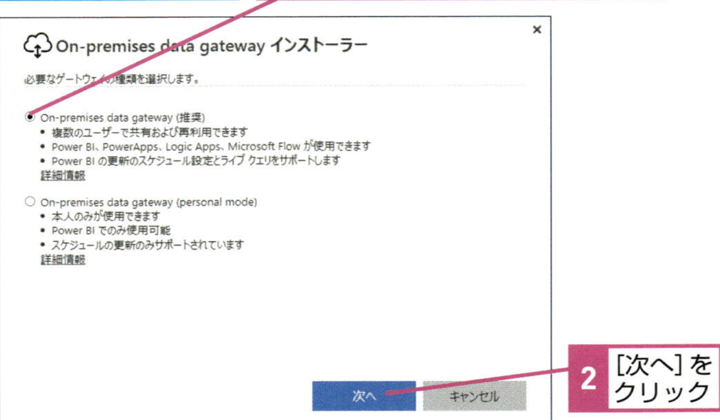

2 [次へ]をクリック

インストールの準備が終わるまでしばらく待つ

インストールに関する再確認のメッセージが表示された

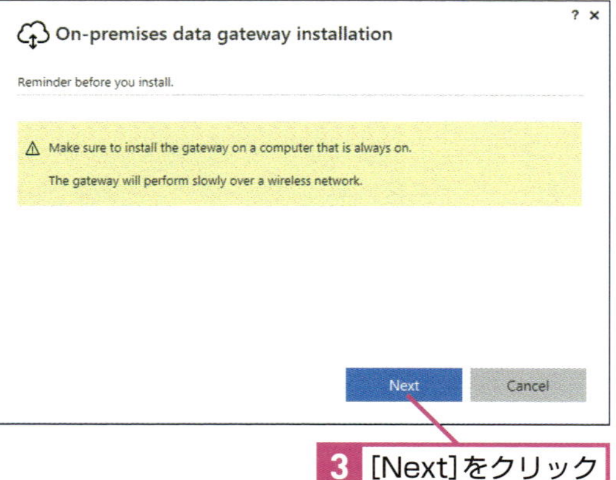

3 [Next]をクリック

HINT!

個人用のオンプレミスデータゲートウェイとは

オンプレミスデータゲートウェイには、個人用モードも用意されています。インストール時に通常のものか、個人用モードのどちらかを選択します。サービスとして実行されるオンプレミスデータゲートウェイとは異なり、オンプレミスデータゲートウェイ（個人用モード）はアプリケーションとして実行され、ほかのユーザーと共有はできません。また、個人用モードではPower BIサービスでのDirectQueryやライブ接続はサポートしておらず、スケジュール更新のみが利用できます

4 使用条件に同意してインストールを始める

ここでは、インストール先を変更せずに操作を進める

使用条件に同意する

1 ここをクリックしてチェックマークを付ける

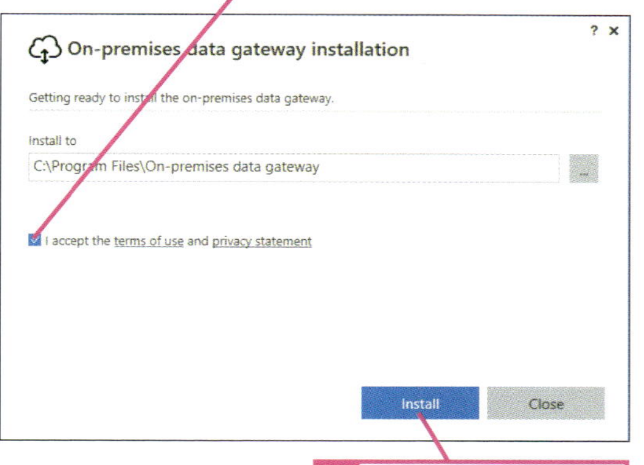

2 [Install]をクリック

5 サインインを実行する

インストールが完了し、サインインの画面が表示された

Power BIサービスのアカウントでサインインを実行する

1 Power BIサービスのアカウントを入力

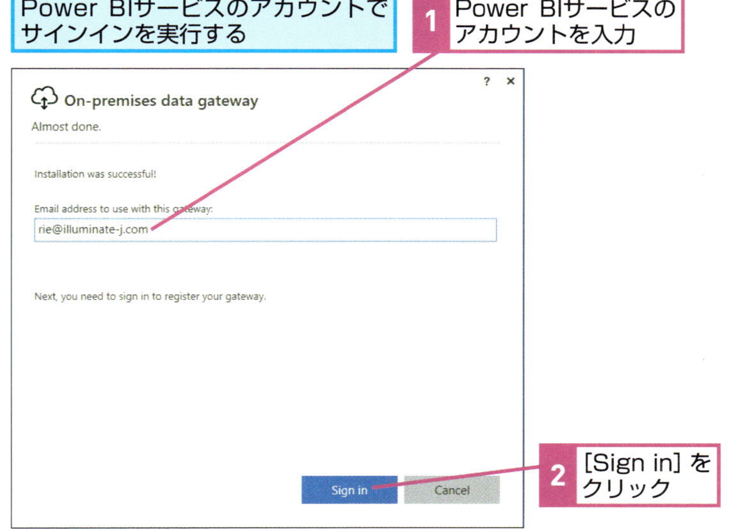

2 [Sign in]をクリック

HINT!

ゲートウェイをインストールするマシンへの注意点

ゲートウェイをインストールしたマシンは電源をオフにしないでください。電源がオフ状態、スリープ状態、またインターネットに接続できない状態となった場合はゲートウェイの実行が行えません。また同じマシンに複数のゲートウェイを実行することはできません。ただし通常のオンプレミスデータゲートウェイと個人用モードを同じマシンにインストールして実行することは可能です。

次のページに続く

6 ゲートウェイを登録する

ゲートウェイの登録画面が表示された

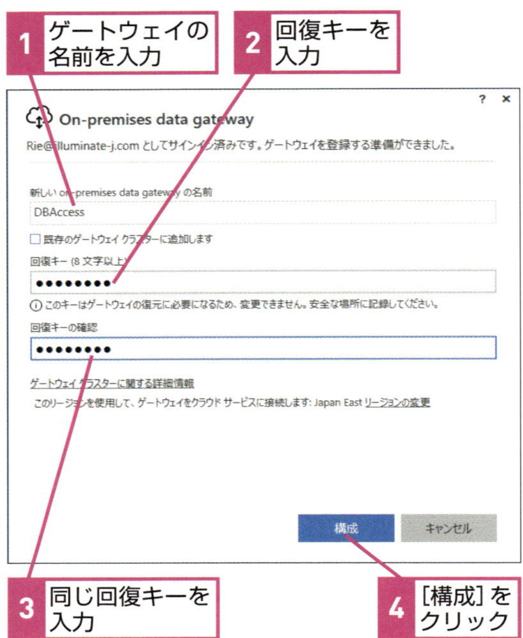

7 ゲートウェイの構成完了を確認する

ゲートウェイの構成が完了し、ステータス画面が表示された

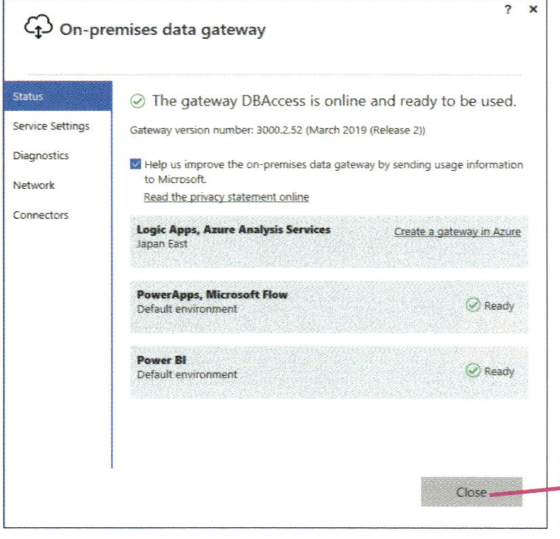

HINT!
何のために回復キーを入力するの？

手順6では8文字以上で任意の文字列を入力します。回復キーはゲートウェイの移行や復元、継承するときに必要になります。回復キーを控えておくのを忘れないようにしましょう。

データソースの設定

8 データソースの追加を行う

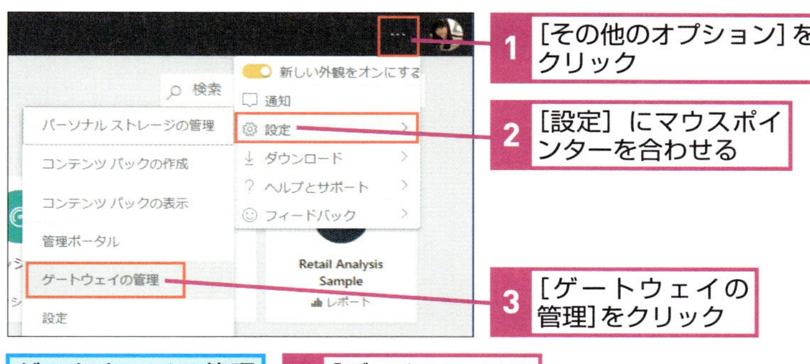

1 [その他のオプション]をクリック

2 [設定] にマウスポインターを合わせる

3 [ゲートウェイの管理]をクリック

ゲートウェイの管理画面が表示された

4 [データソースの追加]をクリック

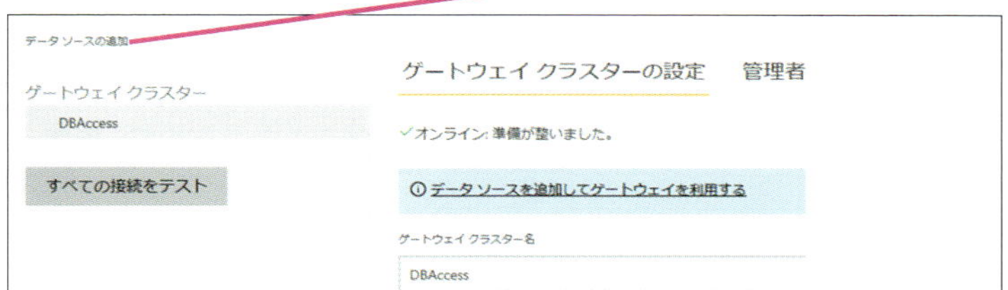

9 データソースの種類やサーバー名、資格情報を指定する接続先に応じた設定を行う

接続先に応じた設定を行う

1 データソース名を入力

2 ここをクリックしてデータソースの種類を選択

3 サーバー名を入力

4 データベース名を入力

5 接続に利用する資格情報を入力

データ ソース設定　ユーザー

データ ソース名
NotthwindJ SQL DB
データ ソースの種類
SQL Server
サーバー
svsp
データベース
NorthwindJ
認証方法
基本
資格情報は、ゲートウェイ サーバー上でオンプレミスに保存されているキーを使って暗号化されています。
ユーザー名
sa
パスワード
••••••••
詳細設定
DirectQuery クエリには Kerberos 経由で SSO を使用します
これは DirectQuery クエリに対してのみ適用されます。インポートではデータ ソースの詳細で指定したユーザー名とパスワードが使用されます
このデータ ソースのプライバシー レベルの設定
組織
追加　破棄

HINT!

ゲートウェイの構成が完了すると、Power BIサービスに表示される

ゲートウェイの構成が完了すると、Power BIサービスのゲートウェイ管理画面に表示されます。

構成したゲートウェイの名前が確認できる

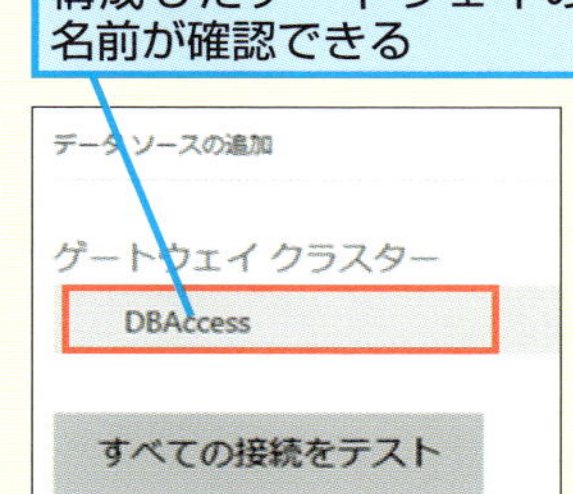

次のページに続く

データセットでゲートウェイを指定

10 データセットの設定画面を表示する

Power BIサービスでデータセットの一覧を表示しておく

1 [その他のオプション]をクリック

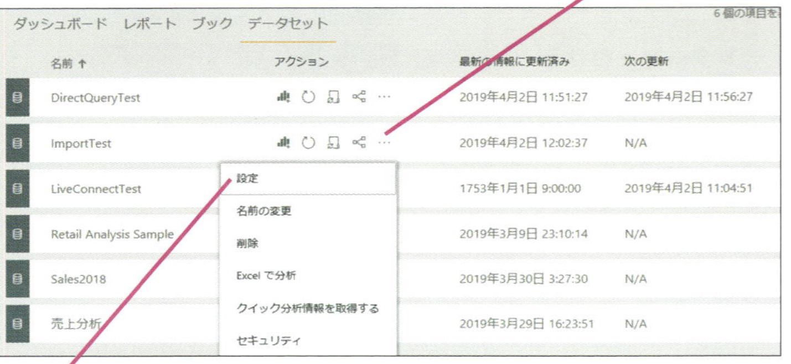

2 [設定]をクリック

11 データセットにゲートウェイを有効にする

1 [ゲートウェイ接続]のここをクリック

2 [ゲートウェイを使用する]をクリックしてオンに設定

3 ゲートウェイをクリック

4 [適用]をクリック

HINT!

オンプレミスデータゲートウェイがない場合のエラー

オンプレミス環境にあるデータへの接続を含むレポートをPower BIサービスに発行した場合、Power BIサービスでのレポート利用は可能です。しかし、オンプレミスデータゲートウェイの設定をデータセットに行っていない場合、データの更新ができません。手動で更新を実行した場合はエラーが表示され、スケジュール更新は設定自体ができません。

手動更新のときに表示されるエラー

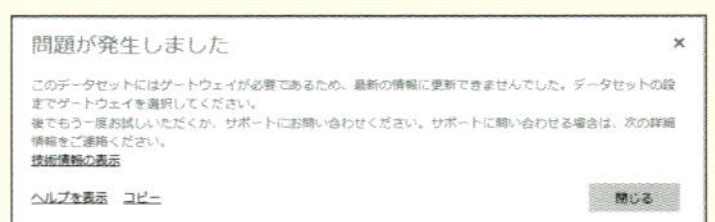

さまざまなデータの取得と更新方法を知ろう 応用編 第7章

12 スケジュール更新が設定できるようになった

データの更新が可能になったことを確認する

1 [スケジュールされている更新]のここをクリック

スケジュール更新が設定できるようになっていることを確認する

HINT! スケジュール更新の回数

データセットに対して更新スケジュールの設定を行えます。1日8回まで指定が可能で、スケジュールに沿ってデータを最新の状態にできる点は、クラウド上のデータソースを利用している場合と同じです。

テクニック DirectQuery接続でゲートウェイ接続を実行する

オンプレミス環境にあるデータベースへ、DirectQueryを利用した接続を含むレポートをPower BI サービスに発行した場合、オンプレミスデータゲートウェイの設定を行うまではPower BIサービスでレポートを利用できません。以下の方法でゲートウェイ接続を実行しましょう。

手順1を参考にデータセットの設定画面を表示しておく

1 [ゲートウェイ接続]のここをクリック

2 [ゲートウェイを使用する]をクリックしてオンに設定

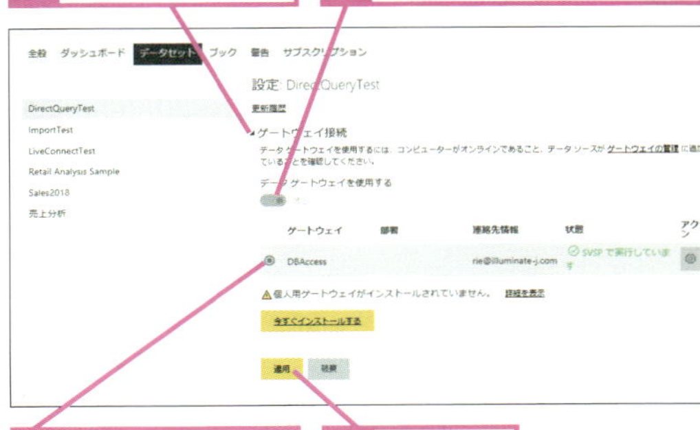

3 ゲートウェイをクリック

4 [適用]をクリック

DirectQueryを利用しているレポートが開けるようになった

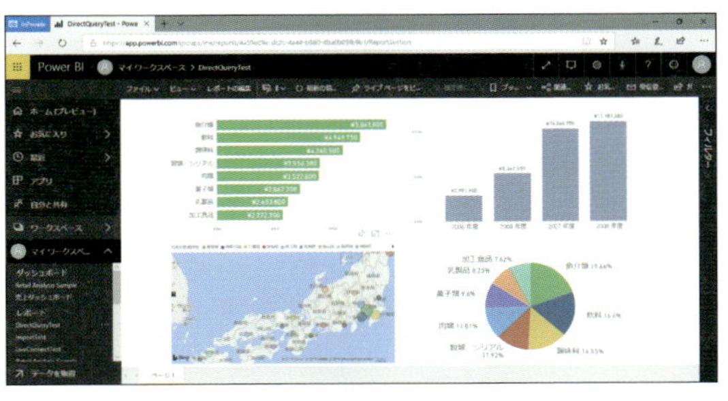

この章のまとめ

●データ接続と更新の仕組みを理解する

Power BIは、さまざまなデータソースを接続先としてサポートしています。第7章ではデータの更新、データベースへの接続方法の種類、またオンプレミス環境のデータをPower BIサービスから更新する方法としてオンプレミスデータゲートウェイの利用方法を紹介しました。

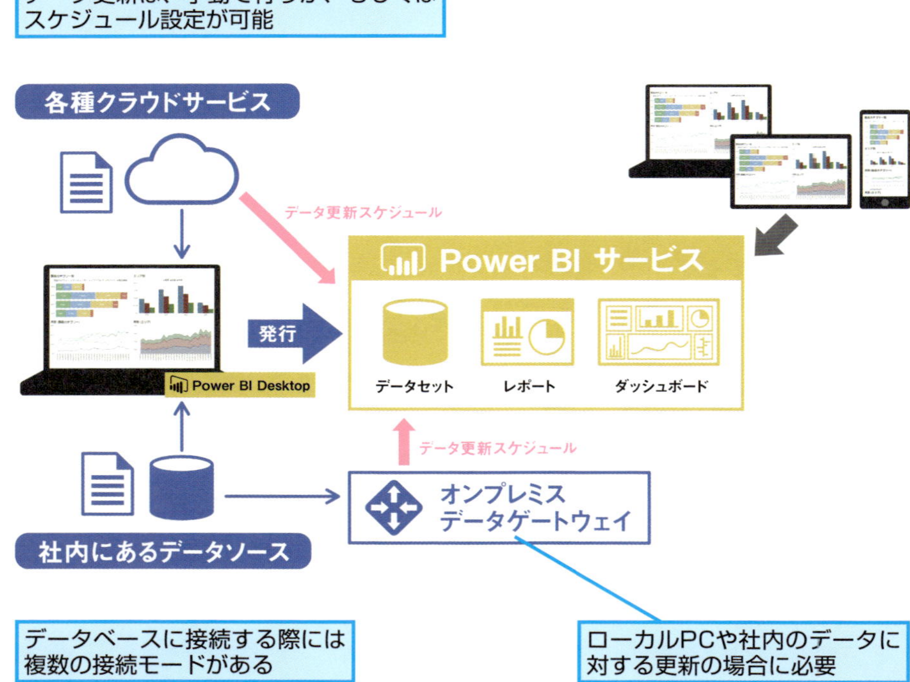

応用編
第8章

レポートを仕上げるテクニックを知ろう

この章では、さらに高度なレポートを作成するためのテクニックを解説します。第4章と第5章でPower BI Desktopを利用して作成したレポートにさまざまな機能を追加しながら、レポート作成時に利用する応用編のテクニックをご紹介します。

●この章の内容

㊽ レポート作成のテクニックを確認しよう……………216
㊾ 四半期や月など時系列で集計するには………………224
㊿ 横方向の表を利用して分析するには…………………236
51 メジャーを理解しよう…………………………………244
52 純利益や達成率メジャーを作成するには……………248
53 前年比など日付に関するメジャーを作成するには……………………………………………254
54 クイックメジャーで前年比などを集計するには……………………………………………260
55 ブックマークとアクションを活用するには…………266

レッスン
48 レポート作成のテクニックを確認しよう

本章で確認できる内容

キーワード

PBIXファイル	p.316
ビジュアル	p.319
フィルター	p.320
メジャー	p.320
レポート	p.321

関連レッスン

▶レッスン49
四半期や月など時系列で集計するには……p.224

▶レッスン51
メジャーを理解しよう……p.244

▶レッスン53
前年比など日付に関するメジャーを作成するには……p.254

▶レッスン55
クイックメジャーで前年比などを集計するには……p.266

実践的なレポート作成時に必要なテクニック

本章では、「売上レポート」「製品ごとレポート」「F18達成率」という3つのレポートを作成しながら、より実践的なレポート作成のテクニックを紹介します。

・日付テーブルの作成
四半期や月など時系列での集計を扱うために必要な日付テーブルを作成します。

・横方向の表を分析に利用する
分析が可能な形式に編集します。

・メジャーの作成
利益率、達成率、前年比などさまざまな集計を行います。

利益率などを集計するためのメジャーを作成する

ボタンをレポートに配置し、クリックでほかのページやブックマークを開けるようにする

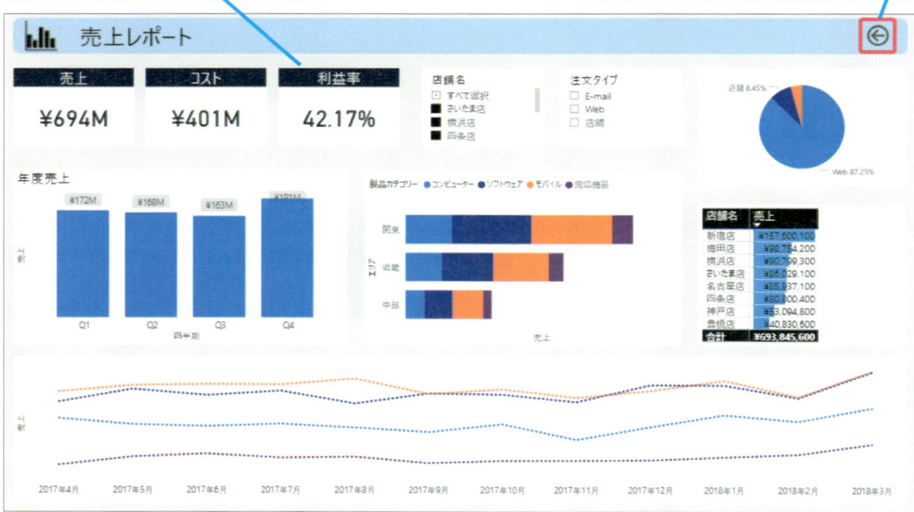

会計年度（4月始まり）でフィルターできるようにする

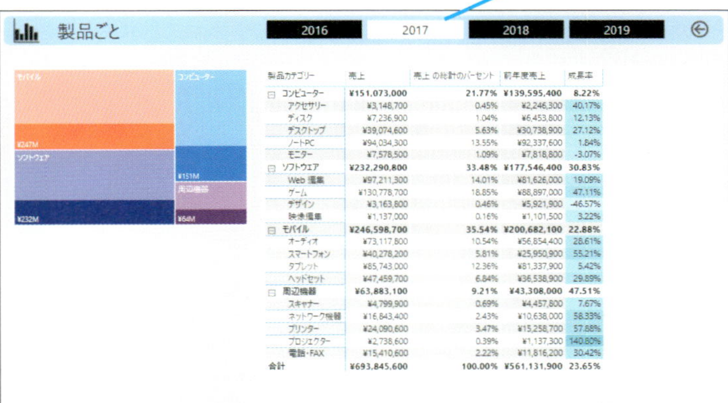

製品カテゴリー	売上	売上 の総計のパーセント	前年度売上	成長率
⊟ コンピューター	¥151,073,000	21.77%	¥139,595,400	8.22%
アクセサリー	¥3,148,700	0.45%	¥2,246,300	40.17%
ディスク	¥7,236,900	1.04%	¥6,453,800	12.13%
デスクトップ	¥39,074,600	5.63%	¥30,738,900	27.12%
ノートPC	¥94,034,300	13.55%	¥92,337,600	1.84%
モニター	¥7,578,500	1.09%	¥7,818,800	-3.07%
⊟ ソフトウエア	¥232,290,800	33.48%	¥177,546,400	30.83%
Web 編集	¥97,211,300	14.01%	¥81,626,000	19.09%
ゲーム	¥130,778,700	18.85%	¥88,897,000	47.11%
デザイン	¥3,163,800	0.46%	¥5,921,900	-46.57%
映像編集	¥1,137,000	0.16%	¥1,101,500	3.22%
⊟ モバイル	¥246,598,700	35.54%	¥200,682,100	22.88%
オーディオ	¥73,117,800	10.54%	¥56,854,400	28.61%
スマートフォン	¥40,278,200	5.81%	¥25,950,900	55.21%
タブレット	¥85,743,000	12.36%	¥81,337,900	5.42%
ヘッドセット	¥47,459,700	6.84%	¥36,538,900	29.89%
⊟ 周辺機器	¥63,883,100	9.21%	¥43,308,000	47.51%
スキャナー	¥4,799,900	0.69%	¥4,457,800	7.67%
ネットワーク機器	¥16,843,400	2.43%	¥10,638,000	58.33%
プリンター	¥24,090,600	3.47%	¥15,258,700	57.88%
プロジェクター	¥2,738,600	0.39%	¥1,137,300	140.80%
電話・FAX	¥15,410,600	2.22%	¥11,816,200	30.42%
合計	¥693,845,600	100.00%	¥561,131,900	23.65%

特定年度のデータを表示するよう、ページに対するフィルターを設定する

前年度売上や成長率を表示する

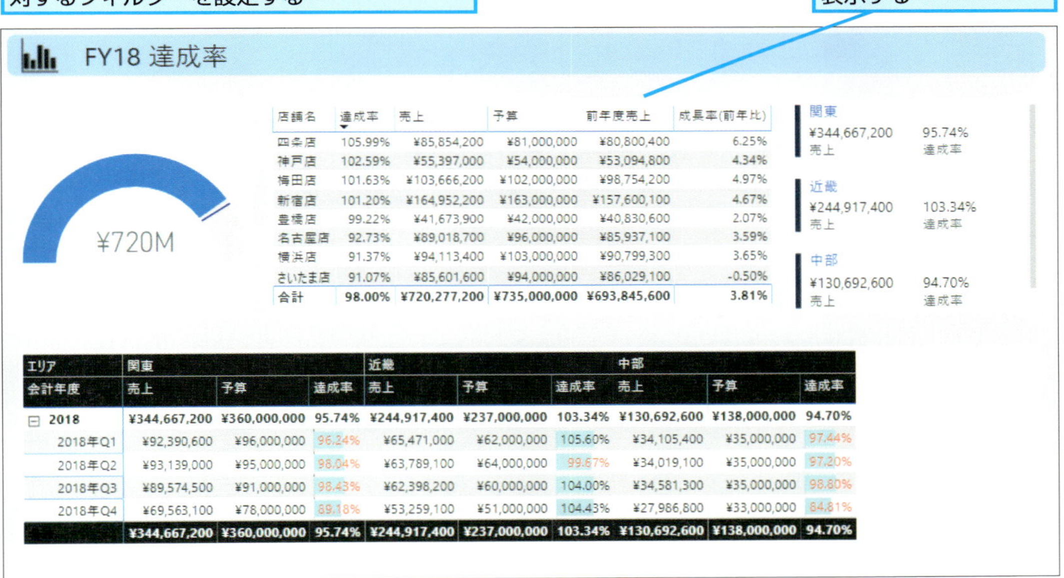

店舗名	達成率	売上	予算	前年度売上	成長率(前年比)
四条店	105.99%	¥85,854,200	¥81,000,000	¥80,800,400	6.25%
神戸店	102.59%	¥55,397,000	¥54,000,000	¥53,094,800	4.34%
梅田店	101.63%	¥103,666,200	¥102,000,000	¥98,754,200	4.97%
新宿店	101.20%	¥164,952,200	¥163,000,000	¥157,600,100	4.67%
豊橋店	99.22%	¥41,673,900	¥42,000,000	¥40,830,600	2.07%
名古屋店	92.73%	¥89,018,700	¥96,000,000	¥85,937,100	3.59%
横浜店	91.37%	¥94,113,400	¥103,000,000	¥90,799,300	3.65%
さいたま店	91.07%	¥85,601,600	¥94,000,000	¥86,029,100	-0.50%
合計	98.00%	¥720,277,200	¥735,000,000	¥693,845,600	3.81%

エリア	関東			近畿			中部		
会計年度	売上	予算	達成率	売上	予算	達成率	売上	予算	達成率
⊟ 2018	¥344,667,200	¥360,000,000	95.74%	¥244,917,400	¥237,000,000	103.34%	¥130,692,600	¥138,000,000	94.70%
2018年Q1	¥92,390,600	¥96,000,000	96.24%	¥65,471,000	¥62,000,000	105.60%	¥34,105,400	¥35,000,000	97.44%
2018年Q2	¥93,139,000	¥95,000,000	98.04%	¥63,789,100	¥64,000,000	99.67%	¥34,019,100	¥35,000,000	97.20%
2018年Q3	¥89,574,500	¥91,000,000	98.43%	¥62,398,200	¥60,000,000	104.00%	¥34,581,300	¥35,000,000	98.80%
2018年Q4	¥69,563,100	¥78,000,000	89.18%	¥53,259,100	¥51,000,000	104.43%	¥27,986,800	¥33,000,000	84.81%
	¥344,667,200	¥360,000,000	95.74%	¥244,917,400	¥237,000,000	103.34%	¥130,692,600	¥138,000,000	94.70%

HINT!

本章で扱うPBIXファイル

本章の手順は第4章（データの取得と編集）、第5章（基本ビジュアルの挿入）が終わったPBIXファイルに対して操作を行う内容として記載しています。
自身が作業されたファイルで行っていただくか、第5章までの操作が完成したファイルを利用したい場合、[作業ファイル] - [第8章] フォルダー内の［売上分析_start.pbix］を利用ください。

次のページに続く

テクニック レポートにデザイン編集を行う

レポートに追加したページは、空白のデザインが既定です。ビジュアルを配置することで内容の編集が行えますが、レポートをより見やすくしたい場合や、データ内容や会社ブランドに合わせたデザインにしたい場合、ページの背景設定や、図形やテキストボックスの配置によりデザイン編集が行えます。またページの複製を行うことで、デザイン編集を行ったページを簡単に複数用意できます。

第5章まで操作したファイルか、[作業ファイル] - [第8章] フォルダー内の [売上分析_0.pbix]をPower BI Desktopで開いておく

ページの追加

1 [新しいページ]をクリック

2 ダブルクリックしてページ名を変更

3 ドラッグでページを移動

ページの背景設定

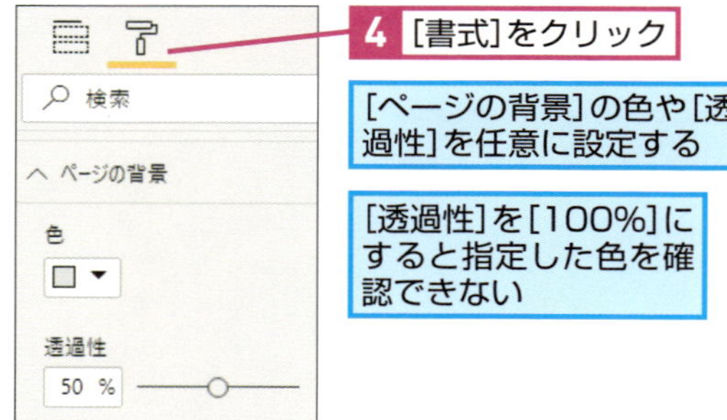

4 [書式]をクリック

[ページの背景]の色や[透過性]を任意に設定する

[透過性]を[100%]にすると指定した色を確認できない

図形の挿入

5 [ホーム]タブをクリック

6 [図形]をクリック

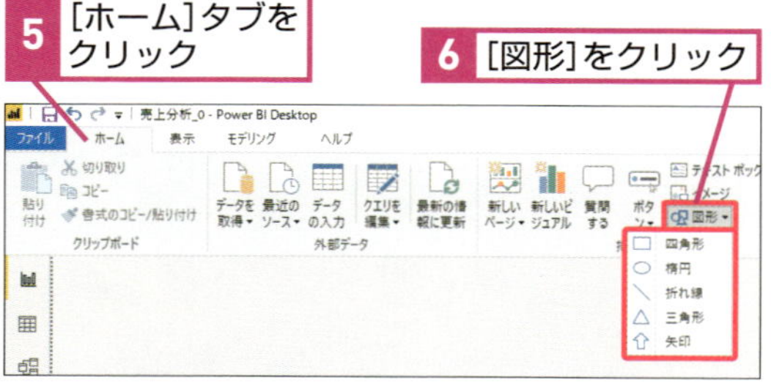

任意の図形を選択して挿入する

7 図形の位置やサイズを調整

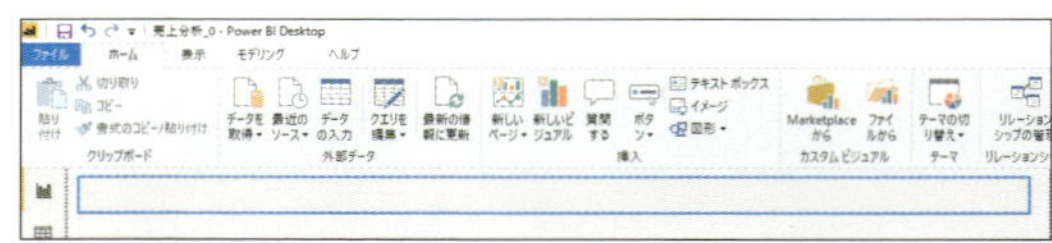

8 図形の書式を任意に設定

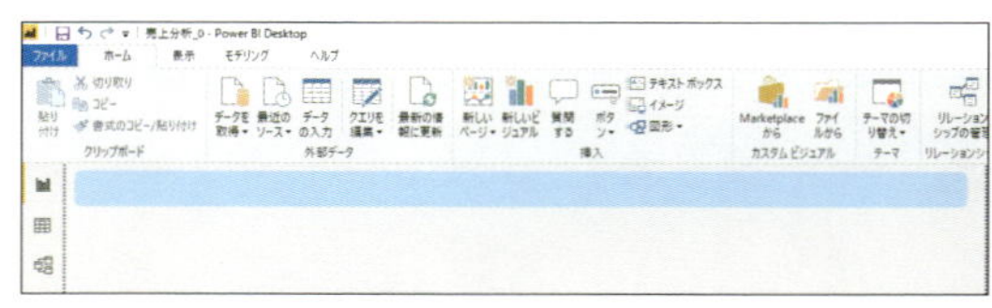

●書式の設定例

項目	設定内容
[折れ線]	[透過性]：[0%] [太さ]：[0 ポイント] [線を丸める]：[10px]
[フィル]	[塗りつぶしの色]：薄いブルー [透過性]：[50%]

画像の挿入

9 [ホーム]タブをクリック

10 [イメージ]をクリック

[開く] ダイアログボックスが表示された

11 [画像]をクリック

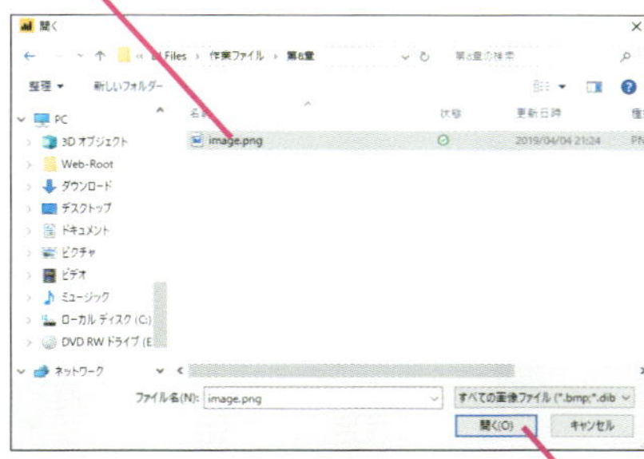

12 [開く]をクリック

画像の位置とサイズをマウスで調整する

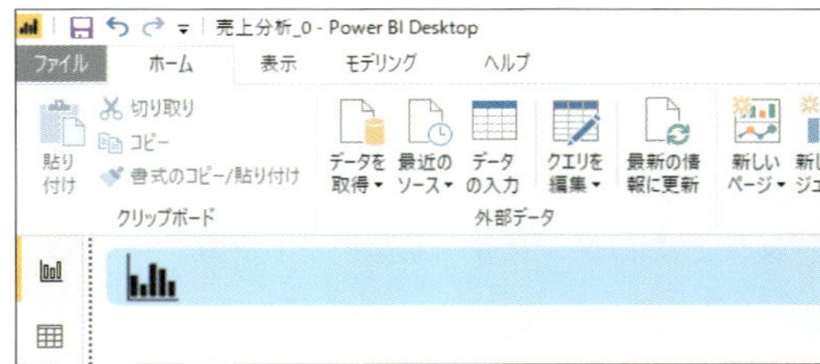

テキストボックスの挿入

13 [ホーム]タブをクリック

14 [テキストボックス]をクリック

テキストボックスの位置とサイズをマウスで調整する

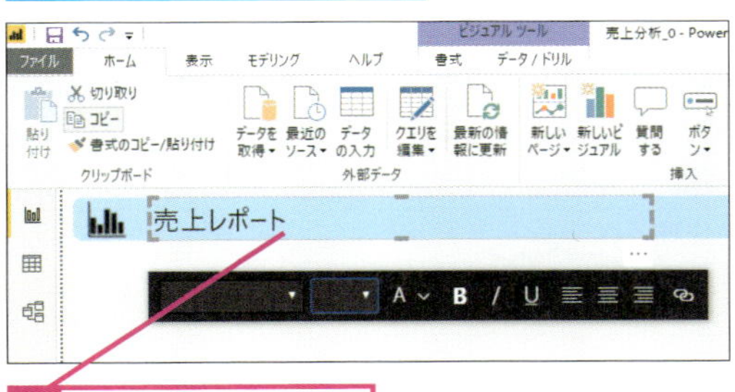

15 テキストボックスに任意の文字を入力

ページのコピー

16 ページ名を右クリック

17 [ページの複製]をクリック

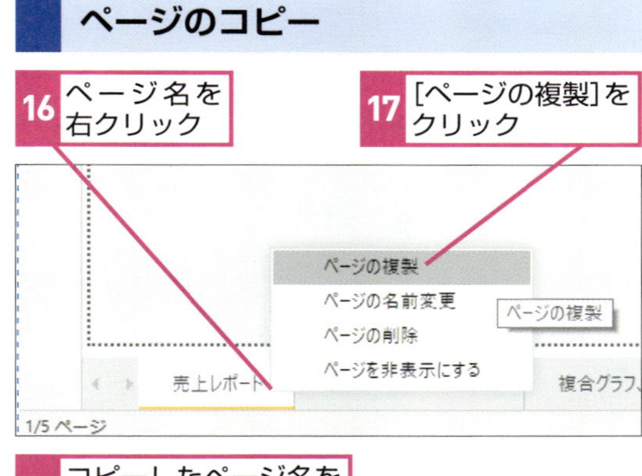

18 コピーしたページ名を変更

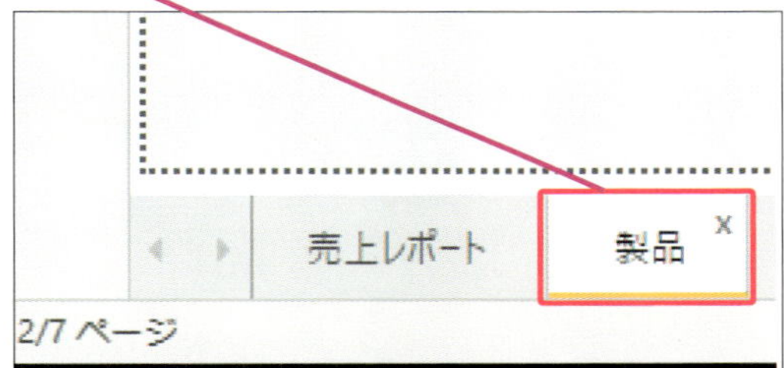

同様の操作でページを複製し、名前を変更しておく

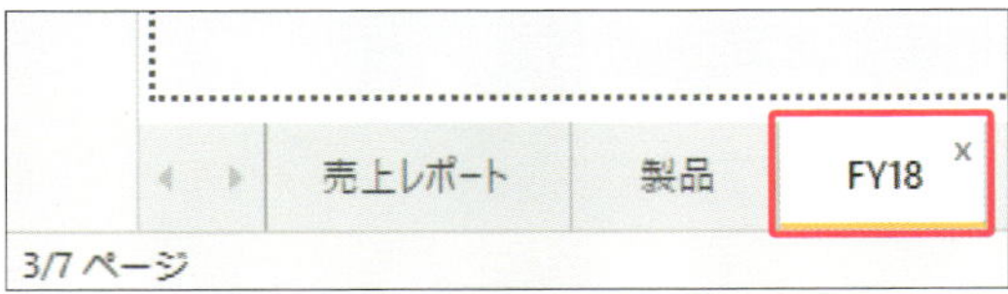

完成ファイルは[作業ファイル] - [第8章] フォルダー内の [売上分析_1.pbix]となる

テクニック　レポートに基本ビジュアルを追加する

前のテクニックで追加したページ2つ（売上レポート、製品）に対して、基本のビジュアルを追加する例です。基本的なビジュアルの追加や設定方法は第5章で解説しているため、このテクニックでは設定例を紹介します。詳細な手順や解説は第5章を参考にしてください。

[作業ファイル] - [第8章] フォルダー内の [売上分析_1.pbix] をPower BI Desktopで開いておく

[売上レポート] ページ：各ビジュアル追加例

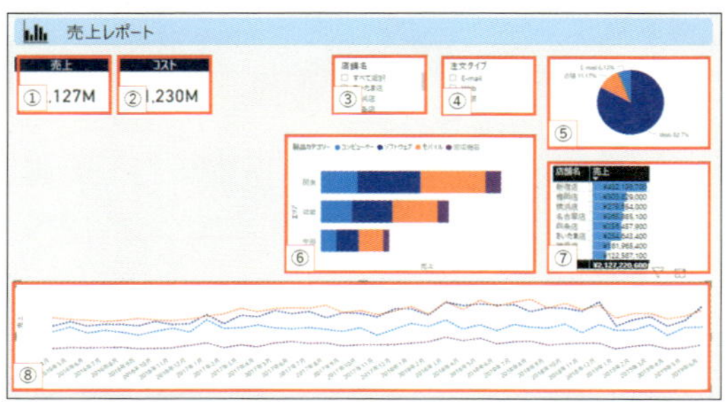

①②：カード

設定例

売上
¥2,127M

フィールド設定

コスト
¥1,230M

●書式の設定内容

項目	設定内容
[データラベル]	[表示単位]：[百万] [テキストサイズ]：[27 ポイント]
[カテゴリラベル]	[オフ]
[タイトル]	[タイトルテキスト]： ①「売上」 ②「コスト」 [フォントの色]：[白] [背景色]：紺 [配置]：[中央] [テキストサイズ]：[15 ポイント]

③④：スライサー

設定例

店舗名
すべて選択
さいたま店
横浜店
四条店

フィールド設定

フィールド
店舗名

注文タイプ
E-mail
Web
店舗

フィールド
注文タイプ

●書式の設定内容

[選択範囲のコントロール]	[すべて選択] オプションを表示する	③オン ④オフ

⑤円グラフ

設定例

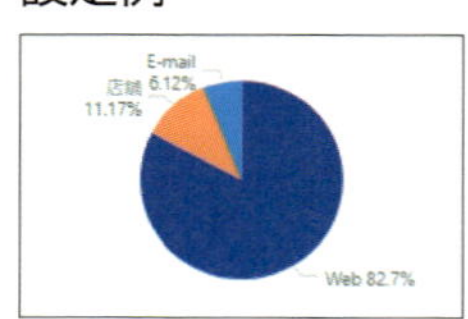

フィールド設定

凡例
ここにデータ フィールドを追
詳細
注文タイプ
値
売上

●書式の設定内容

項目	設定内容
[凡例]	[オフ]
[詳細ラベル]	[ラベルスタイル]：[カテゴリ、全体に対する割合] [ラベルの位置]：[外側]
[タイトル]	[オフ]

⑥積み上げ横棒グラフ

設定例

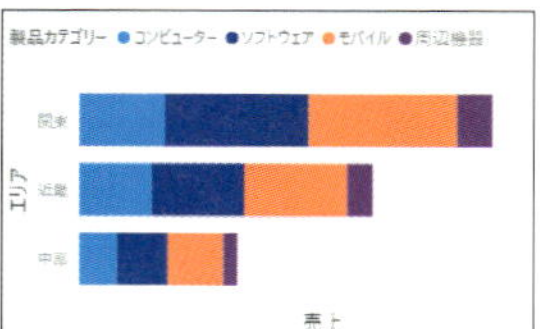

フィールド設定

軸

エリア

凡例

製品カテゴリー

値

売上

●書式の設定内容

項目	設定内容
[X 軸]	[オフ]
[タイトル]	[オフ]

⑦テーブル

設定例

店舗名	売上
新宿店	¥482,198,700
梅田店	¥303,829,000
横浜店	¥279,654,000
名古屋店	¥265,885,100
四条店	¥256,457,900
さいたま店	¥254,643,400
神戸店	¥161,965,400
豊橋店	¥122,587,100
合計	¥2,127,220,600

フィールド設定

値

店舗名

売上

●書式の設定内容

項目	設定内容
[スタイル]	[文字間隔をつめる]
[条件付き書式]	売上 [データバー]：[オン]

⑧折れ線グラフ

設定例

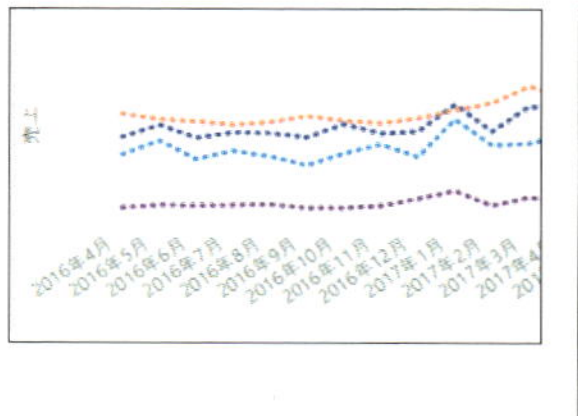

フィールド設定

軸

注文日（月ごと）

凡例

製品カテゴリー

値

売上

●書式の設定内容

項目	設定内容
[凡例]	[オフ]
[X 軸]	[型]：[カテゴリ別] [タイトル]：[オフ]
[Y 軸]	[オフ]
[図形]	[線のスタイル]：[点線]
[タイトル]	[オフ]

[製品] ページ：ツリーマップ追加例

ツリーマップ

設定例

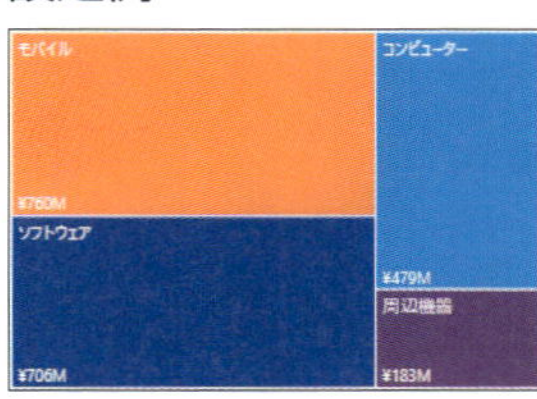

フィールド設定

グループ

製品カテゴリー

製品タイプ

詳細

ここにデータ フィールドを追加

値

売上

●書式の設定内容

項目	設定内容
[データラベル]	[オン] [表示単位]：[百万]
[タイトル]	[オフ]

[製品]ページへのツリーマップ追加例

階層の追加

1 フィールド一覧で新しい階層を作成する

1 [製品カテゴリー]の[その他のオプション]をクリック

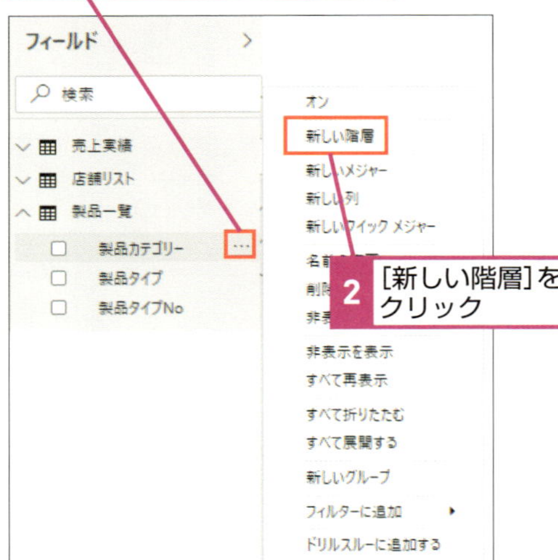

2 [新しい階層]をクリック

[製品カテゴリー 階層]が作成される

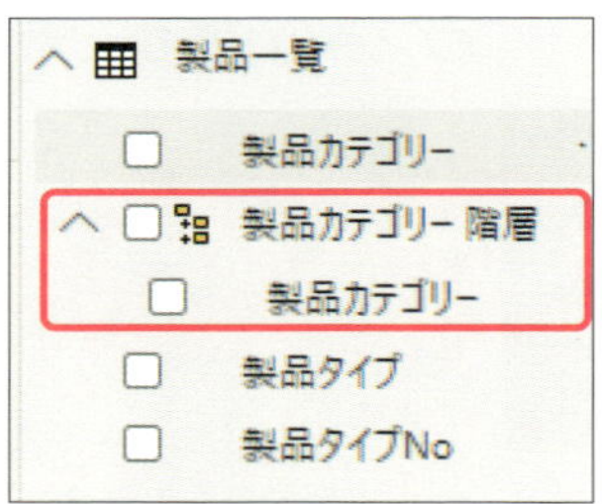

2 階層に列を追加する

1 [製品タイプ]の[その他のオプション]をクリック

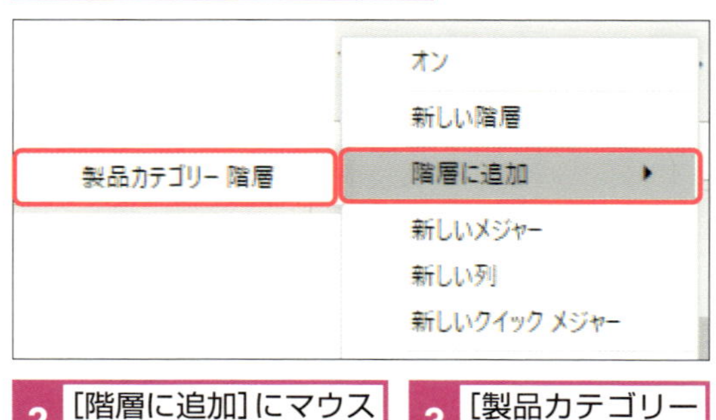

2 [階層に追加]にマウスポインターを合わせる

3 [製品カテゴリー階層]をクリック

3 作成した階層を確認する

[製品カテゴリー 階層]に、[製品カテゴリー][製品タイプ]が追加されていることが確認できる

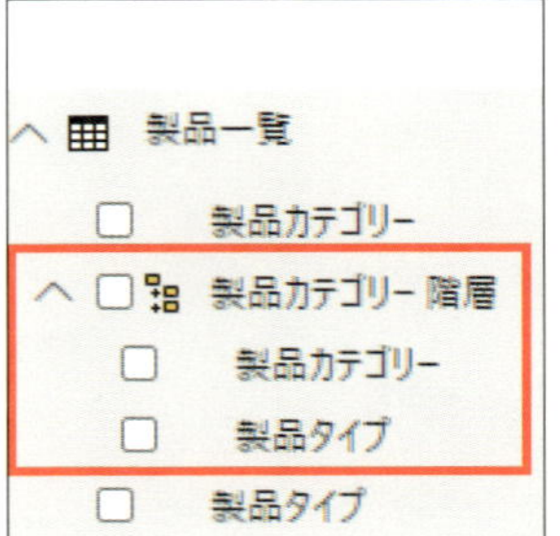

4 マトリックスを追加する

1 [製品]ページにマトリックスを追加

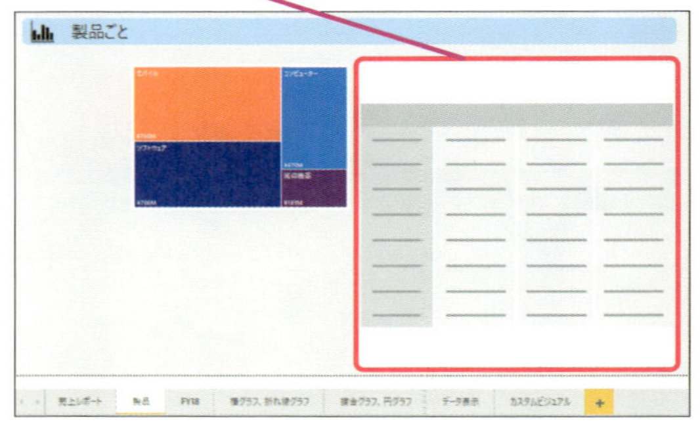

5 フィールド設定を行う

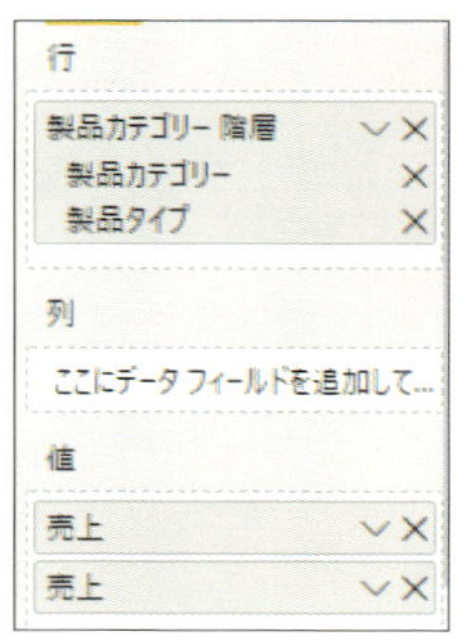

1 [行]に[製品カテゴリー 階層]を追加

2 [値]に[売上]を2回追加

マトリックスに値が表示された

製品カテゴリー	売上	売上
⊞ コンピューター	¥478,661,800	¥478,661,800
⊞ ソフトウェア	¥705,991,100	¥705,991,100
⊞ モバイル	¥760,043,600	¥760,043,600
⊞ 周辺機器	¥182,524,100	¥182,524,100
合計	¥2,127,220,600	¥2,127,220,600

6 売上統計に変更する

1 値に配置した2つ目の[売上]をクリック

2 [値の表示方法]にマウスポインターを合わせる

3 [総計のパーセント]をクリック

[売上の総計のパーセント]に表示方法が変更された

製品カテゴリー	売上	売上 の総計のパーセント
コンピューター	¥478,661,800	22.50%
ソフトウェア	¥705,991,100	33.19%
モバイル	¥760,043,600	35.73%
周辺機器	¥182,524,100	8.58%
合計	¥2,127,220,600	100.00%

7 マトリックスの1レベル下をすべて展開する

1 [階層内で1レベル下をすべて展開します]をクリック

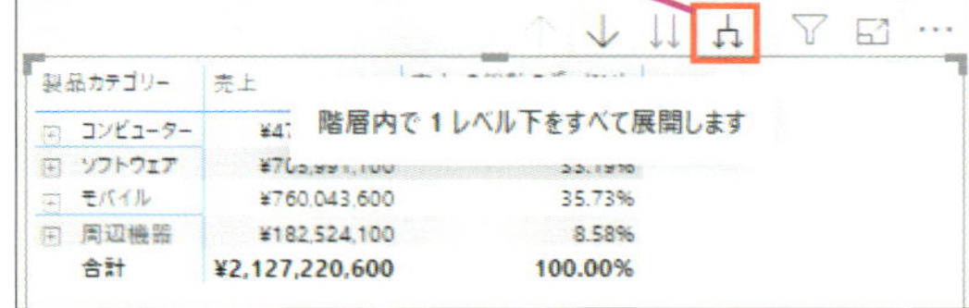

8 階層が展開される

製品カテゴリー	売上	売上 の総計のパーセント
コンピューター	¥478,661,800	22.50%
アクセサリー	¥9,269,800	0.44%
ディスク	¥22,514,100	1.06%
デスクトップ	¥109,225,300	5.13%
ノートPC	¥311,763,400	14.66%
モニター	¥25,889,200	1.22%
ソフトウェア	¥705,991,100	33.19%
Web 編集	¥306,633,100	14.41%
ゲーム	¥381,391,700	17.93%
デザイン	¥14,265,900	0.67%
映像編集	¥3,700,400	0.17%
モバイル	¥760,043,600	35.73%
オーディオ	¥219,160,800	10.30%
スマートフォン	¥112,989,300	5.31%
タブレット	¥284,715,200	13.38%
ヘッドセット	¥143,178,300	6.73%
周辺機器	¥182,524,100	8.58%
スキャナー	¥15,941,800	0.75%
ネットワーク機器	¥47,548,900	2.24%
プリンター	¥67,499,000	3.17%
プロジェクター	¥7,186,900	0.34%
電話・FAX	¥44,347,500	2.08%
合計	¥2,127,220,600	100.00%

[製品] ページの内容

本テクニックの操作を行うことにより、[製品]ページには、ツリーマップとマトリックスが追加されます。

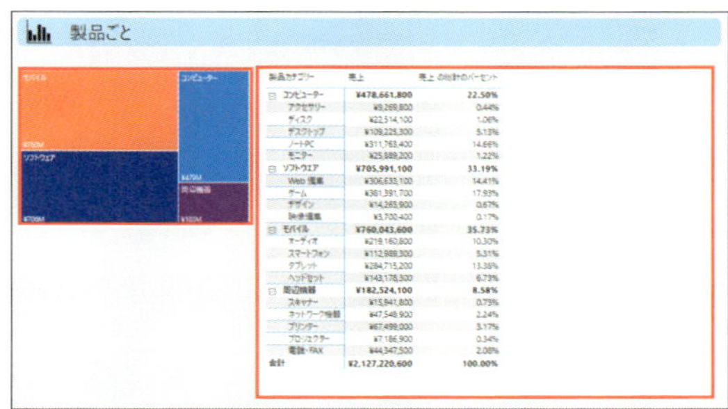

本テクニックの完成ファイルは、[作業ファイル] - [第8章] フォルダー内の[売上分析_start.pbix]となる

48

本章で確認できる内容

四半期や月など時系列で集計するには

日付テーブルの作成と設定

キーワード

DAX	p.315
カスタムビジュアル	p.317
ドリルダウン	p.319
モデリング	p.320
レポートビュー	p.321

関連レッスン

▶レッスン35
ドリル機能でデータを
掘り下げるには……………………p.140

指定した期間での集計を行うために

レッスン㉟で解説した通り、Power BIでは取得したデータ内に日付型の列が含まれていると、「年」→「四半期」→「月」→「日」と時系列での集計が行え、ドリル機能にも利用できます。これは自動的に日付型のデータが階層化され、日付テーブル（日付の値を年や四半期などの時間間隔で集計を行うための分析軸）が作成される機能を利用しているためです。自動的に用意される日付テーブルをそのまま利用することは可能ですが、集計したい時間間隔や表示形式によっては思い通りにならないことがあります。このような場合には日付テーブルを作成することで対応できます。このレッスンでは4月始まりなどカレンダーの年とは異なる会計年度や四半期を軸に分析が行えるよう、また表示形式を整えるために、日付テーブルを作成する方法を解説します。

[Qtr1]でドリルダウンすると、[January] [Febrary] [March]のデータが確認できる

Before

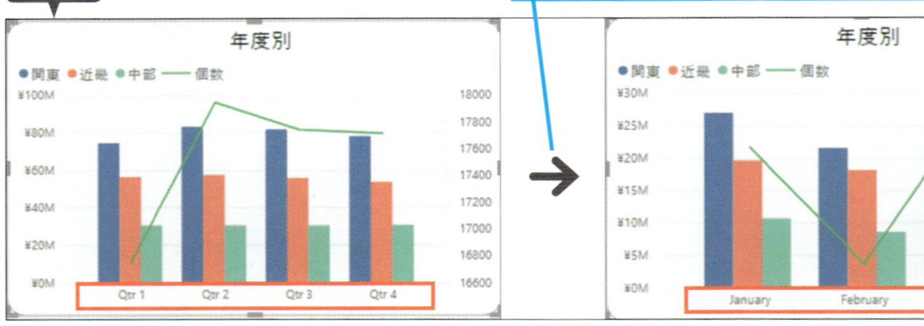

[Q1]でドリルダウンすると、[4月] [5月] [6月]のデータが確認できる

After

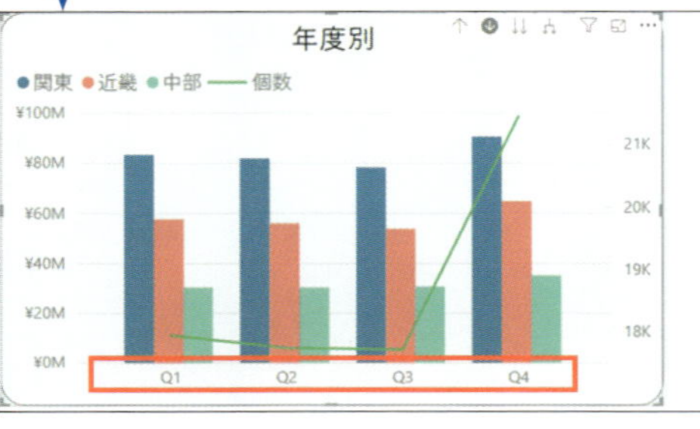

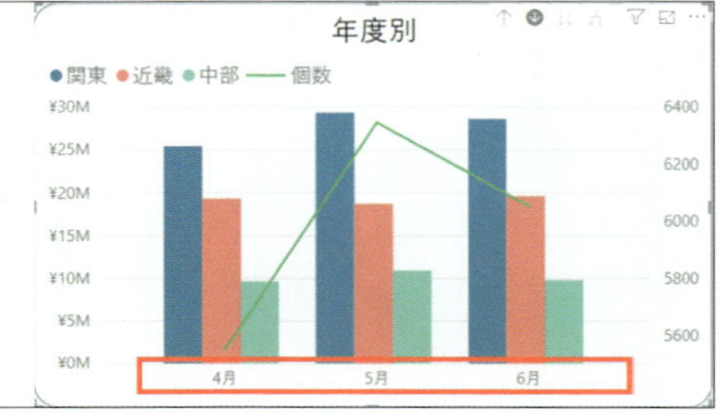

年、四半期、月の表示形式を整えたい

四半期の範囲をカレンダーベースではなく、任意の会計年度に合わせたい

日付列を含む新規テーブルの作成

CALENDAR関数を利用して、連続した日付データを含むテーブルを、新規に作成します。CALENDAR関数は、Date列を持つテーブルを作成する関数です。Date列には指定した開始日と終了日間の連続する日付が含められます。

1 新しいテーブルを作成する

［作業ファイル］-［第8章］フォルダー内の［売上分析_start.pbix］をPower BI Desktopで開いておく

［データビュー］を表示しておく

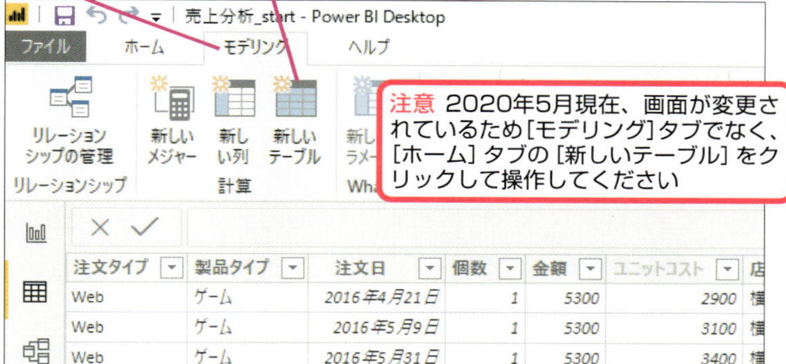

2 数式を入力する

売上実績テーブルの注文日列に含まれる最初の日付を開始日、最後の日付を終了日とし、連続する日付データを含むテーブルを作成する

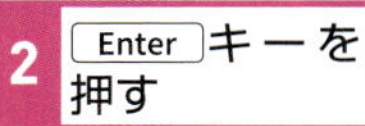

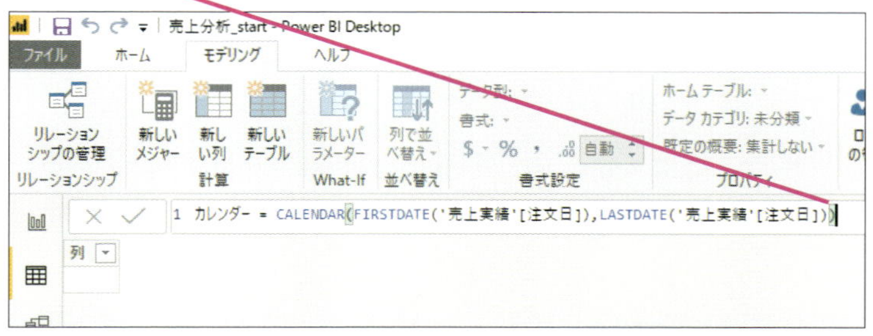

数式 カレンダーテーブルを作成する

```
カレンダー = CALENDAR(FIRSTDATE('売上実績'[注文日
]),LASTDATE('売上実績'[注文日]))
```

HINT!

日付を扱うDAX関数

第4章のレッスン㉚でも触れましたが、DAXと はData Analysis Expressionsの 略 で、Power BIやExcel、データベース（SQL Server、SQL Server Analysis Services）において、数式で利用できる関数や演算子のことを指します。DAX関数や演算子を利用してデータ分析に必要な値の計算が行え、Power BIでは計算列（第4章のレッスン㉚で解説）やメジャー（本章レッスン52で解説）を作成するときに利用します。このレッスンでは日付データを扱うDAX関数を利用しています。

HINT!

CALENDER関数の利用

CALENDER関数は、開始日と終了日を指定して利用するDAX関数です。基本の数式は下記の通りです。

```
テーブル名 =
CALENDAR(開始日, 終了日)
```

手順2では［売上実績］テーブルの［注文日］列を利用し、FIRSTDATE関数とLASTDATE関数により最初の日付と最後の日付を関数の引数に設定しています。次のように日付を直接指定したり、TODAY関数を利用して今日までの日付を指定することも可能です。

```
カレンダー =
CALENDAR( "2016/4/1"
, TODAY())
```

次のページに続く

3 テーブルが作成された

[Date]列を持つ[カレンダー]テーブルが作成された

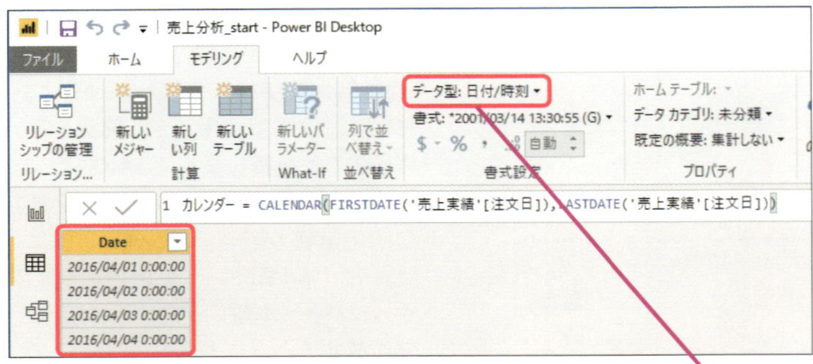

1 [Date] 列が日付型となっていることを確認

4 作成したテーブルを日付テーブルに設定する

1 [モデリング]タブをクリック

2 [日付テーブルとしてマークする]をクリック

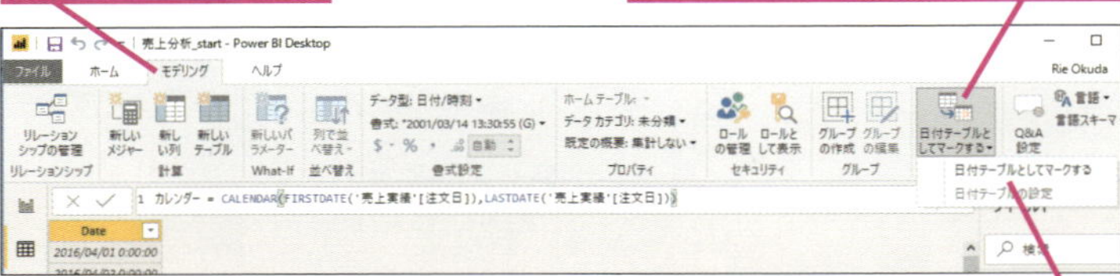

3 [日付テーブルとしてマークする]をクリック

注意 2020年5月現在、画面が変更されているため[モデリング]タブの代わりに[テーブルツール]タブをクリックして操作してください

[日付テーブルとしてマークする] 画面が表示された

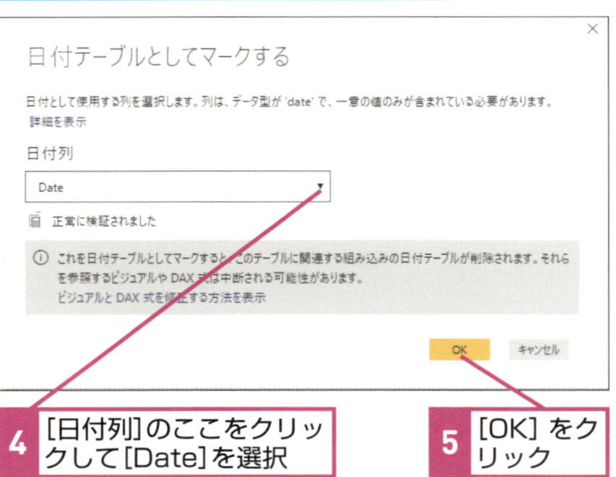

4 [日付列]のここをクリックして[Date]を選択

5 [OK] をクリック

HINT!

[カレンダー] テーブルを日付テーブルに指定すると、フィールド内の内容が変わる

[カレンダー] テーブルを日付テーブルに設定する前（手順3完了時）は[フィールド] ウィンドウで、[カレンダー] テーブルは次のように内容が確認できます。これは日付列が自動的に階層化され日付テーブルとなる機能が動作しているためです。

●日付テーブルの設定前

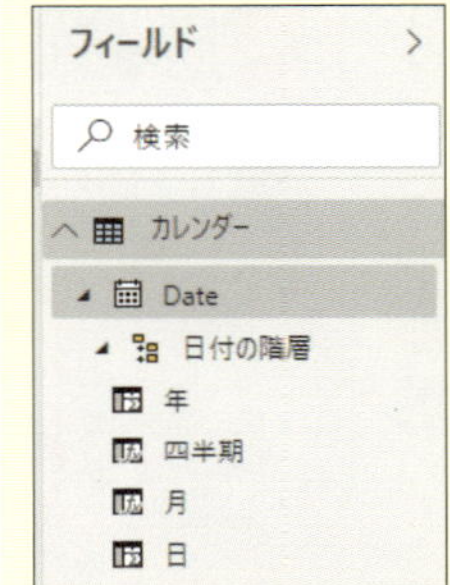

その後手順4にて作成した［カレンダー］テーブルを日付テーブルとして設定することで、[フィールド] ウィンドウで確認できる内容は次のように変更されます。

●日付テーブルの設定後

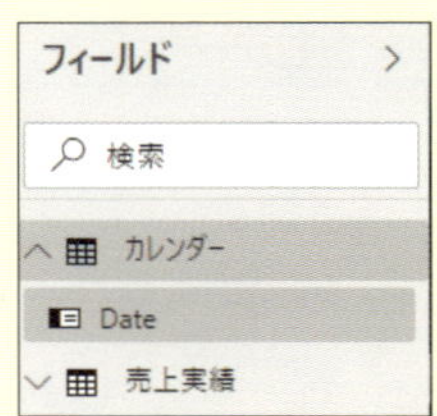

日付テーブルを設定することで、自動的に作成された日付テーブル（階層化された日付データ）は削除されます。

レポートを仕上げるテクニックを知ろう
応用編 第8章

列の作成

[Date] 列の日付値を利用して、[カレンダー] テーブルに [年] や [月]、[会計年度]、[四半期] など、分析時に軸として利用するための列を作成します。

1 [年] 列を作成する

1 [モデリング]タブをクリック

2 [新しい列]をクリック

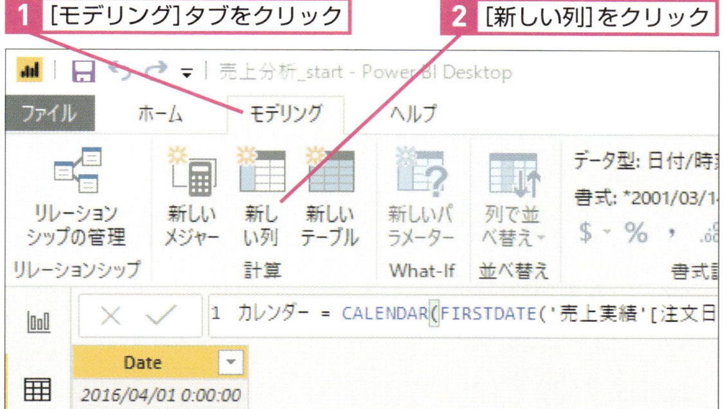

3 数式を入力

4 [Enter]キーを押す

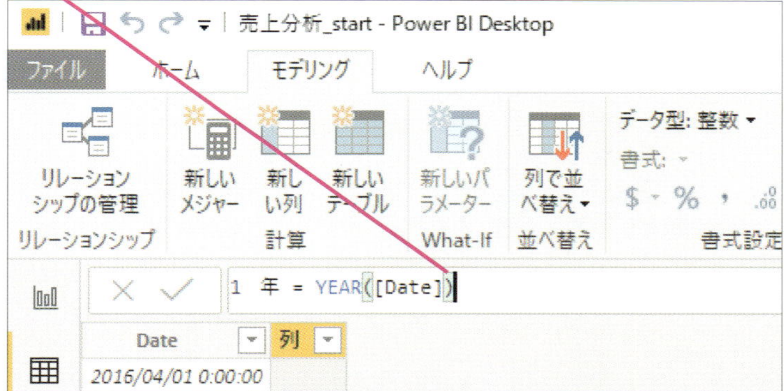

数式 [年] 列を作成する

年 = YEAR([Date])

[年]列が作成された

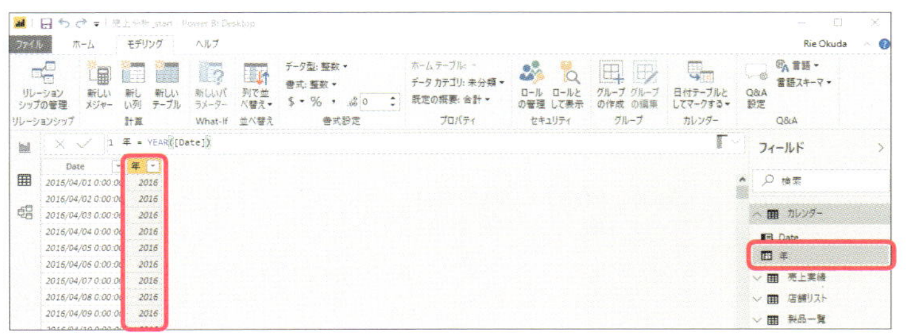

HINT!

日付テーブルには さまざまな呼び方がある

本章で解説している日付テーブルは、「日付ディメンション」「カレンダーテーブル」「時間階層」など、さまざまな呼び方で解説されることがあります。

HINT!

数式入力時のエラーについて

数式入力時には可能な限り入力支援機能を利用しましょう。

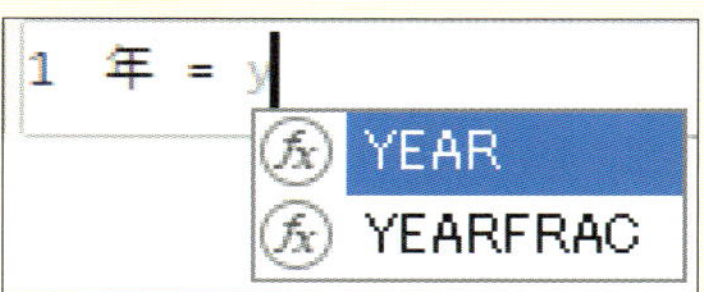

入力支援から↓キーで候補を選択し、Tabキーで入力を確定できます。入力支援機能を利用することで、入力ミスを減らすことができます。

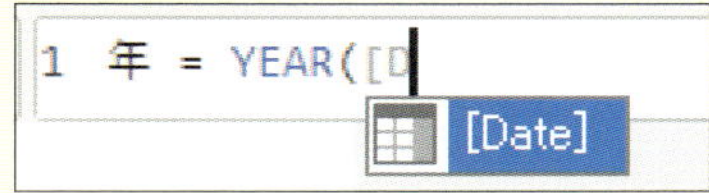

構文エラーは赤下線で表示されます。

```
1 年 = YEAR([Data])
```

また「=」や「()」、ダブルクォーテーションなどはすべて半角で入力しましょう。これらが全角で入力されている点もよくある入力ミスといえます。

```
1 年 = YEAR([Date])
```

次のページに続く

2 同様にそのほかの列を作成する

1 以下の表を参考に、ほかの列を作成

HINT!
日付の値をさまざまな切り口で表す列を作成する

手順2では［Date］列や、［Date］列をもとに作成した列を利用して、日付列の値をさまざまな形式で表示する列を作成しています。関数を組み合わせることで日付列の値から、さまざまな値を取得できることを理解しましょう。ここでは解説のため、この後の手順では利用しない列も紹介しています。

●［カレンダー］テーブルに追加する列

数式	詳細
年 = YEAR([Date])	YEAR 関数を利用して、［Date］列の年を 4 桁の整数で表示
月番号 = MONTH([Date])	MONTH 関数を利用して、［Date］列の月を取り出し、「1」から「12」までの数値として表示
週番号 = WEEKNUM([Date],2)	WEEKNUM 関数を利用して、［Date］列の日付が週の何周目かを数値として表示
曜日番号 = WEEKDAY([Date],2)	WEEKDAY 関数を利用して［Date］列の日付に対応する曜日を数値として表示。ここでは第 2 引数を「2」とすることで、月曜始まりとしている ※日曜始まりとしたい場合は第 2 引数は「1」を指定
会計年度 = IF([月番号]<4,[年]-1,[年])	IF 関数を利用し［月番号］列の値により会計年度を指定。ここでは 4 月始まりとしている
年月 = FORMAT([Date],"YYYY 年 MM 月 ")	FORMAT 関数を利用し［Date］列の日付の表示形式を変更。「YYYY（4 桁の西暦）年 MM（2 桁の月）月」の形式で表示するよう指定
月 = FORMAT([Date],"M 月 ")	FORMAT 関数を利用し［Date］列の日付の表示形式を変更。「M（1 桁、もしくは 2 桁の月）月」の形式で表示するよう指定
四半期 = IF([月番号]<4,"Q4",IF([月番号]<7, "Q1",IF([月番号]<10,"Q2","Q3")))	IF 関数を利用し［月番号］列の値により四半期を指定。ここでは 4 月始まりとし、第 1 四半期（4 月から 6 月）は「Q1」と表示するように指定
期間 = [会計年度]&" 年 "&[四半期]	［会計年度］列と［四半期］列を文字列連結し、「YYYY 年 Q 数字」と表示
曜日 = SWITCH([曜日番号], 1, " 月 ", 2, " 火 ", 3, " 水 ", 4, " 木 ", 5, " 金 ", 6, " 土 ", 7, " 日 ","")	SWITCH 関数を利用し［曜日番号］列の値により曜日を表示。ここでは「1」が「月」となるよう設定

3 並べ替えを実行する

曜日列の並べ替えに、曜日番号列の値を利用するように設定する

1 [曜日]列をクリック

2 [モデリング]タブをクリック

3 [列で並べ替え]をクリック

4 [曜日番号]をクリック

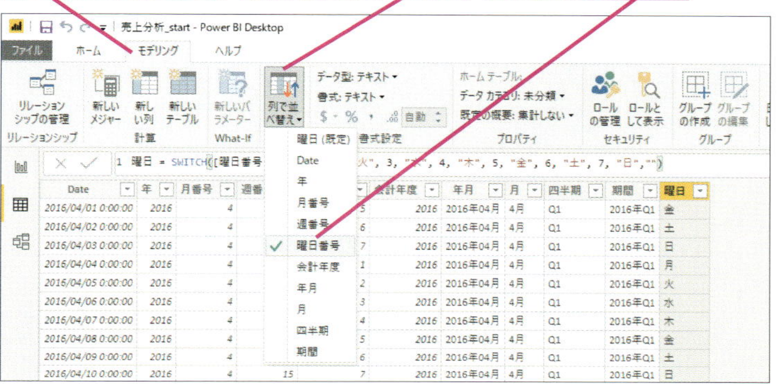

4 非表示にする列を選択する

ここでは[月番号]列がレポートビューに表示されないようにする

1 [月番号]列の[その他のオプション]をクリック

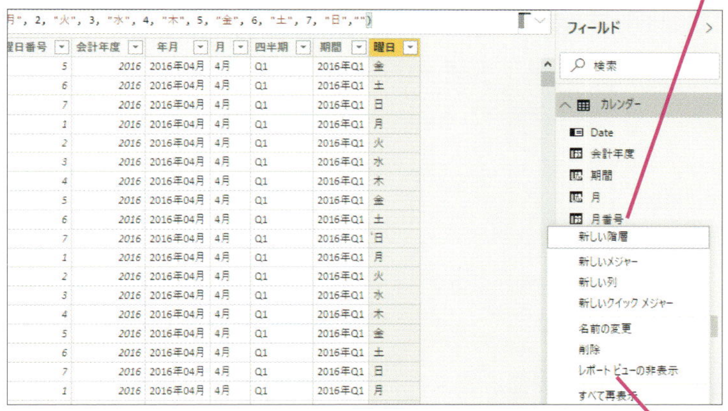

2 [レポートビューの非表示]をクリック

レポートビューで非表示となる列は、薄いグレーで表示された

HINT! 並べ替えのキーとなる列を指定

列の既定の並べ替えキーは、自列の値です。[カレンダー] テーブルに作成したほとんどの列は自列の値で並べ替えを実行できますが、[曜日] 列では並べ替えを実行しても、月、火、水、という形に並び順は変わりません。

並べ替えは動作しない

曜日
金
土
日
昇順で並べ替え
降順で並べ替え
並べ替えをクリア

列に含まれる値によってはこのようなケースがあるため、並べ替えのキーとして、ほかの列を指定します。手順3では [曜日] 列で並べ替えが実行できるように、[曜日] 列の並べ替えに [曜日番号] 列の値を利用するよう設定しています。

設定後は並べ替えが可能

曜日
月
月
月
✓ 昇順で並べ替え
降順で並べ替え
並べ替えをクリア

HINT! 不要な列は非表示に

日付列の値を利用して作成した列は、ほかの列を作成するためや、並べ替えに必要でも、レポート作成時には直接利用しないものもあります。そのような列は手順4の操作で非表示に設定します。例えば、手順4で行った [月番号] 列以外に、[年] 列、[曜日番号] 列もレポートでは直接利用しません。

次のページに続く

リレーションシップの作成

日付テーブルが作成できたら、分析データが含まれるテーブル内に含まれる日付列とリレーション設定を行います。ここでは日付テーブルとして作成した［カレンダー］テーブルの［Date］列と、［売上実績］テーブルの［注文日］列を関連付けします。

1 ［リレーションシップの作成］画面を表示する

1 ［モデリング］タブをクリック

2 ［リレーションシップの管理］をクリック

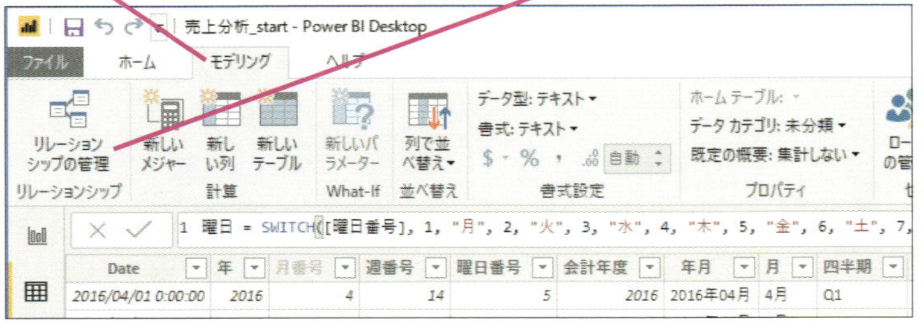

［リレーションシップの作成］画面が表示された

3 ［新規］をクリック

HINT!

レポートビューで非表示にした列を確認してみよう

前ページの手順4で、［月番号］列をレポートビューで非表示となるよう設定を行いました。データビュー、レポートビューそれぞれで［フィールド］ウィンドウでの表示内容を確認してみましょう。

●データビュー

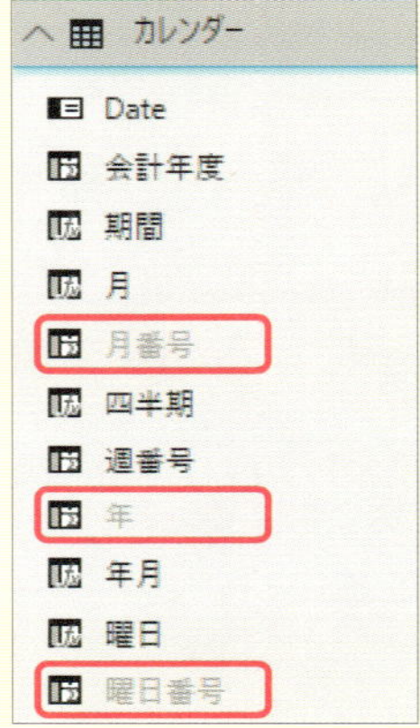

●レポートビュー

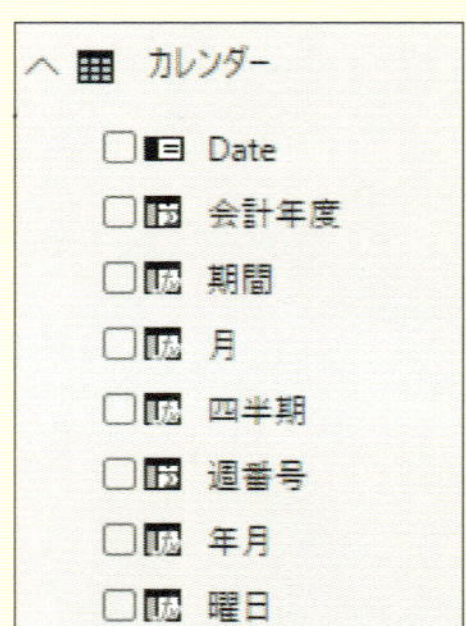

レポートビューで非表示に設定済みの列は表示されない

2 関連付けるテーブルと列を選択する

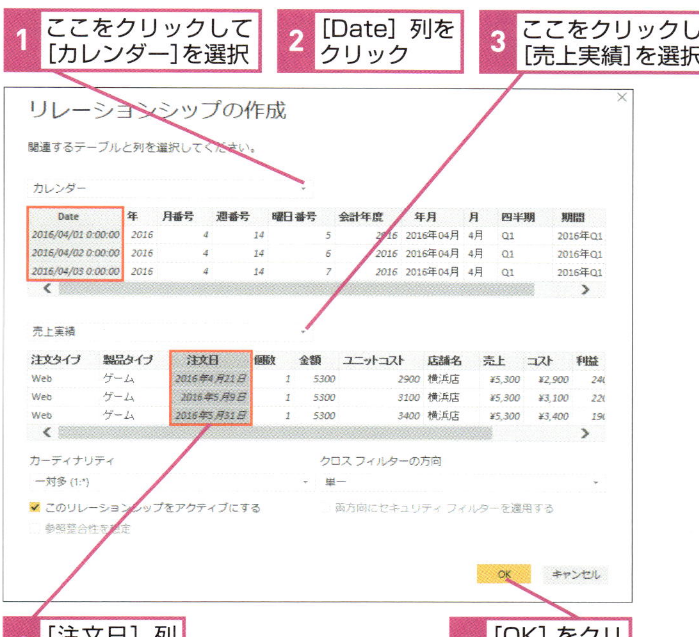

1 ここをクリックして［カレンダー］を選択

2 ［Date］列をクリック

3 ここをクリックして［売上実績］を選択

4 ［注文日］列をクリック

5 ［OK］をクリック

3 リレーションシップの内容を確認する

［カレンダー］テーブルと［売上実績］テーブルのリレーションシップが設定された

1 ［閉じる］をクリック

HINT! 以前設定したビジュアルで利用していた日付列

日付テーブルを別途作成したことで、［注文日］列に内部で自動的に作成された日付テーブルはなくなり、月や年単位といった［注文日］列の日付を軸とした集計も行われなくなります。そのため、第5章で設定したビジュアルの中で、［売上実績］テーブルの［注文日］列を利用していたビジュアルは表示が次のように変わっていることが確認できます。

［棒グラフ、折れ線グラフ］ページ内

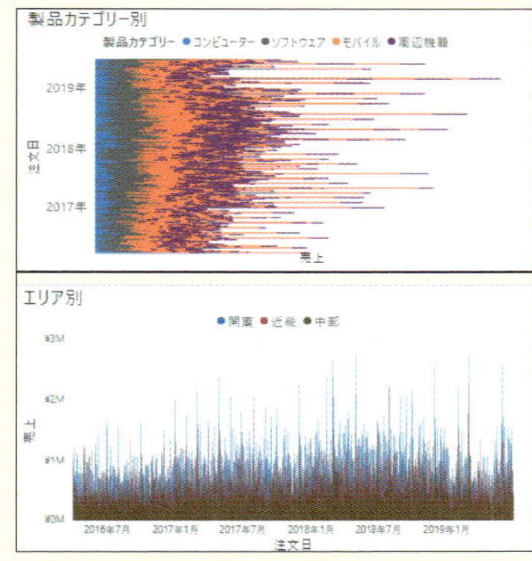

修正が必要な場合は、リレーションシップの設定後に、ビジュアルの軸で利用している［注文日］を［会計年度］に変更します。

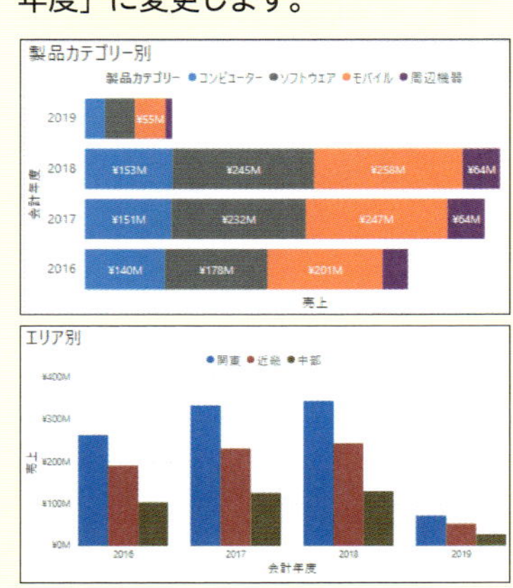

次のページに続く

階層構造を設定する

ドリル機能を利用できるように、日付テーブルに［会計年度］-［四半期］-［月］となるように階層構造を設定します。

1 新しい階層を作成する

1 ［会計年度］列の［その他のオプション］をクリック

2 ［新しい階層］をクリック

3 ［四半期］列の［その他のオプション］をクリック

4 ［階層に追加］にマウスポインターを合わせる

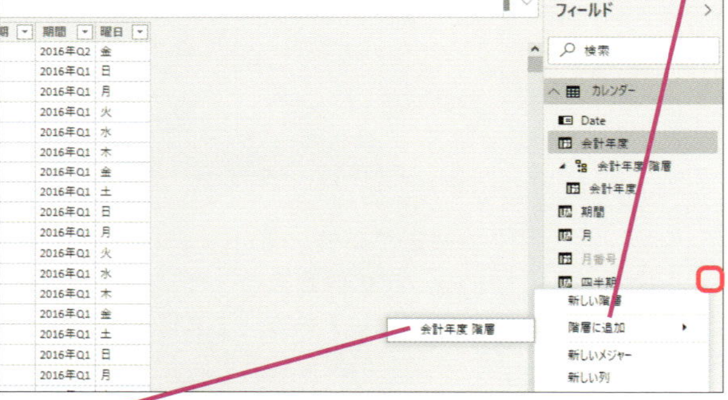

5 ［会計年度 階層］をクリック

6 ［月］列の［その他のオプション］をクリック

7 ［階層に追加］にマウスポインターを合わせる

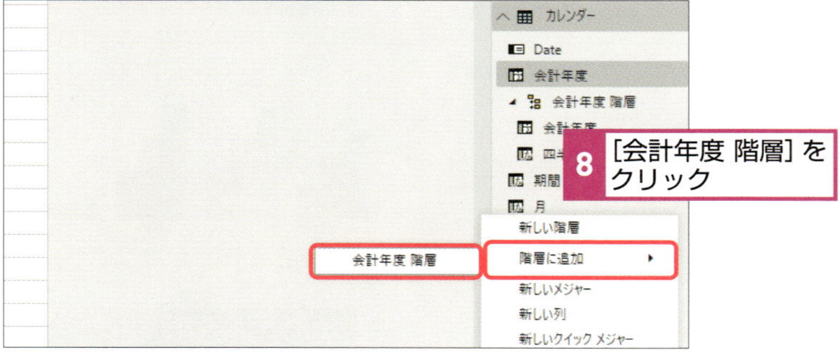

8 ［会計年度 階層］をクリック

HINT!

階層構造の設定後

手順1で階層構造を設定すると、［会計年度 階層］が作成されます。

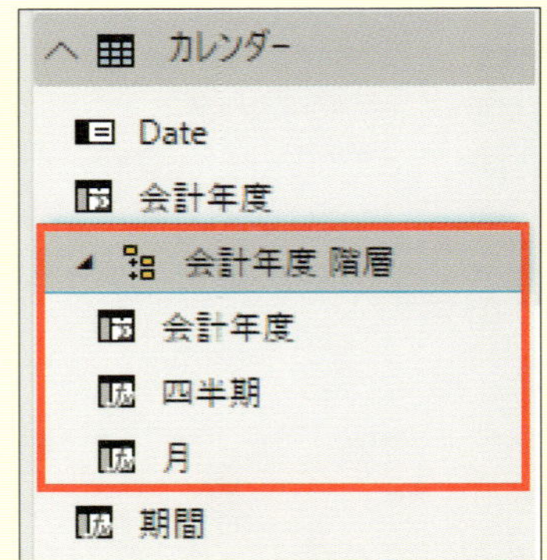

HINT!

階層構造を既存のビジュアルに設定してみよう

［注文日］列に自動的に作成された日付テーブルの階層構造を利用していたビジュアルの軸を、新しく用意した［会計年度 階層］に変更してみましょう。

［複合グラフ、円グラフ］ページ内

●変更前

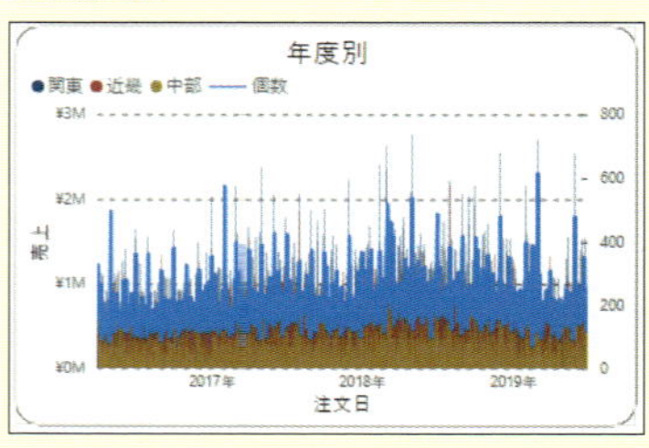

●変更後

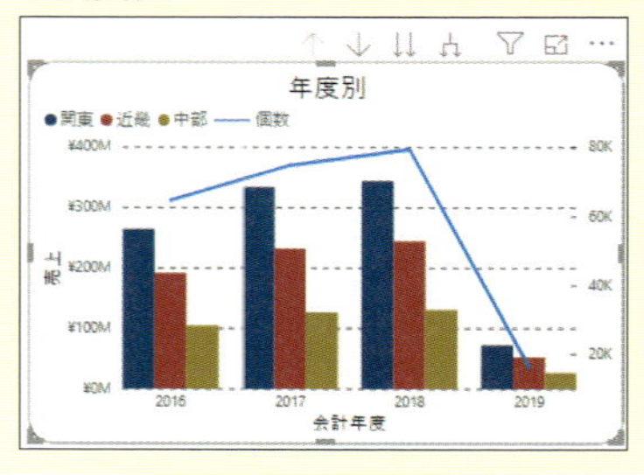

レポートを仕上げるテクニックを知ろう

応用編 第8章

日付テーブルを利用したビジュアルを追加する

[売上レポート] ページに積み上げ縦棒グラフを追加し、日付テーブルを利用したデータを表示します。

1 積み上げ縦棒グラフを追加する

[売上レポート] ページを表示しておく

1 [ホーム] タブをクリック

2 [積み上げ縦棒グラフ]をクリック

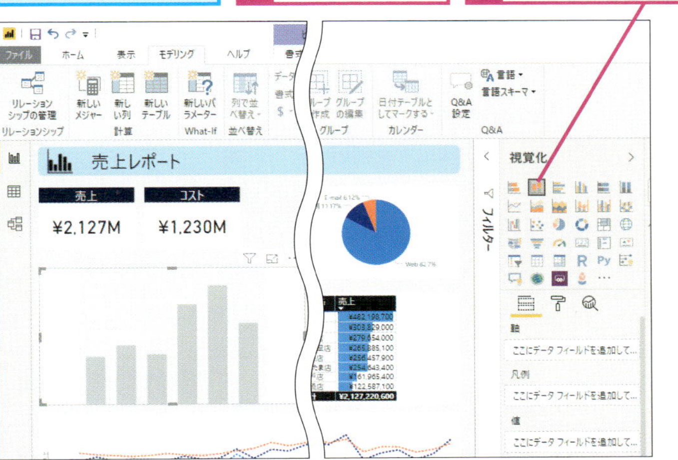

2 値と軸を設定する

ページにビジュアルが追加された

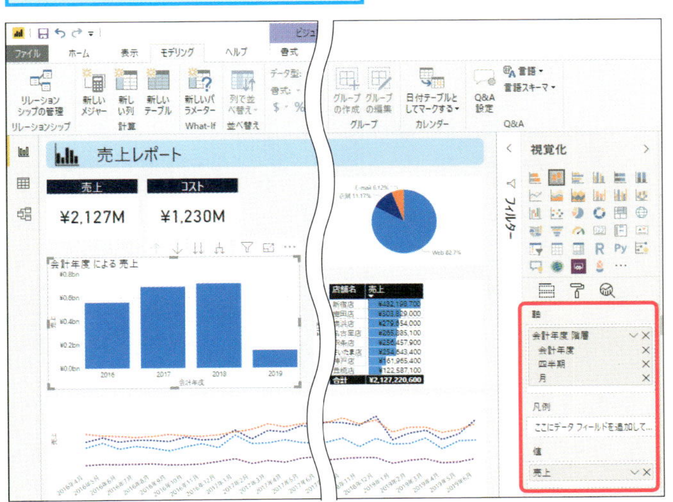

●値と軸の設定内容

項目	設定内容
[値]	[会計年度 階層]
[軸]	[売上]

HINT!

積み上げ縦棒グラフの書式設定例

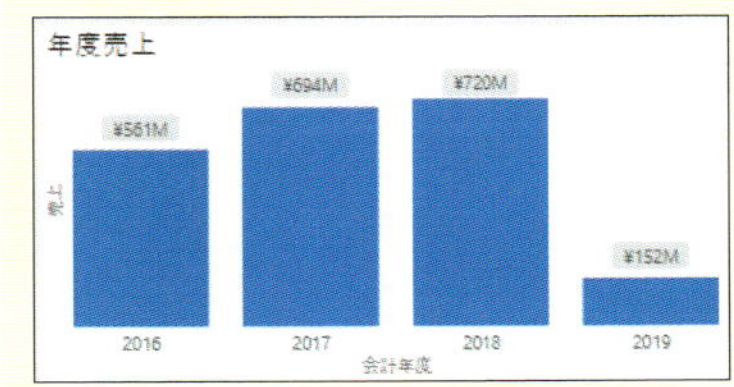

項目	設定内容
[Y 軸]	[オフ]
[データラベル]	[オン] [表示単位]：[百万] [位置]：[外側上] [背景の表示]：[オン]
[タイトル]	[タイトルテキスト]：年度売上

HINT!

ドリル機能を利用してみよう

日付テーブルの階層構造を軸に利用したビジュアルで、ドリルダウンを行ってみましょう。4月始まりの四半期列を作成したため、年度の1階層下の四半期で、[Q1] をドリルダウンすると、4月始まりに対応していることが確認できます。

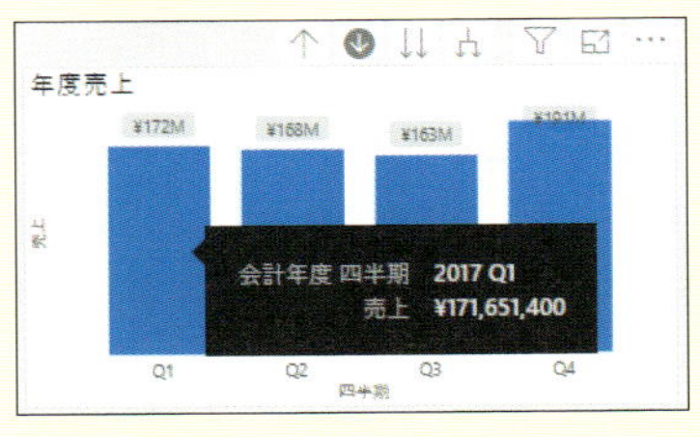

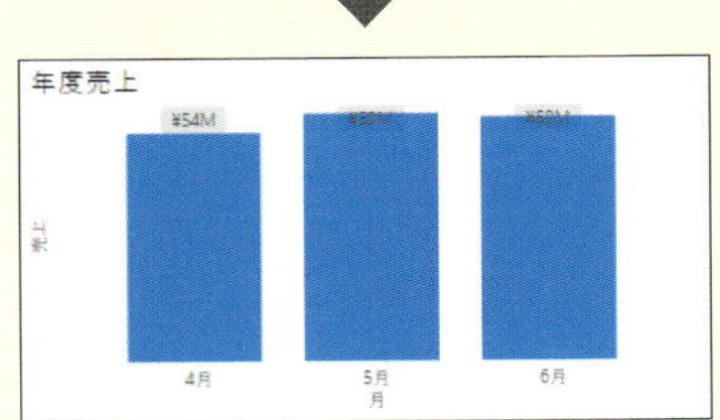

次のページに続く

テクニック カスタムビジュアルによる日付スライサー

日付テーブルを利用し、会計年度でデータをフィルターできるようスライサーを［製品］ページに追加します。日付データを用いたスライサーの設定方法はレッスン㊱で紹介しましたが、次のような表示にできます。ここでは、カスタムビジュアルを利用し日付スライサーを追加してみましょう。

レッスン㊾まで操作したファイルか［作業ファイル］-［第8章］フォルダー内の［売上分析_Lesson49完成.pbix］をPower BI Desktopで開いておく

1 カスタムビジュアルを追加する

レッスン㊳を参考に、［Enlighten Slicer］をカスタムビジュアルとして追加する

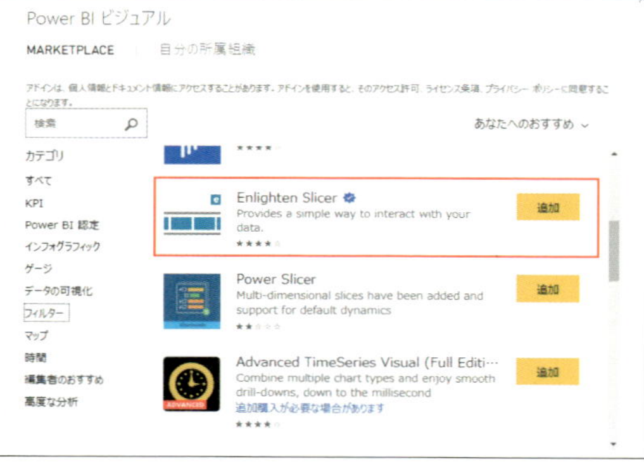

2 カスタムビジュアルを配置する

［製品］ページを表示しておく

1 ［ホーム］タブをクリック

2 ［Enlighten Slicer］をクリック

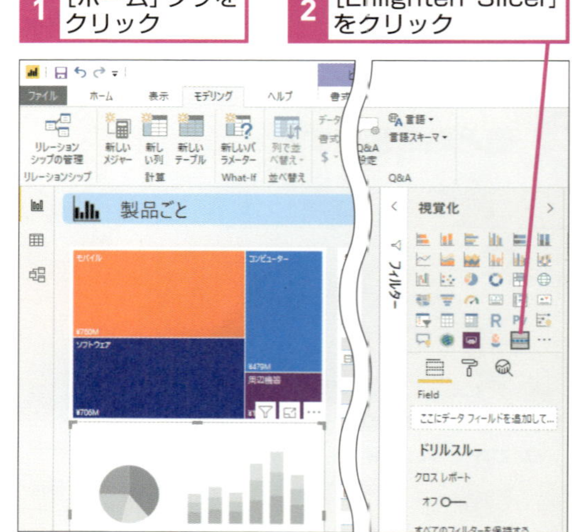

3 位置とサイズを変更する

1 マウスでサイズと位置を調整

4 列の設定を行う

1 [Field] に [会計年度] を設定

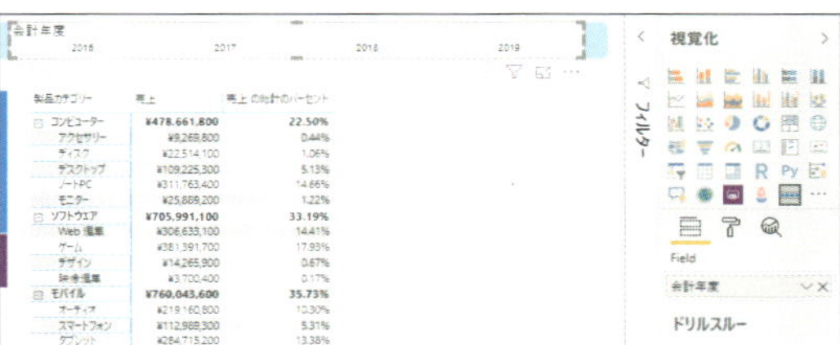

項目	設定内容
[タイトル]	[オフ]
[Items]	[Background]：任意の濃い色 [Font Color]：[白] [Text Size]：[21] [Spacing]：[5]

紹介した書式設定は一例ですが、クリックでフィルターできるボタンのような見た目のスライサーをレポートに追加しました。

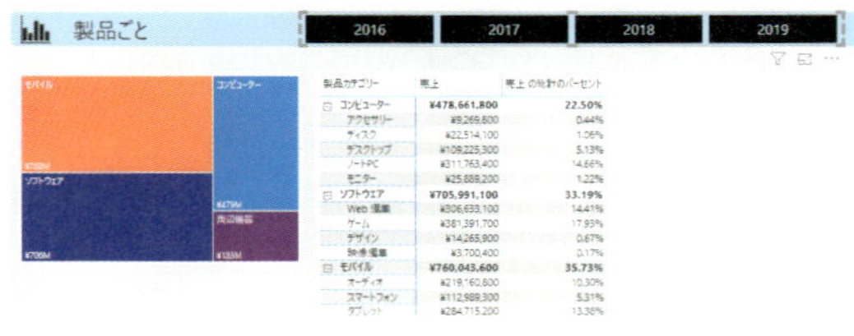

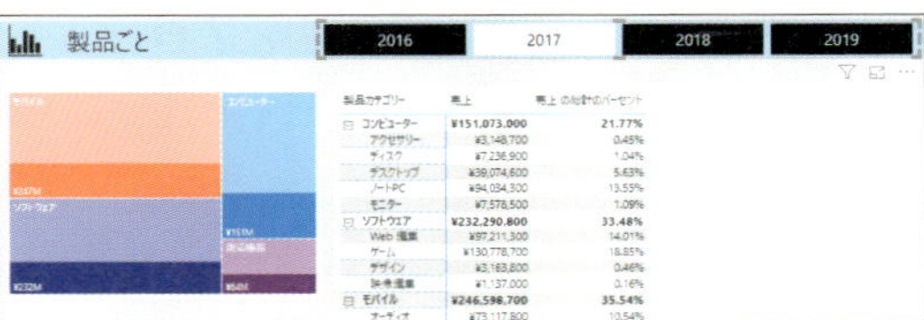

レッスン

50 横方向の表を利用して分析するには

列のピボット解除

キーワード

クエリ	p.318
クエリエディター	p.318
データ型	p.319
テーブル	p.319
リレーション	p.321

関連レッスン

▶レッスン24
列と行を入れ替えるには………… p.096

構造化されていないデータを利用して集計を行うために

Excelで管理しているデータや、まとめたデータを分析に利用したいケースは多くあるでしょう。しかしExcelベースで作成されたデータは分析にふさわしい構造で用意されているとは限りません。例えば［Excel表の例］を見てください。この表は店舗別に四半期単位の予算データが含まれています。Excelベースで利用するにはクロス集計されており見やすくて問題ないといえますが、店舗別や四半期ごとに売上データと比較するような集計をPower BIで行うためには、ふさわしい形式とはいえません。こういったExcelでよくある表を分析にふさわしい構造にクエリエディターで変換する方法を紹介します。

●Excel表の例

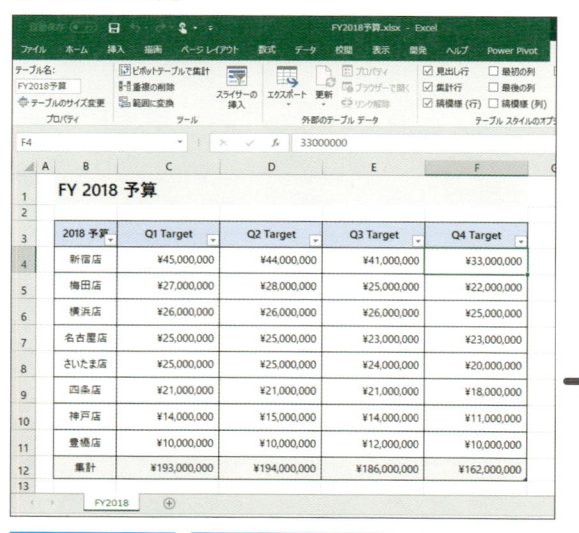

FY 2018 予算

2018 予算	Q1 Target	Q2 Target	Q3 Target	Q4 Target
新宿店	¥45,000,000	¥44,000,000	¥41,000,000	¥33,000,000
梅田店	¥27,000,000	¥28,000,000	¥25,000,000	¥22,000,000
横浜店	¥26,000,000	¥26,000,000	¥26,000,000	¥25,000,000
名古屋店	¥25,000,000	¥25,000,000	¥23,000,000	¥23,000,000
さいたま店	¥25,000,000	¥25,000,000	¥24,000,000	¥20,000,000
四条店	¥21,000,000	¥21,000,000	¥21,000,000	¥18,000,000
神戸店	¥14,000,000	¥15,000,000	¥14,000,000	¥11,000,000
豊橋店	¥10,000,000	¥10,000,000	¥12,000,000	¥10,000,000
集計	¥193,000,000	¥194,000,000	¥186,000,000	¥162,000,000

横方向の表や、クロス集計表

人の目には分かりやすい

集計に利用したい値（[Q1Target][Q2Target][Q3Target][Q4Target]）が複数の列に分散している

●取得したデータの編集後

店舗名	予算	期間
新宿店	¥45,000,000	2018年Q1
新宿店	¥44,000,000	2018年Q2
新宿店	¥41,000,000	2018年Q3
新宿店	¥33,000,000	2018年Q4
梅田店	¥27,000,000	2018年Q1
梅田店	¥28,000,000	2018年Q2
梅田店	¥25,000,000	2018年Q3
梅田店	¥22,000,000	2018年Q4
横浜店	¥26,000,000	2018年Q1
横浜店	¥26,000,000	2018年Q2
横浜店	¥26,000,000	2018年Q3
横浜店	¥25,000,000	2018年Q4
名古屋店	¥25,000,000	2018年Q1
名古屋店	¥25,000,000	2018年Q2
名古屋店	¥23,000,000	2018年Q3
名古屋店	¥23,000,000	2018年Q4
さいたま店	¥25,000,000	2018年Q1
さいたま店	¥25,000,000	2018年Q2
さいたま店	¥24,000,000	2018年Q3
さいたま店	¥20,000,000	2018年Q4
四条店	¥21,000,000	2018年Q1
四条店	¥21,000,000	2018年Q2
四条店	¥21,000,000	2018年Q3
四条店	¥18,000,000	2018年Q4

縦方向テーブルに

集計に必要な構造

集計に利用したい値は［予算］列として1列になっている

分析軸として利用できるよう［期間］列が用意されている

クエリの追加

1 Excelファイルからデータを取得する

レッスン㊾まで操作したファイルか[作業ファイル] - [第8章] フォルダー内の [売上分析_Lesson49完成.pbix]をPower BI Desktopで開いておく

1 [ホーム]タブをクリック

2 [データを取得]のここをクリック

3 [Excel]をクリック

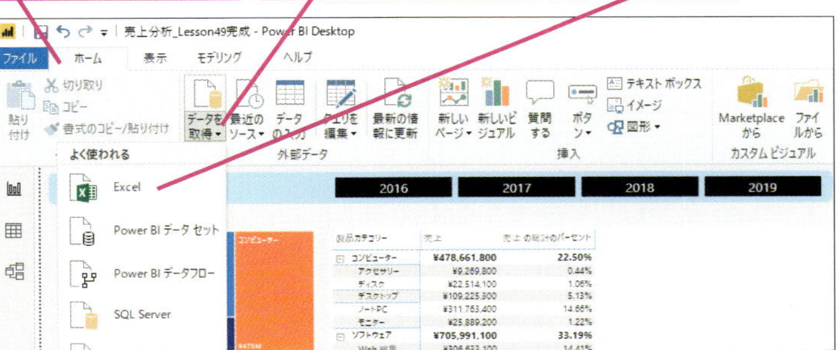

[開く]ダイアログボックスが表示された

[SampleData]フォルダーにある[FY2018予算.xlsx]を選択する

4 [FY2018予算.xlsx]をクリック

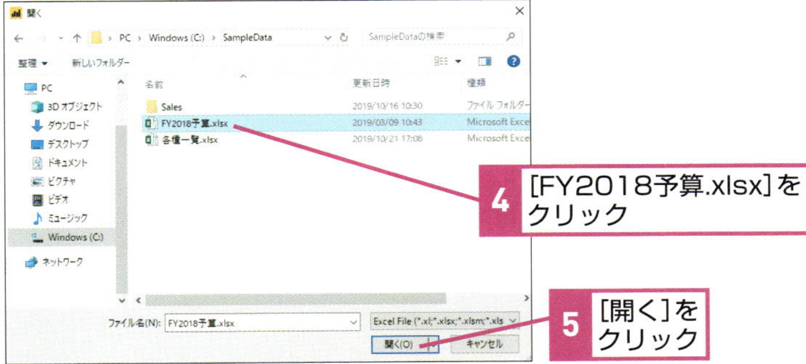

5 [開く]をクリック

[ナビゲーター]画面が表示された

6 [FY2018予算] テーブルをクリックしてチェックマークを付ける

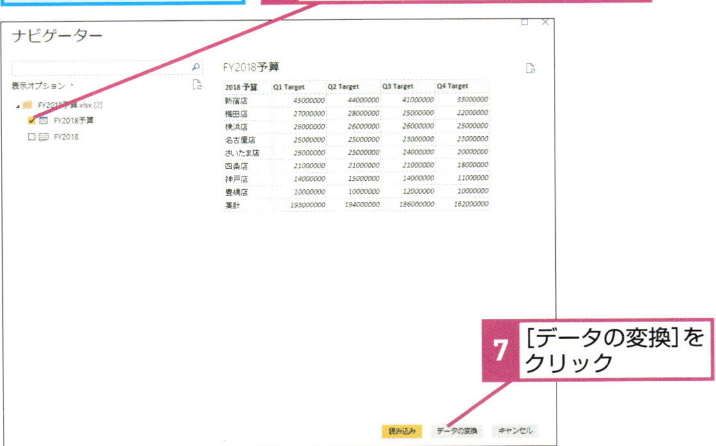

7 [データの変換]をクリック

HINT! クエリ内容について

第4章で追加した内容も含め、レポート内には、次のデータに対するクエリが含まれています。

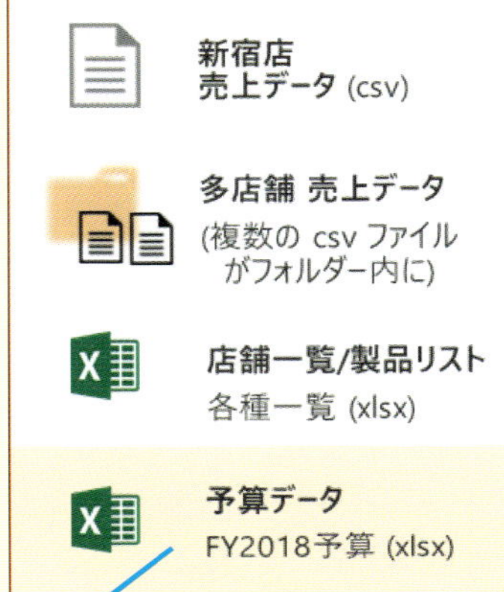

ここでは予算データを追加

次のページに続く

列のピボット解除

2 縦方向のテーブルに変換する

クエリエディターが表示された

1 [Ctrl]キーを押しながら[Q1 Target]列、[Q2 Target]列、[Q3 Target]列、[Q4 Target]列をクリック

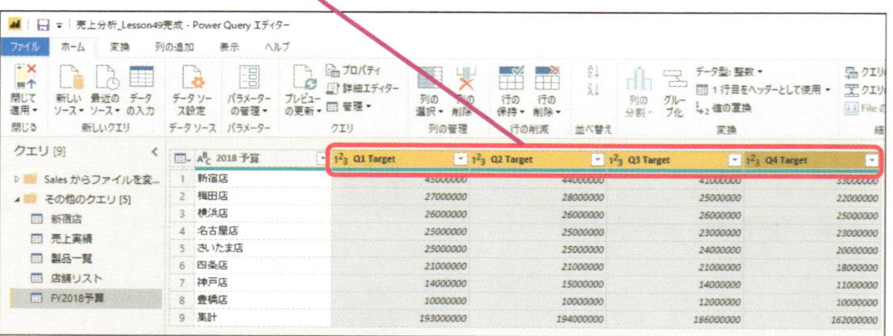

2 [変換] タブをクリック

3 [列のピボット解除] をクリック

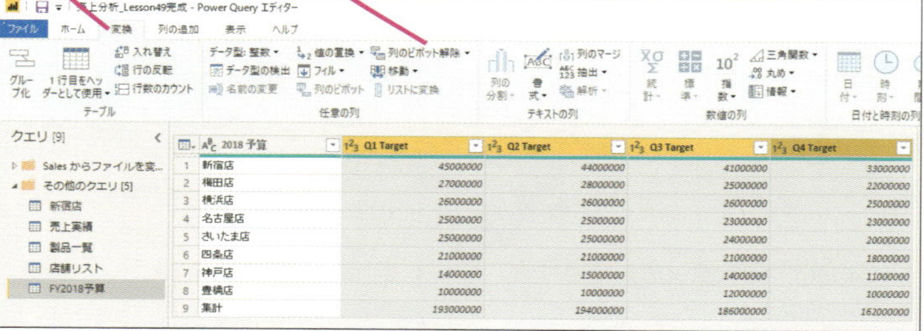

横方向の表が、縦方向の表に変換された

選択した4つの列名が［属性］列に、［値］列に予算データが含まれている

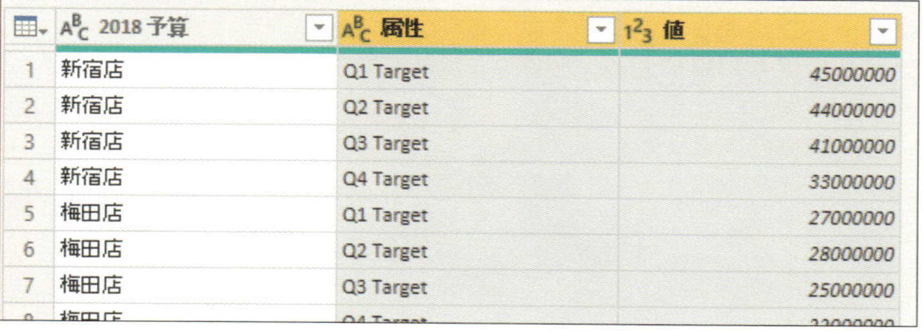

	2018 予算	属性	値
1	新宿店	Q1 Target	45000000
2	新宿店	Q2 Target	44000000
3	新宿店	Q3 Target	41000000
4	新宿店	Q4 Target	33000000
5	梅田店	Q1 Target	27000000
6	梅田店	Q2 Target	28000000
7	梅田店	Q3 Target	25000000

HINT! 列のピボット解除について

列のピボット解除は、手順で行ったように、列を選択してから［列のピボット解除］をクリックして行います。選択した列の名前が格納された［属性］列、選択した列の値が格納された［値］列が作成されます。手順の例では、［属性］列に「Q1 Target」「Q2 Target」「Q3 Target」「Q4 Target」と選択した複数の列名が格納されていることが確認できます。また次のような表ではどうでしょう？

	A	B	C	D
1	エリア	店舗	カテゴリーA	カテゴリーB
2	関東	新宿店	124	20
3		横浜店	110	18
4		さいたま店	80	10
5	中部	豊橋店	68	12
6		名古屋店	100	22
7	関西	梅田店	130	32
8		四条店	100	19
9		神戸店	90	11

この表の場合、［カテゴリーA］列と［カテゴリーB］列を選択し、列のピボット解除を行います。

ピボットが解除されると、［属性］列に選択した列名である「カテゴリーA」と「カテゴリーB」の値が確認できます。また集計したい数値データが［値］列に格納された縦方向テーブルになります。

元のExcelでセル結合していた［エリア］列の空欄修正をフィルで行い、列名を編集すればデータ変換作業は完成といえます。

クエリの編集

3 新しい列を作成する

1 [列の追加]タブをクリック

2 [例からの列]をクリック

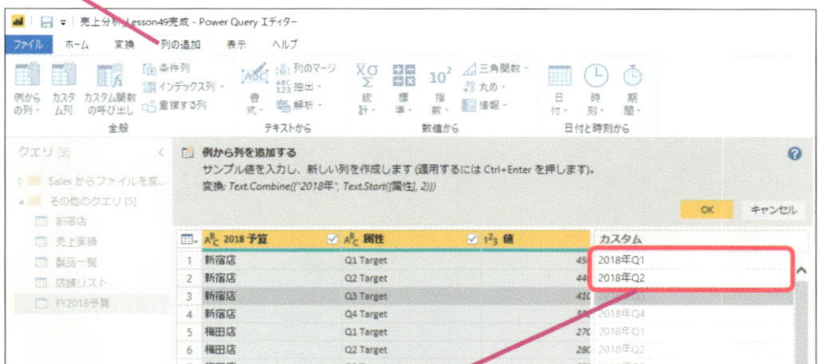

[カスタム]列にデータ候補が表示されるまで、サンプル値を入力する

3 「2018年Q1」「2018年Q2」と入力

4 [OK]をクリック

新しい列が作成された

	2018 予算	属性	値	カスタム
1	新宿店	Q1 Target	45000000	2018年Q1
2	新宿店	Q2 Target	44000000	2018年Q2
3	新宿店	Q3 Target	41000000	2018年Q3
4	新宿店	Q4 Target	33000000	2018年Q4
5	梅田店	Q1 Target	27000000	

4 不要な列を削除する

集計に不要となった[属性]列を削除する

1 [属性]列を右クリック

2 [削除]をクリック

	2018 予算	属性	値	カスタム
1	新宿店	Q1 Target	000000	2018年Q1
2	新宿店	Q2 Target	000000	2018年Q2
3	新宿店	Q3 Target	000000	2018年Q3
4	新宿店	Q4 Target	000000	2018年Q4
5	梅田店	Q1 Target	000000	2018年Q1

コピー
削除
他の列の削除
重複する列

5 列名を変更する

1 各列をダブルクリックし、列名を変更

店舗名	予算	期間
新宿店	45000000	2018年Q1
新宿店	44000000	2018年Q2
新宿店	41000000	2018年Q3

HINT!

[例から列]を利用して追加した列について

[属性]列に含まれる値を利用して新しい列を作成しました。「Q1 Target」→「2018年Q1」、「Q2 Target」→「2018年Q2」、「Q3 Target」→「2018年Q3」、「Q4 Target」→「2018年Q4」の値が格納されています。ここで作成し列名を変更した[期間]列は、売上データと連携して集計に利用できるように、[カレンダー]テーブルの[期間]列の形式と同様の列を作成しました。

この後の手順で[FY2018予算]テーブルと[カレンダー]テーブル間のリレーション設定を行います。

HINT!

集計に利用する数値が含まれる列のデータ型を確認しよう

集計で利用する数値データが含まれる列は、整数や10進数などの数値のデータ型となっていることを確認しましょう。元のデータソースに含まれる値により自動的にデータ型は設定されますが、Excelファイルに含まれる値によっては文字列型となっていることがあるため、確認するようにしましょう。

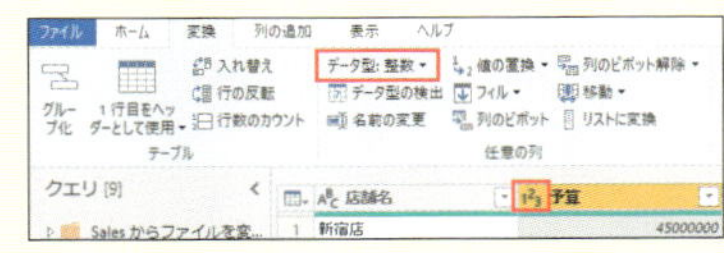

次のページに続く

50 列のピボット解除

不要な下位列を削除する

元データにあった集計の項目をすべて削除する

1 [ホーム]タブをクリック

2 [行の削除]をクリック

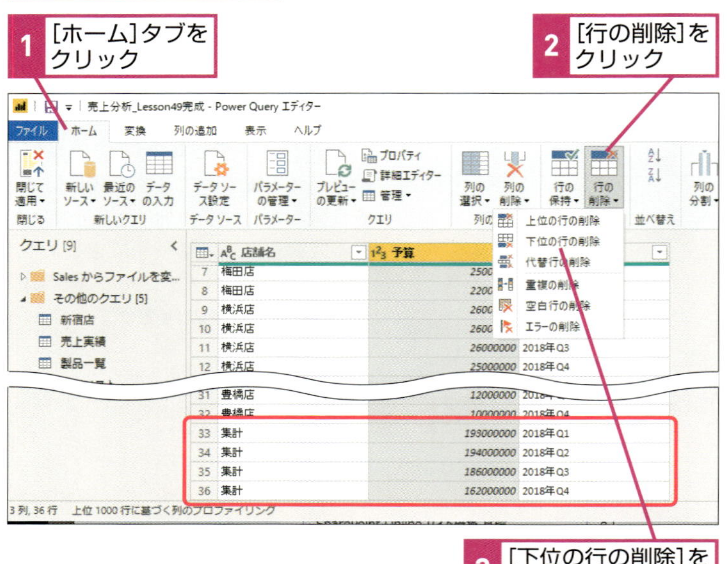

3 [下位の行の削除]をクリック

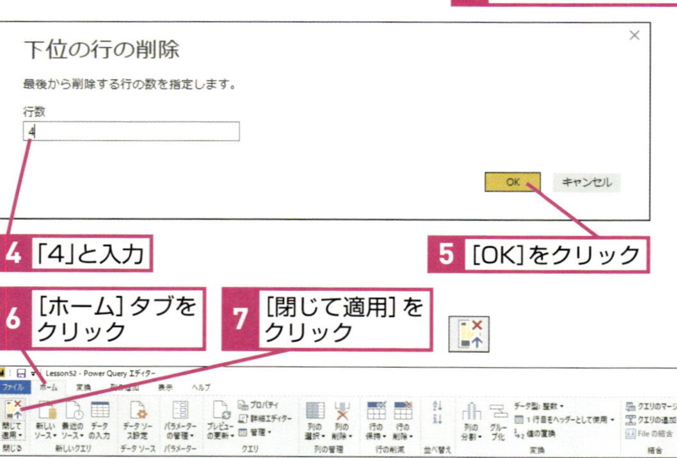

4 「4」と入力

5 [OK]をクリック

6 [ホーム]タブをクリック

7 [閉じて適用]をクリック

HINT! データモデルの内容を確認する

クエリエディターでの作業を適用すると、データモデルに[FY2018予算]テーブルが追加されます。Power BI Desktopの[フィールド]ウィンドウには、次のように5つのテーブルが確認できます。

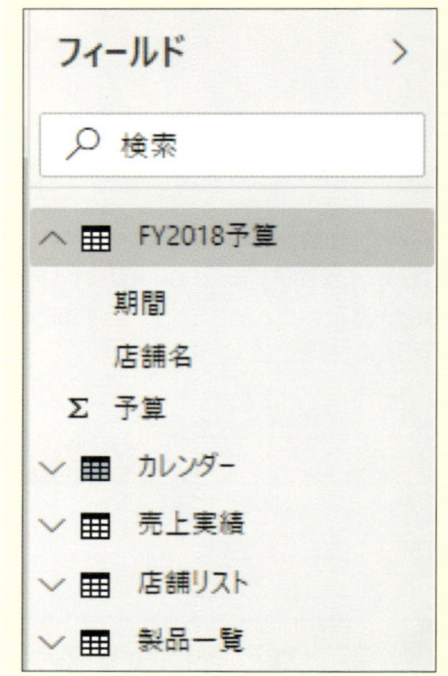

リレーションシップの設定

7 [リレーションシップの作成]画面を表示する

1 [モデリング]タブをクリック

2 [リレーションシップの管理]をクリック

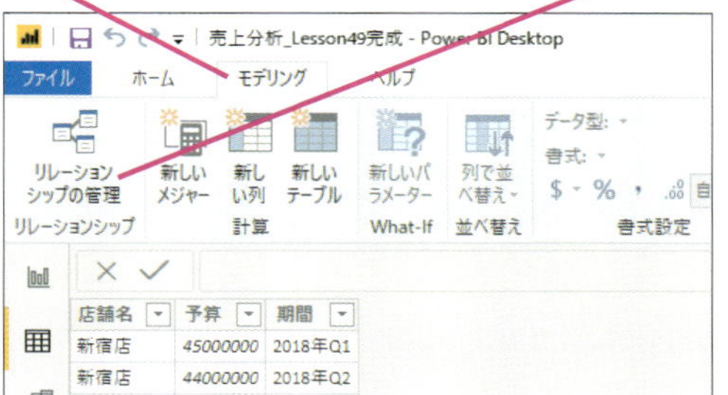

[リレーションシップの管理]画面が表示された

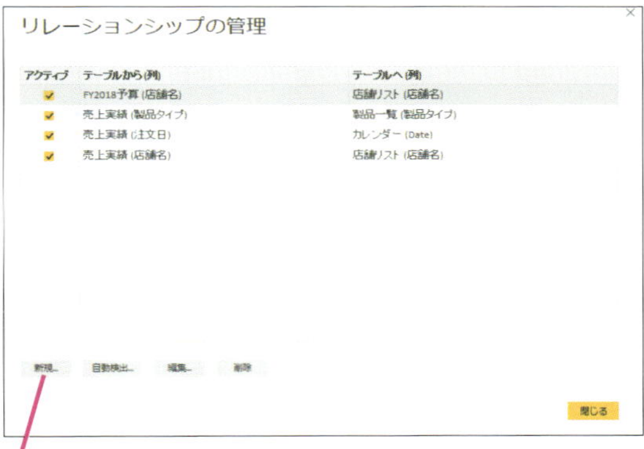

3 [新規]をクリック

8 関連付けるテーブルと列を選択する

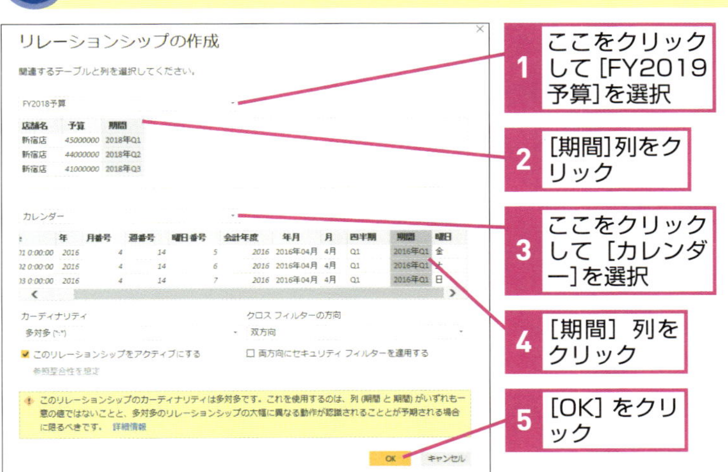

1 ここをクリックして[FY2019予算]を選択

2 [期間]列をクリック

3 ここをクリックして[カレンダー]を選択

4 [期間]列をクリック

5 [OK]をクリック

HINT!

設定したリレーションについて

ここではデータモデルにもともと含まれていた[売上実績]テーブルのデータ(売上)と、追加した[FY2018予算]テーブルのデータ(予算)を同じ時間軸で集計して利用できるようリレーション設定を行っています。[売上実績]テーブルはもともと[カレンダー]テーブルとリレーションがあるため、追加した[FY2018予算]テーブルと[カレンダー]テーブル間のリレーションを設定しました。

リレーションシップの管理

アクティブ	テーブルから (列)	テーブルへ (列)
✓	FY2018予算 (期間)	カレンダー (期間)
✓	FY2018予算 (店舗名)	店舗リスト (店舗名)
✓	売上実績 (製品タイプ)	製品一覧 (製品タイプ)
✓	売上実績 (注文日)	カレンダー (Date)
✓	売上実績 (店舗名)	店舗リスト (店舗名)

次のページに続く

テクニック 売上と予算データをレポートに表示しよう

レポート内にビジュアルを追加し、売上データと予算データ（レッスン㊿で追加）を表示する例です。基本的なビジュアルの追加や設定方法は第5章で解説しているため、このテクニックでは設定例を紹介します。詳細な手順や解説は第5章を参考にしてください。

レッスン㊿まで操作したファイルか［作業ファイル］-［第8章］フォルダー内の［売上分析_Lesson50完成0.pbix］をPower BI Desktopで開いておく

［FY18］ページ：各ビジュアル追加例

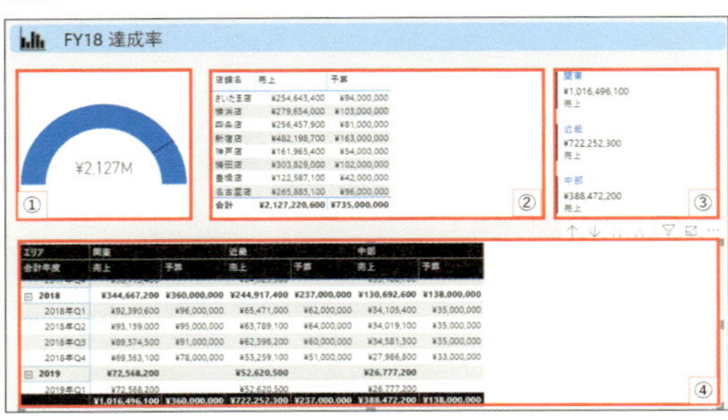

①ゲージ

設定例

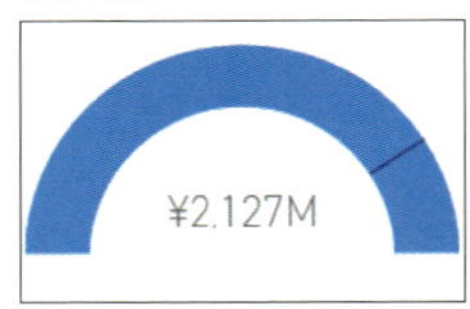

フィールド設定

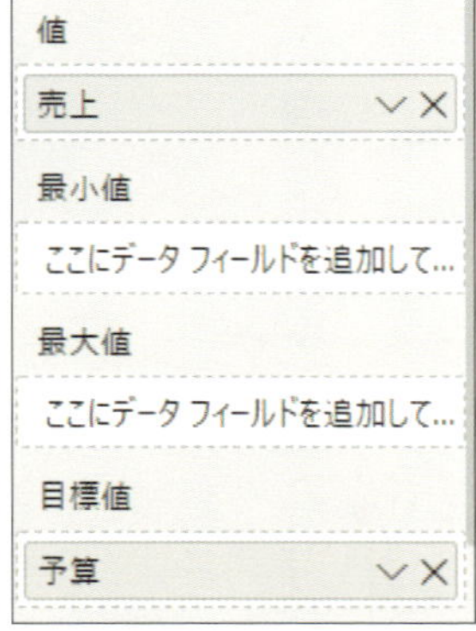

●書式の設定内容

項目	設定内容
［ゲージの軸］	［最大］：［900000000］
［データラベル］	［オフ］
［Target］	［オフ］
［吹き出しの値］	［表示単位］：［百万］
［タイトル］	［オフ］

②：テーブル

設定例

店舗名	売上	予算
さいたま店	¥254,643,400	¥94,000,000
横浜店	¥279,654,000	¥103,000,000
四条店	¥256,457,900	¥81,000,000
新宿店	¥482,198,700	¥163,000,000
神戸店	¥161,965,400	¥54,000,000
梅田店	¥303,829,000	¥102,000,000
豊橋店	¥122,587,100	¥42,000,000
名古屋店	¥265,885,100	¥96,000,000
合計	¥2,127,220,600	¥735,000,000

フィールド設定

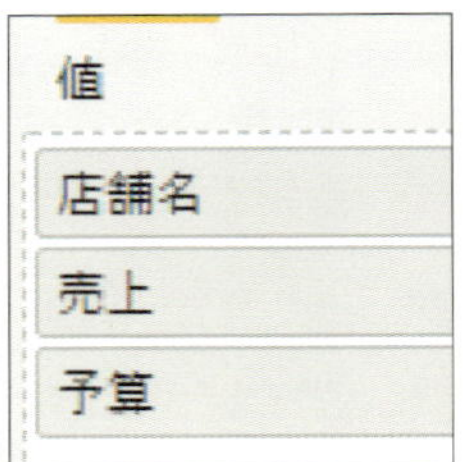

●書式の設定内容

項目	設定内容
［グリッドタイトル］	［テキストサイズ］：［12］

③複数の行のカード

設定例

フィールド設定

●書式の設定内容

項目	設定内容
［カード］	［アウトライン］：［下線のみ］

④マトリックス

エリア	関東		近畿		中部	
会計年度	売上	予算	売上	予算	売上	予算
⊟ 2018	¥344,667,200	¥360,000,000	¥244,917,400	¥237,000,000	¥130,692,600	¥138,000,000
2018年Q1	¥92,390,600	¥96,000,000	¥65,471,000	¥62,000,000	¥34,105,400	¥35,000,000
2018年Q2	¥93,139,000	¥95,000,000	¥63,789,100	¥64,000,000	¥34,019,100	¥35,000,000
2018年Q3	¥89,574,500	¥91,000,000	¥62,398,200	¥60,000,000	¥34,581,300	¥35,000,000
2018年Q4	¥69,563,100	¥78,000,000	¥53,259,100	¥51,000,000	¥27,986,800	¥33,000,000
⊟ 2019	¥72,568,200		¥52,620,500		¥26,777,200	
2019年Q1	¥72,568,200		¥52,620,500		¥26,777,200	
合計	¥1,016,496,100	¥360,000,000	¥722,252,300	¥237,000,000	¥388,472,200	¥138,000,000

フィールドの設定後、1レベル下をすべて展開した例です。

設定例

●書式の設定内容

項目	設定内容
[スタイル]	[一行おきに色付け]
[グリッドタイトル]	[テキストサイズ]：[13]
[小計]	[列の小計]：[オフ]
[行見出し]	[フォント色]：[黒]

フィールド設定

テクニック 適用範囲に応じたフィルター設定を行う

特定の年度や部署、店舗のデータのみを絞り込んでビジュアルを表示したい場合にはフィルター機能が便利です。フィルター設定は、ビジュアルレベル、ページレベル、レポートレベルと3種類の設定があるため、フィルターを適用させたい範囲によって設定方法が選択できます。[FY18] ページに表示した予算データは2018年度のものです。売上データは他の年度のデータも含まれているため、[FY18] ページにおいて2018年度の売上と予算が比較できるようページ全体に適用されるページレベルフィルターを設定してみましょう。

[フィルター] ウィンドウを最大化する

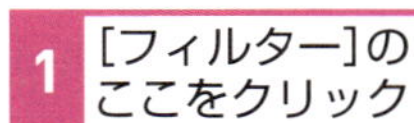

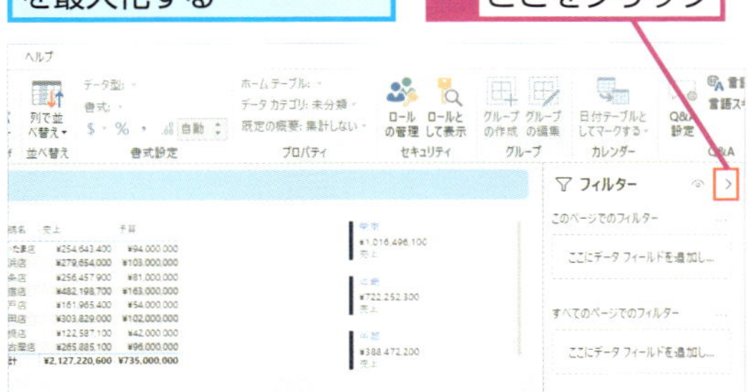

2 [会計年度] 列を [このページでのフィルター] にドラッグ

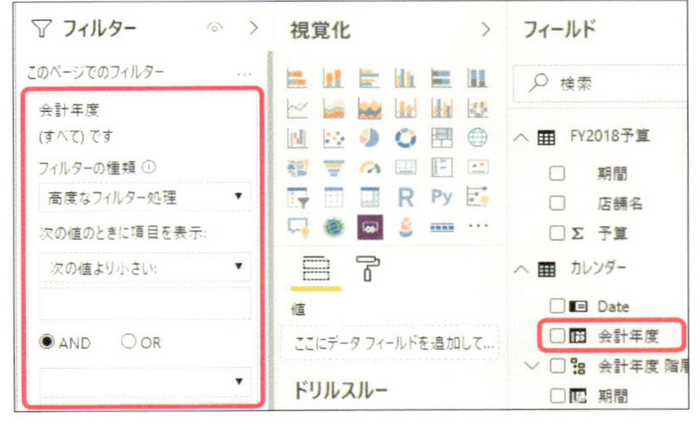

3 [フィルターの種類] のここをクリックして [基本フィルター] を選択

4 [すべて選択] をクリックしてチェックマークをはずす

5 [2018] をクリック

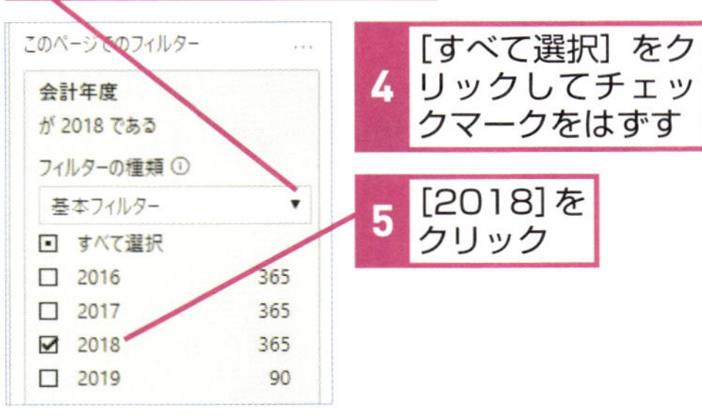

[FY18] ページにフィルターが設定され、2018年度の売上データのみにフィルターされた結果が表示される

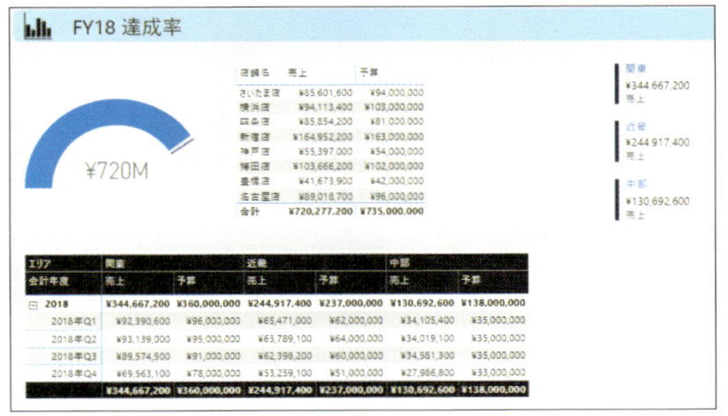

レッスン

51 メジャーを理解しよう

メジャー

キーワード

DAX	p.315
計算列	p.318
データビュー	p.319
データモデル	p.319
メジャー	p.320

関連レッスン

▶レッスン52
純利益や達成率メジャーを作成するには …… p.248

▶レッスン53
前年比など日付に関するメジャーを作成するには …… p.254

▶レッスン54
列と行を入れ替えるには …… p.260

分析時に確認したい値は、集計された結果としてグラフや表などのビジュアルに表示し、可視化します。列値の合計や平均、最大値、最小値、カウント（個数）などさまざまな集計方法が利用できます。これらの集計を行うための定義を"メジャー"といいます。DAX関数を利用した数式により作成でき、メジャーはビジュアルが表示されるときに実行されます。またユーザーがレポート上でフィルターやドリルダウンなどの操作を行った際にも動的に実行され、ビジュアル上に結果を表示します。

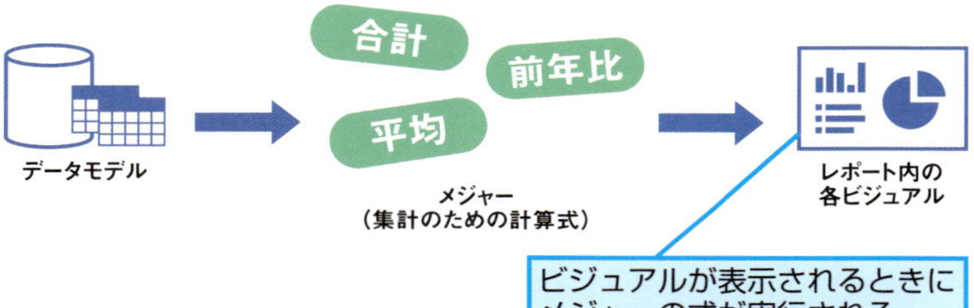

テクニック 計算列とメジャーの違いを確認しよう

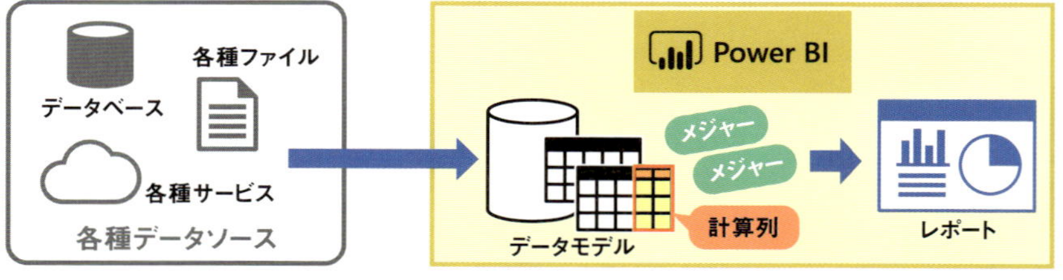

※計算列は第4章のレッスン㉚で紹介

	計算例	メジャー
値	・データモデルのテーブルに列を追加する ・数式の計算結果は列値となるため、データビューで列や値を表示して確認できる	・レポートでビジュアルが表示されるときに計算が実行される（レポート内のフィルター操作などで結果値が変わる） ・データビューでは値は直接確認できない
結果の出力	列	値
主な用途	売上や利益など複数の列を利用した計算結果を含めた列の作成、またほかの列の値を元に、文字列操作を行って分析軸となる列の作成	合計や平均など、集計に利用

意識せずに利用しているメジャー

列値の合計や平均、最大値、最小値などの集計結果を得るための定義（数式）がメジャーと解説しましたが、これまで設定してきたビジュアルでは、メジャーを作成しなくても、自動的にビジュアルに指定した列の集計結果が表示されていました。これは指定した列値が内部で自動的に集計される機能があるためです。これを暗黙的なメジャーといいます。

●暗黙的なメジャーの利用例

下記は［カード］ビジュアルに、［売上］列を表示するよう設定した例です。［売上］列は数値型の列です。数値型の列をビジュアルに設定すると、既定で「合計」が集計結果として表示されます。

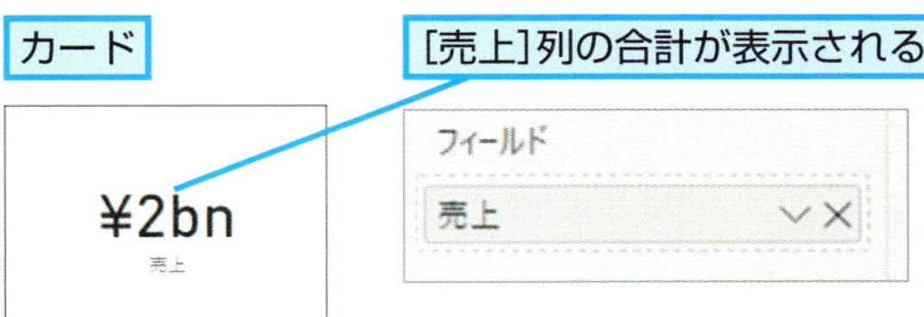

ビジュアルのフィールド設定で、列のメニューからそのほかの集計方法に変更できます。

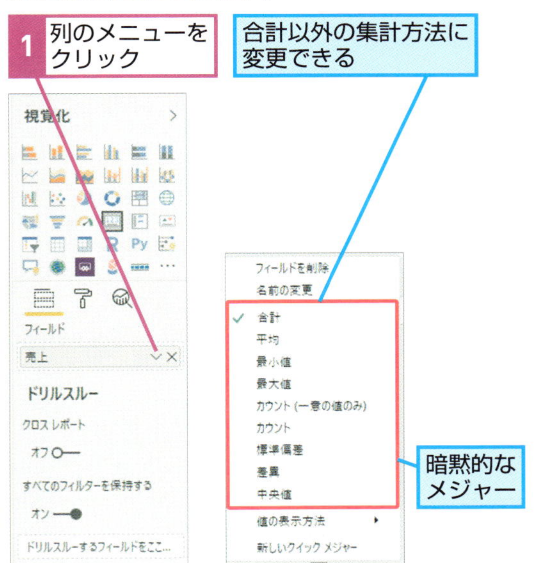

以下は、［平均］に変更した例です。ビジュアルのフィールド設定に表示される内容も［列名の平均］と変更されます。

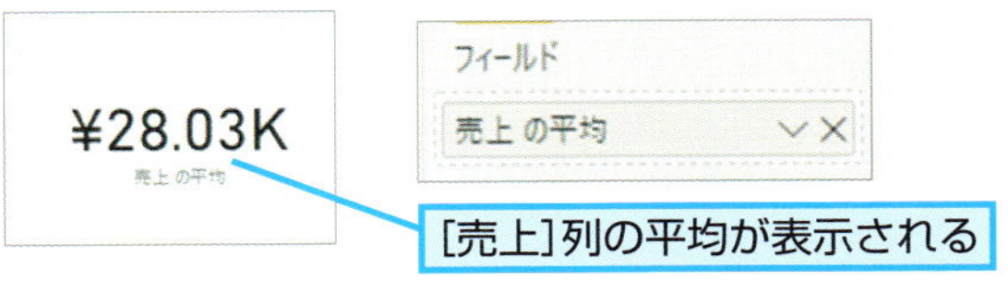

HINT! 暗黙的なメジャーで集計できる内容

合計、平均、最小値、最大値、カウント、標準偏差、差異、中央値は、メジャーの作成を行う必要なく集計が可能です。ビジュアルのフィールド設定で、列のメニューから集計方法を変更できます。
数値型の列を指定した場合、既定で「合計」が集計結果として利用されますが、必要に応じて変更可能です。

次のページに続く

メジャーの作成方法

合計や平均などのよく利用する集計方法は暗黙的なメジャーを利用できますが、暗黙的なメジャーとして用意されていない内容で集計を行いたい場合はメジャーの作成が行えます。

1 新しいメジャーを作成する

レッスン㊿まで操作したファイルか［作業ファイル］-［第8章］フォルダー内の［売上分析_Lesson50完成.pbix］をPower BI Desktopで開いておく

データビューを表示しておく

1 ［売上実績］テーブルをクリック

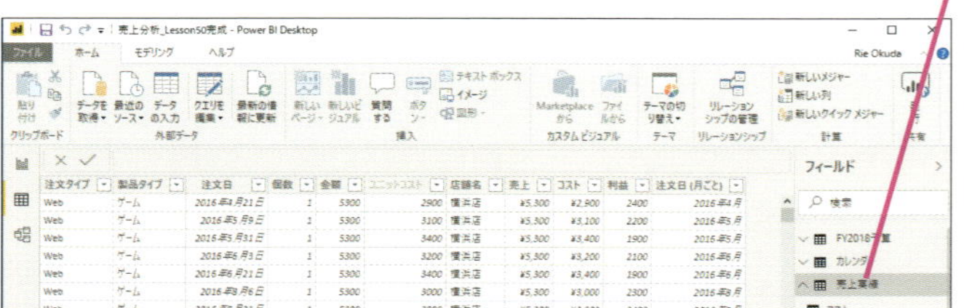

2 ［モデリング］タブをクリック

3 ［新しいメジャー］をクリック

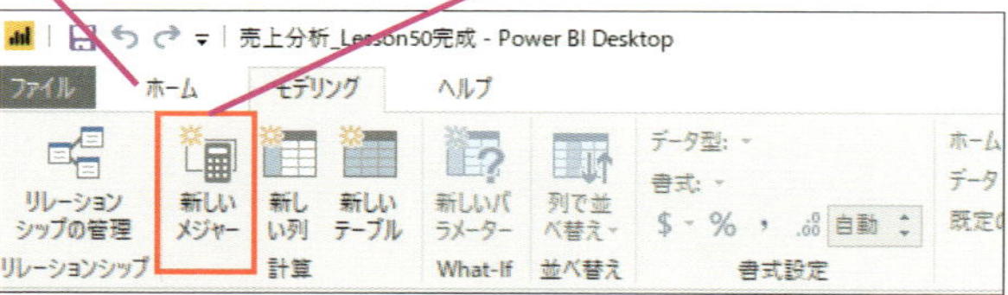

4 数式を入力

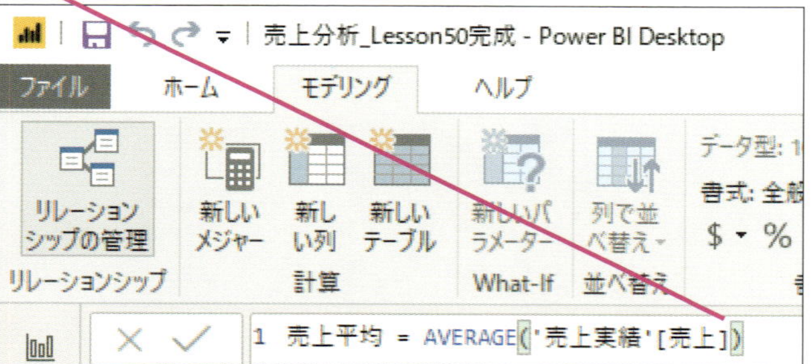

数式 **売上平均を求める**

売上平均 = AVERAGE('売上実績'[売上])

HINT!

値を集計したい場合

集計結果を表示したい場合、用意されている集計方法（暗黙的なメジャー）から選択して利用するか、自分でメジャーを作成して利用するか、集計したい内容によってどちらかを行います。実践的なメジャーの作成方法は次のレッスンから解説しますが、本レッスンではメジャーを作成する基本手順を確認します。ここで作成している「平均」は、メジャーを作成しなくても集計できますが、メジャーの作成方法を解説するために手順をご紹介しています。

HINT!

メジャーを作成する画面

メジャーの作成はレポートビュー、データビューどちらでも行えますが、ここでは理解を深めるためデータビューで作業を行ってみます。

HINT!

メジャー作成時の式の入力

メジャー名＝数式の形式で入力します。DAX関数や列名を指定する場合は入力候補から方向キーで選択し Tab キーで確定する操作が便利です。

●関数の入力候補

●列名の指定候補

レポートを仕上げるテクニックを知ろう 応用編 第8章

2 作成したメジャーを確認する

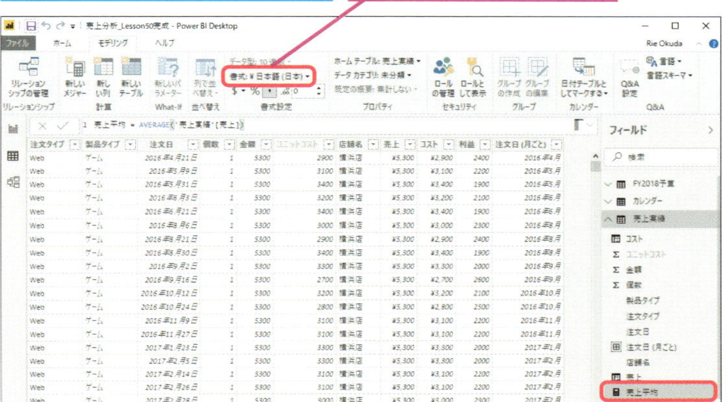

計算列とは異なり、列は作成されないため、集計結果はデータビューでは確認できない

3 カードに表示して確認する

カードのビジュアルを追加して、[フィールド] に [売上平均] メジャーを指定する

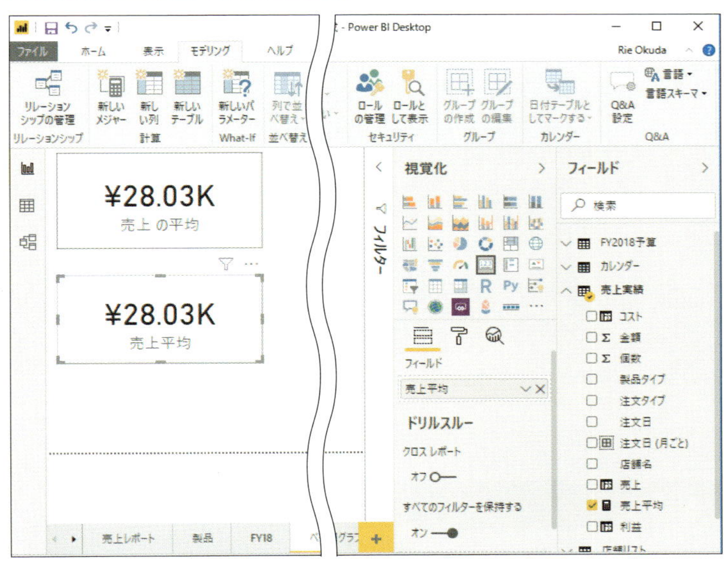

暗黙的なメジャーを利用したときと同じ集計結果が確認できる

HINT! フィールド一覧での表示アイコンの違い

[フィールド] 一覧に表示される項目は、種類別に表示されるアイコンが変わります。アイコンを確認すれば何を表す項目かをすぐに判断できます。

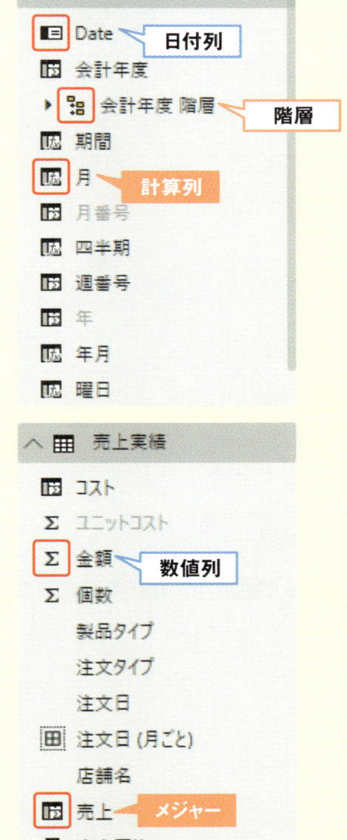

HINT! ここで作成したメジャーや配置したビジュアルについて

このレッスンでは、メジャーの基本的な作成方法を解説するため [売上平均] メジャーを作成しました。この後のレッスンで作成したメジャーや追加したビジュアルは利用しないため、削除してもかまいません。

51 メジャー

次のページに続く

純利益や達成率メジャーを作成するには

実践的なメジャーの作成

キーワード

データビュー	p.319
テーブル	p.319
マトリックス	p.320
メジャー	p.320
モデリング	p.320

関連レッスン

▶レッスン51
メジャーを理解しよう……………… p.244

▶レッスン53
前年比など日付に関するメジャーを作成するには………………………… p.254

▶レッスン54
列と行を入れ替えるには………… p.260

さまざまな集計結果を得るために

合計や平均、個数、最大値などの用意されている集計方法（暗黙的なメジャー）にはない集計を行いたい場合、メジャーの作成が必要です。前のレッスンでメジャーの基本的な作成方法を紹介しましたが、本レッスンではより実践的なメジャーの作成方法として、［売上総利益率］、［達成率］、［達成率FY18］メジャーを作成します。さらにメジャーについて理解を深めていきましょう。

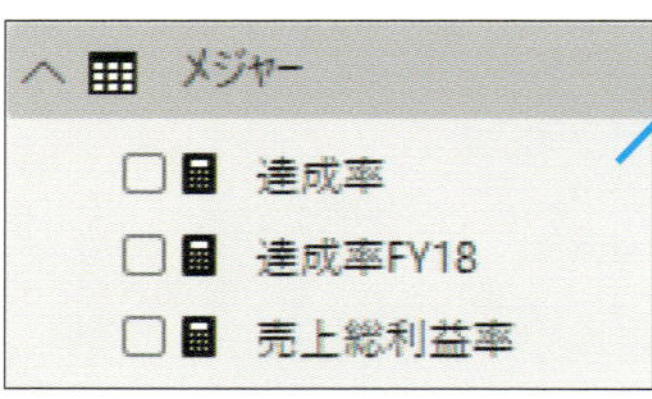

利益率や達成率を集計するためのメジャーを作成する

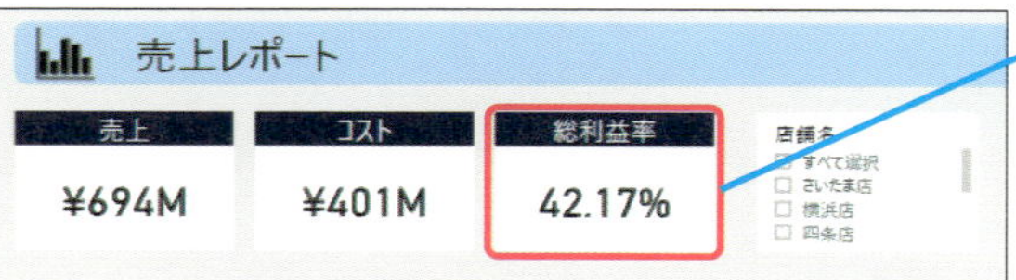

［売上レポート］ページに利益率を表示する

［FY18］ページに達成率を表示する

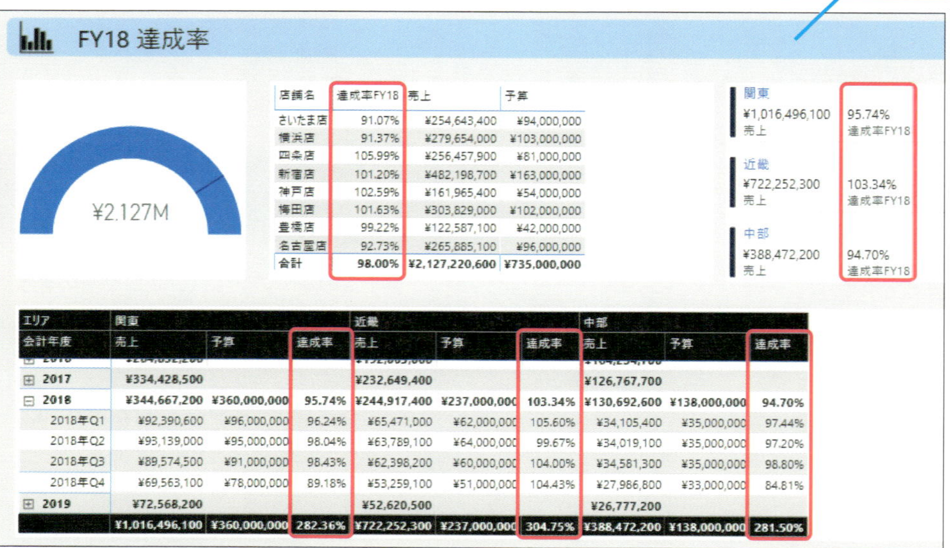

メジャーテーブルを作成する

前のレッスンで作成した［売上平均］メジャーは［売上実績］テーブル内に作成しました。既存のテーブル内にメジャーを作成しても問題はありませんが、作成したメジャーの数が増えてくると各テーブルにちらばってしまったり、通常の列との区別がつきづらかったりとレポート作成時に［フィールド］一覧での確認が面倒に感じることもあります。そのような場合にはメジャーだけを管理するためのテーブルをデータモデル内に作成することがおすすめです。

レッスン㊿まで操作したファイルか［作業ファイル］-［第8章］フォルダー内の［売上分析_Lesson50完成.pbix］をPower BI Desktopで開いておく

データビューを表示しておく

1 ［ホーム］タブをクリック

2 ［データの入力］をクリック

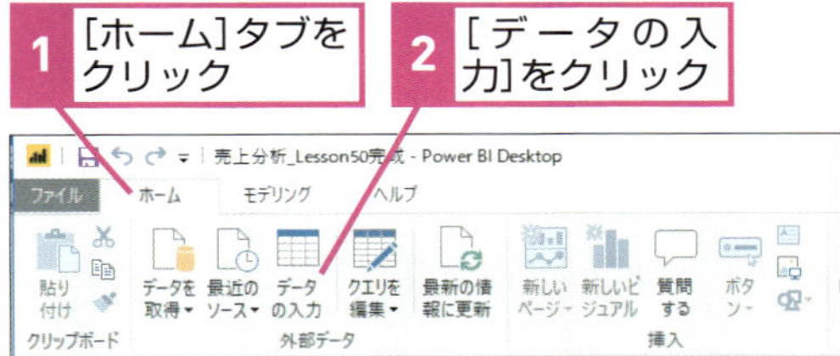

［テーブルの作成］画面が表示された

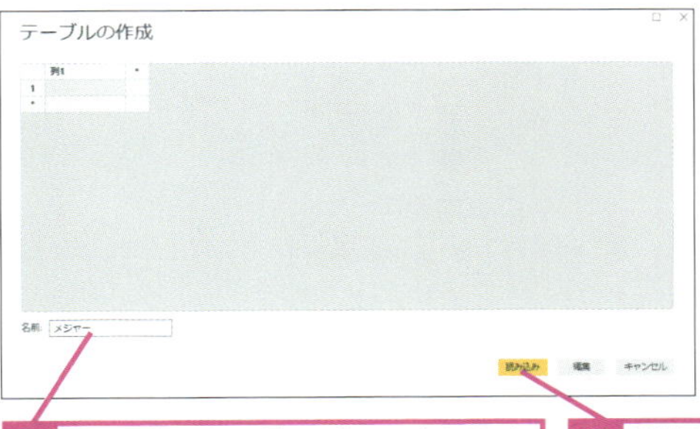

2 テーブル名を「メジャー」と入力

3 ［読み込み］をクリック

［メジャー］テーブルが作成された

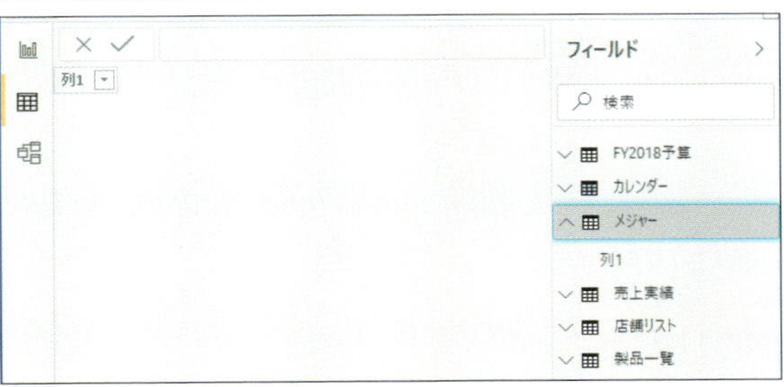

［列1］はメジャーの作成後に削除する

HINT! メジャーテーブルの作成について

メジャー用のテーブルを作成すると、［フィールド］の一覧で確認しやすくなりますが、作成は必須ではありません。既存のテーブル内にメジャーを作成しても問題はありません。レポートを作成するとき、どちらが使いやすいかによって作成するかを判断しましょう。

●メジャーテーブルを用意しない場合

既存テーブル内にメジャーを作成した場合、次図のように各テーブル内にメジャーが含められます。関連するテーブル内にメジャーが一覧された方が分かりやすい場合には、メジャーテーブルの作成は行う必要ありません。

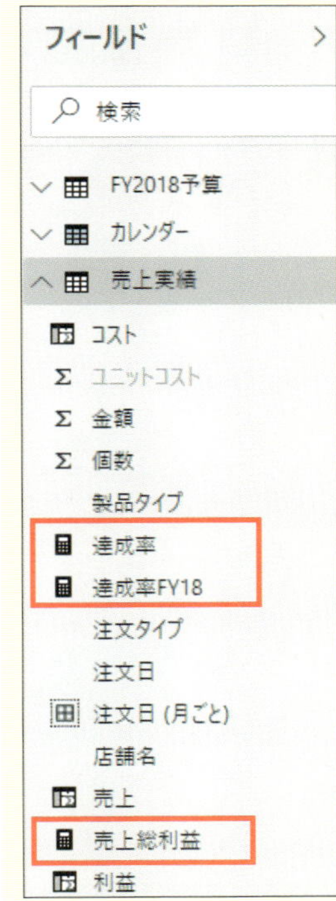

次のページに続く

[売上総利益率] メジャーの作成

売上総利益率とは、売上に対して、売上総利益（売上から原価を引いた利益、粗利）が何パーセントかを示す値です。[売上実績] テーブルの [売上] 列と [利益] 列を利用して [売上総利益] メジャーを作成します。

[売上総利益率] メジャーを作成する

1 [メジャー]テーブルをクリック

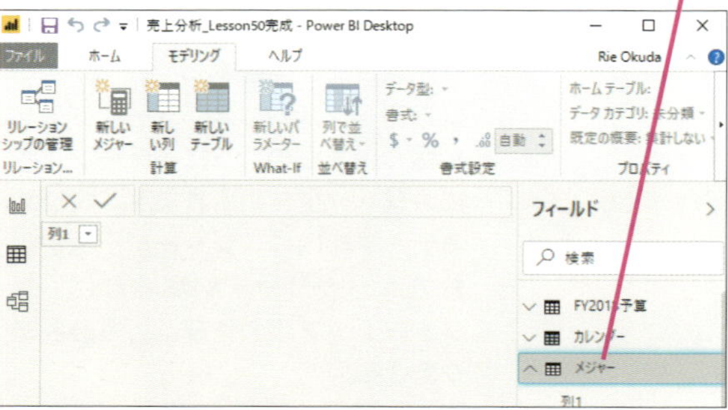

2 [モデリング]タブをクリック

3 [新しいメジャー]をクリック

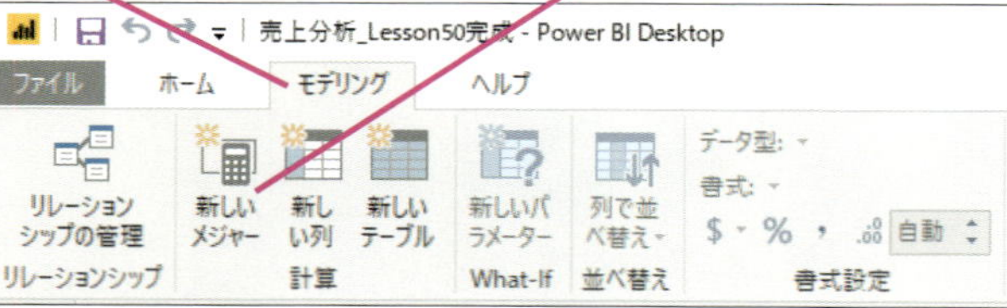

4 数式を入力

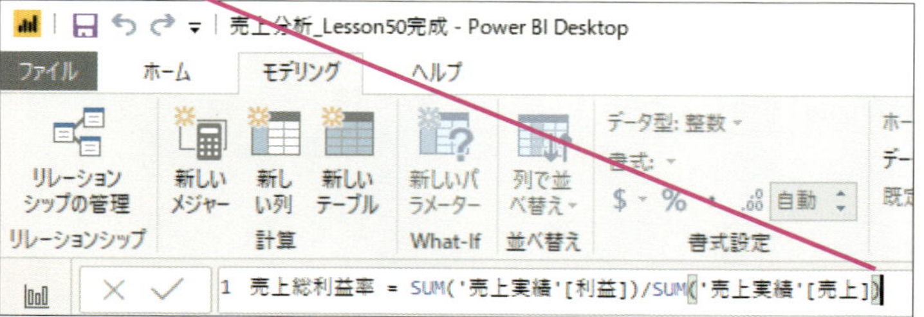

数式 **売上総利益率を求める**

売上総利益率 = SUM('売上実績'[利益])/SUM('売上実績'[売上])

※［利益］列の合計値/［売上］列の合計値

HINT!

ここで利用する列について

ここでメジャー作成時に利用している［売上］列と［利益］列は、第4章のレッスン㉚で作成した計算列です。

HINT!

メジャーの作成後に、[列1] を削除しよう

メジャーテーブルにはここまでの操作で［列1］列と［売上総利益率］メジャーが含まれています。

［列1］は必要ありませんので、削除しましょう。

1 [列1]の［その他のオプション]をクリック

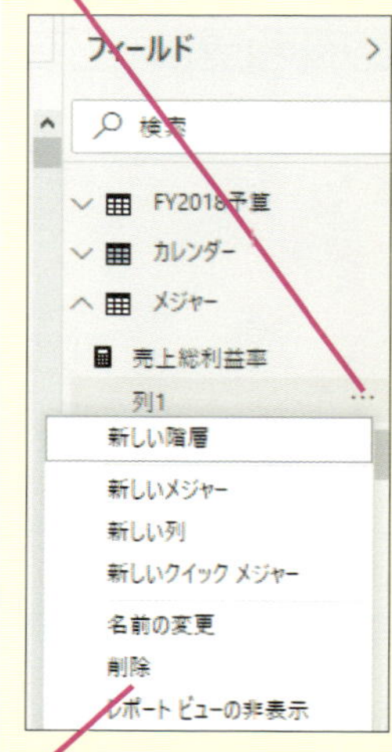

2 [削除]をクリック

列（もしくはメジャー）が1つもないテーブルは作成できないため、メジャーテーブル作成直後では削除できません。

❷ [売上総利益率] メジャーを利用する

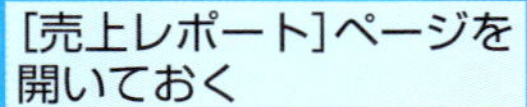

1 [コスト]のカードをコピーして位置を調整

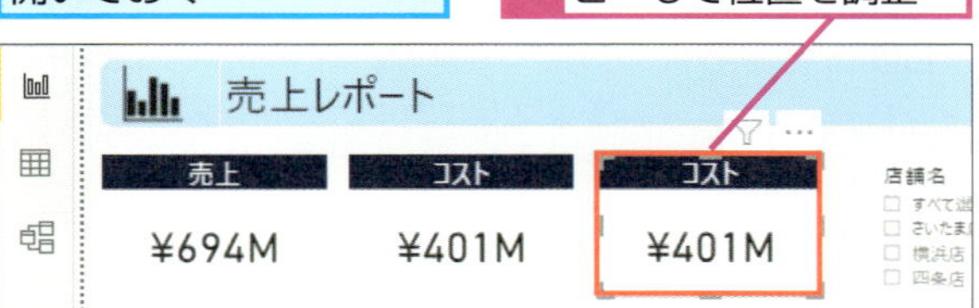

2 [フィールド] を [売上総利益率]メジャーに変更

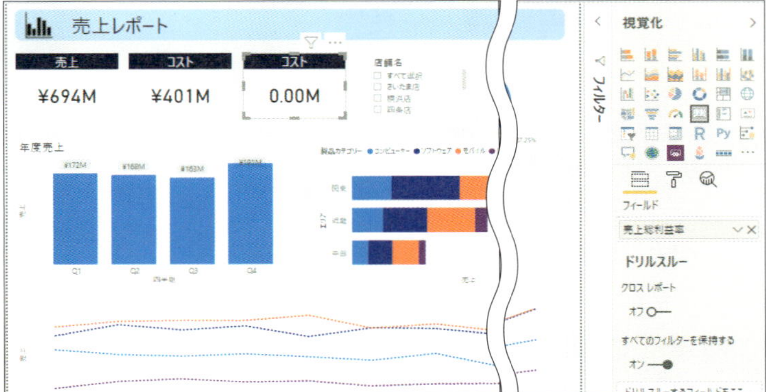

3 [売上総利益率]メジャーをクリック

4 [モデリング]タブをクリック

5 [パーセンテージ形式]をクリック

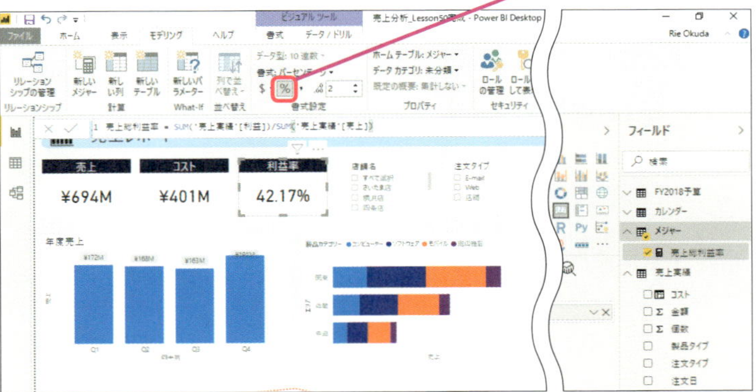

6 書式を変更

売上レポート
売上 コスト 利益率
¥694M ¥401M 42.17%

HINT! カードに対する書式設定

手順では、すでにページに配置済みのカードをコピーすることで、書式設定を再利用した状態でカードを追加しました。コピー元の[コスト]カードには次のような書式設定がされていました。

項目	設定内容
[データラベル]	[表示単位]：[百万] [テキストサイズ]：[27]
[カテゴリラベル]	[オフ]
[タイトル]	[タイトルテキスト]：「コスト」 [フォントの色]：白 [背景色]：紺 [配置]：[中央] [テキストサイズ]：[15]

コピーして追加したカードに表示するフィールドを［売上総利益率］メジャーに変更すると、次のような表示となったことが確認できます。

コスト
0.00M%

表示した内容に合わせて書式設定は次のように変更しましょう。

項目	設定内容
[データラベル]	[表示単位]：[なし]
[タイトル]	[タイトルテキスト]：「総利益率」

次のページに続く

達成率メジャーを作成

達成率は、目標に対する実績の割合であり、実績値/目標値で求められます。例えば、目標が1200万に対して、実績が1300万の場合は、1300/1200=1.08となり、達成率は108%となります。
本書で利用しているサンプルデータでは、実績値は［売上実績］テーブルの［売上］列であり、目標値は［FY2018予算］テーブルの［予算］列です。そのため、次のような例が達成率メジャーの数式となります。

達成率 = DIVIDE(SUM('売上実績'[売上]),SUM('FY2018予算'[予算]))

しかし目標値が含まれる［FY2018予算］テーブルには2018年度のデータのみしか含まれていません。それに対して実績値が含まれる［売上実績］テーブルはは2016年度から2019年度のデータが含まれています。上記のメジャーだと、年度軸で集計した結果の場合は、目標値が含まれない年度の達成率が空白となります。

会計年度	2016		2017		2018		2019	
エリア	売上	達成率	売上	達成率	売上	達成率	売上	達成率
関東	¥264,832,200		¥334,428,500		¥344,667,200	95.74%	¥72,568,200	
近畿	¥192,065,000		¥232,649,400		¥244,917,400	103.34%	¥52,620,500	
中部	¥104,234,700		¥126,767,700		¥130,692,600	94.70%	¥26,777,200	
合計	¥561,131,900		¥693,845,600		¥720,277,200	98.00%	¥151,965,900	

予算データは2018年度のみ

年度別で集計した場合はよいですが、複数年度分まとめて集計した場合は、意図した結果が得られません。

エリア	売上	達成率
関東	¥1,016,496,100	282.36%
近畿	¥722,252,300	304.75%
中部	¥388,472,200	281.50%
合計	¥2,127,220,600	289.42%

4年分の売上データ/2018年度の予算が表示されているため、意味がない集計となってしまっている

メジャー作成時にこのようにフィルターした列の値を利用した数式を作成したい場合、FILTER関数を組み合わせて行いましょう。ここでは、2018年度の達成率のみを集計できるよう、次のようなメジャーを作成します。

達成率FY18 = DIVIDE(CALCULATE(SUM('売上実績'[売上]),FILTER(ALL('カレンダー'),[会計年度]=2018)),SUM('FY2018予算'[予算]))

HINT!

DIVIDE関数

数式内で除算を行う場合、除算演算子の「/」、もしくはDIVIDE関数が利用できます。DIVIDE関数を利用するメリットは、ゼロ除算を処理できることです。分母がゼロもしくは空白の場合、DIVIDE関数は空白を返します。分母がゼロもしくは空白値になる可能性がある場合は、DIVIDE関数の利用がおすすめです。

●例

会計年度	2017			2018
エリア	売上	達成率	達成率/	売上
関東	¥334,428,500		無限大	¥344,66
近畿	¥232,649,400		無限大	¥244,91
中部	¥126,767,700		無限大	¥130,69
合計	¥693,845,600		無限大	¥720,27

［達成率/］メジャー
達成率/ = sum('売上実績'[売上])/sum('FY2018予算'[予算])

2017年度の予算値は空白となるため、除算演算子で計算した場合は、「無限大」とエラー結果が確認できます。

HINT!

ここで利用した関数について

［達成率FY18］メジャーでは、カレンダテーブルの［会計年度］が2018に等しい場合の売上実績テーブルの［売上］列合計値を、［FY2018予算］テーブルの［予算］列の合計値で除算しています。利用した関数は次の通りです。

●CALCULATE関数
第2引数をフィルター条件とし、第1引数を計算

●FILTER関数
第1引数にテーブル名、第2引数に条件を指定しフィルターを実行

[売上総利益率] メジャーの利用

[FY18]ページを開いておく

1 テーブルの [値] に [達成率] メジャーか [達成率FY18] メジャーを追加

店舗名	達成率	売上	予算
さいたま店	91.07%	¥85,601,600	¥94,000,000
横浜店	91.37%	¥94,113,400	¥103,000,000
四条店	105.99%	¥85,854,200	¥81,000,000
新宿店	101.20%	¥164,952,200	¥163,000,000
神戸店	102.59%	¥55,397,000	¥54,000,000
梅田店	101.63%	¥103,666,200	¥102,000,000
豊橋店	99.22%	¥41,673,900	¥42,000,000
名古屋店	92.73%	¥89,018,700	¥96,000,000
合計	98.00%	¥720,277,200	¥735,000,000

2 マトリックスの [値] に [達成率] メジャーか [達成率FY18] メジャーを追加

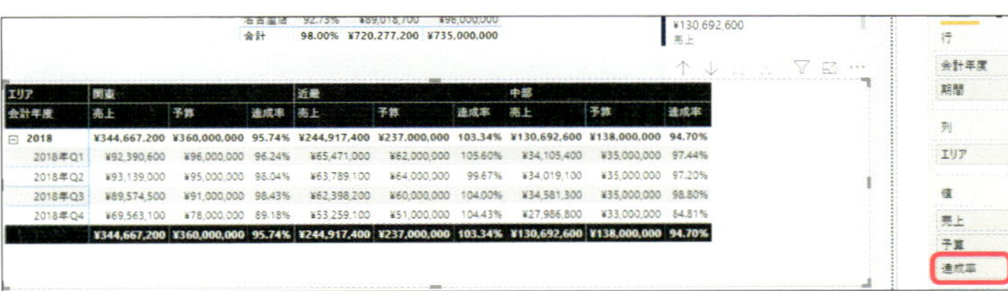

エリア	関東			近畿			中部		
会計年度	売上	予算	達成率	売上	予算	達成率	売上	予算	達成率
2018	¥344,667,200	¥360,000,000	95.74%	¥244,917,400	¥237,000,000	103.34%	¥130,692,600	¥138,000,000	94.70%
2018年Q1	¥92,390,600	¥96,000,000	96.24%	¥65,471,000	¥62,000,000	105.60%	¥34,105,400	¥35,000,000	97.44%
2018年Q2	¥93,139,000	¥95,000,000	98.04%	¥63,789,100	¥64,000,000	99.67%	¥34,019,100	¥35,000,000	97.20%
2018年Q3	¥89,574,500	¥91,000,000	98.43%	¥62,398,200	¥60,000,000	104.00%	¥34,581,300	¥35,000,000	98.80%
2018年Q4	¥69,563,100	¥78,000,000	89.18%	¥53,259,100	¥51,000,000	104.43%	¥27,986,800	¥33,000,000	84.81%
	¥344,667,200	¥360,000,000	95.74%	¥244,917,400	¥237,000,000	103.34%	¥130,692,600	¥138,000,000	94.70%

3 複数の行のカードの [フィールド] に [達成率] メジャーか [達成率FY18] メジャーを追加

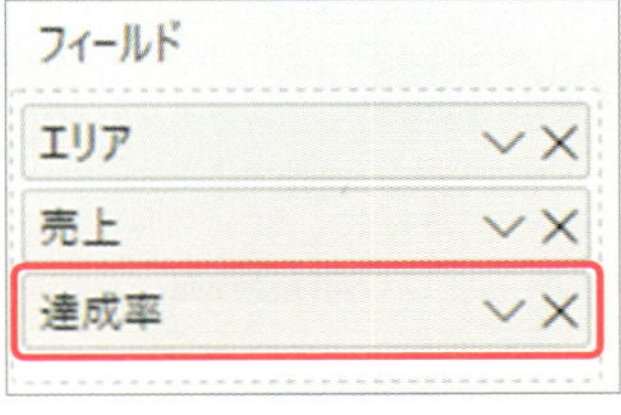

HINT! [FY18] にはページレベルフィルターが設定されている

[FY18] ページはページレベルフィルターで、ページ内のすべてのビジュアルに対して2018年のデータのみ表示するようフィルターされています。そのため、[達成率] メジャーと [達成率FY18] メジャーのどちらを表示しても問題ありません。ページレベルフィルターが変更される可能性がある場合は、[達成率FY18] メジャーを利用した方がよいといえます。

HINT! %表記となるように設定

[達成率] メジャーや [達成率FY18] メジャーを%表記で利用したい場合は、[フィールド] 一覧からメジャー名を選択し、[モデリング] タブの書式設定より [%] を設定します。

レッスン

53 前年比など日付に関するメジャーを作成するには

タイムインテリジェンス関数

キーワード

データビュー	p.319
テーブル	p.319
マトリックス	p.320
メジャー	p.320
モデリング	p.320

関連レッスン

▶レッスン51
メジャーを理解しよう……………… p.244
▶レッスン52
純利益や達成率メジャーを
作成するには ………………………… p.248
▶レッスン54
列と行を入れ替えるには………… p.260

時系列でのデータの集計や比較を行う

DAX関数には、時系列を利用したデータ集計が可能なタイムインテリジェンス関数が含まれています。タイムインテリジェンス関数を利用することで、前年度金額や前年比など、期間を条件にしたさまざまなメジャーを作成できます。このレッスンでは、時系列でのデータ集計を行うためのメジャーの作成方法を解説します。［前年度売上］、［成長率］、［前年同期］のメジャーを作成しながら内容を確認しましょう。

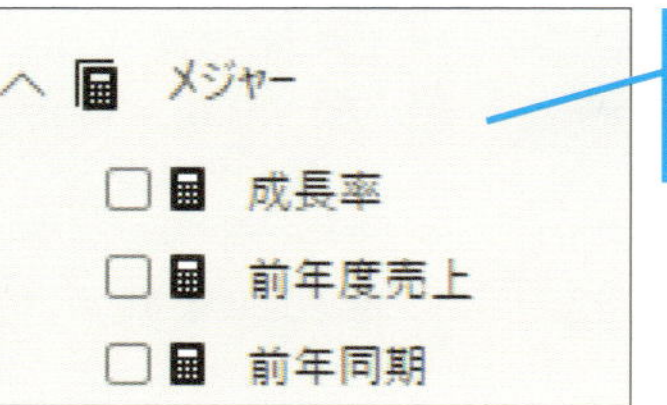

タイムインテリジェンス関数を利用したメジャーを作成する

［製品］ページに［前年度売上］、［成長率］メジャーを表示する

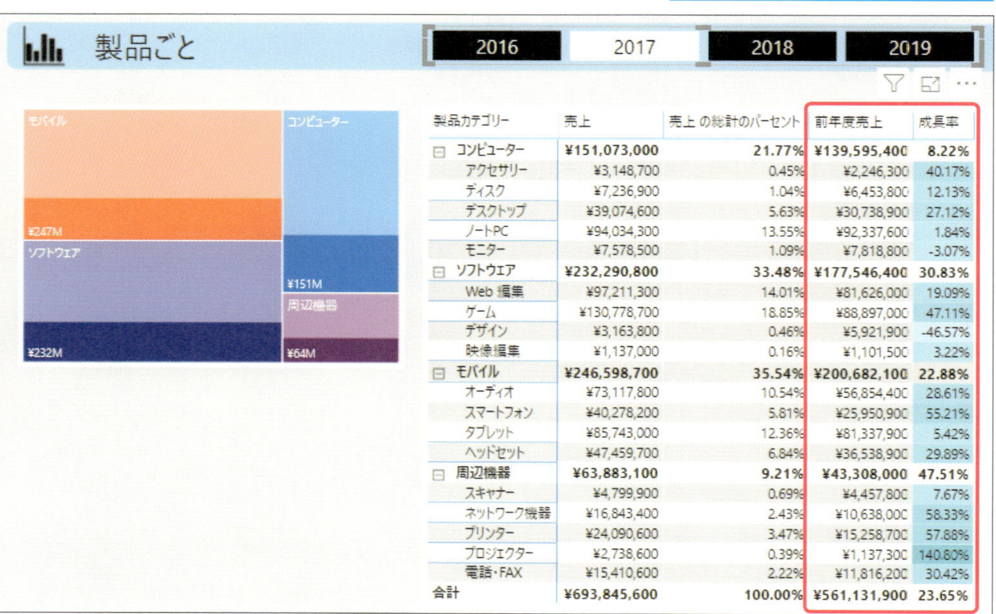

製品カテゴリー	売上	売上 の総計のパーセント	前年度売上	成長率
⊟ コンピューター	¥151,073,000	21.77%	¥139,595,400	8.22%
アクセサリー	¥3,148,700	0.45%	¥2,246,300	40.17%
ディスク	¥7,236,900	1.04%	¥6,453,800	12.13%
デスクトップ	¥39,074,600	5.63%	¥30,738,900	27.12%
ノートPC	¥94,034,300	13.55%	¥92,337,600	1.84%
モニター	¥7,578,500	1.09%	¥7,818,800	-3.07%
⊟ ソフトウェア	¥232,290,800	33.48%	¥177,546,400	30.83%
Web 編集	¥97,211,300	14.01%	¥81,626,000	19.09%
ゲーム	¥130,778,700	18.85%	¥88,897,000	47.11%
デザイン	¥3,163,800	0.46%	¥5,921,900	-46.57%
映像編集	¥1,137,000	0.16%	¥1,101,500	3.22%
⊟ モバイル	¥246,598,700	35.54%	¥200,682,100	22.88%
オーディオ	¥73,117,800	10.54%	¥56,854,400	28.61%
スマートフォン	¥40,278,200	5.81%	¥25,950,900	55.21%
タブレット	¥85,743,000	12.36%	¥81,337,900	5.42%
ヘッドセット	¥47,459,700	6.84%	¥36,538,900	29.89%
⊟ 周辺機器	¥63,883,100	9.21%	¥43,308,000	47.51%
スキャナー	¥4,799,900	0.69%	¥4,457,800	7.67%
ネットワーク機器	¥16,843,400	2.43%	¥10,638,000	58.33%
プリンター	¥24,090,600	3.47%	¥15,258,700	57.88%
プロジェクター	¥2,738,600	0.39%	¥1,137,300	140.80%
電話・FAX	¥15,410,600	2.22%	¥11,816,200	30.42%
合計	¥693,845,600	100.00%	¥561,131,900	23.65%

[前年度売上] メジャーの作成

売上実績テーブルの［売上］列とタイムインテリジェンス関数を利用して［前年度売上］メジャーを作成します。

1 ［前年度売上］メジャーを作成する

レッスン㊷まで操作したファイルか［作業ファイル］-［第8章］フォルダー内の［売上分析_Lesson52完成.pbix］をPower BI Desktopで開いておく

1 ［メジャー］テーブルの［その他のオプション］をクリック

2 ［新しいメジャー］をクリック

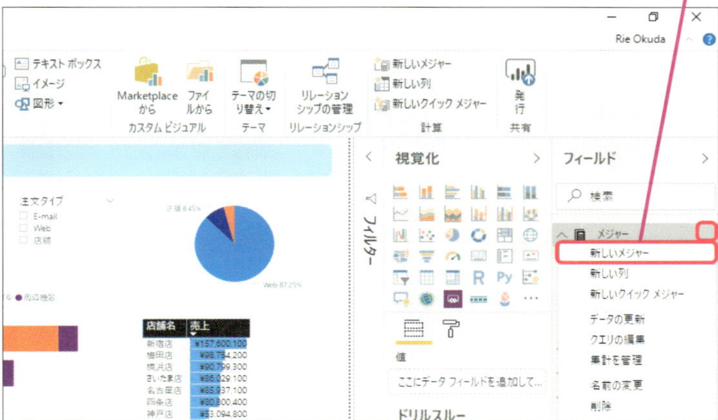

3 数式を入力

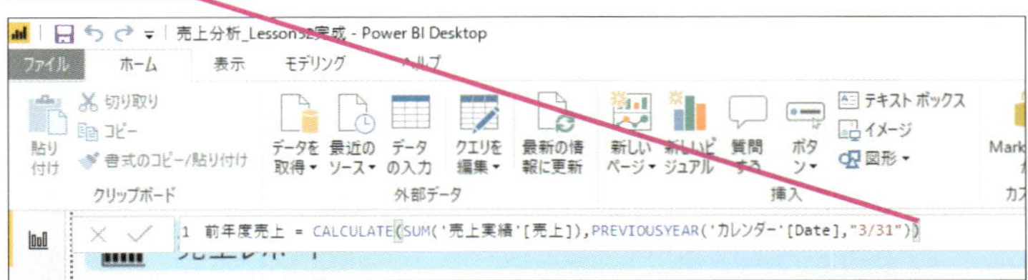

数式　達成率を求める

前年度売上 = CALCULATE(SUM('売上実績'[売上]),PREVIOUSYEAR('カレンダー '[Date],"3/31"))

HINT!

タイムインテリジェンス関数の利用には日付テーブルが推奨

レッスン㊾で解説した日付列により内部で自動的に作成される日付テーブルでもタイムインテリジェンス関数の利用は可能です。しかし実際のデータ内に含まれる日付列には、連続した日付が含まれていないことが多く、その場合には希望通りの結果が得られないことがあります。時系列での詳細な集計を行う場合には日付テーブルの作成が推奨といえるでしょう。

HINT!

メジャーの作成を行う画面

これまでのレッスンではメジャーの作成をデータビューで行っていました。また［モデリング］タブの［新しいメジャー］をクリックして行っていましたが、本レッスンの手順のように作成する方法もあります。どちらの方法でメジャーの作成を行ってもかまいません。

HINT!

1年前を取得できるPREVIOUSYEAR関数

指定した日付に対する前年のすべての日付を含むテーブルを返します。手順ではCALCULATE関数により、1年前の日付であることを条件に、［売上］列を合計する計算を行っています。

PREVIOUSYEAR関数の第2引数は年の最終日を指定できますが、省略も可能です。省略すると12月31日が指定されますが、これまでのレッスンと同様に4月始まりの会計年度を想定し、「3/31」を指定しています。

次のページに続く

2 [前年度売上] メジャーをテーブルに追加する

[FY18] ページを開いておく

1 [テーブル] の [値] に [前年度売上] メジャーを追加

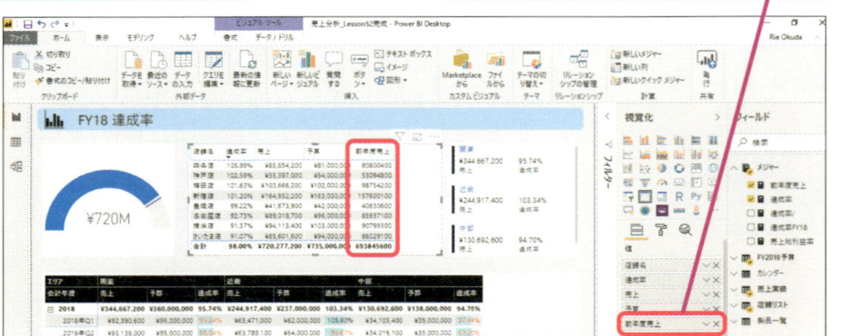

3 メジャーの書式を設定する

1 [フィールド] 一覧で [前年度売上] メジャーをクリック

2 [モデリング] タブをクリック

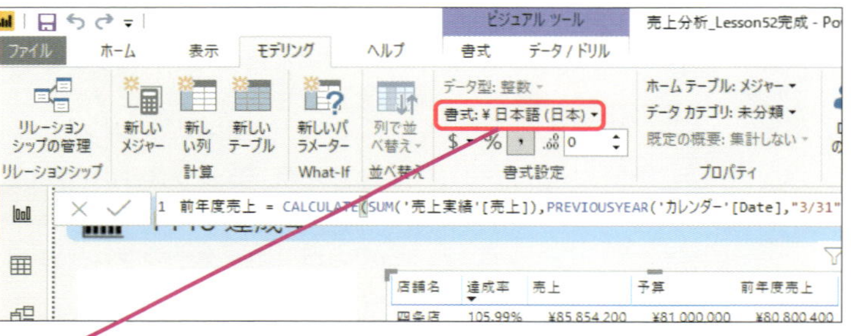

3 [書式設定] をクリックして [¥日本語] を選択

4 [前年度売上] メジャーをマトリックスに追加する

[製品] ページを開いておく

1 マトリックス] の [値] に [前年度売上] メジャーを追加

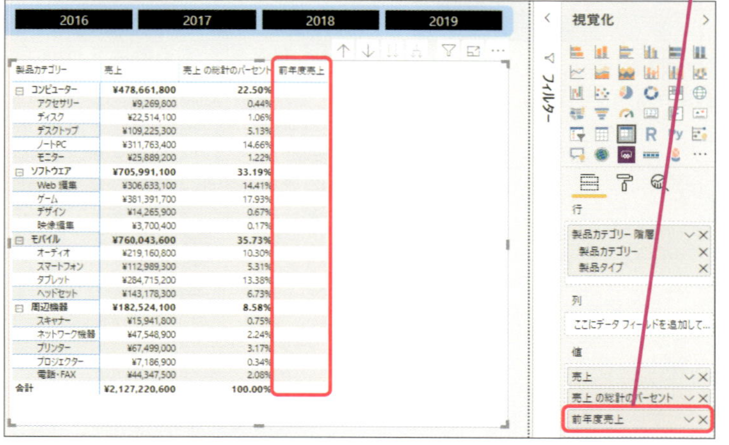

製品カテゴリー	売上	売上 の総計のパーセント	前年度売上
⊟ コンピューター	¥478,661,800	22.50%	
アクセサリー	¥9,269,800	0.44%	
ディスク	¥22,514,100	1.06%	
デスクトップ	¥109,225,300	5.13%	
ノートPC	¥311,763,400	14.66%	
モニター	¥25,889,200	1.22%	
⊟ ソフトウエア	¥705,991,100	33.19%	
Web 編集	¥306,633,100	14.41%	
ゲーム	¥381,391,700	17.93%	
デザイン	¥14,265,900	0.67%	
映像編集	¥3,700,400	0.17%	
⊟ モバイル	¥760,043,600	35.73%	
オーディオ	¥219,160,800	10.30%	
スマートフォン	¥112,989,300	5.31%	
タブレット	¥284,715,200	13.38%	
ヘッドセット	¥143,178,300	6.73%	
⊟ 周辺機器	¥182,524,100	8.58%	
スキャナー	¥15,941,800	0.75%	
ネットワーク機器	¥47,548,900	2.24%	
プリンター	¥67,499,000	3.17%	
プロジェクター	¥7,186,900	0.34%	
電話・FAX	¥44,347,500	2.08%	
合計	¥2,127,220,600	100.00%	

HINT! [製品] ページのマトリックスに追加した [前年度売上] メジャーの動作を確認しよう

●フィルターなし

[前年度売上] は該当データがないため表示されない

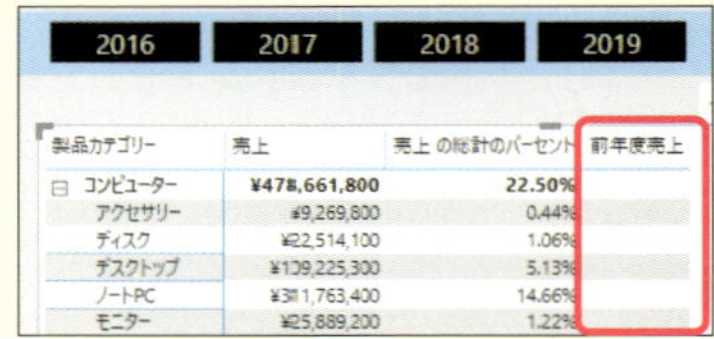

製品カテゴリー	売上	売上 の総計のパーセント	前年度売上
⊟ コンピューター	¥478,661,800	22.50%	
アクセサリー	¥9,269,800	0.44%	
ディスク	¥22,514,100	1.06%	
デスクトップ	¥109,225,300	5.13%	
ノートPC	¥311,763,400	14.66%	
モニター	¥25,889,200	1.22%	

●2016年度でフィルター

2015年のデータがないため、表示されない

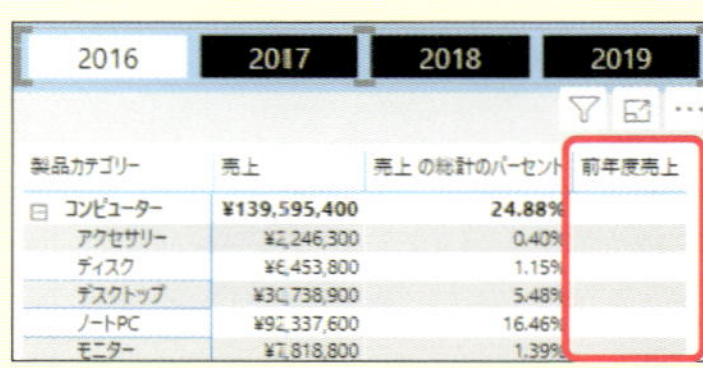

製品カテゴリー	売上	売上 の総計のパーセント	前年度売上
⊟ コンピューター	¥139,595,400	24.88%	
アクセサリー	¥2,246,300	0.40%	
ディスク	¥6,453,800	1.15%	
デスクトップ	¥30,738,900	5.48%	
ノートPC	¥92,337,600	16.46%	
モニター	¥7,818,800	1.39%	

●2017年度もしくは2018年度でフィルター

前年度のデータが表示される

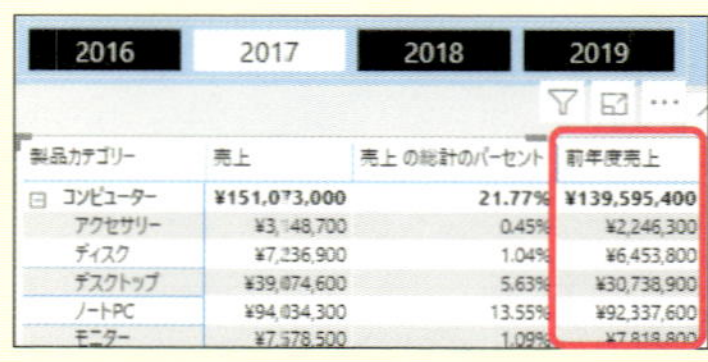

製品カテゴリー	売上	売上 の総計のパーセント	前年度売上
⊟ コンピューター	¥151,073,000	21.77%	¥139,595,400
アクセサリー	¥3,148,700	0.45%	¥2,246,300
ディスク	¥7,236,900	1.04%	¥6,453,800
デスクトップ	¥39,074,600	5.63%	¥30,738,900
ノートPC	¥94,034,300	13.55%	¥92,337,600
モニター	¥7,578,500	1.09%	¥7,818,800

●2019年度でフィルター

[前年度売上] には前年度のデータが表示されるが、2019年度売上データは4～6月分までで、前年度売上と比較すると [売上] が大幅に少ない

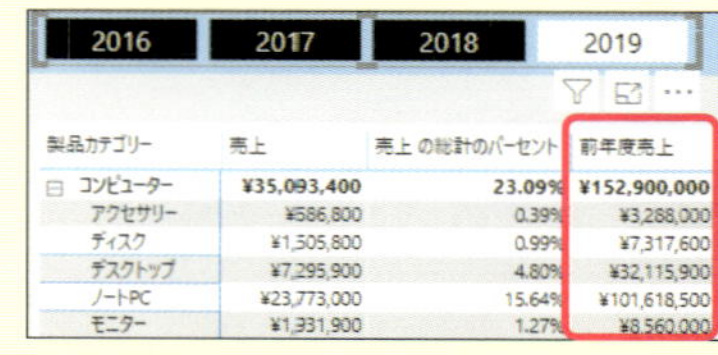

製品カテゴリー	売上	売上 の総計のパーセント	前年度売上
⊟ コンピューター	¥35,093,400	23.09%	¥152,900,000
アクセサリー	¥586,800	0.39%	¥3,288,000
ディスク	¥1,505,800	0.99%	¥7,317,600
デスクトップ	¥7,295,900	4.80%	¥32,115,900
ノートPC	¥23,773,000	15.64%	¥101,618,500
モニター	¥1,931,900	1.27%	¥8,560,000

成長率メジャーを作成

売上実績テーブルの［売上］列と［前年度売上］メジャーを利用して成長率メジャーを作成します。

［成長率］メジャーを作成する

これまでの手順と同様に、［メジャー］テーブルに新しいメジャーを作成する

数式　成長率を求める

```
成長率 = DIVIDE(SUM('売上実績'[売上])-[前年度売上],[前年度売上])
```

2 ［成長率］メジャーをマトリックスに追加する

［製品］ページを開いておく

1 ［マトリックス］の［値］に［成長率］メジャーを追加

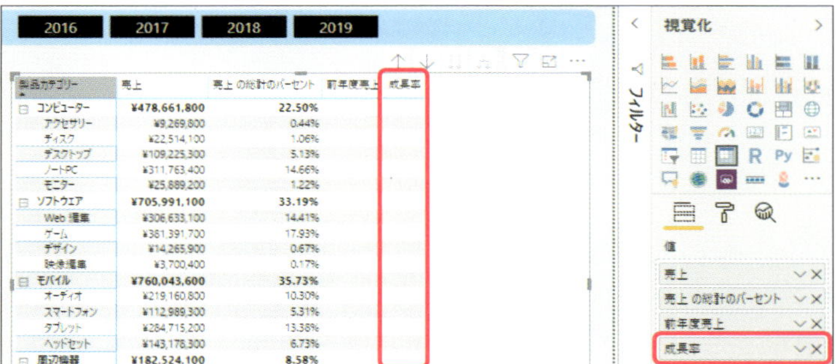

年度でフィルターして［成長率］メジャーの結果を確認する

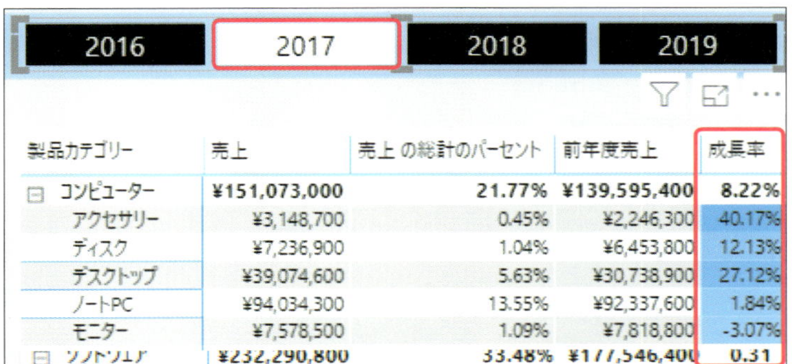

HINT!

%表記となるように設定

［成長率］メジャーを%表記で利用したい場合は、［フィールド］一覧からメジャー名を選択し、［モデリング］タブの［書式設定］より［パーセンテージ］を設定します。

HINT!

マトリックスに表示した［成長率］メジャーに条件付き書式を設定する

手順2でマトリックスに追加した［成長率］メジャーに次のように条件付き書式を設定し、割合に応じて背景色が変わるようにしてみましょう。

項目	設定内容
［条件付き書式］	［成長率］ ［背景色］：［オン］

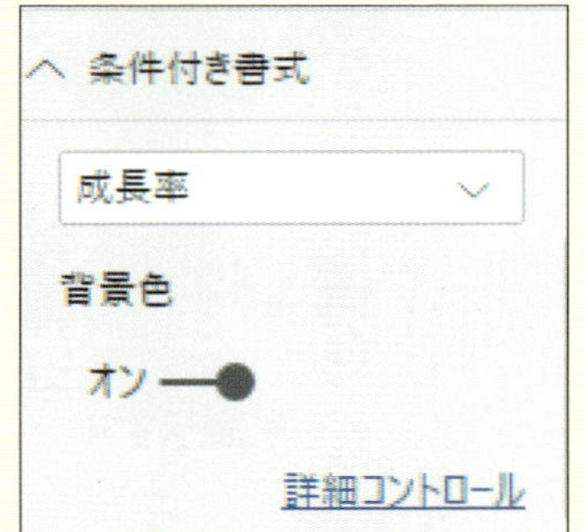

次のページに続く

テクニック 前年同期メジャーを作成してみよう

このレッスンではタイムインテリジェンス関数の1つであるPREVIOUSYEAR関数を利用して［前年度売上［メジャーを作成しました。これにより年度ごとの前年値は取得できますが、さらに時系列で詳細な分析を行いたい場合に、前年の同四半期での比較、前年の同月の比較を行いたい場合はどうでしょうか？

四半期や月も前年比較を行えるよう、売上実績テーブルの［売上］列とタイムインテリジェンス関数のひとつであるSAMEPERIODLASTYEAR関数を利用して前年同期メジャーを作成してみましょう。

また作成した［前年同期］メジャーをビジュアルに表示して動作の確認を行います。

1 ［前年同期］メジャーを作成する

これまでの手順と同様に、［メジャー］テーブルに新しいメジャーを作成する

数式 前年同期を求める

前年同期 = CALCULATE(SUM('売上実績'[売上]),SAMEPERIODLASTYEAR('カレンダー '[Date]))

SAMEPERIODLASTYEAR関数
指定された日付列の日付から1年後にシフトされた日付の列を含むテーブルを返す関数です。これをCALCULATE関数の第2引数に利用することで、現在レポートで利用している日付をベースに、1年前の同じ期間の売上を合計した値を計算しています。

2 ［マトリックス］に［売上］列と［前年度売上］メジャーを表示する

新しいページを追加しておく

1 ［マトリックス］を追加

2 ［行］と［値］を設定

会計年度	売上	前年度売上
2016	¥561,131,900	
2017	¥693,845,600	¥561,131,900
2018	¥720,277,200	¥693,845,600
2019	¥151,965,900	¥720,277,200
合計	¥2,127,220,600	

［スタイル］で［1行おきに色付け］などを設定しておく

3 ［マトリックス］で、1レベル下をすべて展開する

1 ［階層内で1レベル下をすべて展開します］をクリック

会計年度	売上	前年度売上
2016	¥561,131,900	
Q1	¥133,742,300	
Q2	¥129,846,400	
Q3	¥135,612,800	
Q4	¥161,930,400	
2017	¥693,845,600	¥561,131,900
Q1	¥171,651,400	¥561,131,900
Q2	¥168,423,300	¥561,131,900
Q3	¥162,951,500	¥561,131,900
Q4	¥190,819,400	¥561,131,900
2018	¥720,277,200	¥693,845,600
Q1	¥191,967,000	¥693,845,600
Q2	¥190,947,200	¥693,845,600
Q3	¥186,554,000	¥693,845,600
Q4	¥150,809,000	¥693,845,600
2019	¥151,965,900	¥720,277,200
Q1	¥151,965,900	¥720,277,200
	¥2,127,220,600	

PREVIOUSYEAR関数を利用して作成した［前年度売上］メジャーを確認すると、年度単位は問題ないが、四半期単位では年度単位と同じ値が表示されているだけであることが確認できます。
次の手順で、［前年同期］メジャーを追加して、違いを比べてみましょう。

4 [前年同期] メジャーをマトリックスに追加する

1 [マトリックス]の[値]に[前年同期]メジャーを追加

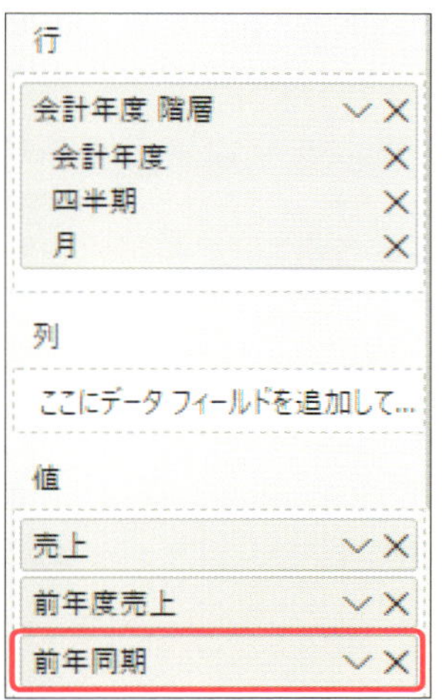

5 [前年同期] メジャーの書式を設定する

1 [フィールド] 一覧で[前年同期]をクリック

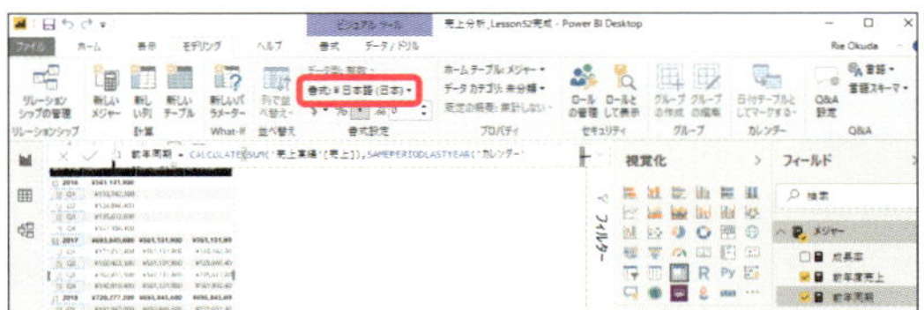

2 [書式設定] をクリックして[¥日本語]を選択

6 内容を確認する

1 [階層内で1レベル下をすべて展開します]をクリック

会計年度	売上	前年度売上	前年同期
2月	¥48,411,800		
3月	¥56,125,900		
⊟ 2017	**¥693,845,600**	**¥561,131,900**	**¥561,131,900**
⊟ Q1	**¥171,651,400**	**¥561,131,900**	**¥133,742,300**
4月	¥54,454,400	¥561,131,900	¥43,939,000
5月	¥59,054,000	¥561,131,900	¥47,425,000
6月	¥58,143,000	¥561,131,900	¥42,378,300
⊟ Q2	**¥168,423,300**	**¥561,131,900**	**¥129,846,400**
7月	¥58,678,400	¥561,131,900	¥44,053,600
8月	¥56,577,900	¥561,131,900	¥43,667,700
9月	¥53,167,000	¥561,131,900	¥42,125,100
⊟ Q3	**¥162,951,500**	**¥561,131,900**	**¥135,612,800**
10月	¥56,147,600	¥561,131,900	¥45,139,200
11月	¥49,402,000	¥561,131,900	¥45,123,400
12月	¥57,401,900	¥561,131,900	¥45,350,200
⊟ Q4	**¥190,819,400**	**¥561,131,900**	**¥161,930,400**
1月	¥62,865,600	¥561,131,900	¥57,392,700
2月	¥55,833,800	¥561,131,900	¥48,411,800
3月	¥72,120,000	¥561,131,900	¥56,125,900

SAMEPERIODLASTYEAR関数を利用して作成した [前年同期] メジャーは、四半期単位や月単位も1年前の同じ期間の集計結果が得られていることが確認できます。

レッスン

54 クイックメジャーで前年比などを集計するには

クイックメジャー

キーワード

DAX	p.315
クイックメジャー	p.317
フィールド	p.320
フィルター	p.320
メジャー	p.320

関連レッスン

▶レッスン51
メジャーを理解しよう……………… p.244
▶レッスン52
純利益や達成率メジャーを
作成するには …………………………… p.248
▶レッスン53
前年比など日付に関するメジャーを
作成するには …………………………… p.254

簡単な操作でメジャーが作成できる

これまでのレッスンでは、DAX式を記述してメジャーを作成する方法を紹介しました。Power BI Desktopには、計算方法とそれに利用する列を指定することでメジャーを作成できる「クイックメジャー」が用意されています。このレッスンではクイックメジャーの利用方法を紹介します。[成長率（前年比)]、[売上YTD］メジャーを作成し、前年比と年初来を集計できるようにしましょう。

[成長率(前年比)］メジャーの作成

1 [クイックメジャー］画面を表示する

レッスン53まで操作したファイルか[作業ファイル］-[第8章］フォルダー内の［売上分析_Lesson53完成.pbix]をPower BI Desktopで開いておく

1 [フィールド]一覧で［メジャー］テーブルの[その他のオプション]をクリック

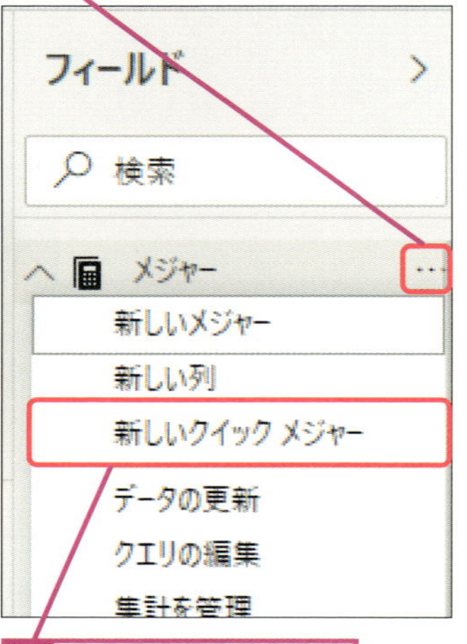

2 [新しいクイックメジャー]をクリック

HINT!

クイックメジャーで集計できる内容

クイックメジャーを利用するとDAX式を記述せずにメジャーの作成が行えます。次のような計算方法が用意されています。

●カテゴリごとの集計
カテゴリごとの平均、差異、最大値、最小値、加重平均

●フィルター
フィルターされた値、フィルターされた値との差異など

●タイムインテリジェンス
年度累計、四半期累計、月度累計、前年比の変化、四半期ごとの変化など

●合計
累積値、カテゴリの合計（フィルター適用）など

レポートを仕上げるテクニックを知ろう 応用編 第8章

2 計算方法と、利用する列を指定する

[クイックメジャー] 画面が表示された

1 [計算]のここをクリックして[前年比の変化]を選択

2 [売上実績] テーブルの [売上]列を[基準値]にドラッグ

3 [カレンダー] テーブルの[Date]列を[日付]にドラッグ

3 [売上YoY%] メジャーが作成された

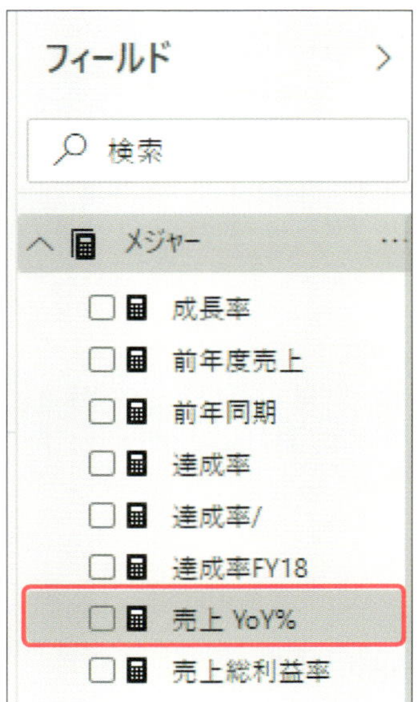

クイックメジャーを利用して作成したメジャーが確認できる

HINT!

クイックメジャーで作成したメジャーのDAX式を確認してみよう

クイックメジャーで指定した内容に応じて自動的にDAX式が作成されます。クイックメジャーの利用により、よく利用するメジャーを素早く作成できるとともに、DAX式の学習にもつなげられます。

```
売上 YoY% =
VAR __PREV_YEAR = CALCULATE(
    SUM('売上実績'[売上]),
    DATEADD('カレンダー'[Date], -1, YEAR))
RETURN
    DIVIDE(SUM('売上実績'[売上])
     - __PREV_YEAR, __PREV_YEAR)
```

計算式のベースは**(今年度実績 - 前年度実績) / 前年度実績**です。

まずCALCULATE(SUM('売上実績'[売上]), DATEADD('カレンダー'[Date], -1, YEAR))の部分で前年度の売上実績を計算しています。そしてその結果を__PREV_YEARとしてDIVIDE関数内で利用しています。

次のページに続く

4 メジャー名を変更する

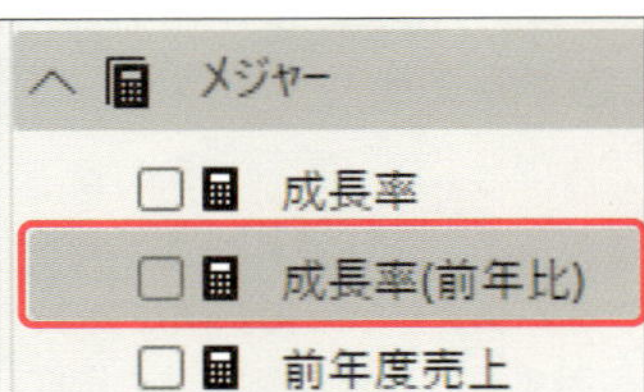

1 ［フィールド］の［売上YoY%］メジャーをダブルクリック

2 ［成長率(前年比)］に名前を変更

5 ［成長率(前年比)］メジャーをテーブルに追加する

［FY18］ページを開いておく

1 ［テーブル］の［値］に［成長率(前年比)］メジャーを追加

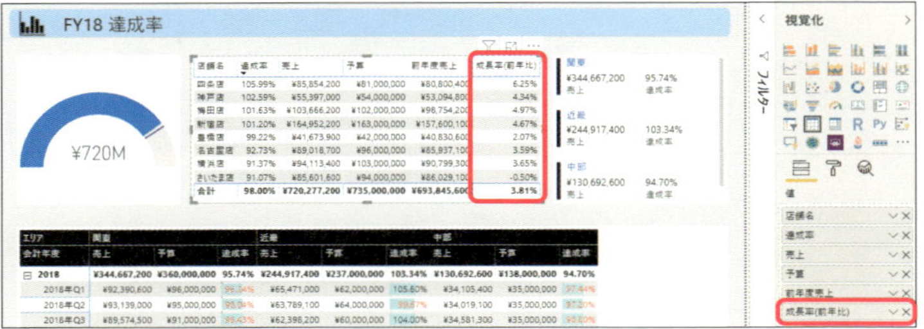

［売上YTD］メジャーの作成

1 ［クイックメジャー］画面を表示する

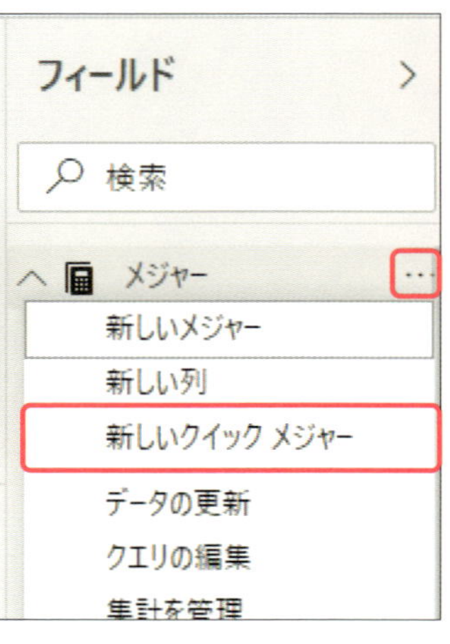

1 ［フィールド］一覧で［メジャー］テーブルの［その他のオプション］をクリック

2 ［新しいクイックメジャー］をクリック

HINT! 「YoY」とは？

クイックメジャー機能を利用して作成したメジャーは、「売上YoY%」という名前になります。「YoY」（ワイオーワイ）とは、「Year overYear」の略で、前年比という意味です。実績データに対して前年からの動きや傾向をつかむためによく利用されるものです。また同様に、前四半期での比較や、前月で比較を行いシーズンの傾向をつかむこともあります。

関連する用語を併せて確認しておきましょう。

- YoY（ワイオーワイ）
  Year Over Yearの略。前年比
- QoQ（キューオーキュー）
  Quarter Over Quarterの略。前四半期比
- MoM（エムオーエム）
  Month On Monthの略。前月比

HINT! 前四半期比（売上QoQ%）や前月比（売上MoM%）のメジャーを作成するには

前四半期比や前月比のメジャーも［クイックメジャー］の画面で簡単に作成できます。手順2で設定したクイックメジャーの画面で、計算方法を［前四半期比の変化］を選択すると、前四半期、［月ごとの変化］を選択すると、前月比のメジャーが作成できます。

2 計算方法と、利用する列を指定する

[クイックメジャー] 画面が表示された

1 [計算]のここをクリックして[年度累計]を選択

2 [売上実績] テーブルの [売上]列を[基準値]にドラッグ

3 [カレンダー] テーブルの[Date]列を[日付]にドラッグ

3 [売上YTD] メジャーが作成された

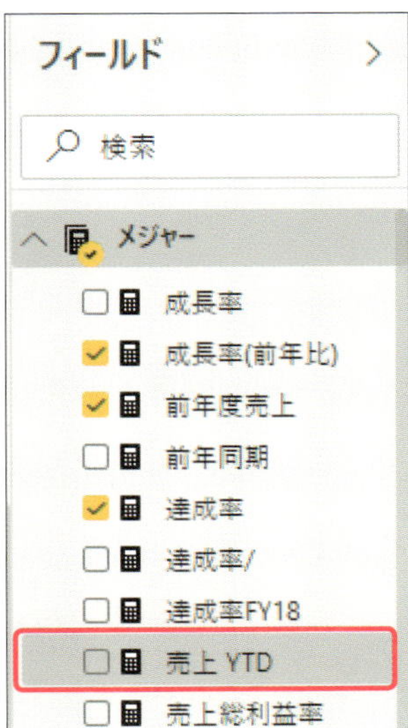

クイックメジャーを利用して作成したメジャーが確認できる

HINT! 「YTD」とは？

「YTD」は「Year To Date」の略で、年初来という意味です。その年における今日までのデータです。例えば会計年度が4月始まりの場合で、今日の日付が2月1日というときは、「昨年の4月1日から2月1日まで」の累計値となります。

HINT! 累計を求めるタイムインテリジェンス関数

クイックメジャーによって生成された [売上YTD] メジャーのDAX式にはTOTALYTD関数が利用されています。

- TOTALYTD関数
  年度の累計を計算
- TOTALQTD関数
  四半期の累計を計算
- TOTALMTD関数
  月の累計を計算

また四半期の累計や月の累計もクイックメジャーでの作成が可能です。

次のページに続く

4 [売上YTD] メジャーの動作を確認する

新しいページを作成しておく

1 [積み上げ縦棒グラフ]を追加

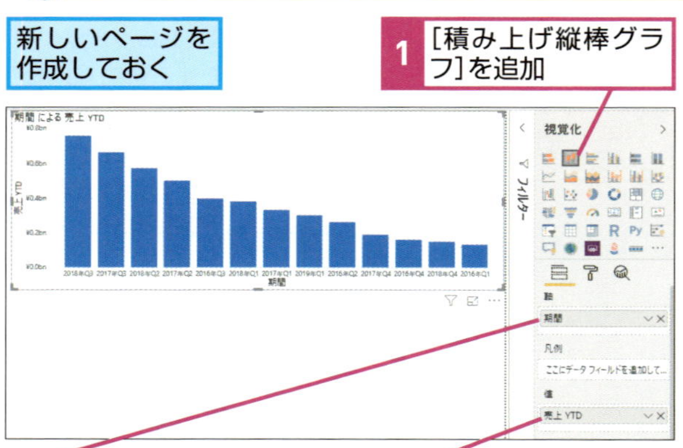

2 [軸] に [期間] を指定

3 [値] に [売上YTD]を指定

2018年度のデータのみ表示するようページにフィルターを設定する

[フィルター] ウィンドウを開いておく

4 [このページでのフィルター] に[会計年度]をドラッグ

5 ここをクリックして [基本フィルター]を選択

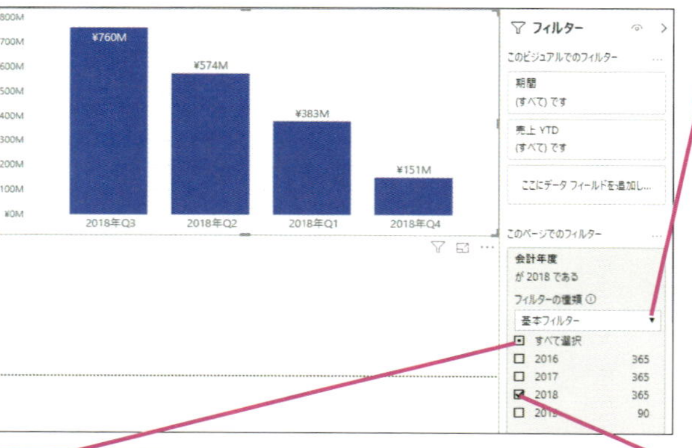

6 [すべて選択] をクリックしてチェックマークをはずす

7 [2018] をクリックしてチェックマークを付ける

[期間] の昇順で並べ替えを行う

8 [その他のオプション]をクリック

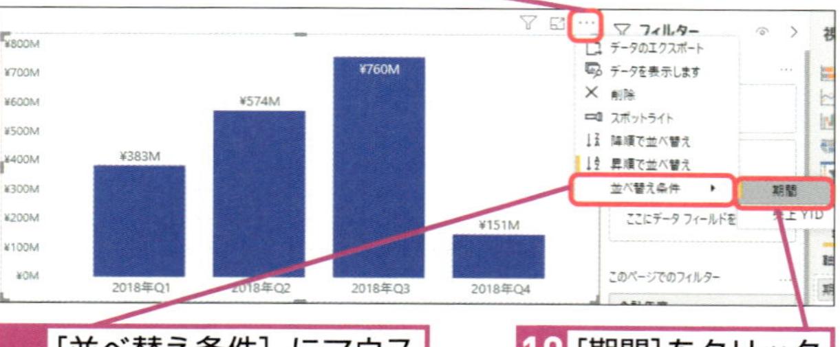

9 [並べ替え条件] にマウスポインターを合わせる

10 [期間]をクリック

HINT!

積み上げ縦棒グラフへの書式設定例

手順4で追加した積み上げ縦棒グラフに対する書式設定例です。

項目	設定内容
[X 軸]	[タイトル]：[オフ]
[Y 軸]	[表示単位]：[百万] [タイトル]：[オフ]
[データの色]	任意の色
[データラベル]	[オン]
[タイトル]	[オン]

5 累計として機能していないことが確認できる

Q4で減少となることは累計ではあり得ないため、集計する期間が間違っていることが確認できる

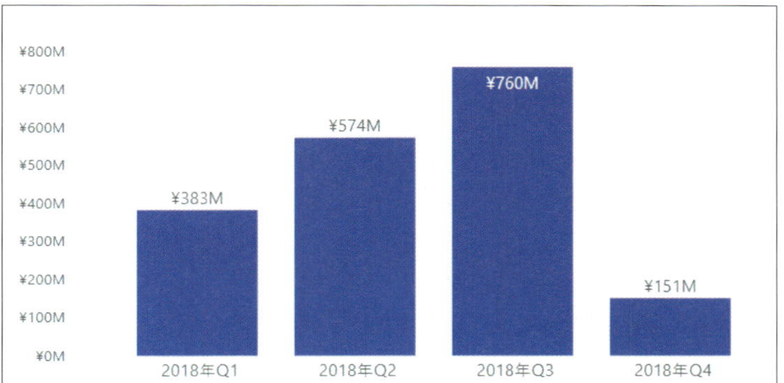

6 メジャーの数式を編集する

1 [フィールド] 一覧で[売上YTD]をクリック

数式に第3引数として"3/31"を追加する

2 「"3/31"」と入力

4月始まりの集計結果に変更できた

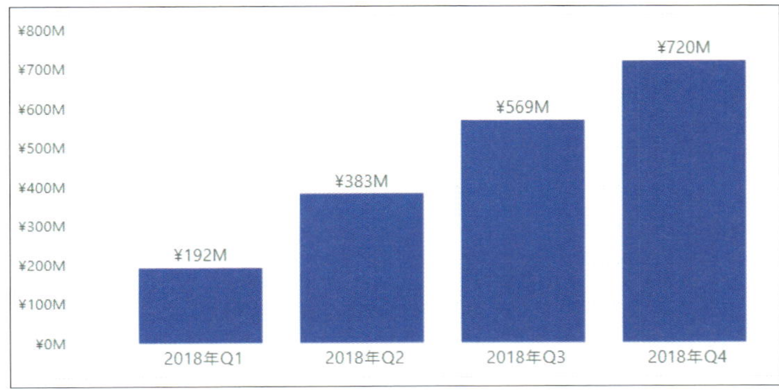

HINT! TOTALYTD関数を4月始まりの年度で利用するように数式を変更

TOTALYTD関数の第3引数には年度最終日を指定できます。手順では4月始まりの会計年度に対応できるよう、年度最終日の「3月31日」に変更しました。このようにクイックメジャーによって作成された数式は、目的や用途に応じて内容を修正してもかまいません。
また1月始まり12月終わりの年度で集計している場合は、この修正作業は必要ありません。

HINT! 手順6の数式の修正について

クイックメジャーで作成された数式ではTOTALYTD関数の第3引数が省略されていました。省略されるとカレンダー通りの期間（1～12月）での累計を集計します。ここでは4月始まりの年度（4～3月）に対応できるよう、第3引数を追加しました。数式の変更前と変更後は次の通りです。

●変更前

売上 YTD =
TOTALYTD(SUM('売上実績'[売上]), 'カレンダー'[Date])

●変更後

売上 YTD =
TOTALYTD(SUM('売上実績'[売上]), 'カレンダー'[Date],"3/31")

レッスン
55 ブックマークとアクションを活用するには

ブックマーク、ボタン

キーワード

Power BI	p.316
フィルター	p.320
レポート	p.321

関連レッスン

▶レッスン48
レポート作成のテクニックを確認しよう……p.216

ブックマークで操作状態を保持できる

Power BIでは、フィルターの設定などレポート内の操作状態を保存できるブックマーク機能が用意されています。ブックマークを利用すれば、レポートを初期状態に戻す、シナリオに沿ってフィルターなどの操作を行った状態にするなど、レポートで行う操作結果を保存しておき、クリック1つで再現できます。またレポート内にはボタンが追加でき、ボタンのクリックに応じて操作を設定できます。このレッスンでは、ブックマークとボタンを組み合わせて活用する例をご紹介します。

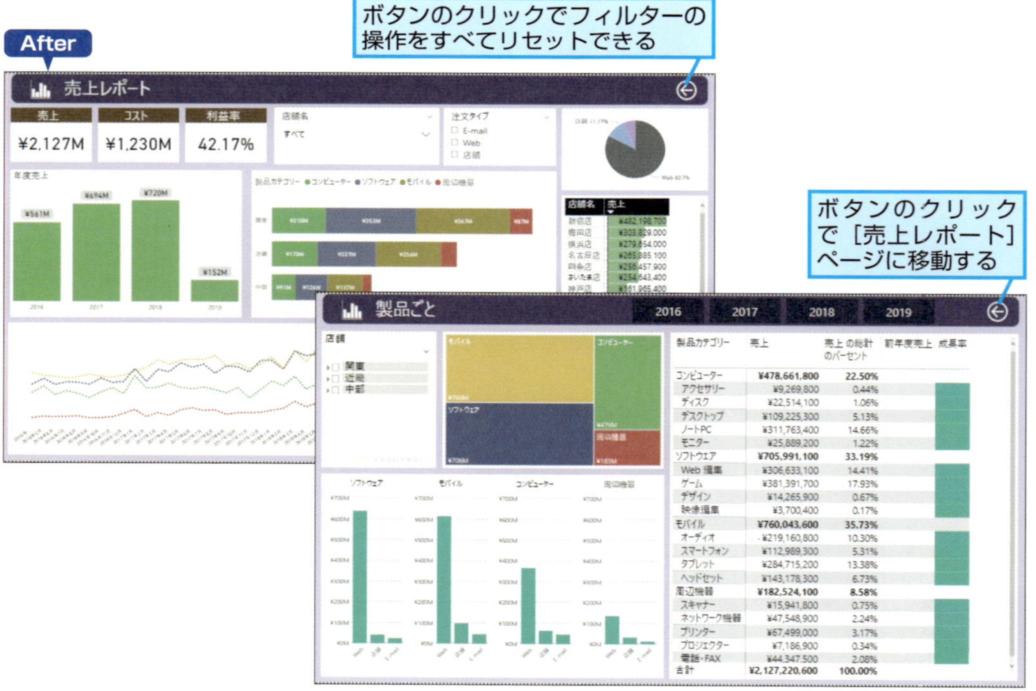

1 [ブックマーク] ウィンドウを表示する

[売上レポート] ページを表示して、フィルターをリセットしておく

1 [表示] タブをクリック

2 [ブックマークウィンドウ] をクリックしてチェックマークを付ける

売上分析_Lesson54完成 - Power BI Desktop
ファイル　ホーム　表示　モデリング　ヘルプ
電話レイアウト　ページ表示
枠線の表示　描画オブジェクトをグリッドにスナップ　オブジェクトをロック
ブックマーク ウィンドウ　パフォーマンス アナライザー　選択ウィンドウ　スライサーの同期
表示

2 ブックマークを追加する

[ブックマーク] ウィンドウが表示された

1 [追加] をクリック

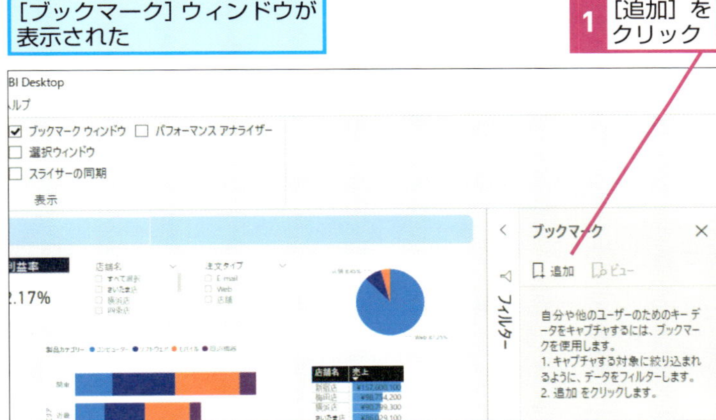

ここではブックマークに「Start」という名前を付ける

2 「Start」と入力

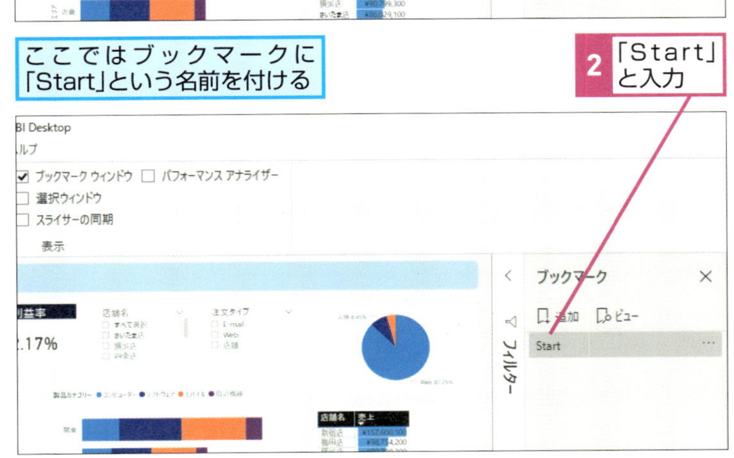

HINT! ブックマークの活用

このレッスンでは初期状態に戻すためのブックマークを作成していますが、年度やカテゴリーの値などでフィルターを行った結果をブックマークしておくことで、よく行う分析操作を保存しておくことができます。次に同様の操作を行いたい際は、クリックひとつでレポートをその状態にできます。

また分析シナリオに沿ってブックマークを作成しておくことで、会議などでプレゼンを行う際に、ブックマークを順番にクリックすることで、伝えたいシナリオをスムーズに伝えられます。

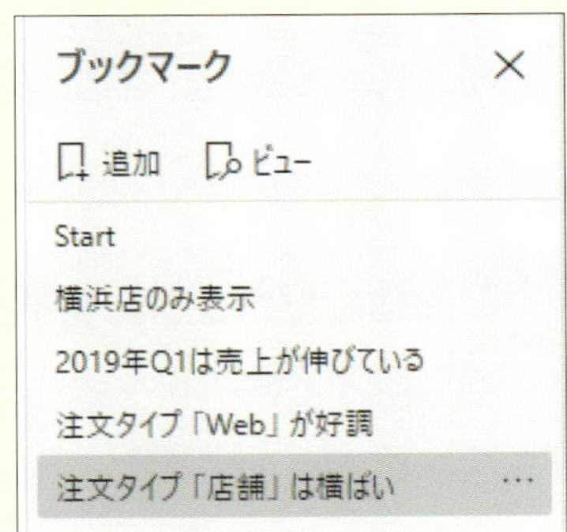

次のページに続く

3 ボタンを追加する

ページ内に追加するボタンを選択する

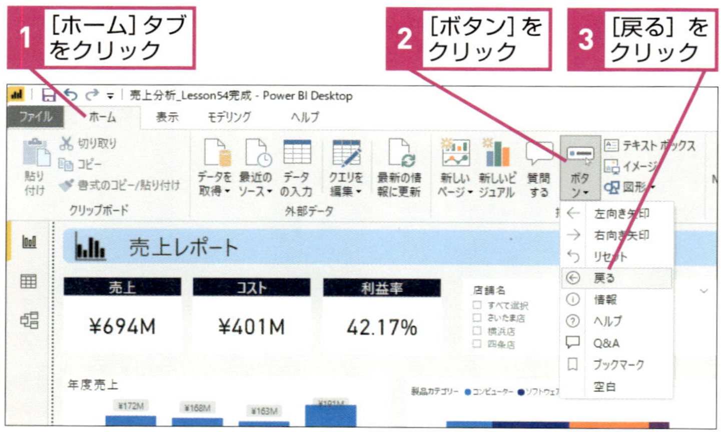

4 追加したボタンの書式を設定する

ページにボタンが追加された

ボタンのサイズや位置を変更しておく

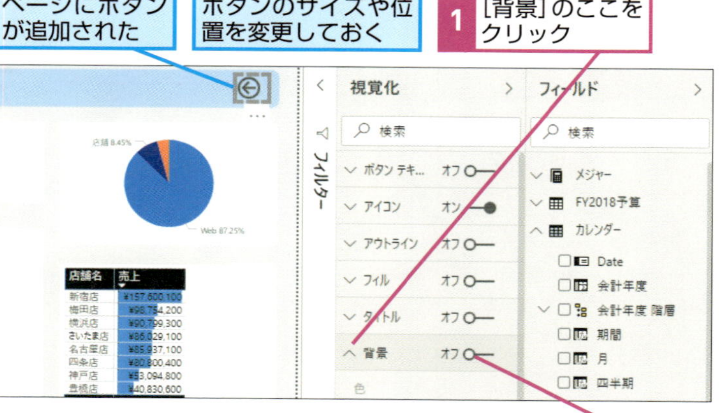

HINT! ボタンの種類と変更について

レポート内には、次の種類のボタンを配置できます。

また配置したボタンを違う種類に変更したい場合、ボタンを選択した状態で［視覚化］ウィンドウ内に表示される[シェイプ]にて変更できます。

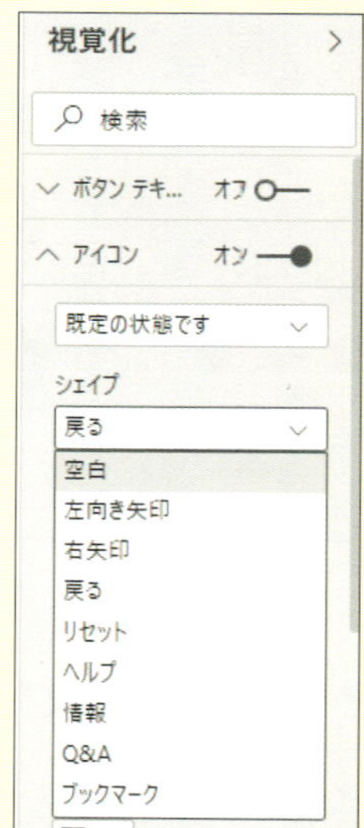

レポートを仕上げるテクニックを知ろう 応用編 第8章

5 ボタンの動作を設定する

ボタンが選択されていることを確認する

1 [アクション]のここをクリック

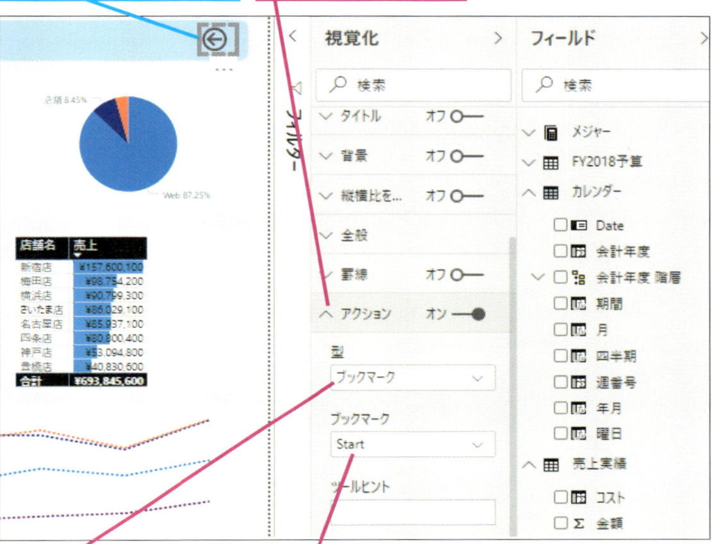

2 [型]をクリックして[ブックマーク]を選択

3 [ブックマーク]をクリックして[Start]を選択

6 [製品]ページにボタンを追加する

手順3～4を参考に[製品]ページにボタンを追加しておく

1 [アクション]のここをクリック

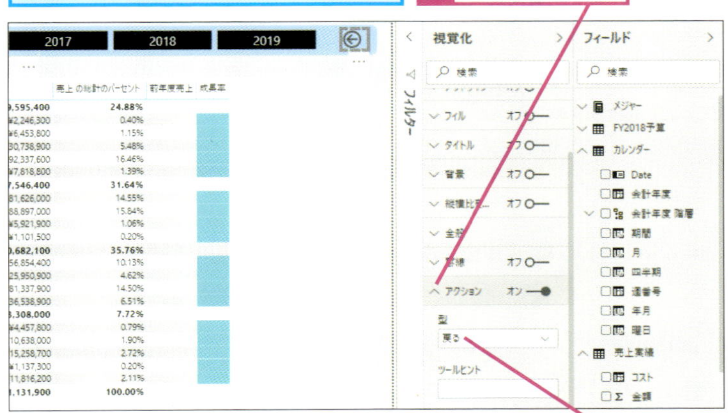

2 [型]をクリックして[戻る]を選択

HINT! 不要なページは非表示にしておく

レポート内にはページを複数作成できますが、ページの中には動作の確認のために作成したものなど、消したくはないけれど、内容を確認しなくてもいいページができてくることがあります。これらのページは非表示の設定を行うことで、Power BIサービスに発行して、ブラウザーやモバイルからレポートを利用する際に不要なページを表示しないように設定できます。
Power BI Desktopで使用している場合は、非表示ページはタブに[非表示]マークが表示されます。

[棒グラフ、折れ線グラフ]ページを非表示にする

1 [棒グラフ、折れ線グラフ]を右クリック

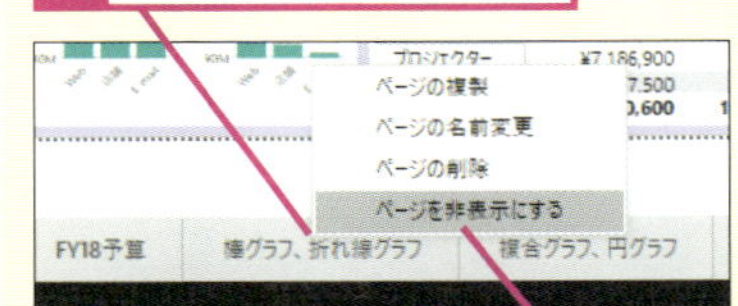

2 [ページを非表示にする]をクリック

この章のまとめ

●レポート作成時に利用する各種機能

Power BI Desktopでレポートを作成する際に必要となる各種機能やテクニックとして下記を紹介しました。

●日付テーブルの作成と四半期など時系列での集計

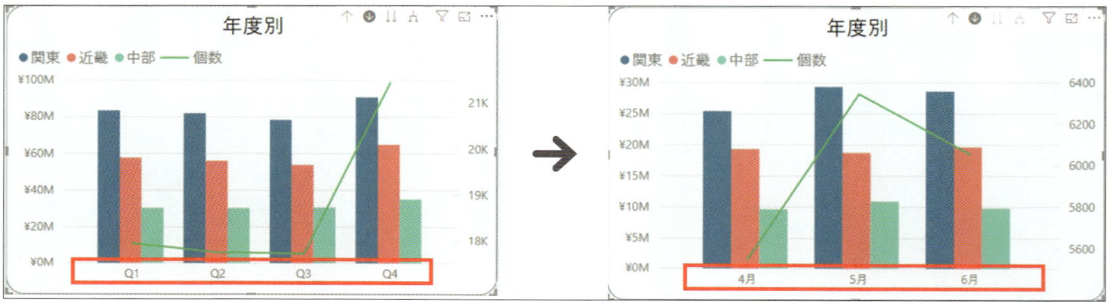

●横方向の予算表を、分析に必要な形式に編集

●売上と予算データの比較

店舗名	達成率FY18	売上	予算
さいたま店	91.07%	¥254,643,400	¥94,000,000
横浜店	91.37%	¥279,654,000	¥103,000,000
四条店	105.99%	¥256,457,900	¥81,000,000
新宿店	101.20%	¥482,198,700	¥163,000,000
神戸店	102.59%	¥161,965,400	¥54,000,000
梅田店	101.63%	¥303,829,000	¥102,000,000
豊橋店	99.22%	¥122,587,100	¥42,000,000
名古屋店	92.73%	¥265,885,100	¥96,000,000
合計	**98.00%**	**¥2,127,220,600**	**¥735,000,000**

●レポート単位やページ単位でのフィルター設定

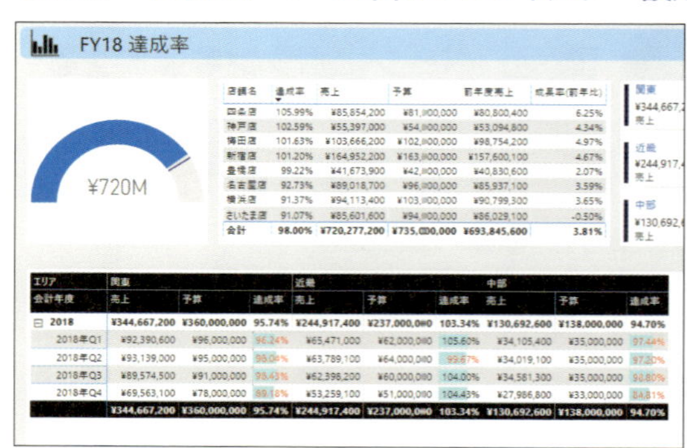

●純利益率や達成率、前年比などの集計を行う

売上	コスト	総利益率
¥694M	¥401M	42.17%

共有編

第9章 組織内で活用しよう

本章では有償ライセンスであるPower BI Proを利用することで行える、組織内での活用方法を解説します。レポートやダッシュボードを組織内のほかのユーザーと共有する方法や、Office 365の各機能との連携機能などを紹介します。

●この章の内容

㊿ 有償版で提供される機能とは……272
㊲ レポートやダッシュボードを共有するには……278
㊳ ワークスペースを利用するには……282
㊴ アプリを使って共有するには……286
㊵ ファイルの自動更新を利用するには……292
㊶ SharePointやTeamsで共有するには……298
㊷ Power Appsとの連携方法を知ろう……302
㊸ ロールごとに表示するデータを制御するには……306

レッスン
56 有償版で提供される機能とは

会社全体で利用するPower BI有償版

キーワード

Microsoft Teams	p.315
Office 365	p.316
PBIXファイル	p.316
Power BI Pro	p.316
オンプレミス	p.317

関連レッスン

▶レッスン1
Power BIとは……p.014
▶レッスン4
ライセンスの違いを知ろう……p.022

無償版と有償版の大きな違い

第1章でライセンスの違いを解説しましたが、データを取得してレポートを作成し、また作成したレポートをWeb画面やモバイルから利用するなどPower BIのすべての機能は無償で利用できます。では無償版と有償版の違いはどこにあるのでしょうか？　一番大きな点は、無償版は個人での利用が前提であり、作成したレポートをほかのメンバーと共有することはできない点です。

●Power BI（無償版）は個人での利用

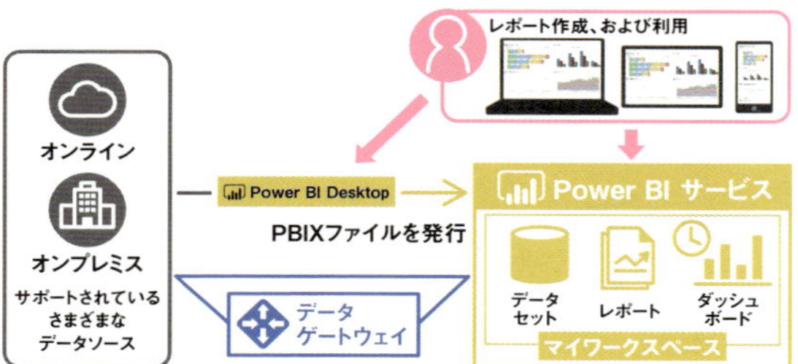

有償版ではPower BI無償版の機能に加えて、Power BIサービスによる共有機能が利用できます。レポートやダッシュボードを、組織内でアクセス権を付与したほかのユーザーと共有が可能です。

●Power BI Pro（有償版）は組織全体での利用

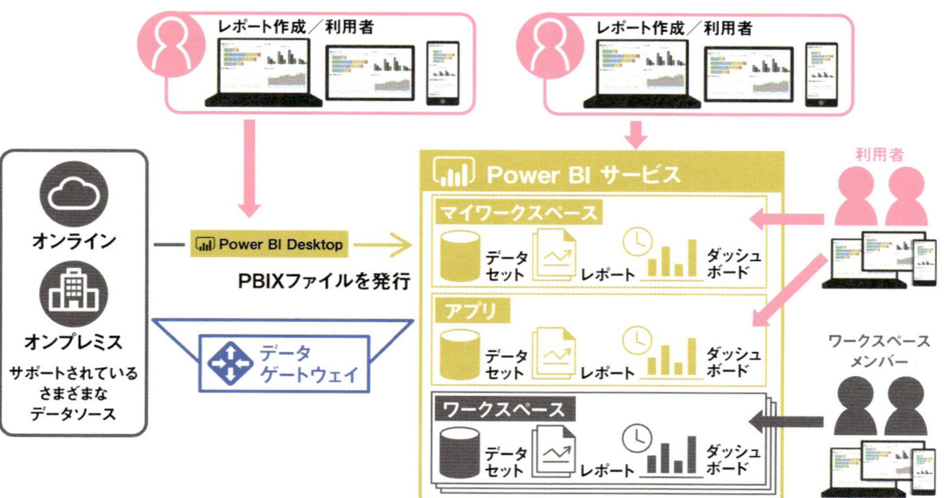

組織内で活用しよう 共有編 第9章

有償版Power BI Proで提供される機能

有償版であるPower BI Pro は、企業向けのライセンスであり、他のユーザーとの共有を行うためのさまざまな機能が含まれます。Power BIの無償版の機能に加えて、下記が利用できます。

・レポートやダッシュボードをほかのユーザーと共有する
・ワークスペースを利用したコンテンツ共有
・アプリの作成と発行
・ダッシュボードやレポートの内容をメールで受信するサブスクライブ機能
・Office 365との連携機能
・行レベルセキュリティ
・組織全体でのPower BI管理

※Power BI Desktopで利用できる機能、接続できるデータソースの種類、利用できるデータセットの容量、データ更新機能は無償版/有償版で違いはありません。

Office 365環境でPower BI Proライセンスを利用する

組織の管理者はPower BI Proライセンスを購入し、組織内のユーザーに割り当てられます。既存のOffice 365環境にPower BI Proライセンスを追加購入することも可能ですし、Office 365 E5を導入した場合にはPower BI Proが含まれています。またOffice 365を利用していない場合にはPower BI Proのみを導入することも可能です。

HINT!

Office 365とは

Office 365とは企業向けに提供されているマイクロソフト社のクラウドサービスです。サブスクリプション型で提供されておりOfficeクライアントのライセンスに加えて、メール/予定管理機能（Exchange Online)、オンライン会議/インスタンスメッセージ、チーム作業の支援機能(Microsoft Teams)、ユーザー用ファイルストレージ（OneDrive for Business)、情報共有サイト（Share Point Online)、タスク管理機能(Planner）など、組織ユーザー向けのクラウドサービスをオールインワンで提供するものです。Office 365には企業向けのライセンスが複数用意されていますが、ライセンスのラインナップのひとつであるOffice 365 E5にはPower BI Proが含まれています。

次のページに続く

テクニック Power BI Pro評価環境を用意しよう

本章の内容を試していただくためには有償版であるPower BI Proが必要です。本章の解説にはPower BIとOffice 365の連携機能が含まれているため、検証環境を用意したい場合はOffice 365 E5の評価版がおすすめです（試用版は30日間利用できます）。
このテクニックでは、本章の内容を試す環境のセットアップ方法として次の2種類の手順を紹介します。

・Office 365 E5評価版セットアップ
・既存のOffice 365環境にPower BI Pro評価版を追加

Power BI Pro評価環境を用意したい場合、上記のどちらかを行ってください。

Office 365 E5試用版を利用する場合

Power BI Proが含まれるOffice 365環境の評価版をセットアップする参考手順です。組織で実際に利用している環境とは完全に切り離された評価環境として用意できます。この場合通常利用しているアカウントとは異なる評価専用の別アカウントを用意する形となります。また25ユーザーまで追加できるため複数メンバーでの検証も可能です。

1 Office 365 E5 試用版をサインアップする

1 Office 365のWebサイトより企業向けプラン一覧ページを開く

https://www.microsoft.com/ja-jp/microsoft-365/enterprise/compare-office-365-plans

上記のWebページを表示しておく

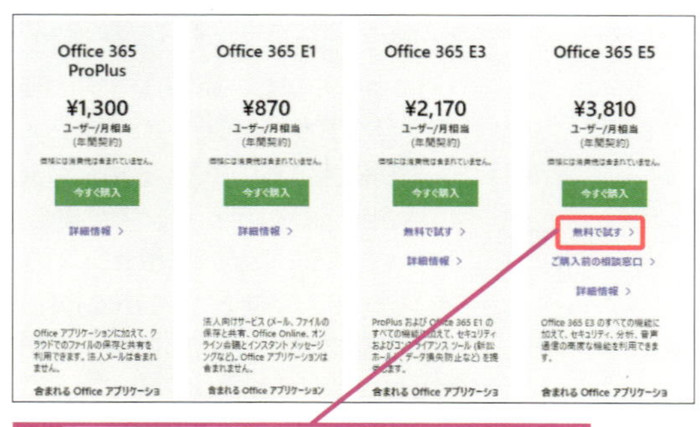

1 [Office 365 E5] の [無料で試す] をクリック

2 メールアドレスを入力し[次へ] をクリックする

1 勤務先のメールアドレスを入力

2 [次へ] をクリック

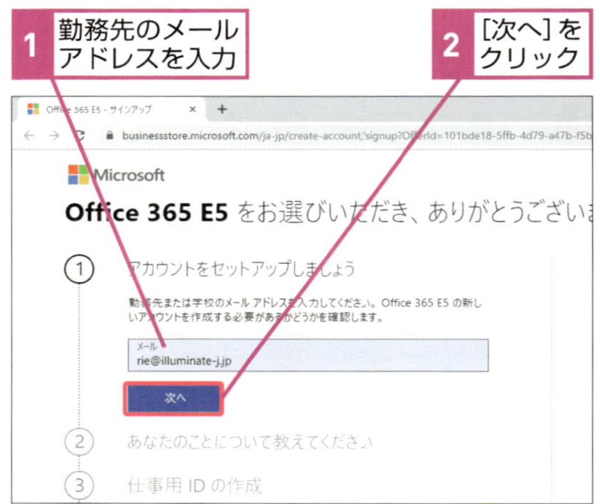

注意 Office 365ですでに利用しているメールアドレスを入力した場合、既存のアカウントにOffice 365 E5評価版を追加するか、別アカウントを作成するか選択できます。別アカウントを作成し、評価環境と実際に利用している環境を分けたい場合は、[代わりに新しいアカウントを作成]を選択します

3 [アカウントのセットアップ] をクリックする

アカウント作成が必要とのメッセージが表示された

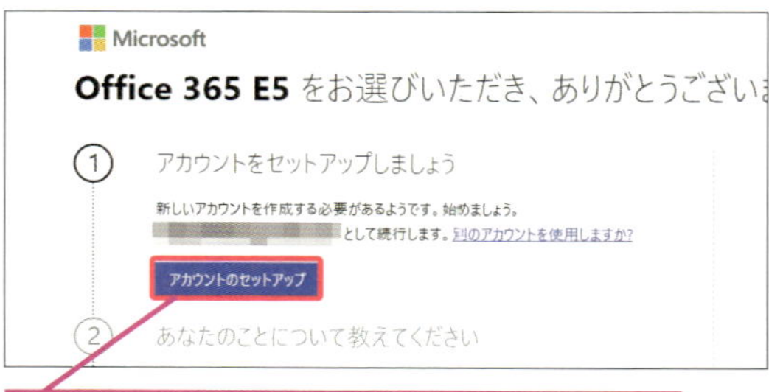

1 [アカウントのセットアップ]をクリック

組織内で活用しよう 共有編 第9章

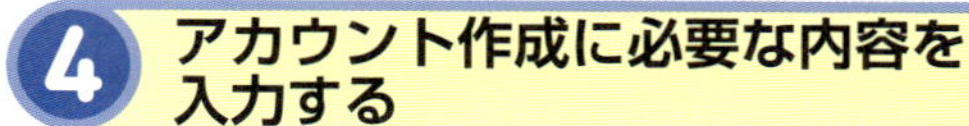

4 アカウント作成に必要な内容を入力する

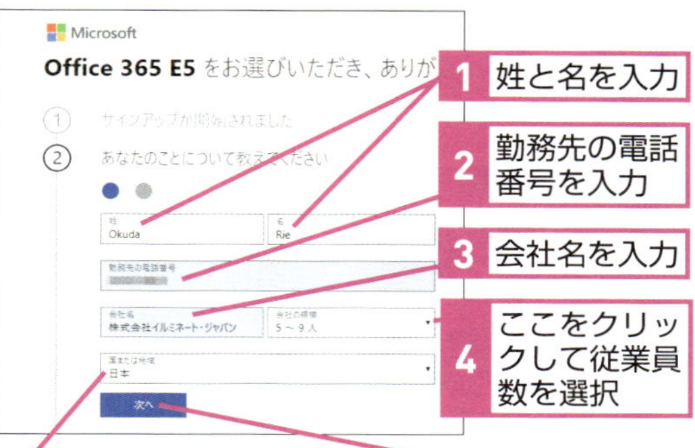

1 姓と名を入力

2 勤務先の電話番号を入力

3 会社名を入力

4 ここをクリックして従業員数を選択

5 ここをクリックして[日本]を選択

6 [次へ]をクリック

5 ロボットではないことを証明する

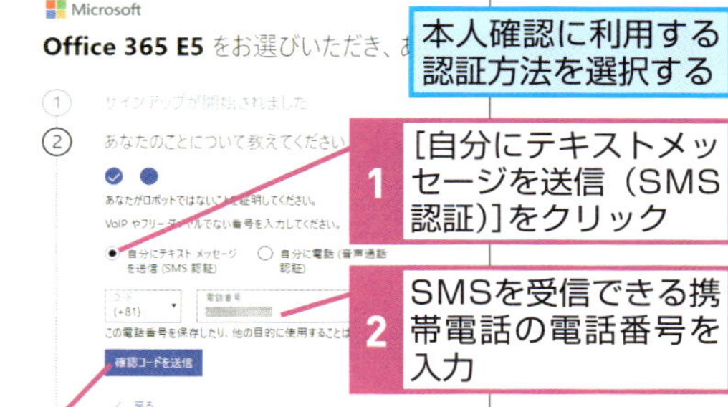

本人確認に利用する認証方法を選択する

1 [自分にテキストメッセージを送信（SMS認証）]をクリック

2 SMSを受信できる携帯電話の電話番号を入力

3 [確認コードを送信]をクリック

携帯電話に届いた確認コードのSMSを確認しておく

4 確認コードを入力

5 [確認]をクリック

6 ドメインを指定する

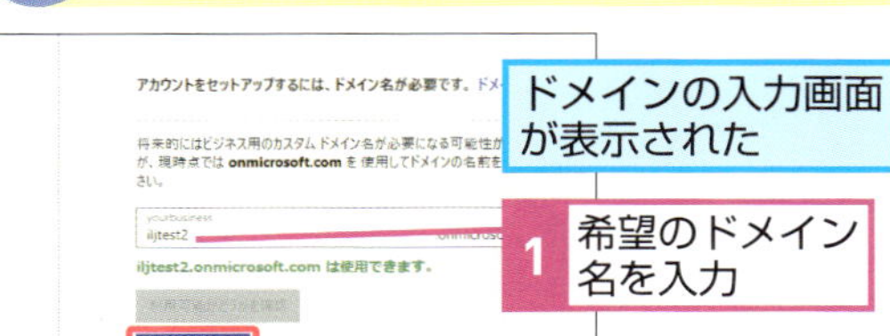

ドメインの入力画面が表示された

1 希望のドメイン名を入力

入力したドメイン名を利用できる場合「使用できます。」と表示される

2 [次へ]をクリック

7 サインインに利用するユーザーIDとパスワードを指定する

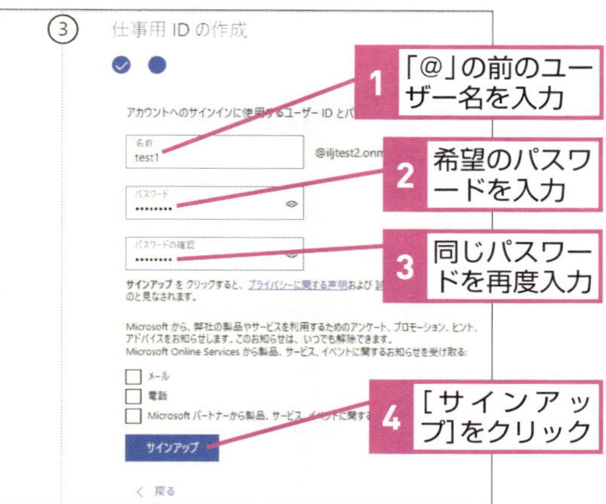

1 「@」の前のユーザー名を入力

2 希望のパスワードを入力

3 同じパスワードを再度入力

4 [サインアップ]をクリック

8 サインアップが完了する

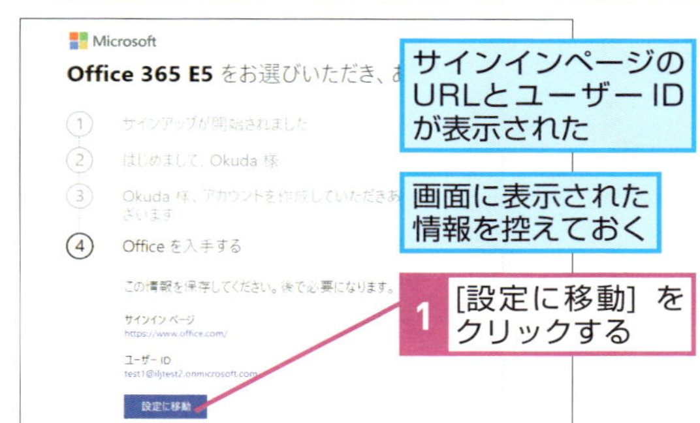

サインインページのURLとユーザーIDが表示された

画面に表示された情報を控えておく

1 [設定に移動]をクリックする

注意 画面に表示されたユーザーID（メールアドレス）は、評価版Office 365環境にサインインする際に利用します。またこのユーザーIDがOffice 365環境の全体管理者となります

9 Microsoft 管理センターが開く

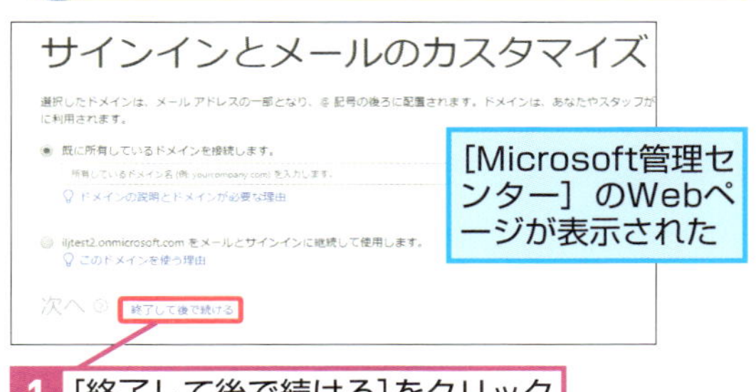

[Microsoft管理センター] のWebページが表示された

1 [終了して後で続ける]をクリック

次のページに続く

2 評価ユーザーを追加する

1 ユーザー管理画面を開く

[Microsoft管理センター] の
Webページを表示しておく

1 [ユーザー]のここをクリック

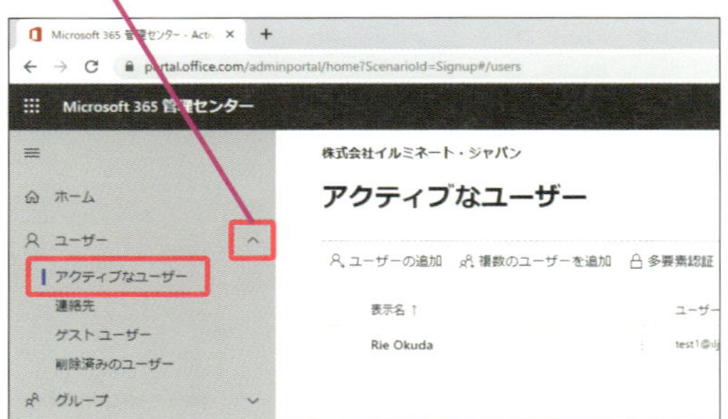

2 [アクティブなユーザー] をクリック

この画面で、ユーザーの追加だけではなくユーザーの削除や一覧も行える

2 ユーザーを追加する

1 [ユーザーの追加]をクリック

2 [基本設定([姓] [名] [表示名] [ユーザー名] [パスワード])]を入力

3 [製品ライセンス]で[Office 365 E5]が選択されていることを確認

既存環境への試用版追加

既存のOffice 365環境（E5以外の場合）にPower BI Pro試用版を追加する参考手順です。通常利用している環境にPower BI Pro試用版を追加することで、いつものアカウントで評価できます。
この設定を行うためには、Office 365環境の全体管理者権限が必要です。

1 Power BI Pro 試用版を追加

1 Microsoft 365管理センターでサービス購入画面を開く

[Microsoft管理センター] の
Webページを表示しておく

1 [課金情報]のここをクリック

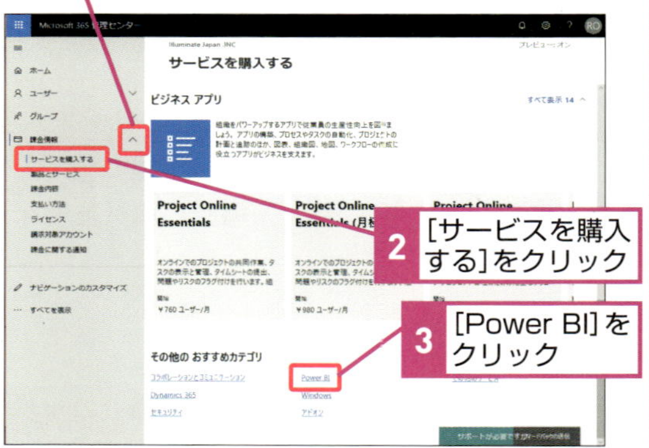

2 [サービスを購入する]をクリック

3 [Power BI]をクリック

2 Power BI Pro（試用版）を追加する

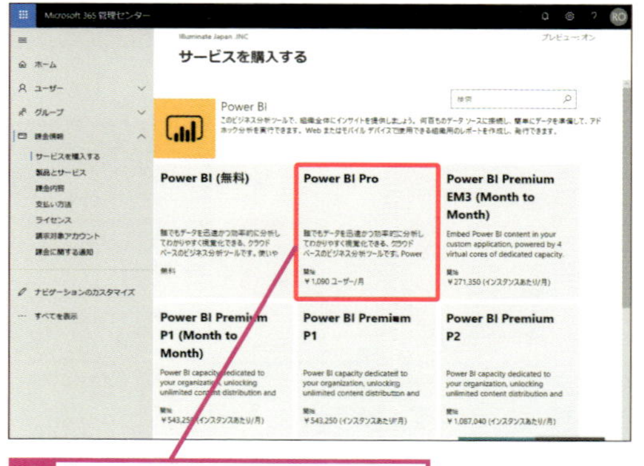

1 [Power BI Pro]をクリック

3 導入手続きを進める

1 [無料試用版を入手する]をクリック

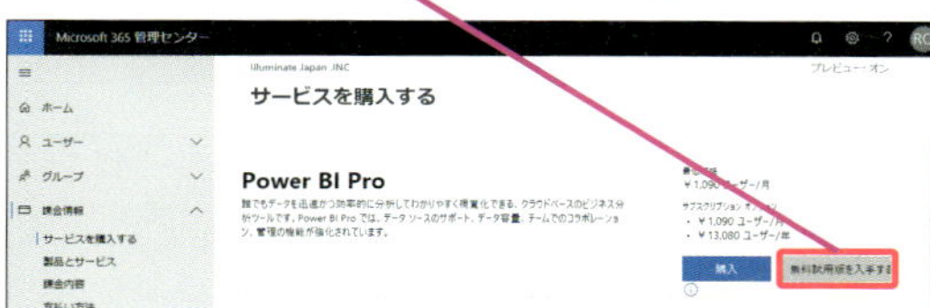

注文内容をよく確認する

2 [無料トライアル]をクリック

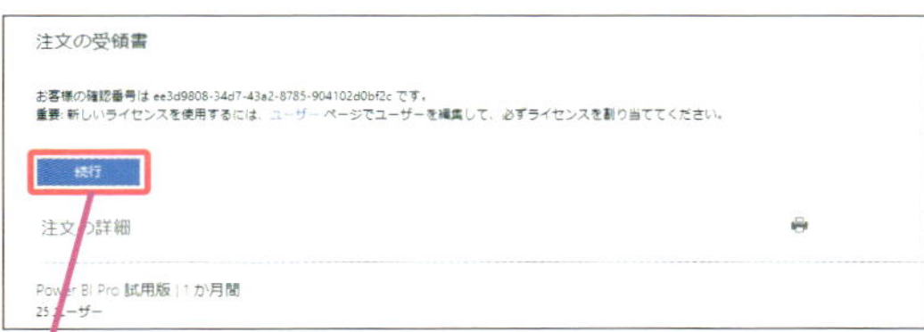

3 [続行]をクリック

4 確認する

[Microsoft管理センター] の [製品とサービス] ページを表示しておく

追加した試用版が確認できる

2 評価ライセンスをユーザーに割り当てる

1 [ユーザー]のここをクリック

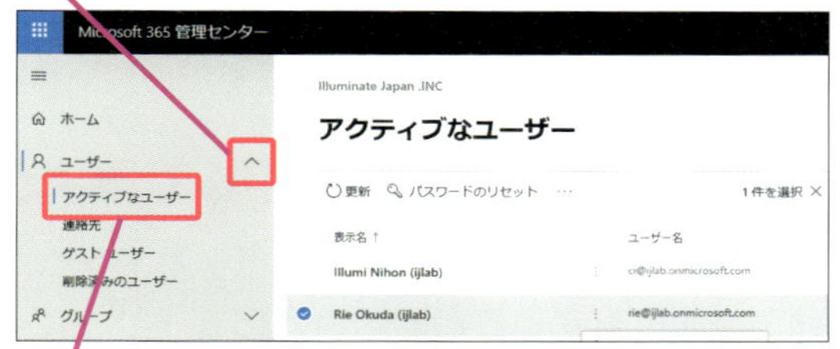

2 [アクティブなユーザー]をクリック

ライセンスを割り当てるユーザーを指定する

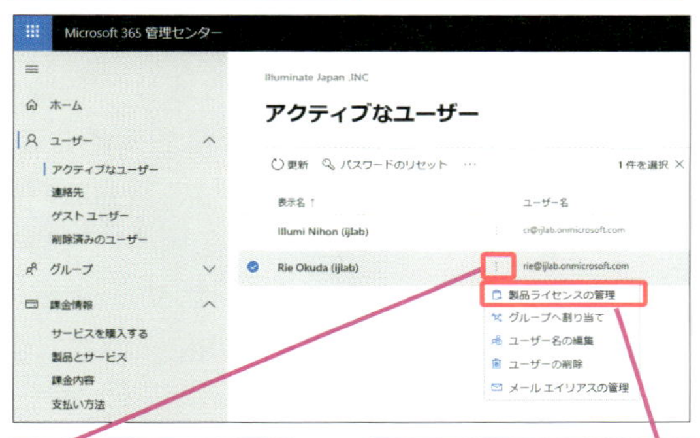

3 表示名のここをクリック

4 [製品ライセンスの管理]をクリック

選択したユーザーのライセンス情報が表示された

評価ライセンスの割り当て解除も、この画面で行う

5 [Power BI Pro] をクリックしてチェックマークを付ける

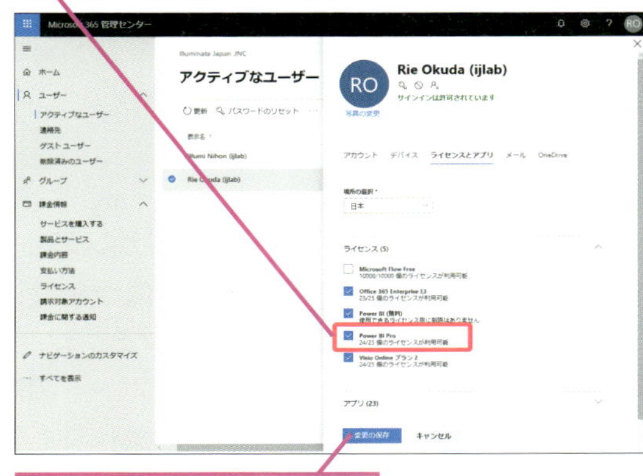

6 [変更の保存]をクリック

レッスン

57 レポートやダッシュボードを共有するには

レポートやダッシュボードの共有設定

キーワード

Power BI Premium	p.316
ダッシュボード	p.318
マイワークスペース	p.320
レポート	p.321
ワークスペース	p.321

関連レッスン

▶レッスン40
レポートを発行するには………… p.168
▶レッスン41
ダッシュボードを作成するには… p.172
▶レッスン42
モバイル用の画面を
作成するには ……………………… p.176
▶レッスン56
有償版で提供される機能とは…… p.272

一番手軽な共有方法を利用してみよう

Power BIサービスに発行したレポートやダッシュボートは、アクセス権を付与することで組織内のユーザーに共有できます。共有された相手はレポートやダッシュボードをPower BIサービスから利用できるようになります。一番手軽に自分が作成したレポートやダッシュボードをほかのユーザーに共有できる方法です。共有設定を行う際には、[読み取り] もしくは [読み取りと再共有] のどちらかの権限を相手に設定できます。[読み取りと再共有] を選択して共有した場合は、共有された相手は、さらにほかのユーザーに共有設定が行えるようになります。また自分に共有されたコンテンツ（レポートやダッシュボード）はPower BIサービス画面の [自分と共有] 内に一覧されます。

● [自分と共有] 画面

共有された相手もPower BI ProライセンスもしくはPower BI Premiumライセンスが必要です。有償ライセンスが割り当てられていないユーザーは共有されたコンテンツを利用できません。また共有設定ではレポートやダッシュボードの編集作業は行えません。レポートやダッシュボードの編集作業も含めて共有を行いたい場合は次のレッスン㊽で解説するワークスペースを利用します。

HINT!

共有ユーザーに必要なライセンス

ほかのユーザーから共有されたPower BIコンテンツを利用するためにはPower BI Proライセンスが必要です。（もしくはPower BI Premiunを利用）。また組織のセキュリティ設定にもよりますが、組織外のユーザーへの共有も可能です。

レポートの共有

1 レポートを共有する

共有したいレポートを開いておく

1 [共有]をクリック

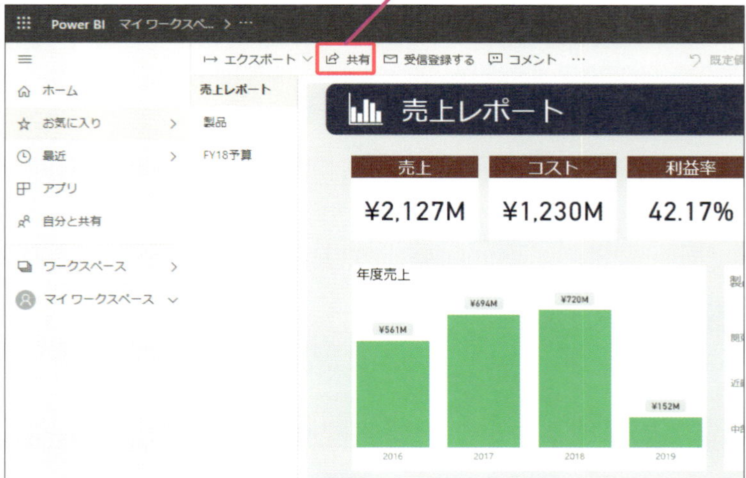

画面右に[レポートの共有]ウィンドウが開いた

2 共有相手のメールアドレスを入力

3 メッセージを入力

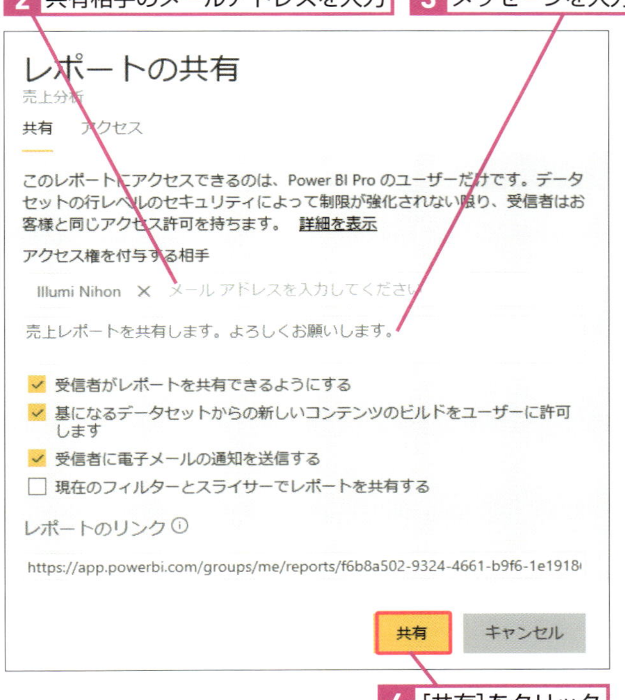

4 [共有]をクリック

HINT!

共有前に行っておくべき操作

レポートの共有設定の操作を行う前に、作成したレポートをPower BIサービスに発行するか、もしくはPower BIサービス上でレポートを作成してください。これまでの章で作成したレポート（PBIXファイル）をマイワークスペースに発行し、Power BIサービス上でダッシュボードを作成した状態にて、本レッスンでは画面および操作を紹介しています。これまでのレッスン内容の完成ファイルは［作業ファイル］の［第9章］フォルダー内に[売上分析.pbix]して含まれているため、これを利用しても発行してもかまいません。Power BI DesktopからレポートをPower BIサービスに発行する方法は第6章で解説しています。

HINT!

共有相手の指定方法

手順1で共有相手を指定する際には、ユーザーやセキュリティグループが指定できます。またメールアドレスや名前を入力すると、検索によりユーザーやセキュリティグループが一覧されます。

●ユーザー名の一部を入力

アクセス権を付与する相手
Nihon
Illumi **Nihon** test2@iljtest2.

●セキュリティグループ名を入力

アクセス権を付与する相手
IT
IT部 it@iljtest2.onmicrosoft

次のページに続く

2 共有設定を確認する

1 [共有]をクリック

2 [アクセス]をクリック

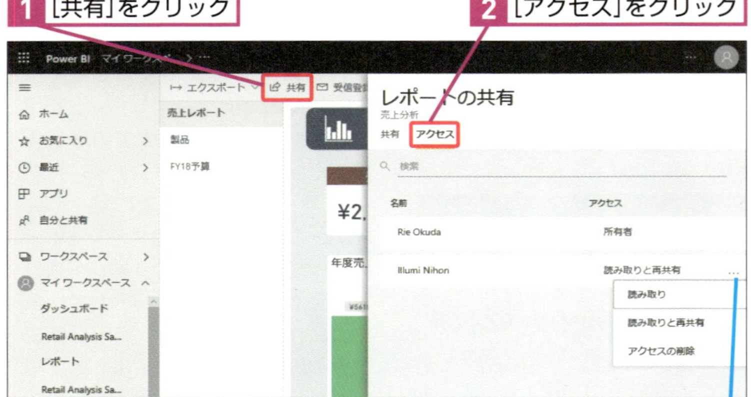

アクセス権が確認できる

ここをクリックして権限の変更や削除ができる

ダッシュボードの共有

ダッシュボードの共有方法もレポートの共有とほとんど同じ操作です。

共有したいダッシュボードを開いておく

1 共有をクリック

2 共有相手のメールアドレスを入力

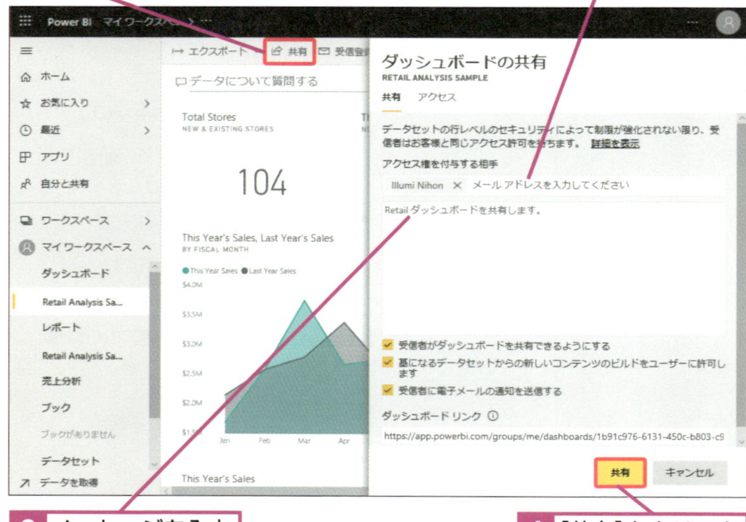

3 メッセージを入力

4 [共有]をクリック

HINT! 共有相手に設定できる権限

共有相手には、次の権限が付与できます。

- 読み取りと再共有
  読み取りおよび共有設定が可能
- 読み取り
  読み取りのみ可能

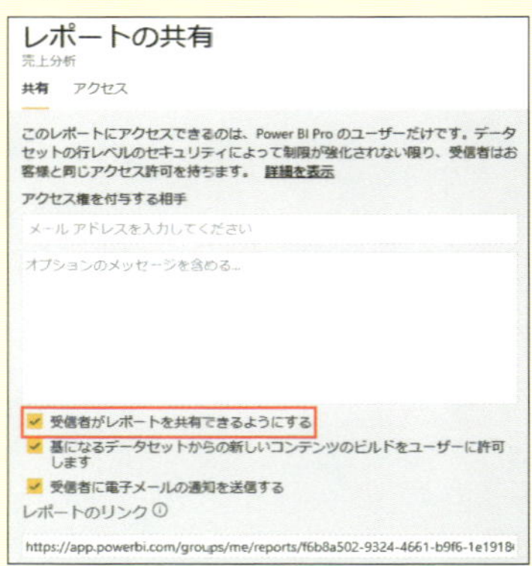

既定では[受信者がレポートを共有できるようにする]がオンで、[読み取りと再共有]権限が付与される

共有されたコンテンツを確認する

共有相手にはメールが届きます。メール内のリンクから共有されたレポートが開けます。

1 メール内のリンクをクリック

共有されたレポートやダッシュボードが開く

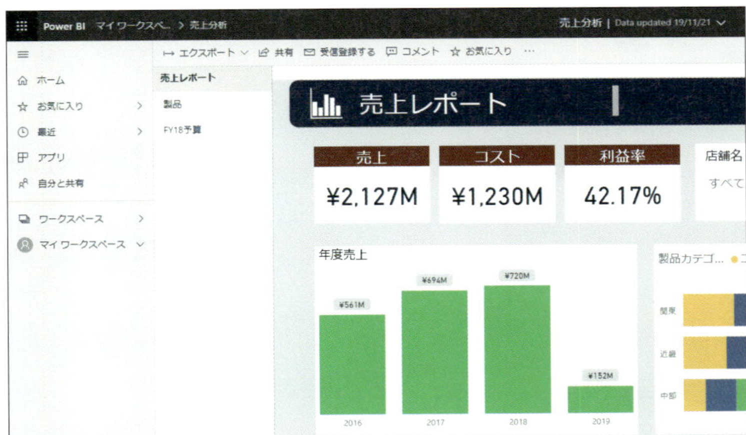

また共有された内容はPower BIサービスの［自分と共有］に一覧されます。

HINT! 共有時にメールを送らない設定も

共有設定を行う際、［受信者に電子メールの通知を送信する］をオフにすると、共有相手にメールは送信されません。

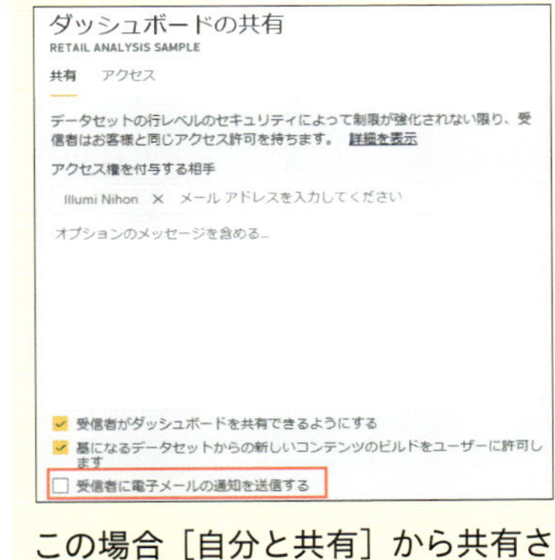

この場合［自分と共有］から共有されたコンテンツを開きます。

HINT! ダッシュボードを共有した場合

ダッシュボードを共有した場合、ダッシュボードのタイルをクリックした際に開くレポートもあわせて共有されます。例えば2つのレポートからビジュアルをピン留めしたダッシュボードがあった場合、そのダッシュボードの共有相手はダッシュボード内のタイルをクリックすることで、各レポートが開けます。

レッスン

58 ワークスペースを利用するには

ワークスペースを利用した共有

キーワード

PBIXファイル	p.316
ダッシュボード	p.318
マイワークスペース	p.320
レポート	p.321
ワークスペース	p.321

関連レッスン

▶レッスン8
ワークスペースとコンテンツを知ろう……p.040
▶レッスン40
レポートを発行するには……p.168
▶レッスン56
有償版で提供される機能とは……p.272

チームメンバーとの共同作業を行うコンテナー

ワークスペースはPower BIコンテンツ（ダッシュボード、レポート、データセット）のコンテナーです。自分が作成したレポートはマイワークスペースに発行し、必要に応じてレポートやダッシュボードの共有が行えます。マイワークスペースに発行したレポートや作成したダッシュボードは自分が所有者となり、共有相手には［読み取り］もしくは［読み取りおよび再共有］の権限が付与できますが、レポートやダッシュボードの編集権限を付与することはできません。

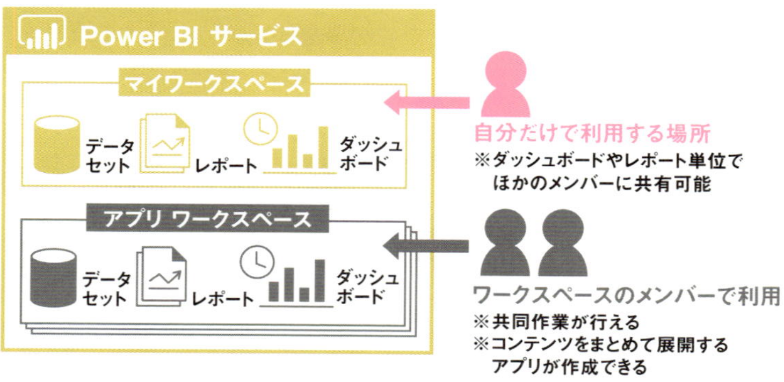

Power BI Proでは個人用のコンテナーであるマイワークスペースだけではなく、チームメンバーと共同作業を行うためのコンテナーとしてワークスペースが利用できます。

ワークスペースで設定できる権限

ワークスペースでは、管理者、メンバー、共同作成者、ビューアーの4つのアクセス許可を指定できます。

操作内容	管理者	メンバー	共同作成者	ビューアー
ワークスペースの更新、削除	○			
メンバー編集	○			
メンバー以下のアクセス許可を指定したユーザー追加	○	○		
アプリの発行、更新	○	○		
コンテンツの共有	○	○		
コンテンツの作成、編集、削除	○	○	○	
レポート発行	○	○	○	
コンテンツの閲覧	○	○	○	○

ワークスペースの作成

1 ワークスペース作成画面を開く

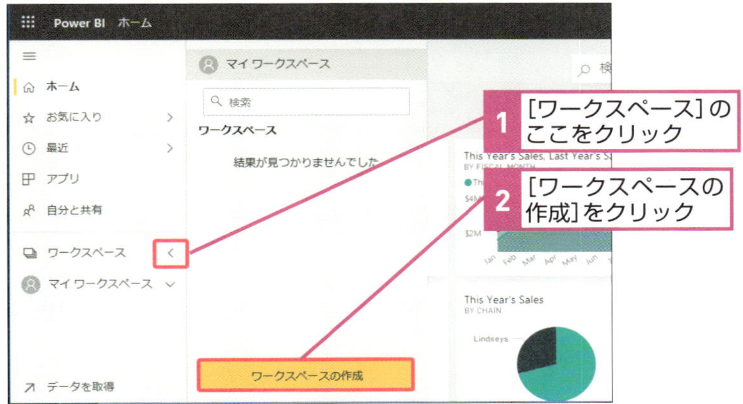

2 作成に必要な情報を指定する

[ワークスペースの作成]の画面が表示された

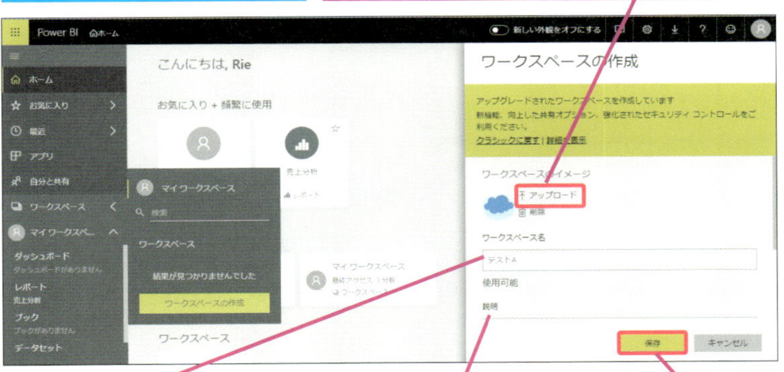

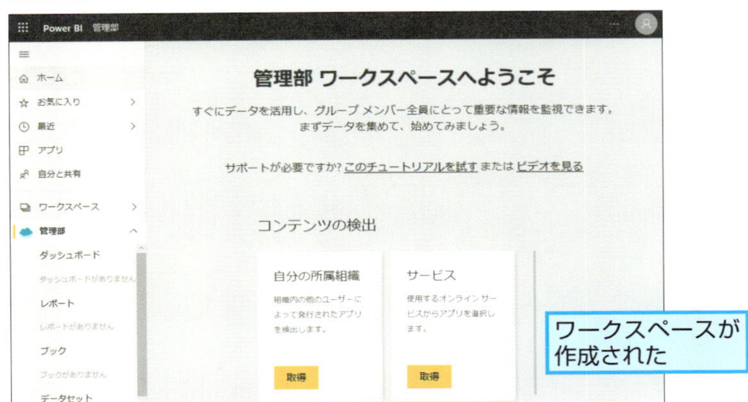

ワークスペースが作成された

> **HINT!**
>
> **ワークスペースの仕組みが変更**
>
> 以前はワークスペースを作成するとOffice 365グループが自動的に作成されました。Office 365グループはTeamsでのチーム作成時やSharePointモダンチームサイト作成時などさまざまなシーンにおいて、Office 365の各機能を利用するユーザーを管理するために利用されます。Power BIユーザーからのフィードバック内容が反映されワークスペースは次のように変更されました。
>
> ・Office 365グループと分離
> ワークスペース作成時にOffice 365グループは作成されなくなりました。
>
> ・アクセス権制御がより柔軟に
> Office 365 グループと分離したことでユーザーだけではなく、セキュリティグループ、Office 365グループを利用して権限管理ができるようになり、より柔軟な権限管理が可能となります。またOffice 365グループを利用して権限設定も行えるため、これまでと同様にOffice 365グループを利用したユーザー管理も可能です。
>
> ・ワークスペースが作成できるユーザーはPower BIで管理可能に

次のページに続く

ワークスペースのメンバーを編集する

1 アクセス権の設定画面を開く

作成したワークスペースの設定を変更する

1 [ワークスペース]のここをクリック

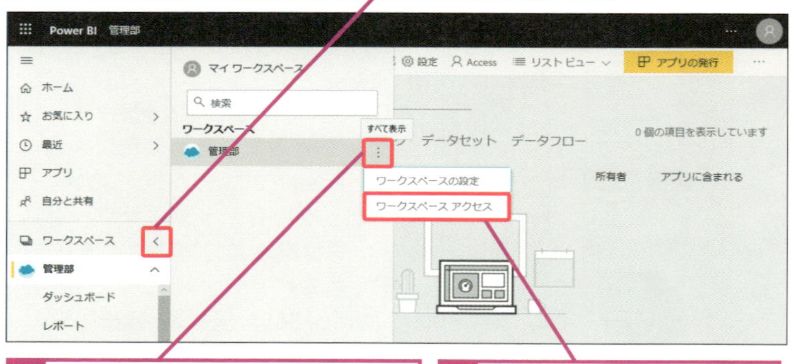

2 ワークスペースの[すべて表示]をクリック

3 [ワークスペースアクセス]をクリック

2 権限を設定する

ユーザー、セキュリティグループ、Office 365グループを利用してアクセス許可を追加する

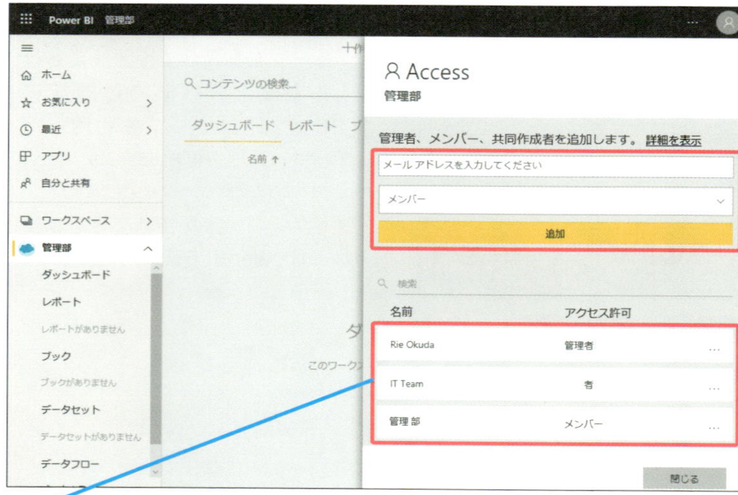

設定されたアクセス許可はここに表示される

HINT!
アクセス権設定画面をほかの方法で開く

ワークスペースのアクセス権設定画面は、次の方法で開くことも可能です。

1 [ワークスペース]のここをクリック

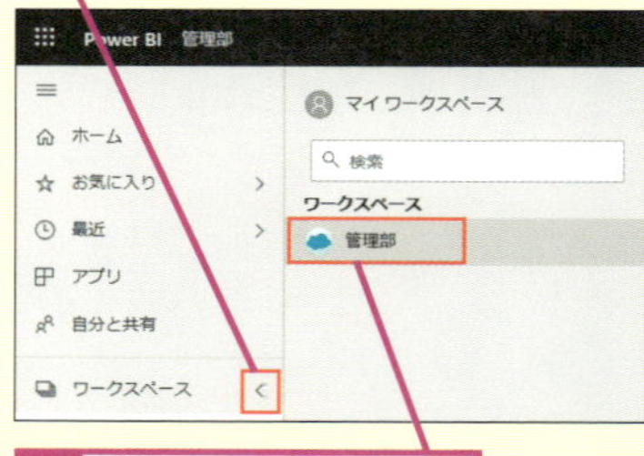

2 ワークスペース名をクリック

ワークスペースが表示された

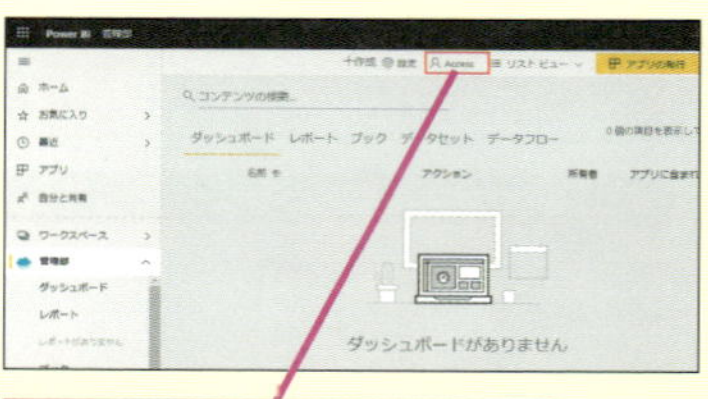

3 [Access]をクリック

HINT!
ワークスペースの利用目的

ワークスペースはその名の通り、複数メンバーで共同してレポートやダッシュボードの作成・編集を行うために利用することがおすすめです。ワークスペースにビューアー権限を付与し、コンテンツの閲覧を行ってもらうことも可能ですが、完成したコンテンツを多数のユーザーに展開したい場合は、「アプリ」の利用がおすすめです。この点を考慮し、ワークスペースへのアクセス権設定は最小限で必要なメンバーとしましょう。

ワークスペースにレポートを発行する

Power BI Desktopで作成したレポートを開いておく

1 [発行]をクリック

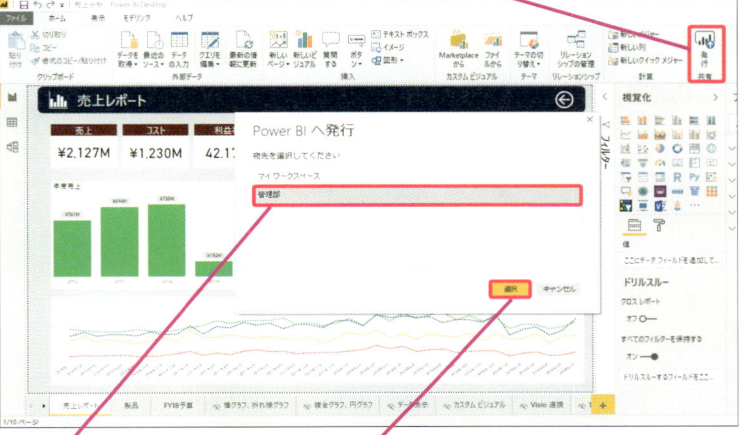

2 発行先のワークスペースをクリック

3 [選択]をクリック

ワークスペース内に発行したレポートやデータセットを確認できる

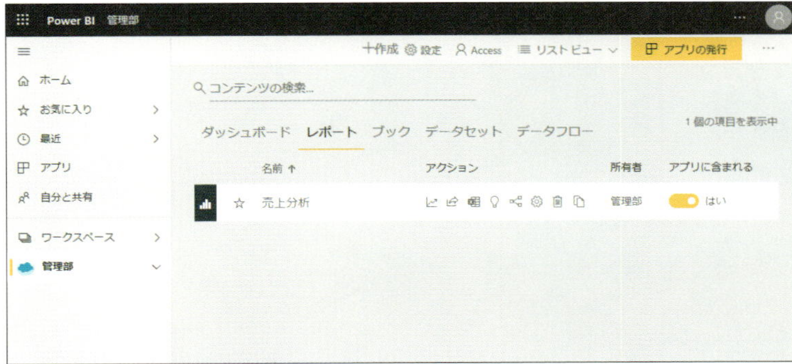

ワークスペースに権限を持つユーザーで共有される

HINT!

ワークスペースへの発行

Power BI Desktopで発行時には、自分が権限を持つワークスペースが一覧され、選択できます。

ワークスペースに対する権限がビューアーの場合はレポート発行が行えないため、ビューアー権限のワークスペースに発行すると、次のようなメッセージが表示されます。

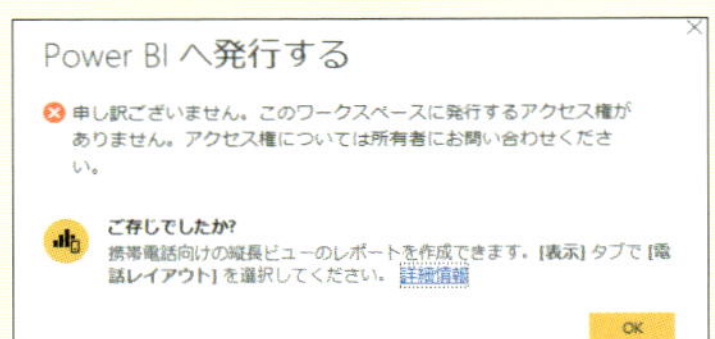

HINT!

発行時にはレポート名に注意

同じレポート名（PBIXファイル名）で発行すると、ワークスペース内のレポートに対する上書きとなるため注意しましょう。

レッスン 59

アプリを使って共有するには

アプリの作成と配布

▶キーワード

Office 365	p.316
タイル	p.318
ダッシュボード	p.318
レポート	p.321
ワークスペース	p.321

▶関連レッスン

▶レッスン56
有償版で提供される機能とは…… p.272
▶レッスン58
ワークスペースを利用するには… p.284

関連するコンテンツをまとめて展開する

アプリはダッシュボードやレポート、データセットをまとめて展開するときに利用できる仕組みです。作成したレポートやダッシュボード、またそれらが利用するデータセットを、組織全体や特定のメンバーに「アプリ」として発行し、展開できます。アプリの作成はワークスペース内で行え、ワークスペースごとに1つのアプリが作成できます。また作成したアプリは組織内のユーザーに展開できます。

●Power BIサービス［アプリ］画面

レポートやダッシュボードの作成者より提供されたアプリを、追加して利用できる

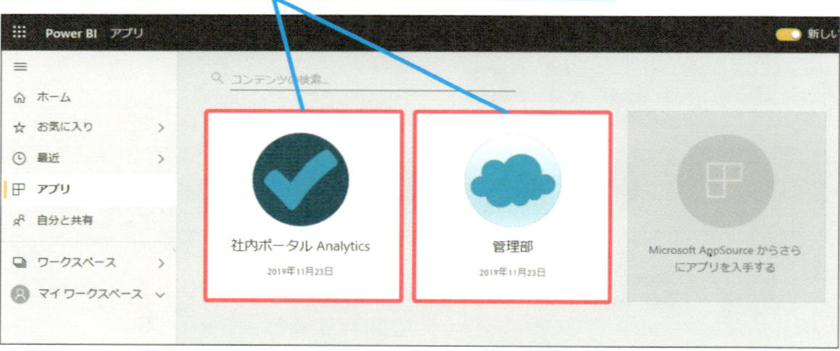

●アプリの利用

アプリ内のダッシュボードやレポートを利用できる

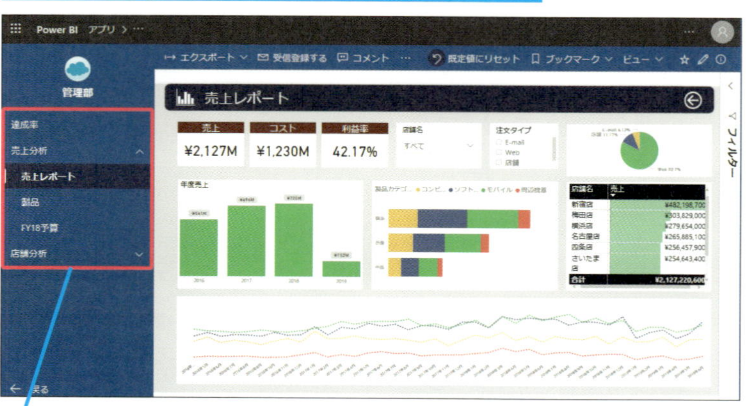

ダッシュボードやレポートを切り替えるナビゲーション

組織内で活用しよう 共有編 第9章

アプリの作成と発行

1 ワークスペースを開く

1 [ワークスペース]のここをクリック

2 ワークスペース名をクリック

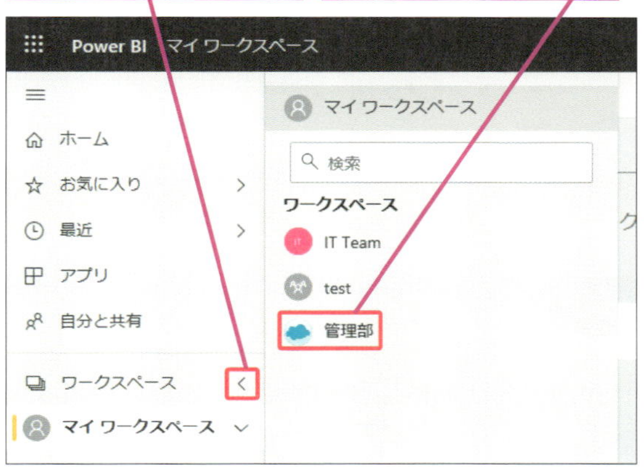

2 アプリに含める内容(ダッシュボード、レポート)をワークスペースから選択する

アプリに含めるコンテンツを選択する

1 アプリに含めるダッシュボードを[はい]に設定

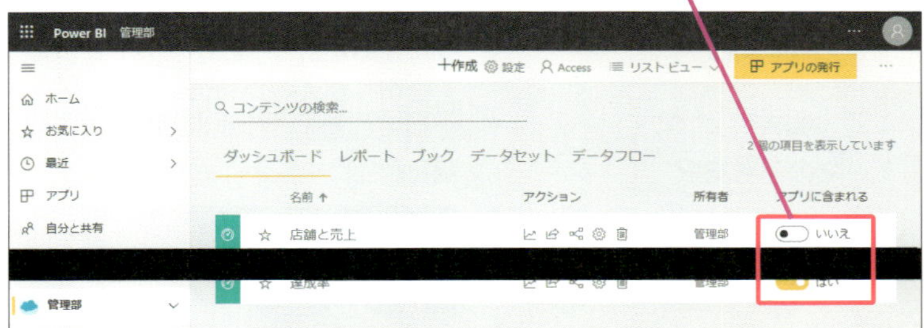

2 [レポート]をクリック

3 アプリに含めるレポートを[はい]に設定

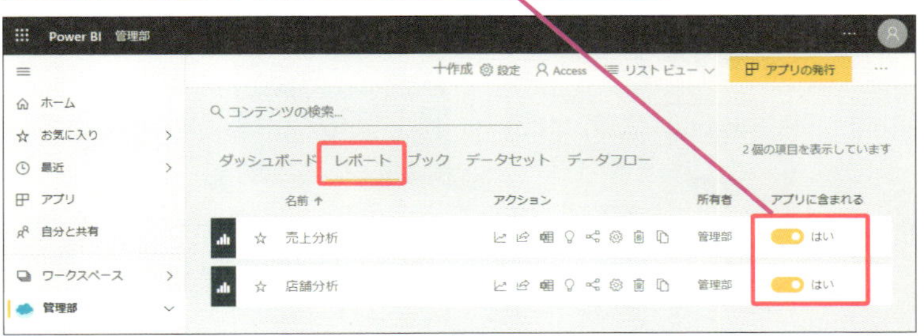

HINT!

ワークスペースとアプリの使い分け

前のレッスンで解説したワークスペースは複数のメンバーで共同作業を行うために利用するものです。レポートやダッシュボードの編集作業を複数メンバーで行いたい際に利用します。またワークスペースにはビューアー権限を付与したユーザーを追加することも可能です。そのためワークスペース内のコンテンツを閲覧権限で共有できますが、編集作業が完了していないコンテンツも含めてアクセスできる点は留意ください。アプリは、完成したコンテンツを多数のユーザーに公開するために利用するものです。ワークスペース内のコンテンツの中から、共有したいダッシュボードやレポートを選択でき、内容の編集を行った際にも、アプリの更新を明示的に行えます。

- ワークスペース
  編集作業を一緒に行うユーザーや、編集中のコンテンツを確認して欲しいユーザー間で利用する作業スペース

- アプリ
  完成したコンテンツを多数のユーザーに共有するために利用

3 アプリ発行に必要な設定を行う

アプリの発行画面を表示する

1 ［アプリの発行］をクリック

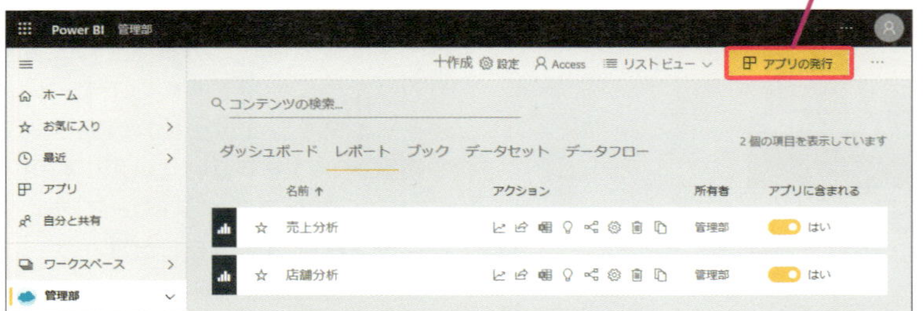

2 アプリ名を入力

3 アプリの説明を入力

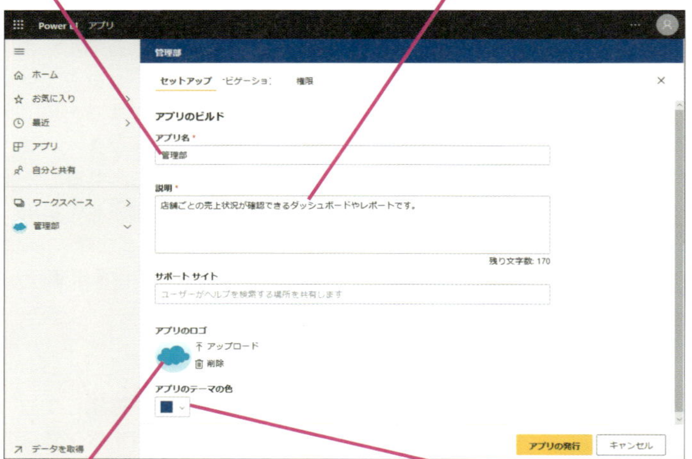

4 ［アップロード］をクリックしてアプリのイメージ画像を選択

5 ここをクリックしてテーマの色を選択

4 ナビゲーションを編集する

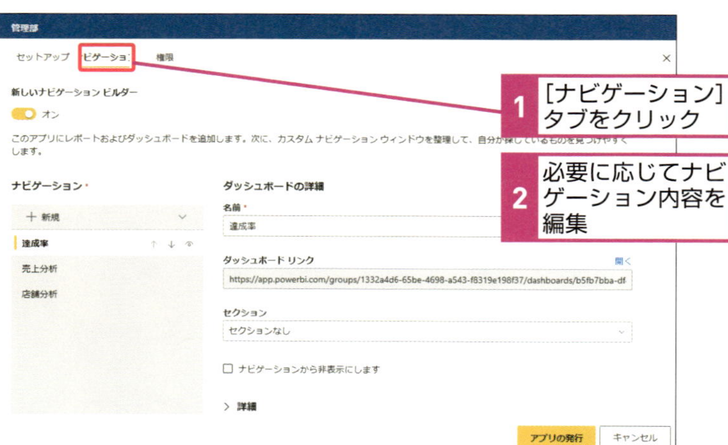

1 ［ナビゲーション］タブをクリック

2 必要に応じてナビゲーション内容を編集

HINT! レポート選択時の注意点

アプリに含めるレポートを選択する際は、関連するダッシュボードを考慮しながら行いましょう。アプリに含めたダッシュボードのタイルとなるビジュアルが含まれるレポートを含めない設定にすると、次のようにメッセージが表示されます。

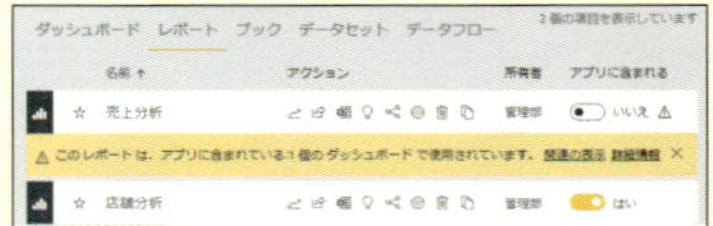

ダッシュボードに含まれるレポートを含むレポートに対して［アプリに含まれる］をオフに指定すると、ダッシュボード内のタイルはアプリ利用時は表示されません。

HINT! アプリのナビゲーションについて

ナビゲーションはアプリ利用時に、左に表示されるリンク集です。アプリに含めたダッシュボードやレポートを切り替えるためのメニューとして利用します。レポート内のページは自動的に一覧されます。

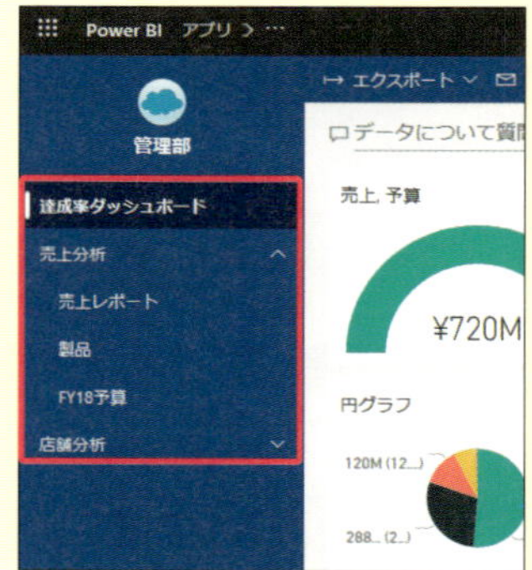

アプリ利用者が使いやすいように並べ替えたり、表示される名前を変更したりしましょう。

5 アプリの権限を設定する

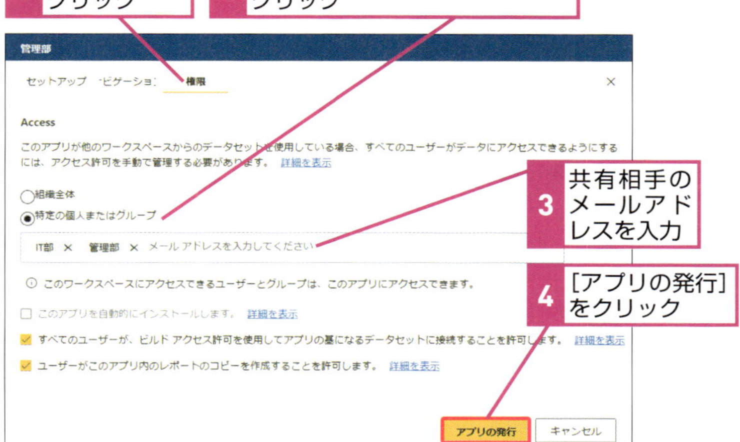

HINT! アプリの権限について

[組織全体] もしくは [特定の個人またはグループ] を選択します。[組織全体] を選択した場合は、社内のすべてのユーザーにアプリが共有されます。[特定の個人またはグループ] を選択した場合は、特定のユーザー、セキュリティグループや配布リスト、またOffice 365グループを利用して共有する相手を設定できます。

アプリを共有されたユーザーは、アプリを追加して読み取り権限でアプリ内に含められたダッシュボードやレポートの利用が可能です。

6 アプリの画面を表示する

アプリ公開の確認画面が表示された

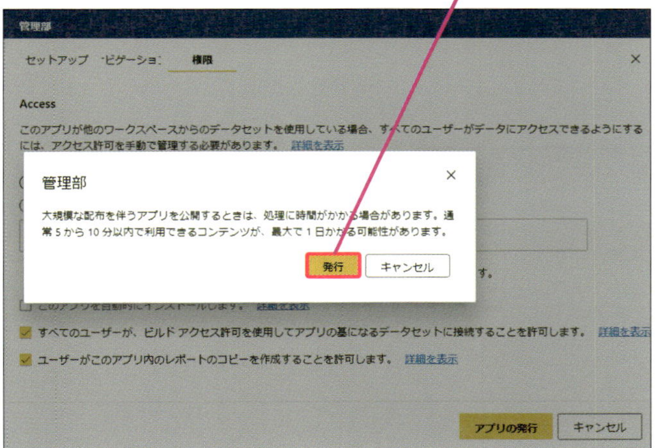

アプリの発行が完了した

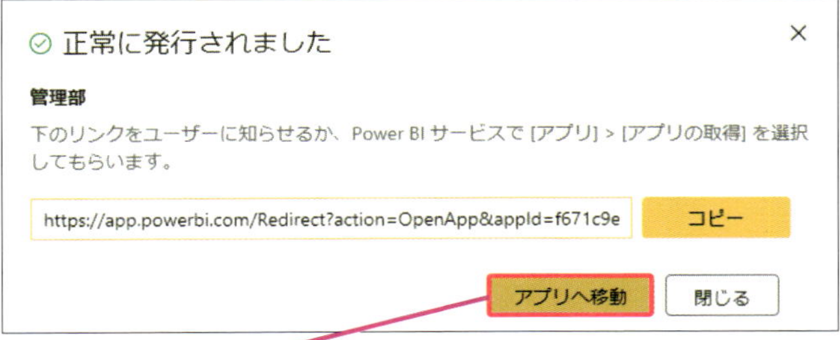

HINT! アプリに対する詳細な権限設定

[すべてのユーザーが、ビルドアクセス許可を使用してアプリの基になるデータセットに接続することを許可します] をオンとすると、アプリで利用しているデータセットへの接続が許可されます。また [ユーザーがこのアプリ内のレポートのコピーを作成することを許可します] をオンとすると、ユーザーはアプリ内の任意のレポートをマイワークスペースまたは別のワークスペースにコピーできます。コピーしたレポートをベースに自分のニーズに合ったレポート作成が可能です。

次のページに続く

7 アプリの画面が表示された

アプリの動作を確認できる

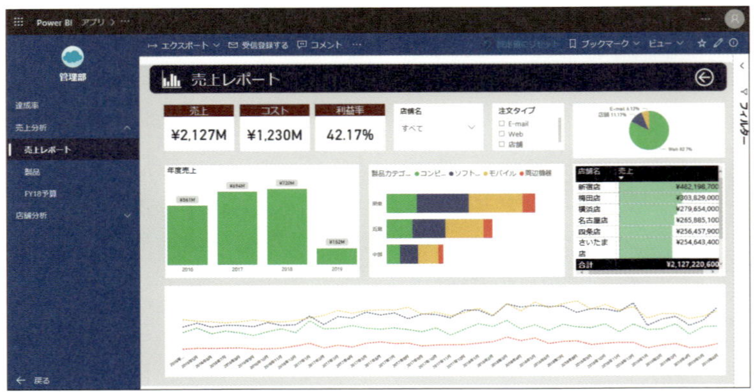

アプリを共有されたユーザー

アプリを共有されたユーザーは Power BIサービスの［アプリ］画面に必要なアプリを追加して利用します。

1 アプリを取得する

1 ［アプリ］をクリック

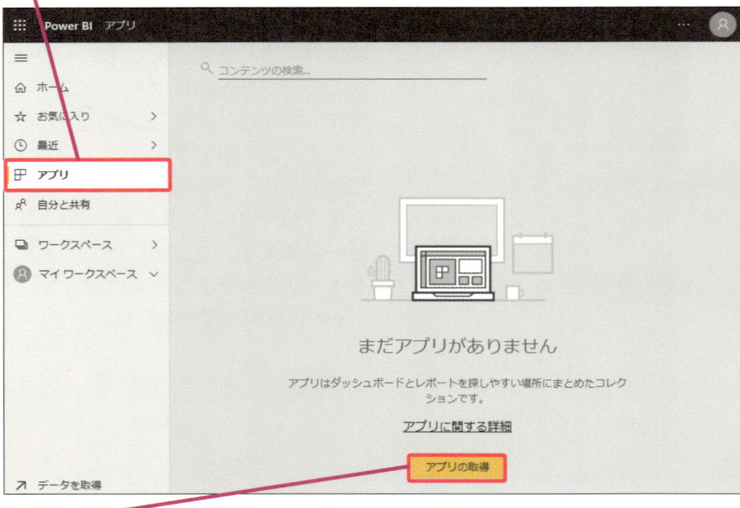

2 ［アプリの取得］をクリック

HINT!

アプリの発行取消

アプリの発行後、公開を停止したい場合に行う操作です。アプリの利用者は該当アプリが利用できなくなり、［アプリ］一覧画面にも表示されなくなります。

1 ［すべて表示］をクリック

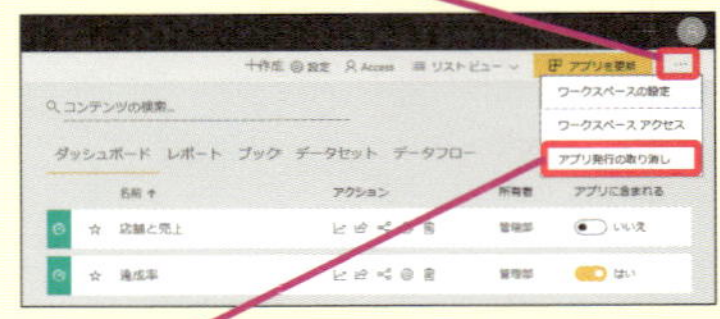

2 ［アプリ発行の取り消し］をクリック

HINT!

アプリの更新

ダッシュボードの内容変更、レポートの追加、ナビゲーションの編集などアプリ内のコンテンツを変更したい場合、ワークスペースでアプリの更新を行います。

ワークスペース内のレポートやダッシュボードの内容を編集後、発行中のアプリに対して変更した内容を反映する操作です。アプリを更新すると、該当アプリの利用者は更新されたコンテンツを利用できます。

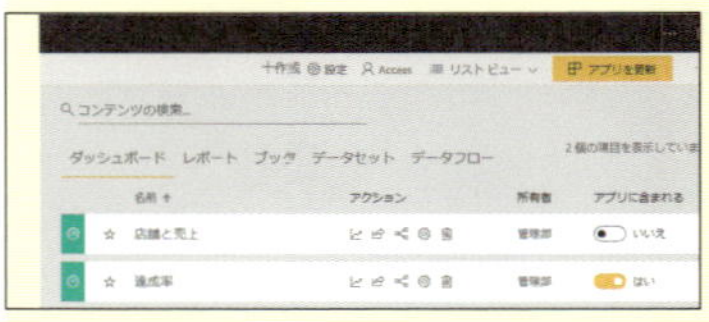

2 利用したいアプリを選択する

共有されたアプリが一覧される

1 利用したいアプリの［今すぐ入手する］をクリック

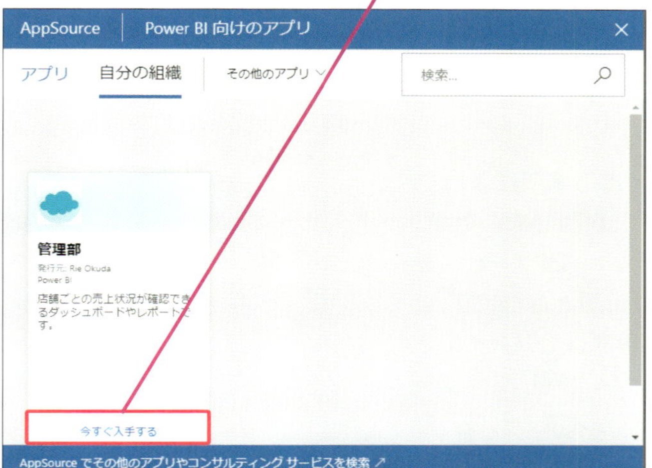

アプリが追加された

2 アプリをクリック

3 アプリの画面が表示された

アプリを利用できる

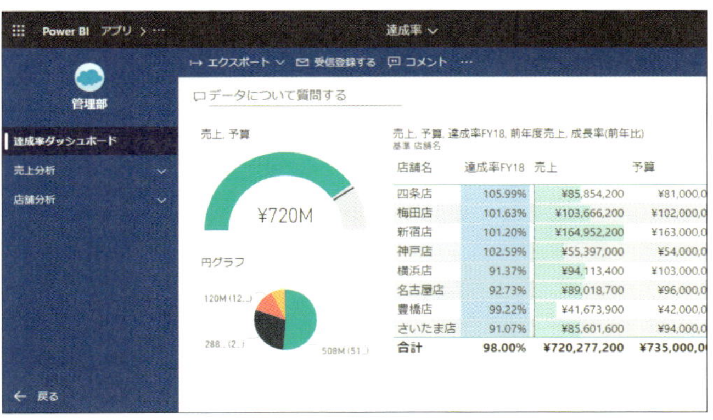

HINT!
テンプレートアプリを利用してすぐに分析を行える

テンプレートアプリとはPower BIパートナーによって提供されたPower BIアプリのテンプレートです。Office 365やDynamics 365、Salesforceなどのクラウドサービスなどのデータをベースとしたアプリのテンプレートが提供されています。これらを利用することで、必要なデータに接続する設定を行うだけで、あらかじめ作成済みのダッシュボードやレポートを利用した分析が可能です。

アプリ取得時に［アプリ］のカテゴリーから利用が可能

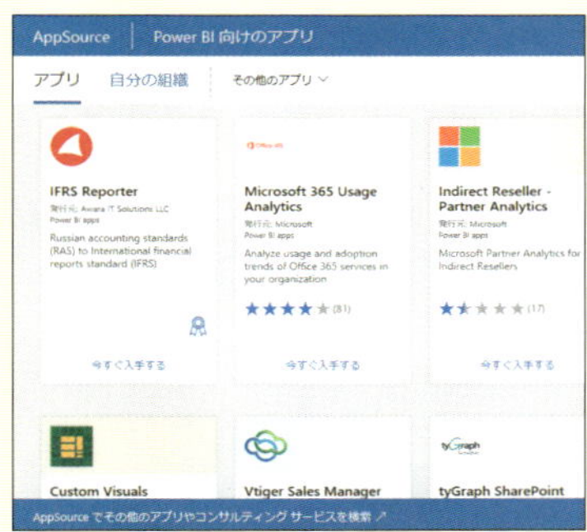

例えばOffice 365の利用状況分析が行えるテンプレートアプリも提供されています。

レッスン

60 ファイルの自動更新を利用するには

ファイルの自動更新

キーワード

インポート	p.317
オンプレミスデータゲートウェイ	p.317
サインイン	p.318
データソース	p.319
レポート	p.321

OneDriveやSharePointに格納したファイルはデータ更新の設定が行いやすい

ファイルをデータソースとする場合、ファイルの場所によってデータ更新を行う方法が異なります。第7章で解説しましたが、ローカルPC上のファイルに接続した場合はPower BIサービスでの更新にはオンプレミスデータゲートウェイが必要となります。OneDrive for BusinessやSharePointに保存されたファイルをデータソースとした場合は、Power BIサービスと同じクラウド上にファイルがある点やファイルに対するアクセス権も同じアカウントを利用できるためローカルPC上のファイルよりもデータ更新の設定が容易に行えます。

▶レッスン44
Power BIが接続できるデータソースとは …… p.190

▶レッスン45
レポートを最新の状態に更新するには …… p.192

●Power BIサービスでファイルをインポートした場合

1時間に1回自動更新される

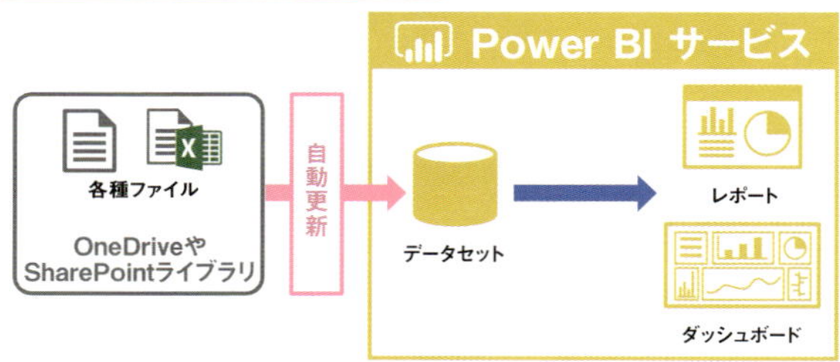

●Power BI Desktopでファイルに接続し、レポートを発行した場合

スケジュール更新が設定できる

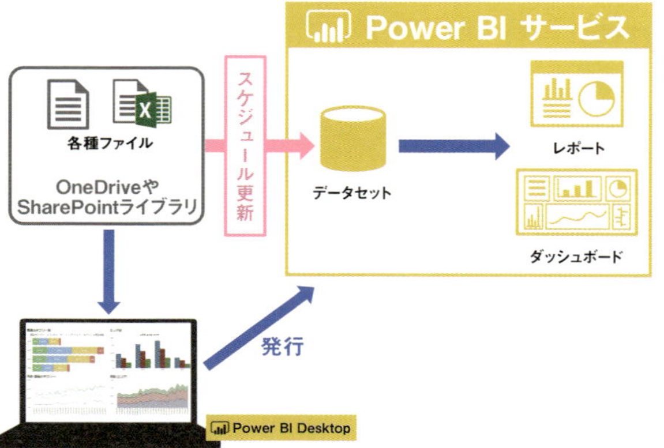

OneDrive for BusinessやSharePointライブラリへのファイル保存

●OneDrive for Businessの場合

アプリランチャーを開き、[OneDrive] をクリックする

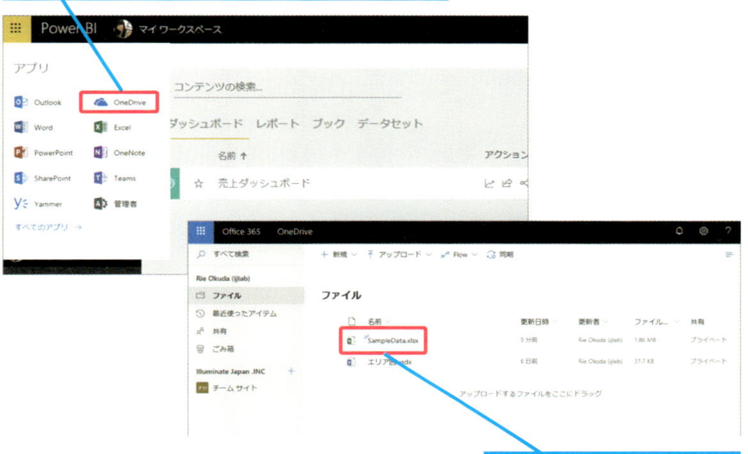

OneDriveが開くので、ファイルを保存する

●SharePointの場合

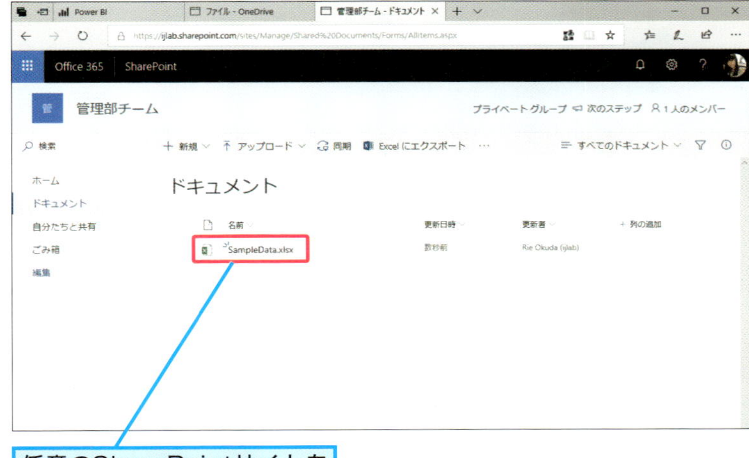

任意のSharePointサイトを開き、サイト内のライブラリにファイルを保存する

HINT!

SharePointサイトの作成方法

SharePointサイトは事前に用意されていることが操作の前提です。作成を行いたい場合は、次の手順を参考にしてください。上記手順はSharePointサイトを作成する方法のひとつです。

1 アプリ起動ツールから[SharePoint]をクリック

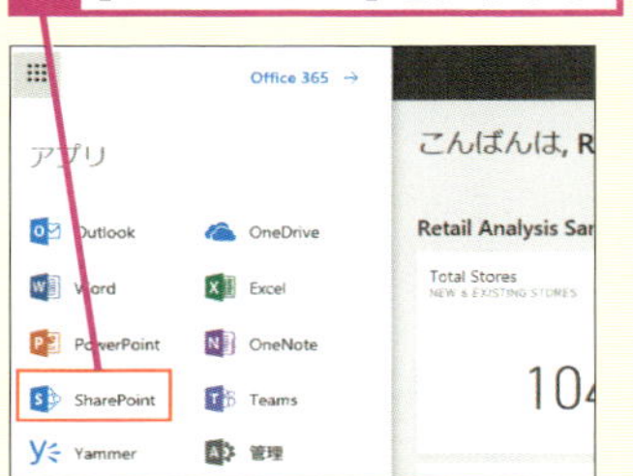

2 [サイトの作成]をクリック

3 [チームサイト]をクリック

4 必要な情報を入力して作成を実行

※組織によってはユーザーがサイト作成を行えない設定となっていることがあります。その場合、上記手順は行えません

次のページに続く

Power BIサービスでファイルをインポートした場合

1 Power BIサービスでファイルをインポートする

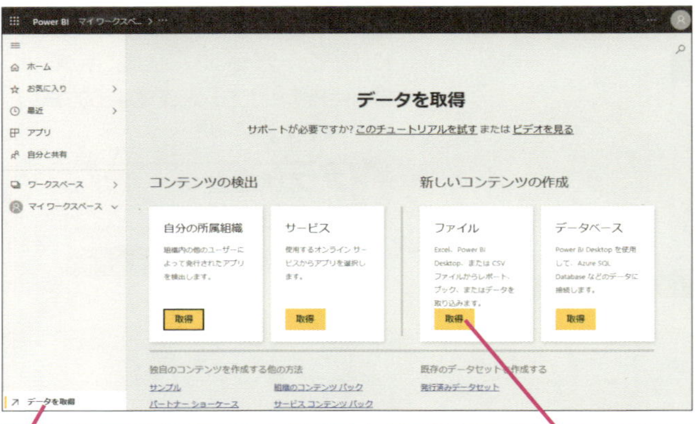

1 [データを取得]をクリック

2 [ファイル]の[取得]をクリック

ファイルの保存場所に応じて［OneDrive - Business］か［SharePoint - チームサイト］を選択する

ここでは［SharePoint - チームサイト］を選択する

3 [SharePoint - チームサイト]をクリック

URLの入力画面が表示された

［OneDrive - Business］を選択したときは、操作4～6の画面が表示されない

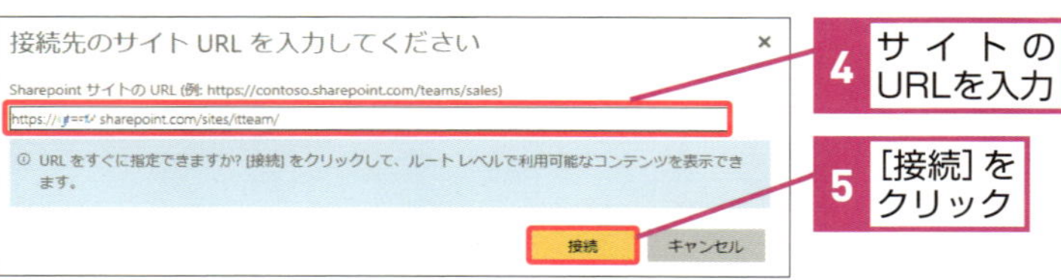

4 サイトのURLを入力

5 [接続]をクリック

6 保存先のライブラリをクリック

HINT!

OneDrive for BusinessとOneDrive（個人用）との違い

OneDrive（個人用）に保存したファイルを利用する場合も同様に［OneDriveの更新］機能が利用できます。ファイルをインポートする際にOneDriveのアカウント（Office 365やPower BIのアカウントとは別のもの）でのサインインが必要です。

2 接続を実行する

1 ファイルをクリック

2 [接続]をクリック

OneDrive for Businessの場合も、同様の方法で操作できる

3 データセットを確認する

ここでは、作成された[SampleData]のデータセットを確認する

1 [その他のオプション]をクリック

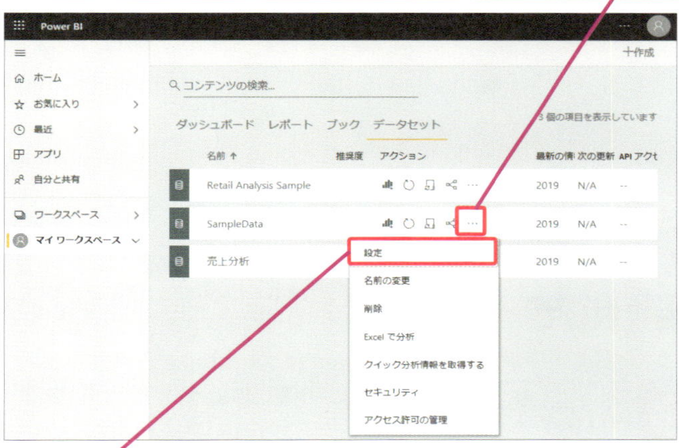

2 [設定]をクリック

既定で1時間ごとの更新がオンになっていることが確認できる

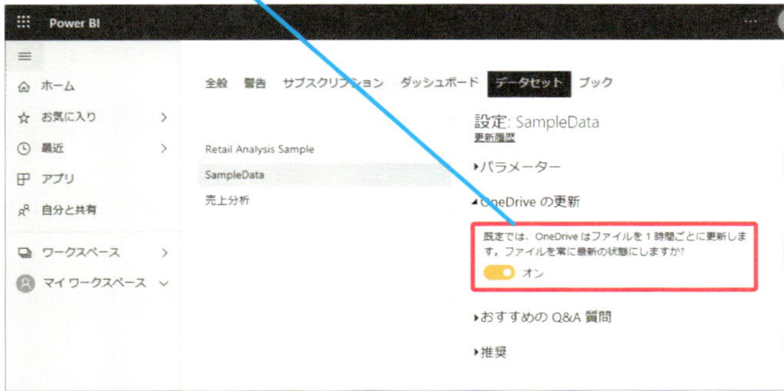

HINT! 選択したファイルがExcelの場合

手順2で、選択したファイルがExcelファイルの場合、[インポート]か選択する画面が表示されます。[インポート]を選択してください。

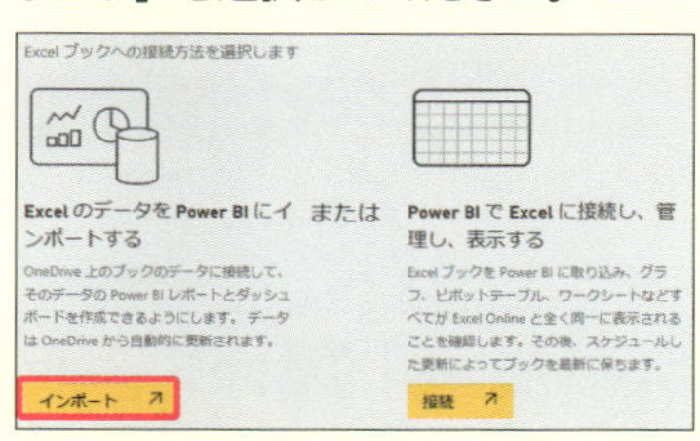

HINT! データセットの更新

1時間ごとに更新される機能である[OneDriveの更新]が既定でオンになっていますが、オフに設定して自動更新を行わずにレポートを利用することも可能です。また手動での更新も行えます。データセットが更新されると、レポートやダッシュボードの内容も更新できます。

HINT! SharePoint内のファイルをインポートした場合も表示は同じ

OneDrive for Businessに保存されたファイルをインポートした場合も、SharePointライブラリに保存したファイルをインポートした場合も、データセットの設定画面では、[OneDriveの更新]と表示されます。

◢ OneDrive の更新

既定では、OneDrive はファイルを 1 時間ごとに更新します。ファイルを常に最新の状態にしますか?

オン

次のページに続く

Power BI Desktopでファイルに接続し、レポートを発行した場合

1 OneDrive for BusinessもしくはSharePointライブラリに保存したファイルのパスを取得する

1 [アクションの表示]をクリック

2 [開く]にマウスポインターを合わせる

3 [Excelで開く]をクリック

Excelの画面を表示しておく

4 [ファイル]タブをクリック

5 [情報]をクリック

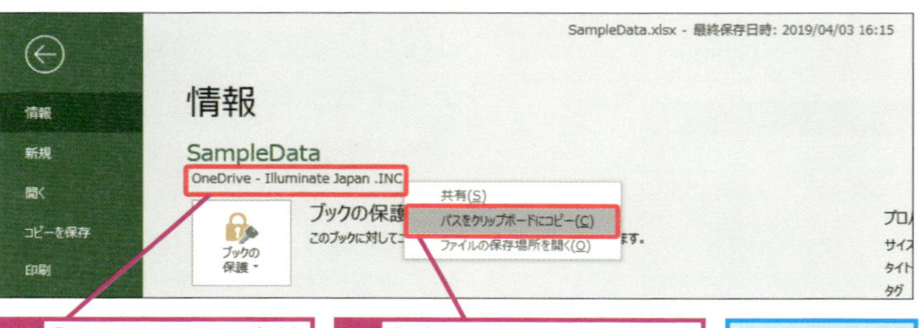

6 [OneDrive - 会社名]を右クリック

7 [パスをクリップボードにコピー]をクリック

Excelを終了しておく

2 Power BI Desktopで［Web］を選択してデータを取得する

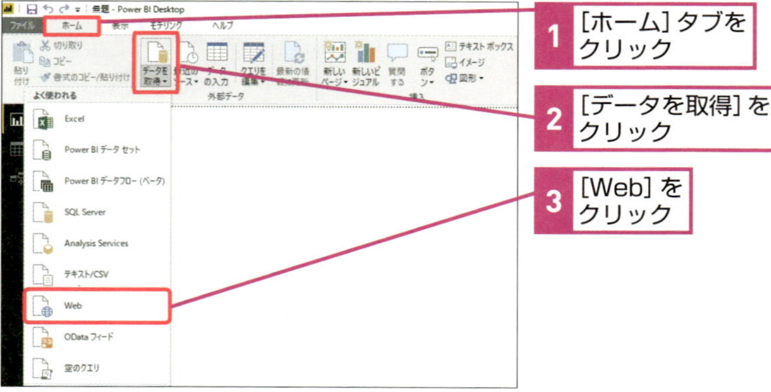

1 [ホーム]タブをクリック

2 [データを取得]をクリック

3 [Web]をクリック

HINT!を参考に、ファイルのパスをコピーしておく

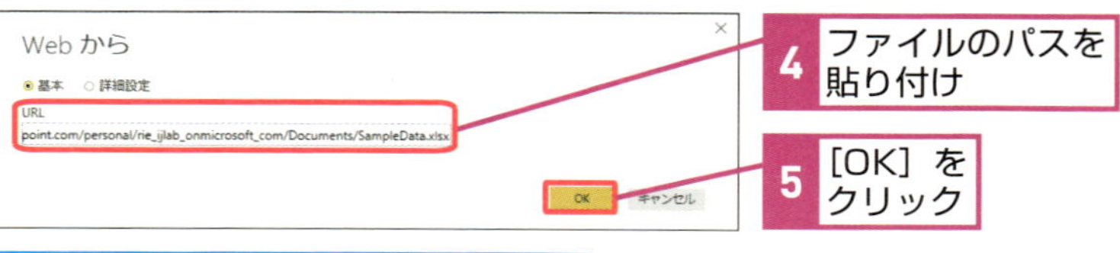

4 ファイルのパスを貼り付け

5 [OK]をクリック

取得したデータでレポートを作成し、Power BIサービスに発行しておく

HINT!

ファイルのパス

Power BI DesktopからOneDrive for BusinessやSharePointライブラリに保存されたファイルに接続する際には、手順のようにファイルのURLパスをあらかじめコピーしておきます。環境によって異なりますが、次のようなURLとなります。
Power BI Desktopでパスを指定する際は語尾の「?web=1」部分は削除します。

https://***.sharepoint.com/***/***/***/ファイル名.xlsx?web=1

HINT!

接続時のサインインについて

OneDrive for BusinessやSharePointライブラリに保存されたファイルにPower BI Desktopから接続する場合は、手順2のように［Web］を選択し、ファイルパスを指定して行います。接続する際に、サインイン画面が表示された場合は、［組織アカウント］を選択し、サインインを行います。

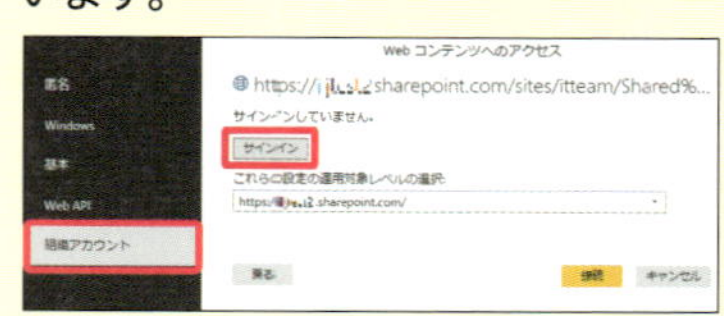

3 データセットを確認する

Power BIサービスで発行したワークスペースを開いておく

1 [その他のオプション] をクリック

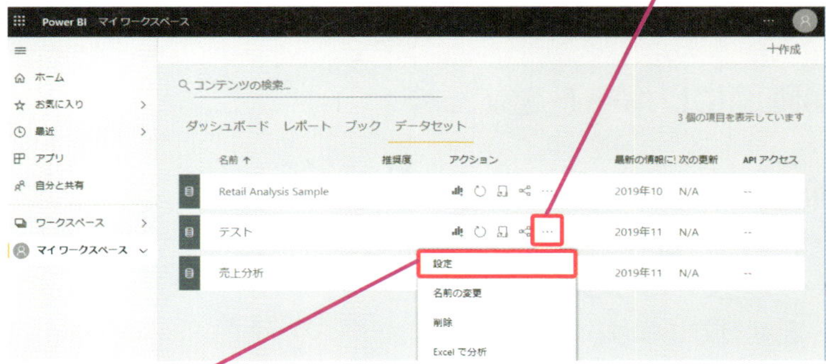

2 [設定]をクリック

更新スケジュールが設定できることが確認できる

利用せずに手動更新してもよい

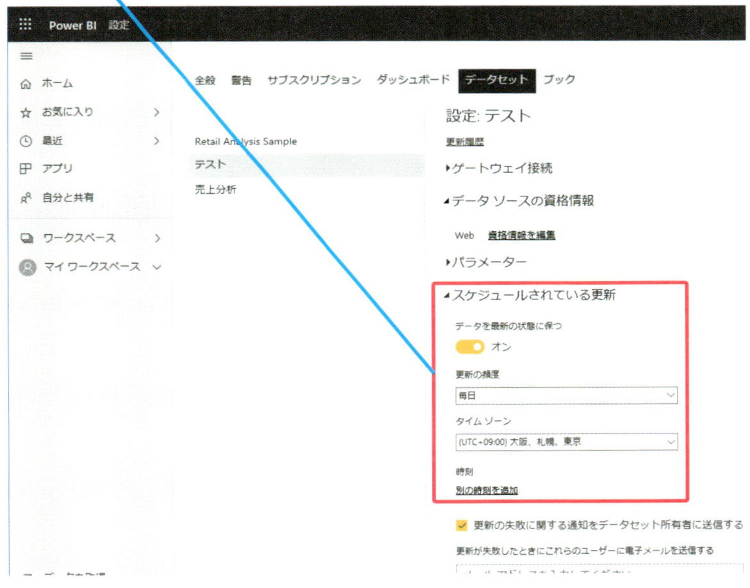

HINT! データソースの資格情報

スケジュール更新機能を設定するためには、データソースに対する資格情報の設定が必要です。
データソースの設定画面で、[データソースの資格情報] はOffice 365アカウントでサインインを行います。

1 [資格情報を編集] をクリック

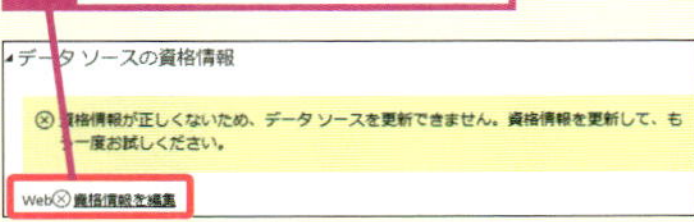

2 [認証方法] のここをクリックして[OAuth2]を選択

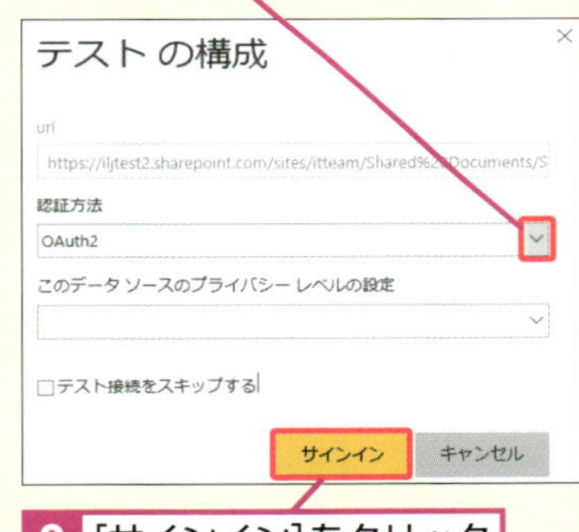

3 [サインイン]をクリック

レッスン

61 SharePointやTeamsで共有するには

SharePointサイトやチームに埋め込む

キーワード

Microsoft Teams	p.315
Power BI Pro	p.316
マイワークスペース	p.320
レポート	p.321
ワークスペース	p.321

SharePointサイトやTeams画面にレポートを表示して共有

SharePointサイトやTeamsのタブにはPower BIレポートを表示することが可能です。SharePointサイトやTeamsを利用して共有している、ファイルや会話、データなどのコンテンツともにPower BIレポートをチームメンバーと共有できます。レポートを共有する方法のひとつとして利用できます。

▶レッスン56
有償版で提供される機能とは…… p.272

●SharePointページ内にレポートを埋め込み

サイト内の1コンテンツとしてレポートを共有できる

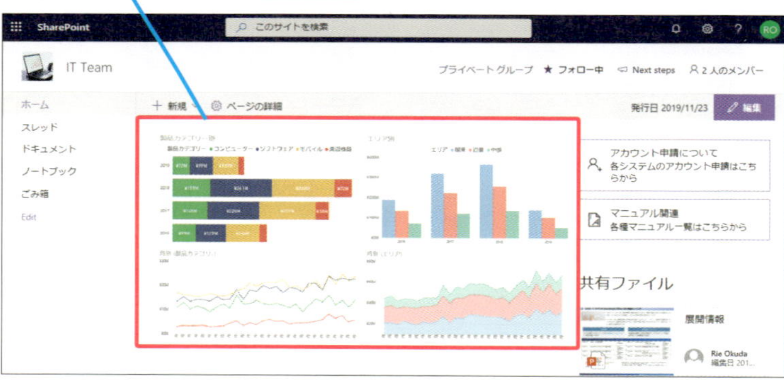

●Teams内にタブとしてレポートを表示

チームメンバーと共有するコンテンツをまとめて共有できる

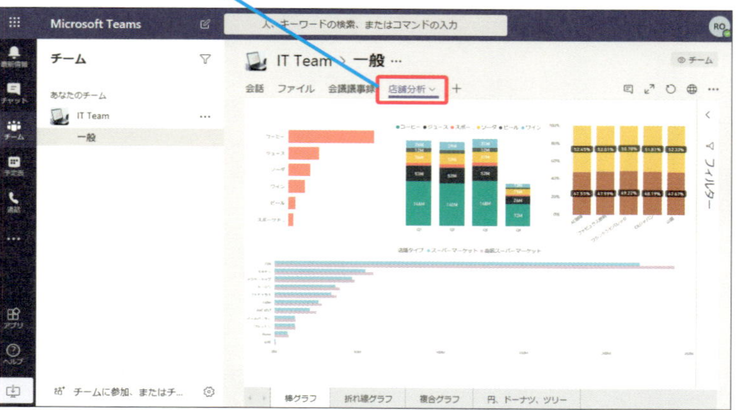

組織内で活用しよう 共有編 第9章

SharePointページに埋め込む場合

1 レポートのURLを取得する

Power BIサービスでレポートを開いておく

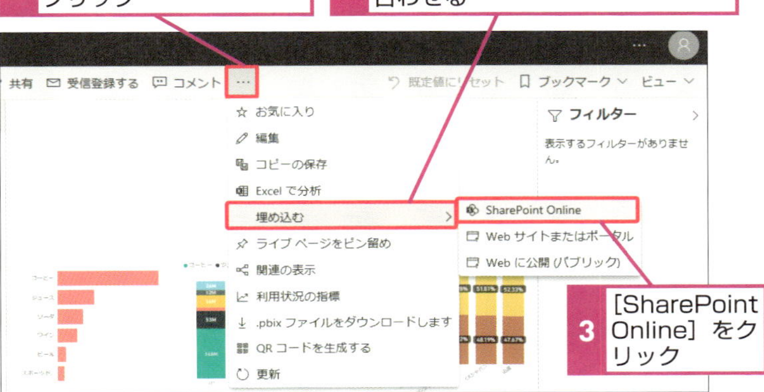

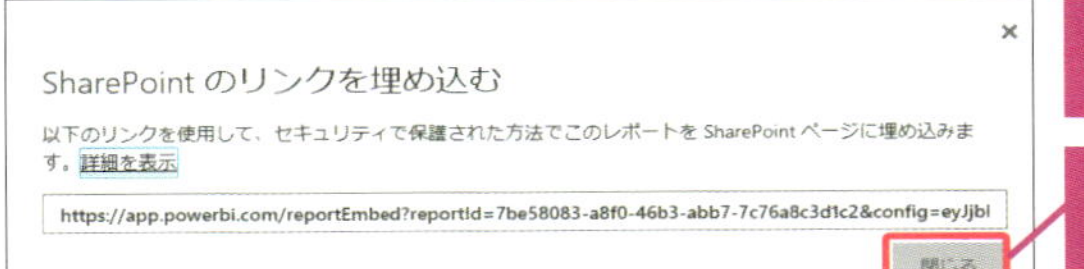

4 レポートのリンクをコピー

5 [閉じる]をクリック

2 SharePointサイトを開き、ページを編集する

3 ページ内に［Power BI］Webパーツを挿入する

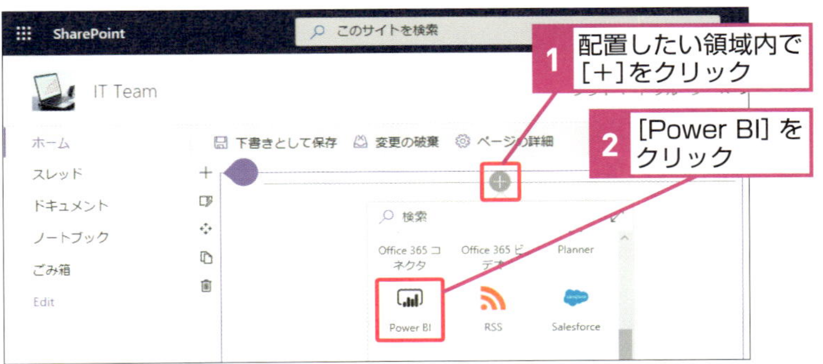

HINT!

埋め込めるのはレポートのみ

SharePointに埋め込み可能なコンテンツはレポートです。

HINT!

SharePointサイトの種類に注意

手順はモダンUIでの操作です。また［Power BI］Webパーツが利用できるのはモダンUIのみです。クラシックUIでレポートを埋め込みたい場合は、スクリプトエディター Webパーツを利用して取得したURLを<iframe>タグとして挿入可能です。

次のページに続く

4 Webパーツの設定を行う

1 [レポートの追加]をクリック

2 レポートのリンクを貼り付け

3 ページ名と表示サイズを選択

4 [再発行]をクリック

HINT!

レポートに対する権限が必要

SharePointページにレポートを埋め込んだ場合、ページを介してレポートを表示するユーザーにはレポートへのアクセス許可が必要です。またPower BI Proライセンスが付与されていないユーザーは表示できません。

SharePointへのアクセス権限のみで、レポートが共有されていないユーザーは次のようにWebパーツ内にレポートは表示されません。

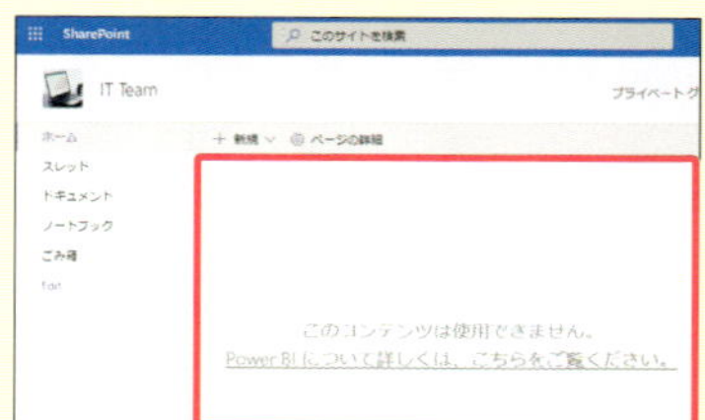

レポートがマイワークスペースにある場合は共有、ワークスペースにある場合は、ワークスペースに招待しましょう。

Teamsタブに表示する場合

1 Teamsでチャネル内にタブを追加する

1 [+]をクリック

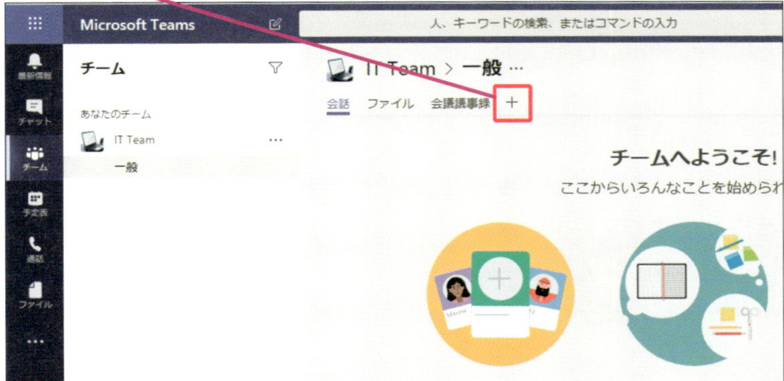

[タブの追加]の画面が表示された

2 [Power BI]をクリック

2 タブに表示したいレポートを選択する

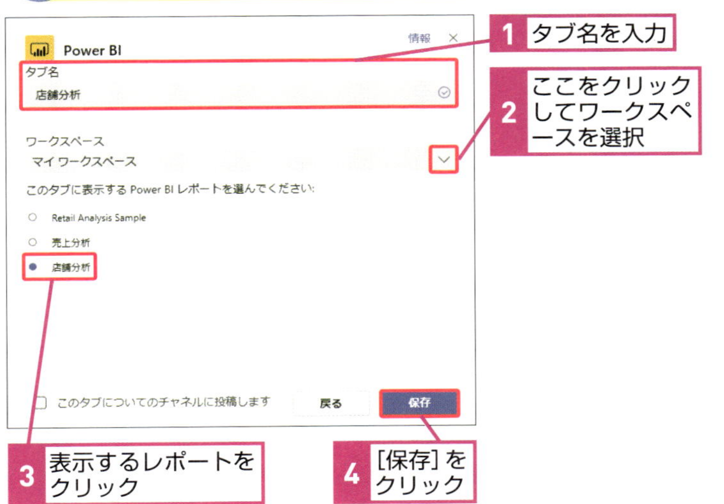

1 タブ名を入力

2 ここをクリックしてワークスペースを選択

3 表示するレポートをクリック

4 [保存]をクリック

HINT!

Teamsタブに表示するレポートは共有が必要

SharePointページにレポートを埋め込むときと同様ですが、Teamsタブとして表示するレポートはチームメンバーに表示されている必要があります。
Teamsでチームを作成すると、チームメンバーを管理するOffice 365グループが用意されます。Office 365グループはPower BIサービスでワークスペースとして利用できるため、そのワークスペース内にレポートを発行すると、Teamsタブに表示する際にはレポートを共有する設定を別途行う必要はありません。

●Teamsチーム

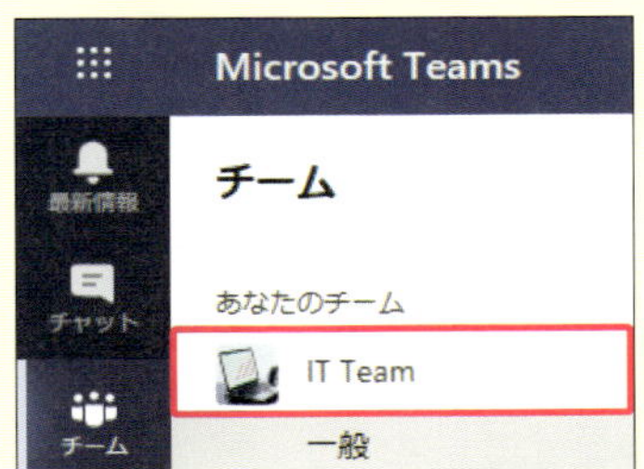

●Power BIワークスペース

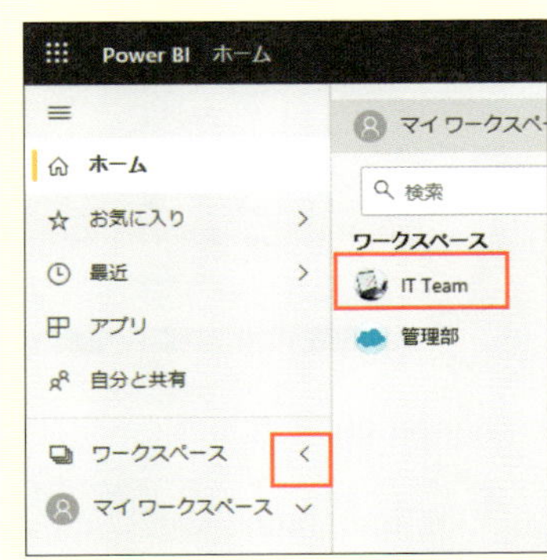

レッスン

62 Power Appsとの連携方法を知ろう

Power Appsカスタムビジュアル

キーワード

Power Apps	p.316
カスタムビジュアル	p.317
タイル	p.318
ダッシュボード	p.318
レポート	p.321

レポートとPowerAppsアプリの連携でできること

Power BIのレポートとPower Appsアプリの連携機能により、Power BIレポートにPower Appsアプリを挿入できます。またPower Appsアプリ内にPower BIのダッシュボードからタイルを表示する機能もあります。連携することにより、Power BIレポートにPower Appsアプリで作成した入力フォームやデータ表示画面を組み込む連携や、Power Appsアプリ内にデータの集計結果を表示することが可能です。

▶レッスン56
有償版で提供される機能とは…… p.272

▶レッスン38
カスタムビジュアルを利用するには …… p.158

●設定例　レポートにPower Appsアプリを挿入

データの入力(登録)ができる

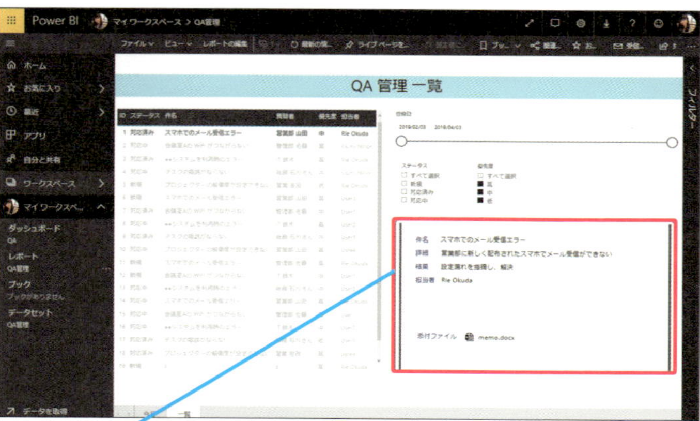

選択したデータの詳細(添付ファイル含む)を表示できる

●設定例　Power Appsアプリにタイルを表示

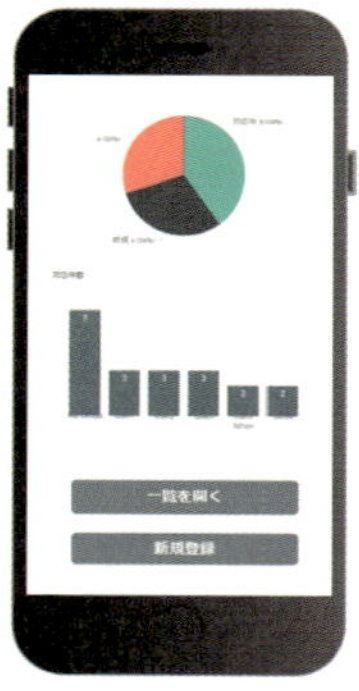

ビジュアルなグラフをPower Appsアプリ内で利用できる

組織内で活用しよう　共有編　第9章

レポートにPower Appsアプリを挿入

1 レポートにカスタムビジュアル［PowerApps］を追加する

1 ［カスタムビジュアルのインポート］をクリック

2 ［Marketplaceからインポートする］をクリック

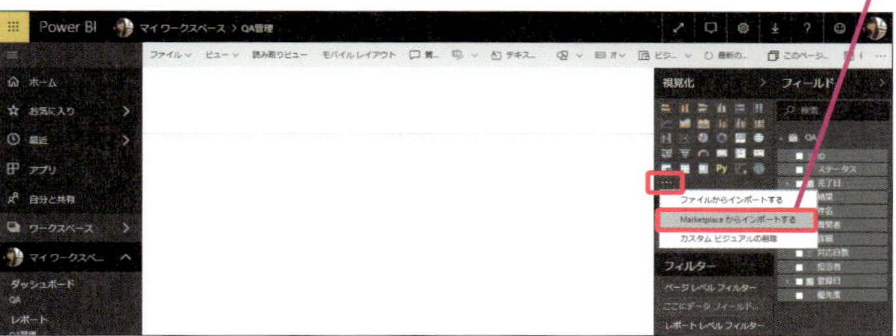

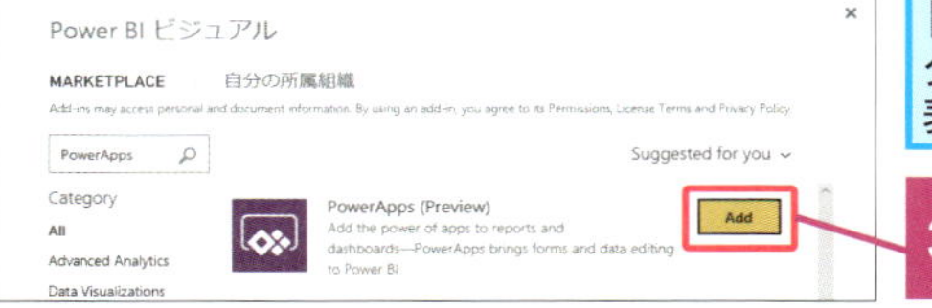

［Power BIビジュアル］ダイアログボックスが表示された

3 ［PowerApps］の［追加］をクリック

2 ページ内に［PowerApps］を追加する

1 ［Power Apps］をクリック

2 任意のサイズに調整

3 配置したビジュアルの設定を行う

1 ［PowerApps Data］にフィールドを指定

既存のアプリから選択して表示させる［Choose app］かPowerAppsのアプリ作成画面を表示する［Create new］を選択する

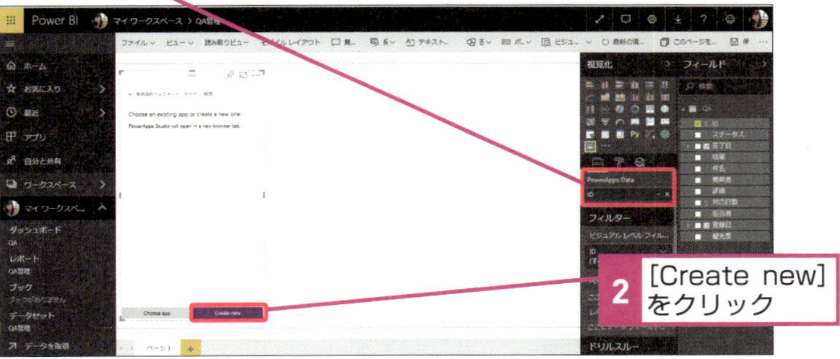

2 ［Create new］をクリック

HINT!

レポートに Power Appsアプリを追加

このレッスンではPower Appsアプリをカスタムビジュアルを利用してPower BIレポートに表示する方法を解説しています。事前にPower BIのレポートで利用しているデータと同じデータソースを用いてPower Appsキャンバスアプリが作成されていることを前提とした手順です。連携することにより、Power Appsで作成した入力フォームと、入力されたデータを集計するレポートを1画面で提供することが可能です。DirectQueryにより接続できるデータソースを利用している場合は、リアルタイムに入力内容をレポートに反映させることも可能となるでしょう。

HINT!

Power Apps Dataに設定するフィールド

Power Appsアプリとレポート内容を連動するためのキーとなる列を利用します。ここで指定した列はPower Appsアプリ作成時に、PowerBIIntegrarionオブジェクトとして利用でき、アプリ内のデータをフィルターなどに利用できます。

次のページに続く

Power Appsアプリにダッシュボードタイルを挿入

1 [Power BIタイル] コントロールを挿入する

Power Appsのアプリ作成画面が表示された

1 [挿入] タブをクリック

2 [コントロール] をクリック

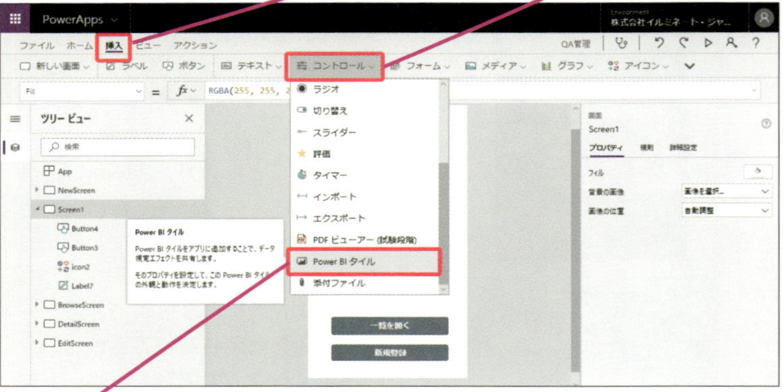

3 [Power BIタイル]をクリック

2 コントロールの詳細設定を行う

1 表示するタイルを選択

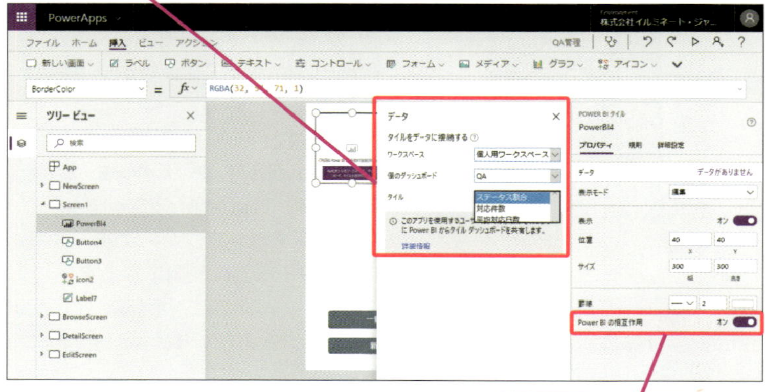

2 Power BI相互作用を指定

HINT!
Power BI相互作用

オンと設定するとアプリ内に表示したタイルをクリックすることで該当ダッシュボードが開きます。

HINT!
ダッシュボードおよびアプリに対する権限

Power Appsアプリを利用するためにはアプリに対する権限が必要です。またアプリに表示されているタイルを表示するためにはPower BIでダッシュボードを開く権限が必要です。また両方に対して同じアカウント情報でのサインインが必要です。

テクニック メールで内容を受信する

頻繁に内容を確認するレポートやダッシュボードがある場合、内容のスナップショット（画像として）をメールで受信するよう設定できます。またメールを受け取るタイミング設定も行えます。

●サブスクライブ設定を行う

ダッシュボードかレポートを開いておく

1 [受信登録する]をクリック

2 メールアドレスを入力

組織内のユーザーのみを宛先に指定できる

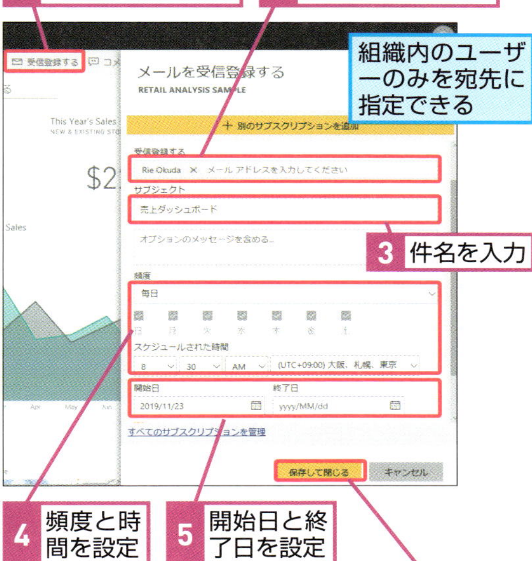

3 件名を入力

4 頻度と時間を設定

5 開始日と終了日を設定

6 [保存して閉じる]をクリック

受信できるメール例

●サブスクリプションを管理する

1 [設定]をクリック

2 [設定]をクリック

3 [サブスクリプション]をクリック

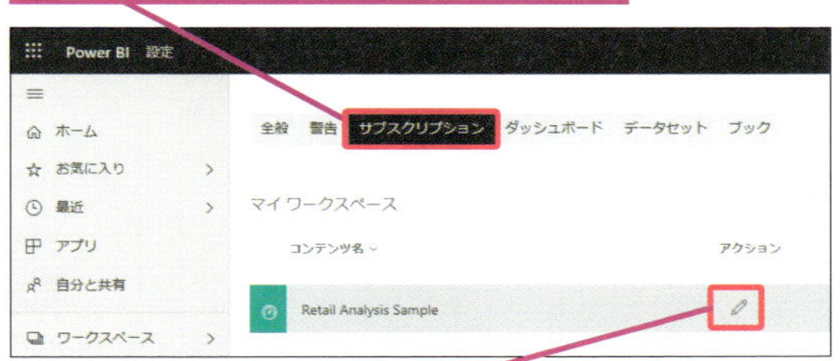

4 [アクション]の[編集]をクリック

メールの通知設定を確認できるほか、設定内容の編集や削除ができる

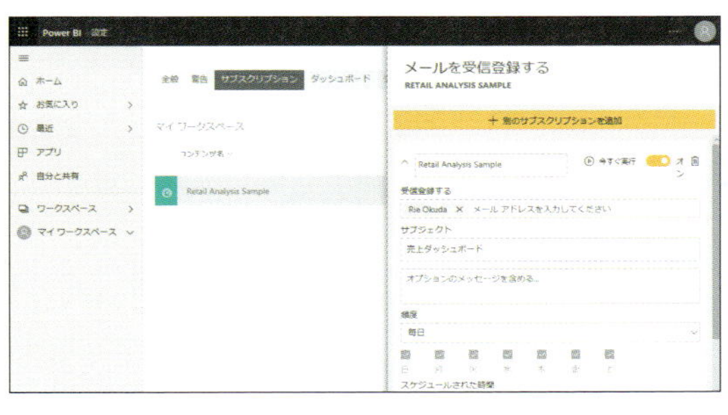

レッスン 63

ロールごとに表示するデータを制御するには

行レベルセキュリティ

キーワード

DirectQuery	p.315
インポート	p.317
ダッシュボード	p.318
フィルター	p.320
レポート	p.321

特定データのみアクセスできるように設定する

行レベルセキュリティは条件に応じて、フィルターした結果のみをユーザーに提供できる機能です。部門Aのメンバーには部門Aの関連データのみ表示し、部門Bのメンバーには部門Bのデータのみ表示したレポートを表示するなど、ユーザーによって表示する内容を動的にフィルターすることが可能です。表示するデータを制限するためにレポートを複数作成する必要がなく、1つのレポートを役割に応じて、必要な内容のみ表示して利用できます。

▶レッスン40
レポートを発行するには………… p.168

●レポート作成者

すべてのデータを結果が確認できる

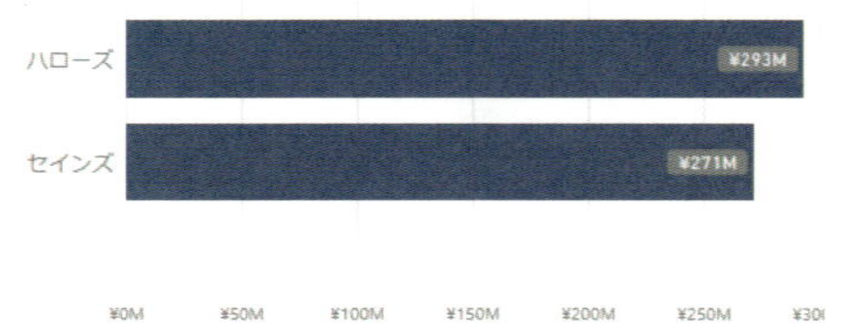

店舗	店舗都道府県	売上
ハローズ	埼玉県	¥80,035,000
ハローズ	神奈川県	¥87,260,600
ハローズ	東京都	¥125,900,500
セインズ	埼玉県	¥104,421,700
セインズ	神奈川県	¥82,139,800
合計		¥564,588,900

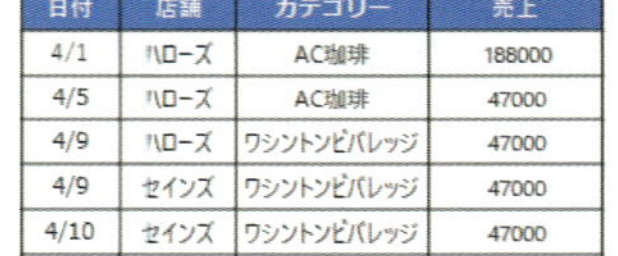

日付	店舗	カテゴリー	売上
4/1	ハローズ	AC珈琲	188000
4/5	ハローズ	AC珈琲	47000
4/9	ハローズ	ワシントンビバレッジ	47000
4/9	セインズ	ワシントンビバレッジ	47000
4/10	セインズ	ワシントンビバレッジ	47000
4/11	セインズ	ファピュラス飲料	47000

●セインズ店舗担当

自店舗のデータのみ表示される

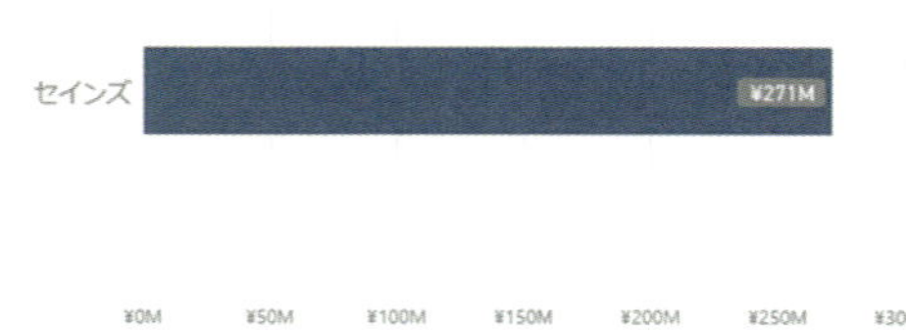

店舗	店舗都道府県	売上
セインズ	埼玉県	¥104,421,700
セインズ	神奈川県	¥82,139,800
セインズ	東京都	¥84,831,300
合計		¥271,392,800

●ハローズ店舗担当

自店舗のデータのみ表示される

店舗	店舗都道府県	売上
ハローズ	埼玉県	¥80,035,000
ハローズ	神奈川県	¥87,260,600
ハローズ	東京都	¥125,900,500
合計		¥293,196,100

¥0M ¥50M ¥100M ¥150M ¥200M ¥250M ¥300M

Power BI Desktopでレポートを作成

まずはPower BI Desktopでレポートを作成します。行レベルセキュリティはPower BI Desktopで作成したデータセットのみ設定可能であり、インポートとDirectQueryがサポートされています。

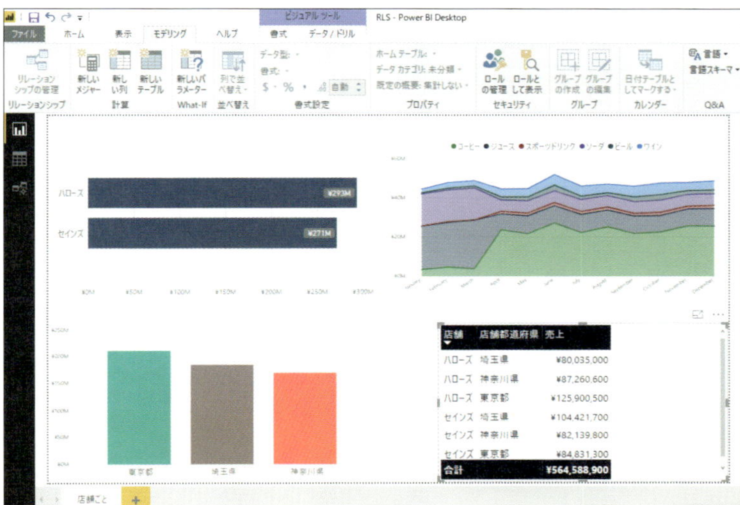

ロールを定義

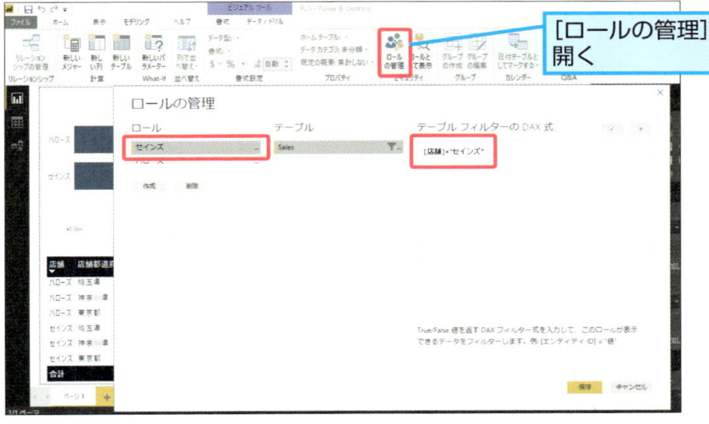

[作成] をクリックし、ロールを定義して保存する
・ロール名:任意に付ける
・テーブル: フィルターに利用するテーブルを選択
・テーブル フィルターのDAX式: フィルター式を記述する

HINT! 手順を試していただく際に

サンプルファイルを利用して手順を試していただく場合、[作業ファイル] - [第9章] フォルダー内の [RLS.pbix] をPower BI Desktopで開いて利用ください。

HINT! 行レベルセキュリティの設定流れ

①Power BI Desktopでレポート作成
②Power BI Desktopでロールの定義
行レベルでの表示/非表示を行うための条件を指定し、ロールを作成します。
③Power BIサービスにレポートを発行
④Power BIサービスでロールごとにユーザーを設定
⑤レポートを共有

HINT! レポート作成時のポイント

行レベルセキュリティはPower BI Desktopにより作成されたデータセットでのみ利用可能であり、インポートもしくはDirectQueryによる接続をサポートしています。

HINT! 画面の設定内容について

画面では、次のような設定を行っている例です。
・セインズロール
[店舗] 列 = "セインズ"とフィルター条件を指定
・ハローズロール
[店舗] 列 = "ハローズ"とフィルター条件を指定

次のページに続く

ロールの検証

設定したロールの動作を確認するには、ロールとして表示機能を利用します。

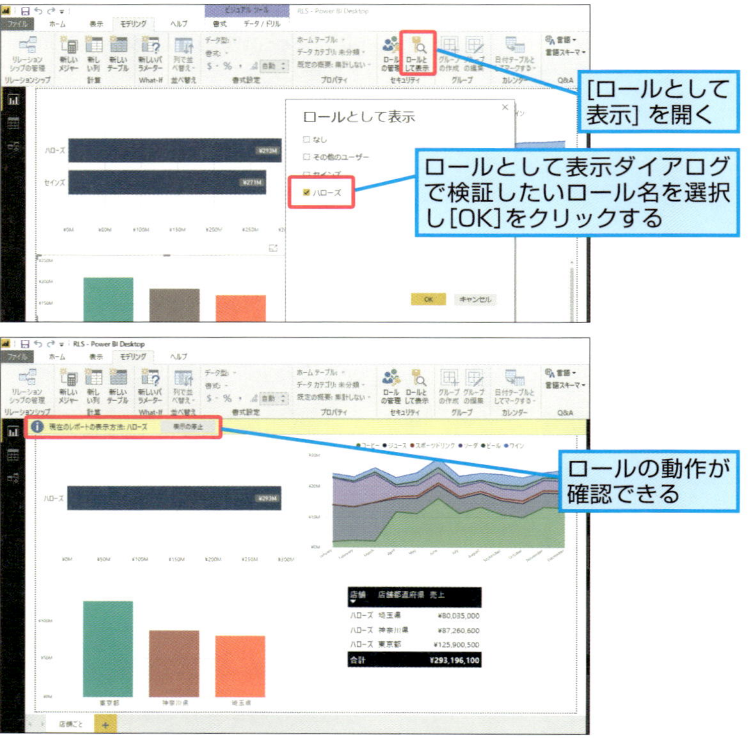
[ロールとして表示]を開く
ロールとして表示ダイアログで検証したいロール名を選択し[OK]をクリックする
ロールの動作が確認できる
ロールとして表示

設定した通りにフィルターされているか確認します。画面は店舗＝「ハローズ」のフィルターが適用されている例です。

Power BIサービスでメンバーの設定

Power BI Desktopでレポート作成およびロール定義を行い、Power BIサービスへ発行します。各ロールに対するユーザーの割り当てはPower BIサービスで行います。

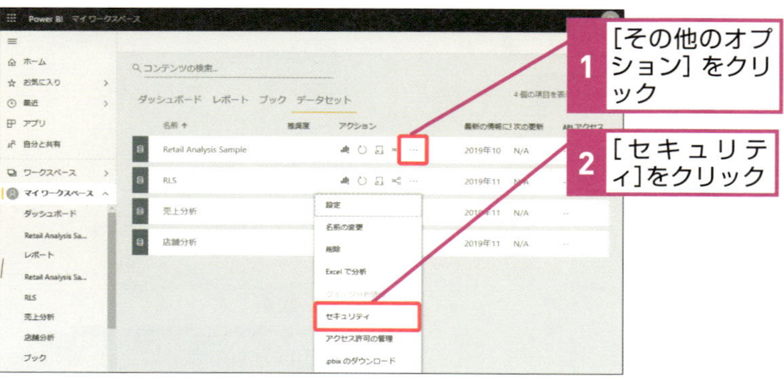
1 [その他のオプション]をクリック
2 [セキュリティ]をクリック

HINT! Power BI Desktopでの動作確認

Power BI Desktopで［ロールとして表示］を利用することで、実際にユーザーが利用する際のフィルター動作をテストできます。

HINT! 行レベルセキュリティはデータセットがフィルターされる

行レベルセキュリティはレポート上で、ロールに応じてフィルターされるだけではありません。データセットに対してフィルターを行っているため、利用ユーザーがレポートから［エクスポート］-［ピボットテーブル（Excelで分析）］を利用した場合も、フィルターされたデータ以外は表示されません。

各ロールにユーザーもしくはグループを割り当てる

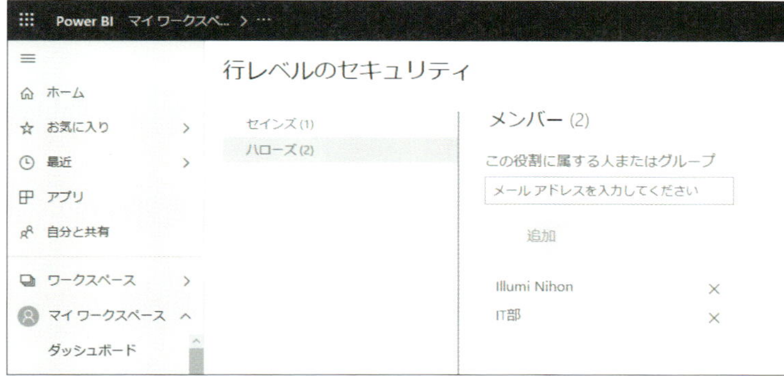

ロールの[・・・]メニューから[ロールとしてテスト]をクリックする

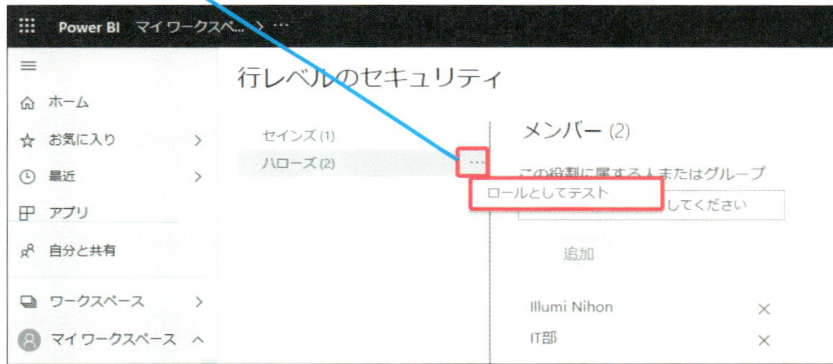

Power BIサービスでロールの表示テストが開く

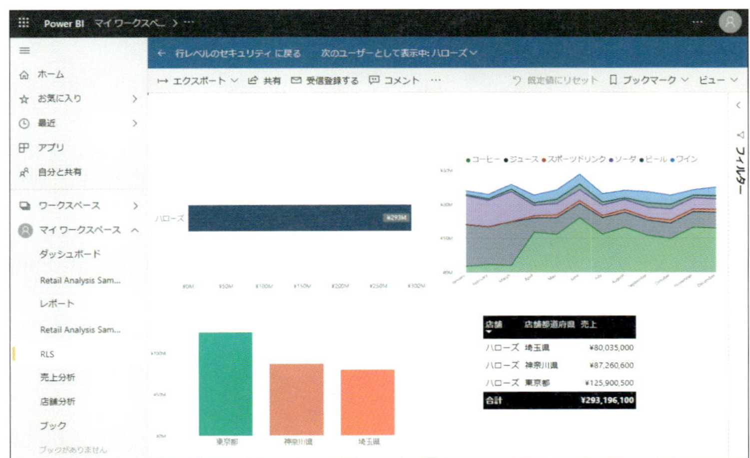

HINT! ロールに対するメンバー設定

Power BI Desktopで作成した各ロールに対して、レポート発行後にPower BIサービスにて、各ロールに対するユーザーやグループを設定します。ロールにはユーザーやセキュリティグループを割り当てられます。また行レベルセキュリティは読み取りユーザーに適用される機能です。

●レポート作成者

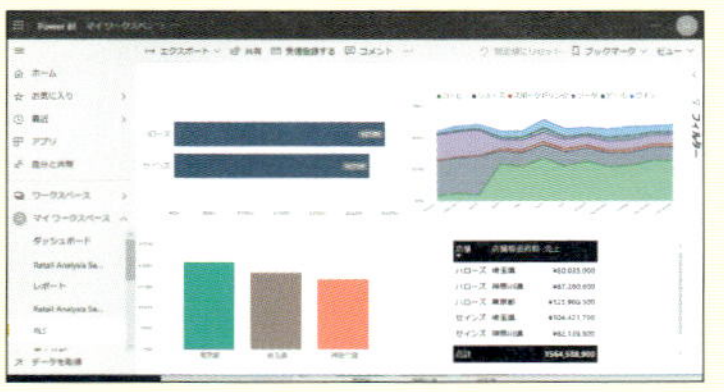

●特定のロールメンバー

次のページに続く

組織のPower BI環境を管理する

Office 365の全体管理者やPower BIサービスの管理者はPower BI全体の管理が行えます。どのような設定が行えるか確認しましょう。

Power BI管理画面を開く

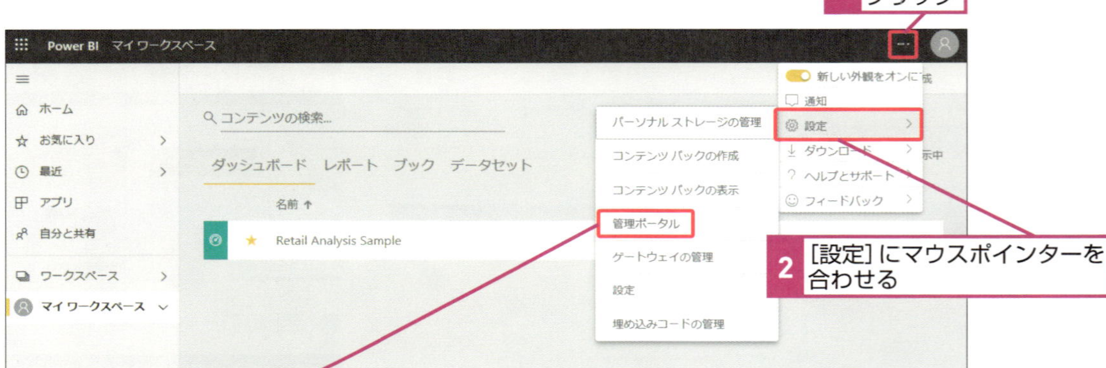

●Power BI管理ポータル

Power BI管理ポータルは、管理権限を持たないユーザーには表示されません。また［利用状況の指標］には、テナント全体のユーザーアクティビティ概要が表示されます。最もよく利用しているユーザーやダッシュボード、レポートなどを把握でき、組織内のPower BIの利用頻度を把握できます。

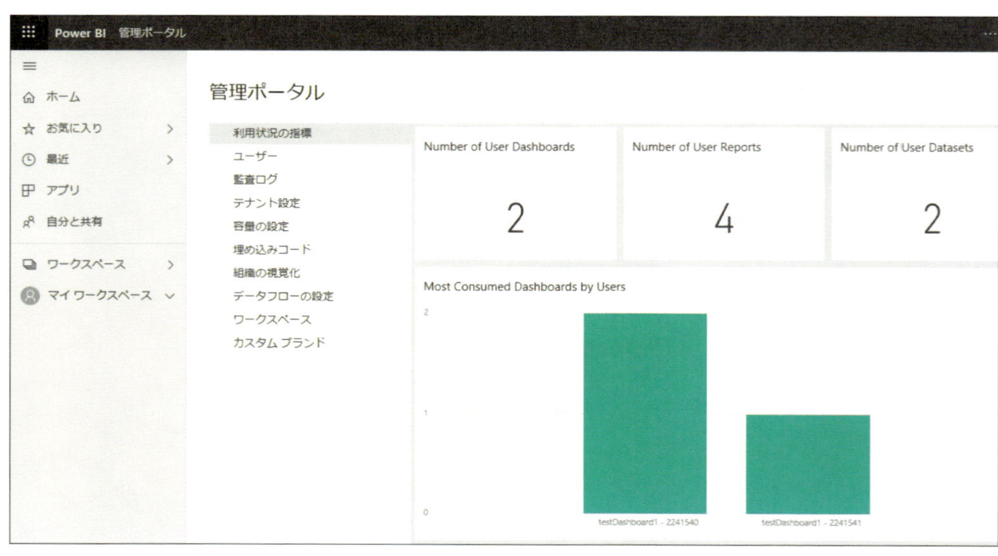

テナント全体に対する制御

Power BIの各機能について、組織のルールに合わせた設定が行えます。

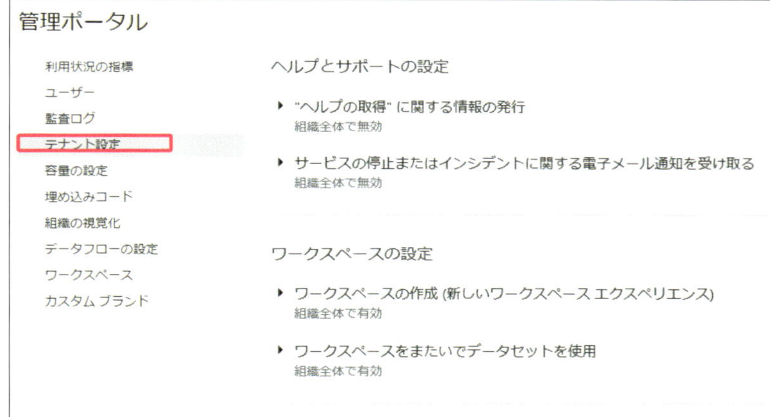

テナント全体での設定ポイントを確認しましょう。

●ワークスペースの設定

ワークスペースの作成を行うユーザーを指定できます。[組織全体] が既定値となっているため、誰でもワークスペースの作成が可能です。特定のセキュリティグループのメンバーのみ、もしくは除く設定に変更が可能です。

ワークスペースの設定

▲ ワークスペースの作成 (新しいワークスペース エクスペリエンス)
組織全体で有効

組織内のユーザーは、ダッシュボード、レポート、およびその他のコンテンツで共同作業を行うアプリ ワークスペースを作成できます。

有効化

適用先:

- ◉ 組織全体
- ○ 特定のセキュリティ グループ
- ☐ 特定のセキュリティ グループを除く

適用　キャンセル

▶ ワークスペースをまたいでデータセットを使用
組織全体で有効

●共有に関する設定

外部ユーザーへの共有、埋め込みコードを利用したWebへの公開、データのエクスポート、印刷、メールでのサブスクリプションについて、許可するかどうかを設定できます。不要なデータの流出や不適切な共有が行われないよう、これらの共有に関する設定は組織のITの利用ルールやポリシーに合わせて設定内容を検討したい項目といえます。

エクスポートと共有の設定

- 外部ユーザーとコンテンツを共有する
  組織全体で有効
- Web に公開
  組織全体で有効
- データのエクスポート
  組織全体で有効
- PowerPoint プレゼンテーションまたは PDF ドキュメントとしてレポートをエクスポート
  組織全体で有効
- ダッシュボードとレポートを印刷する
  組織全体で有効
- 証明
  組織全体で無効
- 外部のゲスト ユーザーによる組織内のコンテンツの編集および管理を許可する
  組織全体で無効
- メール サブスクリプション
  組織全体で有効

埋め込みコードの管理

ユーザーが作成した埋め込みコード（Webに公開）を一覧し、必要に応じて削除できます。

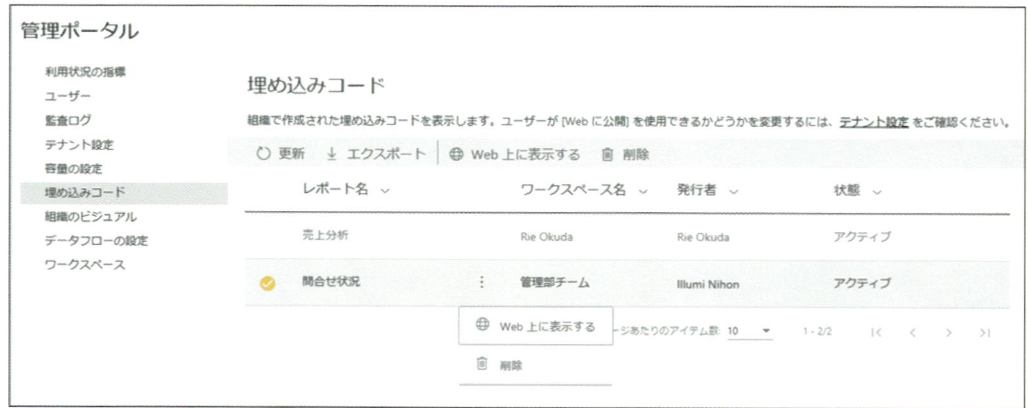

※埋め込みコードはテナント全体で許可されていない場合は利用できません。

監査ログ

Office 365のセキュリティ /コンプライアンスセンターで監査機能を利用すると、Power BIの利用について、誰がいつどのようなアクションを実行しているかを検索できます。現在PowerBIの次の操作について監査が行えます。

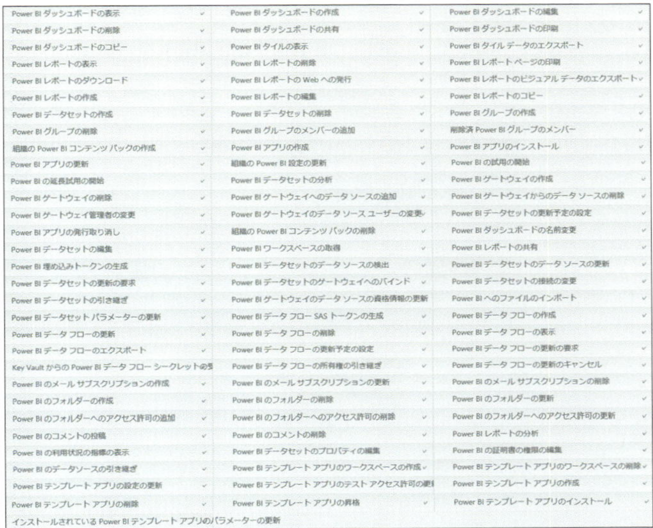

監査ログはOffice 365の管理センター内で確認できる内容です。

検索するアクティビティ、期間、ユーザーを指定し検索

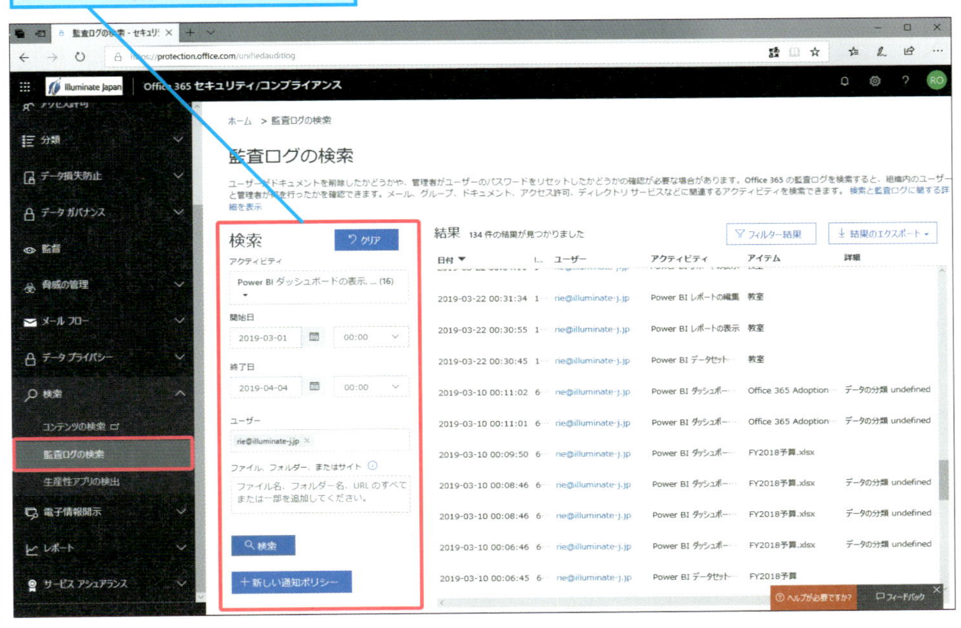

この章のまとめ

組織で利用する際に活用できる機能

レポートやダッシュボードの共有、展開方法など、組織内でPower BIを利用するための機能を解説しました。これらの機能の利用には有償ライセンスであるPower BI Proが必要です。

●レポートやダッシュボードを組織内のメンバーに共有

●ワークスペースで複数メンバーによる共同作業を行う

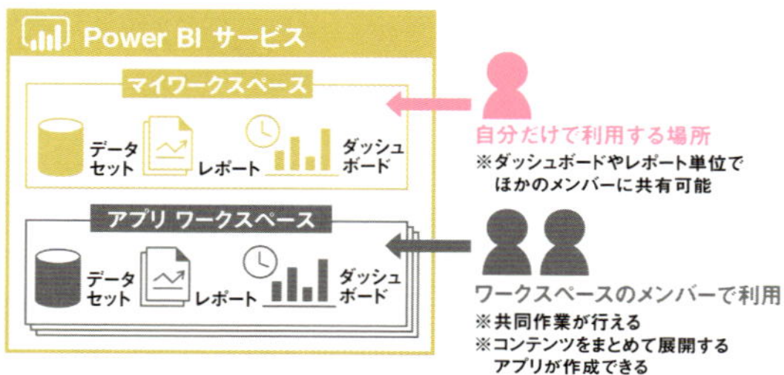

●アプリを利用してコンテンツを展開する

[アプリ]の一覧から利用する

アプリでダッシュボードやレポートを提供できる

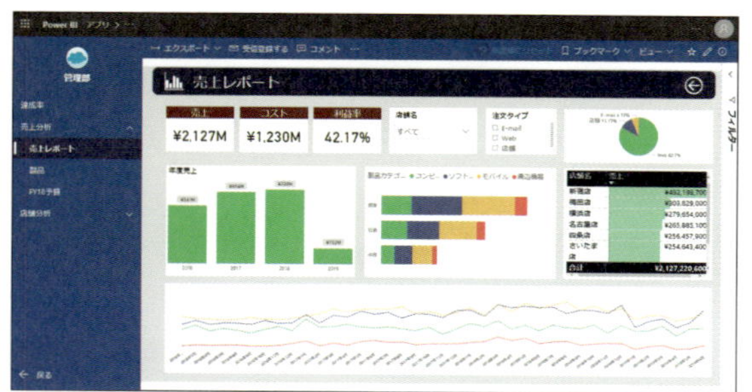

●Office 365との連携機能

SharePointサイトに埋め込んで共有できる

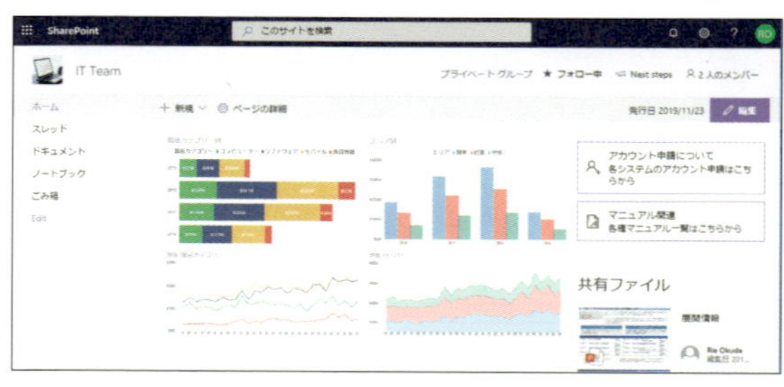

Teamsタブでレポートを共有できる

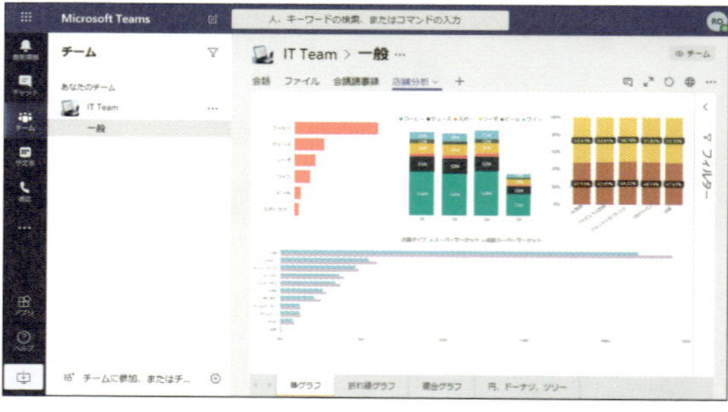

●行レベルセキュリティ

ユーザーによって表示する内容を動的にフィルターしたレポートを提供

●組織全体でのPower BI管理

共有に関する設定など組織全体でのPower BIに関する管理が可能

用語集

BI（ビーアイ）

BIとはBusiness Intelligence（ビジネスインテリジェンス）の略である。組織内に蓄積される大量のデータに対して、必要なデータの取集・加工・可視化を行い、分析に利用し、ビジネス上の意思決定を支援することである。経営管理や見込予測、キャンペーンなどの効果測定、Webサイトのアクセス解析、在庫の回転率や不良品分析、需要予測などさまざまなデータ分析を行い、シミュレーションを行ったり、根拠となるデータを得て、意思決定を支援すること。

BIツール（ビーアイツール）

BIツールとは、ビジネスインテリジェンスツールの略である。BIを行うためのツールのことであり、近年利用している企業やユーザーは増加している。BIツールにはデータの取得・加工・可視化・分析を行う機能が含まれていることが一般的である。Power BIはマイクロソフト社が提供するBIツールである。

→BI、Power BI

CSV（シーエスブイ）

CSVとはファイル形式のひとつで、データをカンマ（",")区切った形式である。「Comma Separated Value（＝カンマ（,）で区切った値）」の頭文字を取って名付けられた。CSV形式で保存されたファイルをCSVファイルと呼ぶ。CSV形式のファイルはさまざまなアプリケーションにおいてデータのやりとりに利用される。

1列目が列名

```
Order type,Product type,Date,Quantity,Price,Unit Cost
店舗,ノートPC,2016/1/1,2,139800,72500
Web,スマートフォン,2016/1/1,1,92500,51900
Web,タブレット,2016/1/1,2,50700,30600
Web,ゲーム,2016/1/1,1,14100,8900
Web,ゲーム,2016/1/1,10,9500,4900
Web,ヘッドセット,2016/1/1,8,7400,4800
```

カンマで区切られたデータ

DAX（ダックス）

DAX（Data Analysis Expressions）はリレーショナルデータを操作するための数式言語。ExcelやSQL Server Analysis Services（SSAS）、Power BIなどで利用される。式を記述するための部品として利用できる関数や演算子が用意されている。

→Power BI

DirectQuery（ダイレクトクエリ）

Power BIでデータソースに接続するときの手法のひとつ。常にデータのコピーをPower BI内に取り込むインポートとは異なり、データソースに直接接続して分析に利用する方法。常に最新データを利用できる点、インポートとは異なりデータセットの容量制限を気にしなくていい点が特徴といえる。

→Power BI、インポート、データソース

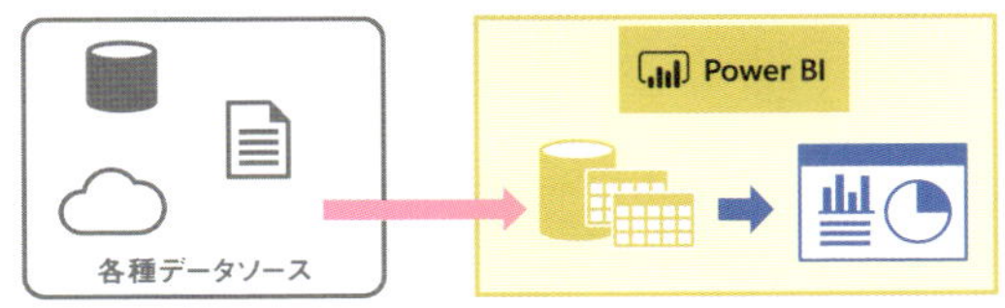

Microsoft Teams（マイクロソフトチームズ）

1対1や複数人とのチャット、ビデオ会議が行えるほか、オンラインファイルストレージなどが利用できるコミュニケーションおよびコラボレーション基盤。Office 365に含まれるサービスのひとつ。

→Office 365

Microsoftストア（マイクロソフトストア）

Windows PC向けに提供されるアプリストア。マイクロソフトやその他ベンダーが提供するハードウェアやソフトウェアを購入、ダウンロードできるサイト。ここからダウンロードできるアプリケーションはストアアプリと呼ばれる。

用語集

Office 365（オフィスサンロクゴ）

ExcelやPowerPoint、WordなどのOfficeアプリケーションやExchange SharePoint、Microsoft Teamsなどのサービスをサブスクリプション方式（利用した期間に応じて料金を支払う方式）で利用できるクラウドサービス。すべての製品はクラウド上で動作し、自社でサーバーを設置することなくサインアップ後すぐに利用できる。Officeアプリケーションについてはクラウドからダウンロードし、PCやMacにインストールして利用する。
→Microsoft Teams、サインアップ

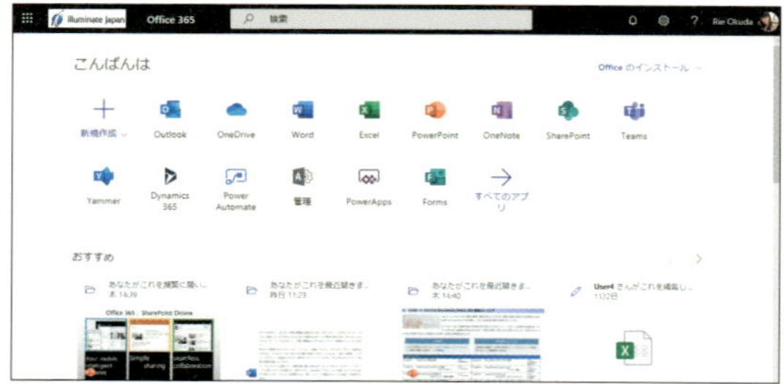

PBIXファイル（ピービーアイエックスファイル）

Power BI Desktopで作成したレポートファイルの形式。Power BI Desktopで作成したレポートは名前を付けて保存すると、PBIXファイルとして保存される。ダブルクリックして開くと、再度Power BI Desktopで開ける。

Phoneビュー（フォンビュー）

ダッシュボードをモバイルで利用する際に、スマートフォンの縦表示に最適化した画面である。ダッシュボード作成時に、合わせて編集可能。
→ダッシュボード

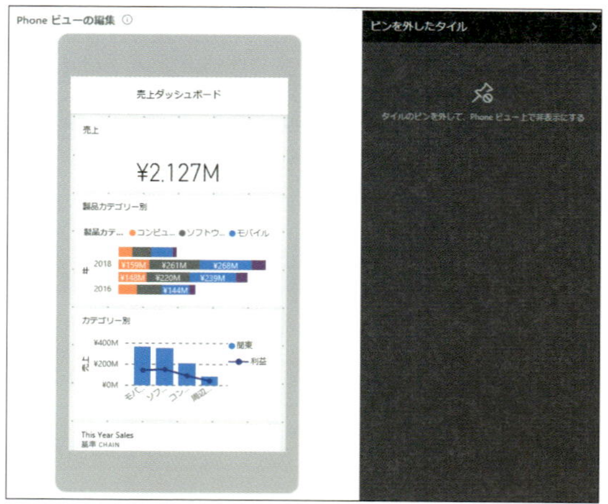

Power Apps（パワーアップス）

ノンコードで業務アプリケーションを作成できるツール。モバイル対応も可能。さまざまなクラウド上のデータソースだけではなくSQL Serverなど社内に設置されたデータソースなどとも連携することが可能。

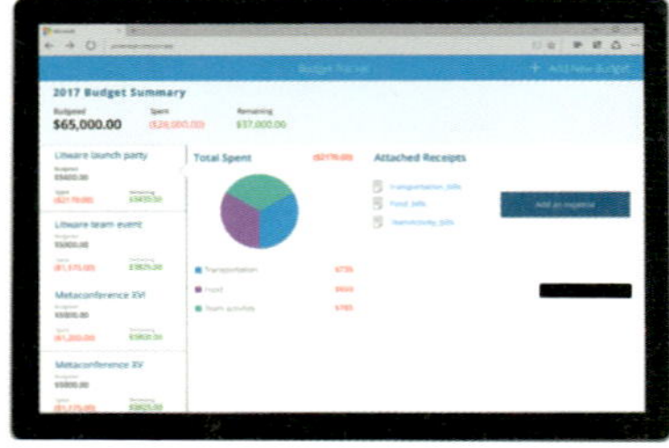

Power BI（パワービーアイ）

マイクロソフト社が提供するセルフサービスBIツール。大量のデータを処理や分析を行い、それらをグラフなどで分かりやすい形で対話型レポートとして視覚化し共有することができるツール。Power BIはPower BI Desktop（Windowsデスクトップアプリ）とPower BIサービス（SaaSサービス）、Power BIモバイル用アプリで構成されている。無償版と有償版がある。
→BI、BIツール

Power BI Premium（パワービーアイプレミアム）

マイクロソフト社が提供するセルフサービスBIツールであるPower BIの有償ライセンスの名称。組織での利用を前提とし、Power BIサービスを実行するための専用の拡張リソースが提供される。
→Power BI

Power BI Pro（パワービーアイプロ）

マイクロソフト社が提供するセルフサービスBIツールであるPower BIの有償ライセンスの名称。組織での利用を前提とし、Power BIで作成したコンテンツを組織内で共有するための機能が含まれる。
→Power BI

Visio（ビジオ）

組織図やフローチャート、図面などの作図が行えるOfficeアプリケーションの1つ。ライセンスは永続型ライセンス、サブスクリプション型ライセンスの両方が提供されている。

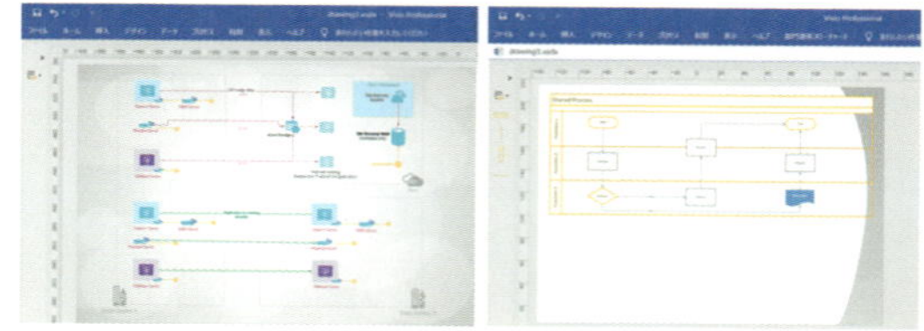

インポート

Power BIでデータソースに接続するときの手法のひとつであり、一番頻繁に利用される方法。データソースから必要なデータをPower BI内に取り込んで利用する。
→DirectQuery

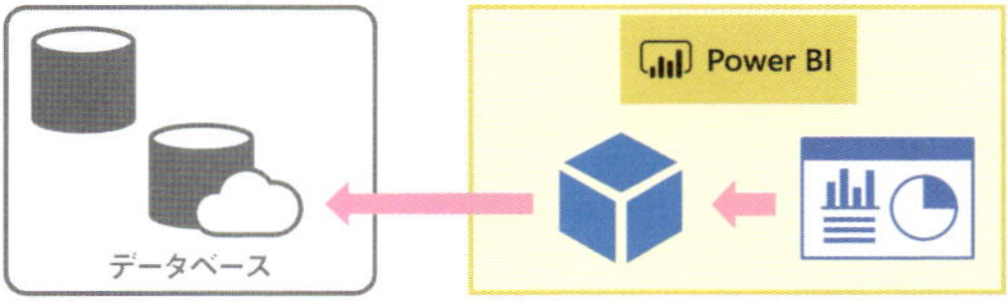

オンプレミス

情報システムのハードウェアを利用者が自社内もしくは自社のデータセンターなどに設置、導入し、それらの環境を主体的に管理する運用形態をいう。自社運用とも呼ばれる。

オンプレミスデータゲートウェイ

オンプレミス上のデータとPower BIサービスとの間で安全なデータ転送を提供するブリッジ。これを利用することにより、オンプレミス上のファイルやデータベースをデータソースとするレポートについて、Power BIサービスに発行した後、データ更新が可能となる。オンプレミスデータゲートウェイはPower BIだけではなく、Power Apps、Power Automate、Azure Analysis Servicesなどほかのマイクロソフトクラウドサービスでも利用可能である。
→オンプレミス、Power Apps、Power BI

カスタムビジュアル

さまざまなベンダーが提供するカスタムのビジュアル。レポート作成者はMarketplaceからインポートして利用できるほか、開発者ツールを利用して作成したカスタムビジュアルを配布することも可能。

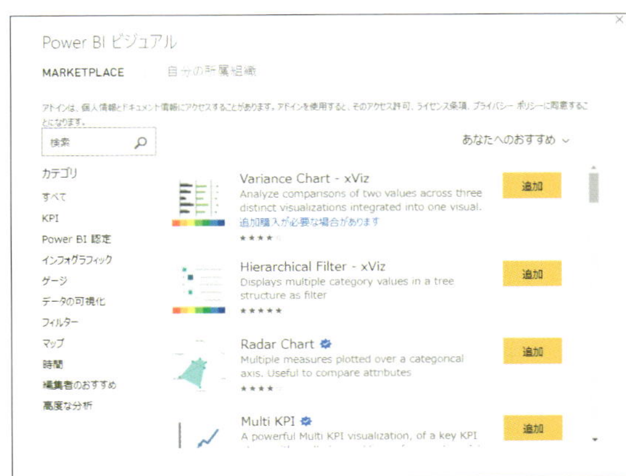

クイック分析

データセットやダッシュボード内のタイルに対して実行可能な、自動的にデータの視覚化を行う機能。データ分析のためのビジュアルが自動生成でき、データが持つ特長や傾向を把握したい際に利用できる。クイック分析により自動生成されたビジュアルは、ダッシュボードにピン留めできる。
→タイル、ダッシュボード、データセット、
ビジュアル、ピン留め

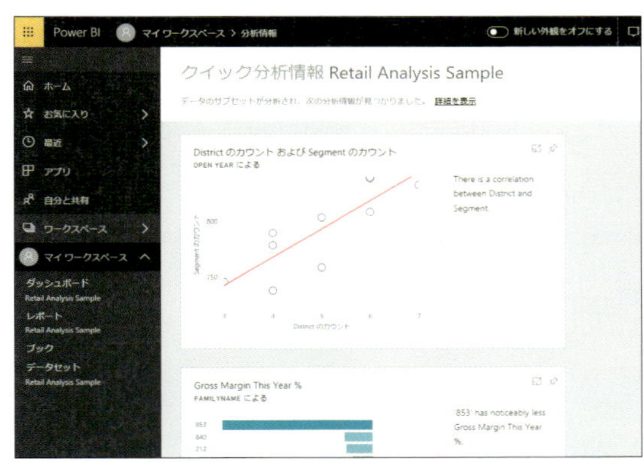

クイックメジャー

Power BI Desktopでメジャーを作成する際に利用できる機能。通常メジャーはDAX関数を利用した式を入力して作成するが、クイックメジャーは式の記述なく、ダイアログで利用する列などを設定することでメジャーの作成が可能。
→DAX

列を設定することで
メジャーを作成可能

用語集

クエリ
データソースに対して、データの取得や更新、削除といった操作を行う要求のこと。「クエリを実行する」というと、データソースに対して、更新や取得などの操作を行うことを指す。Power BI Desktopでは、データソースに対してどのようなクエリ（データの取得内容）を設定できる。
→クエリエディター、データソース

クエリエディター
データソースからデータを取得するための設定であるクエリを設定するための画面。Power BI Desktopに含まれる。クエリエディターにより、1つまたは複数のデータソースに接続し、必要な形にデータの加工を行い、Power BI Desktopにデータモデルとして読み込むことができる。データを加工する作業をモデリングともいう。
→クエリ、データモデル、データソース、モデリング

計算列
データモデル内に式により作成した列。DAX関数を用いた式により作成する。分析元データに、集計に必要な列が含まれていない場合などに作成するものであり、複数の列の値を計算したい場合に利用する。
→DAX、データモデル

サインアウト
インターネットやオンプレミスで提供されているサービスやシステムを利用する際に、個人を認証するためのシステムを利用しサービスを利用できない状態にすることを指す。ログアウトとも呼ばれる。
→オンプレミス

サインアップ
インターネット上で提供されているサービスに契約や登録を行うこと。

サインイン
インターネットやオンプレミスで提供されているサービスやシステムを利用する際に、個人を認証するためのシステムを利用しサービスを利用できる状態にすることを指す。ログインとも呼ばれる。

セルフBI
ITやデータ分析の専門家ではない現場部門の担当者が、自分が分析したいデータを自分で扱い分析し、結果を得ること。Power BIはマイクロソフト社が提供するセルフサービスBIツールである。
→Power BI

タイル
ダッシュボードにピン留めされたグラフなどをタイルと呼ぶ。レポート内のビジュアルから選択してダッシュボードに一覧可能。
→ダッシュボード、ビジュアル、ピン留め、レポート

タイル

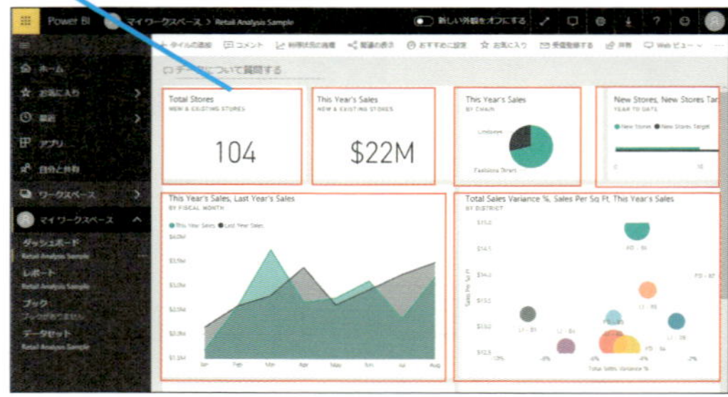

ダッシュボード
ダッシュボードとは複数の情報をまとめて表示し、ひと目で把握できるようにするための画面。Power BIでは複数のレポートからビジュアルをまとめて表示できる。ダッシュボードに表示されたビジュアルはタイルと呼ばれる。
→タイル、ビジュアル、レポート

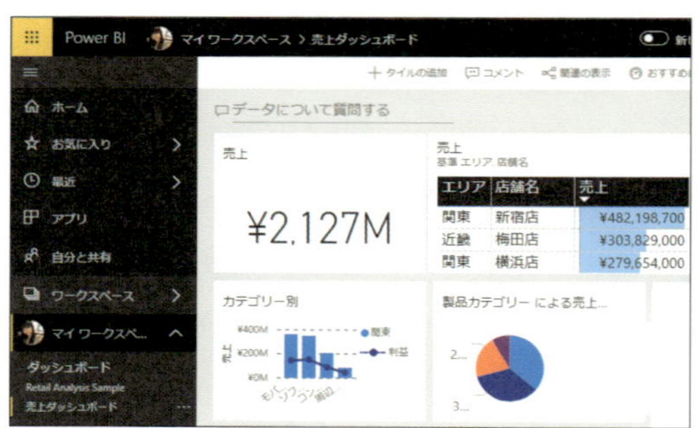

ツリーマップ
四角形に階層化されたデータを表示し、データの視覚化に利用する方法。異なるカテゴリーやグループごとに、データの比率を比較できる。Power BIではビジュアルのひとつとして利用可能。
→ビジュアル

用語集

データ型
値の種類。データタイプともいう。1, 2、3などの数字は整数型、"データ分析"、"Power BI" などの文字は文字列型、日付は日付型。データベースや表では、列ごとに指定されているもの。

データソース
分析元となるデータが格納されているデータベース、クラウドサービス、ファイルを指す。Power BIではさまざまなデータソースへの接続がサポートされている。データソースからデータを取得するための接続情報や取得するデータの内容をクエリとして編集する画面がクエリエディターである。
→クエリエディター

データビュー
Power BI Desktopには作業画面として3つのビュー（レポートビュー、データビュー、モデルビュー）が用意されている。データビューはデータモデル内の内容確認が可能であり、計算列やメジャーの作成もデータビューで行える。
→計算列、データモデル、メジャー、モデルビュー、レポートビュー

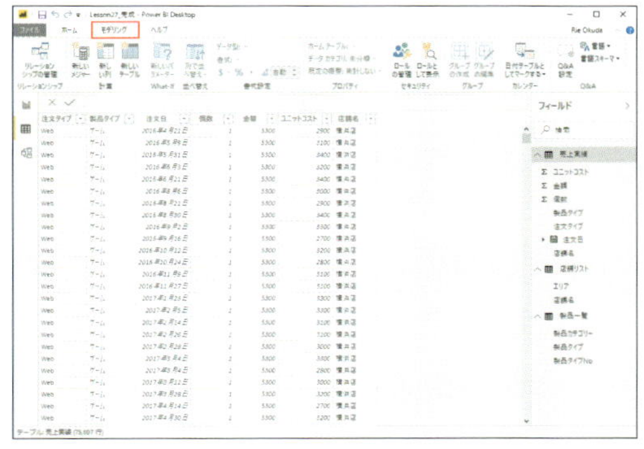

データモデル
Power BI Desktopで、さまざまなデータソースに接続し、必要な形式に加工したデータのこと。クエリエディターで編集したクエリを実行した結果、取得したデータが格納されたもの。データモデルからレポートを作成できる。
→クエリ、クエリエディター、データソース、レポート

テーブル
値の集合を列と行で構成したもの。1行が1件のデータとして格納される。

ドリルアップ
階層構造を持つデータに対する分析手法のひとつ。［年］、［四半期］、［月］といったデータがある場合、［月］単位の集計から、［四半期］単位の集計へと、階層レベルを上位に切り替えて集計結果を確認すること。Power BIでは、ビジュアルに階層データがある場合、情報を上位の分類や階層に集約して情報を表示させることを指す。
→Power BI

ドリルスルー
グラフやチャートの元となる詳細データを閲覧することを指す。

ドリルダウン
階層構造を持つデータに対する分析手法のひとつ。［年］、［四半期］、［月］といったデータがある場合、［年］単位の集計から、［四半期］単位の集計へと、階層レベルを下位に切り替えて集計結果を確認すること。Power BIでは、ビジュアルに階層データがある場合、情報を下位の分類や階層に集約して情報を表示させることを指す。
→Power BI、ビジュアル

ビジュアル
各種グラフや表、スライサーなど、レポート内に配置しデータを視覚化するための部品。各種横棒グラフ、縦棒グラフ、折れ線グラフ、円グラフ、マップ、スライサーなどさまざまな形式でデータを視覚化できる。［視覚化］ウィンドウからレポートに配置し、集計結果として表示したい列や、軸として利用する列を設定する。
→レポート

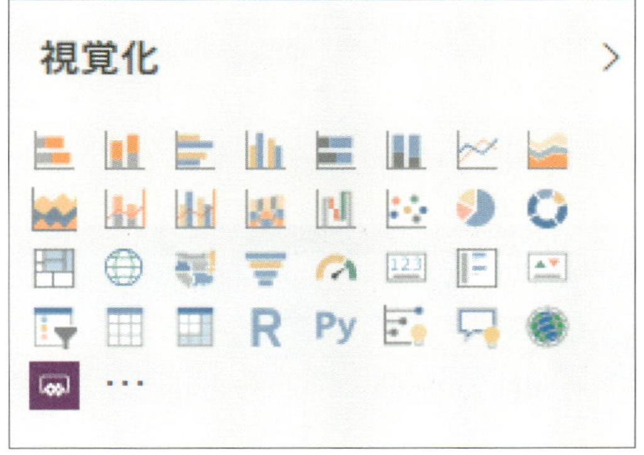

ピン留め
レポート内にビジュアルをダッシュボードに表示することを指す。ダッシュボードにピン留めされたグラフなどをタイルと呼ぶ。
→タイル、ダッシュボード、ビジュアル、レポート

フィールド

テーブル内の列を指す。レポートで利用しているデータ内容は［フィールド］ウィンドウに一覧され、ビジュアルの設定を行う際には、ここから設定を行う。

→テーブル、ビジュアル、レポート

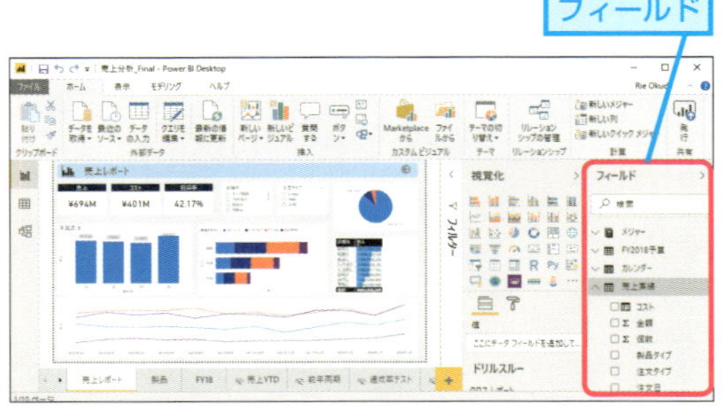

フィル

空白データを埋めることを指す。下方向にフィルを行うと、列の値が下の空白行にコピーされる。また上方向にフィルを行うと、列の値が上の空白行にコピーされる。

フィルター

条件を指定し、必要なデータを抽出すること。例えば、すべてのカテゴリーのデータから、特定のカテゴリーのデータのみ表示するように絞り込みを行うことを、フィルターという。

マイワークスペース

Power BIサービスにおいて、作成した各コンテンツ（データセット、レポート、ダッシュボードなど）を保存する領域のことをワークスペースといい、自分専用のワークスペースを「マイワークスペース」という。Power BI Desktopで作成したレポートは、マイワークスペースに発行が可能である。Power BIサービスにサインアップすると、マイワークスペースが用意される。

→サインアップ、ダッシュボード、データセット、レポート、ワークスペース

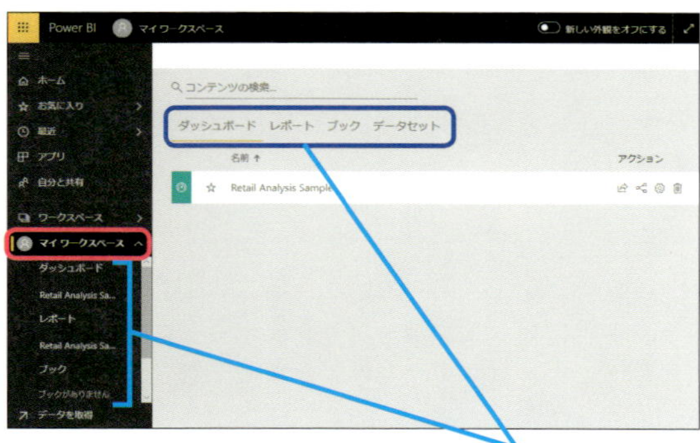

マイワークスペース内のコンテンツが
種類ごとに一覧される

マトリックス

データをまとめて表示する際に利用される図のひとつ。マトリックス図ともいう。縦軸と横軸を利用してフィールドを配置し、重なったところに集計結果を表示する図のこと。

製品カテゴリー	売上	売上 の総計のパーセント	前年度売上	成長率
⊟ コンピューター	**¥152,900,000**	**21.23%**	**¥151,073,000**	**1.21%**
アクセサリー	¥3,288,000	0.46%	¥3,148,700	4.42%
ディスク	¥7,317,600	1.02%	¥7,236,900	1.12%
デスクトップ	¥32,115,900	4.46%	¥39,074,600	-17.81%
ノートPC	¥101,618,500	14.11%	¥94,034,300	8.07%
モニター	¥8,560,000	1.19%	¥7,578,500	12.95%
⊟ ソフトウェア	**¥244,830,600**	**33.99%**	**¥232,290,800**	**5.40%**
Web 編集	¥105,150,200	14.60%	¥97,211,300	8.17%
ゲーム	¥134,281,100	18.64%	¥130,778,700	2.68%
デザイン	¥4,168,900	0.58%	¥3,163,800	31.77%
映像編集	¥1,230,400	0.17%	¥1,137,000	8.21%
⊟ モバイル	**¥258,234,700**	**35.85%**	**¥246,598,700**	**4.72%**
オーディオ	¥74,311,900	10.32%	¥73,117,800	1.63%
スマートフォン	¥38,064,000	5.28%	¥40,278,200	-5.50%
タブレット	¥96,935,400	13.46%	¥85,743,000	13.05%
ヘッドセット	¥48,923,400	6.79%	¥47,459,700	3.08%

メジャー

合計や平均、カウント、最大値など、集計を行うための定義、式を指す。Power BI DesktopでDAX関数を利用した数式により定義できる。メジャーによる集計結果は、ユーザーがレポート上でフィルターやドリルダウン操作を行う際に動的に実行され、ビジュアル上に結果を表示できる。

→DAX、ドリルダウン、ビジュアル、フィルター、レポート

モデリング

複数のデータソースに接続し、必要に応じて必要な形式に加工する作業を指す。例えば、列やテーブルの名前の変更、データ型の変更、行や列の削除、最初の列をヘッダーにする、データ結合、リレーションなどの設定を行うことを指す。モデリングの結果、1つもしくは複数のデータソースから取得・加工されたデータの集まりをデータモデルという。

→データソース、テーブル、データモデル、リレーション

モデルビュー

Power BI Desktopには作業画面として3つのビュー（レポートビュー、データビュー、モデルビュー）が用意されている。モデルビューは設定されたリレーションが確認できる。

→データビュー、リレーション、レポートビュー

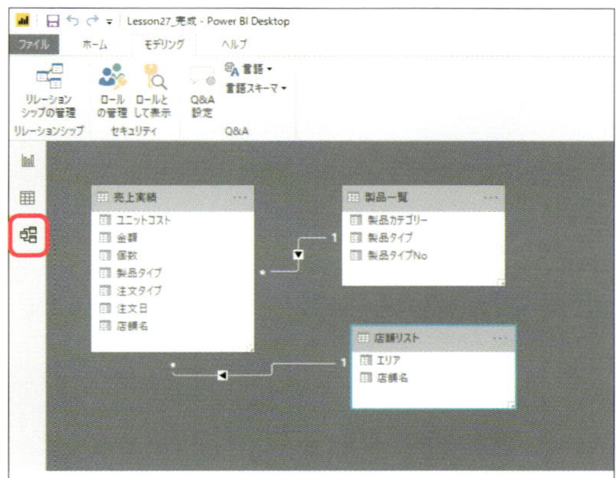

リボン

Microsoft Office製品群のツールバーやタブで採用しているグラフィカルユーザインタフェースの1つ。タブとコマンドで構成されており、Officeアプリケーションではそれらを自由にカスタマイズすることも可能。

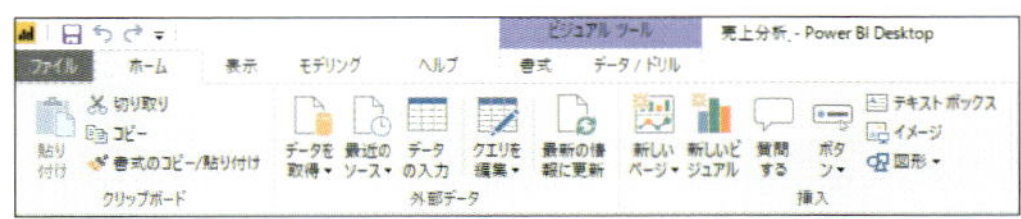

リレーション

テーブルとテーブル間の関連。複数のテーブルに含まれる情報を関連付ける設定のこと。リレーションシップともいう。複数のテーブルに含まれるデータを組み合わせたレポートを作成するためには、それらのテーブル間にはリレーションシップが必要。

→テーブル、レポート

レポート

データセット（もしくはデータモデル）内のデータを利用し、グラフや表を配置した画面を指す。レポート内には複数のページが作成でき、配置されたグラフや表をビジュアルという。

→データセット、データモデル、ビジュアル

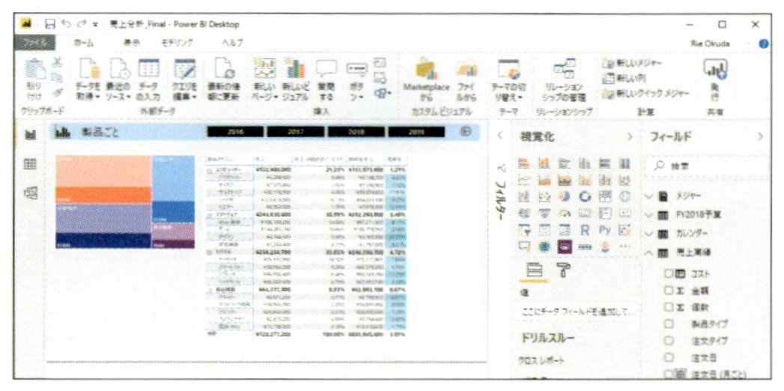

レポートビュー

Power BI Desktopには作業画面として3つのビュー（レポートビュー、データビュー、モデルビュー）が用意されている。レポートビューでは、レポートの編集、利用が行える

→データビュー、モデルビュー、レポート

ワークスペース

Power BIサービスにおいて、作成した各コンテンツ（データセット、レポート、ダッシュボードなど）を保存する領域のことを指す。Power BI Desktopで作成したレポートは、任意のワークスペースに発行が可能である。

→ダッシュボード、データセット、レポート

索　引

アルファベット

App Store——19, 57
BI——315
BIツール——14, 68, 315
Business Intelligence——14
CSV——61, 62, 315
DAX——315
DAX関数——110
DirectQuery——54, 198, 315
ETL処理——68
Excel
　テーブル……91
　テーブルとして書式設定……94
　テーブル名……94
　名前ボックス……95
Excelファイル——61
Extract——68
Google Playストア——19, 57
Load——68
Marketplace——159
Microsoft Teams——273, 315
Microsoftストア——31, 315
null値——78
Office 365——28, 316
Office 365 E5——274
Outlook.com——27
PBIXファイル——20, 23, 316
Phoneビュー——176, 316
Power Apps——302, 316
Power BI——14, 316
　無償版……22
　有償版……22
　ライセンス……22
Power BI Desktop——16, 20
　アカウント……32
　起動……32
　ダウンロード……31
　ユーザー登録……32
Power BI Premium——22, 316
Power BI Pro——22, 273, 316
Power BIサービス——16, 20, 28
　新機能……19
　ダッシュボード……18
SaaS——15
SharePointサイト——298
SharePointへの埋め込み——23
SharePointライブラリ——163, 196
SMS認証——28
SQL Server——200
Teams——298
Transform——68
UTF-8——64, 75
Visio——162, 316
VSDXファイル——163
Webに公開——182
X軸——120
YoY——262
YTD——263
Y軸——120

ア

アカウント——26, 29
値の置換——82
新しい階層——232
新しいクイックメジャー——260
新しいソース——72
新しいページ——131
新しいメジャー——246
新しい列——112
アプリ——56, 286
暗黙的なメジャー——245
今すぐ更新——194
印刷——46
インストール——30
インポート——40, 317
　カスタムビジュアル……159
インメモリ——110
埋め込みコード——312
埋め込みコードの管理——185
埋め込みコードの作成——183
エクスポート——62
円グラフ——136
演算子——83
お気に入り——49
お気に入りから外す——49
おすすめ——48
折れ線グラフ——124
オンプレミス——14, 41, 317
オンプレミスデータゲートウェイ——190, 206, 317

カ

カード——151
下位の行の削除——95
確認コード——29
カスタムドメイン——27
カスタムビジュアル——158, 317
カスタムビジュアルのインポート——159
カスタム列——82
監査ログ——313
管理ポータル——310

関連するコンテンツ―43
関連の表示―43
既定値にリセット―52
機能比較―21
行の削除―93
クイック分析情報―54, 317
クイックメジャー―260, 317
クエリ―318
　閉じて適用……71
　名前の変更……79, 86
　読み込みを有効にする……87
クエリ一覧―69
クエリエディター―17, 21, 60, 68, 318
　ステップ……70
クエリの設定―69
クエリの追加―77
クエリの変更の適用―106
クエリを編集―64, 68
区切り記号―63, 75
区切り文字による分割―103
グループ―126
計算列―21, 110, 244, 318
ゲートウェイの管理―211
降順―52
更新スケジュール―20
更新プログラム―19
更新履歴―195
個人用ブックマークの追加―53
個人用プラン―22
コンマ―63

サ

最新の情報に更新―67
サインアウト―33, 318
サインアップ―26, 318
サインイン―26, 32, 318
サブスクライブ―23
サブスクリプション―305
サンプル―37
サンプルコンテンツ―36
[視覚化] ウィンドウ―17, 117
自動更新―195, 292
集合縦棒グラフ―116
手動更新―193
上位の行の削除―93
昇格されたヘッダー数―70
条件付き書式―157
条件列―83
昇順―52
昇順で並べ替え―66
スケジュールされている更新―213
スタートアップ―33
ステータスバー―65
ストア版―30
スナップショット―305
スライサー―146
スライサーヘッダー―148
セルフBI―318
セルフBIツール―15
相互作用―53
相互作用を編集―149
ソース―70
その他のオプション―46

タ

タイトル―123
タイトルテキスト―122
タイムインテリジェンス関数―254
タイル―41, 318
　クイック分析……55
タイルの追加―175
ダウンロード―30
ダウンロード版―31
ダッシュボード―15, 37, 172, 318
　印刷……46
　お気に入り……48
　おすすめのダッシュボードに設定……49
　関連の表示……43
　ピン留め……18
ダッシュボードの印刷―46
追加されたクエリ―79
追加するテーブル―77
積み上げ横棒グラフ―116
ツリーマップ―136, 318
ディメンション―142
データウィンドウ―69
データ型―60, 319
　通貨……154
　テキスト……104
データ型検出―63, 64
データ更新―23
データセット―37, 40, 41, 54
データソース―14, 17, 21, 62, 190, 319
　手動更新……67
データソース設定―66
データソース名―191
データの色―121, 127
データの結合と変換―74
データの取得―20
データビュー―60, 65, 107, 319
データモデル―62, 319
データラベル―121
データを取得―37, 63
　フォルダー……73
テーブル―151, 319
　リレーションシップ……108

テーマ――121
テキスト/CSV――63
テキストサイズ――119
適用したステップ――104
透過性――131
統計のパーセント――223
ドーナツグラフ――136
閉じて適用――71, 106
ドリルアップ――140, 143, 319
ドリルコントロール――140
　すべて展開……143
　次のレベルに移動……143
ドリルスルー――145, 319
ドリルダウン――140, 142, 319

ナ

ナビゲーションウィンドウ――38
　非表示……41
名前付き範囲――91
名前を付けて保存――111
並べ替え条件――52

ハ

パーセンテージ形式――251
発行――20, 169
凡例――119
ビジュアル――17, 41, 319
　内訳……51
　罫線……134
　コピー……128
　書式……119
　相互作用……53
　フィールド……118
ビジュアルツール――117
ビジュアルをピン留めする――47, 173
日付フィルター――89
ビュー――51
表示単位――121
ピン留め――18, 41, 55, 319
フィールド――17, 65, 319
[フィールド] ウィンドウ――17
フィル――100, 320
フィルター――53, 88, 320
[フォルター] ウィンドウ――33
フィルターの種類――243
フォーカスモード――44, 51
複合グラフ――130
ブックマーク――53, 266
プロバイダー――27
分析情報の表示――55
ページ――50
ページの背景――131
ページ名――129
変更された型――70
ホーム画面――48
ボタン――266

マ

マーカー――134
マイワークスペース――39, 40, 320
マトリックス――151, 320
無償版――22, 272
　機能……23
無料で使用――28
メジャー――21, 60, 244, 320
メジャーテーブル――249
面グラフ――124
モデリング――20, 320
モデルビュー――60, 107, 321
モバイル用アプリ――16, 19, 56

ヤ

ユーザー名――33
有償版――22, 272
有償ライセンス――15
ようこそ画面――29

ラ

ライセンス――22
　計算ツール……22
ライブ接続――198
リボン――69, 321
リレーション――60, 321
リレーションシップ――107, 108
リレーションシップの管理――109, 230
リレーションシップの編集――109
例からの列――81
列
　削除――93
列の追加――81
列のピボット解除――238
列の分割――103
レポート――15, 37, 40, 168, 321
　共有――278
　表示サイズ――51
レポートのダウンロード――181
レポートビュー――60, 107, 321
レポートビューの非表示――113
ロード――106
ロールとして表示――308
ロールの管理――307
ログアウト――26
ログイン――26

ワ

ワークスペースの作成――283, 321

本書を読み終えた方へ

できるシリーズのご案内

※1：当社調べ　※2：大手書店チェーン調べ

Office 関連書籍

できるExcel グラフ
Office 365/2019/2016/2013対応
魅せる&伝わる資料作成に役立つ本

きたみあきこ&
できるシリーズ編集部
定価：本体1,980円＋税

「正確に伝える」「興味を引く」「正しく分析する」グラフ作成のノウハウが満載。作りたいグラフがすぐに見つかる「グラフ早引き一覧」付き。

できるWord&Excel パーフェクトブック
困った!&便利ワザ大全
Office 365/2019/2016/2013対応

井上香緒里、きたみあきこ&
できるシリーズ編集部
定価：本体1,980円＋税

業務に役立つ文書作成、表計算のノウハウを1冊に凝縮。どこからでも引けてすぐに役立つ便利ワザ＋用語＋ショートカットキーが満載！

できるExcel パーフェクトブック
困った!&便利ワザ大全
Office 365/2019/2016/2013/2010対応

きたみあきこ&
できるシリーズ編集部
定価：本体1,480円＋税

Excelの便利なワザ、困ったときの解決方法を中心に1000以上のワザ＋キーワード＋ショートカットキーを掲載。知りたいことのすべてが載っています。

できるイラストで学ぶ
入社1年目からの
Excel VBA

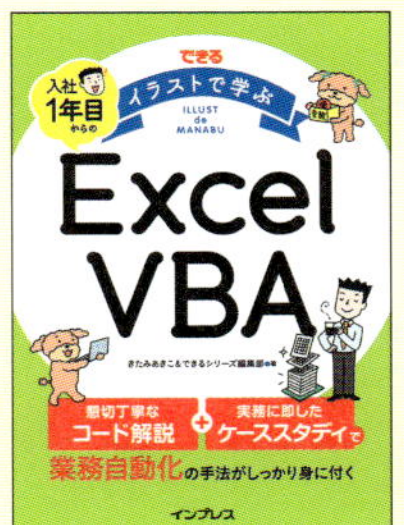

きたみあきこ&
できるシリーズ編集部
定価：本体1,980円＋税

Excel VBAの「基礎文法」「語彙」「作文力」がこの1冊で効率的に身に付けられる！　業務効率化に役立つマクロの作り方が分かる！

できるExcel関数
Office 365/2019/2016/2013/2010対応
データ処理の
効率アップに役立つ本

尾崎裕子&
できるシリーズ編集部
定価：本体1,580円＋税

豊富なイメージイラストで関数の「機能」がひと目で分かる。実践的な作例が満載されているので、関数の「利用シーン」が具体的に学べる！

できるExcel マクロ&VBA
Office 365/2019/2016/2013/2010対応
作業の効率化&時短に
役立つ本

小舘由典&
できるシリーズ編集部
定価：本体1,800円＋税

「マクロ」と「VBA」を業務効率化に役立てる！　マクロの基本からVBAを使った一歩進んだ使い方まで丁寧に解説しているので、確実にマスターできます。

読者アンケートにご協力ください！

https://book.impress.co.jp/books/1119101121

このたびは「できるシリーズ」をご購入いただき、ありがとうございます。
本書はWebサイトにおいて皆さまのご意見・ご感想を承っております。
気になったことやお気に召さなかった点、役に立った点など、
皆さまからのご意見・ご感想をお聞かせいただき、
今後の商品企画・制作に生かしていきたいと考えています。
お手数ですが以下の方法で読者アンケートにご回答ください。
ご協力いただいた方には抽選で毎月プレゼントをお送りします！

※プレゼントの内容については、「CLUB Impress」のWebサイト
（https://book.impress.co.jp/）をご確認ください。

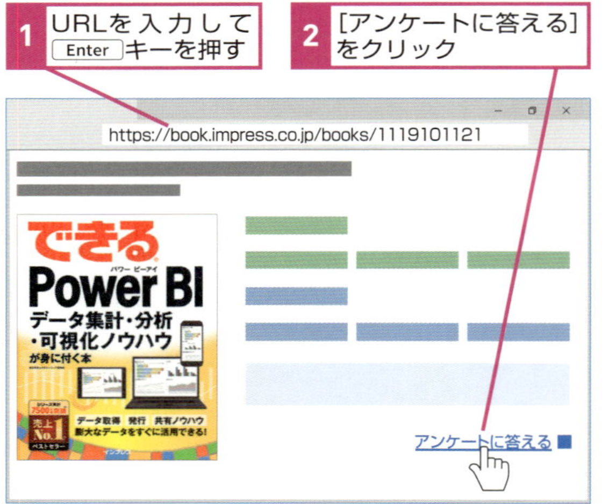

※Webサイトのデザインやレイアウトは変更になる場合があります。

◆会員登録をされていない方
[こちら] をクリックして会員規約に同意してからメールアドレスや希望のパスワードを入力し、登録確認メールのURLをクリックする

本書のご感想をぜひお寄せください https://book.impress.co.jp/books/1119101121

「アンケートに答える」をクリックしてアンケートにご協力ください。アンケート回答者の中から、抽選で**商品券（1万円分）**や**図書カード（1,000円分）**などを毎月プレゼント。当選は賞品の発送をもって代えさせていただきます。はじめての方は、「CLUB Impress」へご登録（無料）いただく必要があります。

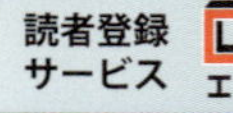

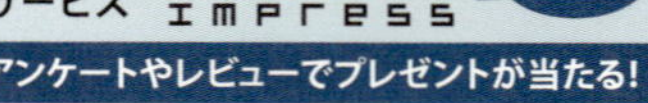

■著者
奥田理恵（おくだ りえ）
株式会社イルミネート・ジャパンにて、マイクロソフトのクラウドサービスを中心とした技術者向けトレーニング、サンプル開発/技術支援/活用コンサルティングサービスの提供を行っている。また同社の公式ブログ「イルミネート・ジャパン ブログ」にて、Microsoft 365関連の技術情報を発信中。各種カンファレンス、イベント、セミナーでの講演多数。マイクロソフト製品やテクノロジーに関する豊富な知識と経験を持っていることについて、Microsoft MVPの受賞歴あり。

株式会社イルミネート・ジャパン
https://www.illuminate-j.jp/

STAFF

シリーズロゴデザイン	山岡デザイン事務所<yamaoka@mail.yama.co.jp>
カバーデザイン	横川信之
本文イラスト	株式会社デジカル
編集協力	株式会社トップスタジオ
デザイン制作室	今津幸弘<imazu@impress.co.jp> 鈴木　薫<suzu-kao@impress.co.jp>
編集制作	高木大地
編集長	大塚雷太<raita@impress.co.jp>

本書は、Power BIおよびPower BIサービスを使ったパソコンの操作方法について、2019年11月時点での情報を掲載しています。紹介しているハードウェアやソフトウェア、サービスの使用法は用途の一例であり、すべての製品やサービスが本書の手順と同様に動作することを保証するものではありません。本書の内容に関するご質問については、該当するページや質問の内容をインプレスブックスのお問い合わせフォームより入力してください。電話やFAXなどのご質問には対応しておりません。なお、インプレスブックス（https://book.impress.co.jp/）では、本書を含めインプレスの出版物に関するサポート情報などを提供しております。そちらもご覧ください。
本書発行後に仕様が変更されたハードウェア、ソフトウェア、サービスの内容などに関するご質問にはお答えできない場合があります。該当書籍の奥付に記載されている初版発行日から3年が経過した場合、もしくは該当書籍で紹介している製品やアプリ、サービスについて提供会社によるサポートが終了した場合は、ご質問にお答えしかねる場合があります。また、以下のご質問にはお答えできませんのでご了承ください。

- ・書籍に掲載している手順以外のご質問
- ・ハードウェア、ソフトウェア、サービス自体の不具合に関するご質問
- ・インターネット上のサービス内容に関するご質問

本書の利用によって生じる直接的または間接的被害について、著者ならびに弊社では一切の責任を負いかねます。あらかじめご了承ください。

■商品に関する問い合わせ先
インプレスブックスのお問い合わせフォーム
https://book.impress.co.jp/info/
上記フォームがご利用いただけない場合のメールでの問い合わせ先
info@impress.co.jp

■落丁・乱丁本などの問い合わせ先
TEL 03-6837-5016 FAX 03-6837-5023
service@impress.co.jp
受付時間 10:00〜12:00 ／ 13:00〜17:30
（土日・祝祭日を除く）
●古書店で購入されたものについてはお取り替えできません。

■書店／販売店の窓口
株式会社インプレス 受注センター
TEL 048-449-8040 FAX 048-449-8041

株式会社インプレス 出版営業部
TEL 03-6837-4635

できるPower BI
データ集計・分析・可視化ノウハウが身に付く本

2019年12月21日 初版発行
2020年9月21日 第1版第4刷発行
著　者 奥田理恵 & できるシリーズ編集部

発行人 小川 亨

編集人 清水栄二

発行所 株式会社インプレス
〒101-0051 東京都千代田区神田神保町一丁目105番地
ホームページ https://book.impress.co.jp/

印刷所 株式会社廣済堂

ISBN978-4-295-00803-3 C0034

Printed in Japan